U0917997

鲁娃大视野

卷一

温州人走世界

鲁娃 著

文匯出版社

图书在版编目(CIP)数据

鲁娃大视野——101温州人走世界 /鲁娃著. —上海：文汇出版社，2011.7

ISBN 978-7-5496-0224-7

Ⅰ.①鲁… Ⅱ.①鲁… Ⅲ.①人物-生平事迹-温州市 Ⅳ.①K820.855.3

中国版本图书馆CIP数据核字(2011)第106435号

鲁娃大视野——101温州人走世界

作　　者 / 鲁　娃
出 版 人 / 桂国强
责任编辑 / 石　韫
封面装帧 / 王　翔

出版发行 / 文汇出版社
上海市威海路755号
(邮政编码 200041)
经　　销 / 全国新华书店
照　　排 / 南京展望文化发展有限公司
印刷装订 / 上海新华印刷有限公司
版　　次 / 2011年7月第1版
印　　次 / 2011年7月第1次印刷
开　　本 / 720×960　1/16
字　　数 / 500千
印　　张 / 39.25

ISBN 978-7-5496-0224-7
定　　价 / 45.00元(全二册)

序　鲁娃的精神视野

苏杭

上世纪90年代以来的出国潮、淘金热，回荡着一种“温州人传奇”，四海可闻。“温州人走世界”[注]百余篇人物素描，从报端列队而来，连缀成一部海外创业的史诗，既可称它报告文学，也是口述实录，而“五四”以来中国文学的海外叙述，一向有“留学生文学”传统，却鲜见“淘金”、“打工”的第一代创业者的身影进入文学。鲁娃这本书，可谓一个开创。温州人环球闯荡，给了女作家书写的丰裕题材；而温州人鲁娃也“走世界”，才使“温州人传奇”变成文学，这本身不就有一个“传奇”吗？我相信它将会载入温州地方史。

有位读者这么写道：“一口气看完鲁娃的一组‘温州人走世界’，不禁为她的华丽转身喝彩。”同样作为读者，我则好奇，是什么让鲁娃从小说返回纪实文学的？这既是一个文学评论的题目，也是一个作家的心灵轨迹。鲁娃自己流露的心迹是，2008年5月发生汶川大地震之际，“我身处遥远的诺曼底小镇，无法看到日夜滚动的电视实况，只有终日守着电脑桌面，为故乡遭受的苦难揪心”。那一刻，唤醒了她心里的一个愿望，“假如有机会，我一定要把散布在世界各地的温州人书写一遍”。

无疑，故乡在她心底是一个永远的召唤，当灾难发生之际，这召唤会特别强烈。因为鲁娃的小说书写，一直沉浸在悲剧氛围中，并且主要是女性的悲剧命运，而这又是跟她出国前关于女性命运的纪实文学创作，比如《悲剧性别》一脉相承的。只不过二十年前她漂流欧陆，挣扎在生存线上，面对所有的人生挑战，同时又困惑于精神、文化的断根，如此封笔、沉淀十年，等她再以长篇《女儿的四季歌谣》、《欲

注：“温州人走世界”是作者鲁娃在《温州都市报》上开设的专栏名。

望之桨》，中篇《爱的最后舞蹈》、《那个时代的肖像》等一个小说系列面世，已然是另一个鲁娃了。她所经历的个人磨难，绝非外人可以想象，我们从她的小说里，也只能读出一点幻影，比如《爱的最后舞蹈》讲一个如何面对死亡的故事，却由她生发出许多跟死亡相关的精神、文化命题来，这样的升华是超越性的，而法国精神给她注入了新的生命力。

我相信，经过法国文化洗礼的鲁娃，转身回眸她的故土温州，以及近在身旁胼手胝足的欧陆温州同乡，会油然生出一种"命运共同体"的感觉。这是一种崇高感，跟她长期浸润其中的"悲剧感"很不一样。我也可以猜想，二十年前鲁娃初到巴黎时，也跟温州同乡怀有一种同舟共济的命运感，甚至当初她漂流出来的理由，也跟大多数温州人一样而不一样，虽然她是一个已经成名的报告文学作家。但是，前后两种命运感是完全不同的，只有当鲁娃脱胎换骨后，她才会意识到这种不同。从另一角度来说，鲁娃作为一个作家，在漂泊中再生，跟奋斗在世界各个角落里的那些成功的温州实业家们，又是完全一样的，由此鲁娃写出了一百多个成功温州人士，却犹如她重写了自己一百多遍。

温州故土和同乡，那里面有什么神秘的东西在吸引鲁娃？这也同样吸引我们。温州在地理含义上，只是浙江南部濒临东海的一个地区，但在经济、文化的含义上，这个地区可以媲美整个中国——它至少在全国两次领风气之先，一次是改革初期成为供应全国的"小商品基地"，再一次是率先开拓海外商业契机，而且这两次都是纯粹自发的民间作为。中国再也找不出第二个地区，可以跟温州相提并论。假如我们放眼到历史的坐标上，在中国近现代历史上，曾经出现过所谓"徽商"和"晋商"两大地域性商帮集团，名垂史册，而到20世纪，它们早已灰飞烟灭；环视神州，代之而起的，只有一个"温州人"集团，若以温州简称名之，那就叫"瓯商"。诠释"徽商"、"晋商"，是学术上的显学，一般从"儒商"角度出发，即所谓"士魂商才"。那么"瓯商"呢？地域上它有何独特性支撑它的住民，在中国新一轮的原始积累中独领风骚？文化上它蕴含着怎样的传统资源，抚育出温州人坚忍不拔、四海扎根的生命力？

这当然不是文学的课题。但是鲁娃有她独特的视角，她开始在欧洲寻找温州人，听他们讲述自己的故事，创业的、婚恋的、亲子的、思乡的、挫折的、文化冲突的……总之是"温州人的传奇"。她陶冶其中，乐此不疲，因为纵使在海外，这样的倾诉和倾听，正是在接榫、汲取温州人所拥有的那个精神家园；也因此，她说不定就画出了一副“瓯商”的“文学基因图”。鲁娃在出国前不写小说，蛰伏法国十年，她写出来的中长篇小说，构思精巧，立意深邃，文字婉曼，无疑是第一流的；由此她真实记录“温州传奇人物谱”，风姿百态，跃然纸上，也是纪实文学的一个新纪录。可以设想，当她再来一个“华丽转身”返回去写小说，定然是别一番天地。

目录

卷一

香街禅庄

一

如果有一天你在香榭丽舍大街上走，走过卡迪亚氤氲的珠光宝气，走过奔驰车行敞开的玻璃门，走过路易威登夸张的大箱子，再走过一路香艳，一路尊贵，终于走累了，想找个安静去处坐一坐的时候，你随便逮住一个法国人，他都会指向一条横街告诉你—— ZEN GARDEN！那不假思索的熟稔就像说起自家花园。

于是你会情不自禁朝里走，怀揣一份不明就里的好奇。骤然间没了香街的浮躁与喧闹，不宽也不长的街侧停泊了保时捷、美洲豹、法拉利等超级名车。然后，你就看到一排安静的酒幌，幌里同样安静的“禅”字，在微风里轻扬，于是你知道，ZEN GARDEN 到了。

“禅庄花园”是英文 ZEN GARDEN 的汉译。但“禅庄”不是花园，而是中餐馆，一派清幽古色。虽坐落在最奢华也最具巴黎品质的金三角地段，却疏朗婉约，很古典，也很中国。

“禅”的老板是陈世明，乐清人。此刻就站在暗影里，身上一件黑衬衣，貌不惊人。

46 岁的他不是很像从禅里出来的士大夫，虽然看上去略显清瘦，额前鬓发稀疏，换上青布长衫也许会有几分羸弱超拔，但感觉上还是内敛的精明更多一些，是温州人惯常的入世姿态。他声音不高，笑也淡然，却不让人觉着色彩单调与气息湮然。后来知道他是水稻良种场技术场长与小学教师的儿子，一切似乎都有了可以解释的来由。

二

陈世明来巴黎的第一份工是餐馆打杂。那时，他还根本不知禅为何物。餐馆是香港人开的，他在大师傅手下刷锅洗碗，穿件油腻的白衣学生意。白衣太大，罩在细篾般的身上晃晃荡荡，即便心里不慌看上去也显得战战兢兢。那是1980年，他刚满18岁，在乐清读罢初中，堂姐一纸邀请，就把他起始的人生挪了位置。

他嘴拙，手眼却勤快，所以深得大师傅欢心，几月后就连上两级台阶，做了掌勺的助手。尔后堂姐开出第二家餐馆，他被招回去做了二厨。做了一年，堂姐两家餐馆跑不过来，有意卖他一家，他心里自然是愿意的。当时他正赢了一支马票，狠狠赚了一笔，超过三年的工资。他窃喜，以为这是造化送给他的彩头，否则怎么可能第一张马票就让他发了横财？于是他又去找了个合伙人，标了个会，就把位于93区的这家“北京楼”顶了下来。

陈世明与摩纳哥王子

理所当然升任大厨，做着与所有中餐馆一样的“老三篇”，炸虾，辣子鸡丁，春卷，芦笋汤等等，巴黎食客接受，郊区人却怎么也对不上口味。三年惨淡经营，合伙人走时明细账一结，居然一分钱都没挣到。他独自留下来，几番愁绪几番凄凉。不是没想过干脆卖掉，只是不甘心。许多个深更半夜，陈世明刚打个盹就醒过来，披衣下楼，在空无一人的桌椅间打转。楼面是毫无风格的装饰，浑浊的油烟味驱而不散，圆柱旁有一摞毛了边的菜单，密密麻麻写了些不受欢迎的菜，连自己也觉得腻味。于是一甩手去了巴黎，在一家家法式餐厅前徘徊。他不明白，为什么法国人就不愿吃他做的菜。很长一段时间，餐馆常常处于断水、断电、断煤气，甚至断银行户头的尴尬里，只因生意做不起来，没钱付账单。熬过来是一年后，装修换新，菜单换新，吃刁了嘴的法国人终于肯来赏光，陈世明竟做出了两倍的利润。

可这时，轮到陈老板陈大厨喜新厌旧了。他丢弃93区，决定进军巴黎。先在20区开了家“宫帝”，好！接着在12区开了家“金百合”，好！又开“百合之二”，也是好！再开“百合之三”，还是好！饭店逐年地开，都是自己设计的装修，自己创意的菜，真正开出了满堂彩。“百合之一”是太太经营的。太太丹阳是他原始积累后半段娶进的新妇。在他27岁那年，父母写信说外婆病了，把他骗回乐清。其实外婆好好的，是父母想儿媳盼孙子的心病重了。这是他出国后第一次返乡，丹阳正温书复习到半茬，大学也不考，死心塌地跟了他。

三

成功的滋味就像抽烟，就像喝酒，会成瘾。陈世明做大的念头膨胀起来，欲罢不能。他想做顶级中餐，就在巴黎的香榭丽舍一带。名城、名街、名店，都是世界一流，他喜欢巅峰上的感觉。当然，那时他仍旧未谙禅，空灵澄净的意境。

他一边大把挣着钱，一边做着热身。

先是艺术品、古董装饰。他是开餐馆的，却做了十年的淘宝者，有事没事就往艺术品沙龙、古董拍卖行里钻。见到好的仿真，不管书画、瓷器，还是古木古石，只要纯粹的中国，他就不惜代价买下，堆在家中的一间空屋里，直到塞也塞不下。那回中国城粤海古董行倒闭大拍卖，他一大早就候在那里，一次次不停地举牌，胳膊都举酸了，竞拍了80%以上的拍品，多得要用卡车来装。

再是菜。1998年，他去大连参加世界华人烹饪艺术大赛，凭借“聚宝莲花”夺得金牌。这道创意菜是把剔了肉的龙利鱼骨炸成一条船，再把烹制的鱼肉莲花般铺展到船上，有夺人眼目的惊艳。香醇是一，少见是二，夺冠最直接的理由还是形式之美。这是精致的法国饮食文化对他的濡染，法式大餐的每只盘子端出来，都是美轮美奂的一道景观。

机会姗姗来迟。那个傍晚，同在高尚区的商铺经纪所打来电话，说是他寻了几年的目标终于有了。“禅”的前身是法国电视二台著名主持人与两个日本人合伙开的日餐馆，由于装修陈旧，经营不善，合伙人又有了歧见，就决意抛售。价位自然咋舌，仅是FONG（经营权）就上百万欧元。陈世明跑去看，恰是自己想要的东西，于是眼都没眨一下，就签下购买意向，回头便卖了自己正火爆着的三家饭店，只留了“百合一”。那是他的后花园，是历险后的一条退路。

他有了“禅”，却只是一栋没落贵族凋敝的破楼。

装修前，陈世明与法国朋友苦思冥想了十个店名，写在纸上，满大街去求人看，然后打叉画钩，用民意测验来给店名定位。投票的结果，“禅庄花园”以七成票数胜出。法国人其实知道禅，并对其佛教文化的渊源也略知一二，他们把“静思”作为一种幽远的境界看待，甚至可说热衷。误区是，他们总把禅归置于日本文化。陈世明便是在这么拧巴错位的情境下接受了“禅”这个命名。室内室外的装修自然也就成为这个命名的细节阐述。工程是巨大的，墙拆了，柱移了，对一栋老楼来说，简直就是改天换地。耗时四月，耗资超出当时买下的FONG（经营权）。好在十年搜罗的国粹在此时派上了用场，否则，哪儿去找这么些与禅相得益彰的物件？

四

“禅庄花园”在2003年秋开业。揭开面纱那天，陈世明自己也傻了。

这就是他梦里的“禅”吗？梦想成真着实是太美妙了！

“禅”有江南园林移步换景的精巧，也有士大夫纸香墨淡、宁静致远的家居信条，还有佛教文化的宽厚大度。“禅”里有古塔，有石磨，有菩萨，绿萝幽兰的气息氤氲在字画古轴之间，还有滴水青岩，弦乐琴音，真有那么一点曲径通幽、天上人间的意思。陈世明简直有点对自己刮目相看了。

220个座位，47名员工，穿着一色的中装，齐齐站在作酒店出身的法国经理麾下，一切就绪，就等顾客上门。熟料却是灯影稀落，意兴阑珊。为什么？！菜是可口的，但是特色没出来，品牌效应来不及形成。原以为，有了顶尖地段，再把“金百合”人吃人夸的招牌菜搬过来，生意不爆也得爆。事实却不是，若菜色没有与禅相应的独一无二，缺乏沉郁内敛的尊贵与奢华，那些在巴黎右岸走动的上流人士是不会把他们花不完的欧元弄到这个中国的“禅”里消费的。周围是个名牌世界，迪奥、香奈儿、圣罗兰挤成一团，来这儿的人也个个都是“名牌”，吃，自然不能下了档次。陈世明的“名牌意识”晚了一步，“禅”于是连续两年亏本，幸好有他太太主持的“金百合”撑着，才用不着釜底抽薪。

更何况，巴黎的中餐行业正从“吃中国，用中国，穿中国”的时尚中退落下来，遭受前所未有的冷遇，各路媒体大有围剿之意，纷纷指责中餐脏乱差。这自然有中餐馆自身的问题，经营手段落后，菜色千篇一律，卫生状况恶劣，这都导致营业额平均比上年降了三五成，有的改为日餐，有的干脆关门倒闭。

陈世明的“禅”却在艰难中重生。他先在网站上打出“欢迎用餐客人参观厨房”的字样，然后在几乎所有媒体上大张旗鼓地打造品牌，《费加罗》、《世界报》、《巴黎竞赛》、《新观察》、《她》、《巴黎人》、《巴黎指南》等等，等等，关于“禅”的图片，关于菜肴的文字铺了满眼。一位美食杂志副主编无意间品尝了“禅”的美味，居然在《费加罗》杂志作了整版的免费推介，弄得好奇夸张的法国人见了面就会问，去过ZEN GARDEN吗?

五

当然，饭店最重要的还是菜品。这时的陈世明已不仅仅是有着15年厨艺生涯的老板了，他翻了很多书，身上或多或少有了些“禅”文化的浸润，他知道该怎么来创意盘上的功夫。他研制了一道“海鲜锅饭”，选用上海泡饭的香米，糅合了西班牙海鲜料理的风格，再加上鲜虾与金不换香料，吃得食客啧啧称道。另一道菜叫“成吉思汗羊肉”，地道的游牧民族传统做法，再融入西北草原悠远的历史传说，使那些有着文化底蕴的法国人吃出美味之外的收获。以他与太太名字组合的一道风味牛肉“阳明山庄”，则有如沐春阳的暖和滋味。另有每日限卖15份的“四川时尚”，是烤鸭片佐以四川特产黑胡椒，要吃还得赶早。2005年5月，陈世明带着他的现任厨师再次赴上海参加国际烹饪艺术大赛，荣获第二名。他的两道菜“思乡”与“禅花”则荣获金牌。前者的用料是金枪鱼、茄子和黑芝麻，口感奇特，香甜酥脆；后者则是扇贝和烤虾，垫以笋瓜，入嘴即化，口舌生津。陈世明把新的创意一道道换到“禅”的菜单上，总共55道，都以禅文化为主题，每一道菜品都是一个故事，一个中国。并且在巴黎独此一家，别无他处。

一旦走上立体经营的现代企业模式，陈世明便盈利了，终日门庭若市。意外的收获还有，他的努力竟在无意间让法国人恍然大悟，禅的渊源不是日本而是中国。

“禅”的装饰风格与美味成为香街最得体最具内涵的中国景致，顶级品牌与众多明星趋之若鹜。若来得巧，随时都会撞见迪奥、香奈儿、圣罗兰等大牌的新闻发布会或盛装晚宴在觥筹交错中隆重登场。至于那些来来去去的王子、政界要员、商贾大亨以及媒体、演艺明星，陈世明早已见多不怪，他在与这些人的合影里不卑不亢，有着自己该有的笑意。中国士大夫的得体与讲究在陈世明“禅”的氛围里成为另一种身份和品质的表达。风雅的法国人怎么也搞不懂，在最法国最贵族的黄金地带，怎么就会凭空冒出这么一个东方式修身养性的清净地方，真把他们乐晕了。

“禅”的菜单里埋着一首有趣的法文歌：我知道，我们都知道，也许我们都不太知道；这些我明白，我们都不太明白；当我们高兴，当我们不高兴，都会想到ZEN GARDEN，为什么？只有ZEN GARDEN有那种感觉。这是陈世明自己作词，请法国音乐家安东尼谱曲而成的歌。字面是简单的，词意却有曲折的可知与不可知。若问“禅”主陈老板，歌的词意是什么，禅的境界是什么，生活的哲学又是什么，陈世明总是笑眯了两眼不作答。那意思分明是：自己感觉去吧！

也是，本来就是生命漫无边际的玄思，哪有现成的答案。

一点补缀：

今年年初，“禅”主陈世明正在上海崇明，惊闻南方雪灾，几省百姓被困，他心急如焚，打车直奔上海市侨务办公室，把身边所带的2万欧元作为赈灾款全数捐了出去。

汶川地震，他在巴黎，又将2万欧元捐于中国大使馆，以对汶川地震受难同胞表示温热的爱心。

北京奥运，他又通过《欧洲时报》，出资制作了3000件奥运文化衫，以庆贺纪念这个历史盛会。

所有这些，他都做得十分低调，不愿声张。我理解，这也是“禅”的一种境界。

但我还是食言了。

天籁与生命的交响

我爱故我在

王绍基睡不着了。

他的睡眠一直很好，这么整夜的失眠极少有过。第一次是西班牙“威望号”油轮泄漏，邻近海域及周边自然生态环境遭受重大污染，他的3E国际集团引进中国清污产品与技术，使有效清污比西国政府原来的预算减少了90%以上，西班牙国王卡洛斯及首相阿兹纳尔先后致函表达谢意——他因此而失眠。这次不同，是关于他的祖国。一种通透的释怀让他看清皮囊下的另一个自己。而这类看清可遇不可求，是仰视的一个高度。

2006年10月31日，《中华人民共和国农民专业合作社法》颁布。

一个远在南欧西班牙的温籍华商，一个曾经的音乐人，农民的立法、获益还有欢欣鼓舞又与他有着什么样的关系？

如果没有三溪乡曹棣村六年的插队生活，如果不是后来做企业与欧洲农业合作社有深入的交往，如果全国政协海外列席代表的名单漏掉了他，那么他就错失了一个历史机遇，一种生命承担。

他想，或许是上苍要把中国农民的诉求赋予个体的声音表达，没有我，也会有他，使命是必然的，担当使命者却偶然。

在全国第十届政治协商大会上，王绍基作为华侨列席代表提出一项《完善农业立法以维护我国农业合作社的健康发展》建议案。他早已不是农民，却与田畴农家有着割不断的情缘。经过大量调研，并参照西班牙及欧盟各国农业现代化的经验，他得出深思熟虑后的结论：让农民分享再产生利润是改善生活水平，提高农业生产力和农产品在国际市场竞争力则是解决三农问题的关键所在。他呼吁政府出台合作社法，引导和保护农民把生产资本向农产品加工业及流通领域转移，建立以农民资本为主体的农业生产、农副产品加工、专业服务及商业型合作社。

这个提案引起国家最高领导人的重视，批示农业部长专门就此议题约见并听取他长久以来的思考与论证。此后他又频繁飞赴京城，与立法部门作多次交流切磋，终于促成《农业合作社法》立法与出台。

此时，过程和细节已云淡风轻离他远去。他仿佛听到《春江花月夜》，看到陶渊明的农耕图：农庄里，一百多头牛，五百多只鸡，几十公顷庄稼，管理者仅是一对中年夫妻，明丽的阳光下，他们把城市文明连同污染笑然摒弃……当然，春江的旋律陶渊明的诗意只是他的想象，这个画面其实来自荷兰农村。但他，真心希望他插过队的三溪乡曹棣村的农民兄弟也能拥有如此的天空与大地。或许，这就是他聊以自慰并辗转反侧的理由。

外婆的臂弯是行舟的岸

王绍基不是幸运的人。4岁那年，他被表姐从上海凄惶的母亲身边带回温州，原为国民党警局次长的父亲被羁留监狱，成为这家人头顶挥之不去的蘑菇云。母亲出身官宦，有庞大富胄的家族，他的四五房外公或跨省盐官，或税务总督，或银行大亨，连故宫博物院里都留有他们的遗迹。可新中国摧枯拉朽的强劲东风，把他们的命运翻了个底朝天。仅外婆这一房，外公早逝，留在原籍大片的老宅也紧缩了70%，留洋的、学化工、学艺术的舅舅们低头缩脑，与搬迁进来的“红色”邻居共守一隅。院落小了，外婆的臂弯却更显宽广，恰如温暖的岸接纳着年幼的外孙。王绍基的表兄表姐众多，外婆却独独呵护他。这种呵护不是偏袒，而是如何做人的教化。

他好强，会与邻家孩子争一理斗一嘴，外婆款款走过来，把他扯到一边说，小小年纪争什么输赢，你输是输，赢也是输，50岁以后才有真输赢。

常常，外婆会在天井里一坐，拍净他弄脏的衣衫说，守住你的行止，学好你的本事，你与别人不一样的。外婆的眼波里氤氲了深长的意蕴。

那时他不明白，为什么他与别人不一样，是他的遭际比别人倒霉，更需要一种定力，还是天生我材必有用，本该比别人多一份承担？但至少，在后来几个舅舅被打成右派，残破的家再次分崩离析，母亲也因父亲之过投入监狱，他发泄不满，叛逆地用弹弓射碎满大街的路灯与公共痰盂的时候，他会悚然醒悟，为自己的行为羞愧脸红。他不再胡闹，躲进陋室吹号，练琴，作曲，重拾儿时的音乐之梦。天籁之声荡涤着污泥浊水，让灵魂安恬而纯净。

于是，他看到端午节不知谁埋在他锅里的一扎粽子，他看到非亲非戚的阿姨缝给拘留所里他妈妈的一条保暖棉裤，他看到学徒工同学把自己12元的工资分出5元给没有任何收入的他和弟弟，他还看到，他曾经的仇恨里反馈着许多世俗温情，足以消弭厄运带给他的腐蚀。这是立足于世的一种洞穿，他懂得了回报。

下了乡，他住在牛栏边的小屋里，学一切可以学的本事，比如耕种，木工，赤脚医生；修一切可以修的东西，比如农具，手表，半导体，拖拉机。甚至还学了裁缝手艺，做出演出队《白毛女》、《红色娘子军》的全套戏装。音乐上的多面手，更为贫瘠枯乏的农家生活带来乡野的浪漫。因在乡镇调演拔了头筹，他被市文艺单位选拔回城。又被作为“可以教育好的子女”送入梦寐以求的音乐殿堂深造，学习指挥、作曲，毕业后从事音乐教学与演艺，多次得奖，其作品如小提琴独奏曲《思乡曲》等成为传颂一时的流行曲。可那一刻，淳朴的乡友泪汪汪送至村头，他觉出沉甸甸的负荷并不来自音乐。

那个时代本不属于他，却反过来成全了他。剥夺和给予其实都是成全。他分明收不住了，向往更广阔的天地，去成就别样的担当。36岁，他像褪壳的蚕蛹，扔下一地碎片，走向欧罗巴，走向西班牙。别人问他为什么走，他说没有理由，是冥冥中的召唤，是宿命。

西班牙见证

下飞机不到五小时，王绍基已站在瓦伦西亚中餐馆的水池前洗盘子。打烊前，他用泡白起皱的手码齐一摞杯盘，听见老板拍他的肩膀说，好好做，熬过三年洗碗，三年大厨，三年跑堂，你就可开爿餐馆做老板。他一趔趄，手里盘子哗啦落地，碎出一片脆响。闷头走出店堂，正是西班牙的什么节日，人们在跳狂放不羁的脱衣舞。一个女人跳到面前，脱着衣，嘴里叫着“中国，中国”给他飞吻。他满脸彤红，心里却认定，要在这群人中立足。

他去地铁通道拉琴卖艺，自尊的弦绷得比二胡的弦还要紧，琴凳攥在手里怎么也放不下。他拷问自己，放弃脚下这块地，就是放弃西班牙，你甘心吗？板凳终于放下，磕地的声响在听觉里如悲怆的音符。过往行人好奇地打量这张东方面孔，为他的窘迫感动，也为中国乐器的如泣如诉感动。挣出比洗碗多几倍的钱以后，他被一帮西国艺人裹挟而去，做了半个月室内音乐人。这是他地铁拉琴的初衷，却并非想要的生活，他选择离开，明知这一脚跨出，他的音乐之梦便碎了。他流了泪，就像重返插队的曹棣村，回到餐馆洗碗、跑堂，摆地摊卖打火机眼镜，帮人送货，去衣工场纫衣，把最底层最困苦的滋味轮番咀嚼了一遍。并把三年的西班牙课程用一年半学毕，再考出驾照。他相信自己正经历着原始积累的一个过程，不会永远这么下去的。

机遇只青睐有准备的人。与台湾商家的相识便是一例。寥寥几句话，就有了商务洽谈的一个约会。偏同屋一不留神把门碰上了，他被反锁屋里。到了点，他出不去，只好把电缆线绑在身上，从窗户爬下去。西式老楼的三层比想象要高，他像壁虎贴在一堵峭壁上。电缆线磨断，他从半空摔了下去，咬牙一瘸一瘸去赴约。对方见他时，冷汗淋漓，脸都青了。台湾人被他的信守承诺所感动，把20万美元的货品一次性交由他推销代理。签下合约，他才拖着一条像是别人的腿去看急诊。腿居然摔断了。做完手术，铸上石膏，再被大夫训斥在医院关了禁闭。可那批货是有季节的，他如何躺得住？溜了号，剪掉一截石膏，加固绷带，拐着白花花的伤腿去推销，没出几天竟然死活开上了车。他把家搬到那辆嘎吱响的二手车上，堆满货物的空隙里，有御寒的衣，填肚的米，还有几把青菜几块咸鱼，还有一只小煤气炉，用来敷衍推销员的生物之需。就这样，半年多时间，他驾车兜遍西班牙每一个角落，甚至跨越到毗邻的葡萄牙，终于赚到一些辛苦钱。

王绍基不满足跑街这类小打小闹了。扔掉二手车，应聘走进西班牙萨伊士大门。这是一家以切割技术工具闻名的大公司，老板深知他只为淬火而来，因了欣赏，还是提拔他为东方部经理，并促成儿子与他共组关于中国双边贸易的子公司。音乐家的敏捷加温州人的务实，他如鱼得水，把小平台跳成大龙门。巴塞罗那奥运会，他以5400万西币竞拍取得头部以上用品全球广告特许经营权。当300万顶标有奥运五环旗的帽子以及太阳镜、挂件等潮水般涌向五湖四海时，一个命名为3E的国际商标多频率地出现在人们视野中。而对于掘到第一桶金的王绍基，这场战役的真正意义则在于窥视并品尝了国际商业运作的无穷奥秘。

50岁的赢才是真赢

别以为人生高度已被踩在脚下，命运仍在鞭打他，笑还太早。风光了两年，一次致命投资，十年的呕心沥血得而复失，口袋里一度只剩10美元，与1985年刚来西班牙时相等。嗷嗷待哺的孩子和妻子的眼神，把他男人的担当撑了起来。

不是还有3E吗？他从崩溃边缘站起来，发觉人生亮处犹在。他借了一笔款，在最牛的马德里礼品交易会租下摊位，唱一出诸葛亮的“空城计”。摊位里什么都没有，就是一台286老式电脑与电脑后一张谦恭而不失尊严的脸。墙上有硕大的3E商标，商标下一堆收罗来的商品包装盒。真是艺术家的乌托邦，居然用空盒接订单。偏偏还就有人认。不是认他，而是认良好信誉的3E。称霸全球的宝洁西班牙公司来了，请他负责产品促销企划与相关广告赠品；西班牙最大的石油公司也来了，授权其为所属两千多家加油站内的小超市作总策划总代理，一个庞大的与众不同的消费市场被他的雄心包揽下来。

这以后的赢才是真赢，王绍基迎来人生收获的季节。他和他的3E步入跨越式的国际快车道，成为机械、电讯、物流、媒体、能源、环保等多领域的国际集团。那年，3E以其在金融界的良好信誉荣获国际银行组织比埃帝国际信誉金星奖，其后又获奥沃技术成果奖、交通石化最佳合作伙伴奖等。身为西中商会（ACEC）唯一的华人企业家会员，他当选为执行主席。

参与媒体更是他的两次飞渡。一个经济人，音乐人，无时不在寻找心灵的岸。当经济帝国耸立，他首先感知的就是母语文化的匮乏。于是3E麾下聚集了优秀的新闻团队，一份西班牙历史上最好的纸型及网络媒体《欧华报》诞生了，同胞们有了精神家园。但西班牙人呢，如何让他们解读中国？即便永远不可能盈利，全球独一无二由华人创办的西语报《东方周刊》还是跻身主流媒体，办得有声有色，以至于西国首相访华时，代表团成员文件夹里的扉页就是他的《东方周刊》。这时他才有点沾沾自喜，就像谱写指挥了一曲交响乐，激越过后余音袅袅。

采访札记：

王绍基是在马德里王子山庄接受我的采访。那是他的家，装潢与陈设都是西式的，雅致而不失豪华。每年春节他会在这里举行新春酒会，应邀的贵宾除了西中商会及高层论坛的同仁，还有西班牙贵族、官员、社会名流。

曾有人感叹，这里以前是美国3M总裁的家，现在却是中国人3E总裁的家了！

因此，王绍基对我说，世界上的任何东西都不可能永远属于你，谁都不过是个过客，你能做的只是让今天不平庸而已。

王绍基的人生是满的，丰富而精彩，他能这么想尤其让我敬重。

兰加斯特二十年

一

“兰加斯特”是巴黎时尚界众所周知的手袋品牌，但它的老板郑高秋的底细却少有人知，我也一样。

这是很特别的一次采访，在高档酒店的午餐上。很私密的一个空间，长绒地毯、绝对隔音的墙壁、一张硕大无比的圆桌，给人的错觉似乎正开着某个欧盟首脑圆桌会议，却只有我们俩，被抛在空空旷旷的安静里。在此之前，我希望郑高秋能为采访提供一个相对不受干扰的时段与空间，他就把我带到这里，说着很温糯的法语。我吃鱼，他吃牛排，然后喝水。刀叉下的肉是血淋淋的，他已经很法国，虽然看起来更像文文气气的中国学生抑或乡村教师。

他不懂中文，只能说比较家常的方言，带点茶山丽岙一带的口音，而且不善言辞，显然不是那种夸夸其谈的男人。所以，交谈多少有些障碍。好在他有着法国人那样的了然与透明，没什么城府，一切就变得简单。

“兰加斯特”已做了整整20年，做成了以法国为中心从而向欧美、中东一步步渗透扩展的规模，做成了高档精品，郑高秋也成了温州人的翘楚。郑高秋注册了数个公司，旗下25家连锁店，遍布法国黄金海岸及巴黎、里昂、波尔多、土鲁士等大中型城市。150多名员工中，有80%以上的法国人为他打工，还不包括承接制作的法国公司与开设在好几个国家的生产基地。并在世界各地陆续开辟出800多个专柜与专卖点。公司业绩与综合营运指数还上了《费加罗报》排行榜，名列第九，为迄今唯一的华人企业，为此他荣获法国政府颁发的荣誉勋章。“兰加斯特”精品系列更是频频登上时尚杂志，成为中产女人们肩挎臂挽搭配服饰的青睐之物。这些数字看起来也许并不刺激感官，但只要是身在欧洲的业内人士，就会知道在时尚王国打下这片天地会有多难。

郑高秋要的就是这类低调。与他的人一样，洗旧的白衬衣，半含着胸，视线低沉，就这么平平淡淡内敛了一段本应丰富多彩的人生传奇。

二

郑高秋1971年生在瓯海竹溪，父亲出国多年回家探亲时母亲怀上了他。不到两岁，母亲也追随父亲去了法国，他就被寄养在隔村的外婆家。母亲走时泪流涟涟，他却不哭也不闹，偎在外婆怀里像只安静的猫。外婆裹着小脚，却有一副波澜不惊的名媛姿态，在他便是避风遮雨的港湾。外婆其实是宁波人，战时从上海逃难过来，一住几十年，蛰居下来。所以外婆总与乡邻的女人不太一样，有股子大气。

后来知道，外婆是比他想象的更了不得的女人。上海沦陷时，日本鬼子的飞机乌压压扔了一地炸弹，外婆就站在不远处一爿幸存的屋檐下，眼睁睁看着自家的金铺与宅院转瞬间夷为焦土，丈夫与四个儿子统统葬身，甚至连完整的尸首都没能刨出来。外婆守着深井般的弹坑哭嚎了几天几夜，包了一绢残余的碎金，背起未满周岁的女儿，一步一回头走出了上海滩。小高秋在外婆的膝下一遍遍听外公与舅舅的悲惨遭遇，心缩成一团，从此憎恨战争，憎恨一切道德沦丧的残暴行为。他常常梦见自己在只有墙没有顶的大屋里造飞机，是苍鹰那样穿云破雾，专门袭击轰炸机的雷达战机。

6岁母亲接他来法国上学。母亲延续了外婆的家风，原是识字的，就一心想让最小的儿子受最好的教育。高秋上的是法英双语学校，他喜欢读书却不喜欢课堂，清一色的蓝眼睛黄头发，看他的眼神就像看只哑巴猴子。他很孤独，上课总是扎下脑袋偷看图画书上的战斗机，就在那时，他记住了一款名叫“兰加斯特”(LANCASTER)的战斗机型，英国造。他觉得像是自己梦中的飞机。当然，孩子的陌生感总是很快过去，他的英文、法文都越来越好，遗憾的是母语教育被搁置。当时巴黎的中国人少，中文学校更少，温州俱乐部偶然放一部小银幕戏曲片，礼堂里都会挤破头。本来可以在家教的，可惜父母忙于开餐馆，忽略了。等到想事总能想到远处的外婆也来了法国，他学语言的大好时机已然错过。这是成人后的郑高秋最耿耿于怀的一件事。

读了将近十年书，还没拿到毕业会考，郑高秋就被迫辍学了。原因是餐馆被卖掉，父亲离家出走了。当时兄姊都已成家，个个在辛苦创业，留下母亲、外婆两个老女人，郑高秋如果不站出来，谁来撑补这爿坍下来的屋顶？

三

16岁的郑高秋在姐的帮衬下当了皮包工场的老板，母亲是他最忠诚的员工。刚开始都是替别人加工，做的是低档包。虽说低档，挣不来大钱，他也做得严丝密缝，挑不出瑕疵。业内就有了好名声，接二连三接揽了顶极精品路易威登、蓝赛娜等的加工活。顶级公司的质量要求堪称完美，连缝缀的每一行针脚都必须绝对一致，少一针不行，多一针也不行。郑高秋偏也是较真的人，这类挑战让他的感官触觉兴奋。他学会了精益求精。

渐渐地胃口大起来，不满足替他人做嫁衣裳了。那个晚上，他独自坐在怪兽般趴在灯下的切皮机旁，手里搓着一块碎皮，感觉身后有双无形的手在推搡他，要把他推出这间黑洞洞的屋子。外婆颤巍巍走进来，倚了门框看他，白发梳得一丝不苟，眼睛在褶皱的包围里轮动，有很淡却很沉稳的光。外婆什么都没说，却像说了许多，他翻腾的心定下来。

郑高秋伉俪

他开始做属于自己的品牌。想也不用想，心仪已久的战机“兰加斯特”就是最好的品名。那年，他刚满18岁。后来他说，替别人做包再好也是过眼烟云，留不下痕迹，自己的牌子就不一样，做好做坏市场都会记着你。他扭头去了土鲁士，大手笔签下一串字母，便把一老牌服饰商在法国境内的22家连锁店全数收归旗下。这是一个传统的家族企业，经营服饰长达半个多世纪，签约时，秃了顶的法国人眼圈都红了。

品牌悄然上市，他大刀阔斧地继续扩张自己的“领土”，仍是一副文弱年少的假象。在生产、批发、零售的每一个环节出现，他总经理的角色总会让旁人甚至手下看走眼。那些年法国经济一路滑坡，好几家由他供货的销售商倒闭，欠了“兰加斯特”一屁股债，捆在一起足有几百万法郎，就这么打了水漂。他不动声色地吞咽下去，气度就像当年外婆站在废墟前面对被日本鬼子炸死的家人。有了这种沉着垫底，“兰加斯特”挺住了，并节节上升。

四

那个夜晚在他永生难忘。一个叫雪芳的女孩出现了。在那帮嬉闹的朋友中，她与他是最安静的，都没怎么说话，只用眼睛传递信息。慢慢熟了，就渴望着见面。他知道自己是喜欢她的，却无从表达。他向来口拙，尤其面对女孩子，慌得手脚都无处放。这个秘密揣在心里，就像丢了魂儿，他的“兰加斯特”也黯淡了色彩。终于，在巴黎街头游逛了许久之后，他找到一件信物。

翌日，是雪芳的生日，他接她赴朋友约定的生日聚会。在她家也是皮包店门前的老街上，他脚步踩得很有些乱。猛然回身，他掏出了一只蓝丝绒的小盒子，结结巴巴说，祝你生日快乐！然后逃也似的上了车，手搭在方向盘上直跳。雪芳跟在后头上车，坐到他旁边，掀开小盒，里面是名贵首饰卡尔迪的一条金项链，项坠是一枚微型信封，可从封口抽出更小的信笺来，信笺上刻着“我爱你”的法文字样。这是卡尔迪的经典，也是传递爱情的经典。20岁的郑高秋不是很浪漫的年轻人，却在浪漫的巴黎找到了浪漫的示爱方式。比他还小两岁的女孩哪经得住这些，脸红着，心跳着，身体在座椅里淌成了一汪柔水。

雪芳在嫁给这个男人的同时也嫁给了“兰加斯特”。这是郑高秋意外的收获。如同上帝送给“兰加斯特”的一份馈赠，雪芳像是生来就是做包做手袋的，没进过任何设计学校，也没经过专门的训练，她的手袋设计自然天成。每一张图样在她手里揣着，所有的感觉都像云霓，带着无法阐述的某种神性，连她自己也不甚了解。她看上去是个平常女人，喜欢逛街，喜欢购物，喜欢流连在巴黎美轮美奂的橱窗前，以时装、首饰、家具摆设来激活她的灵感，却刻意回避同行的创意。她要让自己的想象力跳出手袋的模式与窠臼，这就是她不平常的地方。“兰加斯特”再无须寻觅最好的设计师来运筹一年两季纷繁变幻的时尚风云，雪芳的诉说就是摩登的保证。

他们在全世界的范围里看展销，夫妻结伴，寻找新的意念、新的材料、新的工艺，催生着一年比一年更新的“兰加斯特”。开始他们自己也租摊位参与展销，在展销上获取订单，后来就不需要了。因为品牌上了档次，逐一打入法国最大的百货公司“老佛爷”与“巴黎春天”，打入国外诸如欧洲、北美、中东阿拉伯国家甚至日本的时尚旗舰专柜，再加上自己的25家专卖店，当然他们仍需拓展客户，但不再是展销会上的那些人。低档、零星或者营销不稳定的客户，已渐然淡出“兰加斯特”的战略视野。

五

出走了许多年的父亲终于回了一次家，那是母亲与外婆在巴黎的家。父亲是早想回来的，却被愧疚逼得迟迟不敢上门。这次来是告别，要回老家乡下度日。父亲老了。母亲与他在桌边坐着，相对无言。

郑高秋原谅了父亲，虽然那年是父亲的出走让他辍学，但血缘毕竟浓于水，养育之恩理当回报。他把钱打入父亲国内银行的账户上，让他丰衣足食，安度晚年。郑高秋是外婆喂养的孙儿，有着外婆的气量。

外婆依旧健在，已是106岁高龄，是在法华人中当之无愧的老寿星。前两年摔碎了腿骨，郑高秋病榻前小心侍奉，目前竟已重新站立，行走无虞。

郑高秋的三个孩子也都成长得很好，课余都在中文学校学中文，9岁的小女儿还能说一口流利的国语。郑高秋不愿意孩子们长大后有和他一样缺失了母语的遗憾。

20年对于一个时尚品牌也许不算很长，巴黎的一些名品老店都有二三百年的历史，但“兰加斯特”之于郑高秋，却是半生的爱恋半生的岁月，这痴迷的爱恋销蚀了目标单一的每个分秒每个瞬间，就像织得密密匝匝的一枚茧，把他对人生的所有汲取与表达都束缚到里面。但他显然是高兴的，因为“兰加斯特”会证明他的存在。

饮食博士

在走南闯北的温州人中，谢宏是个另类。他也开饭店，他也成功，但在文化层面上，他无疑达到了众多海外温商未能达到的高度。“吃”在他这里具备了精神内涵，从而流动着人性活水，润物细无声地濡染了维也纳音乐之都的人文情怀。谢宏的成功不在金钱，而是一种文化渗透，有饮食乃至商业以外的意义。所以，尽管他低调，我还是为他做了一回东风西渐的传递手并甚觉欣然。

从此岸跨越彼岸

谢宏是在杭州出生的，5岁才随父母工作调动迁徙温州。母亲是杭嘉湖大户人家的小姐，父亲则是平阳农村泥腿子家的后生，是红色革命将两个人生坐标上本无交点的男女撮合到了一块，这成就了谢宏的成长背景。这个瘦弱的小男孩一到温州便遭遇了那场史无前例的浩劫，父亲被打倒，好端端的家坠入黑暗，在风雨中飘摇。谢宏的童年于是不可能幸福，受尽白眼与唾弃。

幸好刚上完初中，“四人帮”便粉碎了，他读重点高中，再考大学。填志愿时他想学新闻，实现将来当记者的愿望。母亲却怕儿子口无遮拦，写文章遭殃，极力阻挠。退一步选学中性专业，考了浙江中医学院。心存动荡的念头，渴望异地漂流，去杭州契合了他的人生指向。虽然对学医并不热衷，但五年校园生活却是满意满足的。

毕业了，谢宏依然憧憬远方，却不得已回到温州。他是母亲唯一的儿子，总该尽些孝道。分配在附属二医，改做西医骨科大夫。母亲乐意，儿子却觉得闷，心像上了锁。过了一年多，母亲在不愉快的日子里看到了儿子心上的锁，便说，你想出去闯，就去吧！母亲也是从年轻闯过来的人，儿子对远方的渴望她懂。谢宏连夜写信，寄给远在奥地利的姐姐，并报名上了业余厨师培训班。都知道学厨艺是出国的唯一途径。

1988年维也纳多雪的冬天，25岁的谢宏告别故土来到奥地利。骨科大夫改行中餐帮厨，他不委屈，只因漂泊的灵魂终于栖息在远方的一抹曙光里。

三年多时间，打工挣来的钱都在电影院里流走。困守灶台炉火，心像长了翅膀，在银幕上飞翔。他期望在别人的故事里认识并理解自己的人生，那也许是靠近陌生世界的捷径。

是后来那次滑雪胜地的度假，改变了他行走的方式。因为喜欢皑皑白雪与壁炉里燃着炭火的小木屋，也因为跳不出温州人创业当老板的急切心理与生存窠臼，他用借来的租金租下一间食廊经营中餐，单枪匹马打拼世界。做了一年发现自己并不适合乡野小镇那种与世隔绝的单纯与孤高，地域的美丽固然在，身心却被现代文明抛弃了。他不肯，否定了隐居的尝试，撤回维也纳。

为什么非要过一种什么都没有只有钱的生活呢？细细琢磨，奥地利人的生存智慧显然更为超拔。他们多半不会愿意效仿别人活一份模式的，每个人只选择过自己的日子，喜怒哀乐同样不复制。谢宏想，既然栖息在维也纳，就不能枉做半个奥地利人。于是找份简单工作，工作在他并无贵贱，只为衣食所需，其余时间都用来丰富自己的阅历。行千里路，读万卷书，一切从德语开始。三期语言培训，加上锲而不舍的自学，有了与人对话的能力，愈发觉出学识修养的匮乏。原以为自己在大学也算一介才子，讵料在维也纳文人圈里与谁比都比出审美的狭隘与苍白。不服输，加倍恶补。谢宏读了很多书，文化，历史，美学，甚至宗教，了解欧洲文明的宏观走势及细部演变，都用德文读，读不懂就吞咽下去，再反刍出来，读到最后，竟学会了用德文思维，语言障碍迎刃而解。当然，喜爱的电影依然不可或缺，那是认识生活的另一种途径另一种仪式，恰如坐咖啡馆，听音乐会，看画展，交朋友。行走在历史遗迹与现代建筑的夹缝里，美，在这种时候成为过去，预示未来。

它的名字叫ON

如此这般过了几年，谢宏又对自己不满意了。一个人，总不能一味享受生活而不思创造吧。于是伙同韩国的厨师小伙子，在维也纳中心老集市开出一爿亚洲餐馆。

谢宏始终对“吃”怀有不减的热情。想起以前在杭州上大学，几个同学省出食堂饭菜票到西湖边的名店打牙祭，那种味蕾的快感记忆犹新。还有温州街头夜宵小摊的炉火，在万马齐喑的年代，实在是盏微明的灯，温暖着荒凉的心。那时候，谢宏就坚定地认为，除了果腹，除了味蕾快感，饮食还是精神层面的一种文化。所以，当域外行医成为不可能的事实，他唯一能做点什么的便是饮食。但与韩国人的合作遭遇了语言难题。韩国人只说韩语，与谢宏的德语无法沟通，比比划划说半天，还是皇帝碰到兵，有理说不清。只好分道扬镳，各走各的路。

谢宏的创造激情卡在半道上，难以释怀。他去了维也纳中产者、文化人聚集的街区，租下一间什么都没有的小屋，在里面转圈，构思自己的蓝图。这时，奥国文化界一位朋友走进来，人称天才设计师，年纪轻轻就得过国家最高的设计金奖。他听完谢宏的构思，把小店按照天才的理解设计装潢成既温馨时尚，又低调另类的超现代空间，仅有24个座位，却美轮美奂，冠上简洁而饶有意味的店名ON，堪称绝版。当年，奥地利德、英文版的权威刊物《当代设计》就把ON评为全奥最漂亮的亚洲餐馆。

谢宏螺蛳壳里做道场，把自己颇有心得的中餐厨艺做了改良，从温州菜的原汁原味出发，融入粤、川菜系，并佐以日本、泰国等东南亚菜系某些精华，形成与文化氛围相辅相成的饮食品位，是属于他自己的独特。

白领，绅士，文人捷足先登，为那种文化沙龙才有的优雅情致，也为与街面上不一样的中餐口味。小小的ON从开门伊始就日日爆满，加桌加凳把通道塞得水泄不通还是接纳不了要来坐一坐喝杯薄酒啜口小菜的络绎不绝的顾客，每逢周末，更要早早电话预约，否则来了也是白来。好些文化人竟说：人生三个去处，一是家，二是职业场所，三是ON。话不无夸张，却足见对ON的钟情。媒体更是趋之若鹜，先写店，再写菜，三写人，奥地利几乎所有报刊杂志都热捧过ON，作为焦点人物，谢宏也与那些记者编辑处成无话不谈的好朋友。

然而，ON实在太小，太捉襟见肘，装不下谢宏的名声了。

夜幕下的沙龙文化

谢宏不得不搬家。

2006年6月，新版ON在维也纳夜生活最活跃的五区一条看似僻静的小街上亮相。新版ON比开创版大了好几倍，后花园里也能摆上几十个位，可容纳上百人从容就座，这样的规模在欧洲城市的心脏地带不算小了，谢宏满意。饭店前主子是奥地利颇有学术声名的一个社会学家，谢宏初来乍到就嗅到店堂里浓郁的文化气息，他喜欢这样的气息，觉着ON的底蕴也随了“前朝”的地气丰腴起来。所以，装修时没打破原来格局，只做了局部细节修正。设计还是那位天才的手笔，还是ON原来的低调，简洁，唯美，只是更文化了。若不是常有吃饭的人在外排队，那扇轻轻关闭毫不张扬的门，是肯定会被不经意的眼睛错过的。

谢宏就要这样的效果。看起来他不是那种十分内敛的人，但他追求内敛。

新版ON一开张就满堂红。这得感谢媒体，让热爱它的老朋友知道它的迁徙，让未谋面的新朋友循着指引找上门来。来了，尝过谢宏不断求异翻新的菜，感觉过沙龙式的氛围，便不再离弃，成为新一拨客人。

欧洲任何都市都有许多单身贵族，谢宏也离了婚，女儿长大了，回北京上了中戏，现在时态的他亦是单身。所以他理解单身贵族的生活方式。人归根结底都是孤独的，独处在很多时候并没有什么不好。ON是不是该给他们一个独处的温馨和自在？谢宏找到奥地利最知名的白葡萄酒“绿维特灵”酿酒商，专门为ON制作了一支小瓶装的“绿维特灵”，命名为“单身贵族”，包装也是浅绿色ON的风格。谢宏与所有来ON吃饭的单身贵族都爱上了这款“绿维特灵”醇香的口感，在热闹中的宁静里一坐，独斟独饮，享受心的高远与旷达。

因为是夜生活区域，谢宏搬过来时没准备中午营业。但街区附近许多大公司白领，文化单位的职业文化人有意见了，抱怨午餐没有好情调的去处。于是ON在姗姗来迟的某一天上了午餐菜谱。媒体立即叫好：ON终于让喜欢它的人午餐有了去处！谢宏前脚对他的十多名员工说，先试试，来一个做一个，来两个做两个。话音刚落，后脚涌进一群食客，洋洋洒洒坐了个满席。谢宏自己也被搞懵了。来人们则说，哪怕不吃饭，来坐坐也是好的。恰如当年的弗洛伊德，总在那家咖啡馆喝咖啡，喝的是杯底的哲学杯外的情调。

饮食博士，温州老板

ON独辟蹊径，似乎并未参与市场竞争，却有了名牌名店的品相：奥地利最好的中餐馆、十大亚洲菜系排名榜、东方菜系（包括阿拉伯、南美诸国）创意第二名，等等。真是酒香不怕巷子深，谢宏不经意打造的一扇小门，居然关进了最摩登的文化时尚。媒体人在这时都是他的朋友，与那些设计师作家音乐人哲学教授等等一样，所有话题会从盘里的色香味延伸出去，形成精神层面的一个气场，覆盖了小小餐馆原本的意义。关于ON的文字多了，老板谢宏自然也被推搡出来，频频亮相媒体。人们称他为“来自温州的饮食博士”。

奥地利最权威的生活类“阿拉卡特”出版社找上门，约请谢宏以ON的菜系为主体，追踪溯源发掘文化底蕴，为他们做一套图文并茂的中国菜谱大系。这是一项大策划，正在洽谈筹备中。

为上海世博奥地利馆揭幕式出版印制的《非常维也纳》一书，也把谢宏的ON作为维也纳中国移民的翘楚用了三个页面推介。

“无言的烹调”是奥地利国家电视台2010年2月开拍的烹调节目，又名“沉默是金”，打字幕，配音乐，介绍中国菜的原本、可能和应该的改变。每集30分钟，3道菜，由谢宏独自担纲，创意，操作，实拍，共28集，已全部杀青。11月开始播放，每周一集。因含蓄，不哗众取宠，深得文化人青睐。续集也在洽谈中。

同时，国家电视台一周一期的“周一文化”，还专门对他作了专题访谈，述说菜盘子内外的文化精髓。节目得益于谢宏对东西方文化的参悟与渗透，做得十分精致且有内涵。

在奥地利拥有数个城堡的商界地产大亨也对谢宏和他的ON发生兴趣，邀他加盟旗下，在总理府附近一座老宫殿典雅奢华的回廊里再造带有贵族气息的文化食廊。那位大亨很绅士，也很牛，从来不对大众消费的中餐投怀送抱，这回算是破例放下身段了。他其实并未去过ON，但对谢宏耳熟能详，又逢泱泱中华国际威望扶摇直上，期待联手也是顺理成章。谢宏去那座宫殿的回廊洋洋洒洒走了一遭，觉着挣钱之外，是他的文化中餐ON打入上层社会的一个机遇。他想或许应该接受这番挑战的。

二十多年岁月一晃而过，谢宏开着餐馆，却成为居住国文化圈里的中国名人。回望身后深一步浅一步的脚印，他甚是感慨。他的路固然与他的乡人不同，心理历程其实也相差无几，其精髓还是奋斗，漂泊中的奋斗。他是中国知识分子，出来后难在知识层面深造，便把餐馆做成文化沙龙，学习别人的，传播自己的，使东西方文明在他的ON里水乳交融。他从来不小看这份工作，乐此不疲并终生追求。

采访札记：

当谢宏穿一件与ON同色调的衬衣坐到面前时，我感觉他的另类他的儒雅，也感觉他内心的温柔与强悍。他是我的采访对象中比较特别的男人，他的特别在于他的简单，也在于他的复杂。

他说，不是所有奥地利人都能与中国人做朋友的。他的一位顾客就曾带着鄙夷的口吻嘲讽他：你的脸看上去还真没有那么黄。他反唇相讥，您呢，不觉得自己过于苍白了？

谢宏平日也怒其不争地抨击海外华人的种种劣迹，一旦坐到奥地利人圈子里，民族自尊心便膨胀起来，为些鸡毛蒜皮也要脸红耳赤争个全赢。他说，人都一样，祖国就是母亲，容不得别人玷污。

谢宏爱故乡，但也不讳言爱维也纳。维也纳是他迄今为止住得最久的城市，给了他最多的阅历，他相信自己是在这里真正成熟起来的。他学会了表达，学会了参与，学会了在民主政体与多样化生存方式中选择自己的活法。他也学会用行走替代驾车，只为减少城市污染回归绿色。他还像许多奥地利文化人那样加入了左派社会党，为一份公民应有的义务和诉求。

无疑，谢宏在交错的彼岸活出了开阔的经纬度，他是最终上了岸的漂泊者。上岸就是成功。

山重水复中国心

一

周世义是商人，也是画家。商人是歇下来的商人，画家是从未专业过的画家。现如今，经商作画统统挥洒为生活的业余，成了或意兴阑珊或方兴未艾的闲情逸致。又平添了些新的喜好，比如养鱼，比如栽花种草，还比如把电脑转接到庞大的视屏上，与无形无影的对手下围棋，体验黑白厮杀的快感。他穿着休闲的衣装，在他巴黎奥斯曼经典建筑的豪华公寓楼里慢条斯理地踱着方步，喝一杯小酒，抽几根闲烟，然后从漆成深红色的老式电梯里上上下下，过一份属于他自己的优哉游哉的好日子。

他有这么老吗？错，不过是五十多知天命的年纪，经历虽然写于脸上，男人雄风犹在。可人生就像摆渡，渡到了彼岸，就该把船筏系在岸边，四处看看，繁花似锦呢。这就是他想得明白的地方。

当然，他的心是满的。心满是因为身后这条路满满的足印。他走过几十年的风雨，甜酸苦辣的滋味足够用余生来回味了。

所以，即便闲下来，他也不是真闲。

二

周世义与潘笑黎结识于文革期间。那时他俩都在温州。笑黎的“黎”是后来团聚巴黎时改过来的，是周世义送给新婚太太的礼物，够浪漫。

周世义是“老三届”。初中毕业考上浙江美术学院附中，通知书都已攥在手里，不料那场“红色风暴”起来，学校统统关了门闹革命，便没进学校。后来别人闹完革命都去了广阔天地，只有他，因了父亲在海外，农村也不接纳，便到社会游荡，三天打鱼两天晒网地打点零工。

邂逅在街道企业上班的潘笑黎时他出国离乡的心意已定，可潘笑黎不允。姑娘当时很纯洁，也很革命，不肯与“崇洋媚外”的人有纠缠不清的瓜葛。周世义难以割舍，一遍遍徘徊在门前幽暗的灯影下。有一天，他推门而入，把两张去上海的轮船票往潘笑黎手里一塞，说，出不出国随你，先陪你妈妈去看看外面的天有多大。船进吴淞口，船长递来一封信，说是周世义托他转交的。潘笑黎拆开来读，满纸赞美上海的诗情画意。姑娘不傻，当然明白周世义的醉翁之意，下船一看，外边的世界也真是大，真繁华，排斥的意志就软了下来。

周世义再接再厉，天天上门教潘笑黎学外文，一副胸有成竹的家教模样，实地里也就初中生的ABC，学着学着就没了，掏空了。索性摊派，拽了女友出去“压马路”。那时的“压马路”是谈恋爱的唯一形式，“压”晚了，饥肠辘辘，兜里又没钱，就买两只大饼，周世义一口咬下一大块，潘笑黎腼腆着，心里却怨他小气，一拂手，大饼掉在地上滚成了铁饼。

但是，周世义的鸳鸯蝴蝶梦还是成了，潘笑黎不仅成了贤惠的太太，还与他前脚后步到了巴黎，开始有声有色地闯荡世界。

三

周世义来巴黎是1974年，他24岁。笑黎则晚了两年。

他父亲周老先生原是香港远洋轮上的海员，后来辗转到了法国做餐饮业，据说肩负着中法关系解冻前的特殊使命，因此身后享有盛誉。而初来乍到的周世义对餐饮业没有兴趣，他来是要画画的。没处摆弄他的画笔，就混了个打造漆器的营生，在一些家具摆设上描绘花虫鸟鱼，虽不是高雅的艺术，毕竟也沾了点边。三四年时间不算长，却足以让周世义从幻想的天际跌落到俗世尘烟中。巴黎对他是个捡钱的好地方，但绝不是靠拷贝世界名家的画作。

等潘笑黎追随而来成为名副其实的妻子之后，他的小舟不再独桨单臂，就在巴黎三区开创了前店后厂的“宇宙皮件公司”，制造批发一体。格局还是温州人的格局，他的优势在于捕猎般的一双眼睛与手中握有的那杆画笔。不用请专业设计师，层出不穷的新款新图样就在自己的思维里翻飞，一不留神就会出其不意地跳出来，看着顺眼，做出来十有八九就好卖。那会儿的时机又好，巴黎绝对是一个时尚消费的大都会，他的店门口动辄就是一条长龙，都是零售店的采购员，各式人种都有，就像世界风云际会。

当然也有眼花缭乱灵感短路的时候，他一条道走到底的顽固与执拗就上来了，觉也不睡，即便上了床也要爬起来，点一盏幽幽的夜明灯，就在窗前桌后坐着，两手托腮，苦苦冥思。月光照进来，在他的脸上晃，蹙起的眼眉就阴晴不定。一坐坐到天亮，阳光覆盖了月光，他笑了，疲惫中有丝缕的快慰。或皮包，或皮带，或别的什么新皮件，转弯抹角的难题解决了，柳暗又花明。所以他很牛，自信没有过不去的坎。

第一桶金打捞上来，光灿灿的耀眼。他转而又去开出批发制造之外的零售店。不开则已，一开就开了三家。一条命名为“宇宙”的周氏销售链得以在巴黎虎踞龙盘。

四

有了钱的周世义是踌躇满志的。他穿戴齐整，出出进进于社团，做着一个海外游子的本分。那时温籍侨团只有一个华侨俱乐部，他是从不言退的中坚力量。心系华夏情牵故土，生性又决不吝啬，那游子的本分就越来越多地聚焦在集资捐款上。

温州大学筹建初期，海外捐资的七幢教学楼在法国的温州人拿下三幢，有两幢系两位老一辈侨领所捐，余下那幢就是他率俱乐部成员集的资。原来闭塞的家乡要建机场，这是多好的事啊，自然又是一呼百应。金温铁路启动那会儿，他恰在温州，又恰在市长的坐骑里，虽然囊中稍有羞涩，还是拍出一个月工资5万法郎。市长当即提出机关人员踊跃捐出月工资的倡议。

其实那些年周世义不算真有钱，真有钱是后来的事，所以暗地里他常鞭策自己，要让生意节节向上。立业固然是男人的为世之本，但他还有率性的另一面，他希望自己无论哪方面都是最好的，比如，慈善义举。

到了1993年，听闻母校温二中要扩建校舍，他辗转难眠，一夜都是青春年少时的美好记忆。他想把这些记忆凝固成一个标志，留给后人的中学时代。他写信，打电话，后又专程飞了一趟温州，认资60万，捐了一座科学楼。那时的60万就是一座巍然矗立的主干教学楼了，周世义气宇轩昂地玩了回大手笔。回到家，刻意低调地告于潘笑黎，其实是怕挨一顿的先斩后奏。哪知妻子比他还大手笔，只那么淡然一笑，捐一座楼，好啊。竟连多少钱都不问。

再后来，是2007年，周世义伉俪赶去参加温二中世纪庆典。前一天，从朋友家赴宴出来，妻子突然沉吟道，参加校庆，该带份礼物过去的。正中下怀呢，他趁机说，这礼，要送就送大的，小了拿不出手哩。妻子说，大就大呗。他支吾着，有点说不出口，我想设个基金会，没100万恐怕拿不下。妻子说，100万就100万。颜面安恬如常。他反而愣怔得说不出话来，胸腔里一阵阵热，不禁叹道，知我者，妻也；大气者，潘笑黎也。

鉴于校庆110年，这笔基金又追加到110万，设立年度奖学金，奖励优秀学生，扶助贫困学生。潘笑黎还是那句话，110万就110万。周世义从而捧回温二中名誉校长的桂冠。

五

事实上，对母校的好对母校的眷恋还有更深层的一个理由。周世义是特殊年代出来的初中生，错失了受教育的良好机缘。但他有三个很棒的孩子，两个硕士，一个博士，圆了他的梦，与他共享着高台上的无限风光。因而他自诩，这才是人生最大收获。

大儿子学计算机，法国大众银行的程序软件就是他设计的。这类职位保密度高，必须履行层层筛选与就职宣誓。小女儿自小学钢琴，3岁就被抱上琴凳敲击琴键，拜的都是高师名家。弹到18岁，突然改辕易辙，学了化学，再读物理学硕士，如今是娉娉婷婷优雅的大姑娘，在标致汽车公司做结构工程师。二儿子在父亲眼里更出类拔萃，法国名校硕士，又考了金融博士学位，在伦敦的美国花旗银行做部门“老大”。时下全球金融危机，他撂下工作就去了北京清华大学学中文，说要再度淬火……三个儿女都在法国出生，母语是他们的软肋，但父辈的情结一直在他们年轻的胸腔里蕴藏，他们始终都是中国的孩子。单说老二，5·12汶川大地震，他在伦敦不仅自己捐出英镑，还向年轻的白领阶层募捐了数目可观的赈灾款。

虽然谁也不肯放弃专业继承家传，但周世义不在乎，一爿一爿关了店门就是。只要孩子认准国门，他就无怨无憾。所以，他的基金会搁在那儿，多少也是对子孙后代的提醒与交代。

六

闲下来的周世义并不闲，日子满，心也满。满的日子满的心都属于中国。中国风调雨顺，他就是多情的旅人与观光者；中国多灾多难，他就是多义的慈善家。

不是作秀，不是炫耀，更不是刻意做出来的姿态。他玩笑说，掏钱掏惯了，就好比吸烟，有瘾。不能不信他的坦言，他悲悯情怀的释放，已然成为本能，成为下意识的不由自已。

去医院探视朋友，看到外乡来的打工人患重病买不起药，拽着大夫苦苦哀讨廉价药方，周世义不忍，当即掏出3千块钱。病人亲属扑通跪下，拽都拽不起来。

到延安旅游，歇脚在黄土高坡的窑洞前。走进去，看见一对老头老太太坐在炕头，衣衫褴褛，面容干瘪，分明是半截子入土的人。洞里除了几串黄玉米几串红辣

椒，家徒四壁。唠了几句家常，说是什么都没有，就坐那等死了。周世义红了眼圈，摸出一沓钱递过去，老人烫手似的一挡，张张百元大钞飘落炕上，老夫妻抱头呜呜地哭，一辈子都没见过这么多钱呐。

还有一次在云南，路经孤儿院的门，看见一拨孩子可怜兮兮趴在矮墙上，眼神空洞而饥渴。旋即推门而入，掏光口袋里仅有的8000块钱。院长闻讯赶出来，泪流潸潸地献了洁白的哈达。

诸如此类的事，很多。即便已尽了力，周世义也没有任何快感，一颗慈悲的心总是湿漉漉涌动着潮热与苦楚，为同胞的贫穷难受。

汶川大地震，更使周世义哀然心痛。次日，他凌晨四点就起了床，越洋电话打到乐清，说要捐20万赈灾款。找乐清是因为他有房地产的两幢大楼还在那儿扫尾。可这电话委实过早，那边连赈灾的头绪都没理出来。接着又往这边使馆打，除了发动社团赈灾，自己还两头认捐。那一周的煎熬让他清癯瘦了，守着电视，茶饭不思，心一阵阵揪成了团。

真可谓山重水复中国心，悲天悯地性情人。

采访札记：

周世义的客厅里堆满了画，有世界名画的拷贝，也有自己的即兴之作，都有着习画作艺的心得。而我，更欣赏的是他这份闲下来作画的心和知天命的生活态度。

人的欲望是无止境的，生命苦短，如何选择谢幕，然后安置纷乱的入世之心，过一种淡泊宁静的退役生活，实是智慧的比试，哲学的思考，人性的超越。

周世义并不是哲人，却想得明白，他正从俗世的尘烟里走出来，值得效仿。

在挪威盖房

挪威的秋天是萧瑟寒冷的美丽，山是连绵的金黄，水是极目的浩渺，天更是辽远的澄澈。那是贴近极地的气象。从这种气象里走出来的人，大抵会与拥挤在钢筋水泥笼子里的都市蚁群不太一样吧?

我的猜测在张林虎身上得到印证。

他的块头很大，是温州人里少有的魁梧。我从哥本哈根坐夜船抵达奥斯陆时，他来码头接我，就面对面站着，我都没敢认。但他又是散淡的，不趾高气扬的，甚至还有几分腼腆。即便迎面就是他盖的别墅群，也是漫不经心的姿态，丝毫不见房产大亨那种藏都藏不住的牛。

是挪威成就了这些区别。

18岁大厨，19岁高中生，20岁房主

张林虎原本姓夏，改姓张做了姨妈的儿子是走向挪威的第一步。那时他还是七都岛上庄户人家的孩子，一个未毕业的中学生。姨妈愿意用家庭团聚的理由把他办去北欧令整个夏家欢欣鼓舞，虽然他只有15岁。

1981年的七都也不像后来，岛上青壮年走得光光的。那时出国的大门只开出一条缝隙，潮汐还在未见端倪的预热中，每走出一个人都是稀罕的，都会牵动全岛追逐的目光。张林虎剃了头，穿一件新做的衬衣，被家人簇拥着，跨上即将离岸的船，留在记忆里的感觉仿佛全码头挤挤挨挨的人只在送他一个人。

那时他对挪威一无所知。一个闭塞的小岛上的孩子，除了生他养他的七都，外部世界在经验里是空白。飞机抵达奥斯陆已是北欧的深夜，夏季，天依然亮晃晃的，

他顺便就把黑夜当成了白昼。睡一觉，醒来，已是次日晌午。他揉揉眼，径直下了厨房。水池边餐盘堆积如山，他捋一把袖子，拧开水龙头。姨妈在奥斯陆开餐馆，办他出来的目的就是帮厨。他不会做餐，就从洗碗学起。一个夏季匆匆过去，整个奥斯陆在他概念里就是这方水池这堆洗不完的脏盘子，他甚至都不知道挪威的日出日落究竟与七都有什么两样。

直到秋季学校开学，他才有了除炉头枕头外的又一个去处。学语言是竭力争取来的，保证只用睡觉的时间。常常是凌晨一点下工，六点起床，年少好睡，起床就像受刑。他一气买了两只闹钟，挟持左右，催命一般逼迫自己。下课时间更紧迫，必须头一个蹿出教室，跑步追赶电车，下车还要走一段路，到餐馆正好开工。一个15岁孤身在外的孩子，就这样为自己抓住了读书的机缘。一年学毕，有了语言基础，又报考正规高中。也是学校餐馆两头赶，这边不旷课，那头不旷工，赶鸭子上架般读完三年，拿到毕业证书。挪威老师心疼他，减了他实在没时间做的一部分作业。餐馆那头竟是百尺竿头步步拔高，18岁掌勺当上大厨。四年辛苦路，每一步的甘苦只有他自己知道。

20岁，居然买下奥斯陆附近两室一厅公寓房，有了自己的家。当年挪威房价低，他捡的又是便宜中的便宜，但对仅打了五年工的外籍移民来说，仍不亚于天方夜谭。他简直就是发家前的老地主，勒紧了裤带省，几年里连瓶汽水都没舍得喝。没谁逼他，房子天生就是他的梦想。开门进屋那天，他把原木地板踩得咚咚直响。屋是空的，什么都没有，心却填满了阳光。

借高利贷的老板与中餐启蒙

1989年23岁生日那天，张林虎自己的餐馆开张了。

餐馆不大不小，在较为偏僻的一座小城，之前没有中餐，闭塞的市民甚至不知道中餐吃什么。找这么个处女地开垦，纯属胆大妄为。张林虎却有自己的见地，空白好，平地起高楼。他找了很久，早知这个城市没有中餐，也等了很久，等有挪威人的快餐店出售。终于等到一条广告，驱车三小时赶过去，一接触，价位很难承受。去银行贷款，他一个毛头小伙，看不出有还贷潜力，自然不会借他。不甘罢休，又去游说高利率财务公司，用栖身的公寓作抵押，借了一笔高达19%的高利贷。老牌

资本家的血盆大口谁见了都后退三分，只有张林虎执意往前拱，典型的犟脾气，想做的事非做成不可。

七都老家的弟妹一一办来挪威，平均年龄不过20岁的兄妹几个竟把北欧边城一个传统中餐撑了起来。刚开始生意很清淡，当地居民门都不敢踏进来。张林虎不慌不忙，把菜做精致了，做出上品的色香味，把挪威的本帮菜一道道比下去。便有好奇的食客上门来，尝到了好滋味再把口碑传出去，一传十，十传百，还真诱惑了全城人的味觉。生意火爆起来，日日座无虚席，外卖甚至要排上一个钟头的长队。掌勺的张林虎俨然成了中餐启蒙，引领并改变着当地人长久以来一成不变的口味。

饭店越做越火，终是一派盛世景象。张林虎却觉出了身边的空落落。于是他想，老大不小了，该娶老婆了，左膀右臂好有个帮手。妹妹看穿哥哥的心事，把照片上与自己合影的女同学指给他看，说是如何如何的好，听得哥哥心痒痒，二话不说，订了机票就往老家相亲去。1993年的七都早不是张林虎出来时那般闭塞，呈现出开放的姿态，出国已成时髦的风潮。他找到妹妹那位同学，开门见山表达心意，不说半句废话。江边的女子有芦苇的灵秀与婀娜，也就瞥了他一眼，并未多言，心下则是中意这类实诚的。没有卿卿我我的缠绵与浪漫，短短个把月，一桩姻缘尘埃落定。

妻子的到来如虎添翼，张林虎把火爆的饭店留给弟妹做，自己去别的城市打造新店。他的钱包已然鼓囊起来，用不着抵押房产借高利贷了。

一个人与一个挪威

就在此时，生命中最重要的人走进了张林虎的生活。

这是一个挪威人，地产大腕。此人有高学历，是在北海油田做工程师发迹起来的，赚了钱后投身房地产。但表面看不出是大腕，因为低调，也因为事必躬亲。他公司的写字间在张林虎新开的饭店对面，常来喝杯咖啡吃个饭，一来二去就熟了。他以为一个外国人小小年纪从无到有干到今天不容易，欣赏之余，总想带他闯荡地产界。而张林虎也是天生对地产有浓厚的兴趣。那时，他刚为自己买进一座别墅，还没来得及入住，交易所又找上门，说有人想转买这个房子，比原价多出10万挪威克朗。他虽一口拒绝，心里却是豁然一亮，几个月工夫，不费吹灰之力就能净挣10万，这等好事哪儿找去？

便跟了挪威人探头探脑进了地产圈。挪威人待他如同亲子，恨不得一夜之间就把所有游戏规则传授给他。张林虎语言好，悟性高，口袋里又有了点钱，跟大腕走的又是捷径，很顺。诸如银行，房屋经纪所，城市规划局，建筑工程公司等相关渠道，挪威做事不同中国，凡事有章可循，不存在灰色交易潜规则，但有高人指点有经验可循可省却摸索探路，一步到位。张林虎上了轨道嗖嗖往前冲，绝不回头张望。由于资金不足，他从收罗旧别墅改建转卖开始，买一栋卖一栋，全过程都有房产大腕的火眼金睛盯着，步步为营，旗开得胜。几个回合几番凯旋，钱包大涨，银行对他刮目相看，腾挪的空间扩张开来，小打小闹满足不了膨胀的野心了，这才决定圈地盖房。

他的引路人比他更兴奋，真是徒弟出道师父得意。一天，师傅啜一杯咖啡对他说，加盟我旗下吧，做得大，挣得多！张林虎想也没想婉谢了。他当然知道挪威人是在提携他，希望把他打造成第二个挪威人第二个大腕。但他不愿做第二个别人，他只想做他自己。况且，朋友和商业伙伴是不同的两个概念，他怕利益分歧会让朋友的趣味变质。挪威人是他一生中最重要的良师益友，他舍不得失去这份情谊。

差不多前脚后步，城市修建大马路，餐馆所在的整幢大楼圈进拆的规划图，没了。张林虎虽在地产界崭露头角，餐馆依然是旱涝保收的后方，事业根基，不能失去。于是他开车带太太四处看店，终于在离奥斯陆一小时车程湖海交汇的一个中型城市开出坐落于黄金街角的新饭店，很大，装潢得古色古香，像座皇宫。老板还是张林虎，日常却是妻子打理，他不过是个甩手掌柜。上帝似乎特别眷顾这对夫妻，总给他们带来好运。新餐馆从上世纪末开至今天，午后开门深夜打烊，一直熙熙攘攘，座无虚席，生意从来不曾淡过，长久以来都是这个城市亮丽的中国风景。

别墅群里大鹏展翅

1997年，甩手掌柜张林虎正面强攻地产界。

他在红、黄、绿，商业、办公、住宅界限分明的城市规划图里圈买了一块地，上万平米，盖了12幢24套别墅房，传统的挪威住宅，油亮的黑瓦，深红色的外墙，里外全式木结构，沿着低矮的山坡铺展上去，映衬了北国晶莹的雪山清冽的深海，恰如童话故事里的城堡，有浑然天成的自然之美。

欧洲房子都是精装修出售，入住一切现成。地皮是私家交易，盖房交由建筑公司，材料也由建筑商直接从建材商处批发过来，售房则交由经纪所，在图纸上卖，一般是卖出大半时开始建房。挪威木结构的建房速度很快，连地基都不用，打下木桩就OK。一般春季开工秋季结束，寒冷的冬季专事室内装潢。繁琐的工作在前期，有严格的贷款、审批、勘探、设计等程序，不用走后门，但也不能走过场，每个环节严丝密缝，必须依照法律条款一一落实。投资商前期的事会多一些，需要每个程序拿到手续，签约交由相关代理进行作业。一旦纳入作业轨道，张林虎又成了甩手掌柜，有兴趣就去工地遛圈，看不看都一样。只要管住钱箱，记着每隔三周给建筑公司开支票付出工钱，给建材公司付出材料费就算搞定了。相比做餐馆，费心费神的麻烦少多了，赚进的银子显然不可同日而语。虽然，挪威这个基督教文化的石油富国是欧洲福利最好税收最高的国家之一，尤其奢侈品烟、酒、汽车等，进口税高得离谱，比如同样型号的奔驰车，挪威的价竟是法国的三倍。房地产的税也高，但至少将近三成的投资份额转化为利润兜进钱袋。卖别墅是什么概念，不是餐馆卖一条鱼卖一份肉，数钱难免数得手发软。

况且，不仅仅是钱。

张林虎着实尝到了甜头。第一个工地做下来，卖得比盖得快，盖得比想得也不差。等绿化及相关设施诸如必不可少的停车坪儿童游乐场所全面竣工，他去验收，就像验收一个美丽的梦想。这之前张林虎不是耽于幻想的人，可当他往黑瓦红墙绿地的别墅群里那么一站，感觉就像一只大鹏，会展翅飞起来。

张林虎一发不可收，十几年来差不多每年都会做一个工地，偶尔也盖几栋五六层高的公寓楼，更多的还是别墅群，少则10多幢，多则20多幢六七十套，都在不错的区域，风格迥异，多姿多彩，却一律延续了挪威传统的原木结构，有的堪称豪华。卖得也俏，从来没有滞销的。十多年来，房价翻了三四倍，利润当然也跟着翻。欧洲有别于中国尤其温州，再翻也翻不出天价，但张林虎不眼红国内的朋友，他觉着在挪威做事有章可循，干净，简单，不用陪吃陪喝，劳心劳神，风险系数也低。

建房盖楼之余，张林虎还陆陆续续购进一系列房产，有店铺，住宅，写字楼，全部租出去，每年的租金也是可观的七位数。他聘用一位前南斯拉夫来自克罗地亚的移民小伙子，当初是房客的侄儿，不到18岁，他姑妈央求自己的房东能给他一份工作。张林虎看到这个瘦瘦的东欧人便想起自己的过去，多了份体恤之心。小伙子勤快，也有不错的手艺，便收留下来，替他管理并修修补补那些出租的房屋。如今十几年过去，克罗地亚人小伙子已结婚生子，一如既往服务于他。这个组合有点像张林虎跟那位带他步入地产界的大腕，只是换了角色，张林虎成了引路人，给出克罗地亚人在异邦立足、生存、发展的可能性。

令人伤感的是，张林虎的领路人地产大腕却在两年前故去。每天三包烟，熏烂了他的肺，使之英年早逝，留下庞大的产业后继乏人。每当张林虎坐在自家盛况如前的餐馆里啜饮咖啡，氤氲的烟雾中总能看到那张熟悉亲切的挪威人的脸，心里便会隐隐作痛，因为在自己眼里，他就是他的挪威。

蔡新土的江湖

女人街的男人

蔡新土跟别的老板一样开着大奔，却从不飞扬跋扈，总是一副温良谦恭的姿态，把生意场的险恶与成败藏进波澜不惊的微笑里。他操一口温糯的瑞安方言，说什么话都像聊家常，难免有些琐碎，而端正无可挑剔的长相，会给人好心的邻家阿叔的感觉。

其实，这些多半是错觉，作为在法国的温商大腕，他身后同样有夺人眼球的业绩。

之一，他与友人合作在浙江德清投资建造了一个制造汽车连杆、发动机配件的跃进机械公司。新型的厂房，素质优化的员工，全套先进的流水线，产品投放量覆盖全国包括一汽、重汽等60%的汽车市场，投产第一年也就是2007年，产值7000万，今年可望超过一个亿。

之二，他在东北某地买进一座铁矿，同时修建并购一系列采矿运矿配套设施，包括堆矿的场地，运矿的路，还有一座大水库。他说，那水库很大，像个汪洋。

之三，也是他最得意的业绩。在吉林梅河口，他的欧华房地产公司把市中心两条破烂的老街全部拆掉铲平，建起交叉的两条步行街，各长200米，一条叫欧华街，另一条叫女人街。沿街各100多爿商铺，每间100多平米，二层或者三层，既有欧陆风情，又具北国特色。女人街的构想来自香港，那是一条名街，街上摩肩接踵“血拼”的淑女名媛，弥漫着经久不散的脂粉气，是女人关于时髦的遐想。他在法国一直做内衣生意，所以香港女人街是他攫取灵感的地方。蔡新土把这两条街上的商铺或卖或租，使寒冷落后的城市变得新潮而热闹。他的这桩生意投资是4500万，赚了多少无人可知，恐怕是个天价了，猜去吧。

之四，他与他的家族情系故乡热心公益早已众口皆碑：五座桥，七条路，两座教学楼，仅他个人为修桥铺路的捐资就已超过百万。

为这些业绩奠基的钱是在法国挣下的，挣得很不容易。自1984年来巴黎，拼打了20多年，吞咽的艰难与心酸只有他自己知道。时下，他在93区欧拜维利耶的“中国租界”批发卖内衣，生意做得不小，遍布法国本土与外海属地，连超市之王家乐福集团也从他那里批购中国进口内衣系列。他在诸多店群里自然不是独家，但各种肤色的大公司采购员就是乐意与他做生意，这里就有人品与诚信的关系了。法商认为蔡老板给人的感觉很温和，很舒服，套用中文的语意，大抵就有点儒商的意思了。

巴黎不相信眼泪

蔡新土原籍瑞安陶山，是北山中学高中毕业生，在当年已算颇有文墨的人。母亲是裁缝，他从小又喜欢看戏，所以文革解冻后，他最初的商业活动就是替洞头一个戏班做戏装。演出的剧目叫《火焰山》，靠他的戏装把孙悟空、猪八戒、唐僧包装起来。这事他至今不忘，甚至还有点小得意。

后来，蔡新土结婚了，新婚的妻子有了西班牙签证，携她的小弟飞赴欧洲。蔡新土把他俩送到北京，刚回家，一封电报跟进来，上面一行电文：到法，回京，速来京。那时家里没电话更没网络，蔡新土一头雾水，匆匆第二次上京。到了京城妻子却又下了杭州，是去补办新的出境卡，弄得他在小旅店里像个无头苍蝇嗡嗡乱飞。原来，那趟飞机上的一帮温州旅客在法国过境时被海关卡住，原路遣返，一张机票只在空中飞了个来回。法国海关心知肚明，这帮人说是过境实为入境，目的地根本不是西班牙，进了法国就会“黑”下来，再也不会走。蔡新土的心思是希望妻子别走了，留在中国，无论做个什么事，过平平淡淡的生活。可妻子不肯，是不甘心。他只好又把东家500西家600借来的钱凑到一起，开后门买到两张新的机票，随姐弟二人再冒一次险。这回总算顺利抵达巴黎。但那时国际机票昂贵，这姐弟的两趟飞行，让蔡新土欠了当时在国内三五年也还不清的债。原是犹豫不想走的，这么一来没了退路，不得不在1984年前脚后步追到巴黎。

蔡新土先替别人打了两年工，然后开皮包工场，一做就是整10年，苦是苦，却

也很挣了些钱。电视剧《温州人在巴黎》的原创人员第一次来巴黎，剧本的核心几乎就是在蔡新土絮絮叨叨的讲叙中拼凑起来的。有这么个细节，写到不懂法文的乡下人一次次寄信回温，家里收不到，四处追问他的音讯，他这才发现自己贴足了邮票的信不是扔进邮筒而是扔进了垃圾桶。巴黎街头的邮筒是黄的，垃圾桶是绿的，他却以为法国的邮筒与中国一样，应该也是绿色，这就闹出了令人心酸的笑话。蔡新土讲类似这些来自同伴的故事时，心里总是很难过。

他自己又何尝不是。替响当当的品牌公司做加工，如履薄冰做了好几年，一夜之间那家公司倒闭了，欠他的百多万法郎就像水汽一般人间蒸发。明知对方倒闭有诈，有猫腻，可你不懂法文不懂法律，又有何招？只好退出皮包业，到郊区开百货店，再兢兢业业把生疏的生意做上去。

不承认“滑铁卢”

蔡新土不承认，进军11区做服装是他的“滑铁卢”。

11区在巴黎巴士底狱一带，当时那里的商铺正被有跟风心态的温商成衣业大肆哄抢吞并，价位疯了似的飙升，以致药店、面包房甚至咖啡馆的法国老板也见钱眼开挂牌出卖，惹得当地居民到区政府门前游行示威，抗议传统生活品质遭到摧残与践踏。

前面说过，蔡新土最早的商业活动就是做戏装，因此对服装生意情有独钟。来巴黎后一直没有机会，现在他觉着该是出场的时候了。通过中介，他以令人咋舌的高价买下街角一爿三层店铺的FONDS(经营权),签约时才发觉中介由于语言障碍，错把4万法郎的房租跟他少说了一个零。签都要签了，反悔已来不及，只好咬掉牙往肚里吞。心想只要辛苦些，好好做，总能把房租赚回来的。便开始做温商从未涉足的牛仔系列，打自己的品牌，拿到国内正规厂家做，一上市果然抢了头彩，弄得街面上几个老牌犹太店家一脸菜色，眼都红了。

生意热闹了几个月，突然一纸传票下来，说他被人告了，告他的牛仔系列盗版。紧接着司法执达（HUISSIER）上门来，封杀了这个系列的库存。蔡新土懵了，本来就不流畅的几句法语在舌头滚来滚去，硬是没能吐出来。畅销的牛仔不能卖，店堂里变得空空荡荡。其实，谁的牛仔不是“牛仔帝国”levis的间接盗版?而告他的那个犹太商,根本不卖牛仔品牌,不过是在同一条街恨他抢了生意要挤垮他而已。犹太人总把法律破绽当武器来对付自己的竞争者,貌似光明正大,实属暗箱操作。蔡新土想了很久，决定聘律师反诉。他要为中国人，为温商讨个说法。

官司打了整整两年，费用不计其数。请的律师贵是贵，倒也尽心尽责。蔡新土有理有据，终于胜诉，法庭上他昂起高贵的头颅，堂堂正正。牛仔系列也重见天日。可惜两年时间太长，时尚风头早已转向，只得忍痛割爱，卖掉店铺。

别人替他可惜，他却一派从容，淡然地笑。赔点钱不在乎，关键是赢了犹太人，为温商争了口气，这就值。

潮汐与涌浪

幸好蔡新土有前瞻性的战略眼光，已在越来越旺的93区奥拜维利耶买下更宽敞的店铺，所以蔡新土的迁徙也算水到渠成。

他在乡邻与商友间总有很好的口碑。生意热闹、投资准确是一说，人好、心好、对人掏心窝子更是一说。所以别看他温文尔雅，从未见国内来的地痞找茬要挟他甚至绑架。同样来自温州的地痞团伙有着黑社会色彩，专事敲诈勒索之能事，使正经做生意的温商苦不堪言。倒是对蔡新土，都留了点面子。据说他曾经帮过其中某个人的忙，是在那人刚来巴黎连个立足之地都没有的时候。这类举手之劳在蔡新土是多了去了，早忘到脑后。可江湖上的人凶蛮是凶蛮，也是讲些义气的，竟把他暗中保护起来。有一次，都踩好了雷子，要去打劫一家生意红火的餐馆，作案的路上得知餐馆老板正是蔡新土的小舅子，案也不作了，自行撤了网。事情传到蔡新土那里，他却觉得没什么可得意的，温州人的丑闻而已。

因此，他与电视剧《温州人在巴黎》的原创人员没有提这些，而是说了另外的故事，也有关他的亲友，结局却没这么有惊无险了。

还是犹太人。

在巴黎的犹太人总是神通广大，能走别人不敢走的钢丝，做别人无法做的事情。在奥拜维利耶做生意的温州人都认识一个某某银行代理，他能最便捷最迅速地把现金从巴黎汇到国外去。那些日子，蔡新土正为接待国内来的两个政府代表团忙得不亦乐乎，不留神就陷入一桩诈骗案。他的亲友，包括他自己给德清那边的投资余款总计40多万欧元交给犹太人汇往中国，不明不白就没了下落。正焦虑不安，犹太人胳膊绑着绷带来了，说是汇钱途中遭抢劫，密码箱没了，人也被打伤了，在医院里躺了好些天。问他索要被打被劫的证据，他却什么都拿不出来。戏演得多有破绽，谎也编得牛头不对马嘴，显然有诈。等这边醒过神，周边一打听，不止他们，其他几家温商也掉进套里，资金总额差不多是200万欧元。简直就是明火执仗！一贯儒雅的蔡新土愤怒了，面色发青，一拳砸在柜台上。

蔡新土决计讨回公道。他们花钱雇了私家侦探，私家侦探又招来几个犹太裔、阿拉伯裔的江湖中人，搜寻一番，终于把那个诈骗犯绑了过来，带到一个店家的库房里。案犯慌了，缩在纸箱后求饶，又签字又画押又对天起誓，说是十天后一定把钱找回来还他们。又说你们弄死我，钱没了，还得去坐牢，有什么好？这边都是规矩的生意人，哪见过这阵势，将信将疑放虎归了山。哪里想到，那人出门就奔了警局，反咬一口，说是温商勾结黑社会，对他敲诈勒索。天知道他使了什么坏，警局居然信了他的话，把那几个私家侦探手下的人抓起来关了好些天。双方都拿不出证据，最后只好不了了之。

这件事让蔡新土很是郁闷，也对这一代移民先天性的“缺钙”有了切肤之痛。在别人的地盘上做事，本来容易会变得不容易，本来难就变得更难，要做成大业，没有超强的承受力想也别想。被诈骗的钱在他不算什么，在其他店家也塌不下天，但对于温商的集体记忆却是惨痛的一个梦魇。我是谁？我从哪里来？我到哪里去？这是身心漂泊的人都忍不住要对自己作的反诘。蔡新土一次次问自己，答案都是不确定的。

但他还是想说，团结起来拧成一股绳总是对的。温州人在法国已是一支不可小觑的力量，加倍努力就会更快地壮大起来。这是每个人的职责，为自己能堂堂正正地站立，也为这个集体争取光荣的称号。

一点补缀：

蔡新土是一个好人，少见的好人。

听他说关于巴黎、关于温商、关于他自己的故事，总觉得有点对不住他。他是这么温和，这么坦诚，这么热衷于善举，总觉得生活理应更宽厚地善待他。虽然，我也知道他其实是个很有膂力的男人，江湖的潮汐与涌浪对他并不算什么，仅仅与犹太人那场官司，就足见他的正义与阳刚。但我还是希望命运能给他一汪相对平静的水，让他无风无浪抵达彼岸。

这难道不是一个好人理应得到的荫庇与呵护？

漂泊者的栖息

黄一伟与许多海外温州人有所不同，他对自己的满意之处不是挣了多少钱，做大了百货王，而是一步一个脚印融入郁金香花国。天空成了他的天空，河道成了他的河道，原是异乡的荷兰，成了他行走与栖息的家园。或许有人不以为然，身在海外，融入有什么难？相信这些人没有他乡远游的经历，否则，当对“融入”会有别一番见解。我与黄一伟有认同感，跨国经验里的难题就是融入，多半游子终其一生还是游子，身心永远都在漂泊。

惜别此岸是脱胎换骨的开始，痛是为了彼岸的甜

黄一伟出来的原意本不是为钱。那时他正春风得意，从市长秘书升迁为经济管理干部学院负责人，年纪轻轻就坐稳了副局级公务员的座椅，钱虽不多，仕途却是一路看好。可是有一天，他不声不响就把令人钦羡的这把座椅交了出去，辞职报告让周围同仁大跌眼镜。

去荷兰留学只是走的途径。黄一伟毕业于杭大物理系，读书是他的优势。本来要去德国的，所有手续办齐，偏遭遇了那场学生风暴，没走成，重起炉灶又耗去三年。到此时，人已30多岁，做了女儿的父亲，真正意义的读书他以为已错过季节。为什么还要走？没人知道他为此处心积虑准备了整一个抗日战争那么长的时间跨度。

起因源于八年前那次为期三个月的因公出访。黄一伟游历了德国，也游历了荷兰，西方国家给他的印象不是饱满的钱兜，而是自由的空气。只要窝火，只要不痛快，每一个纳税人照样可以肆无忌惮骂国王，骂首相，议政。这样的公民才是国家的主人自己的主人。那时没有后来全球化的互联网，黄一伟相信属于自己的那片土壤上，很少子民具有类似不带任何面具的话语权。这就是天大的诱惑，让他对长久以来陌生疏离着的彼岸突兀间有了亲近，他想触摸，体验，甚至干脆把自己装进去，活一番别样的滋味。

自小，因为祖父是温州城百年老店“稻香村”的主子，他一直笼罩在“资产阶级”阴影下，凡事错是错，对也是错，天生没有申辩权力。就早早练了拳脚功夫，替代口舌护卫自己的正义。初中只念三个月，辍学去了中糖下属厂做学徒工。父亲带他去向老师辞学，老师嘱咐道，知识是立身之宝，将来总会有用。他铭记在心，初中高中全部课程都靠工余自学拿下。老师给他课本，也给他留出考试的座位，他总是考得比在校生还好。那年恢复高考，他一身油污落了败。一跺脚，当即辞工，全部日子囫囵吞枣给了图书馆。一个年头四个季节，他每天第一个到，最后一个走，硬把初中高中的所有课程重新复习一遍，得以从从容容考进杭大物理系。命运开始青睐于他，固然有历史变革的宿命，更有善于自身设计的原因。黄一伟不愿做一枚落叶，从不随波逐流。

他的走也是这样。惜别此岸在他是脱胎换骨的开始，痛是为了彼岸的甜。

业绩，金钱，征服就是话语权，尤其站在别人的土地上

先是学语言，否则没有一所大学肯接纳他。没有接纳学生签证续不下来，他的人生设计就会搁到半道上。黄一伟的英语、德语都不错，可那时在杭大，谁会关注荷兰语这样的小语种？只有从ABC开始。一年过关，还得半工半读，给一位中国老板看店，否则就没有生存的ABC。

进了师范大学，选的是数学，数学是长项，也因为荷兰中学短缺数学老师。其实这些课程在他都是重复，所以三年里名挂在学校，人却很少待在课堂，四面出击趟生存的路。那时黄一伟的路有两条，一条是代理机械设备进出口，既有实践又有理论，算得上专业代理商；一条是阿姆斯特丹艺术学院兼职白领，策划荷中高等艺术院校间的文化交流，原本是外行，交往着两国艺术家，看多了画展博物馆，不懂也就懂了。这是与别的温商不太一样的路，挣钱不多，走的是另一个层面。妻子也办出来，在餐馆打着工，给他强有力的依傍与支撑。

就这么做到毕业，黄一伟顺理成章谋到一份中学教师职位。他去了，与高头大

马的荷兰孩子混在一起，教学是胜任的，历史文化上的“贫血”却常常使他难堪，他做不到理直气壮，更谈不上成就感。便叩问自己，这是我要的生活吗？他知道不是。他喜欢孩子，不等于就要做一辈子孩子王。他不可避免想到了经商，或许每一个温州人都绕不过这个坎，是梦也是宿命。

一旦拿到长期居留，他立即辞职。中学和艺术学院的兼职都辞，光身下海。这是生命寻找坐标的第二次辞职，与上次不一样，这回丢弃的是资本主义国家公务员的铁饭碗。他的初衷难道不是在居住国扎下根，过一份与本土民众一样的安逸日子？熟识的留学生同学眼红都来不及，正垂涎欲滴呢，他黄一伟就没有犹疑？他笑着，本想说，融入，先要让自己强大起来，不是吗？业绩，金钱，征服就是话语权，尤其站在别人的土地上。他需要成就感，壮胆！但他没说，把一宿宿烙饼似的煎熬吞咽下去，换作一脸沉着。

这类表情与他的年岁有些不符，却是反思和成熟的外化。

黄一伟当然不会步人后尘开一爿大同小异的中餐馆。他的起始是市场里一个20平米批零兼营的小百货摊位，挤在角落，不胜风寒的样子。这个市场是阿姆斯特丹最古老也最著名的商品市场，已有上百年历史，是各国游客不会错过的风景线。这里的景观让黄一伟想起温州木杓巷，熟悉的街景，生出复杂的心绪。他的摊头是打火机眼镜手表帽子围巾，五颜六色，多从西班牙赊过来，是朋友的援手。因为初来乍到，也因为他是摊贩群里唯一的黄皮肤，少有摊前驻足的买家。那时没有中国人做这档生意，不完全是缺乏对商机的发现与把握，而是不敢去考那张很难考出来的营业许可。这是荷兰的独创，要做很多功课，包括经营方式、法律条文、社会责任等等。始作俑的难是难上加难，但他愿意接受挑战。

许多年过去，黄一伟对自己的努力和业绩满意。从下海之初的一个摊位扩张为立体的专业贸易公司，旗下既有多个百货批零兼营子公司，大型货品储存库，也有中荷精密仪器进出口代理公司，生意既有规模又有深度，无愧“百货王”之称。以前他给荷兰人打工，现在荷兰人给他打工，遐想中的角色互换成了天经地义的现实，让他触摸到人生遭际难以言喻的可能性。还有，是黄一伟最感欣慰的，他把上百人的华商群体带进了日用百货销售空间，从零开始，整编了一支足以与土耳其人摩洛哥人乃至荷兰人对垒的强劲之旅。黄一伟看似简单，其实颇有深奥之处，他的内在追求就是与同胞一起强大起来，飞扬起来。

走进现在时，“融入”不再是喋喋不休的励志话题，而是顺理成章的生活现状

这一刻的他，很有几分潇洒了。走进现在时，“融入”不再是喋喋不休的励志话题，而是顺理成章的生活现状。黄一伟在阿姆斯特丹中产阶层会聚的高尚区买下房子，门前栽了花草，屋内挂了风车的写意，与荷兰邻居处得如同家人，你来我往亲密无间。周末休闲，他也带着孩子去看电影，去看博物馆。夏日度假，则全家出游，随意地在某个都市某个小城抑或某个海滩消消停停走一圈。他的朋友不乏温州乡邻，更多荷兰人，有几位还是政府官员国会议员，既是公关需要，也是相见甚欢的私交，都对彼此的文化有兴趣，聚拢来就是不设防知己的感觉。与他们谈天说地，黄一伟相信自己既是中国人，也是荷兰人。

黄一伟有两个漂亮可爱的女儿。大女儿黄佳璇在中国出生，读完初中才出来，现在是荷兰誉为小哈佛的名牌大学硕士优等生，学建筑设计，是有大志向要盖大房子的人。这不难，难的是悲悯情怀女儿心。无论温州人在荷兰有什么麻烦事，申请纸张，打官司，住院看病，只要张口，她都是招之即来的免费翻译，做得滴水不漏。北京奥运会，上海世博会，她都是最踊跃最勤勉也最到位的光荣义工。

这类社会道义的担当必定来自家教的指引。黄一伟与妻子支撑的这个家给了女儿最好的熏陶。女儿的妈妈戴慈慈是平凡的，却有不同凡响的故事。或朋友，或同乡，都会在初来乍到或创业之始，把无暇顾及的孩子托给她，住上一年半载，熟悉学校，学会生活自理。再接回去，就变了个人，娇宠的毛病也少了大半，家长感恩戴德又不得其解。其实简单，先让孩子接受你，孩子的眼睛很毒，你对他真好假好心里明镜一般。戴慈慈最多时收留过七八个孩子，最小14岁，双胞胎，最大19岁，在温州州考大学败了北，统统免费，不把托管当生意做，帮忙就是纯粹帮忙。家里挤成一团，乱成一锅，女儿的闺房也得让出来，给男孩子住。一群孩子凑在一个屋檐下有多难只有大人知道。戴慈慈是从来不雇保姆的，白天去市场做生意，晚上回家购物洗衣做饭，忙得像只陀螺。晚餐后黄一伟带着女儿佳璇分管作业辅导，一个前教师，一个大学生，相得益彰。戴慈慈则在厨房继续厨炊准备次日午餐。腾出空来，还要给每个孩子母亲般的抚爱，让他们不会或缺绵绵亲情的温暖。当然，抚爱不是溺爱，纪律是严明的。每个孩子既要突击荷兰语，也要学会自身清洁，同时都有轮值，包括洗碗、打扫卫生、去超市买面包买水果。说来也真奇，再淘气也变乖，在温过不了高考的居然不磕不碰考入阿姆斯特丹大学。其实水到渠成都是黄一伟戴慈慈的日常，并没刻意追求什么。说到底“融入”是整个海外群体的事，与人同行相互提携才不会孤独寂寞。

黄一伟对身份定位也有自己的主见。他是荷兰中国总商会会长。他的会属于少壮派，多是商界精英，所作所为只与“融入”有关。借助本土优势，帮助在内在外的中国企业进入荷兰以及欧洲市场，是总商会的宗旨与目标。荷兰是通往欧洲的海港门户，最好的物流集散地，诸多中国集团都以此作为桥头堡势在必夺。黄一伟的总商会竭尽全力协助考察策划洽谈，使温州的乔顿、大虎、强强等企业都建立了前期抢滩的商务部。著名企业申通快递也在步步紧逼，筹谋霸业。黄一伟与他的商会不厌其烦地为国内企业做着奉献，没有功利目的，只为手足之情。

年前，总商会应邀参加“全荷国际工商日活动”，这是荷兰最高级别的工商界盛会，素有国际贸易“论坛峰会”之称。黄一伟在那群黄头发蓝眼睛中侃侃而谈，心里藏有一份喜悦和欣慰。华商温商终于以社团的名义在荷兰工商界来了个整体亮相，难道不是“融人”这个命题别开生面的一次诠释?

采访札记:

黄一伟曾经与我探讨过爱国的定义。他不以为整天陷在华人圈，围着中国驻外使馆的旨意转才是真爱国。使馆不也驻扎在他人的国土，要尊重他国的政见与立场?作为一个侨民，最好别把自己的爱国操行建立在对居住国不同政见的敌对上，剑拔弩张非智慧，中立的姿态才能化解干戈。人类的感受都是相通的，互为载体，只有尊重对方才有可能获得对方的尊重。

这是黄一伟对自己的忠告。他相信自己爱国，也希望用一种更好的方式爱国。随着祖籍国的崛起与强大，他以为越和居住国融为一体，活出那份精彩，就越能展示其爱国姿态，因为个体的形象本来就是国家的形象。

外交官的文化中国

终于见到了她。

在西班牙马德里高尚区一幢带花园的老房子，我沿着甬道走进去，看见她笑吟吟立于门楣之下，名副其实一名外交官、文化参赞的姿态。有稀淡的光影掠过肩头，栖在脸上，让她看起来不那么真切。但我知道，不管远行北京、古巴、墨西哥、西班牙抑或更远，她还是她，温州媛儿庄丽肖。乡土的认同是文化的认同，之于游子则成为灵魂憩息的岸，有着不可替代的精神契约。我打量她，拨开他乡的覆盖捕捉故乡的记忆，很快便找到叙说往事的情绪，我们不约而同笑了。

普通人家，幺女金榜题名走出小城

庄丽肖走进别人视野的时候，还是懵懂的一个小女孩。她是东门育英路这户人家的幺女，梳两条细辫，有几分小家碧玉的玲珑。文革时期，众多兄姊支边的支边，病退的病退，家若秋风扫落叶，七零八落。虽是家里的掌上明珠，童年也无法不动荡，五年换了四所学校，还跟代课的姐姐到乡小读了一学期。那时没人认真读书，她却天生与课本结缘，不管读到哪都是全班第一。还淘了本书页泛黄的教材，跟着校外老师学英文。童稚的发音在舌间翻卷，混沌的气质也变得明丽姣好。初中上的是重点二中，成绩还是名列前茅，被评为市三好生。学习在她就跟玩儿似的，小院闪进闪出，一副智力过剩的样子。

初三前的暑期，二哥看她无所事事，就说，为什么不试试跳级考高中？考就考。暑期只剩一半，她抓起初三的数理化钻了进去。数学物理好对付，把没学过的往深里过一遍就是，难办的是化学，初一初二压根没这门课，烧杯酒精之类的实验见都没见过。她也不管，反正没负担，就纸上谈兵，把一册化学书囫囵吞枣，然后揣上市教育局开出的特批准考证进入考场。严峻的中考在她眼里还是一场游戏，她显然比别的考生小，卷子却交得快，铃声未响，人已鸟儿般飞了出去。

居然考得比初三学生都不差，化学也有及格分，轻而易举跨入母校高中部。因了先声夺人的英文，分在文科班，两年里继续蝉联她的第一。

然而即便是学校，也是高处不胜寒。每一轮转学与升级，她都是一个被敌视的入侵者，剥夺着同学的出色与骄傲，所以她越来越不快乐。常常，阶段性测验中，她故意把题做错，留一个破绽，以期与那令人生厌的“第一”交臂而过，就像当今声名狼藉的足球赛“放水”。可这类自虐的把戏带给她更多沮丧，因为萌芽状态的精英意识被挫伤，好几回，她盯着卷面猩红的叉叉号啕大哭。

直到高考，如愿以偿接到北京外国语学院英语系通知书，那年高考总录取数是百分之三。其实母亲并不愿意她去北京。那么远的地方，又冷，母亲是心疼她的幺女。但二哥是执拗的，要学英语，就是北外！

1980年，16岁，从未出过温州的她孤身北上。长途汽车到杭州，再坐昼夜火车硬座，出了北京站，看见汪洋般的人海，她傻了，找不着公交站头。肩背铺盖卷，一手帆布袋，一手网兜脸盆茶缸，丁零当啷响了一路。刚下过雨，北外那一带是泥泞的乡野，她深一脚浅一脚，感觉就像走不到头。

亚太会议，青橄榄侃侃作国家报告

闯入北外第一时间，庄丽肖就发觉自己黯然失色。同学多数来自大城市或名牌大学英语附中，而她的小城，是僻远的南蛮之地，那儿的老师都不比这儿的同学强。第一节课下来，她只勉强听懂几个单词。遭遇强手，压力蘑菇云般笼罩过来，让她蛰伏的挑战之勇有了释放的动因。她俯视自己的起点，再抬起头，朝一级级坡坎攀爬。这个高处不再寒冷，因为她流了汗，付出了代价。当八面来风吹乱她的短发，她体验并相信了挑战的豪迈。

这拨人属于文化部定点培养，因此她上了六年大学，获得英文与国际文化交流双学位。最后一年她被选拔去美国迪斯尼实习，把这个集团公司每一个细部都轮训了一遍。回来后她被分到文化部外联局国际处，包括为联合国教科文组织工作，年仅22。经历了迪斯尼文化产业全球化的启蒙与洗礼，她自觉有了经验资源，有了底气。

挑战总是徘徊在愿意接受挑战的人面前。25岁那年，部里下来通知，要在一周内派员赴日本参加亚太地区文化会议，并代表国家发言。七天内要检索数据，起草报告，逐层修改审批，再译成外文，再办妥一系列外事手续，简直是不可想象的速度。但她，年轻轻的一个青橄榄，硬是用效率把繁文缛节的汤汤卤卤挤兑干净，轻装上阵了。走上飞机舷梯时，她手提小皮箱，一身端庄的职业装，步履轻盈。箱里没别的，就是那份打印出来的国家报告。回眸一刹那，她看见自己的16岁，也是单挑的一个身影，提着网兜上北外。

东京会议留给她的印象是深刻的。不是那个国家硬件的先进，也不是文化软实力的强悍，而是给出一个舞台，让她有了一次完美的亮相与检阅。灯光下，麦克风前，她用细柔的声音，纯正的英文，代表祖国发言。无数双色泽不同的眼睛凝视她，为中国报告发布者的年轻惊诧。

出使古巴，与伟人卡斯特罗面对面

古巴是庄丽肖外交官生涯的第一次出使。

那时她已结婚，同是外交官的丈夫学西班牙语出身，所以伉俪相偕去的是西语国家。但她连一句西班牙语都不会，只好从头来过。上过丈夫一堂课，没上完就崩了。她信了恩爱夫妻维系师生关系的难，索性躲一边独自反刍。好在语言在她是独有的天赋，到了哈瓦那没多久，英文派不上用场的时候西语也能凑合上阵了。照理，文化部派出的外交使节只在文化处，偏偏到她有了偶然，大使把她调至身边做了礼宾官，工作职能相当于大使秘书，包罗万象。就像小鱼游入江海，她倏然转身，为友邦两国的礼尚往来打理纷繁琐碎的幕后细节。藉此，她也走近古巴英雄卡斯特罗，领略到一个伟人独特的猎猎雄风。

记得那次遵大使之嘱一并请了卡斯特罗三兄弟来中国使馆赴宴，如今想来似有欠考虑之虞，以当时古巴的政治情势，若遭恐怖袭击，岂不一国核心力量全盘瓦解？然而出于对中国的亲善，三兄弟居然壁垒森严悉数到齐，卫士、保镖、试餐员簇拥而至。前驱是电瓶车，必于停电三秒钟内自行发电，房顶更是趴满全副武装的狙击

手，黑黝黝如倒伏蝙蝠。那顿国宴用了整整六小时，无数瓶茅台喝干，卡斯特罗硬是不醉也不倦，照旧谈锋雄健，马列主义一套又一套。他的保镖也神，立在身后纹丝不动，就像一棵壮实的树。临了，卡斯特罗戏谑地问大使，再宴请还有什么绝招？大使犯难，山珍海味都上过，就剩猪下水了……卡斯特罗很魅力地笑，连声说好。待到下次赴宴前，果真送来一头大活猪，绑不住，满院疯跑，也没人敢杀，到头来还是一榔头击晕，才开膛破肚。卡斯特罗于是美滋滋饱餐一顿中国式猪下水宴。

古巴三年让庄丽肖经历了许多。她是凯旋的。这些有声有色的人生阅历，成为后来墨西哥三年成熟飞跃的台阶。她晋升为一名外交官。喧闹的墨西哥城让她对南美阿兹特克与玛雅文化有了很深入的了解。同时，又通过“西藏艺术展”，把藏文化的宗教、民俗、医药等推介给南美民众。事实上，活佛在营造的神龛里关于藏文化的学术讲座震撼的还有她自己，那种纯净，淡定，空灵，是高山仰止的境界。

回到文化部，她领衔对外文化传播处，成为最年轻的处长之一。她不再是柔弱的小女子，风风火火有了改革派的腕力，她的敏捷让人跟不上趟，也让人叹服。大型活动和展览，如中国文化非洲行、郑和下西洋600周年全球纪念活动、汉字展、“锦绣中华”等，她建立策展人制度，让形式出新，让内涵有了深度。出外宣品，如大型画册《中国》，如中国文化系列丛书、光盘、纪录片，她搞公开招标，把钱花出技术含金量。她的追求和理念是：润物细无声——不让别人对你的狂轰滥炸产生心理排斥，不讲政治才是最大的政治。作为策划人，她使一大批塑造国家形象的外宣品在她手里有了改朝换代的新面孔。

盛宴华美，运筹帷幄甘苦尽在幕后

再次出使，就抵达文化大国西班牙了。而她，是文化参赞。

她对西班牙文化有越来越痴迷的爱好，就像西班牙人对她所代表的中国文化。两年多来，她做了许多事，是职业所为，也是使命驱使。大宗的就有中国残疾人艺术团慈善演出，“意派”中国抽象艺术展，还有“中西合璧”为主题的中国艺术节……

残疾人艺术团的演出设在马德里体育宫，8600个座位，因是慈善演出，要把这些票都卖出去，想想都心慌。西班牙人会来捧场吗？起初还到华人社团推销，后来借用了西方良性循环的市场机制，在媒体配合下做了积极的公关与营销，哑女团长邰丽华还上了主流媒体直播演播室，终于成就一票难求的盛况。这是一台美轮美奂的歌舞晚会，命名为“我的梦”，编织了东方文明悠远恒久的一个梦境，让西班牙观众如痴如醉。

抽象艺术不是中华国粹，不是黄钟大吕，是新生代创作门类，起步晚，常有附丽西方之嫌。但她策划的中国抽象艺术展，则把30年中国出类拔萃的先锋之作通过传统的意境之美呈现出来，传达了这一代人只属于他们自己的严肃和思考。展览无疑是成功的，它的成功在于即便是起始于西方的现代艺术，也让西方人读出了东方的思想与韵味。

更让文化参赞庄丽肖津津乐道的是中国艺术节的表述与演绎。

先是巴塞罗那歌剧院北京昆剧团的《西厢记》。她居然就敢，一个在国内都是受众越来越少的古老剧种，竟交给西国艺术经纪人去做，居然不赠票而卖票。结果是，剧场坐了九成满，观众哭得稀里哗啦，是为崔莺莺和张生的凄美爱恋。西班牙有多好的观众呵，他来欣赏你的艺术，就忘我，就沉浸到你的内里你的形式。

二是马德里北京现代舞团的现代舞。也是主流剧场，也是观众趋之若鹜。西班牙媒体的评价是：现代语境，与时俱进。

再是穿插于中部城市“阿玛戈罗艺术节”的中国京剧《哈姆莱特》。主广场挂满大大小小的灯笼，首先就营造了东方既宫廷又乡俗的二重氛围。形式是“中国的歌剧”，内核是西方的经典，两者互补互衬，相得益彰，把本来就热情奔放的西班牙人引入天籁般的幻化之境。不再仅仅是一场演出，而是中西比翼的飞翔，经典品质的颠覆与重生。

作为外交官，作为一个大国文化软实力的彰显者与传播者，还有什么比这一番作为更有成就感，更有意义呢？

采访札记：

没想过我的专栏竟然走进一位风姿绰约的女外交官，我有窃窃的欢愉，觉得自己的疆域一下拓宽了许多，风景也绮丽多姿起来。我要谢谢庄丽肖，因为她，读者会对这个群体再多一个层面的了解。

就像侨居西国的温州人对庄丽肖的初来乍到露出惊讶一样，她走了一条截然不同的路径，生活态度乃至终极目标似乎都不一样。然而交谈下来我发现，她其实并不另类，骨子里依然跃动着温州人的精彩。

那就是，务实。很普通的一个字眼，做起来却不易。

葡萄美酒夜光杯

骑摩托的“酒保”

邱崇杰一下飞机，就被我逮回了他的酒坊。他刚从中国回来，风尘仆仆。

其实我并不认识他，手里也只有他的一个手机号。但我知道他很年轻，犹如一阵神速的风，简洁明快，用不着拐弯抹角。这就是年轻人的好，年轻人的优势，输得起。

认识他是在巴黎3区浅巷里的那间酒坊。装潢是法国式的古色古香，橡木，红砖，葡萄叶，酒红的色调里沉郁了酒香，回眸一瞥，感觉就先醉了。那里是华人区，确凿地说是属于温州人的辖地，餐馆、店铺、超市以及行人都是浓郁的温州风情。只有他，独树一帜，把法国波尔多的酒幌插到了门楣上。我是偶尔去买温州菜时发现这爿酒坊的，觉出别样的招摇。便想，兴许这酒坊的老板能走进我的专栏呢。

果然，他来了，骑一辆摩托。取下头盔，脱了外衣，露出结实的肌肉，笑得很有几分酷。只是，怎么说呢，总觉得他不太像酒坊的主人。主人应或长衫青褂，或西装革履，总之不是这样一个兴冲冲骑士的姿态。

当今的波尔多，是世界时尚，更是中国时尚。国际航班飞来飞去的华商乘客中从来不缺采购推销它的人，可又有几个能真正品咂波尔多藏在殷红里无穷尽的绅士滋味，并探究领略这超级名酿演绎了几个世纪的酒文化精髓？我这样问邱崇杰似乎不太厚道，有点挑衅胁迫的意思。没料到刚刚坐定的小伙子从他酒桶似的椅上蹦起来，嘿嘿笑道，什么叫挑战？这就是。

邂逅让·于连

12岁的邱崇杰1988年随父母来巴黎时，怎么都不会想到日后竟会步入葡萄酒的领域。小崇杰在欧海县丽岙镇茶堂街出生，那是普遍贫困的年代里不失富裕的一个侨乡，青山绿水，滋养着一拨拨注定要离开土地离开村落走遍天下的旅人。不是那方水土不养人，而是天生就有一颗长了翅膀的心，要翱翔万里蓝天。小崇杰走时已读到小学毕业，初中上了三个月，迁徙对于他就像生命的蓄谋，早一天晚一天并没什么两样。到了巴黎才知道，这里的日子要比茶堂街沉重得多，童年的心智必须拔节催长。

他重新进入小学，读法文，也读其他已经读过的课程。他很外向，所以学校同学在他都不存在陌生感，他喜欢那里新鲜的一切，每天都想多待一会。但是不能，他

必须即刻回家，帮父母做工，做皮革。又闷又臭的工场像间牢房，把他小鸟般欢蹦乱跳的心囚禁了。随着学校年级的升高，夜里歇工的钟点也越晚，窗外的星空也更邈远。终于到了18岁，一脚迈进成年的门槛，父母的目光秤砣似的砸在身上，很重，也很痛。于是他知道，该他来挑这个家的大梁了。离毕业会考BAC还有三个月，他从学校撤了回来，法文够在江湖混了，再考出车牌，就把一个公司撑了起来。老板当然是父亲，他则是水来土掩兵来将挡的门神。先是制皮，再是超市，都是温州人的窠臼，跟风，没什么创意。他觉着乏味，一扭头跑回了中国，从福建弄来蜜甜蜜甜的柚子，放在自个的超市卖，也批给别家。那时去中国进水果尚属罕见。柚子上市后一阵疯抢，总算老生意玩出新花样，让他过了把瘾。

正抱着黄澄澄的柚子窃喜呢，店铺里走来一位衣冠楚楚的法国人，与邱崇杰不差上下的年纪，身形步履却是绅士的优雅。一问，竟是推销红酒的，替鼎鼎大名的波尔多集团公司。超市本来只卖低档普及的红酒，占据货架几档很小的空间，满足不了喝酒顾客的需要。大公司的名酒推销原是不屑朝这些货架瞟上一眼的，来人却非要掏出两瓶价位200欧元上下的高档酒作郑重其事的推介，邱崇杰竟也接纳了。一切都变得不可思议，仿佛相见恨晚的一种认知一种默契，就像来自宿命。

从此，这位名叫让·于连的法国小伙子成了邱崇杰的好朋友，葡萄酒也随之进入视野，改变着他的生活。邱崇杰迷上了波尔多，也喝，更多的则是探寻。酒窖里蕴藏了法文化永不枯竭的精髓，足以让他用一生来汲取。

波尔多猎手

超市改成鞋店之后，邱崇杰自己租了个仓库批发红酒。他的顾客当然是华人，餐馆、酒店以及私家小批量窖藏。他发觉，波尔多其实是所向披靡的，轻易不肯改变饮食习惯的同胞已大多被它的香醇降服，不愿再喝别的酒。于是又回了两趟国，发现坊间也是趋之若鹜，喝波尔多时尚又时髦。但邱崇杰并不开心，因为他已渐渐懂得，红酒的品啜应该是精致优雅的一种姿态，生活品质节制而舒缓的一种表达，是感官的愉悦，而不是豪饮猛灌的发泄或对经典名牌不明就里的追逐。他国内国外的同胞对红酒对波尔多都有不同程度的误读，这让他自觉很没面子。他的朋友让·于连常说，酒是文化，喝酒是文化行为，有酒之外的意韵。他以为让·于连的话是对的。他希望中国人喝法国酒也喝出东方式的得体与格调。

于是，这个茶堂街出来的农村孩子不自觉地担当起了文化的使命。卖酒不再仅仅是一桩生意一种盈利手段。

还是让·于连，把如饥似渴的邱崇杰领进了壁垒森严的酒的行会。那是一场不亚于祭祀的欢宴，设在皇亲国戚旧日的古堡园林里。护城河外的草坪上，搭出硕大的凉棚，棚下簇拥了晶莹剔透的杯盏与五花八门的西点。窖藏多年的各路波尔多神祇般被请奉出来，排成方阵，列在铺了白桌布的长条桌上，瓶壁泛着淡青，是岁月染上的陈迹。有许许多多的男女，说轻柔的法语，穿经典的礼服，踱出贵族的古步，穿行于漫溢的酒香间。人人唇间一抹殷红，颜面醺然。还有英伦过来的绅士，穿了苏格兰裙，戴着怪怪的帽。邱崇杰是五六百来宾中唯一的中国小子，跟在让·于连身后，脸上有去错场的惊愕。他是被豪华的排场，繁复的过程和从未领教过的礼仪吓着了。

不过邱崇杰归根结底不是胆小的人，吓过一回，胆也壮了。再有此类出击，便自行其是。他也真够冲的，带着女朋友冒冒失失就去了声名显赫的贝托斯公司。贝托斯在波尔多市一幢宫殿式气派的老楼里，走进去人会不知不觉矮下半截。接待他俩的据说是营销主管，头发有点花白，衬衣熨得没有一丝褶皱，眼睛总是傲慢地越过头顶看向远处，好像他视野里的两个人是隐形的。但他又不失委婉的礼貌，藏起一开始就是拒绝的结局。邱崇杰是聪明的，装作看不明白人家的不欢迎，偏要声东击西，借着礼貌完成勘探的目的。他来并不是要酒，他只是有太多的好奇，想知道波尔多超级公司的酒窖究竟有多深。小小的狡猾让他知道了或许并不是秘密的一个数字——在贝托斯海洋一般深幽的酒窖里，光是窖藏的高年份名酿就有400万瓶。他们离去的次日，那位营销主管给让·于连打电话说，昨儿我这里来了两位偷袭的小猎手，胆子不小哇!

从此，邱崇杰频繁地在红酒圈里出入，他豪爽，讲义气，生意链的上家下家都做成了江湖朋友，又结交了些世家子弟，愈发混出点门道来。那个傍晚是个难忘的记忆。天边飞扬着如火如荼的红霞，他驾车跟朋友在浩瀚的绿海穿行，风吹动，铺天盖地的葡萄叶沙沙作响，敲击着亮晶晶的葡萄串，像轻雷滚过。车走出十多公里，导航仪的方位也乱了，这才钻出夕阳铺盖的葡萄园，停在一座皇宫般的古堡前。护城河，栈桥，马车道，树林，还有一尊尊古希腊雕塑，齐刷刷扑进眼，就像经典电影里的场景。下了车，从古堡这头行至那头门厅，居然要走一刻钟。朋友金发蓝眼，是庄园主最小的儿子，原是当记者搞摄影的，腻了，就回到世袭的制酒业来。进了门，灯光幽幽亮着，窗帷低垂，大厅里眼花缭乱的一个酒世界。酒桶兵马俑似的排列成行，从石梯一直下到酒窖，温度湿度也恰到好处侍奉着。酒窖极其深邃，四通八达，每个角落都沉睡着百年以上的名酿。这个古堡其实不住人，只住酒。他看到法国人对酒像对待神明那样的敬畏。

酒香不问谁家

开了眼界，邱崇杰的心思便活了，回来就买下一爿铺面，他已不甘心只在幕后的库房里批酒，他渴望站到前台，把属于他的酒幌张扬出来。

铺面不大，两层也就不到200平米，里外装修却耗去大半年。他几乎把对法国酒文化的理解一字不漏地搬到了设计的细节上。橡木从边远的伐木场寻来，葡萄叶镂空的花窗铁器请了老牌的艺匠专门锻造，那些砌墙垒吧台的红砖则用集装箱从遥远的广东海运过来。不怕花钱，只为意兴。法国当然也有红砖，却早已机制代替手工，他要的是手砌泥胚的粗糙和原始，再用砌刀半块半块劈出来，呈现与波尔多酒相得益彰的古韵与气质。

开张那天，酒客络绎不绝地走进来，有华人，有法国人，脸上都是惊讶的喜色。真是酒香不怕巷子深，满脸阳光的中国小伙子竟然在浓郁的东方气息里打造出了更浓郁的法国情调。啜一口，品一杯，法国酒客禁不住问，这些酒，竟是你自己选的？他们有理由不相信，至少目前，还少有中国人能从波尔多的千般滋味中咂出等级森严的优劣来。邱崇杰点头，眉眼飞扬。或许他该有一点点自得，他的酒坊，在品种齐全与价格优势上，已远远超出在法国遍地都是的尼古拉红酒连锁店。

酒坊既批发，也零售，人气旺了生意也旺。酒的库存不再限于仓库批发的几十种，而是增加了近十倍，每支品号至少有二三个年份。几百欧元一瓶的高档名酿也不动声色地躺满地下的酒窖。月营销量当然也不再是以前的一万多瓶。而这些酒，一年出多少瓶都是有限的，说没就没了，所以一般都要半年前就去波尔多定妥，如是小批量的酿造，就一网打尽。这是考验他嗅觉与味蕾的非常时期，若判断有误，说不定投入的钱就全砸了。

但是邱崇杰不怕。他相信自己对酒的感觉。就像他的朋友让·于连，就像酒行会把酒奉为神祇的那些人，就像古堡里与酒代代相依的那对世家父子，他与殷红的波尔多的感情，也渐入佳境，有了神交的情谊。钱赚得不是很多，他却兴致勃勃，因为他步入了酒文化香醇悠远的天地间。

当然，他最终还是个生意人，酒文化只是推波助澜的一股精神力量。他未来的目标是把波尔多酒做到中国去，上海、广州或是温州，做大，做成轰轰烈烈的席卷之势。不要停留在时髦的点缀和对名牌的追逐上，而是让故乡的同胞们对法国红酒有种相知，并以对等的价值啜饮出文化的渊源与品味来。

他相信这一天不会太远，他努力着。

采访札记：

在我采访邱崇杰的时候，正有一对法国情侣坐在吧台前的圆椅上饮酒，一瓶上世纪末窖藏的波尔多，就这么干喝，人手一只高脚杯，杯壁摇曳着殷红。小口啜着，疏淡的灯影下两个身体抱到了一起，亲吻，耳鬓厮磨。酒坊女主人、邱崇杰年轻的妻子静静地站在吧台后，窈窕的体态，一身黑，眼神安然如圣母。

我在邱崇杰接听手机时偶然回头，看见了这个画面，心里一咯噔，思绪潮涌。

我想，邱崇杰与他的妻子是决不会在人前如此示爱的。热烈或者含蓄，难道就是东西方文明和情感细节的分野？那么再回到酒，波尔多要告诉我们的是什么呢？

多瑙河见证

美满姻缘——小板凳做媒

要讲匈牙利朱桂林的故事，或许该从叶雪萍说起，是最佳角度，也是最直接参照。

叶雪萍的出场带有小家碧玉的浪漫情怀。那是80年代初的某一天，叶雪萍与同学相邀去另一位小姐妹家玩。刚进门，一眼望见堂前码了两排小板凳，对着白墙上一块小黑板，那架势有点像幼儿园的小小班。叶雪萍觉得有趣，哟，你家办学呢？主人回答说，可不是，我哥几个朋友请了老师上夜校学文化哩。叶雪萍矜持，没再多问，心里却对小姐妹的哥哥肃然起敬。那是十年浩劫后百废待兴的年头，高考刚恢复，市面上即便有了寥若晨星的夜校，也是为上大学准备的。这位哥哥倒好，就天平仪器厂一个小小检验员，竟把学校办到自家堂前来了。叶雪萍很想见见这位学生哥哥，偏巧不在，难免有些失落。

过了一年，同学又上门，吞吞吐吐要给叶雪萍介绍对象。吞吐的原因是男方兄弟姐妹多，家庭条件不够好，怕女方委屈。果然话说半截就被推辞了。叶雪萍家条件不错，人又漂亮，还在体操队练过体操，走在街上娉娉婷婷，总是惹得年轻小伙频频回头。她找对象挑剔要求高理所当然。但同学也不是没有揣摩过她的心思，扮个鬼脸说，还记得某某家堂前那两排小板凳吗？这做媒的不是我，是它们。

叶雪萍的心被触动了，往日的好奇发酵至今，隐隐地更为急切，推搡她低眉颔首走进预设的相亲，见到了本该在一年前相遇的他。他就是朱桂林，一个看上去比岁数多出些成熟的寒门长子。算不上阳刚，却有力量，一张中庸敦厚的脸，写满男人的责任，与期待中的形象甚是吻合。几乎是一见钟情，叶雪萍觉得在他那里找着了类似妹妹的安全感。

1954年出生的朱桂林此时27岁，曾看过不少姑娘，都没入眼，唯有叶雪萍让他怦然心动，甚至都不是漂亮，漂亮反倒成了美中不足，而是贴心的体己的感觉。朱桂林20岁便是八口之家的中流砥柱，一家老少挤一间屋，实在挤不开，他就叫来一帮朋友，填平门外的河岸，搭出另一间房，把家里的男孩子统统装进去。这样的男人找对象，自然有自己的尺度。叶雪萍就是他的尺度。他在心里对自己说，这个女子若肯嫁我，我会一生一世对她好。

小板凳做媒，多瑙河见证，一桩姻缘的美满在日后谱写了匈牙利温商传奇。

初涉江湖，小试牛刀

婚后，刚有了儿子，朱桂林所在的天平仪器厂在1985年搞改革，动员人浮于事的部分职工停薪留职。但他所在的检验科没人愿意走。朱桂林掐指一算，也就少了20来块钱，心想堂堂男子汉，到社会混还怕赚不来这点小钱，走就是。他是厂里骨干，原本不该走，却走了，弄得上头直跺脚。

永嘉黄田那个生产加油泵的社办厂是他从企业过渡到个体户的一块跳板。接着温州打火机业兴起，他回来抢滩办厂，生产配件电路丝，不到三年一跃而成同行业佼佼者。一旦电动剃须刀成了市场新宠，同行转而都去开发其关键配件微型电机时，他却独辟蹊径，请省内实力雄厚的大型电机厂定制，省却作坊式小打小闹的研制过程，从而在温州提前半年催生了这个新兴行业。

朱桂林总是胸有成竹实打实地走自己的路，凡事讲究方圆，不无度僭越，也不东施效颦，这与他从小打磨出来的成熟稳重有关，也与他娶了位贤淑能干的妻子有关。叶雪萍也是前脚后步从电讯厂停薪留职出来的，个体户的世俗之爱是什么，不就是同心协力治家创业。

当时他们已有了两个儿子，老二属于合法超生，经过批准，也上了户口。但政策有底线，朱桂林必须结扎。叶雪萍坚决不肯，是心疼丈夫，也怕个体户没有保障，唯恐伤及身体毁了好端端一个家。夫妻俩在枕边嘀咕来嘀咕去，想到出国。只有侨胞才能合理合法地避开国策。

当即给匈牙利妹妹打电话。那头不解，说三番五次让你们出来终是不肯，怎么突然变卦了。朱桂林不好意思吐露实情，只说要去外面看看市场。

就这样，朱桂林把一大摊家业撂给妻子，于1992年金秋踏上东欧那片亟待开发的商贸之地。临出发前一周，厂里灯火夜夜亮着，那是即将出征的丈夫事无巨细地把每一个环节传授给留守的妻子。一个教，一个学，心里却是不舍的疼痛。

练摊成就商界大贾

朱桂林抵达布达佩斯的第一时间是向妹妹报到，向申请居留的移民机构报到，第二时间就去当时的四虎市场练摊了。手里攥着中国带出来的一把钱，成立公司照理不用练摊。但朱桂林从来就是在第一线实干的人，在家待着会浑身痒痒。他说过，他来匈牙利是考察市场的，即便没想过真留下，也要知道这贸易场是怎么回事，顺藤摸瓜攥个蛛丝马迹回去。妹妹一家在练摊，他也学着练。练摊苦，每日凌晨4点半就要起床，他也跟着起，黑灯瞎火到市场一个个罐子笼挤挤挨挨的巷道里转悠。转几天心里便有了数，打电话给夫人，发一个集装箱出来，装了各式电动玩具，一试，还挺灵，卖个精光。

三个月拿到居留回国，到家一看，生意上了轨道，妻把温州的一摊事打理得熨熨贴贴，自己反倒成闲人插不进手了。他什么时候做过闲人，还不憋死闷死，不如索性把匈牙利生意做大了。1993年开始炮筒填炮弹那般连发集装箱，都是大柜，有时装，有鞋袜，居然卖得很不错。当时的东欧贸易称其为聚宝盆摇钱树都不为过，他被那种叫做征服的欲望拽进去，歇也歇不下来了。

朱桂林于是与叶雪萍面对面坐下来，深情对望，眉眼里热辣辣的不舍。没错，对金钱大面积的征服与攫取是多数温州人追求的人生大业，但之于俗世里的这对夫妻，一个家的情感建设同样是人生大业，他们不愿顾此失彼。假如必须舍弃，那就放了温州的厂，夫唱妇随比翼齐飞。

1994年下半年，朱桂林告别故乡，举家迁徙，落户布达佩斯。

单峰骆驼走东欧

DROMEDAR，译名“单峰骆驼”的时装品牌于此后诞生。

女人天生与时装有缘。叶雪萍又是那种对美有着浪漫遐思与独特领悟的女人，她一到公司，便把五指捏成拳头，专门经营时装服饰。朱桂林替大刀阔斧砍其他项目的妻子撑着腰，他明白“舍得放弃”才能“颗粒保收”。

果然，“单峰骆驼”从无到有，很快成为东欧市场炙手可热价位中档的知名品牌。无论是俄罗斯、乌克兰、波兰、捷克、斯洛伐克，还是罗马尼亚、南斯拉夫，甚至还有毗邻的西欧国家，那些批发商一来布达佩斯都会直奔朱桂林的自丰贸易公司。公司早就从破烂衰败的四虎市场搬出来，圈了地，改建了大仓库、样板间、办公室。“单峰骆驼”在宽敞明亮的时装展示厅绚丽呈现。把这些漂亮衣服命名为单峰骆驼感觉上硬了些，但酷，契合潮流，独独品牌就先声夺人。

“单峰骆驼”都是中国造。遍布南方多个省市，几十爿厂家，夫妇俩岁岁月月总有一方在路上，或是世界各地看展销，攫取灵感打造新款，或是一爿爿厂家轮换了走，打样订货谈价，三天两头在天上，人像长了翅膀变成飞鸟。别人看着都说他俩运气好，唯有自己才能咀嚼反刍这背后的艰辛。朱桂林成功的秘诀其实也简单，货真，价实，做人做事诚信，足够了。到后来，匈牙利生意没以前好做了，他的“单峰骆驼”却在卖方市场转为买方市场的逆境里照样发展壮大。

跨越南美，抢滩智利

智利不是做梦梦到的地方。

朱桂林在匈牙利商界同道纷纷向东欧邻国生意渗透时，想到了遥远的南美。上世纪90年代中后期，那里中国贸易是未开垦的处女地。朱桂林有太多的好奇心，挎上背囊出发。巴西，墨西哥，阿根廷，智利，秘鲁等等，绕一圈捋一遍，看仔细了，想透彻了，得出结论开垦智利市场是上上策。理由是，政局稳定，商贸管理成熟，流通货币相对稳定，并设有保税区，可直通周边多国。这个长条状的南美小国在他眼里比当初的匈牙利都好。可是真远呐，巴黎转机15小时飞到巴西圣保罗，还得加油再飞3个多钟头才能抵达，动辄就是一天一夜，坐趟飞机就已累个贼死。不过也就是这路途的遥远战线的长，才是他看重的理由。

朱桂林大手笔一挥，在那边建立了比布达佩斯更大更气派的贸易公司，命名“捷吉”，把“单峰骆驼”时装、服饰系列包括袜子帽子围巾手套做得风生水起，让智利以及周边的南美人先一步尝到了中国货的甜头。

北半球南半球季节更换，匈牙利的冬天恰恰是智利的夏天，这才是朱桂林的战略要旨。他要利用两地交错的季节打个亮丽的时间差。匈牙利在先，那一季的货无论好卖不好卖都没后顾之忧，好卖的超量订，不好卖的不存仓，统统转到在后的智利，恰是当季新品，东欧人褪下了身，南美人接着穿，像穿梭，也像接力。是智慧的穿梭与接力。

打造时装城，独领风骚

时装城是朱桂林又一个美丽的遐想。

当自己做成时装市场华商龙头老大时，朱桂林不是踌躇满志，而是满腹心事。他在仓库和样板间走来走去，总觉着哪里不对劲。为什么布达佩斯正成为东欧时装市场集散地，却还是东一榔头西一棒槌，各设各的摊各做各的生意，迟迟没能形成专业版块，气势弱了不说，周边国家客户来了也是一群无头苍蝇，嗡嗡乱窜，找了这家丢了那家，品种款式自然不可能齐全。哪像人家意大利普拉托，法国欧拜维利耶，集散地就是一座城，那气派，真是八面来风，高屋建瓴。以往的朱桂林很低调亦很节制，不喜欢做那类揭竿而起的领军人物，然而那一天他突然明白，如果翘着脖子等别人来领他的军，猴年马月门儿都没有。他不得不站出来做一回领头羊，否则，错过一茬，说不定也就错过了一生。

他问妻子。妻子什么也没说，满目期待。这是绝配搭档的默契，无声胜有声。

朱桂林开始动作。有故乡出发的那条长路在身后在脚下，让他觉着自己很神勇，很无畏。

小打小闹不过瘾，要玩就玩大的。他连眼睛都没眨一下，就把自己十多年前圈下的6千多平米的一个大院子，包括仓库样板间办公楼，统统夷为平地。不心疼是假，废墟上的残砖碎瓦在他就是一个情殇的旧梦。

公开招标的匈牙利建筑工程队开拔进来，价位不算便宜，却是有实力信誉好精益求精的一支队伍。建商城是百年大计，朱桂林不贪便宜，要做就做最好的。工程图纸亦经过匈牙利政府部门审批，全盘欧盟规范，店铺仓库写字间车库等比例都有合理分布，甚至多少空地栽几棵树也有规定。朱桂林若是鼠目寸光，贪图近期利益，他可以不这么硬碰硬的，但他还是连一个细节都不省略，把完好的一个工程做得严丝密缝，不留任何破绽与遗憾。为了日后商城吞吐货物的便利，甚至耗掉两个商场的空间安装两架电梯。招标来的工程队也没食言，交货期一天不早一天不迟圆满兑现合同。也就一年，一座上下四层总面积为8千平米的时装新城在布达佩斯陈旧破烂的老市场边缘拔地而起，不说冠盖群雄，也是气派堂皇。那些时装界正一步步做大的华人商贾，纷纷云集到朱桂林激情打造的城头大王旗下，涓涓细流汇成潮涌，蔚为壮观。

而此时的朱桂林又在哪里？在路上。苏州，上海，温州，都有他与故乡人联手的房地产项目，正一个接一个上着，很顺利。他该回去看一眼，即便不插手具体事务，董事会还是不能缺席的。

采访札记：

朱桂林在布达佩斯时装城他的公司办公室里接受我的采访。照说拥有这许多财富的人往往很牛，但朱桂林不是，低调，敦厚，仍是当年坐小板凳学文化时的平民姿态。倒是他公司的办公室、样板间、展示厅，里里外外都在顺理成章的有序间。没有刻意炫耀，却暗示着事业的辉煌。

他的妻子叶雪萍也陪坐在侧，用温糯的方言作娓娓的补充。她的言辞永远关乎丈夫，自己则谦谦然藏于身后。但我知道，功劳簿里有一半是她的业绩。

或许这就是世俗之爱的力量，在他们深情对望的眉眼中，也在他们携手并肩的创造中。这力量会给我们一种感动。

天使的笑靥

戴北燕，一个飞翔的名字，栖息在柏林闹市背后的小街上，让德意志坚硬的街景有了柔软的暖色。这抹暖色就是她在落地窗内开设的莲和堂中药行。号称药房，实为诊所。看病不叫看病，而叫咨询。皆因西方主流医学排斥，即便华佗再生，也有掣肘的尴尬。

戴北燕倘若真是一只飞鸟，也是不经意飞到这里，原想歇歇脚再迁徙，飞向真可以衔枝筑巢的地方。讵料十多年，她栖息的药行成了病人的暖巢，三千多德国人把健康的期待撂到她肩头，她就是想飞也飞不走了。

她是美丽的，慈悲的，春风化雨般的温煦，病人看她的眼神就像看天堂的圣，称她为上帝派来的天使，中国天使。她与他们互为牵萦互为珍视也互为感动，变得难舍难分不弃不离。

德国干妈

那天，柏林"莲和堂"中药行里摸摸索索走进来一位戴墨镜头发花白的德国老妪，口口声声要找中国大夫。戴北燕穿了白大褂笑吟吟地迎上前去，她却愣是视而不见。她其实并不老，也就60出头，是病态的视力让她显得格外苍老。戴北燕扶她步入内室，把脉叩诊，她也不避讳，单刀直入：我要瞎了！喘口气又说，眼科大夫无数次诊断过，血管性青光眼，光明最多只会留给我四个月。随后一把摘掉墨镜，露出很空洞的一双眼睛。

戴北燕明白了，又是一个被西医判了极刑的病患。这类傲慢的德国人不少，如果不是断了生路，原是不屑投奔她和中华医药的。她不怨他们，相反只有悲悯。既

然来了，就是把一线残存的生机交付于你，除了恪守天职尽心尽力，她不晓得一个医生还会有别的什么选择。

戴北燕收下了这个病人。她不认为自己有多么了不起的医术，也不可能给出信誓旦旦的承诺，她只是针对这个病案做了更多的临床分析，然后开方，给药，用针。针灸在这类药房其实是不被允许的，有法律风险，但面对一双将要瞎盲的眼睛和焦灼的心，她不得不遮遮掩掩地做。结果四个月过去，一年两年三年过去，老妪的眼睛不但没有瞎，连特别的墨镜也摘掉了。光明留在瞳仁里，脸上褶皱舒展开来，跳跃着，是生命的感激与欢欣。

于是，人性的触摸催生了亲情。送礼俗了，送花轻了，在一次“处心积虑”的圣诞晚餐上，不同肤色不同种族的病人和医生，泪眼婆娑喜结母女。是德国干妈的提议，执意收了中国女儿。戴北燕是早已做母亲的人，重新做回受宠的女儿，百感交集。

难忘青春记

戴北燕原籍瑞安陶山，却在丽水瓯江流域的大港头长大。父亲是孤儿，早早参加革命，解放后被温州专署作为特派员调往云和、丽水等地，戴北燕和弟妹便也随着父母的调职动荡地生活着。虽是干部子女，童年时光却大抵和农村孩子玩在一起。她喜欢乡野的炊烟和烧红的灶火，喜欢依偎在同学母亲被灶火映红的怀抱里，那是农妇老母鸡般对孩子热辣辣的慈爱。而自己的妈妈出身瑞安乡镇大户，后又做了国家干部，家教严苛，总是让她觉得压抑。

高中毕业，由于大妹去了瑞安农场，她得到一个集体编制的学徒名额，算是分配工作，实则是去大山里的公社卫生所学中草药，比下乡插队还要清苦。那时她刚满17岁，50公里的路，每月翻山越岭出来一次，背些米面咸鱼干进去，然后日日与山影为伍。卫生所里有七个人，大多是大学毕业“流放”过来的，她最小，受的呵护自然也多。大家一个小院板壁贴板壁住，没有电，照明都用煤油灯，熏得鼻孔发黑，像个原始部落的原住民。

但她喜欢这样的生活，也喜欢满山遍野的草本药材，或苦涩或甘甜，在她都是清新的芬芳。她的师傅是远近闻名的草药王，一肚子药经，敞开来教她。她便天不亮就起床，背了背篓跟师傅攀崖采药，然后辨别，炮制，品尝，再背诵药理与功能，一招一式地学。师傅用心教，学徒悟性好，等到三年满师，她已是名副其实的小药通，说起药经来一套套，出口成章。

20岁走出大山，幸运之神来敲门，丽水五七大学招生，她被单位推荐上了中医专业。同学都是农村抽调上来的“老三届”知青，她是最年轻的小媛子。学习刻苦勤奋，又有药剂师的学识垫底，门门功课拔头筹，在全校都有响亮的名声。毕业实习，被市人民医院院长慧眼识英才，借留在院部中医科。

天使的白衣就这么有心无心地披挂上身，成就了戴北燕崇高的职业定位。

为婚姻求诊

来“莲和堂”中药行看病的德国病人总是络绎不绝，常常会把店堂药柜前的那排候诊椅坐满。皮肤病多，抑郁症多，跌打损伤者多。戴北燕总是不疾不徐走过来，对谁都是雨露阳光，笑出一排晶莹的白牙。

这个病人与众不同，是金发碧眼的靓女，时髦漂亮，却满面忧伤。她是那天的超额病人，第21位，硬挤进来的。她在戴北燕面前坐下，气息黯然地衬着窗外的暮色说，大夫，请您帮助我。

原来，她是柏林地产界某大腕的第X任女友，钟情于大腕的风流倜傥，当然也钟情于他的万贯家产。那个钻石王老五虽是云雨之事不断，却从不肯与前后女友谈婚论嫁。但靓女做了几年情人，厌倦了，变着法子想要一个婚姻。她说没有女人不要结果的，除非娼妓。大腕此番也算动了点真情，推诿不掉，应允给她婚姻，前提是必须先要孩子。这个要求不算过分，偏偏靓女肚子不争气，憋了几年也不见一丝动静，妇科医生看了一大圈，维生素荷尔蒙吃了一大把，越是着急焦虑，越是怀不上孕。听人说中医有秘方，寻寻觅觅找上门来。女人在这种时候总是很无助，乱了方寸六神无主，蓝眼睛烟波浩渺。

戴北燕的理解是女人透彻心肺的理解。她是有婚姻有孩子的人，虽然也有不尽人意之处，但她还是诚笃地信奉婚姻是女人的港湾。哪怕面前这个病人对婚姻的企求包括了她对财富的觊觎，又有什么错？她用把脉的手把病人冰凉的手捂热，用母亲的口吻说，别着急，我会帮你。

其实戴北燕没有底，虽然她曾治愈过同样的病例。但她可以用心去做，不同的病人用不同的思路，希望找到捷径。

结局是美好的。每天一帖药，按医嘱熬了服下去。戴北燕始终认为德国人是最好的病人，他们对医嘱的认真和严谨简直到了迂腐的地步。熬药会在炉旁摆只钟分分秒秒守着，兑水用量杯量，喝药把汁渣都咽下去。仅仅两个多月，病人居然真怀上了baby。同样是暮色黄昏，怀孕的女人推门进来，喜极而泣。

婴儿生下来，是个同样金发碧眼的小帅哥。他的父母随后结婚。婚礼非常热闹，戴北燕是当之无愧的座上宾。

推搡离国

富男靓女的婚礼让戴北燕想起刻骨铭心的初恋。那个农村来的同学，那个当兵的，那个她最终负了的男人。当时，他是大头兵，她是新科大夫，双双在回家的旅途中邂逅，聊到深处，感觉是贴心的知己。便鸿雁频仍，私定终身。

母亲执意反对，以为嫁个农村孩子当兵郎太委屈女儿。其实是母亲的误读，戴北燕从小就愿意做农家的女儿。为拆散这对有情人，母亲动用了所有瑞安和国外的亲戚，要用联姻把女儿推搡出国。果然就有准华侨的对象上门来相亲，岁数和个子都比戴北燕小，坐在那里除了闷头喝水只剩了尴尬。戴北燕急中生智，把大妹推出来搪塞。母亲想想也对，翌日一大早赶去瑞安农场，转而对日头下耕耘的二女儿说婚嫁。大妹原是纤弱细致的女孩，正受不了当农民的苦，一口应承了这门亲。母亲放下一半心事，另一半撂给荷兰的兄弟，让舅舅务必把外甥女弄到他那里去。父亲也在一旁帮腔，说出国好，比当省长都吃得开。偏女儿的心被相思装满，顾自“纸上谈情”，哪里还听得进别的话。

有一天，街道上的人突然敲锣打鼓上了门，送来批了好久才批下来的护照。其间的跨度是整整三年。舅舅也在之后的一个夜里打来越洋电话，催她立即上京签证。戴北燕把护照捂在手里，觉得烫，觉得重，觉得把自己的心掰成了两半。说她一点不想出国不是真的，那个年代这条道听起来就像走向天堂，但她真走了，当兵的男友怎么办？

母亲不容她犹疑，劈头盖脑把她轰上了火车。北京的冬天寒风凛冽，她深一脚浅一脚走在三里屯彻骨的荒凉中，棉袄棉裤，像个大笨熊。等了一个月，签下葡萄牙三个月旅游、比利时三天过境。舅舅捎来买机票的钱，让她立即出境。恍若被无形的长鞭催打着，她梦游般上了飞机。单位没打招呼，父母亲友没告别，就是男友从部队赶来送她，好像也没怎么哭，人像丢了魂儿。上了飞机也是呆坐，本该在比利时的布鲁塞尔下，结果坐过了头飞到英国伦敦，过关时被卡住，话又听不懂，吓得哇哇大哭。海关电话打到荷兰，才知是误了下机，重又把她塞上航班送回比利时，一切似梦非梦。

只记得，那是1979年年底。她24岁。

几度风雨行医路

然后是，与别人大同小异的经历。先帮舅舅做餐馆，再自己开餐馆。结婚，生子，坐月子就住在慈善协会拨给流浪者栖身的贫民窟里。丈夫是马来西亚华侨，也是餐馆打工仔，没车没房，也谈不上浪漫爱情，唯有身份纸张。初恋男友一直在等她，她也挠心挠肺想回去，但家里不许。母亲甚至说，回国就断绝关系，不认她这个女儿。漂泊无岸，只能找个婚姻安身立命。蒙在被里痛彻心扉哭了一场，绝了一生的情缘离初恋而去。

随丈夫做餐馆，始终未给戴北燕带来吉兆，从荷兰一直飘到德国，敛财散财来回拉锯，到头也只能挣个温饱。便想起自己的老行当，在餐馆楼上的住家安只不大不小的药柜，从国内捎来些中草药，给熟识的同胞或乡邻舒解病患，多半是人情，最多付些药钱。传出去，上门求医的人比来餐馆吃饭的人还多。没有诊床，就躺到地板上针灸。用餐高峰时她腾不出空上楼，有人竟提出坐厕所马桶上扎针，弄得她左右为难。

其时，一位韩国西医听说了她，上门求贤，请她把药柜搬到诊所去看病。她去了，病人激增，都是老外，吃她的药如饮甘露，竟是个个有效，堪称神奇。一位28年偏头痛的患者，只扎两周银针，手到病除。最多一天看40个病人，诊疗费上千马克。韩国大夫来了劲头，又租下诊所旁边的那间房，替她打造了正儿八经的中药房。从此，她欲罢不能，脱离餐馆做回救死扶伤的白衣天使。那是1997年。

由于德意志严苛的医学管制，戴北燕行医的羊肠小道曲曲弯弯，几度风雨。记忆犹新的伤痛是，一味“广木香”，她被德国同行以“采摘滥用稀有植物罪”告上法庭。虽然药用广木香非天然而系人工大面积培植，她的庭辩有理有据，官司最终赢了，赢在事实，也赢在运气。但她也知道，中医中药不是没有沉疴与隐患。

关于干爹的伤痛

干爹得病是认干妈之前的事。干爹排斥外裔，所以连陪干妈来中药行都不肯。当时干爹是肺癌晚期，而且肾动脉肿大，西医断言活不过半年。干妈来找戴北燕是征询她的意见，干爹该不该去做肾动脉手术。动脉肿大，随时都有爆裂导致立即死亡的可能，即便手术，生还概率也只有千分之一。这自然不该是戴北燕回答的问题。于是她委婉地说，假如是我父亲，我会劝他不做这手术。

哪料第二天干妈竟把求生无奈的干爹拽到药行接受中医诊疗来了。戴北燕那时正请了北京中医研究院内经专家江幼李教授来诊所研究讲学，师徒联袂便收治了这个被西方医学判了死刑的64岁的病患。干爹说，如果你们能让我活满70岁，就是生命奇迹，中华医术的奇迹。

奇迹果然发生了。就是服中药，肾肿大和肺癌都没有消除，却控制住了。干爹活过一月又一月，一年又一年。教授走后，学生接着治，前三年收钱，后几年免费，当做临床特例探索研究，药却越用越贵重，连人参冬虫夏草都用上了。后来又认了干妈，更多一份女儿孝心。干爹居然活到了72岁，一再向病体极限冲刺。

如果不是戴北燕那几天离开柏林去英国开会，未能力阻铤而走险的手术，如果不是病人活出了兴头，奢望过更正常更健康的日子，最终死在了几率太低的肾动脉手术台上，干爹或许至今还在一帖帖吞服干女儿给出的中草药，延续着钢丝上行走的生命。戴北燕泪流潸潸，哭病人的不幸，哭医生的遗憾。柏林电视台、柏林日报的记者都来了，把这个关于德国病人和中国大夫的故事当作奇迹四处传播。德国人总是很深沉，他们说，这是天使的伤痛。

混血儿的跨国传奇

张达义的血管里淌着中法两股血脉，这就让他看起来与道地的温州人不同。他不是黄皮肤，更不是南方人长相，体魄又高又大，乍一看是比法国人更纯粹的白人。没错，他母亲是法国人，家族却来自东欧，是上世纪初迁徙法国北部挖煤的波兰裔劳工。所以，张达义其实是波华混血的法国人。

张达义今年65岁，在半个多世纪的动荡中，他经历着中法两国的历史变革与社会风云，谱写了关于普通人的跨国传奇。这是一曲悠长的感人至深的命运之歌，属于他自己，也属于他身处的波澜壮阔的时代。

曾经问过张达义的自我归属，他毫不迟疑。首先我是中国人，然后才是法国人。比如看比赛，有中国队，我为中国队呐喊；没有中国队，我为法国队呐喊；假如对手恰是中法两队，我希望中国赢。

张达义的故事跌宕起伏，有很丰富的意蕴，可惜囿于字数之限，只能粗略道来。希望以后有机会弥补缺憾，作成一个长卷，相信会有读者喜欢。

哭别童年

1954年的那一天，不满9岁的张达义在巴黎一座老楼里伏在奶奶怀里哭。奶奶是法国女人，头发眼睛都是棕黄色的，脸上依稀可辨意大利裔被地中海阳光浸润的黝黑。但此时这张脸上没有阳光只有阴霾，她唏嘘着搂紧张达义说，别跟你爸回中国，那边太苦，奶奶舍不得你。

童年的张达义并不懂苦是一种什么滋味。他哭只是不愿离开奶奶，又没法违逆父亲的决定。他知道父亲的老家在东岸，一个叫中国的地方，他对那里全然陌生，也不明白父亲为什么非要拽了他走。

当然，父亲是有理由的。父亲来自瓯海丽岙，原在乡里打篾，娶妻生子苦日子难挨，二战前随侨乡那帮差不多岁数的年轻人扒货船偷渡到法国，靠跑街摆小摊为生。后来纳粹铁蹄遍布欧洲，他们这伙外裔侨民纷纷搭船逃离他乡，讵料逃命船驶至苏伊士运河被强行截回，归梦破碎，中国那边也从此断了音讯。不堪孤苦无依，遂在巴黎成家，娶了同样贫穷的波兰裔法国女子为妻，相濡以沫，共度艰难。不幸生下一男一女没多时，妻子便产后失血，死在几番进出的医院急诊室。没了母亲的张达义仅两岁，妹妹不足两个月。外婆抱走了妹妹，父亲束手无策的一个男人，便把张达义送到素不相识的奶妈家。他的奶妈并不喂奶，法国人通常把带孩子的阿姨统称为奶妈。

奶妈是意大利人，嫁了法国丈夫，住在巴黎蒙特耶门附近的老房子里。奶妈的丈夫参加过法越的殖民侵略，对东南亚有不算粗浅的认识。奶妈夫妇没有儿子只有已成年的女儿，在电影院做领位员，所以这一家人对张达义十分疼爱。

张达义从2岁到8岁半一直住在奶妈那栋老楼里，先是猫儿似的一撮，再是咿

呀学语，上幼儿园，进小学，然后长成胖墩墩的半大小子，一口法语精确纯正。母亲本来就没什么印象，父亲来得少，也渐渐疏远。亲，只跟奶妈一家亲。

曾几何时，父亲扔下一句话，说要带他回老家。父亲已卖了经营不善的小本生意打定主意回国，岂容儿子的不情不愿。张达义不知晓的是，父亲与老家原配生的那个儿子，他的同父异母哥哥，已在9岁那年掉进门前小河淹死了。父亲只剩下他一个独子，满心指望他回归故里传宗接代。况且，在法国18岁男儿都要去当义务兵，父亲狭隘的农民意识根深蒂固，才不愿意自已的独根将来为法国人捐躯阿尔及利亚战场呢。

偏奶妈怎么也不肯松手。娘俩抱头痛哭一顿，奶妈掏出几张大面值法郎，窸窸窣窣塞进小达义皮鞋的鞋垫下，掖实了说，等到了马赛，千万别上船，甩掉你爸爸，用鞋里的钱买张火车票逃回来，奶妈去站台接你。奶妈使劲摇他的肩膀，让他浑身燥热，紧张而跃跃欲试。

驶向东方的大船

奶妈的预谋终成泡影。

张达义毕竟嫩了点，在巴黎去马赛的火车上，他心里藏着秘密，眼睛总也离不开自已脚下的一双鞋，脱下来也要宝贝似的抱在怀里。父亲起了疑心，从鞋里搜出钱，也搜出儿子逃跑的预谋，一并没收。其后马赛候船三天，父亲寸步不离守着他，插翅也难飞。于是逃跑成了小男孩非赢不可的一场游戏。他对自已悄悄说，上船再跑。

真上了船，被远洋轮大得无边的那个陌生世界迷住，竟忘了逃跑的使命。等他把偌大的船舱走遍摸够，猛然记起该下船的时候，远洋轮早已离岸，马赛港只剩下视线里模糊的一个影。张达义这才慌了，号啕大哭。

他晓得，奶妈每天都会到火车站等他，他却再也见不着奶妈了。

新加坡、吉隆坡，然后才是香港。他跟父亲下船，影子都是恹恹的。父子从深圳边卡过境。记忆中，旷野里一座小屋，一豆油灯，蚊帐下一张脏兮兮的竹床。一觉醒来，已在中国。

辗转到温州，再划小船到丽岙，这才真的回了家。一个衣衫褴褛的女人迎上来，撩起衣角抹眼泪。他被父亲告知，这是你以后的亲妈。有许多孩子围在院墙里外，探究他那张洋藩混血的脸，像耍猴。那一刻他心里好想哭，奶奶的影子在巴黎背景前晃来晃去。

就这样，张达义在9岁这年从法国人变回中国人。父亲用带回来的法郎在老屋地基上盖了一座楼，带着发妻与发妻领养的外甥还有儿子在这个曾经散了的家里住下来，重操打篾旧业。丽岙阿妈待张达义视若己出，宠爱有加，他剑拔弩张的心思舒缓下来。但他依然相信父亲骗他的话，以为住满六个月终将回巴黎，没想这一住竟是26年。不管愿不愿意，发生在这片热土的所有动荡与变迁都将与他撕扯不开地纠葛一起。

中国记忆

在巴黎已上到三年级的张达义重新开始读小学课本第二册。他一句话也听不懂，坐在丽岙下呈小学里傻呆呆的，算术满分，语文零分。他脚蹬皮鞋，头发梳得溜光，与破败的教室形成强烈反差。那时分了田分了地的村民正闹互助组，成群结队荷锄下田，日子过得很有几分新鲜。父亲张月富是新中国温州地区归国华侨第一人，当选政协委员，颇受关照。张达义因了父亲，也因了洋孩子的长相，在穷乡僻壤出尽风头。小孩总是虚荣的，不到一年，他便如鱼得水，在丽岙这汪浅塘里活起来。法语丢得一干二净，瑞安话字正腔圆。

一双孩童清澈的眼睛看乡野炊烟的童年，看世事不停的交替更迭。比如合作社，反右，大跃进；比如炼钢，放卫星，吃大灶，然后自然灾害，全民饿肚子。他不明白大人生活里的这一切如何发生为什么发生。父亲毕竟是闯荡过世界的人，如何甘心蜗于田畴靠打篾养家糊口，几年后到底再度远去法国。张达义要跟，父亲偏是不允，说你替我守住这个家，传宗接代 ！ 张达义似懂非懂，却也感觉肩头已压了繁衍家族的重担。

到了全民饥荒那两年，张达义长成一米八的大块头，饥饿让他的青春期难挨难熬。手里捏有父亲寄来的钱，却买不到充饥的粮食，他在村路上走出蚯蚓般的斜线，恨不得把墙头的草也吞下肚去。地区侨办干部下侨村征询意见，他墙似的往人面前一堵，意见就是饿，就是想吃饱饭。干部红了眼窝，回去后居然派人送来一只不知从哪弄来的大蛋糕。如此荒年，这只蛋糕可谓价值连城，张达义一边吃一边哭，就差一头栽进蛋糕。公社书记也给张达义送来三斤粮票，想来是公社干部私下里凑的，是滴水之恩，却恩重如山。尔后又批来一百斤购买洋芋的条子，张达义扛回来，连皮煮了吃，一礼拜就吞咽干净，简直就是一头饿慌的狼。后来想想，饥馑岁月里没饿出病，就得益于这三次雪中送炭。张达义至今对政府当年的体恤感激涕零，非亲非故，就因了他是归国侨生，混血儿，硬是拽他走出了艰难日子。

在华侨中学读完初中，他还是萌生了出国念头。兴许是血管里洋人的血作祟，他向往巴黎，向往奶妈温热的胸脯，连做梦都是那边的景物与气息。事实上丽岙阿妈对他非常好，他也很孝顺，只是所有表象都难以替代刻骨连心的一份牵挂。然而父亲不改初衷，执意要他留守。

1962年，经特批进当地华侨陶瓷厂工作。次年恋爱结婚，对象是温州天津馆的漂亮姑娘，在下馆子吃饭时相识相知相许，尔后生下两男一女。张达义听从父命，完成家族薪火传承。

十年动乱对张达义也是一场噩梦。政府的体恤和雪中送炭没有了，有的是大批判乃至硝烟中真枪真刀的武斗。一个来自欧洲帝国的混血洋藩，如何逃得了灭顶的灾祸。一顶里通外国的“黑帽”随随便便往头上一扣，张打义便被关进牛棚，那年他仅25岁。周末妻子从温州赶来送牢饭，铝盒的饭菜里淅淅沥沥落满了泪。

笑返巴黎

拿到批了整整16年的护照是1979年。“四人帮”粉碎了，国门开出小小一道缝隙。那时再度从巴黎回国的父亲已经去世，母亲的养子也去了荷兰，所以张达义曾三次获准三次过期的居住国不是法国而是荷兰，法国只是过境旅游。去荷兰领事馆签证官一脸疑惑，您是第四次申请侨居了，怎么现在才来？张达义苦笑，16年了，护照刚到手。

就这样踏上出洋的路。妻子送他上飞机，泪流涟涟。他却全然没有哭的欲念。终于可以故地重游，他应该笑的。

荷兰落脚，转身就奔巴黎，为了却积压多年的三桩心愿：寻访奶妈，兄妹重逢，拜谒生母坟茔。寻访奶妈因其难因其急切，被置于首位。童年张达义只晓得奶妈叫

“奶妈”，并没记住她的姓名住址，如今失散26年，他甚至不知道是否还活在人间。唯一的线索就是带回去又带回来的一本书，儿时的奖品，上面留有巴黎小学校的校址。便从学校开始，由同是中法混血的表弟开车带他前往。表弟名叫沃朗，是姨妈的儿子，在巴黎华人区做保险，与温州人熟，所以兄弟间虽言语不通，也曾有些联络。表弟还约来警察及翻译朋友同行。恰是全城走空的夏季，学校依旧在，已闭门放假。门房也换了代，是26年前那位门房的女儿，说是知道原校长在隔壁女子学校任校长。门房热心往隔壁打电话，女校长居然在，放下电话走了过来。问她记不记得几十年前那个混血的小男孩与送他上学的法国奶妈。女校长想了想问，奶妈是否有个女儿在电影院工作？这厢连连点头。女校长说，那就对了，修高速路，这一带的楼拆了，他们应该迁到蒙特耶门外去了。

谢了校长，奔蒙特耶门而去。多了一丝线索便多了几分希望，张达义惴惴不安。到了目的地，新盖的居民楼竟有几十幢，顿时傻了眼。每扇窗都有可能蕴藏着不确定性，上哪儿找去？

还是门房。警察朋友敦促门房把整个住宅区的户籍登记搬出来，堆到桌上高高的一摞。张达义搔头挠耳，记起奶妈姓名的第一个字母好像是“V”。便按照字母顺藤摸瓜。

终于，一干人站到后面那栋楼的那扇门前。张达义不敢敲门，只让翻译传话，问里面是不是住了张达义奶妈。话音未落，反扣的门锁嘭嘭嘭打开，一位白发老妪闪电般扑到跟前，张达义一看，正是他日思夜想梦萦魂牵的童年阿妈。他扑过去，把奶妈一把搂进怀，两人抱头痛哭。边上沃朗一干人亦唏嘘不已。

生命的一个瞬间在跨越了26年时空之后定格。

接下来的一切都变得简单。分离的兄妹在母系家族上百人的注视下相认，手牵手向长眠墓地的母亲拜谒。一炷香，几缕轻烟，祭奠亡灵含笑九泉。

两年后，张达义率全家从荷兰坐火车到巴黎，从此定居在此。那一天正是圣诞节，大雪纷飞，巴黎白皑皑一片，像座冰城。

龙行千里

学会放弃是智慧

黄志坚在他40岁生日那天，写过一篇题为“学会放弃”的人生感悟。他说，年轻时我的抱负是做李嘉诚，我什么都想要。现在有了阅历，明白黄志坚终究只能做黄志坚，所以，要学会放弃。

生日是怀旧的日子，也是遐想未来的日子。但那时，黄志坚的事业正如日中天，人气旺，财气也旺。别的不说，仅就他斯达远东工贸集团旗下的主打品牌EXTRASTAR（超星）碳性电池，就以大敌压境的势头，覆盖了大半个南欧市场，把小日本的超级品牌PANASONIC（松下）挤兑得很有些尴尬。松下何曾遭遇过如此强势的对手？更何况并非欧洲本土的老牌，而是之前电池行业名不见经传的中国人、中国牌子，那气不打一处来的郁闷可想而知。偏“超星”满目皆是，不管西班牙、意大利还是葡萄牙，不管地铁、高速公路、街头广告牌还是电视、广播、报刊杂志，它的形象代言无处不在。松下只好咽下这口气，接受“超星”的挑战。

“超星”是黄志坚的拥有。在拥有的疲惫中想象放弃的轻松，是境界，也是智慧。黄志坚不承认自己走的路与别的温州人有什么两样。这点，我信。拥有的过程其实是条条大路通罗马的过程，即便不同，也是捡拾的招式不同，本质并无区别。而放弃，则是生命体对内在外在处境的取舍，是生活态度，是哲学思考。这正是黄志坚不同凡响之处。

从这天开始，他把“远东”的战线缩短，版图缩小，把四面伏兵八方斡旋的争雄称霸野心按捺下来。他把已投入开发的科技产品诸如太阳能、电脑、数码相机等舍弃了，把以西班牙伊比利亚半岛命名的五星级酒店项目也舍弃了，就连橄榄油葡萄酒的进口，也只作为贸易平衡而收敛了大动作。集团内部，该放的权放掉，该放的钱也放掉，管理权和效益一并放给下层和股东。大凡股东都是创业之初的股东，是播种季节的援手，他的股东恰恰相反，在过程中脱颖，是共同收获者。尔后，他剥掉事业人的盔甲，尝试不再让自己疲于奔命，努力过一种有点自我的日子。他买了越野车，去西藏，去新疆，也去埃及，寻踪探险做极地摄影，并把这些珍贵的镜头制成挂历送给他的客户。越野、探险还有摄影都是黄志坚的爱好，却像荡在半空的梦，从未实现过，现在他把它们还给自己。

黄志坚有过一次失败的婚姻。那次婚姻给破裂的双方留下现在正上大二的女儿。女儿的成长不可避免蒙受了或许终生都难以消弭的情感阴影。黄志坚一直都在勉力修复孩子的心理创伤，彼此的沟通也不错，但他还是为先前的激烈和轻率怀有很深的负疚。与父母一样，虽然当初的固执己见甚至叛逆换到今天仍被证明是对的，但父母把振兴家族的意志和期待搁在儿子肩头也没错，为什么就不能体谅老人的一番苦心？为此他有深刻的自省。如今，他拥有的是和睦美满的大家庭，第二次婚姻赐给他最好的妻子与三个阳光的孩子，年迈的父母也一如既往用慈爱呵护着一家大小，他以为这才是他的港湾，他真正的富有。每天下班回家，三个孩子小鸟般向他飞来，唧唧喳喳叫个不停，心里就会洋溢着温热的愉悦。

什么叫幸福？俗常的天伦就是幸福。

成功商人能咀嚼俗常幸福的还真不多。黄志坚因了领悟有了这类幸运。他舍不得幸福在手里溜走，要扯住它。他必须学会放弃，放弃那些与幸福无关的东西，包括要做李嘉诚的抱负。

放弃的前提是拥有

黄志坚来西班牙是1989年，24岁。在此之前，他从瑞安调到温州，是市物价局的一名公务员。这个职位在当时与后来都是求职者趋之若鹜的“肥缺”，黄志坚却毫不犹豫抛掉了。理由是办公桌挡住了人生的不可知，他不想活着的每一个日子原版复制。况且，他在电大学的就是经济，他对经商有兴趣，他想做李嘉诚。

西班牙迎接他的不是叱咤风云的高台，而是烟熏火燎的炉台。兄长在北部城市开餐馆，他除了做厨房没别的选择。他也不吭声，把自己变成一个陀螺，在餐馆、学校、栖身之地飞转，连委屈都没时间。语言学到三年级，别人下课泡酒吧，他是泡厨房，一头钻进去，深夜才出来，做出的作业也是半醒半睡。熬不下去，干脆作罢，辍学连带辍工，只身去了马德里。

第一次亮相是爿礼品店，铺面很小，货也零落，不是他不作兴大气派，而是没有钱。店是租的，钱是借的，进货用手推车三两纸箱地拉，路远，想搭巴士没让上，巴士载人不载货，拒载也是情理之中。可司机的鄙夷一目了然，不仅仅对他，而是对他身后的整个族裔，他感觉像被扇了耳光。退回来，心却强烈反弹着。他对自己说，我要强大起来！

果真卧薪尝胆。一天吃一顿饭，一夜睡半宿觉，学会苦其心智，学会寄人篱下，也学会包容、忍耐，一步一个脚印往前走。很快，小店不够腾挪了，他不想着如何把店铺扩大，而是一甩手扔了，踏入新的天地。富恩拉夫拉达工业区是华人的空白地带，他的斯达远东工贸集团填补了这一空白，他也理所当然成为始作俑者。

刚开始是做百货，货仓不大，规模也小，进一个集装箱都罕见，多是半个或三分之一的拼仓，董事长就是推销员。货送上门也没人要，那些西班牙商家，傲慢地扬着下巴，连眼角也不瞥他一下。幸好他韧性超强，不管冷脸热脸，挨个儿去游说，终于得到仅此一家的接纳，还是最低的价，代卖，不预收货款。那天黄志坚回仓库是空手，感觉却是凯旋，他相信这是他真正意义的上路。

此后的过程是不断转型不断壮大的过程，黄志坚与他的“远东”一起成长，虽步履维艰，却有声有色。新千年是品牌经营的第一年，先是优质打造，继而尝试往西班牙主流媒体投广告，让终端客户在铺天盖地的视听冲击中把一张生疏的面孔读懂、读熟。这是需要理念与思路、气度与胆略的，黄志坚兼而有之，便从周边华人群落里脱颖而出，崛起在新的高台上。

如今的“斯达远东”，是集电子、电工、照明等专业化系统化并拥有终端销售渠道和本土销售队伍的大型工业贸易集团，总部设在马德里，意大利、葡萄牙设有分公司及代办处，以南欧为基点向全欧辐射。中国宁波则是坚强有力的大后方，有分公司，更有两万多平米的生产基地。“斯达远东”旗下的“超星”碳性电池品牌，在南欧家喻户晓，市场占有量高达80%以上，超越了世界知名品牌“松下”。“远东”的业绩可谓辉煌。

然而，黄志坚在过完40岁生日，写完那篇“学会放弃”的感悟后，似乎把这一切都看淡了，他甚至都没有兴趣再去回望和骄傲。远东人的事业逐渐成了平凡日子里的常态，就像吃饭、睡觉、读书、思考、会友，都是丰富人生的内容，也都不是全部。

放弃意味着新的拥有

假如不明就里，现在的黄志坚看上去不是企业人的形象，他过于儒雅，也过于内敛，倒像一个文质彬彬的书生。尤其40出头就动辄言老的沉吟和谈吐，简直都有哲人的意味了。

放弃意味着新的拥有，谁说不是呢？

恰如旗下“超星”品牌的打造，黄志坚更关注人的形象的打造。在西班牙，他以中国人的面目出现；在华人群落，他以温州人的面目出现；在全方位生活处境中，他以社会人的面目出现。他知道，无论是谁，不管平凡还是伟大，都有着各自的象征意义与各自的诉求。他希望自己做一个好人，好的中国人，好的温州人，好的社会人。

前几年，侨居马德里的老人组建了长青俱乐部，没有固定会所，所有活动都在街心公园桥下，遭受日晒雨淋。热心慈善的陈玉秀老师寻了一处房宅，旋即找到“远东”。她其实并不认识黄志坚，只知道他事业大，口碑好，就奔他而来。黄志坚悉知来意立马就说，陈老师，您别操心了，这笔购房款我管了，有企业家愿出，大家分摊，若没有，我就一个人出了。20多万欧元听起来像吹口气，说得陈老师泪眼婆娑。没过几天，黄志坚果然联络了另两位企业家刘光新和高平，去经纪所签了购房合同。捐赠一处房也许不算什么大事，但温暖的感动却一传十，十传百有了互动的效应，老人们不仅有了房，还有了更多人捐赠的各类设施，真正的老有所安。陈老师窃窃期待在装潢一新的俱乐部见到黄志坚的老父老母，但没有，他们根本不在这个街区住，倒是想来，太远了。

如何融入，如何打造中国人的良好形象，长久以来都是海外华人生存状态的关键词。在没有更好的借鉴之前，黄志坚想到了慈善义举。一个春花烂漫的日子，黄志坚带着由各部门经理组成的远东人慰问团，来到位于FUENLABRADA 地区的RAMON RUBIAL老人院，看望住在那里颐养天年的老人，并带去空调、电线板、

相框及多种健身器材。这是一所历史悠久分支繁多的老人院，在院的6000多老人几乎都是西班牙裔与欧洲裔。几十年来，他们接受过或政府或教堂或民间慈善机构或有钱人的无数次捐赠，就是没见中国人送东西来过。在他们的记忆里，中国人既不讨要，也不馈赠，永远封闭在自己圈子里，老死不与他人往来。当黄志坚带领远东人以晚辈的姿态笑容可掬地说，如果需要，请召唤一声，我，还有“远东”人都可以来做义工时，老人们又惊又喜，布满褶子的脸舒展开来，笑出孩童的天真。

馈赠其实就是拥有。黄志坚向来腻烦作秀，但此时他的确感受到温暖的互换。6000位老人身后又有多少个家庭和亲属，难道不正代表着西班牙民心？接纳他，接纳“远东”，就是接纳中国。紧接着，黄志坚再次联手刘光新、高平，为企业所在地投资兴建了社区活动中心。

除此之外，远东集团还以跨行业的大手笔举措，每年都在中国宁波举办西班牙文化节，搭起中西交流的一座栈桥，传递文化传递友谊也传递温暖。西班牙文化部长因此称赞他为民间文化大使。

不像有些人，活在海外等于活在家乡的阡陌田畴。黄志坚的西班牙是精彩的，有声有色的，既吸吮着西方文明的精神遗产，又保留了传统的儒家精髓，走出了海阔天空，走出了新的境界。曾听说他要创办一所纳入西班牙教育体制的全日制中西双语学校，不知这个美丽的遐想是否也在他的放弃中。即便放弃了许多，新的拥有还是铺天盖地地扑来。

或许，一切源于他的生肖。黄志坚是属龙的，“龙”的宿命就是不安静，与做不做李嘉诚没关系。记得有句古语叫龙行天下，似可作为他的个人诠释。

信手拈来，是为题。

一点补缀：

黄志坚一直以来都是企业家，但眼下，他是马德里国立大学的博士生，研究方向经济历史。他年轻时在电大学财政，后又修了经营管理课程，有关经济范畴的理论向来有兴趣。他的导师是以前在各方论坛煮酒论剑时一眼瞄中他的西班牙经济学专家。他的博士论文也已酝酿了很久，是有关海外华人的经济历史。这个论文其实不是为他自己做的，他想给海外华人的经济历史留下一点探索思考的痕迹。

黄志坚还说，他不想一辈子都做商人企业家，如果生命给他机遇，他或许会在商场退役，回归校园，做一名大学教师或者经济理论研究者。他对此很是憧憬。

被绑架者的文学话题

陈河前史

陈河给人的印象总是很男人，很矫健，这与他一米八四的高个有关，也与他曾是浙江省军区的蓝球后卫有关。但多年前在巴黎的那次重逢，我却觉得他内敛了许多，脸上也有了些漂泊江湖的沧桑，甚至，怎么说呢，似乎还有点惊魂未定的迹象。他是从阿尔巴尼亚来法国旅游的，应我的邀请。那时他在地拉那经营药品生意，与阿尔巴尼亚人共同经历了那个东欧国家一场罕见的浴血纷乱，所以我把他脸上的表情想象为“战争”的痕迹。

然而我错了，其实那是源于一场绑架。

重温噩梦总不是件愉快的事。陈河没有对我描述绑架的全过程，他只是淡淡地说，走出地窖那刻，我看到头上那方蓝天，觉得活着真好！

游弋了巴黎，陈河又到我当时在大西洋海岸的度假别墅小住，我们一起开车去海滩去麦地去森林享受布列塔尼亚的自然风光，音响里放着美国黑人歌手的歌。我们还去算得上原始小镇的集市看农场主交易牛犊羊羔，陈河的表情慢慢舒展开来，走路也回到以前的状态，弹跳着，是球场的节奏。

这正是记忆中的陈河。他的原名叫小卫，河是他给文学的命名。以前我在《温州日报》编副刊，来稿中发现他的散文，就把他招了来。当时他站在我的办公桌前，有些顶天立地的感觉。我必须站起来，再仰头，才能与他对话，这就记住了他。知道他刚复员回温，是个球兵，就在我父亲的那个单位工作。他说这篇文字是他的处女作。稿子好，我便发了。慢慢熟悉，就常在一起聚会，吃饭，喝酒，品球，更多的是谈文学，自然而然就成为写作圈的朋友。上世纪90年代初，我先来了法国，随之听说他也去了阿尔巴尼亚，是在单位当了经理后。我来法国是逃避什么，他去阿尔巴尼亚是追逐什么，但我们不约而同都放掉了国内的一切，包括文学。不同的是他赚了很多钱，我却一个铜板也几乎没去挣。当时人人歆羡美国或者西欧，对阿国这类贫穷落后曾经的友好邻邦多有不屑。事实证明陈河的确付出了代价。但他收获的财富却是我们这些人远远无法比拟的。当然我指的是另一种意义的财富。谁能说阿尔巴尼亚那段生活不是他最充分最独特也最难能可贵的生命体验与文学准备呢？

《被绑架者说》

那场惊悚的绑架我是后来在他发表在《当代》杂志的纪实中篇《被绑架者说》里读到的。

陈河被解救出来的当晚，阿尔巴尼亚境内正发生着一起重大的历史事件。美国特工组织包围了地拉那黛替山的空中花园，摧毁企图用火箭炮夷平美国使馆的本·拉登恐怖组织。黛替山空中花园是埃及人投资的豪华酒店，也是本·拉登设在阿国的恐怖组织基地，在美国肯尼亚、坦桑尼亚使馆被炸后启动，已虎视眈眈了好几年。没想到被美国情报机关抢了先机，一举全歼。两件一大一小的重案搅到一起，成为当夜最具旋风力量的新闻。阿国所有的电视观众，都没错过头部缠得像木乃伊的陈河从地窖里走出来的那个画面。

事实上，这只是个尾声。此前一周已有关于陈河的多个画面频频走进千家万户，阿国百姓似乎对这个“有钱的中国人”很熟悉了。一个电视台职业人把这组收视率很高的连续报道制成光盘卖给陈河，要价500美金，贵是贵了点，陈河还是买下了。

陈河在光盘里看到自己关了整整八天的阴森潮湿的地窖，那块睡觉的木板，那只他想用来接尿却没接成的喝空了水的塑胶瓶。还有那种看不出来也能闻出来的恐怖气息。当时他被胶布蒙了眼睛，捆绑得像个粽子蜷在墙角，脸上爬满了鼻涕虫。

他还看到军队、警察联手的突击队如何层层包围那幢房子，如何冲进大门，擒服绑架者。街区周围居然停了好几辆装甲车。他还看到迪米特里警长非常职业化的脸的特写。如果不是这位从意大利那不堪斯警局重案组受训回来的阿国警官出色的侦破能力，他或许最终被撕票，扔进死亡的黑洞。阿国警方很多时候都是黑暗的，迪米特里警长是个例外，他是正义的化身。

事后陈河还被告知，绑架他的那帮歹徒的首犯，竟是他以前的女翻译阿尔塔的儿子罗伯特和内迪。绑架者知道陈河与合伙人的药品生意做得不错，就设了圈套把他掳为人质，蓄意敲诈20万美金。警方撬出的内幕与口供让惊魂未定的陈河听得头皮发麻，身心战栗。他与阿尔塔一家向来友好，这金钱驱使下人心的险恶远远超出了他的想象。照说他不是个没有经历的男人，原以为自己也算是江湖上的人了。讵料，差远了！陈河自嘲。

登陆巴尔干半岛

陈河是1994年5月抵达阿尔巴尼亚的。用他自己的话说，像飞蛾扑火似的扑向这盏欧洲社会主义明灯。这个国家固然穷困，但遍地商机，一抓一大把。陈河血管里流着温州人的血，就注定要用同样的姿态行走与漂泊。阿国极度缺药，他就与亲友李明合伙做药品生意，主要是青霉素、扑热息痛等。他几乎是与集装箱的药品同时登陆巴尔干半岛的。

在打捞第一桶金的旅程中，陈河走过自己的故事，也走过别人的故事。都是难忘。

货柜里的药品送检需要两份中方提供的英文原件，并盖有公章。一份是药品检查报告单，一份是批准该药品生产的政府批号。这是通常的手续要求，不过分。问题是他们没有。他们只有一张中文化验单。药是名牌厂出的优质品，心里有数，货柜也卸了，码在仓库里，总不能为这两张纸再跑回国去斡旋吧？只好自己动手。在刻坏了十多块肥皂之后，陈河终于刻出了两枚古意敦厚的公章，盖在英文打字机打出来的文件上。公章的外圆刻不好，就用菜油瓶盖蘸了印油加盖上去，勉强有了以假乱真的效果。文件送去药检局，那位卫生官员阅后感慨道，你们中国真是文明古国，连公章也设计得像艺术品。逗得他俩忍俊不禁。

还有就是给内销包装的青霉素贴外销的拉丁文标签。第一张订单是个令人心跳的数字，光青霉素就是500箱，每箱1千支，总共50万支。可是他与李明干一通宵，只贴了两箱，如此缓慢的进度，恐怕几个月也交不了货。便请房东召集左邻右舍的老人孩子来帮忙，并说好每贴好一箱标签，将付给一个美金酬劳。这个构想来自陈河儿时为两分钱帮人剥蚕豆的经验。没料到清晨起床打开房门，外面已经排好蛇行的一列长队，不仅妇孺老幼，壮硕的男人漂亮的女人也比比皆是。旁边的空地上支了自行车、独轮车甚至一驾早早从乡下赶来的房东姨妈家的牛车。青霉素一户两箱地分发出去，房东太太一边登记一边报着这些人的身份：这是画家，这是飞行员，这是电影演员……陈河越来越不自在，最后听说一位衣着考究的男人竟是前阿尔巴尼亚驻奥地利大使时，他简直无地自容了。他觉得自己用几块美金吸引这些有身份的人来贴标签很对不起人家，都有伤害和羞辱人格的嫌疑了，同时他也为社会动荡中的失业与贫困感到震惊。

这个国家，这盏社会主义明灯，正在沉沦呢。他对自己说，心里很失落。

纸上江湖　生命泛舟

那次巴黎分手后，我再没见过陈河，只通过电话或电子邮件互相牵念。

知道他终于离开巴尔干半岛，移民加拿大，一家三口在多伦多定居下来。也知道他买了带花园的漂亮房子，房里有许多厅室，房外有花，有树，还有大草坪。还知道他与妻子兢兢业业做着百货生意，很奋发地淘金，淘得很累。于是我想，陈河这回恐怕真是离文学远了。

然而我还是错了。

记不清是2005年年底还是2006年年初了，我的电子邮箱突然传进来一个邮件，打开来看，竟是陈河搁笔十年后新写的一个中篇。我一口气读完，连眼都来不及眨。一点都不夸张，当时我的感觉是淋漓尽致，是震撼。没有刻意杜撰的故事，没有故弄玄虚的高深，没有雕琢的文辞之美，从头到尾只有不文饰不虚拟的生命体验，只有磅礴大气。我至今认为，这是一篇陈河的极致之作，显然比他以往的作品跨越了好几级台阶，与国内任何一流作家的作品也足以媲美。我撂下电脑就给他打了一通电话，我记得我当时很兴奋，就像自己写出了什么惊世之作。

这就是后来发在《当代》又被其他刊物转载的《被绑架者说》。那时陈河没有任何身名，红极一时的《暗算》、《风声》的作者麦家却辗转找到他，并四处赞誉有加地引荐他。次年，《被绑架者说》被推荐角逐鲁迅文学奖。中国文坛向来注重名气，如果不是东西真好，无名之辈如陈河要登大雅之堂想也别想。

陈河一发而不可收。行走漂泊的生命体验经过长时间沉淀、发酵，终于在某个清晨醒过来。他有了太多的冲动，太多回顾和表达的欲望。他文思泉涌，挡都挡不住。他的中篇小说《女孩与三文鱼》紧接着在《收获》登堂入室，也是四处被转载，好评如潮。再然后，他的长篇处女作《致命的远行》也飞似的写出来，刊在《收获》长篇增刊上。作品上《收获》杂志的难投过稿的人恐怕都领教过，陈河却一气发了两个。这部长篇我也读过，写漂泊者的江湖，有

他自己亲历的故事、感知与情绪，也有他客居巴黎时与我完全不同的独特经验，读来既熟悉又陌生，同时又是浑厚的，大气的，不矫揉造作的。对此，我们共同的朋友，与他同在多伦多的张翎有很精辟的评价。

再然后，他的另一个中篇小说《西尼罗症》发表了，在国刊《人民文学》的头条上。而我读的仍是他传过来的原稿。《西尼罗症》是一个关于疫病的故事，也是关于全球化时代背景下个体的人在流动迁徙中复杂境遇的故事，有着扑朔迷离的叙事氛围，潜伏着动荡不安的心理体验。这篇小说中的陈河似乎有些变了，变得敏感、脆弱、小心翼翼，如履薄冰，变得像一只意象中不知飞向哪里的鸟。我喜欢这时的陈河，他让我感到尤其的亲切。他已不再是作家，甚至也不再是商人，而是这群走在天涯路上的每一个你、我、他。

《西尼罗症》演绎了陈河的不同凡响。《人民文学》用整版的留言热捧他，传达

给本来对他陌生的读者。紧接着，短篇小说《夜巡》跟进，《上海文学》又作了转载和评论，于是他被国内文坛知道了，发现了，像一阵太平洋刮来的风，裹挟着新鲜迥异不可知的气息，证明着一个优秀作家的存在。

前不久，陈河在电话里对我说，他准备慢慢缩小他的生意，把重心移到写作上来。他认为自己在文坛会比在商场更加有声有色，决定好好玩一把。他已买了房子，又买了出租的店面。他的窗外有四季变换的风景，正把他那颗感知人间冷暖的心安置下来，再变成键盘下的文字淙淙流淌，流成生活的河，流成理性的河。

而这一切，似乎都在我的预料之中。从《被绑架者说》开始，我就相信他已完全走出了温州。

一点补缀：

作者陈河久居海外，他讲叙故事的语调、方式，他观看和表现周围的世界时的态度与国内的小说有所不同。

这种态度，可能是由于作者所处的多文化、多种族的混杂环境，是一个流动、迁徙的世界中的特有神情，有一种客居感，有着由客居而生的谨慎、敏感、兴奋和不知下文的悬念……

《人民文学》编者

索菲娅裁缝

徐寒：委婉的女人心事

那时，没有“索菲娅裁缝”这个品牌，索菲娅也不叫索菲娅，而叫徐卡娅，别名徐寒。

徐卡娅还是不像温州靓女的名字，这就怨不得她了，是母亲当年读多了俄国小说的缘故。

母亲是教师，又出身不俗，难免就把一些隐讳的小资情绪移花接木到儿女的细枝末节上，比如衣着，比如名字。

不过无论索菲娅还是徐卡娅，安在她身上倒也般配。年少时不仅长相欧化，还爱唱爱跳，很有几分火辣辣的气质，所以亭亭玉立往那儿一站，纯粹就是半藩混血儿。

周末，母亲煎了带鱼，做了红烧肉，让她搭渡轮送给在永加工作的父亲。她提了菜盒到上塘，恰逢戏校招生，就去唱了支歌，跳了段舞。本是即兴的一个玩笑，讵料录取通知前脚走后脚送到温州。母亲急了，不放她走，说是小学都没毕业，你唱样板戏能唱一辈子？可又如何拗得过她，拎起网兜头也不回出了家门，还带走了徐寒这个名。

所以戏校老师同学至今叫她徐寒。练功是苦的，天不亮就吊嗓子，童稚的声音是风中飘走的鸽哨。金鸡独立，腿下压了高高的一摞砖，抽筋般疼痛，牙都咬酸了。但她还是欢天喜地，一帮孩子疯闹，吃一锅饭，住一排屋，跟老师身后偷戏，演样板戏的B角C角，这是阳光灿烂的生活，合了她的天性。

再大些，青橄榄式的爱情悄然而至。同是戏校的小帅哥，练功之外一起偷学小提琴，贼似的躲进小树林，琴瑟传情却不自知。若不是老师的玩笑捅破了两扇稀薄的心窗，他们甚至都没明白这就是男欢女爱的一场预演。说来都不信，蒙昧年代集体下意识的禁欲是如此深入骨髓。

当然，都是弹指一挥间的往事了。徐卡娅在飞机的舷梯上回过头，不知怎么就想到了这些。是因为要离开视野下这片生她养她留有她青春爱恋的土地吗？此时，1991年，她已是丰腴的少妇，30出头，黑发在头上盘了个髻，露出玉白的颈，有几分性感几分妩媚，脸上的神情却是凄惶的。护照上的签证是南美秘鲁，航班是飞布加勒斯特，证件都合法，原不用担惊受怕。可她追逐的是西班牙大赦，罗马尼亚之后的行程便扑朔迷离。那位两小无猜的师哥早就成为“孩子他爹”，眼下正走着更为险恶的西行之路。丈夫把相对平坦的一条道留给她，是想让她少受些惊吓。但她还是没有安全感。进了机舱，眼神一下直了，空了，人也迷茫地团团转。儿子呢？我怎么就这样把儿子扔下了？！呓语像母兽凄厉的嘶鸣。

这是无助母亲撕心裂肺的疼痛。牵着儿子的小手上京签证，秘鲁签证下来，她都没来得及细想，就被西班牙意志推搡上了飞机，7岁的儿子就匆匆扔在北京亲友的家，心理上连个过渡都没有。飞机把她的身体带上云霄，心却在儿子的哭声中碎成一瓣瓣。

徐卡娅：艰难的女人打拼

还是没有“索菲娅裁缝”。是小弟把徐卡娅“偷”过了边境，那个黑夜那个清晨都是有惊无险。西班牙的帷幕在小弟租来的破别墅里拉开。为赶“大赦”最后一辆专列，别墅里躺了满地的温州人，从各条凶险的路汇集而来，整个就是红卫兵大串联时的北京站。她从狭窄淤塞的人缝间,窸窸窣窣走过，全身冰凉。

“大赦”的申请一递交，这些人都成了合法找工的竞争者。她是有优势的，因为漂亮伶俐，上台面如鱼得水。那时华人只有餐饮业，她就应聘做了饭店跑堂，心里却是慌的。跑堂是语言的功夫，她则恰恰没有语言，连猜带蒙，难免出错菜，老板娘的脸就摔下来，一副万恶旧社会的架势。她不想被赶走，就用睡眠时间练功夫。她睡下铺，铺顶上贴满花花绿绿的菜谱，躺下床背，睁开眼也背，还不敢出声，怕挨同屋的骂，终于睡过去，梦里接着呢喃。酒是更难的一道坎，就抄在烟壳上，剪成一摞塞在围裙兜里，客人没来，预习一遍，客人走了，巩固一遍，掏进掏出，烟壳都揉碎了。

做过几家餐馆，老板娘都吝啬，从不给工人好菜好饭吃。说来都脸红，徐卡娅是真的饿，饥肠辘辘。眼瞅着食客用餐，那刀叉的碰撞声会让她不停地咽口水。绕着桌服务，眼风留意着人家的盘子。一有用剩的菜肴，她撤下盘子就往嘴里塞，暗地里还自我解嘲，都是刀叉切剩的，不脏，那个慌那个馋，连厨房里的人都不忍卒读。

后来开了爿夫妻外卖小店，总算扬眉吐气，却没生意。没生意等于没钱，这扬眉吐气也就成了虚张声势。丈夫掌厨送外卖，她就守一架电话机空吆喝。税是赖不掉的，也不敢赖，就挪了催要的房租先去纳税。一笔小钱掖在手袋里，不知怎么就被女友拽进了卡西诺（赌场）。哪见过这阵势，缩头探脑往人缝里钻，伸出手去押赌注，那腕都是颤抖的。电闪雷鸣的功夫，手袋里的税款消失殆尽，她体验惊心动魄后的虚乏，额头一把冷汗，脚也挪不动。吃饭的钱没了，打车的钱也没了，她和女友就披头散发坐在卡西诺的台阶上等送赌徒的末班车。晚风阵阵袭来，她俩耸着肩，袖着手，嘴里骂着“堕落”，作最深刻的自我批判。

这才明白投机取巧不是人人走得通的路，把心收回来，扎进小店自我救赎。印出菜谱传单，一条直街一条横巷分送，不肯漏过一个盲点。菜单上的菜肴都是大众口味，并不独创，但用了心，变了花样，便比别家多了份喜欢。渐渐地，吧台还是那个吧台，她则明眸皓齿，笑也明媚起来。叫餐的电话机一排五六台，都是从倒闭的同行手里连客户一并收购过来。

送传单不仅让外卖店起死回生，还替自家送出一爿“百元店”。这条路走过无数回，总见一排闲置的旧房闭窗锁门，无人问津。门前倒有一个西班牙老头坐在檐下晒太阳，问了几次都是爱理不理。徐卡娅垂涎这块生意地，就回店取了上好的桂花酒，坐到老头对面，很诚意地请他喝酒。老头几杯酒下肚，话多了，笑容也黏稠了。几天后就把电话打进外卖店，说是房主愿意把这排老屋租给他们开店了。于是就有了修葺一新的百货店，租金便宜，却是一棵摇钱树。摇钱岂能不辛苦，收银台一站一天，腰都僵了。买一辆二手车，跟丈夫午休时段去进货，货物总是堆成山，吞没着她的身体和座位，肩上，胯下，甚至胳肢窝都塞得满满的，除了眼珠子轮动，活生生变成了大玩偶。刮风下雨，小破车不堪高速路，车前盖突然掀起，眼前顿时漆黑一团，天地全没了，慌乱中一个急刹，险些儿被后面的车撞翻了。惊魂未定，脸都白了。重新亮起来的窗玻璃上氤氲着居心叵测的水汽，她感觉正与恐怖的死亡交臂而过。

索菲娅：多彩的女人传奇

终于有了“索菲娅裁缝”，以她名字命名的内衣品牌。西班牙皇后也叫索菲娅，这是女人心思里的小炫耀，也是跨越台阶的自我期许。

时尚，尤其是衣着穿戴的时尚，从来都是女人们的一个梦。叫了西班牙名索菲娅之后，梦成了梦魇压得她喘不过气来，哪怕外卖做熟了，百货做火了，她还是想在女人的时尚里跳一回真正属于她的舞蹈。这种时候挣钱退后，成了理由之二。

然而，跨行业的运作是真枪实弹的一场战争，不是有梦想上帝就会眷顾她。徐卡娅在整整两年的碰壁失败中一点一点圆着她的梦想。刚开始那会，西中贸易包括百货、时装鞋帽、电器产品正如火如荼，徐卡娅在“百元店”里坐不住了，搜刮了所有资金飞到温州试图抢滩。她很勇猛，大把的钱甩出去，大批的货买进来，集装箱源源不断泊入西班牙港。仓库越租越大，越塞越满，简直就是个时装大杂烩。当然也有卖掉的，得益于她天生对时尚的感觉与敏锐，更多的则卖不动，设计乱了，染色偏了，尺寸小了，时令倒错了，总而言之是一堆她自已看了都无法圆说的时装垃圾，山一般筑起推都推不动的债台。不是想要自我拯救填补窟窿吗，就去意大利陆路进来一批最时髦的货来卖，没及卸货就被警方查了，据说有名牌仿造夹杂其中。若不是她蒙在鼓里最终被警方确认无辜，几年的牢狱之灾要逃都难。

想过罢手的，实是不甘。女人碰了时尚，就像男人碰了烟酒，有瘾。儿时那种对布帛绸缎的亲昵，对绣花女红的喜好，对赤橙黄绿青蓝紫的遐想，都在“索菲娅”这个命名的召唤下活过来，变为生命的冲动。她回头又去了温州。这次没有钱了，一分都没有。

有的只是从几年的磨砺中深思熟虑的一个决策一条途径：做内衣，做品牌。徐卡娅有一个太好的丈夫，宠她，却始终替她替他们的公司稳稳把着舵。

资金是民间的高息借贷，是母亲和奶妈从温州、七都分别签字画押筹集而来，两位老人都替她担着风险，让她步步谨慎，不敢由着性子挥霍。

请不起设计师，就自己设计。徐卡娅像是着了魔，连自己都惊讶会对内衣的面料、色卡、手感以及式样有那么多喷涌而出的感悟、才情和创造力。她觉得自己简直就是为时尚为内衣而生，而存在。她把西班牙时尚杂志和橱窗里的欧洲风蜜蜂采蜜似的采撷到自己的记忆库，沉淀下来，再拐个弯，丝丝缕缕抽出来，缀上东方的情调中国的意蕴，一款款目不暇接的内衣、泳装、海滩服就有了属于她的灵魂，就在模特儿的身上飘逸飞扬起来。她自己呢，也不出去应酬，不出去招摇了，就关在酒店，穿一件睡袍蜷在大床上摆弄她的衣片，这边打个结，那边镶个花边，挖空心思也要弄出点夺人眼球的不凡来。再把酒店房间张挂成万国公馆，人在五彩缤纷中穿行，梦游一般。蓬乱的头发披挂下来，遮不住隔宿的疲惫。

然后是打拼批发价格战。先是比别人低，后是比别人高。低时吸引低消费顾客群，高时吸引高质量顾客群。徐卡娅在中国操持打样制作，他先生在西班牙做管理与营销，管理是人性的管理，营销是知己知彼的营销。几多艰难几多险滩趟过来，门庭若市是自然的，做成一个气候也是自然的。素有市场千里眼顺风耳的商家开始打探，这“索菲娅裁缝”是何方神圣？先是西班牙、摩洛哥，再是葡萄牙、希腊、土耳其；先是地摊低档商铺，再是大公司中档商店。“索菲娅裁缝”虽然起步晚，却脱颖而出节节飙升，成为有一定知名度的品牌，赢得了良好的市场份额。

很难相信，在这多雪的冬天，在全球金融危机的滚滚寒流里，“索菲娅裁缝”公司的营销不但没有下降，反而是供不应求的局面。公司办公室的电话响个不停，话筒那边一直嚷着“索菲娅裁缝”，“索菲娅裁缝”，都是催货要货的，那急咻咻的神情就像要糖吃的馋嘴孩子。分不到青睐的货，还跟你急。有位商家竟揣着大宗款项在酒店住了十多天，等着集装箱进港……

徐卡娅依偎着她的先生，笑然面对。这是一对天衣无缝的搭档，就像星星的璀璨月亮的沉静。生意做到这一步，是梦想成真，徐卡娅很有成就感。想起一路走来的艰辛和甜酸苦辣，她忽然悟出一个道理：原来，几十年的伏笔与过渡都不是她的真人生，都会化为一股青烟淡在身后，她只为今天而存在，只为“索菲娅裁缝”这个命名展现生命的意义与精彩。

一点补缀：

徐卡娅曾是舞台上的女人。她的人生本来就是一本好读的书，一场好看的戏，再由她自己娓娓道来，更是出彩，出色，出情。

但我知道，她走过的路并非繁花似锦，尤其西班牙打拼的经历更充满变数与陷阱，是人生的历险，堪比极限超越。一个女人，小家碧玉或大家闺秀，都不容易。

她是心气很高的女人，她无愧于自己高拔的心气，书写着商场女人的传奇。不是用笔，而是用艰难的打拼，吞咽的眼泪，也用曾经的悔恨与希冀。

我为之动容。不想攀比她的财富，也无意仿效她的现状，但有一点，她对世俗生活的热爱并由热爱生发的勇气则是许多女人甚至男人都无法比拟的。比如我。

教堂街43号

飞扬的阁楼

巴黎市政厅附近有条老街，名叫教堂街，中国人也把它称为“庙街”，因为在法文里，基督教教堂与佛教的寺庙是同一个词汇。教堂街是有了年岁的街，蜿蜒在马亥区，是几百年前塞纳河流溢的沼泽地，街两侧的老房子经历了悠久的人世沧桑，显出疲惫与败相，却又蕴含了古韵，让喜好怀旧的法国人不肯舍弃。就在这条街的43号里，演绎了关于“温州人走世界”的又一段佳话。

43号不是叶星球的家而是他的店。叶星球卖的是旅游纪念品：文化衫、挂盘、蓝瓷饰品、埃菲尔铁塔、巴黎圣母院模型等。小小的一个门面，货品却是琳琅满目，走进去有局促的感觉。叶星球就坐在屋角柜台的后面，敞着衣领。灯光下，头发有少许的花白，脸上是儒雅的笑。

叶星球怎么看都不像个生意人，虽然他也娴熟地与顾客断着价码做着生意。收款机啪嗒啪嗒响个不停，总觉得那响声里交错着他的墨迹与吟唱。

叶星球是乐清人，出身工艺美术世家。他的外祖父王少石为乐清黄杨木雕创始人之一，后下南洋远渡新加坡，从事佛像雕塑半个世纪，誉满新洲。大约受了家风的滋润与熏陶，叶星球从小就对形而上的唯美有执拗的痴迷。初中未毕业遭遇“文革”，没书读了，索性拜师学艺，黄杨木刻、石雕、画帘、仿古画，17岁初试啼声，竟有了些刻意摆出来的艺术家派头。十年过后，是1980年，住法国的舅舅出了份担保，他怀揣朝圣的急切来到艺术之都巴黎。

到了才发现根本不是那么回事。自第一天开始，他便跌入与艺术美感毫不相干的生存泥淖里。先是家具厂做杂工，再是餐馆做跑堂，几年过去，别说不知道卢浮宫、奥塞博物馆的大门朝哪开，连法国的花究竟什么样也不知道，天天早出晚归，竟连巴黎的太阳都没朝圣过。

直到苦苦攒了些资金，买下教堂街的这爿小店，以往的念想才一点点找回来。

叶星球此刻驻守的柜台左侧有架狭窄的旋梯，扶级而上是比下面更小的一个阁楼，阁楼里有点拥挤，却不乱。天窗射进一束阳光，把那些书画、照片，还有老旧的木柱、泛黄的墙都照得晶亮。岁月的积尘也在光照里飞舞。

书画大多是国内著名书画家所赠，也有叶星球自己的作品，包括抽象写意、明信片、首日封、邮票。此外还有他出版的诗集、美术文集与尤其重要的史书《法国华人寻踪》。照片都是他与那些名家的合影，瞬间的定格里记载了书墨情缘。

叶星球一登上阁楼神态就变了，两眼发光，笑纹也舒展开来。他来回转身，很兴奋的样子，楼板被踩得咯咯作响。

他指着名家给他画的神态不一的肖像，告诉我，不管漫画、素描，还是油画，都是一段情缘，一个故事。说着，他便呵呵地乐起来。

书墨情缘

书墨情缘起于巴黎国际艺术城。这幢连气味都散发着艺术精髓的大楼坐落在市政厅旁已有经年，而被与它咫尺之遥的43号主人发现则是在上世纪80年代中叶。著名画家、古董鉴赏收藏家吕霞光在楼里买下一套画室捐给中国美术家协会，提供给国内艺术家分期分批来巴黎学习交流。吕霞光早年是徐悲鸿的学生，后经恩师帮助与吴作人等一起来法国学习绘画与雕塑，曾就读巴黎美术学院与比利时皇家艺术学院，在欧洲享有盛誉。除了购捐画室，晚年吕霞光还把毕生收藏的174件流落海外的中国古代艺术珍品全数捐给国家，由西子湖畔的吕霞光纪念馆收藏展出。叶星球第一次见到吕老就是在他捐献的艺术城画室里，那时老人已是80高龄，笑声却依旧爽朗。那是中国画家首个画展在艺术城展出之际，叶星球踏进了在他看来无比神圣的殿堂。他换了西装，系上领带，步履带着急切，眼神羞赧而胆怯。吕老与他打招呼，中国来的艺术家也与他打招呼，他谦恭地应着，视野一片混沌，只见画布上跳跃着缤纷色彩。

正是那天之后，教堂街43号与国际艺术城的距离一寸寸缩短。不再是叶星球单方朝拜了，那些画家也一拨拨光顾他的小店。当然不是来买纪念品，而是求助叶星球做艺术导游、生活顾问。这些短暂逗留巴黎的艺术家们不懂法语，乘不来地铁，在偌大的巴黎根本就是找不到北的半瞎子。叶星球当仁不让成为他们的“拐杖”。帮忙买一管牙膏，画一张博物馆路线图，去一趟邮局，查一段资料……往往是，43号刚开门，艺术家们就来了，眼巴巴等着叶星球招呼完一拨客人，锁门去帮他们办那些琐事。叶星球自然是乐意的，可生意却受到影响，钱也赚得松懈。

记不得哪一年了，中央美院的画家吴竞教授不小心把腿摔伤，打上了石膏，叶星球去接他出院，车都到了艺术城门口，却怎么都觉着不合适，又掉头把人接回家中。当时他的家境比现在窘迫，房子也小，原本就是一家大小挤成一堆，又突兀地塞进一员病号，确是掣肘。且叶星球还要照顾吴教授的起居，提供膳食。吴竞过意不去，强撑着要搬回艺术城，叶星球急了，执意不肯。结果吴竞一住就住了一个多月。

还有一次是南京艺术学院油画家王靖国突发急性肺炎，独自躺在床上呻吟，偏巧被叶星球撞上，慌了手脚，连忙打电话找来法国医院当医生的朋友，把病人送去急诊。幸好送治及时，才未酿成大祸。教授住院两周，叶星球几乎天天去探视，比家人还要体贴入微。临出院，客居巴黎的画家根本付不出十几万法郎的医疗费，又不会法语，若不是叶星球与医院多方交涉，并从艺术城开出证明文件，教授恐怕连医院也出不了。

就这样，叶星球的名声传到国内，又被那些或六个月一期或三个月一期派到艺术城的画家接力棒似的传递着，演绎成温馨的符号。而教堂街43号，则成为那些著名画家，诸如金冶、汪志杰、罗尔纯、刘文西、王以石等走过巴黎艺术人生中难忘的一个驿站。为叶星球作肖像画的罗尔纯更是每次来都会在这个驿站小住，深情回眸。通过他们，叶星球不但与法兰西学士院院士程抱一、艺术院院士朱德群、熊秉明以及油画大师赵无极等有了熟稔的交往，还对东西方比较艺术有了深入的研究。

法国华人寻踪

《法国华人寻踪》是叶星球在2002年出版的一部史料人物传集。书里有许多“之最”：最早的留学生，最早的中文期刊，最早的豆腐公司，最早的修脚店，最早的中

餐厅，最早的华人社团，等等。叶星球勾勒出在法移民近三个世纪的生存、奋斗足迹，给华人华侨史的研究提供了很有意义的参考价值。此书目前已断档，叶星球就打印了一个修订本赠送我，书上有他的签名与印章，托在手里沉甸甸的。

一页页翻阅，我感慨他的呕心沥血。

书里有这样的故事：

“1701年，法国外方传道会与康熙王朝关于崇拜偶像发生‘中国礼仪之争’，福建人黄嘉略作为传教士私人秘书便与其共同奔赴罗马拜谒教皇，辗转回国时传教士在巴黎病倒，黄嘉略便一同耽搁下来。因他国学深厚，又通拉丁文与法文，经法国国家学术总监推荐，被任命为路易十四王的中文翻译，并参与编写《汉法字典》和《汉语语法》，还将明代小说《玉娇梨》译成法文出版。”

这是叶星球在历史尘埃里挖掘出来的又一个第一。可叶星球诠释这个最早来法华人的寻踪之路远不是翻一座山游一条河那般简单。出入图书馆、博物馆、档案馆查阅复印翻拍资料，是要申办各种证件的；追踪线索找人采访是要搭地铁、乘火车甚至坐飞机的，没人会为他出时间出费用，都得自掏腰包，而这些钱都靠43号小店一法郎一法郎挣来。结果还会常常断了头绪，久无所获。黄嘉略的史料便是如此，叶星球与热心的法文翻译普瓦松女士相偕，找了多年，国家图书馆也去了无数次，终因法文译名不同而无结果。一直到几年后，经一位老管理员的经验指点，才查到关于中国的最早史料——《黄嘉略日记》。日记用法文书写，其中几页会跳出半截中文。见到这几个用鹅毛笔书写的中国字，叶星球就像在黑洞里看到耀眼的曙光，一阵透亮，神思都飞扬起来。

如果不是叶星球的这本《法国华人寻踪》，孤陋寡闻如我，便不会想到第一次世界大战期间，竟有14万中国劳工来法协助联军做战地服务。这些华工的生命大多抛在了战火纷飞的战场，还有极少数流离颠沛回返故土，留存法国的仅有3000余人。而这些人并没有得到法国当局人道的抚恤，他们结伴居住在里昂火车站附近，摆地摊卖小皮件，艰难地打拼生活。我想，这些华工的境遇或许也是叶星球要做这部史书的动因之一。

大乐

有幸，法国前总统希拉克是中国文化的崇拜者，这就让叶星球在希拉克连任的两届内心情滋润。他吟诗赋对，书画并呈，一心要做民间文化的交流使者，这也是叶星球的自我期许。在与艺术家温馨相处，在历史瞬间钩沉叩问的同时，他还希望43号成为一座无形的彩虹之桥，跨越此岸与彼岸。他曾有过一次“圣地之旅”，是陪同法国国会议员、总统府顾问、国际佛学院院长亨利·保罗去中国佛教圣地游历取经，那情景真有点像先驱黄嘉略。诸如此类的事他做了不计其数，也得到了回报，所以他的心是满的。

后来他的作品分别被巴黎中国文化中心及北京法国文化中心收藏，他自己被冠于“巴黎荣誉市民”称号，并获法国政府颁发的“大革命200周年”荣誉勋章。逢年过节，市长、参议员议长甚至总统都会给他送来贺卡及问候。

在希拉克卸任之前，叶星球手书篆体变形的“大乐”两字，作为馈赠由亨利·保罗递呈总统。希拉克总统甚为喜爱，挂到私家古堡的石壁上，品赏玩味，并亲笔修书致谢。叶星球也许是想告诉法国总统，大乐是人生的境界，无论一个公民还是一个总统，有大乐，才有大悲悯，才有生命负载的所有甘苦。叶星球在这种时候依然是谦卑的，他其实并没把高高在上的希拉克看作国家总统，他只想把中国文化的情愫和意韵传递给对中国友善的一位朋友。

大乐又何尝不是他自己的追求。

叶星球在题为“人生”的诗里写道：一丝丝苦，一点点甜，一片片欢乐，一丝丝缠绵……过客去矣，依旧是空旷的原野，碧蓝的天。

我想，这大约是行走的心得，教堂街43号蕴藏的意韵。

一点补缀：

叶星球，笔名一叶，星球，1953年生于浙江乐清，商人，旅法艺术家。南京艺术学院美术学研究生毕业，文学硕士。现任法国欧华历史学会会长、欧洲龙吟诗社执行社长。从事文化艺术交流、东西方比较美术及法国华人历史研究。出版有：《一叶诗集》、《巴黎萍踪、》《诗情画缘》、《法国华人寻踪》、《叶星球墨戏》、《叶星球美术文集》等。

个人小传入编《世界华人文化艺术界名人录》、《世界文化名人大辞典——华人卷》、《中国当代艺术界名人录》、《华侨华人百科全书人物卷》、《法兰西的文化表情》等。

命运舵下走船摆渡

一

张冬旭的命运有点像捉迷藏，这头进，那头出，总能逮住意想不到的惊喜。比如，他生在本是严寒的冬日，偏偏窗外旭阳融冰，给母亲丝丝缕缕春的温煦，所以取名叫冬旭，借暖和之意。又比如，他明明就读浙江交通专科学校，学了海船驾驶，到头来却当了航运公安分局的一名警察，虽然仍跟航运沾点亲带点故，却与掌舵开船了无干系。当了公安也罢，父亲就是穿了一辈子制服的老公安，也算子承父业。没想半道上又炒了自个儿的鱿鱼，拍拍屁股去了国外，再回来省亲，已是荷兰开餐馆做酒店的大老板。倒是不拿腔拿势，还是出去闯荡前的温良恭俭让，毕竟眼界不一样，到底回不来温州或是警察的做派了。

张冬旭对我叙说关于自己的故事时，脸上表情很安然，甚至有点无辜，好像他的人生经历是一个别的什么人一种别的什么力量在操纵，与他本人反倒没什么瓜葛似的。他说，我相信命运，其实人的一生会有什么遭遇都是冥冥之中早有定数的，路就横在那里，不走恐怕都不行。

真是这样吗？

二

张冬旭属龙，1964年出生，家在瓯海农村，是田埂头河沟边玩大的穷小子。虽然老爸是当地派出所警察，吃商品粮，但五个孩子一大家子人，日子过得并不宽裕。还好书有得读，让天生喜好学堂的张冬旭很称心。在藤桥中学读到高中后半截，被选拔保送温一中“吃小灶”。他也努力了，终因英文基础太差拉下高考成绩，只够录取浙江交通专科学校。他不气馁，觉得学习海船驾驶也不错。其实公安学校也要录取他，他没去，父亲当了这许多年警察，他想换个活法。81年入校，84年毕业，顺理成章分到温州港务局海运公司一条几千吨的货船上，先干水手，再上驾驶台开船，泊遍国内航线的各个码头，开阔视野，长了见识。两年后兜了一圈重返父亲的老行当，干了水上公安。

他发现自己骨子里是喜欢这身警服的。或许就因为他是父亲的儿子，有遗传基因，对这个职业有种接纳的本能。国徽在头顶戴着，心里不掂着分量也不可能。崇高之类的说辞海阔天空吹大了些，肩上担了责任却是真的。在他离船当了警察之后，原来那条货轮竟在一次海难中撞沉了，三十多船员死了二十多个，船长是大连海运学院的老大学生，像坦泰尼克号的大胡子船长一样，留守沉船殉职。张冬旭避过了劫难，却毫无侥幸的窃喜，他心绪沉重，感觉自己欠了世间一笔难以偿还的债务。做好公安的本分便也成为心理上赎罪的一种方式。

三

如果不是那个偶然，张冬旭相信自己会在公安岗位上一直干下去的。

命运的缰绳却以常见的方式套住了他。

那天，他受乡邻所托，去了欧海中学校长家，为入学名额说情。校长原是他的中学老师，一直很器重他这个学生。客厅里正坐着老师从荷兰归国探亲的姊妹，一见张冬旭虽穿了警服却一点儿不跋扈的姿态，立马喜欢上了他，一心要招他做毛脚女婿。老师也看好外甥女嫁学生这桩婚事，乐意牵线搭桥，美滋滋来找张冬旭。张冬旭正在班上执勤，扑哧笑了，老师您没弄错吧，面都没见过，怎么可能？都这年代了，还兴拉郎配？老师不愠不恼，面没见过还不好办，有照片，又没强迫你，相中照片再相人也不迟。说完把照片往他手里一塞，走了。张冬旭就往掌心瞥了一眼，女孩正朝他笑，很天然很淳朴的样子，不像6岁就去了荷兰的洋妞，反倒像刚从农村的田畴里爬上来。张冬旭排斥的心思淡了些，便把自己的相片也装进信封寄了过去。

就这样开始交往。缘分就是缘分，不需要任何理由。女孩在荷兰一直上到大学，

荷兰语、德语、英语都通，就是不会写中文。张冬旭英文不好，长的深奥的写不来，只好写最短最简单的信，表达也是词不达意。但女孩和父母都喜欢他，一上来就认定他这个未来女婿。

出国结婚似乎水到渠成。其实对张冬旭来说并不是一步易走的棋。先是他舍不得这身警服，再是公安干警出境管制很严，一般状况都会不批。张冬旭也不做加倍努力，心想我就听天由命，批下来就走，批不下来就不走。反正，即便出国也就是娶亲，娶完亲还得回来，公安干得好好的，他没想留在国外。又是冥冥中的助力，居然批下来了，批的是旅游探亲几个月的假。领了护照，有了签证，张冬旭以准新郎的身份离开温州，去了荷兰。他仍旧是在职的公安干警，没人料想这一去再也不会回来，他自己也料想不到。

时值20世纪90年代初。

四

事实是，一出来，不是新娘而是丈母娘家的餐馆绊住了他。这爿餐馆在阿姆斯福特，名叫“北京楼”，已经很老很老，是妻的祖父在60年代开张的，历经30年风雨，已是疲惫不堪，有点走不下去的败相了。妻那时也不在自家餐馆里做，她大学里学的是酒店管理，毕业后应聘在比利时布鲁塞尔大酒店任职。丈母娘没留住女儿，就好说歹说把新女婿拴住了。张冬旭毕竟年轻力壮，朝气勃勃，他一介人，暗沉沉的老餐馆竟是有了活力，亮堂起来。这类看得见的变化让张冬旭很有成就感，金钱的欲望和征服的意志都被刺激起来，回国的初衷撂到一边。

1993年，他把盘活了的老餐馆从岳父母手里接过来，一心一意当起了资本家。妻子生了女儿，也从比利时回到丈夫身边。

转来转去还是夫妻老婆店，没逃出温州人的窠臼。张冬旭与妻子都是有学历的人，总想走出传统作坊式的“小农经济”，做派上前卫一些。别的中餐馆都雇黑工，他不愿知法犯法，却找不到合法工人。有纸张的中国人自己当老板都来不及，谁肯寄人篱下做打工仔。他只好走灰色途径，雇无纸张员工，按劳工法签工纳税。至少老板这一头他没有逃税，是合法经营，心里也坦荡一些。然而稽查官来餐馆查黑工，还是从签了工卡的工人那里诱取了事实上没有居留的护照，并不管三七二十一，递解出境，回送中国。

张冬旭不服。逮住“工卡”和“诱取”两个关键证词，请了律师打官司。其实他也明白，没有合法居留的工人即便签了工卡纳了税仍是不合法黑工。但他就是心里面过不去，纠缠了死结，就想为生存维艰的中国人出口气。

这是一场耗时、耗钱、耗心的漫长诉讼，张冬旭就凭一股意气，为单纯意义的一名工人，押上了他的全部。官司居然打赢了，就因“诱取”护照有悖法律，那个早被遣返的温州籍工人又被败诉的警局接回了荷兰。张冬旭却不会再雇用他了，虽然是他花大钱打官司请回来的。

官司赢了，张冬旭却一点儿赢的感觉都找不到，心里还特别难过。

五

张冬旭发誓要找别的出路。

邻居告诉他，有荷兰人的快餐料理店要卖，他去看了一趟，立马签了购买合同。员工都是老班子，都是荷兰人，他只增添了几道中为洋用的新菜，走的还是荷兰人照本宣科的合法经营之道。张冬旭买这爿料理店的目的不是赚钱，只想涉入本土主流，学学荷兰人做大气而规范的生意。一年半试下来，人瘦了一圈，差点累垮，利润居然翻了一倍。于是他悟出道理，凭着中国人的坚韧和勤劳，不偷税不雇黑工也是可以堂堂正正挣钱的。

转手卖了，利润翻倍卖价自然也翻倍。他不但学了管理经验，还狠狠挣了一笔。

开始四处搜寻，朝觊觎已久的宾馆酒店业探出触角。酒店管理本来就是妻子的专业，她对投入有极大的兴趣和热忱。张冬旭呢，早就觉着只有宾馆酒店才是传统中餐馆最好的延伸与拓展。机遇总是朝有所准备的人招手，他果然就看到了网上一家二星级酒店出售的信息，打电话去问，说是已经有人在谈，过一段再去询问，换了一茬买主，还是在谈，估计是价码谈不下。张冬旭急匆匆赶去了，开口一个价，超出买卖双方拉锯的数额，一举成交。酒店名叫“希宝”，原是荷兰人开的，在海牙，是市中心一幢有年代的老房子，28个房间，即便年久失修，生意还算过得去。海牙是荷兰政治中心，国际城市，也是做酒店的风水宝地。这些优势张冬旭早都一一打探过了。他卖了原来的连体别墅，全家搬迁过来，先租房，后买房，儿女就在酒店附近的私立国际学校就读。唯有那爿开了将近40年的老餐馆没有卖，让股跟亲戚联手经营。那是妻子的祖父创下的家族基业，他俩不能做不肖子孙，变卖家产，哪怕只为留点念想，也是值的。

妻子不愧是吃洋面包读洋文长大的，把一个连细枝末节都全盘荷兰式的酒店经营得中规中矩，滴水不漏。但是张冬旭是个要把事情越做越好的人，2006年到2007年，投资一旦赚回来，就把酒店停下来，全面翻修，从外观到内里，从硬件到软件。早餐餐厅时尚简洁了，房间兼并扩充，多到33个，规格、服务也跟着上升，全然一派新气象。再来验证，毫无异议就升了三星，而且是不徒有虚名的三星。他的“希宝”是中国的，也是世界的，接待来自五湖四海的友邦，温暖如家的感觉也就不仅仅限于黄皮肤的同胞。鉴于一系列不是吹出来的牛，“希宝”入选欧洲最权威的旅游指南《米其林》，海牙三星级酒店独此一家。

曾经说过，海牙是个世界性的城市，每年都会频繁地举行数次国际会议，一到那时候，除了中国使馆，其他多国使馆也会在麻雀虽小五脏俱全的“希宝”订房间安置与会人员，因为它处于城市的心脏地带，闹中取静，也因为它拥有常住客户良好的口碑与声誉。那时候，“希宝”就成了意义上的联合国，地球村，含蓄不张扬的表情更其凝重庄严。

六

张冬旭尝到甜头，又把酒店对过的一栋颇有历史感的四层小楼买下来，除了屋顶和外墙，里面统统推倒重来，投入大量财力和精力，修缮装潢成最豪华最舒适的高品质住宅，然后一套一套地租赁出去。房客都是跨国公司的商务代表，职场精英，入住一年半载，穿梭轮换地来，谁也搞不清他们做什么性质的生意，只需看房租单题头，无一不是显赫的国际大牌。张冬旭的房租已经很不便宜，对他们却是鸡毛蒜皮。没有讨价还价的，只有排不上号租不到房的。有公司排了很久的队，总是打电话来催，张冬旭没有房源，只好陪了人家着急。

好不容易挨到又一幢毗邻的老楼出售，张冬旭价也不问，银行贷款给不给也不管，拽了房主就去经纪人处签约，什么条件都应允。房客急，他比房客更急，恨不得一幢幢房子海市蜃楼般地涌现出来，然后把所有摊开手朝他要房的外省人、外国人妥妥帖帖安置到名下的商务公寓里，然后双方都美美地睡个好觉。

顺便提一句，这些商务公寓与希宝酒店并不搭界，它们写在张冬旭的私人名下，只为合理避税。税差高达百分之二十多。

自此，张冬旭已然成了地主，一个来自温州乡下原是公安干警的欧洲地主。咀嚼着自己多少有点滑稽的身份转换，张冬旭生出了些感慨，感慨命运作弄人，也感慨命运塑造人。感慨之余他也有小小的成就感，不为挣到了多少钱，而是在主流社会走出一条属于中国人的成功之路。

采访札记：

张冬旭看上去不太像商人，也不太像曾经的警察，反倒像温良恭俭让的读书人，或者教师、图书管理员之类。与他的谈话也是慢条斯理，不慷慨激昂的。所以我很难想象他那场耗时几多的官司。明明是血性男人之为，怎么就被他藏得一点不露痕迹。如果不是我“狡猾”地诱导，恐怕他是再也不会拿出来显摆的。

然而就是这场胜诉的官司，让我破开采访者与被采访者之间的藩篱，走进他的内心。他说他相信命，其实不然，他命运的缰绳始终都捏在自己手中，他所走的每一段路，都蕴含了他自己或明朗或隐约的所有期待。唯其如此，他才会是今天这番模样，难道不是？

寻找影子的人

一个年过花甲的男人，一段扑朔迷离的身世和令人心酸的故事。

刘呈颉，名副其实的流浪者，几乎终其一生都在寻找自己的影子。影子在他，是公民的权利，存在的证明，生命的归宿。之所以寻找，是因为他没有。原本也是有的，只是半道上乌云蔽日，他把影子走丢了，于是活着的全部意义便都成了寻找。现在，他在巴黎停歇下来，影子终于回来，他也老了。

当然，此影非彼影，只属于我的文学想象，其物质的定义应该是公民的户籍，社会人的基本身份。在中国，这一代人恐怕都不会淡忘，它曾经制约着你的一切。

刘伯温22代世孙

今年夏天，欧洲刘基文化学会在法国宣告成立。会长就是来自文成南田的刘呈颉——刘伯温22代世嫡孙。他在巴黎10区开有一家日本餐馆，学会会址和成立典礼就都设在餐馆里了。刘呈颉在简约凝重并多少带点清贫的气氛里发表就职演讲，一席话说得诚恳殷切，颇有点历史、文化、学术的意味。那一刻，他的眼镜擦得晶亮，显出与生意人略为不同的儒雅之气来。

但因身世坎坷而一路走来的沧桑疲惫是藏不住的，终究一览无余。朋友们说，如果刘呈颉仅仅是刘伯温的世孙就好了。

偏偏他还是地主的儿子。而且祖父外祖父家里都有地，都雇工，都是地主。

祖父原有三兄弟，因几代近亲联姻，另两个都是痴呆，早夭，祖上的几亩薄田就归到祖父名下。后来祖父也生了三子，还是两个痴呆一个正常，土地、宅院就又落人父亲一族。父亲娶了妻子，一气生了六个儿一个女，刘呈颉是老幺，这一回所有子女总算智力完好。母亲是私塾先生的女儿，没缠过足，自幼聪颖，能诵四书五经，熟读《春秋》，且过目不忘，是那时地方女人的另类。婚后，父母在自家祠堂办了完小，收罗村里村外的孩子来读书，传授刘基家学，甚得四方称颂。因了口碑，父亲又被民选为国民党期间的乡长。到了解放，几代人并为一股的地产自然比别家丰厚，又有雇工操持田畴，父亲终究没能逃脱地主成分，再加上伪乡长头衔，捆绑入了囚牢，不到一年就抑郁而死。

父亲是抬到家里断气的。乡邻想来送行，都没敢。7岁的刘呈颉与兄长们并排跪在父亲光秃秃的坟头，浑身冰凉。有乌鸦在头顶盘旋，声声凄厉。从那一刻开始，即便少不更事，他也触摸到命运之缰的坚硬。

知书达理的母亲受不了管制，躲到远嫁的女儿家，他则跟着兄长住。好歹读到小学毕业，中学还不让他上，就放了半年的牛。填不饱肚子，又丢了牛绳投奔姐和母亲。正碰上江西共产主义劳动大学招生，又随二哥作为校办职工子弟混进学校。年纪小，学历低，文化课劳动课却不比别人差。因为无论做什么，都带了一份赎罪的自律。可是好景不长，学到半截还是因出身不好被学校精简下放。

背着行囊走出校门，泪流了满脸。抹一把，再抹一把，不知还有什么地方不会推他出门。

坐一趟车，行一段路，然后歇下来，打一份无论是细是粗的零工，浪迹江湖。几年里挨饿过，挨冻过，睡过街头，就差没去行乞。后又学了裁缝，靠手艺吃饭，强撑着一份自尊，一份坚守。

一夜之间，影子没了

终于到了“文革”，这份自尊与坚守也撑不住了。“造反派”刮“红色台风”，他与许多无证游民被一夜之间遣回原籍。他心境灰凉地想到了家，那个山清水秀埋了父亲尸骨的地方。虽然那个叫篁庄的村子并没给过他多少温暖，他的血液里却接着那里的地气，流经每一个部位，想起来就浑身燥热。于是他从温州翻山越岭一步一步摸了回去。

却是，村庄没了，家也没了。

篁庄淹了，变成一座发电的大水库，名叫百丈（际），刘家老宅一并沉入水底。原住篁庄的人家，都搬迁到山顶村另立门户了。而刘呈颉，和他同样外出的二哥，是黑五类子弟，不在安置之列，早就没了寸瓦寸地，户粮挂空，所有一切都随了篁庄的名册一笔勾销，就像人间蒸发。都已经十多年了，他其实是知道的，只是不愿相信。

稍有年纪的人都记忆犹新，户籍在那个年代意味着什么，它意味着社会制度赋予个体的一切。没有它，做人的合法性将遗失殆尽。那又是个物质匮乏的年代，一切供给都是凭票的，粮票、布票、油票、煤票、肉票、糖票，等等，没有户籍，就没有这票那票，就买不来米吃，买不来布穿，买不来煤烧，赖以生存的命脉全割断了，于是你变成一个“黑人”，只能存活在阴影下。吃黑市的高价米，用几倍的价钱，还要时时躲避查户口的“红袖章”，稍不谨慎，就得派出所候着，听凭发落，哪怕是无章可循的发落。

可怖的前景让刘家的两个儿子脸都白了。想象着水里飘来荡去的老宅，哭，已是最温和也最无奈的发泄。

想去争的，终究没敢。那个年代，两个地主羔子，所谓的社会流窜犯，哪还有申辩甚至说话的份？刘呈颉茫茫然沿着水库走了一段，越走越气馁，一跺脚，返回出山的路。记得是在县城上的车，复又钻进大山，到了丽水地区的云和县，冒名顶替混上社办企业一份差事，苟存下来。所幸，一人吃饱全家不饿。

到了1974年，光棍汉子30岁，想女人，想要有个家了。可是想有什么用，谁肯嫁给他这么个没户口的“黑五类”？遇上一户南田人要找上门女婿延续香火，他犹疑良久决定回文成。回来那天，他径直去了女方家。踏入门槛那一刻，他低垂着头，男人的尊严遭受毁灭性打击。

原以为，丢了姓氏丢了尊严总能换回一纸户籍的，还是落了空。新婚的妻子是这户人家领养的，养父曾任铁路伪警察，解放后定为历史反革命下放农村，与家属分隔两地，所以一村一镇就来来去去踢皮球，谁也不肯给他这个倒插门的女婿上户口。刘呈颉没辙，只好告别已怀孕的妻子再次北上云和。

兼职律师与上访者

突然有一天，中国变了，变得让刘呈颉认不出来。他勤勉地看报纸，试图从字里行间抠出有关个人命运的预示。他从心灰意冷中复苏，告别云和急咻咻回了南田的家。他毕竟有了家，有了三个孩子。但除了妻子，三个孩子都随他，没有户口。

这是三中全会后，各项政策都在落实。刘呈颉觉得应该是个契机，开始了历时十年的上访。他的上访事实上就是寻找影子的过程。从区县到市省，再到北京，跨越了中国版图一多半，材料写了一大摞，心酸的经历直说得声泪俱下。几度春秋几番迂回日子一天天过去，笔墨练熟，口锋练健，各级信访办也都作了落实政策的批文，影子却始终没能找回来。

沮丧了。妥协了。心里想，或许自己命中注定就是个没影的人，争也是白争。

倒是有一缕微明的曙光照进他黯淡的生活。邻近两村因山林纠纷斗殴死人，肇事村民抓走一串，临到开庭，找不够辩护人，见他能写能说，又对事态了如指掌，就派了他的差。那时，他在村小当代课老师，到底摸爬滚打了半辈子，他在法庭上有理有据，口锋犀利，引起县政法办的注意。当时公检法刚恢复法制职能，急需人才，想调他做职业律师，一问，才知他连合法身份都没有，只好搁下。后因实在缺人手，才力排众议招他做了兼职律师。虽是兼职，却是他有生以来最重要也最辉煌的一份工作。

他做得很出色，仿佛忘了自己是个寻找影子的人。其实他并没有忘。尽管此时粮票、布票、煤票什么的都已废除，查户口的事也很少发生，但他的家在农村，三个孩子都在长大，没有户口就分不到田，种不出庄稼盖不了屋，他这么点“兼职”的工资糊不了一大家子的口啊。所以，他必须继续上访，不仅为自己，还得为孩子，为他们的前程。

出走欧洲大陆

一晃又是十年，律师都做油了，这户籍政策终究也没落到他们一家的头上。刘呈颉鬓边有了白发，实在是一生的耐心被耗尽。那天傍晚，他独自在山坡上走，残阳如血，风声鹤唳，他的心乱，步子也乱。大儿子读书好，自己能挣条出路，可老二老三眼看也要成年，他简直就是个绝望的父亲。

他决定破釜沉舟，偷渡出国。文成南田是个侨乡，乡邻都是这样出走的，只是没人像他这般岁数。他谁都不商量，借了高息的12万元，拍到“蛇头”手上。价格自然要比别人高，因为领不到护照。卖给他一本缅甸人护照，换上他的照片，再签上一个不知是真是假的第三国签证，他与一帮同行踏上历险之路。

难道还有别的选择？

在北京出关，被海关羁留，显然是怀疑他的缅甸身份，说要找缅语翻译来查询。那人走过来，用鹰一般的眼睛瞪他。他慌得六神无主，却竭力让自己镇定下来。经历在这种时候就是智慧，他料定对方不是什么翻译，就滔滔不绝说了一堆有关缅甸国的概况，用谁也听不懂的南田家乡土话，居然有惊无险过了关。准确的判断帮他逃过一劫。

辗转到了意大利，四处找工都没人要，一个五十多岁老眼昏花没有身份的打工仔，境遇可想而知。也算天无绝人之路，别人的祸成了他的福。一家衣工场的温籍老板被意大利警察误枪射杀，引发侨界众怒，声援其妻提请诉讼。老板娘找到他，请他做中方律师。他什么都不合法，如何做得了律师？也就是帮忙写写材料出出主意而已。对方执意要他过去，他只好半推半就接了这饭碗。官司一打打了两年，最后也没赢，只是赔了一些钱。意大利这么个国家，一个外国人要与警方斗，哪有这么容易？他只是做了能做的一切，空余就在工场剪线头，煮饭，也算对得起老板娘的知遇之恩。

然后告别意大利，偷渡进了巴黎。很幸运，刘呈颉认识了一位中国律师，又适逢法国世纪末的那次大赦，这位后来成为朋友的律师同情他的境遇，免费仗义出庭，有理有据把他套进条条框框，终于申办了合法居留。虽然过程也有波折起伏，但比起在自己国度20年上访申诉的茫然无际，这一路简直都是柳暗花明，送给他的只有惊喜。

刘呈颉终于有了属于自己的身份。影子终于找寻回来。

他回头就开了爿衣工场，一边还着那12万高息的偷渡费，一边着手申请让家人来法团聚。人道国家让他再次沐浴了阳光雨露的温暖，妻子与儿女于次年作为合法侨民签证入境。刘呈颉令人唏嘘的故事终于有了一个光明的结尾。

一点补缀：

这家人时下经营的日本餐馆生意并不是很好。地段处于闹市冷角，店铺稀少，过往行人不多，当然买下时的FOND(经营权)也比较便宜，因为借不到更多的钱买生意旺的地段。

刘呈颉对我说，他也不指望赚多少钱，只要衣食无忧，全家过在一起便足矣。他还说，他感谢法国，收留了他，让他成为真正意义上的社会人。所以他要自食其力，不再让这个国家养他们一家。

我理解他话里的苦涩，话外的意蕴。只是，我不知该怎么回答。

我想，等有时间，该把他的故事写成一部小说，相信会有读者的。

驮着爱行走

生的爱恋就从七百多封信的承诺开始

一

如果说一个男人在两年内给他同样年轻的情人写了730多封信，一天一封，都是承诺；如果说那个女人后来走出国门扔下一切，就带了这两箱沉甸甸的信站到阿姆斯特丹的街头，谁都以为这是小说家编出的爱情浪漫。但我要说，这个故事不是虚构的，就真真切切发生在行走世界的温州人中间。有人说温州人是商业动物，是金钱杠杆下的奴隶，这是一例反证。尤其在物质化愈演愈烈的今天听来，有种怦然心动的感觉。仿佛这童话般稚拙的纯真，让地老天荒的男女情爱重新有了起舞的可能。

二

苏忠铸与童好就是这段佳话的演绎者。

1993年，正是世界大串联的年份，每个白天每个黑夜都有出走的兴奋与不安在小城各个角落躁动。那时苏忠铸19岁，童好20岁，已在各自的西式糕点和服装生意中邂逅一年有余，并爱得如火如荼。苏忠铸从家训严苛的爷爷奶奶处逃离出来，租了店堂后面的小屋，把双方长辈都不看好的这份初恋藏掖进去。苏忠铸的父母是华侨，他注定要去荷兰，没有理由年纪轻轻就被女孩绊住。而在童好家人眼里，苏忠铸来自平阳腾蛟，是十足的乡下后生，漂亮媛儿嫁谁也不能嫁他。偏少男少女两情相悦，一个非他不嫁，一个非她不娶，爱就像咬在嘴里的青橄榄，苦涩在前，甘甜在后。

但是这一天，紧闭了门窗的小屋积聚着阴郁的愁云，不期而至的两个喜讯使同居者失魂落魄。苏忠铸的喜讯是拿到了荷兰签证，童好的喜讯则是怀孕了。他俩再三告诫自己，这喜讯是天大的好事，可说给对方听时都变了味。因为喜讯分开是喜，合到一起便是难题。天大的难题。苏忠铸要走，童好肚里的孩子怎么办？

童好哭了，眼泪用手背一把一把地抹，抹得苏忠铸一颗心也湿了。他脚一跺，蹙着眉喊，不走了！抓起护照就要撕。童好一把夺过，你撕它，你家人还不把我也撕了。

苏忠铸何尝不知，他根本就拗不过爷爷的家法与意志。父母早年出外养蜂，后又去了国外，他从小就是爷爷奶奶带大的。没上学，爷爷就在棋盘上教他人生哲学。爷爷说，人活一世，要出人头地，要富贵，富是钱，贵是责任和担当，光富不贵只是钱篓子，还是败了人生。长大些，爷爷发现他喜欢看书喜欢画画却不喜欢数理化，就把他从报考美专的考场揪回来，举家迁往温州，逼他上了华侨中学烹饪班。下一站该是荷兰了，家训在上，注定他要为爷爷指定的富贵之路付出代价。

他与童好抱头痛哭，然后说，我会接你出去的，你等我！

承诺显然是无力的。姑娘不知道该不该把肚里这个没有婚姻制约的孩子生下来，她也没问，只是静静地流泪。

三

苏忠铸一到荷兰就钻进阿叔开的餐馆做工，先打杂，半年后升任大厨，一做五年。他是学过烹饪的，做厨炊做领班都很胜任。这时他体会着爷爷的苦心，尝到了前瞻性设计对人生的重要。与很多刚出国的年轻人不同，苏忠铸没有觉得单调枯燥的灶台劳作有多苦，只要选择出来，生活就该这样，难道不是？

让他感觉纠结与挣扎的是大洋彼岸的情人，她怀了他的孩子，正在去医院的路上徘徊。她的亲友众口一词，没有人会撺掇她把未婚先孕的孩子生下来，男人走了，又没结婚，年轻轻就如断线的风筝再也拽不回来，孤儿寡母山穷水尽如何是好？但童好是个痴情女子，难舍耳鬓厮磨的初恋难舍肚里日渐长大的爱情结晶。生命是无辜的，她下不了手用扼杀来替飘忽不定的前景买单。

苏忠铸却在这时想起爷爷的故事。解放前夕爷爷随任职的化工厂迁徙台湾，熬不过对奶奶的思念，居然偷搭渔船渡过台湾海峡，冒死跳海游了回来。背一辈子黑锅，就为守住情深意笃的夫妻缘。爷爷的情事给了孙儿最直接的教化与启迪，苏忠铸一向都是少年老成的，知道该向心爱的女人交一份怎样的试卷。下班回寝室都是凌晨，他也不睡，手捂着呵欠强撑着给童好写信，一天一封，就像每日必做的功课，从不或缺。那时不像现在，拨开手机就能打越洋电话，那时没有电子邮箱，国际话费一分钟就是几十个荷兰盾，鸿雁传书只有信。信笺或长或短，字句或多或少，都是满腹思念一腔承诺。苏忠铸告诉童好，她是他永远的女人，希望她能把孩子生下来，他要做最有责任感的丈夫与父亲。苏忠铸的说辞并非缠绵，却是板上钉钉，字字铿锵，在摇曳的灯影里氤氲弥漫。

童好相信他，把孩子生了下来，就凭一天一封的信。是个儿子。苏忠铸接到报喜的回信，差点没把灶台上的锅扔向半空。

两年后，童好踏上郁金香的国度，一手一只箱子，箱里全是一摞摞用丝线捆扎的拆读过的信。这些信就是牵引童好走向苏忠铸的红地毯。女人的心其实不高，只要男人不辜负她的终身相许。童好的笑是由衷的。

一生的抱负就从那本翻得稀烂的字典开始

四

童好来后，苏忠铸觉得两肩的责任并作一肩，他该谋划成就大业的抱负了。爷爷早就说过，他的目标是富贵。

还是替阿叔打工，一个人变成两个人；还是星夜伏案，写信换为学语言。那时华侨在荷兰的从业途径就是中餐馆，那时开中餐馆必须通过六个单元考出一个营业执照，包括酒牌经营、卫生法、劳工法、经营管理、社会责任等等。苏忠铸要做餐馆老板，必须先过这一关。可他的荷兰语太初级，不恶补还真不行。

下工，在小屋的桌前坐好，两个人面对面打一通呵欠，书页的沙沙声便在左邻右舍的鼾声里响起。苏忠铸捧一本厚厚的考试提纲，啃啃哧哧往下背，看见不识的荷文单词就写下来塞给童好，童好埋头翻字典，抄出中文词意再塞回去，就像流水作业。苏忠铸不识的单词很多，童好查也查不过来，眼皮越翻越沉，字典越翻越厚。想着他以前大约就是这样给自己写信，心里甜甜蜜蜜的。

考出营业执照，泰安饭店就开张了。这是一对年轻人的心血之作，给1997年的深秋带来春的踊跃。生意原是不好的，因为店卖得便宜，是做背了的那种，苏忠铸只凑到这些钱。但24岁属牛的那份年轻就是最好的资源，只一年，就咸鱼翻身，闹出不小的动静来。二儿子出生取名苏隆，就借了这个吉兆。一发而不可收，又连续开出两爿，形成一个金三角，都是旺铺，都是门庭若市。他的经营方式与别人小有不同，他不雇佣黑工，不偷税，一切程序都在明账上走，费用大了，利润虽低了，却不用躲躲掖掖，再投资反而可以享受减税优惠。这就给了他一个契机，无意识地渗透地产界，票友般玩出了意想不到的精彩。他买了不少店铺、写字间和生活住房，出租的长期出租，不出租的就在地产最飙升的荷兰盾欧元转换期倒手出去，很挣了一把。那种摇钱树上摇钱的感觉，即便累得瘫软，也是亢奋的。有那么几年时间，苏忠铸的确踌躇满志，觉得自己正抓了炸药包去攻克“富贵”的碉堡。

五

但是有一天，该是2003年，回平阳见过了爷爷后，他走在阿姆斯特丹河道交错的街衢上，感觉突然变了。河道是陌生的，街景是陌生的，走在河道街景里的人更是不亲近的。他发觉他是异乡人，触摸不到生命的躁动，这里的一切都与他毫无关系。他于是变得非常沮丧。回家就对童好说，荷兰不想待了，要回中国去。童好并不吃惊，看着他，无语。他俩是少小的恋情携手催长起来的，她早已洞穿他。苏忠铸说，我才30岁，却已看到60岁的日子，我不甘心。童好笑了，你不是要中国感觉吗？卖了这头吧，我不拦你。

果然就把餐馆卖了。先是两家，之后第三家也出租了，再搭上些地产，大把的资金手里一攥，兴冲冲去了中国。那是生他养他的地方，他走在熙熙攘攘的人群里，有着休戚相关的认同感。他恍然大悟，这富贵的“贵”字，他只能在自己的出生地才能找到。

他投资印刷，投资汽车电池，温州金华异地建厂办合资企业，并在杭州创立思博国际，从事境外融资、家居、旅游、智能信息等多行业交叉。他不再是单纯的饭店佬儿，建筑起多方位的一个平台，呼风唤雨。这才是他要的感觉，爷爷从小根植于心。

六

苏忠铸携着“思博”重返荷兰。他很有底气了。当然这种底气无关乎钱。他买下荷兰人一个濒临破产的家居品牌，做起席梦思床垫的生意。这是他自己也是荷兰侨胞在商界的一次突破。没有人涉猎过床和席梦思，他是大手笔，做高档品牌。这个品牌原来就叫SPER，与他的“思博”谐音，很好。他在阿姆斯特丹附近办了一间厂，招的全部是荷兰工人，就把国内集装箱运过来的原材料半成品装拼成完整完美的席梦思，再发放到全荷一百多家居专卖店销售。他卖得不便宜，床与床垫平均二千多欧元，却一点都不比荷兰人的同类品牌差。他说荷兰人是最好的工人，有责任心，归属感，只要你不折不扣遵循劳动法，他们就会把厂当作家来建设。不像温州人，目标是老板，做不好工人，心里想的就是跳槽。

就在同时，出租的那爿餐馆经营不善倒闭了，同乡欠了一屁股债无法偿还。苏忠铸不忍眼看自己的产业这么倒了，就接手过来，重新设计装修，改辕易辙，做市面上流行的自助餐。如今的餐馆由童好经营，很现代很时髦也很兴旺，一色殷红，恰如童好的笑颜与风情。

七

当然，再顺风顺水的船也会遭遇不测。席卷全球的金融危机来了，一个严酷的冷冬，分外料峭。苏忠铸的思博家居也受到很大冲击，仓库里的货走不动了，资金链断在茬口上。但他看起来还是胸有成竹。不惊慌是因为他早有了避开危机的对策。他一气开出三爿家居及床上用品折扣店，鹿特丹两家，阿姆斯特丹一家，把仓库里的囤压换了牌子减价出售，品质其实还是“思博”，价格低了许多，原想勒紧腰带的零售顾客经不住价廉物美的诱惑，又把他的三爿店塞满了。利润是少一些，可囤积翻出去，资金链接上，一盘死棋就活了。

别人在危机前坐以待毙，苏忠铸却把危机当作介入新领域重新洗牌的机遇。荷兰人的一个电讯公司就这样抛售给了“思博国际”，价位很低，而且是找上门来拱手相让。翘着下巴的傲气收敛了，谈判桌上的眼神都是低垂的。苏忠铸把收购合同签出去的时候，心里真是趾高气扬，他会打赢这场商战的，因为他手里握有华人市场。但他藏匿了这份喜悦，他知道是否做到爷爷所指的“富贵”就取决于他此时是否喜形于色。

采访札记：

苏忠铸其实还很年轻，头发却已花白。他说这也缘自家族。他爷爷不老的时候就是一头白雪，他觉得那是男人的成熟之美。

苏忠铸虽没读过大学，谈吐及个人修养却在一般华商之上。他喜好读书，喜好养生，也喜好开车越野玩高尔夫球。他的晨练是跑步，已经坚持了五年，每天一小时，风雨无阻。他说如果误了一次，全天的浑身不舒坦。

的确，良好的家教使苏忠铸终生受益，不仅商场博弈时有超越，生活品质也领先时尚，所以他对抚养他长大成人的爷爷奶奶充满感恩之情。

人生三级跳

脑外科医生的两难选择

李欣瑜站在餐馆的水池子边从早到晚不停歇地洗碗时，原该过不去的心坎居然是平坦的。两腿僵直，双手更是被洗涤剂净泡得发白起皱，英俊的脸却始终挂着一抹淡笑。不错，“文革”那年出生，家住信河街的李欣瑜曾是中山医科大学的高材生，广州医学院附属神经研究所新出炉的脑外科医生。但这不是来了西班牙嘛，人生的角色就得来一个残酷的转换。

驱使他出来的原因不止一二。20世纪80年代末的中国，脑体倒挂的现象还很普遍，造原子弹不如卖茶叶蛋，开颅不如开瓜，知识产权未得到应有的尊重。像他，每月就挣三百多元，连维持一份清贫的生活都难。这是其一。其二是众所周知的原因，知识分子正经历着“文革”后的另一次精神落差，他很郁闷。但最根本的原因还是家庭的变故。生意一直做得不错的母亲在温州被人诈骗卷走了70万，除了自家积蓄，大半都是别处筹借来的。那时这是一笔天文数字，破产的一个家日日被债主催逼，连最起码的生存安宁也不复存在。父母虽然做了生意，先前却是清贫清高的教师，父亲还是平反右派，哪经得住这些，电话里不是叹气就是哭，话筒都像是湿的。儿子想救父母于水深火热之中，但掐指算一遍自己的工资，要还掉这笔欠款一百年都不够。李欣瑜外表文弱，内里却有刚强豪气的承担，他决定辞了医职，出外淘金。

1990年，他24岁，以泰国旅游辗转到了西班牙。赶“大赦”晚了，递交的申请等了四年才核准。等待对于肩负着拯救家难的他来说过于奢侈，他无权放弃每个分秒每个晨昏。一边在餐馆打工，从洗碗到跑堂，挣下工薪寄回家；一边利用空隙去学校学语言，让学了十多年英语的脑子腾出地来，填西班牙语。当然，他学语言比别人要事半功倍，5岁开始上小学，然后温四中，温一中，一直到大学六年，回回都是榜眼里的“星”。可惜站到语言学校的门槛里时，“星”相再好，也是一身餐厨里带出的油烟味了。偶尔路过马德里医学院，他会赶紧低下头，匆匆逃过。心里不失落肯定不是真的，但也只能把难受吞咽下去，换作新一轮的笑。

这样的笑是有感染力的。一个女孩娉娉婷婷向他走来。女孩也是温州人，从中美洲洪都拉斯办了移民转到西班牙学语言。是李欣瑜工友接的机，女孩到餐馆一头撞见了他。郎才女貌，要说一见钟情也没错，不过还是羞羞答答藏掖着，熟稔了，便开始探讨学习中的疑难。当时的情境下，风花雪月抑或罗曼蒂克都没条件，生活生存足够寒冷，爱情内涵的更多是互相依傍互相取暖。走到一起，是缘分，也是宿命。

中美洲再度跨越

合法身份是在西班牙经济低谷时期拿到手的，李欣瑜和妻子一合计，拆了新婚的暖巢迁徙中美洲。中美洲的五小国大抵都是未开垦的蛮荒之地，穷，或许就是商机。选择洪都拉斯只因为妻子本来就是那边的移民，但李欣瑜要去并不容易。洪都拉斯与中国未建交，要由第三国代办签证再兜一圈辗转入境，有很麻烦的手续过程。他们也够率性胆大的，就这么去了。中美洲人直愣愣的眼神纫在小两口少见的中国脸上，都是猜忌和疑惑。李欣瑜频频点头，礼貌地笑，把友谊双手捧出。在温州的岳父是有着货源的强大后方，他们便在首府特古西加尔巴租仓库开了批发公司，做鞋和百货生意。从开颅到做餐馆再到卖鞋，李欣瑜的身份转换有着黑色幽默般的无奈。后来他的儿子出生了，就在那片蛮荒之地，清亮的啼哭声传得很远。他眼望窗外五月的骄阳与远处层叠的山峦，心里几分喜悦几分沉重。

他是立志做大事挣大钱的人，洪都拉斯不过是攀向新一轮高地的台阶，是练兵的操练场，走出的步履只用于自我检阅。他要走出精彩，哪怕结局是悲壮。

李欣瑜遭遇的两次车祸，尤其第二次，确实悲壮。

李欣瑜是在特古西加尔巴考取驾照的。洪都拉斯学车很玄，第一课就到街上去上，连个基本预习都省略掉了。街也是山路上的街，上坡下坡尘土飞扬，裹挟着路人，裹挟着蛇行的车。胆小的，反应慢的，还真不敢开。那天，凌晨里来了一通电话，毗邻国家萨尔瓦多的二道鞋商催要一车货，火烧眉毛般的急。偏巧公司装货送货的员工不在，李欣瑜从床上跳起，不得不独自上阵，先是装箱，然后开了满载的卡车出城。他开车算是溜的，可惜这车不是他那辆袖珍坐骑，而是平日不大触碰的大运载量货车，要开出风火的架势，没有几把劲道想也甭想。况且觉没睡好，装车又累了一上午，车行半道打了个盹，就撞了陡壁山崖。这一撞，差点把他撞死，方向盘刀锋似的插过来，一阵轰然，人便坠入地狱般的瘫软下去。

醒来，已是两小时后，手一捋，满脸血糊糊。是当地人把他从撞烂的驾驶室里拖出来，放倒在路牙上，卡车就摇摇欲坠瘫在悬崖边，晃一眼，都是胆战心惊。他艰难地转动脑袋，觉出眉尖与鼻梁上依旧淌着血，钻心痛。救他的几个人好心，开车送他去附近医院的急诊，脸面上两道皮开肉绽的伤口居然缝了18针。卧在白色病床上，曾经的脑外科医生居然没想颅内是否有受创的可能性，挣扎起来就要走。一车人家等着要的鞋抛在事故现场，他如何躺得住？脸与脑袋裹得像石膏人，跌跌撞撞摸了回去。自己的车是毁了，就把货卸下，装到租借来的另一辆车上，还是一座小山，然后谢了好心人，继续赶路。上车前，他有过几分钟的犹豫，但朝前与退后都是二百多公里的路程，都是开车，不如豁出去把送鞋过去，不失信为上，也把该挣的钱挣回来。救他的那几个南美人倒吸凉气愣怔了，好一个中国人，简直就是玩命的主！

货最终送到，他也为玩命付出了血本——有白发生出来，超常的记忆力明显下降。他是医生，他给自己的诊断是：轻度脑损伤。

又见南欧，又见西班牙

几年后，西班牙经济复苏，李欣瑜夫妇结束了在洪都拉斯的“练兵”，带着被中美洲阳光晒黑的幼儿还有辛辛苦苦淘出的一小桶金，回到南欧大地。

要做大的企图还是难能实施，就用那一小桶金盘下一爿廉价的杂货“百元店”，西币币值小，100元不足1欧元。当时这类店都是华人经营，要做出新意很难。李欣瑜却投入全部的智力与体力，把它作为杀回西班牙的敲门砖。无法比试才智，他就比试吃苦，比试老农耕地般的韧性。为省钱，他把店里店外的装修甚至招牌活也揽下来，刨光了木板，书写了店名，上漆，镂字，再悬挂于门楣之上，使店面熠熠生辉。人呢，却是连续两昼夜没合眼，凌晨时分一头栽倒，睡沉了过去。那头开市大

吉，顾客一窝蜂涌进来，妻子手忙脚乱抵挡不住，遣人来叫，拍了半天才把他拍醒。一路小跑过去，用手抹把脸，活像红眼兔子。

“百元店”生意不错，从头到尾都是一股活水，滋润着逐渐肥大的腰包。李欣瑜却憔悴瘦成根篾，比十多年后的今天还显老，因为心血都融进了那股活水里。

终于，可以登高远望了。李欣瑜已等了八年，八年里每一个日子都是满的，都不是徒劳的。所以，他有后劲，可以出手，大刀阔斧了。这是1998年下半年，李欣瑜瞄准初具规模的义乌小商品市场，到马德里工业区买下仓库做进出口贸易批发。他的仓库像一汪海，大极了，有横横竖竖的货架兵马俑似的林立，上面陈设了几千种货品，眼花缭乱，简直给人物欲的原罪感。当时的工业区还是空壳，驻扎进来的商家至多不超过四五个，街道上冷冷清清，连个行人都没有。而这样的仓库李欣瑜不是租却是买，生意也不是小试却是大干，这是需要一些胆略与勇气的。

人说李欣瑜大手笔，他反诘，这叫大吗？果然，大动作舞龙舞狮般后来居上。

2004年，他另辟蹊径，与人合作在鞋城埃尔切开创安达鞋业公司，专做中国鞋批发，后又连锁到马德里，做成蔚为大观。2005年，他与西班牙人合作的工业房地产开发公司注册成立。征地盖房卖房，显然不是小本生意。2008年，他又跳出原有经营范畴，开出第一家李氏中国餐饮，就在他的属地工业区，规模不大，却有一贯的斯文之气。餐厅除了风味菜肴处还多出一架钢琴，夜夜有国内出来的音乐家弹唱驻守，琴音袅袅。

还有，他的百货零售超市正在装潢收尾，行将上市……

那么多摊子那么多行业，忙得过来吗？李欣瑜笑笑，笑出读书人的含蓄与涵养。生意做到这份上，较量便从膂力变为智力。他握有企业管理的一把钥匙，就轻松地站到了制高点，把做大的抱负施展开来。比如电脑开单，比如条形码，非为首创，系西国大商店大超市商品流通的身份证，不过是西班牙华商落了伍。他不甘，开了落伍者的先河，引领正一拨拨涌入工业区的乡邻们一步步跨进现代化。他还自己开发企业内管理软件，货品、账目、物流以及远程营销一目了然，统统纳入严格规范，摊多摊杂，却是滴水不漏。麾下的60名员工也是一个萝卜一个坑，各就各位自行其责。他还是那般温文尔雅，却有铿锵大气内沉内敛，从而使他统治的小小王国有着与别人不一样的气象。

埃尔切火光里的忧思

然而，即便今天，身心早已不那么累不那么辛苦，他还是感受着如临深渊的风险。商场的行走，尤其踩在别人的国土上，比起无影灯下脑外科医生的开颅手术，一点儿都不轻松。说句不好听的话，手术是玩别人的命，经商是玩自己的命。比如埃尔切的那场大火，至今余烬未消，伤痛犹在。

埃尔切在马德里400公里以外，是西班牙历史悠久的鞋城，历来由西班牙鞋商与早年迁徙过来的意大利人掌控，有那么点困守城堡的意思。突然有一天，这个城堡裂开了豁口，中国人中国鞋挤进来。西班牙人、意大利人先是冷目对峙，却没守住，便成烽火之势蔓延开来。短短几年间，从无到有，从5家到50多家，以横扫之态把西国传统鞋业逼到掣肘之角。并不是中国鞋有多好，而是无法比拟的低廉价格，使争雄有了大众市场的依托和响应。西班牙人步步退守，无法以价格手段斡旋，便聚众示威，扬言要把中国人赶出鞋城。埃尔切上空弥漫着敌视外来人的民族主义情绪。

2004年9月那场风暴是连串伏笔后的大动作。埃尔切人在倒闭、破产、失业以及别有用心的蛊惑下心理失衡，拉出一支疯狂的队伍，扔石子，砸玻璃，围堵中国鞋业。华商头天已有情报，都闭了仓库门，暂停营业。唯有不知情的一家，偏巧从码头载了集装箱入库，没等卸罢货，就被愤怒的肇事者扔了汽油瓶点燃了烈火。急电求援，救火车又被半道上拦截，他们用人墙，用肉身躺倒在地，阻碍警方与救援人员。西班牙人凶蛮起来也是不要命的疯狂。顷刻间，火海吞噬了整个仓库，几万双标有中国造的鞋毁于灰烬。货主也是温州人，眼睁睁看着火烧，痛哭流涕，如哀猿长啸。

西班牙华人企业联合会旋即向媒体曝光，凤凰卫视于第一时间飞抵埃尔切，发布了即时新闻。李欣瑜当时是联合会轮值主席，三两天中马德里埃尔切几个来回处理善后，疲惫有目共睹。贸易摩擦的火花最终熄灭，华商在异国他乡的困境却日渐明朗，如何颠覆与跨越，已然成为生存下来的前提。李欣瑜为此忧心忡忡。

采访札记：

发现李欣瑜手腕上戴有一串佛珠。问他，居然是虔诚的佛家弟子，拜谒于广州六榕寺云峰法师，佛号明仁居士。

李欣瑜不认为学西医与信奉佛教有什么矛盾。他对禅宗的亲近来自儿时，9岁在积谷山练武术，开始接触佛道两家，可说渊源不浅。他读禅宗，读老庄，体会生命的真谛，运用生活的哲学。他说我想寻找一种做人的境界。知道很难，但寻找本身不也是一种境界？

从小裁缝到大老板

少小离家学艺，苦难磨砺心智

孙康强早年住在温州老城区板桥底，房子是祖父留下的。原是很大的一片宅子，到了他这一代，早已缩成屋檐下四堵墙一扇门的那间陋室。祖父是老华侨，二战前在欧洲漂泊，含辛茹苦省吃俭用攒了些钱，回乡置地盖房，兴建家业，也算显赫一时。可惜好景不长，没多久便被划为地主在历史变革中惨淡出局。孙康强的父亲原是当时省立英士大学高材生，毕业后在国民党手里当了个什么管粮食的小官小吏，自然不会有什么好果子吃，贬谪青田偏远中学做了多少受点管制的教书匠。板桥底的大宅也被一户户搬进来的新邻居瓜分割据，孙康强四兄弟一家六口加上祖母就挤在西头的一间厢房里，奶奶睡灶间，兄弟们常年打地铺，老老少少的苦日子全靠羸弱的母亲独臂支撑。孙康强是最小的儿子，母亲的心肝宝贝，也未能得到更多宠爱，出生不久便遭遇了大饥荒。但母亲从来都是他记忆中最有力量的一个女人，母亲是小学教师，却能把艰辛生活的褶皱一一捋平。

到了“文革”，母亲也遭了劫难，是两代男人的株连，书不让教了，揪出来到建筑工地监督劳动。拆毁或者推倒的断墙残垣旁，披头散发的母亲带双大手套，坐在砖块上削旧砖上凝结的砺灰，肩臂颤动，如风中抖瑟不胜风寒的枝桠。同被唾弃的地主儿孙小康强就缩在墙旮旯的阴影里，眼窝里一汪泪，想哭，又不敢哭。

熬着，挨着，小学没毕业，终于读不下去。两个支边的哥哥分别从新疆黑龙江退回来，没有户粮，也找不着工作，一家人困守柴门岌岌可危，填饱肚子成了搔头挠耳的首要问题。

无奈之下，母亲把未成年的小儿子叫到跟前，欲言又止，阿强，反正学也上不成，去青田学裁缝吧，混口饭吃。孙康强去了，却还是填不饱肚皮。裁缝师傅家也是穷，一锅粥清澈见底，勺子下去，怎么也捞不上饱满的几粒米。学了两年，励志苦心，有了谋生的手艺，人却瘦成了一根篾。

回了家，这根篾往母亲面前一插，母亲的眼圈便红了，哽咽着说不出话。孙康强不想让母亲心疼，嘻嘻笑着，连自己也觉着假。好在终于回家，家再小再穷也是温暖的，给人舟船泊港的感觉。回头又跟温州师傅学招，把衣片上的功夫练精练熟，然后走出家门，到社会落脚，扯一面看不见的旗幡，沿街出售手艺。

那时闭塞的小城没有成衣业，人们穿衣着装习惯交由街头巷尾的裁缝店去做，衣服做靓丽了，有款有型，裁缝与裁缝店的名气就会极响亮。孙康强租不起铺面，裁缝店只开在行走的两腿上。他年轻，不到20岁，做衣服却有天生灵性，清清淡淡几款生意做下来，竟传出了些声名。因了年少，都称他“小裁缝”，都竖起拇指夸他。逢年过节，结婚办喜事，会接二连三请了他去，做新装，做嫁衣。他就挎个包一阵风似的走过去，包里一杆尺一把剪，往人家的缝纫机前一坐，从旭日东升到晚霞西落，霓裳彩衣便在灯火阑珊处一一展现美丽表情。这时的孙康强显出了英雄本色，一贯腼腆的面容瞬息间眉飞色舞，按不住的自信与兴奋。记忆犹新的辉煌呵，那一年，就信河街一条街，孙康强从头到尾挨家挨户做到了底。

裁缝班涉水过桥，妙果寺抢滩弄潮

然而，孙康强想要的不仅仅是“小裁缝”的辉煌。自小蜗居的压抑与苦难使他本能地逆反，做梦都想有一片属于自己的屋檐，从而出人头地。

此时“四人帮”已粉碎，他立足的这片土地开始有了一抹阳光几缕春风。他首先就去推夜校的门，补习从未涉足的初中高中课程，把曾经被剥夺的权力夺回来。他出身教师家庭，小学未毕业的学历是他一直耿耿于怀的耻辱。中学课程如饥似渴吞咽完毕，又去师专进修古典文学，难是难了些，却有滋有味。

时装剪裁的书则是见一本买一本，在实践中自我深造。这对他举一反三，轻车熟路。有了领悟有了心得，总想与人分享。裁缝班便在不经意中诞生。私人专业职能教学在当时还很少见，孙康强无意之中抢滩做了弄潮儿。先在某个宽敞的学生家设班，每期两个月，学费20元。20元在那个年代已是工薪阶层大半个月的工资，非常昂贵了，可一心想学裁缝的学生还是蜂拥而来，期期报名爆满，可见受欢迎之甚。到后来，一个班报到五六十人，再宽敞的学生家也容纳不下，只好到职工夜校租借教室。孙康强自编教材自讲课，白天是裁缝，晚上是老师，还得做学生上夜大，一个人分成几瓣，恨不得生出三头六臂来。

累倒，病倒也是顺理成章的事。他得了肝炎，住进医院。学生翘首等着，未及痊愈又出来教，转氨酶忽啦啦上升，只好乖乖躺回病床去。几番周折，裁缝班被后来居上者拔了头筹，心知这裁缝老师的教坛难以为继，再不舍也得割舍。

适逢妙果寺成衣批发市场应运而生，夜大同学帮他租了抢手的摊位，孙康强摇身一变，再成新一拨弄潮儿。他在牛山一带租厂房，招募了百多工人，专做女装，然后弄到妙果寺摊位上批发，也是天时地利，生意居然十分红火。他欲罢不能，一做十年，从1985年到1995年。

那时眼界低，孙康强以为自己把一辈子的钱都赚了。他买车，买房，一买好几套，就为圆长久以来的房梦。妻子是他这段历程的最好目击者与参与者。妻子在未成他妻子之前是裁缝班的学生，邻居，恋爱早期便给她钟情的这个男人打工，妙果寺摊位恰恰见证了师生姻缘的情笃意深。

以草根般的坚韧，走出黑暗隧道

十年岁月对于一个时代或许只是瞬间，在个体生命却是漫长的一段行程一个季节。1993年，妙果寺批发市场正从它的鼎盛往下滑坡，出国热却风起云涌，孙康强感觉到潜在危机，踏上了去东欧的路。

不料，只在当时捷克斯洛伐克首都布拉格游走两个月，看了风景也看了市场就打道回府了。朋友邀他在这座美丽的城市做东方饮食，他也说服自己留下，可就是提不起精气神来打造千人一面的中国餐馆。他做惯了霓衣云裳，对满足味蕾的行业既外行又毫无兴趣。

回到妙果寺流连了两年，陪同一个曾经兴旺的市场落幕。身后没了退路，坚持在东欧的朋友又频频召唤，说那里的轻工日用品贸易正形成庞大市场，方兴未艾。孙康强一咬牙，带了十多年挣下的全部身家，再度出洋。

东欧正当分崩离析，也就是他一去一回的时间差里，捷克斯洛伐克变成了两个国家。因为朋友的公司开在斯洛伐克，他也落脚在首都布拉迪斯拉发。孑然一身光杆司令，无法“练摊”，便把所有身家搭进去，从国内发了一个集装箱廉价服装鞋帽出来，挂在他人摊位上卖，真是好卖，没几天就哄抢一空。斯洛伐克果然是友好邻邦，对中国人亲善，对中国商品青睐。可是货越好卖，资金缺口就越大。一批批货从德国汉堡港转过来，源源不断批经零售商之手，穿到斯洛伐克人身上。孙康强却脱了西装，从老板降为白丁，还负债累累，恨不得把挣到手的一块钱掰成两半花。

那整整五年的时光，真是孙康强生命行走中最孤独最辛苦也最黑暗的隧道。他曾经单枪匹马在如漆的长夜卸下整整一个集装箱的货，也经历过四个集装箱入港清关的节骨眼上突然遭遇当地政府关于纺织品配额的朝令夕改。如果不是草根般的坚韧，早被所有的风风雨雨击倒。为省钱，他租在一间破屋里，午餐在市场上吃最粗糙的盒饭，晚上则是小桌上永远不变的清汤寡面。缺胳膊少腿的床是房东扔在破屋里的，睡到半夜，整个塌了，睡眼惺忪满地打滚。仍旧舍不得换，搬来几箱上季没卖完的鞋子层层叠叠垫高了，权当床腿，再睡。曾有免不了的疏忽，在外忙了一天回来，又困又乏，扒拉了碗面条倒头便睡，竟忘了关闭煤气。幸好连窗户也一并忘了关，否则孤零零一个人，中毒身亡也无人知晓。还有那次，半夜里腹部剧痛，在床上嗷嗷直叫，熬到天亮实在熬不过去，打电话请斯洛伐克工人叫来救护车送往医院，急诊室都没来得及待，直接推到手术室做了肾结石手术。麻醉前，是他自己咬牙签的字，字迹歪歪斜斜，就像一串咽不下的男人泪。那辰光，妻子接到越洋电话，正满世界订最快的机票，要朝他这边赶。

还有语言。别人到欧洲来要学的是居住国语言，他却多出一种，中国话中的青田方言。布拉迪斯拉发很少同乡，温州市区除了他好像再找不着第二人，做贸易的几乎都是青田人。要在同胞阵营里立足，不把青田话说溜了就等于没有通行证。换在国内，会有这类莫名其妙的掣肘吗？

因此，孙康强不可能不想到退缩，想到回家。温州是一个多么滋润的地方，家又是多么温暖，他为什么非要耗在这严冬零下十几度的东欧小国创一份艰难的业挣一份得之不易的钱？然而他终究没有回去。孙康强不是伟人，也唱不来高调，他要的只是一张脸面，一张温州人的脸面，一张男人的脸面。他说，我是穿着西装带了钞票出来的，要回，也要穿了挺括的西装带了大捆的钞票回去。

熬过了五年，孙康强非但自己没有回去，把太太也请了出来。他的眼光很毒，他

看中斯洛伐克是个金矿，他相信他能在这里做大。但要做大，就不能再依附别人的批发点发货，他必须拥有自己的窗口。妻子就是把守窗口的人。他跑到已经熙熙攘攘起来的批发一条街寻租店铺，没人肯把黄金摊位转租给他，只好高价租了旅馆的房间，把几百种的货样一摞摞重叠着挂满墙，挂满窗，然后端把凳子坐在衣服鞋帽包围之中，给熟识和不熟识的客户打电话，请他们上门看货。只要上门，那些客户就不会空手而归。因为他的货既便宜质量又好，超值。很快，旅馆房间沙丁鱼般塞满了要货等货的零售商……

后来的孙康强常常自嘲，谁又能想到，我的第一桶金竟是在旅馆客房里打捞上来的。

生意做大，境界水涨船高

果然，如潮似涌，孙康强做大了。

首先是他的服装鞋帽品牌YOUJOY，已名闻中欧市场尤其为斯洛伐克大众消费者青睐。他给YOUJOY起了很好的中文译名，叫“友约”，听起来十分人性化。“友约”最早在中国注册，后又在欧洲诸如德、法、意、奥、捷、匈、斯等国领土延伸注册品牌，以其品种繁多，价格合理，服务质量上乘而雄立市场经久不败。尤其女装，敢为同类产品第一品牌。

其次是规模。初创于旅馆小房间的贸易公司发展壮大为两个仓库一座与老外合建的销售大楼共四千平米。仅样品间就有六百多平米，张扬得花枝招展。麾下两个公司，员工半是斯洛伐克人，一律高学历，硕士博士都有。源于儿时的伤痛，秉承爷爷当年光耀门庭的祖训，他对投资房产情有独钟，国内国外高档住宅、办公楼、商业店铺四处开花，比比皆是。父亲去世了，他就雇了保姆让母亲独自住在几百平米的大房子里安度晚年。房子大在于他不仅仅是宽敞的概念，而有其追忆补偿并对母爱感恩的情愫包容在里面。

孙康强当然不只是单纯的金钱动物，他在做小裁缝那会儿就有精神飞扬的憧憬。对书墨，对文化，他有教师家庭出身的孩子天然的默契。有了大把的钱，他没有像许多阔了的温商那样，锥子似的锲到赌场，而是招兵买马，办了一份双语《斯中商报》，初衷只为品牌做些广告，没想办得精彩，两边的读者都爱看，便当之无愧成了中国斯洛伐克双边贸易的信息平台。半月一期，中斯文各八版，免费发放，连登广告也不收费。所有的钱都从自己口袋里掏，每年四万欧元，迄今已是第五个年头。与另一份由华人华侨联合会主办的《中欧华人报》相媲美，都是正式注册由他担当法人代表的。

如果不是四面来风八方击鼓，如果不是物质精神双重财富齐头并进，孙康强想来也当不了华人华侨联合会的第二任会长。前年六月，胡锦涛总书记来斯洛伐克外交访问，孙康强受命组织爱国侨胞隆重的欢迎仪式。在红地毯一路铺陈中，胡锦涛总书记走下车，同他亲切握手并合影留念。孙康强事后生出种种感慨，并把这一天作为历史记忆珍藏于胸。

的确，天上不会凭空掉馅饼，孙康强的道行是自个儿修出来的。

采访札记：

在匈牙利布达佩斯结束采访那天，孙康强开车从斯洛伐克首都布拉迪斯拉发赶来。

在彼此的驿旅中向我讲叙关于他的故事。我们都风尘仆仆，尤其我，一身疲惫，回程的行装都已收拾停当搁在脚边。但孙康强中气十足的叙说充满了撞击力，到底还是把我的兴奋点激活了。我不仅被他的人生故事打动，也感慨他对我这个专栏的重视和热忱，这在海外温州人中并不多见。

孙康强说，其实在国外打拼的人都不太喜欢接受媒体采访，因为出名有时并不是好事。但家乡的报纸另当别论。

我理解。因为你离得再远，家乡也是恒久不变的。那里有你的亲人，朋友，同好，有你的成长背景与生存的根，你永远都走不出她凝视的视线。所以，不管你是痛苦还是欢乐，你都期待与她分享。

剪裁童话的农家小子

走出阡陌田畴

说起来，池万锋的童年多少有几分沉重。离开瑞安来巴黎时他刚满10岁，肩头却压了沉甸甸的担子。父亲说，你要好好读书，学法文，阿爸的生意是要指望你的。当时他正拽着父亲的衣角去外国新学校，朦朦胧胧听懂了，知道那是家族的嘱托，有种要赶快长大的紧迫感。父亲原是农民企业家，在儿子眼里向来都很了不起，可怎么一走上巴黎街头，人都挺不直了呢？父亲在陌生环境里的不自信他在几年之后慢慢咀嚼出来。父亲不够年轻，要在别人的国家趟出条路并不容易，所以一心一意打造他。池万锋的老家在塘下前池，是乡野里的村庄，有着原始的美丽与贫瘠。父母违令生了六胎，罚了许多款，就为拥有两个儿子。父亲即便办了企业做了生意，归根结底还是农民。但父亲显然又是高瞻远瞩的一个农民，到祠堂拜了宗族，早早带他走出了那方阡陌田畴，来到西方，用洋面包喂养他，把他喂成半个洋藩。父亲拨拉着肚里光耀祖宗的小算盘，深思熟虑。

当然，儿子也不是扶不起的阿斗。池万锋第一天去学校就显出与其他华侨孩子的不同。他居然开口，说出一堆洋泾浜的外交辞令，镇得同学们一愣一愣。他书包里藏了一张折了又折被单大的纸，展开来是密密麻麻的法文字，标了中文读音，都用红绿笔画出来，像蝌蚪打架。这是他与小表姐的共谋。表姐早来两年，法文说得比中文好。池万锋就缠着小表姐，入学前教他把被单纸上的蝌蚪背熟了。小学三年的中文学识足以让他寻到开门的钥匙。

就读公立学校七八年，他年年都是优等生，门门功课都在前三名。尤其画画、配色，回回考试都得最高分20分。但他更想BAC（毕业会考）以后学医，与他最要好的中国同学一样，学成后当救死扶伤的医生，这是他梦里的憧憬。可当他攥了成绩单兴冲冲回家，看见替人打工的父母终日趴在缝纫机上车衣服，抬头看他一眼，脸上都是沟沟壑壑时，心就收缩起来，隐隐作痛。他看起来厚厚道道一个男孩子，内里却是感性而细腻。他扭头就走，成绩单塞回兜。父亲并没说什么，儿子却分明听到以前那番嘱托。14岁，他开始半工半读，店员、餐馆楼面、制皮工人，什么都做，比大人还忙碌。

撑起家族一片天

池万锋记得那个夜晚有点凉，他从拥挤的家里跑出来，在塞纳河边走来走去。

瑞安老家的弟妹申请出来了，全家八口总算团圆在巴黎。除了两个姐姐能帮父母打工外，三个弟妹都还小，不能不去上学，全家人的生计成了迫在眉睫的一件事。合家团圆当然是好事，问题是他能为家里做些什么？他在塞纳河边待了很久，蹙着眉头，像个少年老成的思考者。

次日一早，他向学校教务处交了休学申请，然后把要好的那位同学扯到角落道别。同学惊诧不已，质问他，说好一起考医科的，怎么变卦了？他身体朝后缩，眼睛看着脚尖，对不起！同学揪住他，是你爸不让你读了？他摇头，不是，我自己的决定。

同学的确冤枉了他父亲。当池万锋对全家宣布要开衣工场的决定时，父亲也从缝纫机前跳起来。父亲问他，你想好了？父亲不知儿子一直藏了当医生的念头，自然也就意识不到儿子退出学堂其实是很悲怆的，所以父亲喜形于色，他老早就等这一天了。

而池万锋的那位同学，后来果然学了医，一直读到博士，并被中国某医院聘为海归医学专家。离开巴黎前，池万锋为他饯行，少小无猜的两个人都喝得面红耳赤酒意醺然。池万锋发了呆，眼泪濡湿眼眶。不过那是后话了。

衣工场顺顺当当开起来。自己一家人，又找了几个亲戚几个乡邻，都说温糯的瑞安话，那架式就像开在塘下祠堂里的宗族作坊。人人拿出农民刨地的韧劲，机声昼夜响个不停，倒也有了一番收成。工场的主要业务是替犹太成衣公司做加工，所有的商务往来都靠池万锋周旋与交涉。因为，只有他通法文，只有他会开车，也只

有他能把门面撑起来。

然而此时，他年仅18岁。

这个岁数让犹太人也刮目相看。犹太公司同样是家族企业，父亲当老板，几个儿子各司其职，默契经营。池万锋出出进进几天一趟，与公司上下员工混得很熟。老板见他小小年纪，却把事情做得有板有眼，性情又敦厚，便不把他当外人看。而池万锋留了道眼风，见缝插针地学着该学的本领。取料送货间隙，他与设计师聊，看人家的图样；与裁剪师聊，则请教裁剪手法。他悟性好，从小对色彩敏感，渐渐就有了自己的心得。那次他初试锋芒替设计师画了个图样，又与巴基斯坦裔裁剪师悄悄约好，乘老板不在由他去裁剪出来，结果那款创意深得老板青睐，投入市场也是一片叫好，让他偷偷乐了好一阵。

几年过去，池家工场依附着犹太家族，也算接了一桶碎金。池万锋觉得翅膀硬朗了，有了想飞的欲望。

叩开圣玛丹城门

他再次站到父亲面前。阿爸，开公司吧，我想我有能力替自己做成衣了。

父亲却是摇头，早哩，早哩，没成家，谈什么立业？！

父亲的回马枪始料不及。父亲明明知道开工场替人加工不过是原始积累的权衡之计，要立家业，没有自己硬邦邦的牌子想也别想。父亲莫不是还嫌他年少？池万锋也不争，扭头就走。心想等我寻个漂亮媳妇来，看你还有什么说。

于是缠着母亲给他介绍对象。母亲欢喜，心想这儿子怎么突然就对男女之事开了窍？颠颠地跑去托人，立马有了反馈。这帮人虽说住在国际大都市巴黎，行事作派根本还是塘下村头的一群乡人。池万锋也是，从不交往女孩子，先锋的邂逅方式他都不会。

介绍过来的女孩不比池万锋差，也是儿时来的法国，刚读完大专在某公司上班。池万锋去见了，垂下头，眼睛也不敢往人脸上看。那厢也是满脸通红，局促不安。出得门来，只记住对方的一个坐姿一个侧影。但池万锋一点都没犹豫，自己对自己说，就是她了。

很快俩人订婚了。订婚宴设在酒店，有着巴黎与瑞安塘下交糅的排场，人来得很多，都是亲邻，一律方言。父亲穿着西装，举起酒杯，代表长子满席转悠，眉飞色舞。

宴席一散，池万锋就上了街，满巴黎寻找他的铺面去了。在他，心仪的未婚妻是立业的前奏和准备。

找来找去找到了圣玛丹街。这是一条不宽的老街，街口矗立石块垒筑的城门，有凝重的历史感。池万锋走过城门时抬头看了一眼，觉得自己很小，那情景就像儿时站在村头的大榕树下。圣玛丹街是一条童装街，已有45年历史，街侧两边一百多家店铺，清一色做童装批发。店家大多是犹太人，也有法国人，还有三四爿店是从11区刚“入侵”的温州人的。巴黎就是这么不可思议，最童稚的东西偏要在最老旧的街巷里张扬。池万锋其实不是头一次走进圣玛丹，以前他无数次来过，犹太老板的店铺就有三两爿开在这里。但这回来是驻扎，不走了。他签下一个不大不小的铺面，开始描画剪裁他的童话。

之前，他对父亲说，就做童装，我来设计，你的工场制作，做不够，就让阿姐来帮衬。两个阿姐此时都已出嫁，与丈夫开着衣工场，做弟弟的雄心勃勃，要把三个工场的业务一股脑儿包揽下来。父亲不作声，只是直愣愣盯着他看。他挺了挺胸，那意思是说，我都订婚了，你还有什么不放心？父亲的巴掌就在他肩头重重一压，好，池家靠你了！

池万锋又去与犹太老板道别，我要自己开店了，就在隔壁，以后就不接您的活了。犹太人有点戒备，也有点不舍。他连忙跟上一句，我做自己的设计，肯定不抄您的品牌。犹太人也旋即仗义起来，说，可以继续合作的，我不防你。他婉言谢绝了。虽说留一条退路也不错，但他还是喜欢桥归桥，路归路。

称霸童装时尚

21岁，池万锋成了CHICAPRIE（池家佩）童装制作销售公司的总裁。是很年轻，但他显然无愧于这个头衔，足以撑起池家这片说大也大说小也小的天空。以前从池村田畴走出来的时候，这个农民的儿子万没想到生命里会有如此五彩缤纷充满想象的童话世界。他握着笔，握着剪，重新走回意趣盎然的童年。设计师的自我期许不算夸张，批发店开张那天，他首批设计的二十多款童装张挂出来就给人耳目一新的感觉。走在圣玛丹街的男女都是童装采购老手，有很毒的眼光，他们走进每一爿店，都不是自身的喜好，而是市场的推搡。池万锋横条竖格的汗衫短裤，镶了小动物的短裙，还有弹了些细花的素色披风，以清新淳朴的乡野之气，抓住童稚的精髓，成为了流行时尚。

从此一发不可收。池万锋的公司从2至14岁的女童装扩展到2至14岁的男童装，再扩展到0至2岁的婴儿装，把童话王国的边边角角都开发出来。开始是每周出新品种，接着是三天出一批，再后来几乎就是天天有了，别人想盗版抄袭都来不及。池万锋也纳闷，自己脑子里怎么会有那么多的奇思妙想，没个止境似的。一次，他心血来潮，把原本紧身的连衣裙弄成宽宽松松的袋鼠装，套在模特身上像极了小妈妈，谁见了都说不好。可是挂出去随便一卖，说给谁都不信，竟一火火了两年，简直把童话变成了神话。

十几年下来，圣玛丹发生了许多变化，大批温州商家涌入，蚕食了大半条街的铺面，法国人走得一个不剩，犹太人留的寥寥无几，童话王国的新装几乎被中国造垄断，只有池万锋，坚守法国造，坚守巴黎的品位与质量，也坚守着他自以为必须坚守的为商之本。他的生意越做越大，信誉越做越好，遍布全欧洲，几乎每个国家的首都及大城市都有“池家佩”下属的批发店与批发点。也因此，他被全票推举为中法服装实业商会会长，并连任两届。虽然他是商会最年轻的俊杰，年仅34岁。

池万锋的父亲退休了，所有儿女也都已成家立业，他聊以自慰。这位自始至终的农民不在乎儿子的头衔，甚至也不在乎越挣越多的钞票，他得意的只是，塘下前池村池万锋家终于在别人的国度撑起一座足以光耀祖宗的童话王国。

池万锋是在24岁那年结的婚，如今已有三个孩子。他的孩子都穿着父亲剪裁出来的童装，无忧无虑地在童话里成长。池万锋那个学历比他高的妻子如今是他的副手，也很能干。

采访札记：

见到他是通常不营业的周末，整条圣玛丹街唯有“池家佩”开着门，等我的来访。他怎么看都不像服装公司老总或商会会长，天然一个全汁全味的农家孩子。大抵是年纪轻相貌又淳朴敦厚的缘故。

但我与他聊得甚欢。他很家常地叙说自己的故事，没有水分，也不粉饰，却时有奇思异想波动于平实之间。他与他的理想都是质朴的，为了不辜负父亲的重托，为了家族的兴旺，等等。不空茫，有骨有肉，浸润了支撑苍生的那种精气神，有着永不变色的意义。

大路朝天

吉人天相的农家女孩

当年，在瑞安县桐浦公社不起眼的旮旯里，有个不大的村庄，却叫了很开阔很响亮的名：大路村。村里有户陈姓农民，自有长子之后，又陆续有了三女，年长的叫陈建霞，生在正月初一的子时，当时就有族里老人摇头叹息：月大日大时辰也大，可惜是个媛儿，换成小子笃定做大官。老人的说辞多少应了点吉相，这媛儿还真比别的女孩多些聪明伶俐。做官是没指望了，那个年代农民度日贫困，加之运动的凶险，有口饭吃就是万幸。可话说回来，大路村大路朝天，是天生不甘做井底之蛙的地域，谁不想拐着弯走出点动静来。

陈建霞从村小开始就喜欢读书，书包里揣着梦也揣着斑斓的世界，在乡野的日子变得饱满。她不像村里贫穷的女伴，她从来都不缺学费，学费是舅舅从国外寄来的荷兰盾。舅舅嘱咐她母亲，不管男孩女孩，书是一定要读的。所以陈建霞读完村校又读到二十多里外的碧山中学去，寄宿，带上一礼拜的大米咸鱼腌菜，周末来回扛了走。山道熟了，打着电筒黑漆漆的夜路照走不误。

偏偏那时学校不读书，作兴造反，把老师绑起来游街。陈建霞要强是要强，可心善，做不了今天斗这个明天斗那个的大批判小将。便参加宣传队，把脸画花了，到台上蹦蹦跳跳，不落人后。心里却总惦念教室里搁浅的书包，心疼一寸寸浪费的光阴。有个高两级的男孩与她同样心思，原是阿哥的同学，走动勤了，生出少男少女不敢言说的爱慕，多年后居然成就了一段姻缘。可见她的青春也不全是浪费，播种了一生的收获。

等到学生有书读，陈建霞已高中毕业回了大路村。说遗憾，也不遗憾，因为更刺激的诱惑在前头等着，出国淘金，梦想成真。将要去的国度叫荷兰，有风车，有河道，还有铺天盖地的郁金香。陈建霞在锅台下对了炉火查地图，查到地球上的一个小圆点，猜想中先就迷上了。

去了那里一看，竟是大雪纷飞白茫茫，一脚踩下去，半天拔不出腿来。这么厚的积雪陈建霞没见过，她觉得自己的身子也成了冰砣子。后来知道，那是1979年阿纳姆罕见的一场大雪。二月尾，家乡枝头已绽开春意，这里却天寒地冻，给她少女的浪漫情怀一记闷棍。脱了鞋，洗了脸，气没喘顺，就听父亲叫唤，让她赶紧下楼做工。楼下是舅舅开的餐馆，店大，位多，生意旺，需要他姐妹全家帮衬。陈建霞下了楼，看见吃饭的客人已推门进来。她被父亲一个踉跄推搡到吧台，洗杯洗碟，时差没倒过来，迷迷瞪瞪的，眼睛也睁不开。

阿纳姆的中国“长城”

18岁的陈建霞就这样开始了她的域外生涯。前面说过，她是聪明的，好强的，所以她是舅舅手下第一个出师的高徒。先做酒吧，后做楼面，餐台间随处可见裙裾晃动。她上班时周旋于顾客间，半夜累乏了回房，抹一把惺忪睡眼，接着上班。这夜里的班是学语言，自己教自己，一本卷边的教材，一本翻烂的字典，还有一盒嘶嘶作响的录音带。农村来的女孩竟有好生了得的语言天赋，这拗口的荷兰话转眼就在舌尖上翻熟了。

那时荷兰开餐馆要考执照。父亲不行，哥哥不行，只有她，补习班的门都没进，一年后就把这生财之道的通行证考到了手。小本本攥着是真烫手，哪个女孩子有她的能耐与幸运。

就凭这个执照，他们一家从舅舅处独立出来，开成第一爿餐馆，过了把温州人做老板的瘾。陈建霞不满20岁，却是楼面上的主宰。那春风满面的笑，那滴水不漏的应酬，整个就是样板戏《沙家浜》里的阿庆嫂。荷兰人是海盗掠夺出身，喜欢场面上玩得转的女人，陈家餐馆就冲着这么个女儿，火了。

立住了脚，习惯了阿纳姆的日子，陈建霞的思绪繁复起来，那个藏之于心的男人凸显了旧日轮廓，清晰地撩动着她俗世的情欲。她要在路上走很久读他的信笺，读得心里发烫。于是一张机票，把她带回了家。

回家是成亲，去乡公所领一纸结婚证，她与新婚的丈夫都在合影里笑得拘谨。丈夫就是那位她心仪的哥哥的同学。丈夫的童年很不幸，12岁原来当官的父亲死在牢里，所以他文文弱弱的，不是叱咤风云的那种。说来他俩并没真正恋爱过，两小无猜不是爱，只是童稚朦胧的相互吸引。可陈建霞不管，她相信命定的姻缘，谈情说爱省略了，耳鬓厮磨也省略了，该是他还是他。度了半个蜜月，揣了结婚纸回荷兰，递交给阿纳姆移民局。

即便分秒必争了，那荷兰人的程序还是慢，批了这头审那头，等到丈夫出来，已是两年之后。其间的相思不似往日云淡风轻，而是望眼欲穿。陈建霞不是小鸟依人的那种女子，她的情爱方式带着饱满的母性，锐利而刚强。

恰好此时哥哥开了新餐馆，父母跟过去帮忙打理，这爿创业之始的店就留给了陈建霞。陈建霞里外一把手，把刚团圆的丈夫推出来，做老板，领衔，夫妻老婆店拾掇得熨熨帖帖。

然后，生了女儿，生了儿子，业也兴旺，家也兴旺。心又痒痒，不甘平淡地要往高处走高处看了。还是阿纳姆，富人区森林公园高坡上有幢老房子，房里的餐馆是青田人老早开的，要卖经营权。但夫妻俩要的不仅是餐馆，还要整幢房子。偏房东荷兰人是个大亨，不缺钱花，不理茬也不松口。丈夫是有眼光的，可好地段好房子也要重新打造才能开出顶尖的中餐馆。丈夫不管，放下身段去黏那大亨房东。人家养马，他就撂下餐馆，隔三差五去马场帮他遛马，做热络的朋友。先用诚意，再用桌下塞过去的一笔合同外的私钱，拿到了房契。人的贪婪是天性，大亨有的是房产，多出几十万的顺水人情何乐而不为。

夫妻老婆店卖掉了，坡上的房子风风光光装扮起来，设计的理念是丈夫的，有着无师自通的才情。餐馆命名为“长城”，四周敞开了阳台铺垫了花圃，里头则是东方的宫殿西方的时尚，优雅高贵，是流光溢彩的中餐新气象。开张那天，绅士风度淑女姿态的客人一拨拨走进来，温文尔雅地对老板老板娘笑，陈建霞感受着中国人的尊严，喜极而泣。

吐纳成败的巾帼风范

1995年，丈夫揣着先后靠三爿餐馆辛苦积攒十年所得的三千多万人民币去了中国。陈建霞相信他战略眼光的前瞻性，便倾力支持，自己则独挑荷兰家里与事业的两副重担。孩子一个7岁一个5岁，她当妈又当爸，肩负的责任比餐馆那头还重。好在丈夫没辜负她的期待，在温州轰轰烈烈开出当时最豪华的大酒店“九重天”，闹出的动静一直传到阿纳姆。陈建霞喜庆之余心生忐忑，总觉着要发生什么不测。

果然，厄运一拨拨来了。先是阿纳姆警局上门，以清账为名，查封了“长城”所有账目往来，摞在桌上俨然一座小山。税务官板了张“纳粹”脸，一笔笔审核，一查查了好几年。餐馆开着，买根葱卖瓶水也有几双眼睛虎视眈眈盯着，那处境就像踩着雷区跳舞。哪怕一辆车从门前驶过，驾座上的人有意无意瞟一眼，“长城”这厢都好比撞上了鬼，战战兢兢起来。这么查，总能查到蛛丝马迹的，赋税严苛，工薪高昂，不打擦边球，这生意还怎么做？人家可不管，查到你就该你倒霉，一纸重罚下来，陈建霞眼前一片黑，肝病复发，人也住进了医院。就在病房与丈夫通电话，丈夫在那头跺脚，悔不该请荷兰驻上海的领事替“九重天”剪彩，让他窥见了气派，故而怀疑起在阿纳姆的资金来源。真是祸福两隔壁，乐极生悲。

还不得扛着。陈建霞从医院跑出来，一次次去税务局坐冷板凳，磨嘴皮，陈述实情。或许是看在一个病女人单枪匹马的难，税务官下沉的脸总算有了一抹人性悲悯，言辞也缓和下来。最后款还是罚了，却少去一多半，算是从轻发落。

这头搞定，温州那头却又告急。丈夫做房地产做大投资有战略眼光不假，可实际运作到底书生意气，对商战险恶认识不足。船驶快了很快触礁，陷落到起不来的漩涡里。个中原因很复杂，也很难缠，说不清道不明。反正，繁花似锦恰如一道彩虹，绚丽不多时便暗淡下去。电话少了，言语也少了，总说忙，忙得焦头烂额。陈建霞感觉不对头，冲着话筒追问，那头更是支支吾吾推挡搪塞。想要飞过去，这头"长城"的一摊子事又走不开，只好干着急。

那个夜晚，餐厅里的客人渐渐散了，陈建霞独坐灯影阑珊中，一脸愁容。她其实是很坚强的女人，大路朝天走过来，什么困苦什么艰难没扛过。但这回不同，心里阵阵发慌，总也挥不去大难临头的感觉。骤然，电话铃响起，仿佛炸在头顶，她一把抓起话筒，急咻咻叫丈夫的名字，是你吗？那头却只是沉默，掺杂了丝丝的吸气声。好久，才是尖峭的一声长叹：建霞，我们破产了！

破产的概念就是，"九重天"没了。三千万没了。他们十多年的辛苦没了。

陈建霞终于等到了一个噩耗，虽然头皮发麻，心却反而落了地。想问个究竟，电话那头却是低哑的嚎哭。陈建霞磕碰着桌椅，差点没绊倒。从来没听过一个男人这么撕心裂肺这么肝肠寸断地哭，她被吓着了，所有问号所有怨怼都堵在嘴边吐不出声来。问又奈何，怨又奈何，男人的泪已是最了然的应答。

丈夫就这么对着话筒对着妻子哭了一个多钟头，陈建霞把话筒攥出了水，听着，任由他发泄。直到丈夫哭干了眼泪，擤着鼻子问她如何是好，她才轻声细语地说，没了就没了，留得青山在，不怕没柴烧。你还有我，还有孩子，回家来吧。丈夫一通哭的光景里，陈建霞已把人活一世的得失想明白。这败兴许也不是坏事，夫妻恩爱了，孩子出息了，一个家团圆了，就比什么都好。钱是散了，可人生苦短，平平常常有吃有花就行了，要那许多钱做什么，又留不到下世去用，挣也不过是挣个心劲，何苦呢？她的豁达是想明白了的豁达，支撑着丈夫，终于没让他在失败中倒下来。男人更多的时候不比女人坚强。

话又说回来，不在失败中倒下，多半就能重新站起来。若干年后，不甘就此落败的丈夫终于拿下房地产开发的新战役，赚回比前次赔掉的多得多的钱。丈夫为此喜形于色，陈建霞却不以为然：如此殚精竭虑，你就不觉得心累？当然她也知道商场如战场，男人总以成功为荣，钱在这种时候只是成就感的代言。

事实上，只要“长城”在，只要另两家租给别人经营的餐馆在，没有这宗大赢的房产主意一家人的日子也会过得很好。丈夫文才不错，又热心社团，当着会长，余暇里写写画画好一手。陈建霞则是民间亲善大使，亲戚朋友谁有困难都会来找她，要钱给钱，要力助力，几十年好口碑尽在为人中。荷兰语又棒，认识的老外又多，连前总理夫人都是她无话不谈的好朋友。凡需要与荷兰人打交道，大事小事一律都是她出马，办别人的事比自己的事还上心。女儿、儿子都在上大学。女儿是高材生，同步在两所大学读双学位，前两年还去香港参加全球华人青年歌手大奖赛，夺得第二名。儿子学金融，一心要当老板，暑假里还窝在学校，与同学凑一块做什么挣钱的企划方案。估摸着，等陈建霞实现心里的盘算，做到明年年底退役，这“长城”也就是儿子手里的一块蛋糕了。

陈建霞希望如此。从30年前的大路村走到今天，经历了那么多风风雨雨，她想歇口气了，把人生留给自己，把未来留给自己。

采访札记：

与陈建霞聊天感觉很好。她直率，豪气，没有小女子的忸怩作态，说多少话就是多少真情。现如今遭遇这样的采访对象已属稀有。

其实长长的一条路从大路村走过来，风霜雨雪，真是非常不易。虽然结局是胜者的喜庆，但心里边还是苦涩多于甘甜。我欣赏陈建霞，是她能把所有成败荣辱化为天高云淡的一抹轻笑，而这是需要经历也需要胸怀的。强大的女人往往有海一般的胸怀，容纳百川，也容纳世事。陈建霞的吉人天相或许就观照了她的容纳。

驾着汽车飞翔

他说，我叫胡飞达。

飞达？飞黄腾达？我心下里猜，他父母想必是对他寄予重望的。

他很沉稳地笑了，甚至有几分40岁男人不该有的腼腆。他的笑与腼腆都与“飞黄腾达”的字面毫不相干。也俗常，也喧嚣，但那俗常和喧嚣大抵都藏到生命夹层里去了，脸容竟是不动声色。平日里飞扬跋扈的人见多了，仅就这份沉稳与沉静，就让我倍觉好感。

胡飞达的业绩是他的汽车驾驶学校，在西班牙是华人中的唯一。大凡做成唯一总有别人效仿的不易，所以他身后那条用人生故事拼凑出来的路，至少会有一串与众不同的足印。

从乌拉圭到西班牙

胡飞达其实是被父亲和父亲的朋友推搡出来的。他1986年参加高考落榜，读书便没了意兴。先去游泳池当了会救生员，再到电影院放了一阵他自己也喜欢看的电影。救生员是凭借一股豪气与好水性，放电影则是在电影公司任职的父亲的引荐。他年轻，觉得这两件事都像玩儿，一个浪里白条，一个黑灯瞎火，有点意思，所以没生出什么朝秦暮楚之心。当时温州人踊跃出国急咻咻恨不得屁股冒烟一下飞过去，他倒是安之若素。后来父亲的朋友从国外归来，喝了一顿酒，就把他的前程定夺下来。等两位老友间的预谋成就了一本护照一个签证时，他便是不肯也已经没有退路了。走就走吧，他对自己说，言辞里竟有一半是敷衍。

签证上的国家是南美乌拉圭，他听都没听过。签证是真的，乌拉圭作为出走西班牙的跳板也是合法的。合法背后的交易却扑朔迷离，他不知道也不想知道。1989年，记得是六月天，21岁的他从百里东路的家里出发了。阳光很烈，晒在头顶是灼热的，没有一丝风，他感觉身上捂得过多的行装津湿津湿的。

乌拉圭没有给胡飞达过多的惊奇和印象。在那边待了半个月，只为等待辗转西班牙的签证，闷在屋里还是出外走走，都是一种过客不思熟稔的陌生，看什么都没往心里去。唯有两点与他的温州经验截然相反，一是六月的寒冷，二是南美的人烟稀少。那是一种粗粝的原生态景象，在他眼里就是与都市对峙的荒凉。

到了马德里，冬天变回夏天，感觉又变了。西班牙已是目的地，胡飞达不得不告诫自己，客居的念头再也要不得。钻进昏暗的餐厨洗碗，一站一天，每个动作都是无休止的重复，好像自己就是电影《摩登时代》里的卓别林。夜里没地方去，就在打烊的餐馆铺一张地床，与黑影幢幢的桌腿椅脚做伴。他是家里最小的孩子，哪受过这类劳作与孤单，觉得苦，是不情愿被派生出来的一种情绪。黑暗里，胡飞达一遍遍问自己，你为什么要出来？

答案始终没找着，只好按捺下一颗心，把自己像树一样种到异国地盘上。不甘心洗碗是吧，那就加速学语言。语言的功能不仅在嘴上，还是飞翔用的翅膀。

第一次经典碰撞

也许是宿命，年轻的胡飞达注定会有两次生命里的经典碰撞。

那个男人是住在餐馆老板家的客人，有了一把年纪，不凡的经历写在脸上，举止气质都与众不同，很儒雅。那时胡飞达已在西班牙语言学校学了些西语皮毛，从洗碗工擢升为餐厅跑堂。儒雅的老男人常在一个角落里坐着，有时一壶清茶，有时一碗素面。渐渐熟了，才知是国内出来的西语专家，曾给毛泽东、刘少奇、周恩来等老一辈国家领导人当过翻译，属于那种退役的高人。他的西语表达竟比语言学校的西籍老师还要精确。闲聊中知道胡飞达在攻读语言，说出来的话却是拖泥带水的一堆破絮，就说如果你愿意，我来帮你梳理梳理。胡飞达正慌不择路摸不着门，哪有不愿意的理，一副高山仰止的崇拜，当即拜了师。

算是择对了路，摸着了门，学习有了系统有了方法也有了功利之外的兴趣，从此柳暗花明。后来有过比较，他的西语虽比不上正牌西语系出来的留学生，却比所有在西班牙语言学校出来的温州乡邻好出许多，别人多是一知半解，他呢，至少得了只鳞片爪的精髓。况且，独特的老师传授给他的不仅仅是语言的翅膀，还有承载于翅膀之上的种种人生历练，这些对他都是难能可贵的认识世界的经验，就像豁然开了的一扇门，引领他步入清醒的自我人生。

于是，胡飞达觉得中国餐馆的门楣局促了，就算跑堂，也要跑出一番不同的景象。听说西班牙著名餐饮集团VIPS旗下的一家西餐馆正在招聘员工，他便去了，坐到人事主管的大写字台对过，接受犀利的拷问与审视。他有一份底气，这份底气不是别的只是对自己融入西班牙的一份期待，所以他不怯场，对答如流，没磕没碰赢了面试。

一上班，发现"融入"这个词汇比他想象中复杂得多。先是种族歧视，来自一个胖女人，专找他的茬，有事没事都要挑剔数落一番，眼窝里抹都抹不去的敌意与鄙视，仿佛与他天生有仇。胡飞达知道这种时候他代表着中国，必须把头高昂着，胸脯挺起来，与那胖女人作心理上针锋相对的较量。平日他不是特别强悍的人，但他不想丢中国的脸。再是性文化的差异。刚上工，他与三两同事擦肩而过，发现其中

有张笑脸格外热络，便走得比较近。那是很家常很亲和的一个男人，衣装举止都不怪异，对他的好也分寸适度，教他他不懂的，替他解围，如兄长那般给他照应，使他在胖女人的敌视下始终拥有一份补偿般的温暖。可是到后来，他发现那人竟是同性恋。他很惊讶，总觉得同性恋原该有几分异常的，就像电影或者他先入为主的概念里那样。顿时慌了神，不知如何应对才好。其实他也明白同性恋与价值观念道德品质无涉，但还是渐渐疏远了些，虽然兼有不舍与愧对。

好在，他是加倍努力的，努力使他在一群西班牙人中赢得了尊重。当他做完两年选择跳槽去汽车学校任翻译时，餐厅同仁都给了他最真挚的拥抱与祝福。集团楼面主管再三挽留后又嘱咐他，如果那边做厌了，随时欢迎再来旗下。他相信主管的言辞是恳切的，不虚伪，但他也相信自己不会再来。

因为，转行到汽车学校并非他心血来潮之举，可谓蓄谋已久。自己考驾照时，就听满了一耳朵华人圈学车难考驾照更难的怨怼，当时他就想，或许可以做点什么。后来西班牙人开的汽车学校找上门，请他去给中国学员做翻译，他先去交通部做了咨询，得到外籍人士允许报考汽车教练的答复才接了聘书。他自然藏有私心，翻译只是教练乃至汽车学校的一个职业铺垫。他做过一番调查，汽车教练和汽车学校在西班牙是华人华侨群体中的一个盲点与空白，叫了多年也没叫出个子午寅卯来。他知道难，也知道挣钱不多，却总觉得这个空缺会与他有什么瓜葛。钞票自然要挣，可人活着不仅仅是挣钞票一件事，否则，与点钞机又有什么两样？

驾校第一人

他任职的汽车学校虽是西班牙人开的，学生却大多是西语不过关的中国人，他们凭借胡飞达的翻译上理论课，眼神坐姿都是令人心酸的饥渴。这类饥渴是沉甸甸的期待，胡飞达非要考教练非要办汽校不可了。

一年后，他又一次坐到报考面试官的桌前。那位西班牙人问了他一个最简单的问题，你为什么要报考汽车教练？他说，华人群体需要一个自己的汽车教练。他的回答是简单的，却一矢中的。

考试真的很难。三轮筛选淘汰，第一轮预选，驾驶技术与西班牙语测试；第二轮理论，教育心理学、技术构造与汽车文化；第三轮是路考，关于教官的信念、意志以及人性化授课方式。报考者5000之众，一二轮筛下来只剩1000多，到了第三轮，第一批也就考出170名。竞争是残酷的，就像穿越沼泽地，没等明白说不定就被淹没了。

这个时候，胡飞达有了生命中第二次经典碰撞。

也是一个老头，西班牙人，汽车教练学校外聘的一名教官。上课的第一天，胡飞达就被他吸引。他衣着随意，一张脸也胡子拉碴从不刻意修饰，但只要往讲台上一站，那种高屋建瓴的气概就把一切都罩了进去，再一开口，那种信马由缰滔滔不绝，简直就是一个传奇。关于汽车的文化他总是套在欧洲历史的演变中讲，有史有据，有声有色。胡飞达着迷了，每一节课都像闯入全然陌生的时间隧道。除了汽车，有关西班牙的林林总总都被他捡拾到自己原本空空无也的篮子里。他变得丰富起来。

更不可思议的是，到学期结束，他才知道这位教官竟是西班牙军队退役的将军。当胡飞达成了170名新出炉汽车教练中的第160名时，他把自己的荣幸归之于这位当过将军的教官。

道路培训教练职称拿到手是2000年，用了整整两年时间。胡飞达转身就去开办了驾驶学校。校长是“租”的，他还当不了校长，没资格。校长资格也是需要考试的，必须具备五年教学资历以上。他能等，急需学车考牌的温商群体却不能等。那所他原来出任翻译的汽校囊括了绝大部分的华人学员，由于语言障碍，汽车文化迥异，也由于温州人请客送礼的习惯性灰色交易宠坏了西班牙人，校风及教学质量每况愈下，车牌越来越考不出来。所以他得先出招，把汽校立起来再说。“租”校长是合法的，但要付出昂贵的代价，他顾不得了。

中国人迄今为止唯一的汽校啊，同胞尤其是西语蹩脚钱袋鼓囊的温商蜂拥而至，兴冲冲拜师门下。这里多好，老板、教练、学员同出一处，乡情连绵不绝。理论课由他自己掌门，就用乡音讲解。七辆车七名教练，其余六位必然是西班牙人，就把驾驶大纲及操作指令画出中西对照表，发给西语不够用的每一个学员，让他们上车之前先背熟这些单词。本是无奈之举，效果却出奇制胜，预习过的学员至少不会被听不懂的术语搅晕了反应。久而久之，西国教练也能说点中文指令了。

还有一点胡飞达是下了禁令的，禁止学员给任何教练送礼行贿。他说，你付钱学车，教练收钱教你，是买方卖方的公平交易，不存在附带条件。他还想说，西班牙人也是人，欲望与贪婪都有，我们不能先把自己打倒再把人家打倒。这句话有点高深，超出了自己的认识水平，他便藏了下来，留给自己咀嚼。

五年过去，那走势是顺风顺水，水涨船高。胡飞达的学员一拨拨从未停歇，平均男生40节课，女生50节课，好的往下，差的往上，学员们的汽车文化薄弱了些，反应却是不慢的。每周一次路考，胡飞达都会带着学员过去，一同考官联络感情，二给学员壮胆。三成的路考通过率，壮胆以及联络感情都挺重要。终于修满报考校长的教练资历，他再次出发，兼学经营、管理、教育等五门课程，以优异成绩获取汽校驾驶学校的校长资格。

他成为汽校行业有双重头衔的唯一华人。迄今，已将近十年，他的学生驾着名牌坐骑遍布西班牙，仍然年轻的他作为校长与教练走到哪都能领受尊重与友好，这类感觉真的很不错。当然，挣钱无法与做公司做贸易相比拟，但他不眼红，自足自慰。因为，汽车给了他人生飞翔的快感与体验。

她的玫瑰

一

池刚华怎么看都不像商人，戴一副眼镜，镜框是白的，镜片很厚，折射出来的眼神便多了道屏障，不那么一目了然。但他的笑很坦诚，有藏不住的书生气。

他的确不是一出道就以商人身份立足于世的。1987年29岁从西子湖畔走向欧洲的时候，他是小有声名的书法家。父母都是温州人，调去省城工作，他便在那里长大。读完高中，进了省工艺美术试验厂，做的是商道上的事，兴趣却在黑白艺术的墨香笔韵之间。他家住枝头巷，巷里有多家前国民党将领，家教素有儒雅之风。儿时的池刚华与那些将领的孩子们玩在一起，见他们背古文学书法，就跟着一起学。他也拜师，巷里就有杭城书法大家，又让父母领着做了温州林剑丹的弟子。他有灵气，有悟性，天生就与宣纸结缘，没多久身手就超越了蹒跚起步的枝头巷。到了青春勃发的年纪，他那一笔飞扬的行书轻而易举入选当时最高规格的中国书法展、中国中青年书法家书法展，还有一本八人合集出版的《唐诗三百首钢笔字帖》，发行量覆盖大半个中国。尔后作品又被送往东京参展，被日本书艺爱好者收藏。那时的中国还很穷，书画不值钱，但也毕竟相当于两个月的工资了，让池刚华既兴奋又惴惴不安。他把这些钱捂在兜里好几日，终于换了帖，换了墨，成全了笔底烟云。

渐渐地，不仅觉得枝头巷狭窄，西子湖也圈不住池刚华跃跃欲试的心了。希冀的翅膀扑扇着，总想碾墨书写到视野够不着的地方去。那时他已有了住在瑞安城郊的未婚妻，姑娘比他小6岁，同样有着闯荡世界的不安分，于是他们的恋爱便靠漂泊的愿望维系。终于有一天，他们出发了，飞向欧陆。本是旅行结婚，却有不可知的前景。飞机着陆在阿姆斯特丹，台湾朋友受他俩的亲戚之托举牌来接人。车窗外的人都很陌生，两颗心扑通直跳。到了客居的家，池刚华从皮箱里掏出礼物递过去。那是一幅写在绢上的古诗，是他的书法。台湾人展开来看，眼神都直了，嘴里啧啧赞道，比台北故宫博物馆的东西都不差！态度旋即亲近起来，又招待起居又陪伴游玩，临上火车还执意挽留，真把他当作半个怀素半个王羲之了。车至巴黎北站，池刚华却仍诚惶诚恐着。

二

书法之梦是在抵达巴黎的那一刻破灭的。虽是探亲出来，实则没想过回去，身份就黑了下来。要生存，人不得不变成地鼠，藏着掖着打工。偶尔乘趟地铁，看见警察还得绕道走。又不懂法文，如何去向法国人抖落你自以为的绝技？池刚华连碰壁都没来得及去碰，就让自己偃旗息鼓了。

打工那几年是再造自己的煎熬过程，心境郁闷而灰凉。手里也是一把羊毫，蘸了刺鼻的胶水，刷在裁剪好的一沓沓做手袋的羊皮上。刷着刷着，他会运足气，手腕不经意地提起来，走笔如飞写下一幅看不见的字。纸是皮，墨是胶，字是藏在气韵里的行书，沾着同样看不见的男人泪，洇开来，渗透了他的日子。

然后，他变成另一个池刚华。

1991年池刚华办起了制衣厂，1994年又开了服装批发店，1998年做百货生意，2004年他在奥拜维利耶买下四层楼的内衣批发店。他在商场深深浅浅的一汪水里沉浮，生意越做越大。还是戴副眼镜，却已不是原来的一介书生。

做制衣厂那会儿，全部是替犹太商家加工，价位够低廉了，还总是被无由地拖欠货款。便上门去催讨，事情闹大，对方恶人先告状，他被警局羁押。审了一宿出来，家不回，径直去了犹太公司，挺直腰板站到老板面前。什么话也不用说，一脸铁青就是最好的示威最好的声讨。犹太人没想到警局出来的中国书生发起威来竟与昨日判若两人，再不敢恃强欺弱，乖乖还清了所有欠款。出来一打听，别家温商被拖欠的钱也都悉数偿还。于是，池刚华的“秀才造反”已然成为集体记忆中一次成功的维权。

后来，制衣厂被卖了，服装店也被卖了，池刚华开出巴黎最大的一家杂货公司，销售从义乌进口的廉价商品。店铺在克赫伊迈的大街上，一千多平米，几千个品种，

花花色色，应有尽有。顾客都是普罗大众，手里没多少钱，却有兴致勃勃的消费欲，所以出出进进煞是热闹。池刚华穿着T恤或者毛衣麻利地动作着，收款机不停地欢快鸣叫。他的脸容是复杂的，半是挣了钱的快感，半是心缺了一瓣的落寞。他总在寻找，找什么却连自己也不知道。

便腾出空去奥拜维利耶服装市场闲逛。那是巴黎的“中国租界”，有几百支温商兵团在那儿作战，势头很旺。几次逛下来，他也跻身进去，租了店租了仓库。FONG（经营权）贵得咋舌，他一咬牙把做百货赚下的资金都押了上去。他对妻子说，我们不做别的，就做内衣，做文胸。他像抓住了久寻未遇的那种东西，神色兴奋，眼睛在镜片后面灼灼发亮。

三

没想到，一场大火把池刚华初始的梦想与机遇一并吞没了。

2005年的11月3日，是池刚华和他一家历年来最黑暗的瞬间。

一阵急促的电话铃把他们从睡梦中惊醒，拿起来一听，话筒里传来气急败坏的一通嘶喊。没听完，池刚华的眼都直了，在枕边乱摸他的眼镜。电话那头是他仓库的二房东，此人去了中国，打来的是越洋电话。电话里说，他们位于93区埠兮的仓库群着火了，库房和库房里的货眼看都要完。

池刚华拽起妻子驾车就往那边赶。正是凌晨四点，街面上黑洞洞的，没有人，只有昏黄的路灯鬼火般闪烁。池刚华的手在方向盘上神经质地跳，妻子抓着他的衣衫瑟瑟发抖。远远地，看见烧红的半边天，浓烟如乌云压境。驶近了，消防队的红车铺了满眼，白色的救水龙头盘旋蜿蜒了一路。可是，没有水！这是一个太老旧的仓库区，常年败落，久未修缮，差不多已被法国人丢弃，后被犹太房主买下，草草打理租给温州商家，基本没有规范的配套设施。所以，消防队来了也是白来，队员们尽职也是白尽职，水源接口没有高压力的泵，水势打不上来，救水龙头不过涓涓细流，根本就是杯水车薪，如何来扑这场越烧越旺的冲天大火。

池刚华站在蔓延的火势之外，惨白的脸被火光映得通红，像泼了一瓢的血。库房近在咫尺，他知道那扇锈迹斑斑的铁门里关进了自己多少血汗钱。三层1500平米的每一寸空间都是满的，百货店所有的库存，圣诞节准备上市的全部货源，还有刚刚入库的四个集装箱的内衣、文胸，价值少说也是80万欧元。巴黎几近20年胼手胝足积累起来的财富，究竟有多少砸到了这扇门里？他不清楚。反正除了两爿空空荡荡的店铺，他就剩一个家和三个孩子了。

大火却是如此无情，毫不怜悯地吞噬着无辜，把毁灭的不幸带给他。池刚华流下了男人泪。身边的妻子呜咽一声，缓缓倒下，倒在了他的臂弯里。他必须要去搀扶，却觉着自己的站立也是摇摆不定，仿佛在用双膝跪地。

事后才知道灾难起于大巴黎郊区曾为全世界关注的那场骚乱，纵火者仍然是阿拉伯族裔那帮疯狂的不务正业的年轻人。他们把对居留国现行政治与社会现状的不满用纵火来发泄，他们烧了街区、巴士、停车场以及毗连的许多公共设施，那一带犹太人的库房中国人的商品便成为城门失火所殃及的池鱼。

这场火烧掉了包括池刚华在内的12家温商所有的库存，损失超过上千万。中国使馆、巴黎警局、当地政府以及所有媒体都介入进来，公众舆论也就这场灾难生发出关于暴力关于人权关于移民融入关于现实困境等等话题，一时间沸沸扬扬。然而对于池刚华，这一切都是天边遥不可及的云彩。关键是，租赁仓库群的12家温商，竟没有一家是上了保险的，法国人会觉得不可思议，但事实就是如此。所以，即便倾家荡产，也得不到一文赔偿。

四

连续几周，池刚华沉沦在梦魇里挣脱不出。街面上亮起圣诞节的彩灯，闪烁的喜庆在他眼里就像飘飞的鬼火。店铺的门开着，货架上却没有应市的新货。老顾客走进来，纳闷地看他一眼，他强颜欢笑，就是不知如何应对。索性退回奥拜维利耶，闭了门，楼上楼下困兽一样撞来撞去。灯光下，上季卖剩的内衣影影绰绰飘在头顶，散发着陈旧的气息。

感觉中像被谁推了一把，他踉跄一步站定了，眼前是清朗的一个黑白世界。他想到他的墨他的宣纸他的书法。分明是20年未敢触动的一个念想，偏在最不合时宜的境遇下出现了，让他陡然抓住了一个契机，攀上岸来。

他抓起一张纸一支笔就画起来。少小临摹过的碑帖一一闪过，气韵，结构，味道，意境，书法讲究的种种纷至沓来，灵感不期而遇。然而，他画下的不是图也不是字，却是一只又一只女人用来点缀胴体之性感的文胸。用他自己的话说，文胸设计也是可以具备书家的大气与浓重轻淡的笔韵美的。

池刚华带上一叠图样径直去了广州，去了原来供他货的两个厂家。厂主见他都吃了一惊。他们听说了他的遭际，以为他跌得太过惨重，不可能再爬起来。池刚华说了一遍火灾后的窘困，眼圈都红了，便不再说，隐忍着。然后一张一张出示自己画的设计图，恳请对方说，如果你们肯帮我，我就重来一次。厂家听出话里的铿锵，也知道他为人的诚信，也看好他手里这些款式的前景，一口承诺下来。约定的生产周期一过，四个集装箱装运出港，每只柜里都是尺寸大小不一的八个款一千打文胸套装。广州厂家都有生意规矩，货款不到货品是不出港的，只有池刚华是例外，厂家同他做了一笔无本生意。

这样的生意对诚信的商人来说，既是天大的礼遇也是天大的压力，他若做不好，对不起的将是整个江湖整个商界。池刚华先做人后做生意，两边都不敢有半点的马虎与疏懒。几年下来，他的文胸系列在奥拜维利耶有了一枝独秀的另类感觉，时尚、艺术、创新，从而走俏整个内衣市场。视质量为生命、视销售网络为血脉固然重要，而设计理念的超现实后现代也是不可忽略的生命源。

如今，池刚华的文胸系列常常是进来一个柜一星期就卖掉。家乐福、大地等大型商场与其他一些知名内衣连锁店都有他的销售点，尤其在“大地”，他的系列由于独特浓郁的东方艺术气息，深得普通工薪阶层的青睐，卖得最贵也最好。“大地”的货品一般都比较低廉，但他的系列仍有很不错的利润空间。

无疑，池刚华已从那场火里重生，用他曾经的书墨人生，写下属于商人的起始与结局——文胸系列的一个品牌——“她的玫瑰”。

红袖长舞异乡客

斗笠舞的意义：中国不缺席

女人的辉煌或许就藏在红袖长舞的记忆里。

那个初夏，多瑙河之美平添了几分妖娆，布达佩斯的倒影在水波荡漾中翩然起舞。温州女人王少媚开车在河岸上走，突然觉着眼前的景致给了她一种知己的温暖。从葡萄牙、荷兰辗转来匈牙利几近20年了，异乡从来不是故乡，什么时候有过类似熟稔和贴近的感觉？难道她与这个城市的隔膜一笔勾销了？她不肯承认，眼睛却湿了。王少媚向来风风火火，商场征战多年，更是大刀阔斧一副女强人派头，小女人的柔软即便有，也藏掖得密密实实，连自己都不乐见。今天是怎么了？

不就是国际舞蹈节，不就一个斗笠舞，矫情了吧！说是这么说，心绪竟不由人，兀自矫情着。

谁说女人不在意成就？哪怕这成就在男人眼里微不足道。王少媚虽然脾性像男人，软肋终究还是女人的。她的舞蹈队就是女人的成就。

2008年6月的布达佩斯很张扬，只因为第11届国际舞蹈节将在这个诗意的城市举办。全世界多民族的参与，使轻歌曼舞有了某种超享乐的意义。中国本来要派云南歌舞团来的，偏偏汶川地震了，全中国都在抗震救灾，没人顾及莺歌燕舞的事。可祖国的缺席让身在匈牙利的王少媚很失落，连觉都睡不着。为什么就不能把我们的舞蹈队拉上去呢？她翻身坐起，望着窗外的夜色发呆。

舞蹈队是王少媚主持下匈牙利华人妇女联合会的一块招牌，由一帮来自温州的半老徐娘组成。除了艺校编导系出来的专业舞者，其余都是商界做生意的，从未正经学过肢体语言。原只为商场打拼之余舒缓压力，自娱自乐，没想练出的《扇舞：

茉莉花》和《斗笠舞：洪湖水浪打浪》登台多次，居然跳出了响亮的名声。除了在妇联自己举办的节日联欢上表演，更出风头的是在欧洲华人妇女经济论坛开幕式上的献演以及在匈牙利罗兰大学中文系暨孔子学院的盛邀下的演出。无论是在布达佩斯最豪华的五星级大酒店，还是老牌学府典雅端庄的小剧院，都是叫好连片掌声如潮，谁也猜想不到这些姿态婀娜柔情似水的舞者竟是平均年龄40岁以上的女老板。

王少媚曾经也是舞者之一，虽说快奔“六张”的人了，但作为妇联会长，舞蹈队的始作俑者，她不参与，就无人附会。娘子军们都把她当作代表，习惯了当她的跟班，代表不起头，找谁跳都没门。于是她拎把扇子舞刀弄枪般上去了，那舞台简直就是敌方的堡垒，不豁出去还真拿不下来。

王少媚就这么坐在深夜的床上浮想联翩。挨到次日，她一大早开车去了策划组织舞蹈节的匈牙利政府机构，提议由华人妇联会舞蹈队代表缺席的中国参加布达佩斯国际舞蹈节。这是一个大胆甚至狂妄的设想，王少媚陈述得却十分轻松，轻松得让人觉着本该如此。不就上台跳跳舞，谁跳还不是跳。王少媚匈语不是太好，但她见多识广，有足够的社会阅历，知道如何说服行事风格相对简单直接的匈牙利人。结果提议居然被接受。

很快，国际舞蹈节总导演过来，审看了将代表中国参演的《斗笠舞：洪湖水浪打浪》。总导演是匈牙利大师级的人物，阅尽人间舞蹈盛宴，不可能看不出娘子军这支斗笠舞的破绽与不专业，但他还是接纳了，因为他喜欢中国，喜

欢这支舞蹈独一无二的中国元素。与王少媚一样，他也不希望中国缺席。

于是，这支甚至连业余都算不上的舞蹈队真的跳上了国际舞蹈节的舞台。演出连续四天，有两场还是在露天大舞台，多瑙河畔中心广场与布达佩斯张灯结彩的通衢大道。这帮中国女老板生意也不做了，就在天籁之音里醉酒般张扬狂欢。不能说她们跳得有多好，但她们与任何一支参加舞蹈节的队伍都有太多质地与意义的不同，正是因了这份独特，每次出场，都是掌声雷鸣，让她们成为最受热捧的舞者。

这一回王少媚终于不用上台，她作为领队、策划与陪练在幕后待着，却比台前的姐妹们更陶醉，面色酡红，细碎的皱纹都在跳跃。

俗世人生：各有各的况味

眼看就奔60的王少媚走到今天很不容易。俗世人生，再普通也有各自的况味。

王少媚的履历里有“老三届”、“知青”这类属于那个年代的名词，她也支边去过黑龙江，在连江口农场种了一年的地。原要扎根田畴的，不料因贫血而弱不禁风的身体没扛住北大荒的严寒，瘦骨嶙峋而被退了回来，在故乡街头游荡。飘了四年，总算挤进电器三厂当了工人。后来时代变迁，想通过努力改变个人命运有了可能，她上夜校、读电大，从工人晋升为技术员。但她心高，仍不满足，于是在1983年撇下丈夫及两个女儿率先出走葡萄牙。她处处打头阵，在家里也一样。

葡萄牙的记忆是一幅动荡不安的拼图，每道缝隙每处衔接都充塞了辛劳与苦痛。跑街、摆摊，叫卖家常零碎，东奔西颠日晒雨淋，那种辛苦不比在北大荒受的罪轻，此时还多出一份没有归属的漂泊感。五年后北上荷兰，屈就在别人的餐馆打工。荷兰打工的薪酬比葡萄牙做小商小贩要好，干几年下来也攒下点钱，做老板的念头又活络起来。

适逢东欧社会主义阵营解体，匈牙利很有些晃眼地进入迁徙者的视野。王少媚怕机会从指缝里溜走，急忙忙去了布达佩斯，把兜里的私房钱翻了个底朝天，一子儿不剩投到早来一步的亲友手里，合伙开出在这个东欧城市的第一家中国餐馆——“香港楼”。此时她40整，丈夫几番进出，最后还是不在国外混，两个女儿则留在荷兰妹妹家读书。她单枪匹马轻装上阵，开始了真正意义的创业。

“香港楼”因抢了先机，生意很不错。但东欧与西欧的区别是，西欧视中餐为大众消费，东欧则有高档菜的意思，穷人只在门前徘徊，轻易不敢登堂入室。所以王少媚在店堂里呼风唤雨，不仅不感觉卑微，还有些趾高气扬。她喜欢这种被洋人另眼高看的感觉。

女人一旦重拾自信，就如花的绽放。但“香港楼”毕竟位置偏了些，王少媚要把门脸儿置放于市中心繁华地带。她又圈了一块地，也不管花钱像流水，圈地装修有多贵，开出了另一个西湖饭店。生意照样兴隆，只是把人掰成两瓣，睡个囫囵觉都难。

好多年的日子就这么在忙碌中一晃而过。如果不是“香港楼”所在那座大楼的主人要出让房产，王少媚也许做稳了餐馆老板娘就不再颠簸动荡了。那大楼与周边另两排房子原是俄国人的军营，弃用后几度易手，至“香港楼”租进来，楼上是国营的匈牙利旅游酒店。刚开始热闹过一阵，挺红火，越往下越经营不善越惨淡，到后来发不出工资，穷愁潦倒的员工把客房餐厅里值钱的物件都搬走了，剩下残缺不堪的一个空壳，只好廉价抛售。王少媚当然可以拒绝收购，可拒绝收购“香港楼”就得搬迁，无立足之地。买吧，再便宜对她跟合伙人也是蛇吞象。机会恰如一把双刃剑，玩与不玩都是风险。

偏偏王少媚不是那种一有风险就缩进壳里的女人，退两步不如进一步。她同她的亲戚，同另外一些华商投资公司有实力的温州同乡，集体收购了整幢大楼，准备进一步斥资全面翻新，打造四星以上的豪华酒店。然而搭档的投资伙伴出现问题，合作未能顺着良性循环的思路走下去。然而别人撤出她却无法全身而退，最终“香港楼”算是保住了，西湖饭店只得忍痛割爱，她别无选择。好在最大的股东在国内做房地产，财大气粗，不想拆她的台也不想拆自己的台，两人于是咬牙揽下变局。

资金缺了多半，酒店打造只好降了等级，变夸张的豪华为平民的实用，所有原材料与酒店设施都从国内集装箱运来，申报的四颗星也摘掉一颗。但东方宾馆在20世纪末的布达佩斯开业时，仍是欧洲架势最大的华人酒店。96个房间，70名员工，还包括相对独立的饭店“香港楼”。

在经营时实际上是王少媚独自挑下这副沉甸甸的担子，她做得很苦。没有酒店管理经验，也从未与这么多匈牙利员工打过交道，要获得他们的心为企业尽力并不是水到渠成的事。前三年基本亏空，算是老板交学费。三年时间不算短，王少媚从每一个环节入手，砍掉一半员工，对人对事都做了大刀阔斧的改革。并根据大多数欧洲旅客的饮食习惯，把酒店的中餐厅改为西餐厅，提供匈牙利传统菜色与配套快餐。销售部也采取多种途径挖掘客源，网络销售、旅行社接团，旺季淡季多种经营，等等方式，总算扭亏为盈，摘掉头上的红帽子。匈牙利与中国很相似，都是一个阵营里出来的，弊端也没什么两样，照着国内的改革路子走，错不到哪里去。

妇联会长：属于女人的遐想

显然，王少媚并不认为自己是商场精英，从跑街到开餐馆再到经营酒店，这一路都走得磕磕碰碰，即便小赢，也算不上创业的真成功。她看重的是过程，男人的气概女人的柔肠都在这样的过程中真切扎实地体验。人之所以为人，就是活出一份能够咀嚼和说道的日子。

王少媚有许多过日子的兴趣，比如上网，尤其读书。她从来不是文人，却自始至终贪恋书本，做老板再忙，也要腾出空啃书。她读书很杂，精英理论、言情故事、武侠小说，捞到什么读什么，都读得津津有味。每回从国内出来，别的东西懒得带，大捆小包提的都是书。或许正是书，让她与有些在别人国家里做老板的女人多少有些不同。

因此，她在1995年成为全欧第一个华人妇女会的第一任会长。在海外，这不是赚钱而是花钱的差事，侨领的美誉是空泛的，投入的心力却实打实，没有一腔热忱还真不行。王少媚生来就是不安分不甘寂寞的人，往深里追究还有几分领袖欲，年轻那会在温州是没找着舞台，错过了机遇。到匈牙利之后，生存状态发生变化，潜在的另一种人生角色被唤醒。如果换到今天，当一个妇女会长也许平常，因为只要有华人的地方多半就有这么一个位置，然而在20世纪，妇联只在国内有，王少媚是在全欧的一张白纸上画出了属于女人的遐想。

这自然比不了当年党代表洪常青打造红色娘子军那般艰苦卓绝可歌可泣，但也不比开餐馆经营酒店轻松。创业属于个人打拼，组织侨团则是集体行为，起码得有想法、思路、领导能力和奉献情怀吧。

比如，把生意场上一盘散沙似的女老板们召集起来，引领到匈牙利妇联，与那些黄发碧眼的欧洲女人开座谈会，鸡同鸭讲地交流，中间还夹个翻译，这容易吗？

又比如，带上一个团去中国访问，没上路就遭遇暴风雪，在布达佩斯机场等了六小时飞机终于起飞，转机的哥本哈哥航站又进不去，降到周边小机场，强制性入住酒店。挨到恶劣气候缓解，转回丹麦，一团中有半团人的旅行箱在辗转途中被撬了锁。叽里呱啦的女人们谁也不会说英语，只有王少媚英语没障碍，堪称全权代表，她只好捧一摞护照机票转机牌跟航空公司交涉，有理有据，大获全胜。不仅索赔了全新的行李箱，就连箱里丢失的香烟化妆品也悉数获赔。后来北京、南京、苏州、上海、温州一路下来，大麻烦小麻烦层出不穷，都被王少媚一一摆平，乐得这帮女人们欢天喜地，风头很健。

再比如，捐助国内贫困地区的希望工程，号召别人必须自己率先。王少媚先是扶助11个贫困孩子完成六年小学教育，后又资助大学生，不让他们为学费所困而被关在高等教育门外。

还比如，组织妇女去孔子学院上匈语辅导课，复活节乡野踏青、泡温泉，去国外与姐妹妇女会联谊，去购物天堂巴黎“血拼”，去奥地利莫扎特故居参观……尤其是组建舞蹈队，联欢，代表祖国出演国际舞蹈节。

王少媚在姐妹们日益多姿多彩的生活里滋润和丰富自己，她很开心，感觉找到了一个女人应有的位置。

采访札记：

王少媚也有属于女人的遗憾，她没说，我却分明感觉到。

她的丈夫后来一直留在国内。她的两个女儿也从小在荷兰读书，她独自在匈牙利闯荡，孤灯空房，难免寂寞，寂寞之余还有一份母爱的歉疚。虽然女儿成长得很好，长女学航天工业，在荷兰读完硕士回上海成家作了“海归”；小女儿最终回她身边读完大学，替她找了个匈牙利女婿。但她总觉得对女儿的呵护没能倾情付出，意犹未尽。

也许，这也是选择怎样活的代价。哪怕只是俗常的微不足道的成功，也是需要代价垫底的。

关于金锅的遐想与革命

台北启示

那次从台湾回来，郭文飞就一直兴奋着，夜不成寐。

他与朋友结伴在台北逛街，逛累了就走进餐厅吃饭，吃的是自助餐，却见一排灶火安在中央，白衣白帽的厨师就这么当场献艺，众目睽睽下为食客现炒现烹。那热气腾腾变戏法一般的情状不似做菜，倒像比试身手表演绝技，叫人不眼馋都不行。递上自选的鲜鱼生肉，视线追着叮当作响的锅与勺，郭文飞表面不动声色，心里却是击钹擂鼓沸沸扬扬。捧回做熟的菜，他仍不肯离去，双脚粘住了似的。眼前的炉火越燃越红，豁开了一道门，门里五光十色。他感觉那片光色，给了自己一片灿烂前景的昭示。

因为，郭文飞不仅是一介食客，还是开餐馆的，在荷兰，在鹿特丹。

他的家族也是，从祖父到叔伯，再到他自己的六个兄弟姐妹，几乎人人都有至少一爿餐馆，把鹿特丹周边的小城小镇都包揽占领了，称得上名副其实餐馆世家。他个人最多的时候是三爿，最早一爿从爷爷那代接手，存活了四十多年，另一爿自己打的天下也已20年之久，餐馆对他，就是大半辈的衣食大半辈的日子，一天天在心绪里累积从指缝里漏走。可是，人世间没有不散的宴席，老式餐馆的路也渐走渐窄，显出与当下“快餐”时代不合拍的颓相来。郭文飞不习惯没有餐馆的日子，又不想歌舞升平自欺欺人，就寻思着变革，另辟蹊径。

郭文飞是1977年从信和街木杓巷出来的，时年20岁，高中刚毕业。父亲郭胜光一直不肯出国，留在温州从事侨务工作，后来蝉联四届侨联主席。郭文飞是爷爷的长孙，自小向往闯荡，去荷兰做劳工的手续16岁就办妥，护照批了三年没批下，

等第四个年头终于拿到手，那头劳工居留已作废，只好签了波兰的旅游辗转到鹿特丹，成为荷兰境内首批无居留外来者。窝进家族餐馆做大厨，不会就学，一直做了五年。然后结婚成家，成为荷兰公民，接手南京饭店做了老板，次年开出第二家延安酒店。那时节是中餐鼎盛期，开一家旺一家，生意好做钱好挣，多年的荷兰食客都吃成了朋友。

其实祖父二战前从青田老家出来闯世界时，荷兰根本没有中餐，祖父那辈人也就是自家酿制些糖果零碎，或摆小摊或沿街叫卖，热天就去海滩朝裸晒的洋藩兜售，伺候不周惨遭凌辱也是家常便饭。二战胜利后，战乱回乡避难的华侨被政府敦促二度出境，辛辛苦苦积了些钱，这才开了几爿颇有民国遗风的老派中餐馆，让洋藩口福大开，得以品尝东方美味。

或许世事就这么起起伏伏跌跌宕宕。危机是在世纪交替欧盟渐次形成的时候感觉到的。经济滑坡，严苛的法律纷纷出台，打击黑工愈演愈烈，中餐传统作坊式的小本经营及低下的卫生状态受到市场冲击舆论指责，曾经的盛世退潮般落下来，让头脑清醒的人如郭文飞等食不甘味寝不安眠。

台湾之行使他打了鸡血般亢奋。再次走在鹿特丹港古老的堤岸上，看北海潮汐汹涌，郭文飞的心境开阔了，敞亮了。不做则罢，要做就做最大的！东方美食集团雏形跃动，一点一点凸显出来，眼底千帆竞飞百舸争流。

打造 GOUDEN WOK

郭文飞来到一家闭窗锁门的中国餐馆前。修葺一新的房子，楼上四星级酒店，楼下三百多座位餐厅，那气派那格局那讲究都是勾人眼球的中餐之最，怎一个大字了得。房东是荷兰人，也是气宇轩昂一副大亨模样。可这餐馆却是倒闭了的，荷兰人租给中国人，不过大半年，楼上酒店没来得及开张，楼下餐厅早早关了门。关门不算，整整两年再无人问津，就这么闲置着，成了豪华的废墟。同行的苦衷可以想见，场面太大，租金太贵，传统中餐消受不起。可他不同，他的变革蓝图正需要这么一个大的平台施展。

与房东交锋了好几个回合，终于把租约签下，先租三年，楼上酒店暂且不要，若生意做火，五年后餐厅酒店一并买下。郭文飞好生了得，不仅租赁条件苛刻，租金还比上家砍了大半，荷兰人不舍是不舍，总比撂在那里好，忍痛割爱。

郭文飞把自家的两家传统餐馆卖了，把投在房地产的资金也一一回笼，破釜沉舟般砸进他的变革大业，一个子儿都不剩。他的外表看起来不强悍，做起事来却有大手笔，是高屋建瓴的气势。他把依然簇新的餐厅全部推倒，参照台北的理念重新设计，高尚，时髦，现代风。后厨房也是敞开的，一眼洞见亮锃锃的不锈钢厨具。主灶台则设在大厅中央，煎炒烤烹，一溜儿排开，亮闪闪都能照见人影。员工也是一律年轻，与以往做中餐的萎琐龌龊大相径庭，从掌厨、招待、酒吧到经理，个个制服挺刮，青春健美。管理也是集团军的现代化智能管理，人人都有必须无条件遵循的岗位职责。

取个什么名呢？郭文飞搔头挠耳。这是自助的形式，开放的理念，早已不是传统意义的中餐，再不能延续“南京”、“延安”这类老套的中国地名，叫个洋名或许更有改朝换代的新气象。好，就叫GOUDEN WOK，译成中文就是“金锅”，一矢中的，很响亮的名儿。

开门了。有人在门口徘徊，有人走进来，脸上都是茫然。虽然当地电视做了广告，街面跑的公交巴士也在车身上画了形象代言，还是少有食客对中国人的自助餐与开放式现烹发生兴趣。郭文飞每天站在门口数人头，总也坐不满二成的位。又去请了荷兰歌手大赛冠军来驻唱，每场付出五千荷兰盾，照样吊不起顾客的胃口。日日菜色七八十种，三百个座位自然要备三百人的菜肴，客少了，洗好切好铺展于大厅的鲜鱼鲜肉时新蔬果就要一铅盘一铅盘倒掉，员工看着都心疼，龇牙咧嘴的。头一个月下来，亏了15万荷兰盾，第二个月亏10万。郭文飞硬是脸不变色心不跳，菜色、数量、服务都不变，倒归倒，上归上，撑也要撑出大将风度英雄气概。他相信他的GOUDEN WOK是中餐在荷兰的一场革命，革命总要流血牺牲，不是吗？

果然，亏了四个月，不亏了。那第一拨的二成食客是最好的活广告，只要进来过，吃过，就会再来，就会传播口碑，就会比电视、公交巴士的广告更具煽动性与说服力。因为，物有所值。荷兰人有欧洲最好的生意脑子，懂得用最低的价格买最好的东西。物有所值就是竞争的最高准则。

到后来，用餐竟多了一层观赏的意思。要吃煎牛排烤羊腿的人，要吃爆烹海鲜的人，要吃清炒蘑菇素菜讲究健康饮食的人，都在敞开的灶台前站成一堵墙，饶有兴致地看中国厨师如何把自己选择的生鱼生肉生菜一分半钟里做成各人各味的美食。那个迅捷，那个漂亮，那个从容不迫，无不让食客眼花缭乱，啧啧叹服。原来，古老的中华美食与精湛的烹饪技艺也是可以从幽暗龌龊的厨房里走出，走到现代人去繁就简的视野中来的。

真的很快，GOUDEN WOK这场革命在荷兰人的口口相传中风行起来，成为时髦。周末三天居然订不到位了，要吃都得提前一二个月预定。荷兰午餐极其简单，餐馆大多不营业。不是人多吃不过来吗？就把晚餐分成两拨，轮番翻桌，于是三百多座位翻了一倍，餐馆有了电影院看大片的架势，排长队，这边散场，那边入场，车水马龙，熙熙攘攘。

郭文飞运筹帷幄。“革命”眼看成功，大兵团作战的时机成熟了。

廊桥之梦与海湾膳舫

GOUDEN WOK之二与GOUDEN WOK之三是同步进行的。

第二家连锁就在如今已经非常知名的廊桥食街上。那时只是高速公路交叉口上的一条天桥，荷兰人在桥上分设了一爿乡村风味的西餐连锁，虽有点动静，毕竟孤掌难鸣，未成气候。郭文飞找到此地，只瞥了一眼就被廊桥食街的遐想迷住了。无论如何，他都要做荷兰西餐的邻居。那处房子也是空置的，无人问津，郭文飞找到房东，没费口舌就租赁下来。他把房子装潢得美轮美奂，四百多座位分成若干风情迥异的区域，各有各的特色，既现代又有品位。食膳也掺入日本、泰国、越南、印尼等传统风味，集东方美食之大成。这时的郭文飞是胸有成竹的，虽不过几个月，他已从始作俑的那家GOUDEN WOK得到经验与教训，完善了经营理念。他不再找什么歌星驻唱，其实喧闹是西方人用餐的大忌。他只是通过电视和巴士打出一个很实惠的广告：开张头月，每天都有百名幸运食客可获免费享用权，只要捷足先登。贪便宜是人类天性，荷兰人自不例外，餐餐有食客排长队翘首等候，门一开，呼啦啦涌进来，矜持傲慢统统见了鬼，天天爆满。促销大手笔见了效，西餐邻居瞠目结舌，不服还真不行。

见这好势头，其他餐饮名店也乘胜追击，一爿爿进驻天桥，纷纷打造形象代言，向顾客献媚，大有虎踞龙盘之势。郭文飞何曾怕了这些，他是真的高兴。廊桥食街原本就是他的梦，而今桥上七霸争雄，早成名副其实食街之最，荷兰人想吃大餐都会开车过来，尤其周末，停车场的车就像密密麻麻的甲壳虫，铺了满地，谁胜谁负还不都是赢？

第三家连锁是在幽深的公园里，楼上是荷兰最大的保龄球馆。郭文飞的GOUDEN WOK又比前两爿分店大了一倍。两千多平米，七百多座位，听听都让人犯晕。这片空房内里空白，废弃了九年，郭文飞拿过来时，房东嘴都笑歪了。投入大宗款项，弄成宫廷仿膳的东方豪庭，灯影若明若暗间，有曲径通幽的回廊，有扶疏的绿竹紫墙，有暧昧温馨的红灯笼，都是想入非非古人幽闭的意境。餐饮却是开放的，现代的，同样GOUDEN WOK的内涵，有着对立的美学意义。

之后才是那艘巨大的船舫。船舫让人想到郭文飞的浪漫。海湾里泊了这许多船，为什么就不能有一条名叫中国？笙歌曼舞觥筹交错的花船本来就是古人的消遣去处，把浪漫古意移植到欧洲的鹿特丹来不也很有些意思？郭文飞的遐想变本加厉地飞扬起来，也是因为前三家GOUDEN WOK给了他底气、胆量和壮硕的腰包。他不由分说就让船舫归于旗下，那份自豪就像在鹿特丹海湾升起五星红旗。简直是餐饮界的一条航空母舰啊，就这么灯火璀璨地摇曳在水波海浪之上。上下四层，一千多个座位，自助餐、宴会厅各五百，三四楼是同样豪华浪漫下榻的酒店，整一个超豪华顶级气派。那些上千人的荷兰公司都把圣诞、新年大型派对移到这条船舫来，极尽享乐。

郭文飞收不住了，除了本土的六家，GOUDEN WOK又一鼓作气扩张到德国、比利时、法国，荷兰东方美食集团的欧洲霸业正以不可阻挡之势所向披靡。说起来都吓人，如今的每一家GOUDEN WOK，啤酒都用罐车送过来，放空回去；主菜仅牛肉、三文鱼，每两天的用量都是一吨以上，冻虾也是几百箱。换了以前他的老餐馆，恐怕几个月也吞吐不了这些鱼肉。

自然，集团军必有集团军的运筹帷幄。郭文飞麾下的荷兰东方美食集团其实还是家族企业，经营手段却是最现代的营销最现代的管理。员工尤其本土向来短缺的厨师，大多从温州华侨职高的厨艺毕业生中遴选，办合法的劳务输入，聘用期三年，既契合大兵团作战的流水作业，也给国内年轻人提供海外发展空间。各家分店经理人有两个是他的帅哥儿子，其余同样或在外出生或在外长大，都是接受西方教育的青年精英，有着与西方社会相吻合的道德理念，做起事来光明磊落，不屑于黑色经营，使得企业在良性循环的轨道上越走越好。

作为董事长，郭文飞对他旗下九个连锁基本满意。也就不足十年，由他发起的一场“革命”把走入死胡同的传统中餐引领到柳暗花明地带，如今已有五百家同胞经营的GOUDEN WOK式中餐在荷兰遍地开花，他甚觉欣慰。原是一个梦，梦醒遍地辉煌，这种感觉真好！

采访札记：

他穿戴普普通通，看上去温和，随意，没有强势企业家的叱咤风云或趾高气扬。但他的业绩真的很了不得。我去看了他旗下的四家连锁，包括廊桥、东方宫廷与船舫，确实夺人眼球。往大了去往高了走不说，仅就这番关于餐饮革命的遐想与实践就让人着实钦佩。

走新路的始作俑者是需要智慧、胆量与膂力的，走败了是悲壮，走赢了是豪壮，是锦上添花。我为郭文飞骄傲，也为中国骄傲。

一个人的两次飞渡

一

吴铮算是老熟人了，写他既容易也难。容易是知根知底，采访就像聊天，用不着拐弯抹角；难是因了透明，多少失却了刺激感官的那种新鲜。好在我做这个专栏本来就没想找那些惊天地泣鬼神的人物，我要的只是行走的姿态，也就是海外温州人生活的细节与场景。所以，让吴铮走进文字也是自然而然。

算起来认识吴铮也二十多年了。那时我在《温州日报》编副刊，而吴铮现已去世的父亲吴崇澜则是我们的老领导。记得有一天，吴老师拿着一篇稿子来找我，说是他儿子写的，让我看看是否够了发表水准。吴老师从来不为某个人的稿子走后门，即便是他甚为得意的这个儿子，也就是引荐一下。吴老师走后，我瞄了瞄稿子，一笔漂亮的字迹，稿面十分清爽。再抬头，发现他的儿子吴铮就静静地站在我面前。

他说他刚从杭大外文系毕业回来，分在一中做英文老师，闲来无事喜好作文习字，也就是玩玩。他很谦逊。

稿子发了。记不得写了什么，好像是游记一类，没觉出特别的不凡，但也由此记住了这个人。

当时的吴铮算得上倜傥风流，戴一副白框眼镜，那俊逸超拔温文尔雅的神态像极了30年代徐志摩郁达夫那拨人。我心里惊讶，历经了“文革”那场浩劫，他怎么就守住了这份儒雅之气？

慢慢熟了，才知道他守住这份儒雅之气的不易。父亲是右派，母亲受株连早逝，他童年之始就在社会边缘跌打滚爬。小学毕业，中学的门都没让进，哪怕成绩年年全班第一。父亲下放劳动改造去了，他便早早做了童工。这童工还不是想做就能做的，多亏小叔用配额弄来的一台机床好不容易才把他搭进厂子。他寄居亲戚家，白天做工，粗茶淡饭，晚上则搜寻一切乱七八糟的书来喂自己饥渴的脑袋，实在没书读了，就自学英文，没什么目的，只为解馋。终于挨到劫数到头高考恢复，以小学生的资格考进杭州大学。类似的故事在那个年代很常见，但报社的几个同龄人还是对吴铮有着几分钦佩。吴铮会来他父亲单位的食堂吃饭，偶尔也参与报社年轻人的郊游，还常常一起游泳。那段时间，我与吴铮大多会在游泳池碰面，他还带来女朋友，鞍前马后体贴周到。当时的女朋友就是现在的妻子，叫秋洁，很漂亮的。

后来，听说他要出国，我与几个朋友去看他。那是1987年，正值世界大串联之际，温州人个个都对国外垂涎三尺，恨不得插上翅膀去把彼岸的遍地黄金捡回来。见了吴铮，果然是一脸春风踌躇满志。他的眼睛在镜片后炯炯发亮，看不出半点离愁。于是大家都说，吴铮有英语的优势，他出去会飞得很高。

二

再见他是几年后，那时我也来了法国。一个天色有点阴暗的黄昏，我去吴铮工作的皮包工场看他。说是看他，其实是想请他帮我找份工作。揿响门铃，他开了半扇门，站在灯光的断面里，脸一半明一半暗。我发觉他不似先前那般俊朗，脸上竟有了些沧桑。他问我，你来巴黎旅游吗？我很尴尬，不知如何应对。他额前的一绺头发挂下来，遮了眼角，却没遮住镜片后那份疲惫。随他进了屋，细窄的一条路径是从满地的皮包堆里踩出来的，机器声音很响，闷在老式民居里，有种让人喘不过气来的压抑。秋洁也从缝皮机后站起来，她几乎还是老样子，却也少了些从前的靓丽。辛苦总会不经意地写到脸上。

我们在小山般堆起的皮包旁说话。皮包工场是秋洁姐夫的，他俩算是老板助理，帮衬操持里外一应事务。忙是忙，累也是累，但哪一个来国外刨生活的温州人不忙不累？吴铮想必充满了感恩。他说，一来巴黎就有住处，有工作，衣食无忧，身份无虞，与那些猫在地下室缝衣制皮惶惶不可终日的“黑民”相比，我们真算是幸运的了。那时，他姐夫的公司把他作为引进管理人才，报了很高的税额，才敦促律师办妥了他的合法身份。

但是，吴铮还是遇到了挑战。虽然年少时做过工，毕竟早在做学生做教师的课

堂里淡为一抹旧痕，他已变不回去那种吃大苦耐大劳的强健与粗糙，体力活只能是他的弱项。而所有温商原始积累的方式恰恰就是最原始的劳作。吴铮一向爱惜自己的羽毛，这个时候却不得不一层层忍痛褪掉。字写得好，道德文章作得好，甚至英文娴熟又有什么用，他几乎成了没有任何技艺的一个光身。每天，他埋在小山般的皮包堆里，屁股下一张小椅，吸吮着胶水与皮臭混杂的气息，剪掉一只只皮包的线头，然后把边角扯平捋正，塞入垫纸挂上标签，再套上薄膜，装进纸箱打包送走。眼睛看向窗外，脑里一片空白。这种时候，他会在心里自谑，原来，我十多年的寒窗苦读竟是为了这么一份最简单最低级的劳作，真有点黑色幽默的意思了。而且，就是这重复了几千次上万次类似机器人的动作，生生把他的右肩损伤了，从此压不得丝毫负荷。

除了星期天，吴铮几乎不出那栋楼。他们的睡房是姐夫姐姐善意腾出来的，一个很大的房间，垂着窗帷，一张床蒙了深色的罩泊在中央，就像漂荡海上的小舟。除此，再无其他物件，走进去空空荡荡四壁响着回声，给人的感觉是错了时空的神秘、茫然与不知所措。我问他，还看书吗？吴铮摇头。他的书只有一本，就是法文自学教材，也只在深夜临睡前看一页，没等记上两个单词，鼾声早起。

三

时间无声无息地过去，到了2004年，吴铮已一副儒商派头。听说他在巴黎歌剧院的高尚地段买下两间奢侈品免税店，朋友们都觉得突兀。

因为，自脱离姐夫自己创业后，他一直走的是皮包工场与皮包店的路，经历着巴黎皮包业盛衰演变的全过程，为此吃尽了苦头，也挣到了许多钱，走出一条成功的路。他脱胎换骨，完成从书生到商人的角色转变。没人说得清这类变换是好是坏，人生的定位很多时候都有一只魔手在冥冥之中操纵。

事实上，他卖上香水化妆品多少带了点偶然。因皮包工场订单越来越少，不是他的经营出问题，而是巴黎整个皮包制作业衰退了。店又离家太远，天天二三小时堵在来回的路上，焦灼烦躁，几年下来头发都白了一圈。索性卖了，攥一把卖店的钱，改行成了迫在眉睫的事。刚巧，歌剧院附近一家法国免税店挂出了卖牌，贵是贵，却暗合了吴铮回到家门口做精品买卖的心思，就去勘探了几回，最后签下了合同。等到摇身变为香水化妆品店的老板，吴铮才发现自己竟连最基本的美容化妆品法文单词都说不全，好在夫妻俩都有很不错的形象与东方式的优雅，才没被与店铺一并收购过来的店员看出行业破绽与心理弱势。

这爿店原名“伊甸园”，已有五十多年历史，是高尚区名副其实的老店，当年美国尼克松总统也来店里购过礼品。店里的公关是巴西籍，做了十几年巴西旅游团队的生意，与巴西渊源很深。墙上贴了巴西足球队罗纳尔多、卡夫等世界级大球星光顾此店的照片。吴铮改了中文店名，但保留法文的“伊甸园”，就顺着这条血脉与南美国家继续交好。他认为，与其缓慢打造中国人用香水的习惯，不如激活巴西人固有的香水狂热。所以，他的经营理念甩开中国包袱，走成逆向思维。他放权给公关，权里包含了诱人的利，让她在巴西大面积纵深地运作，遍及各个城市最大最重要的国际旅行社。于是来巴黎旅游的团队蜂拥而至，而他的“伊甸园”就会在旅游旺季里经常性地挤满穿着花衣裳红黑脸面的男女，有时呼啦一下涌进七八十人，站都站不开，即便请来十几个零时导购也应接不暇。几年下来，“伊甸园”居然成为巴西人在巴黎的专卖店。

巴黎是香水之都，名牌名品遍布豪华的街道炫目的橱窗，仅一个被香港李嘉诚收购的原犹太人名下的MARIONAUD就有六百多家连锁。吴铮如何争得过他们?可偏偏，巴西人还就认他。比如，一位贵妇模样的顾客要找一瓶名叫“凡尔赛舞会”的老牌香水，是受八旬老母的嘱托。老人自年轻时在巴黎买下第一瓶“凡尔赛舞会”之后，五十多年来再也不摸别的牌子别的香型。但大公司与连锁店早已断档，这是一款古董香水，已有二百多年历史，是专为凡尔赛皇宫舞会配制的一款经典。如今这类舞会绝迹，香水也随之归隐。但小批量的生产尚有延续，就是为了满足类似八旬老妪那样稀少而尊贵的客户。吴铮笑吟吟地从货架上抽出“凡尔赛舞会”，妇人惊呼“我的上帝”，兴高采烈。

热带国家的人往往热情奔放，熟了就是亲友。他们不了解中国，却与好脾气的中国老板一见如故。一些小团队的富家太太每年都会来一趟巴黎，悠闲地住上三五天，逛逛街，购购物，全世界女人都有的“毛病”巴西人岂能例外。有意思的是，这些个巴西女人还真把中国人的“伊甸园”当作自己在巴黎的家了，每回来都带礼物送给店家，逛街逛累了，就拐进来，到店里坐一坐，喝口水，上上厕所，然后聊一会天再走。巴黎几日，她们几乎天天来，像是点卯报到，真有了份家人的情谊。

于是，吴铮秋洁几次上了巴西的报纸与旅游指南，他们的“伊甸园”也成了巴西旅人观光行程中不可或缺的一个驿站。来过巴黎或准备来巴黎的巴西人，都知道歌剧院附近的“伊甸园”里有对漂亮的中国夫妻，是善意的朋友。

四

生意做到这份上，就有了生意之外的意义，有了人性的温暖。吴铮很看重这一点。20年来在别人的国度打天下，即便有了事业、房产与钱财的收获，也是压抑了自身的爱好，用百倍的辛劳换来的，他觉得有必要找回这些年心灵的缺失。一个人，除了金钱与征服，总该还有点别的什么。吴铮的两个儿子都成长得不错，老大未在名校大学毕业就被卢森堡银行录用，小的还在读高中，亦是名校。他在儿子面前是有权威的，一直督促着他们学好母语。吴铮买在巴士底狱与民族广场之间的家我去过，是非常气派的石头房子，推开厚重的大门，踩过天井的方砖，缘梯而上，迎面就是一座铜雕，入室则有大幅油画，房厅四处的装饰也甚有品位。毕竟是有文化修养的人，吴铮大约是把对西洋艺术的崇尚都浓缩到自家的细节上了。今天的吴铮，其实已把挣钱看淡了，他把生意看做中法巴三国的交往，把来买香水的巴西顾客看作他探寻南美文化的桥梁，所以哪怕利润不高，也其乐融融。

吴铮看起来依旧年轻，依旧倜傥，但他自知生命季节正在走进秋天，他希望能对自己有个安置，有个交代。于是重新捡起丢了20年的书法爱好，无论多么忙多么累，每天都要写上一两幅。写得好写得不好都在其次，关键是飘荡的灵魂有了皈依就会落到实处，不再空茫。有时实在困了，就歪到床上先眯一觉，特意开着灯，好让自己被灯光亮醒，重新起来趴到桌前补上自己给自己钦定的作业。秋洁醒来，忍不住追着他摇晃而去的背影说，你这是何苦，连觉也要省。

还有他的宝马车也泊到车库很少去开了。日常上班下班，半个多小时的路程，他都步行，几年练下来，健步如飞，体形矫健得像小伙子。那天去采访，他不无炫耀地对我说，相信吗？我已把意大利走了个来回。

我当然信。

乖乖女的时装反叛

徐维维一身欧洲女孩惯常的黑衣，看起来既不愤青也不超前，普普通通，像个邻家乖乖女。讵料她的职业定位竟是前卫时装设计师，艺术硕士学位。就读奥地利实用艺术大学时便屡屡获奖，尤其是2010上海世博，她设计的多件作品同步在奥地利馆与上海国际前卫时装周上展示。

采访她的时候，腼腆，纯正国语，还有前卫艺术狂放不羁的理念总让我很难把这些截然不同的元素统一到面前这个女孩身上，但她的感性述说却一再告诉我，这就是她的真实。

无声的记忆影像

徐维维是1994年11岁时到的奥地利。那时她在温州刚上完小学三年级，母亲带女儿投奔已在维也纳附近一个叫巴顿的小城安置下来的父亲。父亲已非第一次出洋，前次是去欧洲留学，学成回国，此番先是去的美国，一二年后才辗转欧洲落脚奥地利。在女儿朦胧的意识里，父亲好比一叶舟船，漂荡于浩渺的人生之海，每朵浪花都是一个故事，一段传奇，给她汪洋恣肆无穷无尽的遐想。所以小小年纪的她，对当初的走是兴奋而向往的。

巴顿是个宁静美丽的地方，与躁动的温州相比，简直天上人间，是个世外桃源。父母经营小小中餐馆，徐维维则入学就读。这个童话般的世界清一色白种人，除了新来乍到的一家三口，街上不见亚裔族群的脸。于是小维维难免成了众目睽睽下的外裔“入侵者”，不管愿不愿意，周围的小孩都把她当作不同的一件“标本”来观赏，虽然没有任何恶意，但敏感的徐维维却行若雷区，坐如针毡。

两年后随父母迁徙，到了与匈牙利接壤的僻远城镇，异乡人的身份越加突出。虽然德语入门了，老师的讲课听懂了，考试成绩也在课外努力中不殿后了，然而同学好奇探究紧追不舍的眼神还是把她逼到了难以忍受的地步。她的一举一动，诸如放学后买喝的，买吃的，即便同样的可乐同样的面包，在他人眼里也有怪异的不同。徐维维说，那段童年的经历让敏感的心备受煎熬和痛苦。因了语言的缺陷，身份的迥异，留在记忆里的影像都是无声的，没有温度和飘忽不定的。

后来是怎样挨过去的徐维维自己也没梳理出来。或许那个界限本来就是模糊的，你不再游离于藩篱之外，藩篱就没了。

读到高中，豆蔻年华的徐维维已长到与现在一般高，父母的餐馆请不到打工的中国侍应生，徐维维责无旁贷在课余周末当差。她吃得起苦，替父母排忧解难本来也是满心乐意，可难堪的是这么一来，她在好不容易融洽的同学中又有了新的话题——小城不过弹丸之地，中餐馆仅此一家，周末间任何同学都有可能与他们的家人上门吃饭，与她不期相遇。小城不像中国，更不像温州，做生意挣钞票天经地义。于

是同学作为顾客看她的眼神就会闪烁不定，生怕给她难堪，可这样却让她更难堪。她虽笑着，心里却对餐馆开始充满仇恨。她不止一次对爸爸妈妈发誓，总有一天我会走出餐馆这爿屋檐。

敲开前卫设计之门

该考大学了，徐维维开始审视自己。她从小喜欢画画喜欢艺术，自然知道自己想要什么，便去维也纳艺术大学校园静悄悄走了一趟，感受那种让她痴迷的氛围。但是她旋即发现，那些要来投考的新生，艺术的天赋和修养都比自己高出一大截，她根本不具备竞争优势。她受到打击，怏怏而归。

不甘心，又到网海里没日没夜搜寻，果然有了惊奇的发现。原来，在维也纳另一座实用艺术大学有着更令她怦然心动的服装系，由香奈儿顶尖设计师阿拉斐在1983年创立。这是一个关于现代时装的袖珍王国，专业是前卫设计，学制五年。系很小，总共只有35名学生，每年只招7名，多半个都不要，轮换驻系的教授则一律是国际时装界最牛的设计大腕。徐维维滑动的鼠标锁定在界面上，她有点喘不过气来了，那感觉就像搁浅的小船找到了川流不息的水源。

便去报考。上千个人，几百个人，她始终都是最年轻的，没有奇思异想，没有高谈阔论，怯生生的没见过任何世面。筛选至最后一轮，剩下20人，她居然还在。到了面试，教授饶有兴致地打量她，是因为亚洲人的面孔？还是她年少的慌张？反正看得她心里发憷。最后教授说，抱歉，今年不能收你了，但这并不表示你不优秀。你还小，如果愿意，希望明年再来。她走出门，一点都不气馁，心里飞出小鸟，扑腾扑腾扇着翅膀。

她把读计算机作为过渡，然而仅仅七天，便过渡到了头，因为实在难以忍受。又转读维也纳大学电影科学媒体，相对比较对路，学了一年，也算努力，其实只是为来年做着全方位准备。等到再走进维也纳实用艺术大学，她步履坚定，信心满满，早已不怯场了。教授还是去年的RAF SIMON，赞赏地看着眼前这个亚洲女孩，说，祝贺你徐小姐，我录取你了。

小船就这样驶进了它的港湾。早在此前经营的餐馆也从奥匈边城搬到维也纳，父母不无女儿帮衬的窃想，到底没敢提。时装设计在于他们是舞台、镁光灯抑或云端上的明星事业，女儿明明发过誓的，现在是出息了，再回不到餐馆家庭班来了。徐维维对父母的心思也是一目了然，但她只能说抱歉，彩虹般的路正在脚下铺展，那脚印只能属于她自己。

超越狭隘的时装概念

自打成为七人中的一员，徐维维发现前卫设计其实不仅仅是对服装的姿态，更是人的思想对生命一种哲学性的表达。

课上得与任何专业都不一样，七个学生很少集中上课，教授也不多露面，一个月不过一两次，单独，面对面，而且多半是听，然后言简意赅地修正学生设计构思，提出新的路径。教义从来都是寥寥几句，可谓吝啬，让徐维维每每却醍醐灌顶，受益匪浅。与7位同级乃至35位不同级的学生一样，学习的主要内容就是独立思考，个体设计。每学年系里都会隆重举办时装秀，模仿那些顶尖前卫时装秀的策划，展示每位学生习作中的上品。作品可以不必亲手缝制，但必须创新，表达属于你自己的设计理念。

然而徐维维还是愿意经由自己的手，把理念变为实体。她对手工有着天然的兴趣，一刀一剪地裁，一针一线地缝，或在灯下流萤间，或在窗外蓝天白云鸟语啁啾声里，真是心旷神怡，其乐无穷。

徐维维是系里唯一的中国学生，表面上她不张扬，也不反叛，但其实是藏在骨子里了。三年级也就是2007年的维也纳艺术设计评选中，她那款在院系时装秀上展示的设计一鸣惊人，得了唯一的时装大奖。灵感来自20世纪初一个很维也纳的时尚潮流WIENER WERKSTATE，徐维维以摧毁性的颠覆手段走了复古的路径，做出了既冲击视觉又蕴含哲学意味的一件外套，超前的简洁，却美丽大气。这个奖当然不仅仅是区区5000欧元的奖金，它把徐维维从此推向一个亮丽的舞台。

紧接着，邀她参与前卫时装展的请柬纷至沓来，来不及做出更多更新的设计，就用几年来院系时装秀上展示过的作品在全奥乃至欧洲其他国家或艺术或市场的展示台上轮换亮相。瑞士也给她颁了一个奖，奖金是奖券的形式，可在瑞士免费购买最新型的时装布料。

毕竟，奖金奖券对于不肯依赖父母的独立穷学生而言已是一笔足够壮硕腰包的款项，从未出过奥地利境内的徐维维因此作出大胆的决定，休学一年，远足全欧，万里路下寻访汲取奥匈帝国以外的历史文化渊源。她去了瑞士、德国、比利时、意大利、法国，并在时装之都巴黎滞留了不少时日，为的是观摩学院时装系创始人阿拉斐尔替香奈儿设计的秀和她的几任教授各为著名品牌做的前卫时装展。她舒展着身心，跃动着思想，感觉被源远流长的欧陆文化滋养着，忙碌而快乐。都说行千里路，读万卷书，她心得多多。

再后来，在徐维维2009年的毕业典礼上，奥国国家文化报艺术专栏的权威时装评论家专程找上门，为新出炉的时装系前卫设计艺术硕士做了专访。两个整版位置，四张时装照片，图文并茂，评价不乏溢美之词。同时，门槛甚高的文化报艺术专栏还授予她时装艺术奖。这个很纯粹的奖项是把徐维维当作艺术家来推介的，艺术家之称在历届时装系毕业生中并不多见。奥地利时装界极具权威的评论家中肯地说，徐维维的设计正在超越狭隘的时装概念，有着很美的工作过程，蕴含了对生活的哲学、美学理解，她的设计诚然是时装，给人的视觉印象却是瑕不掩瑜的艺术雕塑……

GON品牌与上海世博

徐维维揣了毕业证书、学位、奖状、奖金不动声色回了家。然而知女莫如父，辛劳如旧的爹妈倚在自家餐馆的门柱下，一目了然女儿内心奔涌的兴奋和激越，父亲笑了，母亲哭了，是喜极而泣。他们觉得有点像做梦，从小乖巧的女儿竟是踏着天上的白云而来。

女儿眼睛晶晶地亮，爸，妈，我说过的，我会走出餐馆，我做到了。

当然，一堆奖项使徐维维受到众多时装公司的追捧，高薪职位唾手可得。但她主意已定，一一婉谢。她要自由飞翔，创立属于自己的时装品牌。她有一个要好的奥国同学，在鞋帽与服饰的前卫设计中走得很远，她们的理念和审美趣味都很相投，于是决定联袂同行，向政府申请艺术创作资金。奥国政府一贯支持年轻人探索创新，资金很快批复下来，各是13000欧元。

这笔创作资金成就了创业的开始。她们把商标品牌命名为GON，没有特别词意上的讲究，只是简单的视觉表达。而相反服装概念的标题却很复杂和深奥，叫做“监视性政治”，内涵则是“动物的反驳性”。这是GON品牌开创之初2010年的整体设计理念。徐维维说，自己更注重社会，同伴更注重自然，她俩是创作上的好搭档，可以相得益彰。

正忙碌间，为2010上海世博奥地利馆负责品牌展样选拔的组委会打来一通电话，力邀事实上尚未面世的GON品牌递交前卫设计样品参与选拔。这固然是天大好事，却把两个女孩弄慌了神。一切只在草创，蛋还没孵出鸡来呢。对方一味撺掇鼓励，并说选拔即将截止，错过这个村就没那个店了。只好硬着头皮把现成得过奖的作品资料匆匆整理递交上去。据说竞争很激烈，GON却无声里响惊雷，偏被选上，不仅作为奥地利馆前卫时装展示品牌，而且代表国家加盟在上海世博期间交叉举行的国际前卫时装周走秀。上海国际时装周的主旋律便是前卫设计，大师名流荟萃，徐维维与她的女伴或许是最微不足道的参展者，但是，同样代表着她们的国家——奥地利。

20套设计，还有鞋帽、手袋之类的服饰，只有不到两个月的准备时间，不但要把平面设计变为立体时装展品，保证穿在模特身上秀出惊艳全场的效果，还要摄影、摄像，配上双语文字解说，制作多媒体光盘，诠释创作理念，表达前卫思想，并以艺术商业多维角度推介新生品牌。该是多大的挑战，对于刚走出校门的两个年轻女孩真是任重而道远呵。压力是风，理想是云，风使劲追着云，多姿多彩的霓虹才会让天空变得绚丽无比。

她款款而去，温州女孩徐维维，走向自己的品牌GON，走向2010上海世博，走向将来注定耀眼的前卫时装设计之路。

一点补缀：

海内外搞设计的温州人很多，做服装的更多，而像徐维维那样初出茅庐就登上国际舞台的，是不是也很多呢？我不知道。

但我相信，徐维维肯定是优秀的，幸运的。优秀是对她前卫设计的高度而言；幸运是对她受宠奥国时装界，被青睐于2010上海世博以及国际时装周的机遇而言。生存，生活在快速前行的时代风云里，她与她的前卫设计，无疑会走得更高，更远。

坊间记忆超人

黄国藩无疑是个老人了。照常理，七十有七的高龄，身后都会横亘着人生的沟沟壑壑，每一段岁月都是过往的一段烟云，在暮色里渐走渐淡，即便留有痕迹，那痕迹也是留给自己咀嚼叹息的。但黄国藩不同。他身子骨硬朗，脑子比年轻人还好使，是忙碌而快乐的老头。他没时间叹息。

因为女儿的缘故，他退休后温州马德里双栖，居留证多出一张，生活内容自然也有了多重色彩。他喜欢这些不重复不老套的日子，喜欢跨国经历带给他全新的感知，就像又活过一回，活出一份年逾古稀的老人不可思议的精彩。

于是，在西班牙华人华裔圈里，他有了一个并不夸张的美誉：记忆超人。

大难不死必有后福

其实，黄国藩的“当年”是他生命中的一段痛。25岁就被莫须有的罪名打成“右派”，少年骄子的艳阳天骤然间黑下来，黑成一个深渊般的洞。工商联宣传干事的那把椅子没有了，变成阡陌田畴里的一张犁，一把锄。江南水乡是优美的一幅画，在他却是苦不堪言的农耕图。稻田浮在水里，像分割的一个个渚，去犁地去播种去施肥都要赤脚划着舢板去。他不知如此这般的劳作是否改造了“反动”的世界观，文弱书生的体能却是打磨出来了。弃了田畴回来，在小南门租船运砖。砖是粗粝的砖，手是布满老茧的手，戴不起手套，就用茧子碰粗粝，一双手血肉模糊，痛得浑身直打颤。后来又去拉板车，运那些时下都用卡车三轮车载装的货物。总想一趟多挣几角钱，车架子垒成小山，人就是一头老牛一匹骆驼，用肩，用腰背，还用弓步，硬是把上千斤重的东西从西扛到东，从南扛到北。途中有座双莲桥，跨度不大，却很高，在他疲累的视野里宛若架在云端。他甩一把汗，呼哧呼哧喘，就是上不得桥。只好卸下移不动的小山，颠颠地回家找援兵。援兵一溜烟跑来，竟是一个比一个弱小的丫头片子。三个小孩站成排，大的十多岁，小的七八岁，看着都想掉眼泪。可就是谁也不示弱，伸出贼细的手臂帮阿爸推车，张张小脸涨得通红。再小的膂力凝聚起来都是神力，双莲桥似乎矮下来，听凭车轮嘎吱嘎吱碾过桥身。黄国藩与女儿们欢呼着，眼里却是一眶泪。

熬过更难的“文革”，终于熬到右派平反改正，他为20年非人的生活领回一纸来自国家、组织的致歉书。他抹掉记忆的碟，刻意健忘，忘掉辛酸与屈辱，以别样的姿态重新起步。健忘对于20年岁月的铺垫并非一件轻而易举的事，但黄国藩还真的做到了，就当什么都没发生过，就当人生从45岁开始。他的心态宽广坦荡，接纳着人世间一切新的变迁与荣辱。

他得到一份国有企业工会干部的工作，旋即就把自己全身心抛入。正值全国总工会的“振兴中华”读书活动，他先去受了训，然后回到企业及系统各所属单位作辅导宣讲。他把犁田划船拉板车的韧劲都使出来，读了一堆近代史，写下洋洋洒洒20来万字，从鸦片战争到辛亥革命，一共9讲，每讲2小时。看着讲稿宣读也就罢了，他却不，每一讲都从第一个字背到最后的句点，硬是把18000字磁带似的录到脑子里，再滔滔不绝放出来，连个嗝都不打。台上一站，麦克风一拍，那叫轰动，那叫牛，把听众镇得一愣一愣。红辣辣的奖状从上面发下来，温州市就发给他一人，奖励他的积极，更奖励他记忆超人的绝招。

老童生与黄氏经典

女儿把父母办到西班牙的时候，退休的黄国藩与老伴正在自家门口做家具生意。地段好，人好，生意自然就旺。回想起来也是因祸得福的一桩事。那年他戴了帽，大院里的楼房不让住了，赶到潮湿泥泞的临街底层，一家人挤一间，贴墙是个歇板车的空地。当时住的那个局促那个苦，一下雨屋里屋外都是泥浆。没料想商品经济发达后，这一带成了生意地，歇板车的空地连批文都不用，上一档门面就是现成的一爿店。卖上家具的第一天，当了一辈子教师的老伴不好意思站店数钱，黄国藩笑吟吟两手一叉腰，那做派就差当街吆喝了。种田撑船拉板车都没压下他的腰杆，还怕这堂堂正正做买卖？所以，上了飞机飞马德里，他不是放不下这桩买卖这个家，而是故乡这块土，这块给了他生命，给了他喜怒哀乐，也给了属于他一个人的史诗的故土。所以，他是揣着温州登上南欧大陆的。

他献出的第一份礼物，就是方言“散讲温州好”，在马德里华人华裔春节联欢晚会上。这是他荣获温州十佳超级方言秀的成名之作，拿到域外来，精彩之外又添浓郁的情。听众笑的有，哭的有，又笑又哭的也有，思乡的情绪被他丝丝缕缕牵出来。此后几年，只要有他的亮相，“散讲温州好”就必定是春节联欢会的高潮秀。一遍不够，再来一遍；一个城市不够，再去各地巡演，俨然成就黄氏经典。

但是，黄国藩的西班牙初始却有盲人、聋子、哑巴的感觉，他不快乐。那天他携老伴外出，出错了地铁口，越走越乱，越走越远，走迷了路。情急之下拽住西班牙人问路。未张口，发觉自己除了街名，别的什么都不会说。一跺脚，脱口而出竟是一句普通话，夹着半生不熟的街名，自然没人听得懂。他是出了名的记忆超人，

口才秀，何曾遭遇过这些，脸都气花了。天黑摸到家，让女儿写下一纸问路的条，勒令自己与老伴坐在灯下背，不背得滚瓜烂熟谁也不许睡觉。这些字母串起的洋泾浜对年逾古稀的老人像是西天的经，取过来还真不易。他还好，有绝招，死背几遍也就背下了，苦了他老伴，一句话不明就里舌尖上搅拌，就是记不住，一背背到月阑人尽。他也不就寝，就虎着脸在边上陪着。

那以后，他学西语学得比年轻人勤奋。勤奋是因为难，难也不服输。先是数字，后是街名，再是地铁站头。特异功能到这会儿不显灵了，关键是舌头转不过来。他就死练，死背，坐一趟车，走一段路，甚至打一个盹都要记下限定的单词，倘若记不下，这车这路这盹就报不了销。几个月过去，磁带转起来，西班牙十九个自治区及首府的名，马德里地铁站的名都在磁带上清晰地录下来，他把这些归入永久记忆，再也不肯抹掉。他会坐地铁、会买地铁票了，他能带上老伴去菜市场买青菜萝卜西红柿了，他还想上哪就上哪，不用别人当拐杖了。总而言之是自由了。这份自由对老人来说是可望不可及的奢侈，他觉得自己很富有，很牛。

生命之树长青

慢慢地，习惯了两栖，西班牙的日子也变成黄国藩自己的日子。他出入华人圈，延续着温州带过来的绝招与名号。他给《欧华报》的中文读者编了一千多则趣味字谜，使单调枯燥的域外生活添了些意兴盎然的色彩。无论中秋国庆，还是元旦春节，只要有联欢，有思乡的仪式，他是从不缺席的表演秀，顺口溜，快板书，方言散讲，超常记忆演示，来什么台下捧什么，大小“粉丝”一大把，比那老戏里的红角还要火。

平常日子，他也不闲着，风一阵刮到中文学校里，做不请自来的老先生。女儿先当教师，后做校长，他老人家就是教师的校长，校长的督察，稳稳的一座靠山。却又从不八股，成天嘻嘻哈哈活像笑弥勒。讲故事，练书法，拉京胡玩票友，他有太多的心得，和盘托出，决不卖关子，硬把自己也弄成中国文化的一道门，让好奇的学生一步步探进来。

超常记忆是他的绝招，自然要亮一手。但他深知，老树长青是因为埋在地底下坚韧的根。他要告诉孩子们最简单的道理，勤奋是成功的必经之途。

这堂课理应成为域外中国孩子难忘的一幕。

上课前，每个学生面前都有一张纸，那是老师在上星期教罢“绝招”一课后发下来的，是古典名著《水浒传》梁山泊一百零八将姓名、绰号及排名座次表。老师说，下节课就请一位老爷爷表演绝招。

黄国藩来了，比往常正规，西装革履，光脑袋上扣一顶鸭舌帽，有竞选演讲般的郑重其事。他在讲台上那么一站，底气十足，声若洪钟。没等孩子们明白过来，早已在短短3分钟内把全世界213个国家的中文译名按照五大洲的分布报了一遍，简直就是一张碟，不拐弯，不抹角，不疾不缓顺顺溜溜旋出来。学生目瞪口呆，只听见耳边呼呼一阵响，谁也来不及验证这出口成章的213个国家究竟是对是错。

这还不算，清了清嗓门，又接着背诵水浒一百零八将，顺诵一遍，倒背一遍，就是汩汩的一支流泉。这回不再空口无凭，学生牢牢拽住面前那张表，白纸黑字对照了听，越听越神，顺过去倒过来字字珠玑，个个中靶。学生醒过神，个个不甘，嚷嚷着要互动，想用偷袭难倒绝招黄爷爷。小孩要是与你铆上劲，使的招也挺“毒”，一个起立一个坐下，起立的挖一个座次要求报出姓名绰号；坐下的挖一个绰号要求接上排名座次，就这么起起坐坐，反反复复，全班全体轮了几个来回，到底气馁下来。这个黄爷爷真叫绝，有问必答，有答必无谬误，再考也考不倒。气馁的学生再踊跃，巴掌拍得天响。

黄国藩在掌声中呵呵地乐。他对学生说，别以为黄爷爷真有什么特异功能，没有！有的只是两个字，勤奋。不信你们也试试，这绝招说不定哪天就在自个儿怀里揣着了。他的话是励志，也是心得。

这堂课里都是中国孩子，而黄国藩最贴心的学生却是那个西班牙男孩Sergio，他不跟他练绝招，却是一对京剧票友明星搭档，很出名的。Sergio的中文名叫陈海生，幼时跟同学玩迷上东方，从此拜中国母亲做干妈，学中文，整天泡在华人圈，比那些中国的“香蕉孩子”更中国。那时陈海生还小，是女儿中文学校从不缺席的外国学生，因有一副好歌喉，就教了他几段京剧唱腔。黄国藩刚来西班牙时带了把京胡，消闲时拉几段自娱，也给老伴女儿伴个奏。没想到被陈海生听了去，结成师徒搭档，街心公园里晨昏操练。陈海生唱李玉和、杨子荣，还唱《沙家浜》，有板有眼，字正腔圆。黄国藩既是伴奏，陪练，又是唱做念打全职全能的教练。陈海生口口声声师傅师傅地叫，师徒情谊浓得化都化不开。即便黄国藩回了温州，陈海生也会三天两头电话跟过去，神秘兮兮地问，你猜我是谁？时间住得久了些，又有电话来催，师傅，你走已经很久很久，什么时候回来？我想您呢！就为他，这个洋徒弟，黄国藩还真不能不来西班牙。一老一小，一中一西，一唱一奏，华人圈里家喻户晓的明星，撕扯不开的知音绝配。

如果把黄国藩比作苍虬的老树，那么陈海生就是嫁接在树上绽着嫩芽的一杆新枝。这棵树戳在南欧大地，根扎的土壤和吸吮的养料却是中国的文化，所以有着奇异别致的景观，很入眼。

采访札记：

采访黄国藩老人的时候，他给我背诵了一篇前两年高考文科状元的应试作文，题目好像是“心中的明月”之类。老人是用普通话背的，他的普通话带有温州口音，不算标准。但我尤其感动。因为他的眼神他的声音都是孩童般的纯净，不沾俗世的庸碌、圆滑和世故。这是属于老人的天真，难寻难觅的一种境界。我还不算太老，却早已做不到。

后来我给他拍照，他的笑亦是如此，让我强烈触摸到人性的本真之美。

活成这样，真好。

从兵营飞渡星河

阴差阳错，入伍法国外籍兵团

舒毅走进兵营纯粹是阴差阳错。

那是上世纪最末一年，他来法国不到两年，一边在小姨餐馆打半工，一边到语言学校学法文。因为年少，对将来的前景没什么定数。即便从温州到法国，离开技工学校登上飞机，多半也是父母的推搡。他父亲是做鞋的，经营着上辈传下来的祖业，到了他这一代，家族其他人都去了国外。父亲舍不得家乡也舍不得祖业，就撺掇两个儿子一前一后追随亲戚去了。所以，16岁的舒毅远渡重洋多少有点替父承载抱负的意思。

当然，舒毅也是愿意的，带着男孩子闯荡世界的好奇。有众多长辈接纳，他巴黎的初始没遭遇旁人的那些尴尬与窘迫。打工是轻松的，学习也是轻松的，就跟玩儿一样。直到一个处境难堪的朋友找上门，说要去法国外籍兵团当兵，以解身份温饱两难。舒毅当时有表兄在当兵，对军营里的事略知一二，就自告奋勇陪了朋友去。

就这么说说笑笑去了大巴黎招兵站，果然大门洞开，没有身份没有语言似乎都不是问题。本来，舒毅送朋友到此便可打道回府了，竟鬼使神差跟进，也填了报名表。于是，目测、口试、常规体检，第一轮筛选一人变成两人。舒毅还是玩的心态，就像玩一场游戏，希望自己能赢，仅此而已。结果是，不该赢的赢了，不该败的败了。他通过，他的朋友淘汰。舒毅这才有点慌，可军营就是半个战场，岂有打退堂鼓的，当即便被留下来。目瞪口呆看着朋友沮丧离去，他晓得给自己惹出祸事来了。转念一想，当就当，不就是个兵蛋子，还怕了不成？男儿的意气顶上来，复又觉得很豪迈。

很快就被送往南部训练营，穿了一身威武挺刮的军服。其实这身军服是借穿的，这帮人要成为真正的兵，还要等两周训练后的遴选与裁决。那个清晨雾蒙蒙，湿气很重，大伙儿列成方阵等候发落，心头擂鼓似的紧张着。报到大名的出列，通过了，留下来，是幸运者。舒毅也在幸运者之列，被命令去签应征合同。可他没听懂法文指令，去岔了地方。待被找回来，已铸成过错。惩罚是一个小时的伏卧撑。温州蜜罐里出来的他哪受过这，做得几乎瘫倒在地，双手抖了好几天，吃饭刀叉都拿不住。后来每人发下一本词典，军事训练照本宣科，又分派来自法语国家的新兵任他的口语辅导。他发誓不再为语言受罚，晚上睡觉也不耽误背单词。勤勉学习三个月，基本法语指令已是胸中有数。

惊心动魄，成就高地人生历练

不到半年的新兵训练犹如地狱穿行，苦不堪言。训练营在南部吐鲁士(TOULOUSE)的山旮里，寒冬积雪，清早气温会降到零下十度。哨响，一分钟紧急集合，热被窝里钻出来，浑身上下只有贴身汗衫与裤衩，露腿露胳膊直哆嗦。还要齐齐地朝长官喊，不冷！军人嘛，还不得有点无畏。不冷？好，有种！长官既不发号也不施令，就把队伍撂在冰雪里，干冻。等到个个僵直了肩背青紫了嘴唇，才让动弹，沿周边小水库一圈圈跑，跑热了身，又令跑到结冰的库面上去。毕竟不是西伯利亚，一支雄赳赳的队伍压上去，再厚的冰层也撑不住，顿时全体陷落。再一个个攀了断裂的冰块爬上岸，筛糠似的抖，人都没了人样……类似的魔鬼训练层出不穷，有人熬不下去，做了逃兵。舒毅也在心底揣摩过逃亡越狱的字眼，他原本就是“玩”进来的，压根就没吃苦受累的心理准备，一走了之也不算对不起自己的脸面。但此时的他不仅代表自己而且代表中国，逃跑永远都是军人的耻辱，他不能往中国脸上抹黑。

该说，舒毅的运气真的不算好，新兵营出来，他没当成心仪的坦克兵，却被分到新建的工兵营，驻扎在法国南部阿维尼翁（AVIGNON）附近一个海拔900米的山地上。工兵向来是部队最艰苦的兵种，全世界都一样。但这时的舒毅不再是那个受宠的温州小子，他已渐渐扔掉“玩”的心态，披了一身刚硬的盔甲，艰难困苦轻易打不倒他了。

几年后，他所在的工兵营开拔非洲东北部，作为联合国维和部队驻扎在亚丁湾西岸的袖珍小国吉布提。期间西非国家象牙海岸发生战乱，部队接令前往援助法国侨民撤离战乱。一个曾经美丽的国家满目疮痍，呈露着残酷而狰狞的面目。舒毅当了几年兵，还是第一次面对战争。他以为这短短两周是最惊心动魄的一段人生经历。

两周时间固然短，却是一个亮不起天光的长夜。战况每时每刻都会发生，舒毅和战友们从抵达到离去，始终没能脱过衣脱过鞋，睡觉也是全副武装抱枪而卧，枪声炒豆般在耳边呼啸。还有热带国家难耐的溽热，天天45度高温，张嘴嗓子冒烟，气都喘不顺，那15公斤重的加厚防弹衣箍在身上，直往下淌汗水，人就像咸鱼，腌得发臭。

那个凌晨受命去维和，晚了一步。摸进村，一路尸体遍地，血流成河，整个村庄百十口无辜百姓，老老少少都被屠村的反政府武装杀尽斩绝。死人堆里翻了半天，竟然没一个活的，瞪着眼，张着嘴，还有女人裸着开了花的奶子，至高无上的生命就这么惨不忍睹铺陈在杀戮后的废墟上，让活着的眼睛和活着的人性毫无逃遁之地。舒毅躲在角落哇哇呕吐着，像要把五脏六腑都吐出来，把对战争的憎恨都吐出来。

从此，军人的天职和平使者的道义在他有了透彻的理解，正义和非正义的错综复杂也有了清醒的认识。他常想，如果他们的队伍早一步赶到村庄，能不能救出那些被屠杀的村民？答案是不确定的。他发现个人的力量如此藐小，他或许能让自己始终不被打败，却无法掌控任何弱小者的命运，无法解救他们于水深火热之中。

舒毅很迷惘。他想不明白这其实就是人类根本的痛楚。

心绪复杂，走出营地走进婚姻

五年很快过去，外籍兵团的雇佣合同将要到期，走还是留？舒毅面临人生第二次选择。这时节阿维尼翁工兵营驻地已是一个老兵熟稔的家。这个家不但给了他法籍和不错的薪酬，也给了他应有的尊严。每逢周末，驻地军车会把他们送下山，再转乘火车回巴黎，把自己还给自己，无拘无束一番。他不抽烟，却喝酒，外籍兵团的兵们没有不喝酒的，酒就是他们狂欢的庆典。其实，留在部队也不错，努力一把升个衔，成个家，应当衣食无忧。问题是温州人当外籍兵的不少，没有甘心留守的，谁都想出来创番业，当老板。当老板是温州人的宿命。舒毅又年轻，大把岁月攥手里，耗在部队说不定就浪费了发大财的机遇。舒毅不喜欢口袋干瘪的感觉，有了历练有了尊严再有了钱才是人生双赢。

决定走人的另一个因由是女友。女友是从小来法的温州女孩，在巴黎读完高中就跟父母做成衣生意。女友与舒毅的初次会晤是在战友的婚礼上。场面很排场，觥筹交错的，人人一醉方休。舒毅在这类场合总是很活跃，仗着胆气仗着酒量也仗着豪爽，一桌桌与人敬酒干杯，满堂喝彩。姑娘呢，偏不看好这般斗酒豪饮，说，爱喝酒找酒去，我不要与他交往。下个周末再约她，死活不肯出来，舒毅这才知道喝酒坏了事，难免郁闷，就赌气。战友知道他是喜欢这个女孩的，就用激将法，冷嘲热讽奚落他，终于把他军人的血性抖擞起来。他在心里对自己吼，舒毅，你何时被人打倒过，真要败在女孩手下，你甘心吗？径直去了女孩家，一头闯进去，把约不出的女孩硬是拽了出来。他长得帅，又一身英武，女友脸上矜持着，心里早已春风化雨。

2004年，结婚仪式在申办手续之前举行。舒毅还在部队，按照外籍兵团规定，一等兵是不允许结婚的。但法国人注重的是文件，只要未领取蓝面婚证，传统仪式可以视而不见。舒毅在自己的婚礼没像上次那样豪饮，或许是接受了新婚妻子的调教，或许根本就是在自己的人生庆典上瞬间成熟。有了另一半的男人才是真正的男人，这话委实不错。

同年底，23岁的舒毅退伍，惜别外籍兵团。走出阿维尼翁驻地时，他心绪复杂，笑着，眼睛却是湿的。

星河灿烂，商界依然龙腾虎跃

星河时装进出口公司老板是在一年以后当上的。练兵期就在丈母娘公司里兼职，什么都干，什么都学，师傅便是新婚妻子。舒毅的蜜月缺了些浪漫蒂克，却也是忙碌中的甜蜜。“星河”是他给公司的命名，他很喜欢这个词，是头顶的一爿天空，充满遐想。这爿天刚撑起来的时候是空的，天上没有云，是家族借了风力帮他牵来斑斓的彩云，变得绚丽而丰盈。

当然，小两口的决策是成功的秘诀。星河时装也开在华商最集中的“中国租界”——欧拜维利耶，舒毅不肯从中国盲目进货来低价倾销，即便手头不宽绰，他也要一款一款买了巴黎设计师的设计送到广东让厂家定制。国内国外穿衣习惯不同，时尚更是差一大截，只有把准欧洲风，才会博得买方市场的青睐。否则，你倾销的只是垃圾，没人要。这些设计果然不负期待，新公司的新款一炮走红，第一瓢碎金流进肥田。

舒毅一刻不耽搁，重金聘任了其中两位女设计师加盟旗下，专职为“星河”谱写中档次的欧洲时尚。巴黎女人本来就有对时尚天生的敏锐和领悟，加上利益驱使，创意纷至沓来，季季高潮迭起。舒毅的“星河”便有了十分不错的名声。批发商们懒得徘徊成衣街，径直步人店堂，看见一对小夫妻站在流水般进出的衣物间，两人相加不到50岁，自信自如的微笑却让对市场如履薄冰的他们这些人也壮胆。于是，不仅法国各连锁店、大公司来了，别国别洲的商家也来了，有非洲，也有英、德、荷、意、比、西、葡，还有瑞典、丹麦、捷克、波兰，欧盟国家几乎一网打尽。舒毅的价格不算最便宜，但时髦新颖，质量讲究，商家批发过去能打上三倍以上的零售价，所以乐此不疲。舒毅说，钱要大家赚，才会大家开心。

接着，舒毅全力以赴创建他的星河时装批发网站，这是跟上网络时代必不可少的变革。在全球金融危机笼罩下，法国的“中国租界”欧拜维利耶的成衣业面临重新洗牌淘汰整合。“星河”拜前几年经营方向之赐，受到的冲击相对很小，舒毅同样不敢高枕无忧。当过兵的人自有临战的清醒，危机亦是可以化险为夷成全机遇的。舒毅已然有了新招，比如网站，还比如把分公司开到波兰去，他希望抓住机遇走向柳暗花明，走向新的彼岸。

一点补缀：

舒毅还有比赚钱更津津乐道的一桩事，那就是给同胞们争光。

海外中国商人一直背负着拷贝盗版的恶名，舒毅从创立“星河”的第一天就立誓要洗涮骂名。他做到了，非但一身清白，还把被告做成了原告。拷贝“星河”款式的法国公司不止一家，他与他的律师已筹谋议定，准备起诉其中最大最具声名的那一家。为索要赔款，更为国人挣一个脸面。人活世上，不就为一个脸面？

当兵是，商战亦是。

林一九的家族记忆

当林一九坐到我面前，我觉得他就像一本翻开的历史书，有很厚重的沧桑感。当然不是指他的脸容，他看上去比岁数要轻，儒雅中有几分被德意志濡染的强势、自得与直截了当。沧桑感在我这里是比照他的人生与家世，有血有泪，言说心酸，带了苍凉的音韵与起落。好在故事的结局是昂扬的，因为中国强大了，身后矗立起巍峨的靠山，遥远的憧憬有了实现的可能，生活也变得美好。所以，林一九笑了。他说，几辈人的漂泊流浪，到这里，值了！

祖父

祖父林质和，浙江青田人氏。

20世纪初叶，孙中山任中华民国大元帅讨伐段祺瑞的护法之战受挫，愤而辞职，泱泱中华陷入军阀混战，生灵涂炭，满目疮痍。刚做了父亲的林质和不堪困苦，也为逃壮丁，从青田乡野穿着草鞋走出来，走到有水有江有口岸的地方。他怀揣假造的证明书，在江岸寒冷的旮旯里挨了几个昼夜，终于凄凄惶惶下了东渡日本的一条货船。包袱皮裹着的盘缠都给了引他下船并藏进锅炉房的那个船工。船工不是什么掮客，却把他货包一般偷渡到东瀛。船没日没夜在南海上飘，大西洋那边正在打第一次世界大战，蜷在锅炉房的他自然什么都不知晓，只顾捧了只破桶昏天黑地呕吐，差点没把胆汁统统呕出来。

到日本上了岸，却没能走远。两眼一抹黑，叽哩呱啦的话又听不懂，还能去哪里？就在码头做苦力，扛大包。脸晒脱皮，脚板踩出血，人像螳螂勾了腰。实在受不了这份累，逃出口岸，到贫民窟华人扎堆的地盘上一圈圈转，希望凭运气寻一份工。还真遇上了早他出来的青田同乡，人托人，竟然替他寻到一份远洋轮上的活。再回码头，已穿上水手的制服。走南闯北，海上颠簸，半年半年地不着岸，枯燥是枯燥，乏味是乏味，毕竟不用像头骡子卖苦力。

就这么漂了七八年，挣下些钱。这钱算不得大宗横财，拿回中国也是笔可观的数目。想想见不了面的儿子都在拔竿长大，心越来越急，就脱了水手服下船回了家乡。人都这样，见过大世面，青田破烂的家就不入眼了，揣上那笔款子头也不回去了温州。当时温州是个商埠，繁华，生意也好做，就在大士门一带圈了地，盖了一座气宇轩昂的四合院，然后携老带幼举家南迁温州，在崭新的四合院里住下来。

那时节，林质和的儿子林一九的父亲人比八仙桌也高不了多少去，文文静静的，背只书袋上私塾。当初的父亲也是个个望子成龙，与现今没什么两样。

父亲，伯父

十年过后，林一九父辈两兄弟与他的祖父在朔门埠头道别。烟雨迷蒙，瓯江水湍急而浑浊，拍打着堤岸也拍打着湿漉漉的人心。祖父捋一把父亲的脑袋，然后轻轻一搡，就把最宠爱的小儿子推搡到与他早年一样的漂泊之路。刚过完17岁生日的父亲读满了五年私塾，一副秀才的文相，肚里的墨水似乎把脸也写成了之乎者也。他乐意待在家里，不喜欢远游，可父命难违，只好亦步亦趋跟着兄长闯荡。那是1931年，深秋，浮云厚得像铅，这天的情景父亲永生难忘。

这一回是水路换陆路，出了瓯越一截一截扒铁路线。弄不来出关的证件，也花不起昂贵的费用乘载人的国际列车，就借了月色暗影在铁道上夜猫般乱窜，拦截住货车煤车就爬上去，藏在铁管里，煤堆里，棉纱垛里，载一段是一段，使劲儿朝北走。要多难有多难，要多苦有多苦，再难再苦也要咬掉牙往肚里吞。他们要去俄罗斯，目标是难以置信的玄，遥不可及的远。常常走着走着，连自己也不知身在何处。

就这么磕磕绊绊走了两个月，终于望见俄罗斯，一脚踏进冰天雪地的莫斯科，圣彼得堡。火车站边沿租一间屋，惨淡的灯明明灭灭，父亲冻得直哆嗦，他哥哥捂着他，整宿整宿捂不暖。

白天起来兄弟搭档去卖青田石，走街串巷，一路吆喝。运气好了卖出些小猴小猫小狗，换一罐土豆汤，黑面包；运气败时换不回卢布，没辙，只好去喝西北风。混了三年，莫斯科和圣彼得堡的大街小巷几乎走遍，也没挣出多少辛苦钱。伯父不甘，与几个华侨同胞结伴，带着兄弟辗转去了欧洲。

落脚在德意志的斯托加特。兄弟俩还住一间屋，却是分了两个去处。伯父依旧跑街操老行当，挨门挨户叫卖青田石；父亲识字，学了几句洋文，应聘进了奔驰车厂当工人。工厂的活也重也累，父亲却不排斥，身穿蓝布工装，拎只餐盒上下班，俨然一副马克思《资本论》里被榨取着剩余价值的产业工人的做派。父亲从来不喜欢做生意，车厂却有技术可学，他情愿受剥削，被榨取。

从头至尾又十年，纳粹铁蹄踏碎和平之梦，二战硝烟越燃越烈。犹太民族惨遭杀戮的背景下，在德国本土以及欧洲生存劳作的其他族裔也是惶惶不可终日，收拾行装避乱逃难。父亲伯父经过多年磨砺，都有了些钱财的积蓄，就谋划着乘难民船去美国继续淘金。未及上路，温州老家来了骇人听闻的报丧电报，祖父祖母竟在同天一早一晚的同一个时辰相继去世。兄弟俩抱头痛哭一顿，伯父抹着泪对父亲说，你反正做不来生意，替哥俩回去奔丧，那厢就要开船，好不容易弄到票，废了不甘，我独自去美国。父亲依了兄长，星夜启程，踏上归路。

不曾想，就这样保住了命。后来的父亲一直以为，他的父母亲是用死来留住林家的根。

伯父怀揣一腔淘金梦，终究上了那条难民船。一千多逃离纳粹的各族难民挤在密不透风的船舱里，像一窝搬家的蚂蚁，就为期待的无着无落的生机和生计。可是，泯灭天良的纳粹岂肯放过他们，就一只鱼雷，飕飕地从水底射出，炸毁击沉了这艘无辜的苦难之船，整船千多名旅客没有一个生还。

伯父死了，魂归大海，身后留下一个遗腹女。她就是后来林一九的堂姐。

他，林一九

林一九的名字首先就是一个故事。他出生于1941年的4月19日，正是日本人入侵浙南的受难日，温州沦陷。那天早晨，母亲刚在茶园寺产下呱呱坠地的一个男婴，街面上就骚动起来，纷乱的脚步声一阵紧似一阵，有街坊在门外边跑边喊，日本人进城了，快逃难去喽！父亲把婴儿的襁褓一裹，搀扶起都没来得及净身的母亲，踉踉跄跄往外跑，也不知去路，就尾随了逃难的队伍踢踢踏踏往山里头避乱。父亲是见识过欧洲世界大战的，未曾想跑回家还是没躲过颠沛流离的战乱。父亲抱了头生的儿子，跺脚叹气，就叫一九吧，好记住这个做亡国奴的血腥日子。

生在离乱，原本娇贵的日子固然笼罩了阴云，林一九幼年的吃穿用度还是比别人家的小孩富足。他躺在父亲从德国带回来的童车上，推过河道纵横的温州城，总会引来路人惊诧而钦羡的目光，那是古老小城的第一辆舶来品，见都没见过。还有漂亮的折叠伞，亦合亦开的小闹钟，不卖，也被熟稔的店家借去拿到橱窗里标新立异招徕顾客。上学，也是最好的私立三希小学。等上了六中，温州早已和平解放，四·一九的惨痛都成噩梦般的记忆。

由于爱好运动，尤其练体操有天赋，林一九被招入浙江体育学院学体育，学制五年。毕业后分配华东电管局干部处搞“四清”，一年后“文革”伊始，发配苏州望亭发电厂当工人。如同那个年代的每一个人，个体岁月都在无休止的运动中蹉跎。直到1973年，费了九牛二虎动才调入温州工校归队当回体育教师。

他把一颗心安顿下来，“四人帮”手里兢兢业业工作指望不上，就尽孝尽责做好长子、丈夫、父亲，把一个家的上上下下操持妥帖。他听多了祖辈漂泊异域的遭际和心酸，不愿重蹈覆辙。他只想守住家乡滋润的一方水土，过分安耽的平常日子。

还是林一九

可是林一九最终也没守住，还是出来了。在弟妹陆续走光，整个家族只剩下空巢的时候。

违逆自己的理由是什么呢？他也说不清，反正是被一股不可抗拒的力量推搡着，挟持着，说不准是血液里与生俱来的流浪因子，还是这方水土孕育出来的躁动不安的资本气息淘金欲望，他觉得自己就是个人质被扔了出来。

劳工签证。还是德国，还是斯托加特，走的是父亲的老路。头日天黑抵达，次日天亮就到餐馆打工上班。体育教师做不来灶台上的活，就打下手，洗碗刷盘。苦是预料中的事，只能扛着忍着，相比伯父被鱼雷吞噬的悲惨，自己也算幸运了。后来妻子儿女出来，歇了工辗转慕尼黑、柏林开餐馆。偏偏那时西德人对东方餐饮没多大兴趣，夫妻老婆店的生意做不上去，却贼累，孩子又小，满打满算只能挣个养家糊口。

1989年，历史赋予的机遇到来。林一九正在西柏林惨淡经营他的中餐馆，柏林墙倒塌，分崩离析的东西德迎来新时期的统一整合。原来门可罗雀的餐厅突然来了许多生面孔，尤其晚餐，都有闹哄哄的气氛了。林一九琢磨着，恍然大悟。原是东柏林的东德人跨越拆掉的警戒赶来吃饭了。民主德国一直都是中国的盟友，好吃中餐也是顺理成章的事。林一九脑筋一转，突然就坐不住了，为什么不到东柏林卖中餐，岂不近水楼台先得月？

他果然闯将过去，静悄悄在市中心阿里山大广场附近开出一爿餐馆，名叫“中华园”，不大，也就百来个餐位，装修不算豪华，可自打开张门前就车水马龙。每日排长队，翻桌六七回，散一拨来一拨，到后来，不提前两周居然都订不到位了。人说林一九创了中餐的奇迹，这话不假。但他心里明白不过是先于别人抢到最好的商机。东柏林东德固化的公有经济一旦打破，便给始作俑者提供了斗智斗胆全新的舞台，谁赶早谁就引领风骚。

此番业绩自然夺人眼球，凡做中餐的国人与温州乡邻都从其他城市纷纷赶来，一过眼瘾二过招式，有的干脆卖了餐馆揣了大把的票子追过来，远的甚至来自荷兰、奥地利，人人都想学林一九玩一个中餐鼎盛。也就一年多工夫，“中华园”方圆一公里的弹丸之地，居然开出十来家新餐馆，整个东柏林更是几百家之多，同名叫“中华园”的也不下十多家，来势凶猛，堪比潮涌。但东柏林并不是浩瀚无垠的大海，吞吐不了远远超出期待的这些中餐，没几年就几乎全军覆没。十年后，林一九也把风光不再的生意出手，但他毕竟辉煌过，人生足矣。

子孙后代

林一九好歹也是“文革”前的大学生，揣着人家的户籍，深谙融入居住国的重要。他是道地的中国人，接纳西方或被西方接纳已然没有可能，但孩子是可塑造的，只要读好书，学做认真严谨的德国人并非天方夜谭。他以为祖父、父亲甚至自己都是失败的，侨裔只有真正打入别人的社会才有价值有意义。于是，他在一儿一女进德国学堂的第一天就告诫他们，学业是立世之本，必须不懈努力。

两个孩子都是可塑之材，在课余襄助餐馆的同时都拿下过硬的专业，女儿学财会，现是某公司主办会计；儿子学法律，现在律师事务所当商务律师，热忱有效地为当地华商提供最直接的法律保护。他们正在实现父辈四海漂泊的终极理想。尤其女儿，还嫁了高大魁梧的德国人，生了混血的孙女儿，非常漂亮可爱。

于是，林家第五代人的血管开始注入日耳曼民族的鲜血。对此，很中国的林一九心绪复杂。

一点补缀：

林一九的漂泊是家族的漂泊，历经四代，现已延续到第五代，绵长而充满变数。中国弱小他们的姿态也弱小，中国强大他们的膂力也强大，所以这个家族的记忆其实是中国人的集体记忆——先是被歧视被欺辱，血泪斑斑；继而抗争，取得种族人格的平等；再是风云崛起，充当世界的主人征服世界。

笑到最后。林一九应该可以告慰他九泉之下的祖父和父亲了，薪火传承，终于把一条荆棘小路走成了康庄大道。

巾帼不让须眉

惺惺相惜

25岁的徐银萍与潘仲骞面对面坐下相亲的时候，潘仲骞已经很不年轻。但40多岁的男人是富有魅力的，况且潘仲骞早年毕业于北师大，戴副近视眼镜，一看就是温厚儒雅之人，那气质不像通常见到的华侨。可是偏偏，徐银萍更看重他意大利华侨的身份。徐银萍此时就是一个行将沉溺的弱女子，怎么都攀不上岸。而这个男人分明是伸出援手的一条小舟，能把她从无望的水里捞上来，抖干湿漉漉的身子，重新上路。父母在的时候，曾有华侨来提亲，她不愿意，打游击出身的母亲也不愿意，她们这类母女，总是对脚下的土地有着痴情的眷恋。现在父母都不在了，成家的兄长姊妹另立门户，只留下她与两个未成年弟妹守着早已挡不住世间风雨的一个家，靠她挣的几十块工资凄苦度日。她还这么年轻，就觉得自己像个老妪，拉一辆破车，心里起了一层层皱。要想拯救这个濒临坍塌的家，只有把自己嫁出去，嫁个华侨。

所以，她不躲闪，直言不讳地对面前的男人说，要我嫁你可以，但有三个条件：一，你要答应供养我未成年的弟妹；二，等我出去后，也要办他们出国；三，我性子急，脾气不好，你要担待。

潘仲骞一点都不觉得面前这个女孩提出的条件苛刻。他也是从风雨人生里走过来，北师大就读期间就被打成“右派”，发配东北农村，“文革”中前妻受迫害致疯，留下三个孩子，几十年饱受身心煎熬，苦难的滋味太知道了。惺惺相惜，即便女孩最终不嫁他，他也一定会帮她。

况且，都是同乡，潘仲骞对女孩令人唏嘘的身世早有所闻。

徐银萍的父亲原是瑞安坊间小有名气的四才子之一，先在乡小教书，后任县中学校办工厂负责人，当年工宣队进驻学校，纯粹一帮小毛孩，却掌控了全校师生的生杀大权。徐父生性耿直，看不惯就说，工宣队清一色学徒工，连个正式工人正式党员都没有，算什么领导阶级。那年月，谁敢这么说话？当即闯下大祸，定了现行反革命罪，判三年，送金华劳改农场服刑。母亲闻知，如遭霹雳，懵了。她湖岭山上打游击出身，忠诚的老革命如何接受丈夫反革命的指证？披头散发徘徊一夜，吞饮化工厂的剧毒药物氰化钾自杀身亡。父亲苦熬三年牢狱之灾，却在刑满前几天心肌梗塞，倒毙于寒夜冰冷的牢房。也不通知家属，就一领破席卷了，埋了，从此人间蒸发。多亏后来狱友刑满释放，才把噩耗捎回。徐银萍与兄长去金华寻父尸骸，果然看到一个坟包垒在野山岗上，鸦鸣低回凄厉。掘开坟冢，含泪捡出几根遗骨，用白绫包了，一路走，一路呼唤：阿爸，女儿带你回家……

这样的故事，听一遍都毛骨悚然。可徐银萍不说，也不哭。潘仲骞在她眼神里看到复仇的火焰，心想，这个刚烈女子，将来会成大事的。

接下去便是旅行结婚，悄悄然去了杭州，神不知，鬼不晓，唯有西子湖见证着山盟海誓。蜜月在九天后画上句号，新郎去意大利，新娘回了瑞安。

意大利不相信眼泪

1981年冬，旅行结婚半年后，徐银萍获准签证来到米兰。潘仲骞一介书生，虽早来一二年，始终未能独挑大梁，银萍便随丈夫寄居在公公膝下，帮忙打理皮包店与皮包作坊生意。公公是儿子4岁就漂洋过海的老华侨，前妻病逝遂在外娶了洋人新妇。新妇熬成婆，刁钻刻薄，容不下聪明能干的儿媳妇，每每搬弄是非，弄得屋檐下人人耳根不清静。徐银萍只求快快赚钱，一则替父申冤，二来给弟妹谋个前程，哪受得了这些龃龉，一气之下搬离米兰，去了罗马，用四年打拼受气所获，买下一爿不起眼的小餐馆，取名“金星”。

心里却是慌的。做餐馆对她全然是个谜。但路在脚下，目标在前头，再难也要趟过去。她学开车，她学语言，开车撞墙，说话也撞墙，撞了墙折回来，再学。没钱，就把所有活都往自己身上揽。丈夫做酒吧算账，她则跑堂、洗地洗厕所、熨烫餐巾，甚至帮厨洗菜来什么做什么，累得两腿打颤，步都挪不动。

这时已经有了3岁的小女儿，请不起保姆，就在那辆破车的提篮里躺着，来来回回见证着母亲的创业之苦。通厨房的角落有个单独的座，没人时就是女儿的床，来了顾客还得腾出来，孩子就趴到吧台边的垃圾桶盖上睡。大人忙晕了，啤酒瓶罐头壳朝垃圾桶里扔，弹回来，才发觉差点没扔到孩子头上。女儿聪慧，5岁就能接听订位电话，奶声奶气报出用餐人数。看爸妈腾不出手，小人儿也会乖巧地去收餐具，一手一只玻璃杯，付款的小碟用嘴叼着。自然也会绊倒，摔碎杯，割破手，还不敢哭。倒是妈妈心酸地捂了眼睛，把泪咽进肚里。

偏偏，意大利不相信眼泪。

餐馆做上去，钱也赚了些，徐银萍的复仇之心却日渐淡薄。经了世事又做了母亲的女人心变大了，充满慈悲忍爱与宽宥。申诉当然要写的，一封封递上去，适逢清明时代，蒙冤的父亲平反昭雪，阳光照亮父亲的新坟。弟妹也在丈夫的信守承诺下来到意大利。徐银萍实现了自我救赎的第一步。

两岸民间大使

很快，徐银萍有了第二家餐馆长城饭店。丈夫早就说过，她是一个要成大事的女人。长城饭店原是香港导演拍电影般玩出的一家饭店，在香港台湾的游客中享有盛名。后来玩腻了，就想盘出去，价要得吓人，800个米里翁（百万）里拉，餐饮界垂涎的人不少，都没敢要。徐银萍找上门，也不砍价，一笔签到自己名下。曾经的导演以为撞见电影里的女大亨，被那气派弄得一愣一愣。其实女大亨的腰包是瘪的，“金星”攒下的银子对于套购“长城”根本就是碗底的水，她不过借助了银行。

盘下来，继续做香港台湾的旅游团团餐。“长城”不是“金星”的阵势，“长城”给了徐银萍运筹帷幄的高地，她很牛，人气比导演老板还旺盛。用餐好比大兵团作战，翻桌就是翻牌，一拨去，一拨来，动辄一天做上千多位，门前旅游巴士停了一街。出菜迅捷价廉物美是一说，更出挑的是服务超出餐馆职能，硬是拾掇出热气腾腾的一个家来。徐银萍就是家里慈悲心肠的能干妈妈。

罗马假日属于全世界旅人。那时节，香港台湾一天就有几十个团，要发生多少该发生或不该发生的事情啊！护照钱包被偷，无法回去，折回“长城”求助。徐银萍撂下手里的活开车带去警局挂失，去办事处补护照，还要替人安置住处。办完一圈事回来，天都黑了，女儿还眼巴巴等在校门口，暗影里哆嗦着瘦小的身体。

一位随团过来的单身老人，心脏病突发，送医院急救，团里没人懂意语，又是徐银萍上阵。意大利医生认为不手术难保性命，需要家属签字。可家属远在台北，就是坐火箭也赶不及。情急之下，徐银萍长途打到台北，并遵家属口授代签手术医嘱，老人得以救治。而为一个生命作了大承当的徐银萍，连老人的姓名面目都没来得及记全。焦灼地坐在手术室外等着里面的抢救，心理重压让她喘不过气来。

还有一次，有位老太刚下飞机就崴了脚，无法沾地，无缘观赏罗马不说，跟团回去也成了奢望。团走了，徐银萍把她从医院接出来，老太不舍得住旅店，住了也没人侍奉，就接回自己家，把孩子的小房腾出来，供吃供住，照顾起居，直至下一拨团队过来，才把老太捎走……

这类善事究竟做了多少不记得了，徐银萍没想过生意上的功利，她吞咽过太多的苦难，便有了相应的怜悯之心。人与人在一起，要相互温暖，她想的就这么简单。

那年他们伉俪去台湾，几乎签了所有旅行社出行罗马必来“长城”用餐的合约。根本不用上门去游说，都是人家揣了合同纸送到下榻的酒店来。邀请吃饭的前游客更是一顿顿排了队，吃都吃不过来。什么叫回馈？这就是。那时台湾大陆远比现在敌视，可台湾人还是把温州人徐银萍的照片刊在报页上，频频称她为驻扎罗马的“民间大使”。

欧洲酒店第一人

好一个徐银萍，餐馆正做到极致，突然出手，卖了。别人瞠目结舌，她自己却胸有成竹。做餐馆本来就是铺垫，酒店才是抱负所在。造化把她抛在罗马，就赋予她做酒店的宿命。旅游之都，酒店才是真正的摇钱树。她寻觅多年，终于在1996年盘下火车站附近的帝苑宾馆。宾馆不大，却坐落在黄金地，是名副其实的“帝苑”。当年墨索里尼在威尼斯广场作臭名昭著演讲那会儿，就下榻其间，并一住两年。酒店的80多间房里至今保存着墨索里尼的卧室、写字间、会客厅以及他与女人幽会的情人房。这些房室的陈设装潢连同这个纳粹总统的汗腥口臭一并留下来，任由世界各地的游客享用与评说。

第二家名曰“花园”，是与“帝苑”套购过来的，原是一座危房，已经废弃了17年，房梁窗棂挂满蛛网，住了一窝四处奔窜的老鼠。事实上这栋楼是个陷阱，花巨资套买的竟是无数起纠缠不清的官司，听都听不明白，仅卷入诉讼的律师楼就有六所，各掐各死磕。徐银萍初涉酒店业，与不讲规则的意大利人玩走钢丝，显然嫩了些，等到嚼出上当的异味，亏早吃大了。可徐银萍刚烈，终是不肯罢手，权当缴学费，也要黑到底，走下去。她还真敢，请了最好的律师，大把银子开路，把上家硬赖给她的官司接过来打，打了一年，终于结案。再把危楼的内里拆倒重来，只剩一个外壳，硬是倒腾出簇新的30个房间，把酒店开了出去。投资早已超过通常的几倍，意大利人目瞪口呆，不得不对杀进这个阵营的中国女人刮目相看。

那次查账，税务官在酒店扎了两个月，摞成一堵墙的账本翻了个底朝天，竟没找出走不过的龌龊账，悻然而归。另一次查卫生就没这么顺，偏巧局部装修，本是来挑中国人的刺，说是有碍观瞻，不分青红皂白封条停业。这不有意找茬，坏她大事？徐银萍跑到卫生局长办公室抗议种族歧视。局长声厉色严赶她走，徐银萍冷然一笑，不还我公道，我决不走，死也死在这里。意大利人哪见过这类女人的无畏，连连答应次日一早即撤禁令。

两家三星开下来，眼光便要顺了台阶往上跳。第三家是四星，就叫“欧洲”，与人合资，在郊区，多数是套房。第四家也是四星，堪称豪华，名曰“皇宫”，却是回马枪，杀回市中心黄金地带。罗马不是瑞安，开酒店投资动辄就是几个亿，再大的身家也拍不出这大把的银子。于是便与银行较上了劲，也与警局、税收、卫生以及内政部的官员较上了劲。今天雾里看花，明日花间寻雾，时而应允贷款，时而釜底抽薪，也握手，也翻脸，也言欢，斡旋中徐银萍身经百战，飞也似的长见识，长本事。到后来不仅酒店管理，就连设计装修也成了一把好手。

徐银萍踌躇满志，对自己闯荡欧洲的业绩满意。她打扮得漂漂亮亮，开着名车，说着自学却流利的意大利语，在名下的四家酒店出出进进，与上百个意大利及中国员工分享她的艰辛与成功。她是理所当然的富婆，是当之无愧的欧洲酒店华人翘楚，她是否可以歇下来了？

采访札记：

不！她说，我还要顶级的。做酒店没做到五星，还是缺憾，不是吗？

在罗马，我就住在徐银萍位于郊区的那间酒店里。她每天都会来酒店巡视，事必躬亲。可见她不是或高高在上或游手好闲的老板。

采访却是在她的车里，断断续续，因为不时被生意上的事干扰。她的车开得很溜，里面放着邓丽君的歌，不回手机时她就跟着邓丽君唱，唱得情真意切。

她还弹钢琴，做水上健美，穿漂亮衣服，戴时髦首饰，并且开怀地笑。于是我相信，不仅她的奋斗，她的人生也是有声有色的。这样的女人，会有故事，而且精彩。

脱下白大褂的人

烤鸭与白衣大夫

汤育三从医院回到刚开张不久的餐馆时，心情极为复杂。厅堂里转了好几圈，也不知两条丝瓜般下垂的胳膊往哪儿放。他既不能下厨，又做不来跑堂，任何酒水不仅不识，连尝都未尝过。餐馆里的一应事物仿佛都来自另一个世界，与他毫不相干。他做惯了脑神经放射科医生，从中国做到法国，所有的学识与人生经历都在病患的脑袋上，从某种意义来说，脑袋就是他的地球。可是，他偏偏回来了，回到自家由夫人主持的餐馆里来。这条曲折逶迤的路走得有多艰难只有他自己知道。

餐馆里偏是生意奇好，接手不过两月，营业额比原来那位法国寡妇操持时翻了好几倍，尤其晚餐，爆满不算，门口还得排队。餐馆其实不大，位也不多，装潢还是原样的法式古典，只是内容变了，法国菜换成中国菜，多出了春卷炒面，多出了烤鸭。烤鸭馋法国人的嘴没错，更要紧的是好地段，那时节中餐馆大多窝在街面的暗影里，很少能这么冠冕堂皇在一座城市成为美丽的风景。旗幡变了，旧风景有了新内涵，格外悦目，招人亲近。贝桑松是法国东部颇有历史文化意蕴的古城，大文豪雨果就诞生于此，诗情画意恰如街衢巷弄里的鲜花，一季有一季的景观。

妻子不似汤育三那般混沌，妻子是有备而来。妻到法国陪读以前，也是医院药房里的药剂师，一旦闯荡到异域，义无反顾只想当老板。她早早去了别家餐馆打工，学厨炊，也学台面，一路朝了既定目标跑。其次是汤育三原本一年的读书工作已经持续四年多，学生、工作签证转来转去也是换到了头，就算导师舍不得放他这个最好的助手走，签证下不来照样留不住。可行的办法只有立个业，把学生、劳工居留转成老板居留。即便如此，妻子也只把预谋留给自己，让汤育三撂下为之奋斗了前半生的学位与职业，她不敢想，也不忍。

所以，“呈会”、贷款买餐馆的时候，纸面上的手续是汤育三的，暗地里却说好由妻子主持，汤育三只当陪考，业余帮衬而已。可在上世纪90年代初，温州人大举进犯的桥头堡只在巴黎，如贝桑松这样的边域，找个工人都不易。请来的厨师跑堂都是柬埔寨华侨，文化迥异，沟通不无障碍，动不动就撂挑子，走人。妻子无奈，只好顶了大厨的缺，把灶台上的活全都揽过去。一个弱女子，一日两餐烟熏火燎烹炒出百多人的菜，想想都累，都难。汤育三再书生也是男人，如何袖手旁观看得下去?

思前想后，壮士断腕。这腕断得不仅是自己，连导师的腕也斩了。法国教授一直把中国学生看作自己的左右臂，汤育三一走，他的脑神经放射科便坍了一个缺口，找谁也补不囫囵。但教授是法国人，很人性，向来尊重和理解别人的选择。一个大夫，硬是脱掉身上的白大褂，总有他自己的理由。

当汤育三告别CT告别脑神经放射，回到餐馆站到吧台前学调餐前酒的时候，有法国综合生活杂志《玛丽·科莱尔》的记者来挖料了。虽是粗浅的访谈，倒也关照了外来族裔职场变迁的某种可能性。至少，他们认为从大夫到卖烤鸭的转换有点意思。

于是，一篇题为“大夫与烤鸭”的文字让汤育三走上了媒体，是诙谐的赞美，也是温情的揶揄。餐馆生意更好了。

负笈远行贝桑松

当医生的汤育三在贝桑松消失了，成就了医生的那条路却依旧历历在目。

因为排名老三，才有了汤育三这个网页上不会撞车的名字。他出生于温州红色家庭，父母都是浙南老区三五支队的老革命。解放后原系部队卫生员的母亲被保送上医科，回来当了医生；父亲则在“反右”时倒了霉，下放做了基层干部。尽管芝麻绿豆官，“文革”期间还是戴了“高帽”，这就让家里的孩子一个个断了锦绣前程。汤育三参军不成，工厂不收，硬是沾了母亲的光上了医士班，毕业后分在温二医放射科。第一回穿上白大褂是20岁，1975年，正赶上十年动乱尾声，医院里乱糟糟一片。但他珍惜白大褂，心中始终藏有救死扶伤的职业敬畏。

五年后，院外的世界翻了个底朝天，他也被那股潮流推搡着，推到学而优则仕考研的漩涡里。第一年败北，岂肯善罢甘休，又结结实实啃了一年书，考入天津医学院，做了誉为神经放射先祖吴思惠教授的硕士研究生。那真是汤育三吉星高照双喜临门的日子，录取通知翩然落在洞房花烛的窗台上，是道喜的鹊，是追花的蝶。

1984年，百倍用功的汤育三学成毕业，在天津医学院附属总医院当了放射科医生，次年再度回炉，考取导师吴教授的博士研究生。此前他已差不多分到外省，教授语重心长一再挽留，他自己也是不舍，才踅了回来。

也是命定，没等戴上博士帽，竟然有了一个来法留学深造的机会，而且是做脑神经放射领域最著名专家、全欧轮值主席的助手、外职医生，他岂敢放弃，受宠若惊都来不及呢。这回吴教授没说一句挽留的话，因为那山更比这山高，人往高处走是俗世常情。那时远涉重洋还是稀有之事，不像如今菜市场批发出口似的熙熙攘攘。汤育三盖了一圈的公章，抱了法语临时的佛脚，揣了母亲送他的300美金，兴冲冲上路了。凑不起买机票的钱，就向巴黎的温州朋友借了张5000法郎的单程机票，寄了过来。

原以为是到了人间天堂，却不是。从巴黎转乘火车到贝桑松，有专家的助手来接，没钱付押金租房子，专家就把他安顿在医生宿舍，并替他付了首月房租。当然这钱不是专家私囊里的钱，而从教研专项里开支。问题是语言这一关把他搁在了半道上。出发前囫囵吞枣突击了两本教材，知道了点语法，背熟了几个单词，到了别人的地盘居然就开不了口，除了问声好，道个别，全然一个又聋又哑的乡巴佬，撞来撞去都是无声的混沌世界。他给温州的妻子写信，字里行间都是“有钱人”的苦恼，他说虽然工资是在天津时的80倍，感觉却像软禁。封好了信，却不知何处去买邮票，还得让巴黎那朋友给他寄。

好在他的日常只隔离在全套CT精密仪器的封闭屋子里，没有人，用不着耳朵与嘴；好在他的学术工作状态很好，深得全法脑神经放射第一专家的赏识，这软禁才像付出的代价给了他相应的回报。每当专家对他的分析见解给予首肯，成就感油然而生。

凝聚力与电子脚铐

做了餐馆老板的汤育三用了几年时间把自己的角色演熟了，演像了。

到上世纪90年代末，中国留学生大批进入法国东部各城市，其规模远不能与80年代同日而语。多是多了，却是一盘散沙，每年的春节联欢仍由法国人的“法中友好协会”主持。汤育三是驻守贝桑松以及整个东部地区最早也最久远的一个留学生，年复一年参加这类主宾颠倒的晚会，听法国朋友的祝辞，心里很不是滋味。为什么中国的庆典不是中国人当东道主，来向法国朋友致辞？

他把质疑传播给新老留学生，也传播给后来迁徙过来的中国老板，其中不乏温州人，柬埔寨华侨，甚至还有台湾人。因为心同此理，他的质疑就像招展的一面旗，响应者众，于是，“法国东方华人协会”被一股涌浪推了出来，汤育三成为当然的会长。巴黎的温州人有许许多多的社团各式各样的会，汤育三从来都是游离在外的逍遥派，但如今这个旗号下的会是团结同胞凝聚向心力的一个家，他愿意为此奉献。

那几年，他成了连轴转的大忙人，以贝桑松总会为据点，开车沿着东部经纬线四处奔突、斡旋、游说，把不同原籍比如北京人上海人温州人还有金边人台湾人，不同经历不同职业比如老板、留学生、法企雇员等等几股力量拢到一起，从而拿下一个又一个城市，为由他领衔的东方协会建立了九个分会，让温馨的大家庭派生出九个更贴近更暖和的小家。每逢五一、国庆、春节，海外游子欢聚一堂，小家大家同庆，原本落单的心也张灯结彩。

见识过海外社团人事纷争的国人都知道，把一团散沙筑成块垒有多难，何况汤育三当时还操持着两爿生意兴隆的餐馆，妻子在大厨的灶台上被烟熏火燎伤了身体，他是男人理所当然要尽呵护之责。他原本就瘦，两肩担着道义和责任，更是瘦成了一条篾。

有段时间，税务局查账的就在他餐馆里上班，一连几个月，天天来，混在用餐的食客中，把从头到尾的旧账新账统统翻了个遍，员工都吓得战战兢兢。好在汤育三的一本账滴水不漏，查到最后也没逃税漏税非法经营的蛛丝马迹，清白过关，轻松过关。这在温州人的小本经营中几乎就是一个奇迹，通常是不查则已，一查一个准。还有一次，穿蓝制服的法国警官突然推开餐馆的门，勒令汤育三立即打烊。原来警方逮住一个非法中国移民，并在口袋里搜到餐馆的一张名片，因此判断是汤育三这家餐馆的黑工。警官虎着脸，威胁要把餐馆封了，把老板关进牢去。妻子被恫吓吓着了，热锅上的蚂蚁一般。汤育三不慌，据理力争，反诉警方证据不足。实情也是，兜里一张名片如何足以证明打工嫌疑？汤育三笑嘻嘻问警官，先生您抽屉里就没有几张朋友的名片？问得警方一愣一愣，只好不了了之。

汤育三逃过了这两劫，不是他运气好，而是懂得守法和保护自己。逃不过的中国人并不在少数，被挟持离境的有，被罚款判刑的有，被严厉惩治餐馆倒闭的也有，就算轻的，老板也被戴了一年电子脚铐，一举一动都被监控追踪。

所以，经历告诉汤育三，担子再重，也是两头都不能卸。一个协会在某种意义上还是华人同胞肩并肩挡风遮雨的一堵墙。

孩子、果树及其他

汤育三喜欢孩子。因了这份喜欢，他与妻子来法国后又生了两个女孩，最小那个还是高龄产妇费了九牛二虎之力保下的胎。孩子是血缘的延续，基因的延续，也是父亲未竟事业的延续。汤育三的梦想是做个最好的大夫，拯救人类生命，走了一半走岔了道，做了餐馆老板。虽然不怨，还是有几分失落与不甘。所以他希望孩子能替他走断茬了的那条路。

他很幸运，孩子天生就对医学亲近。

儿子是8岁才从温州接过来的。来了两天，女儿呱呱坠地。汤育三在儿子的母语及传统文化转换上花了大气力，使之一直都是学业的优胜者。高中毕业，他以会考优异成绩进入贝桑松医学院，然后在几轮医科生学籍淘汰中胜出，一步一个脚印苦读了整整十年，读出博士学位，读出行医资格，实现了他自己的理想，也圆了父亲的梦。女儿追着哥哥，也考入医科，学牙医，她有一口细密的白牙，也希望人人都有健康漂亮的牙。小女儿才6岁，也跟在兄姊后面起哄，说要做永远的白衣天使。

对孩子的满意对妻子的爱恋成就了这个家的和睦与和谐。汤育三对此颇有几分沾沾自喜。他的家是个带花园的大房子，院里栽满了果树，有樱桃有苹果，有桃有杏有李，还有毛茸茸的核桃栗子，年年姹紫嫣红，季季都有时鲜水果，满嘴芳香，吃都吃不过来。院外有水有坡，可眺望山顶上名闻遐迩的古堡，处处都是赏心悦目的风景。清晨起来，汤育三俨然一个老农，割草浇花侍弄果树，关进春光，迎候秋色，那情景简直就是陶渊明的写意，伊甸园的仿真。

能在欧洲享有这么一种生活，即便脱了白大褂，也值。

采访札记：

听说汤育三的事有时日了，一直未抽出空来去他的城市贝桑松，因而关于他的采访一拖再拖。这回去第戎，便约了他。第戎也是他“法国东方华人协会”下的一个据点，离贝桑松不远，他二话没说，兴冲冲开了车过来。

他看上去有点瘦，干练而精神，虽早已不是职业医生，大夫的作派仍然依稀可辨。原以为转行是无奈的选择，有悲剧的意味，听完他条理清晰的叙说后，我改变了看法。看得出他早已在外部的逆转中找到了内心的平衡，他活得很快乐。快乐就是命运的逻辑之钮，人生的最高准则，快乐也许就是选择的理由。

一个人和他的异邦

阿尔巴尼亚惊悚：穿越地拉那枪战

在阿尔巴尼亚武装暴乱的1997年3月，失控的地拉那笼罩在枪声密集的惊恐中。这是由一起类似于80年代乐清“抬会”那样的金融骗局引发的全民动乱，弹药武器库被撬开，监狱囚犯破狱而出，街面店铺被武装歹徒抢劫一空，首都成了风声鹤唳的血腥死城。

那天，温州人叶小明出现了。他站在阿国警方的警车上，身上穿了防弹衣，背了冲锋枪，那架势一反往日的儒雅，很有几分骁勇。警车后面是六辆巴士，巴士里坐满了本不该以这种方式逃亡的中国人。包括驻阿使馆与外事机构的工作人员，另一部分则来自江西南昌，是承包地拉那大型建筑工程的中国外援劳工。

不久前，暴徒冲进工地，洗劫了劳工们所有值钱的家当，有的连穿在身上的衣物都被剥了去，只剩了赤条条的身子。百多号人一片褴褛逃到中国使馆，横的竖的躺了一地等待撤离。

先是给养成了问题。使馆20多工作人员常规贮存的十来天粮食不到两天就吃得精光，死城又早已没有街市，闹了饥荒的使馆一片愁云惨雾。

叶小明不请自到，请缨乱世里驾车寻粮。当然，带了保镖，也荷枪实弹。

叶小明何许人也？不是武官，不是警察，只是来阿尔巴尼亚做贸易办厂的温州籍侨商。因前身是外科大夫，他看上去文质彬彬。但在这个历来友邦的山鹰之国，他的名字和他经营的长城公司却是绕不过去的中国符号。他做服装生意，做得早发达得快，那几年连阿国警察的制服都由“长城”包揽，后来又进口了意大利设备，招募当地员工，办起地拉那第一家外企衬衣厂，颇有一番作为，所以名气也大。而在动乱当口上，生意早没法做，组织武装护好厂保住公司已是万幸。听说在逃使馆的同胞有了难，他自认责无旁贷，理应两肋插刀。

车在枪弹呼啸的大街小巷搜寻，那惊悚真是枪战片里的镜头。叶小明1957年生于教师之家，从未经历过战乱，要说心里不害怕不是真的。不是傻子都明白子弹不长眼，射穿脑壳射穿心脏就得死。直到最后总算在郊区买到了商家藏起来的上千斤面粉与大米，叶小明到底也没弄明白自己的勇气是靠什么撑起来的。

吃完这些米和面，死城依然如若孤岛，陆海空全面瘫痪，中国使馆联络了希腊军舰帮助以江西外援劳工为主的侨民撤离阿尔巴尼亚辗转希腊回国。然而穿越从使馆到都拉斯码头的40公里亡命之路仍是棘手难题。还是叶小明，通过私人关系请躲回家了的阿国警察朋友出山，又重金凑租了六辆私人大巴，由警车开道压阵，送同胞上路。

于是，这个3月15日的早晨，叶小明成为同胞们的护花使者，助他们有惊无险穿越地拉那，登上泊港的希腊军舰。他自己则没有走，他必须留下守护他的“长城”。那一刻，太多的离乱太多的伤感都成了永恒的记忆。

镜头闪回：山鹰之国的“中国长城”

当初，叶小明落脚的时候，地拉那是敞开了胸怀欢迎他的。

五年前，叶小明还在奥地利维也纳的一爿中国餐馆里打工。做酒吧，做跑堂，没活干时也做最底层的洗碗工。当然他从澳大利亚转过来是想读医科学位的，读硕士读博士，打工只是“等”的生存必须。他用半年苦役换来一纸劳工居留，使“等”有了起码的合法性而不被驱逐。没想一等等了两年，医科的位置终究没轮到他。他不想再等，不想在一棵树上吊死。他看上去沉静，性格里照样不缺温州人的活泛。既然死了读书的心，打工那几个小钱就留不住他的人了。那晚坐在电视前，偶然看到奥地利慈善机构捐衣物援助阿尔巴尼亚人的画面，心里一动。阿尔巴尼亚是中国友好邦交国，在他这代人的想象中有陌生的熟稔。或许，去那边做生意会是不错的选择。

第二天，去阿尔巴尼亚大使馆投石问路。与一位青田籍朋友结伴同行。他俩在空无一人的使馆探头探脑，好不容易逮住一个男人，说明来意。话未完，那人把手一摊，说，给我护照！噔噔噔上楼去了。很快下楼来，两本护照往他俩手里一塞。叶小明纳闷，难道护照有什么问题？刚想问个究竟，那人的脸已笑成一朵花，说，祝你们一切顺利！

原来，签证已下。就这么干脆，利落，连张表都不用填。

就这样飞到地拉那。短短十天，一直在街上走，把这个城市脚踏实地勘察了一遍。果然贫穷，果然物资匮乏，果然是亟待开垦的大卖场。十天后离开，所有手续办妥，身份有了，公司有了，房子有了，该做什么生意的思路也有了。叶小明回了趟维也纳，辞工，再把两年的积蓄几千美金从银行提出，火速飞往中国。

回温州，叶小明拿出飞机上拟好的清单，到一个个厂家订货。鞋，衬衣，短裤汗衫，雨伞，玩具，杂七杂八，品种繁多，偏就是数量不多，连厂家都看不上眼。说你这是撮中药，样样一点点，做都没法做。叶小明求爷爷告奶奶，总算凑了大半个小型集装箱。没做过生意，对市场所需心里没底，又囊中羞涩，哪敢多订？

但他毕竟学过五年医当过五年外科大夫，思路清晰，做事严谨，发货前每个品种都留了样品，装进手提箱随身携带。人一到地拉那，先把零售商招到家里看货。说来都不信，阿尔巴尼亚人那个雀跃呀，看什么都好，看什么都要。那边货柜才离港，这边已把货单抢了个精光。物资匮乏的市场恰像荒年的饿汉，吃馍嚼饭都香。尤其抢手的是衬衣，立即追加，空运，接二连三发过来，越发越不够，简直就是饥不择食。干脆狮子大开口，再运出一个加载的特大柜，32000件衬衣。漫长的一个月等待，出码头三天掏空，卖得一件不剩。

毋庸置疑，外科医生叶小明尝到了数钱的快感。三天，一个货柜，他挣到四万美元。放到今天也许不足为奇，但在1992年，阿尔巴尼亚地拉那，第一位中国商人的第一桶金，足够让人眼红的。

这以后，批发贸易越做越大，干脆又从意大利进口设备，就地办起百多工人的制衣厂，产销覆盖多个城市的销售网点，连警察的警服警靴也都出自他手。叶小明和他的“长城”成了地拉那中国老大。事业昌盛，口碑响亮，阿尔巴尼亚人见他就竖大拇指，长城，中国，仿佛一个友好邦交都被他象征了，代表了。

叶小明不是追逐蝇头小利之辈，他深知肩头担有比挣钞票大了去的塑造国家形象的重任，便更合法合理合情地做事，低调善意真诚地做人，不允许自己玷污中国，玷污长城。

澳大利亚倒叙：悉尼留学梦碎

叶小明的自律与医生转型的背景有关。

1978年，叶小明以非应届生资格考入温州医学院，五年后毕业，分到附属一医当外科大夫。穿白大褂操手术刀的生涯一晃而过，只持续了短短五年，便离开手术台告别了医院。他喜欢医生这个职业，离开是为了深造。1990年4月，他揣了200美元，只身闯荡澳洲。他已成婚，也有了孩子，还是头也不回地走了。那个时期澳大利亚留洋是白热化的潮涌，他在这股潮涌的挟持和推搡之下来到悉尼。

兜头的一瓢冷水，把想入非非的留学梦浇了个透心凉。除了一个签证一个短期语言学校的位置，他一无所有。生存像一把利剑，悬在头顶。三个留学生拼铺租一间空房，都没有床，都打地铺，已把薄薄的两张纸票撕走了大半，留下那点碎钱权当救命稻草，哪敢挥霍。整整两个月，对付饥荒就是啃面包，喝凉水。找工作没头绪，就去教堂碰运气，并非突兀之间皈依宗教信奉了神，只是为结识那些信男善女，以求帮助。很功利，很不敬，也是不得已而为之。

还真结识了一位大学教授，有天拽他到门后，问他有份花园除草清理石砾的杂活愿不愿意干。教授欲言又止，生怕这份体力劳作伤了前大夫的自尊心。叶小明却两眼放光，像淘到了件什么宝贝。烈日下，很辛苦，流了一身臭汗，手也刨出血泡。但那个开心，因为挣到了相当于70美金的澳元。回家路上，路过麦当劳，气宇轩昂走进去，买只汉堡包，夹了牛排的那种，一口咬下去，那个滋味，舌尖颤动，简直就是无与伦比的人间美味，一生一世难忘。这是他留洋的第一次劳作，记住的却是味蕾的快感。

等再找到工厂里的那份工，口袋不那么羞涩了，就与同屋去旧货市场买床，如果那还叫床的话。它是一架铁床，锈迹斑斑，床架差点儿没塌；俩同屋一是三脚床，第四条腿用捡来的破砖头垫起来；二是一张床垫，中间凹下去，躺上面好比陷在洼底。三张床一张比一张不值钱，最贵的5块澳元，跟捡破烂也没什么区别。但那天晚上这个异乡的留学生房间却是欢喜雀跃的——终于有了床，每个人都躺倒了笑，笑到后来成了哭，哭得呜呜响。留学梦碎，就算有了床，又有何干？澳大利亚读学位一年至少2万学资，1990年的中国穷学生，上哪去弄这笔钱？！

苦撑半年，只把英语说顺了，旅游签证转到奥地利。

奥地利公立学校无需昂贵学费，只是名额尤其医科少而又少。报名排号等了两年，入学的机会连个蛛丝马迹都没有。死了心，这才有了阿尔巴尼亚的飞扬精彩。一个男人，丈夫，父亲，肩上扛了家庭担子，他等不起啊！

马其顿后话：改辕易辙打造百强神话

没料想，人生的飞扬精彩在阿尔巴尼亚那场武装动乱后黯然失色。一个国家千疮百孔，做那里的异邦人还能怎样？

2003年，叶小明把早已接到欧洲的妻儿安顿在维也纳过一份无忧无虑的生活，自己再度迁徙，只身去了阿尔巴尼亚的东邻马其顿。马其顿是东欧小国，只有200万人口，其中20%系原来的阿国人，也不乏希腊人，所以海洋气息浓郁，经济文化发展比它的西邻超前许多。叶小明对自己说，马其顿小国寡众，但200万人的市场对你来说，足够大了。

不做衬衣了，做鞋。附带皮包，服饰，做连锁旗舰。品牌命名“佳力”，公司命名“中国商场”，简洁明了。这是叶小明深思熟虑后的战略转换。阿尔巴尼亚的“长城”已成历史，好汉不提当年勇，他要书写今天。

先在阿尔巴尼亚人集居的街区开出第一爿店，因为娴熟的阿国语言和行为习惯。再辐射出去，接二连三开出新店，形成连锁。叶小明从温州、广州进货，不偷工减料，不偷税漏税，全过程不沾灰，不涉黑，一概合法经营，科学经营。卖鞋而且零售原不是科技含量多高的生意，他却以十年学医从医的理性和严谨，引领公司纳入计算机科学管理轨道，走出有别于家庭作坊式的小打小闹经营窠臼。他招募清一色马其顿员工，薪酬、捐税、福利都高于当地，要求亦高，首先年轻，其次高学历，会英语。一旦在旗舰店里那么一站，气质优雅，生机勃勃。每位员工的招募面试他都自己掌控，从一开始就注重打造良好的企业文化，训练精诚团结竞争不败的团队。

他做到了，马其顿成为他生命历程的制高点。也就六七年时间，他在各个城市开出30家“佳力”连锁中国商场，一年进口60个特大集装箱，零售卖出30多万双鞋，今年还将上网销售。员工团队140多人，绝大多数大学毕业。店与店联网，人与人也联网，每日晨会，各人一部手机，英语对话，决策，部署，经营的日常细节准确无误地传递。如此规模的外资连锁在这个东欧小国并不多见，中国造更是独此一家，并且年年登上马其顿百强企业龙虎榜。

可以说，今天的叶小明和他的“佳力”在马其顿家喻户晓。

采访札记：

“佳力”的商标图案是依傍着的太阳与月亮，意蕴取自叶小明的“明”。

他不知道自己象征月亮还是象征太阳。但在140多个清一色东欧人的公司里，他是唯一的中国人。他的团队对自己的老板来说，是一个人的异邦。异邦意味着单独的那个人是外人，是入侵者，偏他成了呼风唤雨的领袖。

因此，叶小明的马其顿多少有了点神话的韵致与想象力。叶小明喜欢骑马也经常骑马，有次他在马背上说，其实他是极端崇尚自由的。那么，他应该是找到了策马扬鞭自由驰骋的天空与大地，他对得起自己的心灵了。

多重舞台的现实之梦

李洁对我说，她相信自己的命运是被一个梦改变的。这话听起来唯心，尤其从一个穿着时髦打扮漂亮的女人嘴里说出来，更觉得有那么点玄。

但我不奇怪，生活是千变万化没有既定套路的，生活中的每一个人被装进怎样的模子就出来怎样的类型，很多时候都不是自己说了算。正如李洁，从爱唱李铁梅的文艺小囡到越剧团旦角尖子再到维也纳转盘寿司第一人，其中一波三折几番萦迂的生存之路遍布宿命的玄机，颇值得参悟。

而且，现如今的李洁已成为追随台湾佛光山星云大师虔诚的佛教徒，也算修成正果吧。

一

李洁在奥地利飘了将近十年，回去时两手竟然是空的。本来无颜见江东父老，无奈没拗过儿子的恳求。儿子站在昏暗的夜色里等着疲惫的妈妈下工回家，像只嗷嗷待哺的饿鸟。儿子连10岁生日都没来得及过，就已然在风中缩成饱经沧桑的一个小黑点。儿子求她，妈妈，带我回家好吗，回温州那个家。她问儿子，奥地利不好吗？儿子把头摇得像拨浪鼓。她觉出浑身的皮肤都在作痛，犹遭鞭笞。儿子很懂事，绝口不提父母离异强加给他的不幸，但失神的眼睛里满是无辜的委屈。李洁捂住嘴，没让自己哭出声来。几天后，飞机从温州机场降下，这对母子悄然回了家。

谁能相信，在外打拼这么多年，送儿子进小学校的那笔资助费都拿不出，还是母亲、妹妹凑的。去抓药，中医开出的方子要600元，只能皱皱眉头扔进垃圾桶。不是李洁没挣过钱，而是挣来的血汗钱都被玩钱的那个人玩没了。1988年刚踏上维也纳，她就被撂在赌博机旁困守一天一夜。从那一刻起，钱攥过她手，注定要成为别人的流水，流回赌钱的筹码堆里去。

对比舞台上亮眼瑰丽的前史，这是多么忍辱负重的生命场景。

二

李洁是跟后来在电影版《红楼梦》里扮演林黛玉的陶慧敏一起在越剧《海国公主》里脱颖而出的。李洁的母亲是从农村嫁进城不识几个字的女人，但心气高，对望子成龙出人头地有天生的领悟。李洁有文艺细胞，从小爱唱京戏，能把《红灯记》里李铁梅的唱腔整本唱下来。当然不是对京剧情有独钟，只不过那时除了样板戏，没别的可唱。母亲听女儿唱得好听，就送她去少年宫培训，每天早起，天不亮就往九山湖那头赶。家里没闹钟，有时母亲的生物钟出了岔，半夜两点就在漆黑的路上摸，然后坐在门外石阶上等天边一点点亮出鱼肚白。后来少年宫培训班散了，“文革”也结束了，就私下里跟名师学声乐。学了京戏学了唱歌却没有对口去处，便去了瑞安越剧团，反正越剧也是唱，别让姣好的扮相清亮的嗓子闲着就行。去了就排安徒生童话改编的新戏《海国公主》，演梦幻公主。戏好，演得也好，在全国戏曲调演中跟着剧目红遍大江南北，得了这个奖那个奖，还被钦点去怀仁堂给中央首长演。回瑞安，温州文化局长越剧团长专程来考察，把她作为新秀上调温州越剧团。接下来本本新戏都有她的份，绚丽舞台在她面前拉开冉冉升起的序幕。

三

恋爱。结婚。生子。女孩的路走成女人的路，命运开始逆转。

出国签证办下来时李洁正在杭州参加全省戏剧汇演。记得是演《浮生恨》，她在戏里有很重要的角色。因此跑去告诉团长她要离去时团长大发雷霆，你走了，角色怎么办？那时她年轻，年轻可以是任性和不负责任的托辞，她脱下戏装在次日凌晨不告而别，连回眸的一个眼神都没有。她以为奥地利等待她的也是一个舞台，即便没有掌声鲜花，裙裾一圈舞步的空间总是有的。

但她错了。离开那个候了一天一夜的赌博机，她就去了维也纳乡下，进台湾人

开的餐馆打工。说是做酒吧，却要洗杯盏洗地洗厕所。台湾人不把大陆人当同胞看，一脸瞧不起的神态。李洁哪受过如此鄙夷，手里干活嘴里骂骂咧咧嘟囔，老板一跺脚便把她炒了鱿鱼。第二家也没跳出台湾人手掌心，从地窖往上搬啤酒箱，一搬几十箱，累晕了，趴倒在箱上。老板非但不体恤，还骂她装熊，偷懒。一气之下，自己把自己炒了。跌跌撞撞走在充满奥地利风情的街上，找不到去路，感觉天际都是低垂的。

幸好，天下乌鸦不一般黑。回了维也纳，遇上当时中华餐饮大佬，也是台湾人，对她却是器重有加。李洁在他那里做了三年，直到跳槽当了集市跑街。

四

集市跑街就是打一枪换一地，流动摊贩，是老欧洲的传统贸易方式。很辛苦，却挣钱。开辆破车，里面装了要卖的货物，也装了栖身的一个家，像吉卜赛人那样过流浪日子。每到一地都要去市镇政府号摊位，去得越早位置越好。住不起旅舍，就蜷缩在车厢里睡，天冷，裹件棉大衣还哆嗦，那感觉好比去西伯利亚赶早集。今天此站明天彼站，远时相隔四五百公里，只有走夜路，才能赶在凌晨铺开摊位。遇着刮风下雨，伞被刮跑，氢气球般半空飞旋，人比落汤鸡更狼狈。这样挣钱真是苦中作乐，没有坚强的神经很难支撑。李洁咬牙挺住了，但总觉着自己像梦游，小花旦娇羞美丽的姿态怎么就千里迢迢亮相到奥地利集市来。人一旦离开原来环境跑到国外，也许只能向钱看了，端着身架行不通。

然而，没等血汗换来的辛苦钱在手心里攥热，便被一同操劳的人挥霍干净。那是人家的狂欢，打了鸡血似的亢奋。李洁苦到头，连数钱的快感都没捞着，怎么可能不崩溃？

期待许多年，忍耐许多年，终于幻灭，从那个魔症般的空巢里剥离出来。

五

就在回温州那段时间，李洁做过奇怪的梦。梦见自己走进黑黝黝的原始森林，阴冷，潮湿，生命被抽丝般掳走。正恐惧着，耳畔响起苍穹降临的话音，气息悠长，声若洪钟：走，一直走，别停步，走远了方得柳暗花明。恍惚中，看见一只狗，摇着尾巴遁进月洞门……醒过来，冷汗淋漓，不知所措。李洁原不信神，偏被这梦搅得寝食不安。原本带儿子回家不准备走了，留下做点什么事不好，可被这出梦驱赶着，不走心慌。狠狠心撇下儿子，重蹈漂泊之路。

维也纳在迎来新世纪的同时迎来这个37岁的中国女人。李洁不复世纪初岁月的新鲜明净，她有了沧桑。

这天，李洁与朋友约会喝咖啡，约会地点选在命名为“鲁格纳城市”的购物娱乐中心。李洁发现眼皮底下竟有一小块铺面闲置，蠢蠢欲动，女人间的话题咸咸淡淡变成敷衍。女友是何等聪明之人，怂恿她去见中心老板。大老板就叫鲁格纳，奥地利知名建筑商，少数党社会活动家，曾竞选过总统，是媒体频繁出镜的熟面孔。李洁开门见山，说要他城郭里的一亩地。做什么？大老板饶有兴致瞪了她看，眼里满是对中国女人的探究。李洁脱口说，做日本寿司。她其实没来得及细想。鲁格纳笑了，说，好，租给你了！他仿佛要的就是这种随意。一个电话，部门经理带着合同书走过来，什么多余的问话都没有，签了合约。李洁没有购买经营权的头笔资金，大老板当然不会免，却同意她在小店开张后逐月付出，就像无息贷款。

小店真是小，犹如锦衣绣裘上的一粒盘扣，沾了奢华，聚了人气。李洁用仅有的一点小钱，买了几方木料，几罐油漆，几盏灯笼，把狭小的空间装扮起来，黑是黑，白是白，倒也很日本。大老板过来看了，眼睛一亮，说到底是演艺界出来的人，摆弄个寿司店也够艺术。开张那天，捧场的人不少，电视台也来了，冲着鲁格纳。大老板却把小老板李洁推出来，那份郑重，不亚于推介一个明星。于是，方寸小店不火都难。

生命中的第二个男人也在冥冥之中不期而遇。他是杭州人，与同是越剧演员的前妻离异后在欧洲大陆飘，最后栖息在奥地利。开业那天，他来捧场，怀里抱了一束鲜花，颇有些文艺。他其实是朋友的朋友，并不熟识李洁，但一照面，就有惺惺相惜的感觉。之后每天早早来，李洁没有雇用他，他却一副责无旁贷的架势扛起男人的义务与担当。小店生意火爆，不就缺这样实诚的一个帮手，李洁顺水推舟接纳了这份情意。

结合的实质其实也简单，不过是把各自漂泊的两个行李箱搬到一个屋檐下。彼此都有情殇，互相取暖而已。从此，并骑一辆双人自行车出出进进，成为伉俪情深的经典画面。

六

2005年，时尚转盘寿司大型食廊与新潮卡拉OK娱乐厅在“鲁格纳城市”同步开张，李洁一步蹿上新舞台，迎来闻鸡起舞第二春。已非旧日才子佳人裙裾窸窣，亦不唱缠绵悱恻悲哭之调，她要做的是维也纳饮食娱乐界不被小觑的女中豪杰。

不是那个梦的指引又是什么？一切看似巧合，却是偶然中之必然。“鲁格纳城市”这两处黄金铺面是后来加建的，有很大的场面，新颖的设计，看起来五光十色，很是魅惑。显然价格昂贵，不是小商小贩拿得下来的大买卖。李洁经营了几年寿司小店，虽脱了一穷二白的帽子，赚的仍是小沟渠流来的细水。她不甘心，总想做大，过过数钱数得手发软的瘾。大老板鲁格纳也看好她，多少人揣了满兜资金来要他的地盘，终是不允，偏把租赁合约写给了全凭银行操纵生死的贷款者。他替李洁找了最好的公司启动策划人，做出最漂亮的计划书，差点让银行信贷部那个西装革履的管钱人跌破眼镜，从未见过中国人带这么规范的计划书来贷款。艰难的借贷于是成为轻松的游戏，要多少，批多少。银行家或许跟大老板一样看好李洁，认为她是“鲁格纳城市”最具潜力和爆发力的合作伙伴。如果大老板不是奥地利人而是法国人，肯定还会说，她还是最漂亮最有魅力的女人。而李洁，则越来越相信鲁格纳就是梦里预示的那位贵人。

七

转盘寿司与卡拉OK厅都在呼啸声中上扬。李洁站在制高点笑看惊雷倾听风声，用女人温润的理念催长茂密的绿茵。卡拉OK厅其实也是李洁温故怀旧的舞台，不再有悲欢离合花好月圆的老戏，却可以用或狂飙或隐晦的歌唱讲叙现代人的喜怒哀乐。她还借用大老板鲁格纳家喻户晓的媒体效应，多次举办贵族舞会、卡拉OK大赛，并以连轴演唱100多小时而两次进入世界吉尼斯纪录。转盘寿司命名为“欧开罗”，译成中文叫“上升”，它是李洁的现实之梦。“欧开罗”登陆之时正是这一形式日餐在奥地利疲软衰竭之际，没碰上好时候反而给她改朝换代的契机，她吃遍维也纳最高档最奢华的各国餐饮，把贵族式的菜点、服务渗入平民消费，使一向趋于低档的转盘寿司跳上新台阶。价位不变，却是最好的厨师，最好的食料，最好的环境，最好的服务，谁来吃都觉着是超值消费，连最挑剔的媒体也不例外。最终把“欧开罗”评为维也纳转盘寿司之冠的正是奥地利最权威的新闻杂志，杂志老总休闲时偶尔撞入，一吃，竟吃出了滋味，就有了以后的报道与评选。

李洁还以华人企业家身份，受邀参与由奥地利总理带队的商务代表团访问中国。联邦政府妇女部长也带着媒体，就外来移民女性成功之路为话题，专门对她做了深度访谈。无疑，从戏里走出来的李洁正一点一点浮上水面，为中国女人的精英形象编织了华美彩装。

八

一个宿命的指引导致了辉煌的现实之梦，李洁收不住婀娜舞姿了。她走出“鲁格纳城市”，在维也纳四处踏点，相中适合的场馆就张罗租赁并购，她要让她的“欧开罗”转盘寿司连锁成旗舰，在音乐之都遍地开花。然后，争取上市——她不以为这是妄想。

李洁还懂得，一个成功的女人，不仅要爱惜自己的羽毛，也要知恩图报，回馈社会。李洁在成为虔诚的佛教徒之后，对“舍得”有了参悟。她尽量少买名牌，尽量节制富婆难以避免的奢华与虚荣，在自己的“欧开罗”与卡拉OK厅组织多次慈善活动，以救助死亡边缘的儿童癌症患者。她的慷慨捐献不止于佛堂佛事，不止于国内赈灾，是跨越了宗教跨越了国界的俗世悲悯人性关爱。

点击华人街

没找着任克龙前，我只在“华人街”感受他的存在。“华人街”是一个在巴黎注册的中文网站，是被搜索引擎弹跳出来的关于底层平民的海外生存视窗，正被越来越多的法华移民拥戴为不可或缺的实用资讯平台，点击率无限。

我也曾经受益于“华人街”的分类广告，找到解决燃眉之急的钥匙。比如年轻的电脑技师，一个电话招之即来，轻而易举摆平让我束手无策于电脑蓝屏的尴尬。你想，“华人街”每日更新二千多条广告帖子，所需所求挤成一锅粥，要什么没有？这类网站在国内或许不算什么，但在欧洲，在华人长期以来与本土隔阂资讯闭塞的处境中，无异于聋哑世界的一缕福音，让人在实用界面上耳聪目明。

由此，我对“华人街”幕后的决策人有了窥视和探究的兴趣。一问，巧了，竟也是温州人。

便打电话。打了无数次，终于逮着。他抱歉，说他很忙，每日从早10点到晚12点，天天如此。网站就两个人，一个他，一个技师，实是分身无术。

他没有夸张。当我们约见在巴黎共和国广场凛冽的寒风中，我看到他脸上的疲惫。

黑暗的长路到巴黎，看见仍是灰蒙蒙的一片天

任克龙的经历乍一听与别的温州人没什么两样。他也是侨乡丽岙田埂上玩大的孩子，父母都是农民，生了连他在内一共四个孩子，粗茶淡饭供养着，不挨饿不受冻就是好。学堂上到初中毕业，任克龙坐在局促的教室看窗外乡野的炊烟越来越无趣，就吵着嚷着要跟一拨拨往外走的大人闯荡世界。爹妈被纠缠不休，狠狠心砸锅卖铁让“蛇头”送他去找法国阿姨。

1992年，18岁的任克龙兴冲冲上路，脚步鼓点般急促而喧嚣。

未曾想，别人只需一昼夜的航程他却困顿辗转了七个月，并且连飞机舷舱的门都没靠近过。广州出关没出成，耗了三月，转到北京，又耗两月，然后塞过来一本护照，说，走吧，坐火车出境，去莫斯科。俄罗斯，匈牙利，一站一站地熬，倒是过足了东方快车的瘾。从匈牙利借道塞尔维亚去意大利时，遭遇前南斯拉夫分崩离析，说是这一干人的签证已不作数，护照扣留，圈赶到火车站遣送。不甘心，坐计程车逃之夭夭。再试图从公路入境，这回遭拦截的是荷枪实弹的军队边卡，任克龙自己的护照没了，只好亮出兜里替别人捎带的护照作幌子，忐忑间，只听边卡士官劈头盖脸大吼一声，chinese，ok ！一乐，撒腿便跑，心里却嘀咕，到底也有不嫌弃中国人的。在南斯拉夫掮客的屋里歇了几天，继续朝既定目标走。闯意大利的险恶是跋山涉水，在夜色隐蔽下蛇蟒似的穿行。惊悚片的情节里，居然走失一位同伴都无人发觉。再北上，就是目的地法国了，闯了几次火车都被遣返到意国起点，最终还是买通贪婪的意国列车员，藏到车厢与车厢的储藏室夹缝里才蒙混过关。

对于18岁的任克龙，这是一条黑暗的长路。买路钱付了十几万，始终不知“蛇头”是谁，亦真亦假，时隐时现，终究是个影。好在终于到了巴黎，看见了仍是灰蒙蒙的一片天。

他相信自己是同一条船上的乘客，找不着岸，系不了筏

栖身阿姨家没几天，便出外四处寻工。要填饱肚子，要偿还那笔昂贵的买路钱，他耽搁不起。先做皮包，再做衣服，战战兢兢向同乡老板讨口不合法的饭吃，就像地窖里刨食的地鼠。夜深了，躺在七八张床挤成一团的黑屋子里，他常问自己，这就是你的青春？眼泪落到枕上，湿了一片。

可不是，原本飞扬的青春就这样在黯淡而辛劳的日子里流逝。整整九年，任克龙除了挤出工余的点滴时间在免费语言班学了初级法语，几乎没有更多的斩获。他心疼光阴的一再浪费，从衣工厂脱身而出，到左翼法国人为促进华侨华裔融入的民间团体“瓯江协会”任社会辅导员。这是一份低薪工作，但他觉得有意义，因为承担了一份社会责任。他每天接触的都是偷渡过来没有合法纸张的同胞，绝大多数是温籍同乡，未成年者不少。他相信自己与这些人是同一条破船上的乘客，找不着岸，

系不了筏。尤其那些没有工做，在三区温州街和十九区美丽城厮混的少男少女，赌博偷盗抢劫犯浑，最终女的揣了大肚子一把鼻涕一把泪，要生无法生，打胎又摸不着门，哭到他门上。眼见这类无助的惨状，他心里总是一阵阵抽搐，欲哭无泪。他竭尽全力帮他们寻找出路，四方游说，肩头卸不掉沉甸甸的压力。为协会的工作职责，也为自己惺惺相惜的一份私心。

协会办公桌上有台用旧的电脑，他学着摆弄，发觉自己对键盘下那个世界有天然的好奇与悟性，抽烟般染上了瘾。当然他的瘾不是玩游戏，而是资讯，信息。去搜索，去发现。原来遥远的世界这么近，他与任何人一样，都能从容走进去，找到本不属于他的资源。他想象与那些上门求助的少男少女共享这份快乐，就在协会里自任老师开办电脑班，引领游离在学校外的这些半大孩子从街巷的暗影回到正常的生活中来。电脑只有一个视屏一个键盘，却是通往希望和光明的路。

三年后，他应聘去了巴黎市政府下属的计算机培训部任职，教退休老人学电脑。勉力推荐他的是市政厅社会部的一位法国官员，没有私交，只在工作中相识。之前他为同胞难以苟且的生存问题找他们，问题都是棘手的，弄得人家很头疼，却又看重他工作的尽心尽责。应聘是要面试的，他既没有专业文凭，也没有正规训练的法语，竞争者有三，另两个都是有学历有经验的法国人，天知道交了什么好运，偏偏选中了他。回家路上，他一头雾水，怎么也想不明白，索性撂开不想。

回来辞职，竟是十分不舍。适逢瓯江协会改组，他请缨并当选会长，从拿薪酬的职业辅导员摇身一变为纯义务的社会工作者。从此，他在市政厅充当法国公务员，衣冠齐整教退休老人学电脑；一有余暇，就到协会做他百分之百的义工。他这个会长不是那些有钱人愿意出钱买的头衔，麾下一群生活无着脚跟站不稳的无身份者，要做的全部事情就是排忧解难，帮助他们在法国拥有一片立足之地。

电脑给了他创造力驰骋的可能性，他开始建构不带功利的遐想

日子过得很快，不知不觉已是2005年的春天，他30出头，依然孑然一身。夜深回家，能听见的只有自己的脚步声。家很小，却空落落显得有些大。他甚至没有女朋友，唯一做伴的只有电脑。原该有女孩顾盼青睐的，可他忽略了，生活里的业余时间通通投入他的电脑。也许就是偶然的一个提示：那天周末，他如同往常在协会里忙，没多大功夫，陆续走来三个人，问一个同样简单的问题，区政府在哪里？坐几号地铁？什么站头下？他突然就意识到，应该把这类实用信息收集起来，拢到一个快捷开放的中文平台上，方便指南。电脑给了他创造力驰骋的可能性，他在不眠的床上转转反侧了几个长夜，开始建构丝毫不带功利的遐想。无师自通，居然就被搞成了。虽然粗陋，草创的结局依然让他兴奋不已。修修补补之后，他多少有些胆怯地把这个命名为"中法在线"的网站挂上了公共视野的一个角落。

居然就有同道找上门来，言称对他的网站有相当兴趣。一个学计算机的留学生，名叫王定灿，竟也是丽岙人，方言让陌生的两个同乡瞬间熟稔起来。话题自然关于网站，热火朝天的，十分投契，一聊聊到后半宿。结局是，从目前的网站雏形中找出一条新的路径，搭建知识与实用资讯共享互动平台，打造华人中文百科。这个决定让两个萍水相逢的年轻人很兴奋。

次日，任克龙毫不犹豫就去市政厅辞职。社会部那位官员惊愕地看着他，以为是在开玩笑。的确，法国公务员虽然薪酬不高，却是安逸没有失业之虞的一份差使，尤其外裔族群，别人求还求不到呢。其实他心里也是歉疚的，觉得有负于人家的提携，嘴上却嗫嚅自嘲，我还年轻，总不能一辈子撂在这间屋里教老人电脑入门吧？他去意已定，不容分说炒了自己鱿鱼，走得一点都不拖泥带水。

对他来说，一份现成可观的收入没有了，生活重新陷入动荡。任克龙一副毫不在乎的劲头，把多年的那点积蓄抖落出来，申报公司，并在贫民区斯大林格勒一带租了间办公室，开始了他与王定灿两个年轻人飞扬的梦想。过得不舒服甚至贫穷对他们不算什么委屈，因为奢侈原本就远离他们。

梦想同样远离奢侈。根植底层的实用资讯，不过是给困苦窘迫的生存处境指一条狭窄微明的通道而已，能有什么好高骛远的浪漫？任克龙与王定灿的难得之处就是把飞扬的翅膀嫁接在行走大地的双腿上。他们建造的不是空中楼阁，追求着生活常态与民间气息。

对比当今满口狂言的愤青们，从温室暖箱里哺育出来，几个能有任克龙、王定灿自觉的普世情怀？

“华人街”成功了，以任克龙的清贫与非利禄为前提，足以让人尊重

“华人街”就这样诞生了。出台测试时只是一个架构一个雏形，思路不清晰，设置也不完善，却博得网友拥戴，点击率出人意料的高。因为它囊括了生活所需所用的方方面面，给在法华人提供了详尽的资讯与极大的方便，填补了法国中文实用网域长久以来的空白。

任克龙与王定灿自然是高兴的。网友的反馈如兴奋剂，催发了他俩更大空间的激情想象，模糊的概念明朗起来，不自觉的思想火花上升为理念的自觉，他们清楚如何定位“华人街”了。一遍遍改版，把现实的遗漏缺憾补缀起来，把超前的预想模拟出来，能免费的都免费，可奉献的都奉献，不挣钱不盈利在所不惜。拿一份连税都不用纳的最低工薪，雇不起员工，事无巨细全盘自己来。就困守电脑前，每天至少工作12小时，吃饭囫囵，睡觉囫囵，谈情说爱的时间也榨取得一干二净。每天点击率数万，分类广告刷新二千多条，光是删除更换的条目也不少于三百条，还有无休止的问号盘点。最知心的是那帮铁杆网友，频繁挂网上互动，自告奋勇把问号圈成句号，解惑排难。即便如此，他俩也像这条街上的守更人敲着更鼓巡逻，别人睡觉也得把眼睁着。一条网络上熙熙攘攘的街衢就被这样拾掇出来，亮丽谈不上，应有尽有的繁荣却是不虚夸的。仅实用资讯和生活服务栏目，就包揽了商务平台、招聘求职、房屋店铺、法律信息、居留纸张、银行账户、汽车驾照、医疗保险、帮助中心、交友寻缘、购物旅游、读书留学、文化娱乐等等，华人圈里所有的民间交易都会在这里进行。甚至如何申办纸张、如何解决民间纠纷这等大事，也会亮到网上，该求助的求助，该咨询的咨询。“华人街”还编辑出版定期纸质《生活月报》，把网站的重要话题与网友的优秀征文、摄影比赛得奖作品刊载出来，免费发放，让暂

时未能上网的朋友也能领略网络风采。到后来，眼见登录的网友越来越众，神父牧师佛堂和尚也持经秉烛，把网站当成布道传教的神坛。

在法国有了响亮口碑之后，任克龙的野心随之扩张开来，他要一步步覆盖全欧，让所有欧华圈移民共享网络资讯年代的快捷与方便。第一站是意大利，在那边聘了两名员工，专事集合资源，规模内容逼近法国，若把网页切换到意国旗下，已同样明晰丰富，与法国站堪称双雄。接下来的目标是西班牙，温州人、华人很多，都是不可或缺的资源和互动对象，“华人街”在所必得。

作为一项倾力投入的事业，不过短短几年，任克龙应该算是很成功了。而且他的成功以清贫而非利禄为前提，足以让人对他产生应有的尊重。不管他看起来多么平民多么俗常，都将不再平凡。

采访札记：

坐在我面前的任克龙已不再青春，却依然是有活力的，他的活力潜藏在惯常的平民姿态下，有些民间悲悯的意味。

知道他还是那个鼎鼎有名的“法国华人青年协会”创始人。这个协会成立于2006年，曾以历年别具一格的春节晚会（比如今年就叫：绝不“虎”略你）与已经办到第三届的“唱响法国”华人青年歌唱大赛，在第三代年轻华裔华侨中享有盛誉。青年协会与别的华人社团不同，没有任何功利，也不请吃请喝，宗旨就是团结青年，共建海外生活的快乐与友爱。事实上，她就是愿意奉献的每一个青年义工砖砖瓦瓦筑建的温暖之家，走进这扇门，人人都将学会奉献，人人都将无偿获取。

正是任克龙的初衷。虽然他的第一任会长早已交班，良好的传统却传承下来，发扬光大着。因此，提及青年协会就与提及“华人街”一样，任克龙两眼放光，神情亢奋，就像田畴老农喜获丰收。于是我忍不住想象，如果他至今留守田畴，会是怎样一种情形？

好人王快胜的荷兰之旅

好人王快胜的荷兰之旅

都说王快胜是个没脾气的好人，对谁都是满脸善意的热情。唯有他太太说，其实他的性情就像他的名字，快，好胜，急起来也会吼，不过只是对她，对别人即便再急再想动怒也会忍下去，一如既往的菩萨心肠。这点我信。在荷兰北部采访的那一天，我已领受了他太多不虚饰的好。

然而王快胜也以他的故事告诉我，他并不是从一开始就好得那么面面俱到的。他也曾经浪荡过，让父亲担忧，让母亲落泪。是生命中漫长的一次迁徙唤醒了他的本真，校正了他为人之道曾经有过的偏倚。

几近30年的荷兰之旅遍布艰难困苦，他从泥泞里一路趟过来，吞咽着悲欢离合，经历了一个人脱胎换骨的人格重塑。当然，今天的王快胜依旧是俗世里普普通通的存在，并未成就一代伟人，但谁能说做好一个常态里既对得起他人又对得起自己的人，就不是生命最圆满的呈现？平凡的好人丝毫不比伟人在心灵意义上逊色与卑微。

背景

王快胜是温州藤桥人，自幼家道殷富，上辈攒下不少屋宅田亩，到了祖父手里，别人衣衫褴褛出洋漂泊，他则是裹挟了叮当响的银大洋上的船。虽说跨上鹿特丹港那一刻起，他也与别的华仔做同样营生，走街叫卖领带裤带花生糖，毕竟囊中有底，不用忍饥受冻的。往下是父辈，适逢世道改朝换代，一是祖上做人宽厚，未结冤仇；二是祖父二战之初就去了欧洲没再回来，剩下孤儿寡母留守凄凉或多或少讨到些同情，所以成分定得不算高，没收田产便也相安无事。

到了王快胜，父亲的三代单传续了香火，兄弟姊妹人丁旺盛。父母都在华侨陶瓷厂当差，父亲还任了厂长，一家人就在老宅里住，间或得几笔荷兰寄过来的汇款，由祖母收着，把一份乡镇的日子过出不显山不露水的滋润。

中学毕业，王快胜厌倦了打打闹闹的学校，无所事事在1971年的镇街上闲逛。一不留神踩进了赌窟，正百无聊赖，别人一推搡还不赌红了眼。不过十四五的年纪，赌输了想翻本，赌赢了又想赢大的，一夜赌到天亮，输掉四五千，脸都输绿了。那年代这个数字是什么概念？一个成年人十年的工资！少年愤青王快胜欠了一屁股赌债，吊在身后像个脓疮，割都割不掉。

家教是严的，没人会替赌徒的青春买单。王快胜找不到出路，就给从未谋面的祖父带信，要求把他也像哥哥一样弄出去。他觉得自己不会输给成年的哥哥，他脑袋活络，只要甩掉赌帮，洗干净摸牌九的手，照样能打出一片天下。然而出国不是玩家家，谈何容易。祖父回音，先学门手艺，等出去了好混口饭吃。他问学什么，那头说，要么做厨，要么剃头。做厨他似乎天生就会，都没怎么学，就能给庆生庆婚的人家摆喜宴，既挣钱，也有兴趣。做剃头师傅却是没碰过也没想过。那就学剃头，多门手艺多条生路，到哪儿都好。

说他能干真不是抬举他。跟师傅学了几招，手艺便相当不错，很快在镇街开出理发店，先是门庭稀落，剃得好，人就慢慢多了，待人又热心肠，来谁谁是朋友，剃头剪子便日日不得空闲。忙了几年，欠下的赌债一一还清，又娶了媳妇，祖父那头还是没有动静，出国的心也就淡了。既然不出国，剃头小店也拴不住闯荡江湖的心了。他关一道门，开另一扇门，办起碾米厂，效益不错，又开棒冰厂。那年头，改革开放方兴未艾，一个年轻人能在小镇开出两爿厂，已是很牛。

祖父

不料早黄了的事有了转机，祖父那边给他办妥了旅游申请。移民太难，短期旅游也不错，一脚跨进那个国度再说。该卖的卖了，换成美金塞进兜里，夫妻俩泪眼汪汪把幼小的孩子抛给母亲，告别病榻上的父亲，在1983年的国际劳动节抵达盛开着郁金香的荷兰王国。机场出来看见无比美丽的花田，却不知道那就是郁金香。

有个混血男人来接机，语言不通，脸上表情也淡漠，好像只是来接几件行李。王快胜知道，来人系祖父与荷兰婆的儿子，是跟他有血缘关系的半个叔叔。当豪华的私家车开进祖父豪华的家，他看见祖父的第一个举动，便是把100荷兰盾的车钱付给儿子，比跟出租车司机结账还要名正言顺。

再来打量祖父。白发苍苍的祖父坐在西洋装饰的大客厅显得疲惫，看起来比1971年藤桥那次老了许多。其实祖父那次回故里也是1937年出来后的第一次，祖父祖母分隔天南海北已经整整34载。解放前是战火间隔，解放后是人为阻挠，祖父只是偶尔有信，偶尔寄钱，给留守的祖母一个渐走渐远的背影。据说祖父也曾写信问过祖母，想不想去荷兰找他，祖母拒绝了。祖母放不下藤桥的儿子藤桥的家，便让自己成了守活寡的女人。

祖父娶了荷兰洋女人，开了还算红火的中国餐馆，并生了一堆混血的孩子，供他们读书长大，帮他们立业婚嫁，再一个个离去，平日大多不照面，只在圣诞大餐时团聚一回。祖父老了，荷兰婆年轻十几岁，本来就有文化冲突的日子加上岁数的冲突变得越来越糟，闯荡大半辈的祖父活成了窝囊的笼中老鸟。

王快胜的到来给笼中老鸟带来些微春意。看到孙儿，就像看到故乡的儿子，发妻，对妻儿的牵挂和思念才是揪心揪肺的疼痛。老人自然希望孙儿留在膝下，可这个家不是他说了算。不到一周，王快胜夫妇就被送到当时的侨领叶世顺餐馆，开始了长达12年的打工生涯。荷兰婆在当初做客的几天还算客气，虽然那礼貌周全都是没有温度的。后来王快胜再次上门探望祖父，她就全然一副外人姿态了。如果多住一天，就会讨每人25荷兰盾的伙食费，而且理直气壮。孙儿被噎得一愣一愣，祖父也吹胡子瞪眼生气，但人家就这德行，又当奈何?

再后来，当祖父自知一病不起，悄悄交代孙儿，将他的遗骨带回藤桥与发妻同葬。祖父说，万一带不走遗骨，就带我一身西装一双鞋做个衣冠冢也是好的。祖父说这番话时老泪纵横。

身份

荷兰婆的“礼遇”给王快胜上了西方文化第一课，从此明白在别人土地上生存是怎么回事。既然亲情如此淡薄，他只有靠自己。但是难，难上加难。

首先是身份的尴尬。王快胜是旅游签证出来的，期满滞留就成了见不得日光的“蝙蝠”，打工是黑的，生活也是黑的，时时处处心惊胆战。在叶老板餐馆做大厨，勤快好学，顾客喜欢吃他的菜，老板也满意。可他的日子就是楼上睡觉楼下干活，哪也不敢去，坐巴士怕，走路怕，坐火车更怕，怕撞见警察。索性关自己的禁闭，把生存半径缩小到一张楼梯，躁动的心幽闭在无奈之中。

警察终于闯进来，在楼梯口逮住他和他的妻子，罪名是打黑工，投进监狱。更不幸的是父亲偏偏在他囚禁的十来天中离别人世。那时家里没电话更没手机，藤桥的弟弟到镇邮局排了一天队给他打长途，怎么也找不见他的人，噩耗就在那一头搭着无处传递，母亲悲痛欲绝。等从铁门里出来，从祖父那里拿到家信，他与亡父已经天人两隔一月有余。他躲进墙角呜咽，是天塌地裂的感觉。

硬着头皮熬。实在是命途多舛，一个人竟与一纸身份对峙长达八年，一场抗日战争都打下来了。而这场属于他的战争，败者为寇永远不会是对方，哪怕他谨小慎微，哪怕他试图挺起脊梁，先天缺钙。

王快胜又被逮了两次关了两次。一次贴着墙根走路，另一次刚跨上巴士，都是为申办居留不得不去某一处机构。荷兰警局也学乖了，把繁文缛节简化，不就是非法居留吗，懒得审，判他一个驱逐出境。比利时布鲁塞尔近，就火车押送轰下去拉倒。比利时无亲无故，只好兜一圈乘夜车贼一般潜回荷兰。后一回走熟了，还能猫在不起眼的角落眯一觉。

日子就在躲躲藏藏中流逝，倒也不耽误赚钞票。王快胜的烹饪手艺越来越好，做人行事也越来越为侨领叶老板信任，没舍得让他走，冒风险留着。但藤桥那边两个儿女一天天长大，王快胜尤其孩子他妈真有些熬不下去了。先把挣来的钞票捎回去，买了间五层楼的大房子，至少让后方的家有了点气派，再辛苦攒钱，准备攒够十万荷兰盾打道回府。否则，闯荡一番，两手空空回去脸面往哪里搁?

可是人算不如天算，等攒够钱，叶老板也把合法居留替他们申请到了。虽然姗姗来迟已是90年代，王快胜仍觉扬眉吐气，挺直了腰杆。原来人有一个身份一个归属是那么幸福的事。回归的念头搁浅，成了过去式。

老板

王快胜对叶老板感恩戴德。他原想立马拔脚走人的，去开餐馆，做自己的老板。但是他没有，他不能因大厨缺位而导致叶家生意下滑，那是拆墙角。按捺住躁动的心和久远的梦想，他又在叶家餐馆的炉台前站了三年，直至对方请到与他足以媲美的大厨。少有的老板与员工，简直就是仗义的江湖兄弟。

1995年，王快胜终于开出迟到的餐馆。离别十年的儿女也接出来，均已念完初中，转入荷兰高中接受西方教育，一面帮衬父母的生意。餐馆不大，完全家庭经营的格局。由于菜好，人好，生意不张扬却很殷实，说它是王家的摇钱树也不为过。儿子长得斯斯文文，从未练过厨炊，却天生对餐饮之道有领悟。没等财会专业毕业，也就二十郎当岁，就揣了父亲的投资，与亲戚在别处合开了另一家餐馆。

这期间，中国已经飞快地发展起来，侨商回流堪称时髦。王快胜心痒痒，也买了一爿百货店，回去采购。相对中国，荷兰的市场太小太小，品种要多，数量要少，偏王快胜又是初次练摊，这生意不仅赚不到钞票，做得还憋屈。国内亲友都劝他歇手。有朋友在政府部门任职，留他在国内投资房地产，其实就是批块地，并不用投什么资，拿一个海外名头就好。这个诱惑让王快胜在床上烙了好几夜饼，到底还是相背而去。疑惑只有一个，家庭怎么办？拆散还是回迁？荷兰身份等了将近十年，他总不能到了手又废掉，人一生有几个十年，玩什么也不能玩自己的一辈子，是不是？

他把打进去的货款重新带出来，把百货店盘掉，把自己的老餐馆儿子的新餐馆也卖掉，把所有的资金摞到一起，在乡野风光优美的荷兰北部格罗宁根省莱瓦敦市，买下一座六千平方米的花园别墅，命名中东酒楼。这幢三层别墅很豪华，远看就是掩隐在西方田园里的东方宫殿，有怡然的和谐。王快胜耗费巨资连墙连地一并买下，大有赌一把身家的气概。青春年少时他曾经是好赌的，来荷兰后多少乡邻把挣来的血汗钱一把把扔进卡西诺（赌场），唯有他不赌，他知道欠赌债是怎样惨痛的滋味，决不肯再重蹈覆辙。要过赌瘾，不如赌在生意上。很多人不看好“中东”的前景，劝他别破釜沉舟作超值投入，他噢噢应着，回头一笔签下。王快胜已被命运束缚太久，他想大手笔一把，犒劳自己，也犒劳妻儿。2003年那个夜晚月色皎洁，中东酒楼在喜庆中诞生。

大师

即便是宫殿式酒楼，王快胜也不完全走高档消费的偏锋，他把“中东”打成三块，一是大众餐打包，二是新潮WOK自助餐，三才是精品菜肴。但做出名声还是高档菜。“中东”菜谱上的上好肉类系列海鲜，周边那些平价中餐馆不仅做不起，也卖不动，因为环境的舒适高档、食材用料的昂贵、烹饪手艺的精巧他们都做不到，所以王快胜鹤立鸡群，冠盖众家。而秘笈便是食客等于我的上帝。在这里，他把好人的“好”诠释得更细节，更到位，以致荷兰熟客踏进“中东”就像串门走亲戚，情景交融，暖意盎然。王快胜常说，人家把钱送给你赚，你的菜就要体现对等价值，这是做菜也是做人的尺度。

生意越做越好，尤其周末，门庭若市，若如赶集。荷兰传媒来了，写了专稿刊载于当地报章。烹饪协会也来了，品尝了招牌菜啧啧称道，发下申报表格逐级上报竞争职称。2008年金秋季节，由世界中国烹饪联合会颁发的“国际中餐大师”奖匾终于被王快胜抱回了中东酒楼。很有一些熟客、老客闻讯赶来，手舞足蹈，送花，也送惊喜与祝贺。

王快胜被快乐团团围住，有一刹那竟百感交集。回首身后艰难困苦的荷兰之旅，喜极而泣。

风生水起，优雅依旧

一个时代与一个人的错位谁也奈何不得

周素琴是个喜欢读书的女人。她的喜欢不是一般的喜欢，而是那种一生一世都读书也不会

腻烦的喜欢。偏偏她的求学之路一点儿都不顺利，甚至很有几分坎坷。她说自己时运不济。的确，一个时代与一个人的错位奈何不得。

周素琴解放前夕4岁就上学了，哭着闹着非要去，家里拗不过，就依了她，居然就考取了。坐到课堂比别人矮半截，犯困就趴在课桌上睡，就这样，成绩也不比同学差。可是小学毕业考初中，却被关到门外。当然不是考不好，而是祖父外祖父两把黑伞罩在头顶，小小的人儿就浑身上下落了黑。

祖父外祖父的故事是过去那个时代一曲悲凉的挽歌。外祖父早年怀揣科学救国之理想，就读于北京纺织学院，毕业后为报效家乡办工校办技术讲习所，一心要给平民子弟提供就业培训。祖父呢，当着伪政府乡长，也是众望所归没推掉的差事，应该算是爱国乡绅，暗地里常为共产党的三五支队做事。当然了，都有钱有产业，不是赤贫的工农阶层。土改前夕，这对原是好友的亲家还特意问过当时打游击出身的某专员，他俩过不过得了关。地委专员拍他俩的肩头说，你们为我党为百姓做了好事，镇反不能镇到你们头上，放心好了。回到家，定心丸尚未咽下肚，就被闹土改的“大刀”、“红缨枪”绑了去，一个恶霸地主，另一个反革命，同月，同日，双双毙了。

那时周素琴还小，想不明白她与上辈人的株连，次年赌气再考，大约是换了管事的，松了些，她像漏网的鱼混进中学校园。品学兼优再三年，考高中重蹈覆辙，成绩再好也无用。换了别的女孩也就算了，偏偏周素琴不甘心，一边报了补习班，一

边找了些零工来做。苦苦挨了三年，上头政策变了，她有了“可教育好子女”的一个头衔，总算考入温一中。成绩超好是自然的，尤其数理化，全级段都是赫赫有名。她4岁上学，进到高中已比同学大了至少3岁，上学难成了鞭策，磨砺着心志。终于要毕业了，周素琴似乎忘了屡次败走麦城的惨痛，在上大学的梦想里兴奋着。她想读医，填的志愿都是北京、上海的名牌医科，她对考分一点都不担心，胜券在握。可她还是错了，红榜贴出来，姓名里没有周素琴。

时值1965年，文革狼烟正在积聚升腾，她与她的家人能否逃过一劫都悬，如何可能还有梦想般的幸运？一个溽热的午后，秋蝉在窗外声嘶力竭地鸣叫，她落寞地坐在床沿发呆。周素琴终于明白，这一回，是被学校彻底抛弃，再没回旋余地。

她不得不面临新一轮选择。有选择总是好的

事实上，社会里每扇门都是连环套中的一个环，即便这扇门推进去，那扇门也会弹出来，谁也不愿接纳无辜的周素琴。企业稀缺高中生，却不给她安排工作，就连代课老师的职位，街道也不肯盖戳。后来有了最早一批支援新疆的名额，她去报名，也被一张拉长的脸驳回。没了去路，周素琴躲进小楼自学描图，自学电机嵌线。不管怎样，先学点谋生本领再说。

1968年的一次机遇成全了周素琴。她凭借一支氧气瓶，搭进一家制作农械的小厂。那是生产资料极度紧缺的年代，一支氧气瓶，足够给她这个没人要的高材生换来一份学电焊的学徒工。周素琴至今感激那位帮她搞到氧气瓶的好心人。

因了会嵌线，会描图，周素琴没去烧电焊，先到电机车间，再到描图室，又学了制图，便升迁到技术科，再调入二轻企业。这十年里没人知道她的前史，也无意打探她的身份是黑是白，所以她的学识与努力有了相应的回报。

然后，就到了云开雾散的1978年，停了闹了多年的学校重新回到常态，知识也被焦渴的热望捡拾。周素琴原是准备再续大学梦的，尽管已是两个孩子的妈妈，可惜超了报考年龄，未能搭上末班车。人说错过季节就错过了一生，正应在她身上。好在时代到底不同了，学生做不成，就做老师，一夜醒来，她已是二轻职工校的一名数学教师。当年的高材生，数理化尖子，教初中生还不绰绰有余？

不是不甘心吗，教书的同时又挤进教师进修学院做了第一届数学科大专生。周

素琴还是不肯错过一生。可收获的季节去耕耘，天时地利都没了，只能掏空自身的资源与动力。带着年幼的孩子，白天教课，晚上学习，还有一大摊子家务，人就像陀螺被自己抽打着，脸皮发青，瘦成一根篾。高等数学的艰涩对一个荒废十几年的中年女人意味着什么只有她自己知道。只要恹恹的一个闪念，心智就会坍塌下来。她不给自己退缩的可能。读书与她总是有缘无分，即使这样的机会，她也等了太久太久。

教学相长的时间短暂而漫长，等周素琴四年后毕业，调入农行中专担任数学教师，改革开放西风东渐，温州早不是她概念中的古典城市。出国潮犹如瓯江涌浪，溅湿了几乎每个人的生活。先是弟弟，再是妹妹，最后，丈夫也去了意大利。

刚刚安定下来的周素琴不得不面临新一轮选择。有选择总是好的。

她不断告诫自己，委屈也是缴学费，也是代价

周素琴终于去了意大利。她的选择一半是温州人的宿命，另一半则来自心底久存的对西方文明的向往。读书的坎坷更使向往多了层复杂的意蕴。那是1988年冬天，她44岁。农行中专的同事都钦佩她扔掉一切从头开始的勇气，她笑笑，其实心里也是胆怯的。

不幸的是，一踏上佛罗伦萨的老街，她去的竟是医院住院部。子宫囊肿是中国带出来的，要在意大利切除，这是一刀。第二年患了胆结石，又是一刀。那情境就像上辈子欠了意大利，死活也要万里迢迢赶过来挨刀。这两刀都不致命，却几乎把她摧垮。丈夫为积攒第一桶金，正拼了命在外跑装修，上学的两个孩子接出来，要受良好的教育。虽然有兄弟姊妹帮衬，一个家的担子必然压到她病快快的肩头。她瘦成一根篾，走路像纸鹞在飘，却一会儿飘西一会儿飘东，超支着心力和体力。

两个孩子该进中学的，到了校门前才知一口中文等于白丁文盲，退回来，蔫蔫地沮丧着。周素琴一通碰壁，径直去了佛罗伦萨最好的米开朗基罗私立语言学校，为孩子讨要语言过渡班的一年学籍。校长是个女的，很高贵的样子，对第一次闯进校园的中国母亲有陌生的兴趣。周素琴刚学的几个单词在舌尖搅拌，怎么也串不成句，汗渗了一脸。女校长猜出来意，笑容可掬地对她说，我可以接收您的孩子，但本校学资很不便宜哩。周素琴瞟了眼收费标准，一月学费正好是打工的月工资，心里难

免打颤。她点头不是摇头不是，又一通比划。女校长“看”明白了她的陈述，知道她没有钱，对孩子受教育的期望却很殷切。女校长感动了，当下免了一半学费。事后给董事会的解释是，中国学生第一次来本校就学，应当给予礼遇。

轮到自己，周素琴当然清楚要在意国立业不懂语言不行，不会开车也不行。而丈夫做的是流浪营生，见缝插针的机缘都没有，学语言学开车只能是她的事。学语言相对容易，属于读书范畴，她天生是把好手，虽然年纪大了些。开车就不同了，需要胆量、敏捷，还需要车的概念与感觉，况且她的语言尚在鹦鹉学舌阶段，是真的难。好不容易考出理论，一上路就露了怯。教练是意大利人，见上来岁数四五十的女人脾性先就躁起来，指令又听不懂，就骂骂咧咧，那张脸黑得像中文版李逵。周素琴修养好，不动声色，愣是把受辱的委屈咽下肚。她不断告诫自己，委屈也是缴学费，也是代价。

考出驾照，语言过关，一家四口聚拢来，去了北方城市，与人合伙开餐馆。周素琴还是瘦，还未恢复元气，但现实告诉她，这个家已没时间等待。

一夜的名闻遐迩，要用一生的岁月浇灌栽培

回到佛罗伦萨已是1992年秋天。北方那家餐馆只是练兵的营地，练出管理的甲乙丙丁，却没挣到几文钱。周素琴相信心智的积累是最重要的积累，这一回，她有理由成全自己了。

她驾车，或走路，把佛罗伦萨这座美丽的古城篦虱子般篦了一遍，再把网撒开，坐火车到周边城市一个点一个点勘探，那情势就像寻宝。这时节中餐大有风起云涌之势，是个温州人都想盘下家餐馆。她手头资源有限，断是不敢贸然行事的，长达半年，就这么在路上寻寻觅觅。后来的“玉园”是不期而遇，从退休的意大利人手里盘下来。老头很固执，坚持不肯出手做中餐，直到周素琴笑出温文尔雅不卑不亢，才心悦诚服签了转让合同。

“玉园”开张时周素琴整整48岁。生意意想不到的好，虽然不走高档路数，环境菜品都比一般中餐馆高出许多。厨师是知名好手，装修是丈夫手笔，再加上她，大家闺秀地往那一站，意大利人要的风情及好胃口全有了。翻一桌，再翻一桌，到晚十点等座的食客还一路排到街口。

不到两年，清了债务，有了盈利，女儿也从学校毕业，回餐馆帮衬父母。照理，周素琴该喘口气了。偏又遇上一桩事，隔壁意大利餐馆因竞争不敌“玉园”，老板找过来，问愿不愿兼并过去。周素琴知道意大利人是好意，也知道倘若中国人买去做中餐，对“玉园”是威胁。一家人急忙商量对策，丈夫、女儿、准女婿，还有弟弟两口子，一致认为这座城池必须拿下。

这就是后来姐弟合资的“王府”。“王府”意味着高档。专门从杭州五星级酒店请来做大菜的高级厨师掌勺，装修以及摆设都是曲径通幽宫廷式的气派，壁上的画，桌上的花，架上的瓷瓶和青铜器，都与王府的声名相得益彰。但高档有高档的难，中餐在意大利人的感觉里从来都是低档的，所以生意并不好。周素琴的指挥若定大家风度在关键时刻显露无遗。她循着规范，中华料理的精品规范和意大利经营模式的规范，一丝不苟，创牌子也创口碑。几年不赚钱，照旧面不改色往里投银子，菜越做越正宗，服务越来越上乘，却不做广告，广告就在食客嘴里。终于有一天，订餐电话纷至沓来，老客新客一齐上门，齐刷刷坐了个满席。周素琴开始还纳闷，后来有熟客带来当地报纸，才知“王府”上了报页美食专栏。这档专栏不是广告，是独立于报章的食文化专栏，由著名美食鉴赏专家主持。专门介绍从众多餐馆酒店遴选并经受多次推敲的各路美食，迄今已有几十年历史，深得佛罗伦萨人信赖。只要被它叫了好，餐馆门槛就踩平了，没有不红不旺的。

“王府”果然一夜之间名闻遐迩。但周素琴心里再清楚不过，这一夜“功成名就”，是用一生的岁月浇灌栽培。

采访札记：

当她向你款款走来的时候，你一定会惊诧她与真实岁数的出入。她已步入黄昏，走进夕阳，身后是一条曲折的长路，然而依旧年轻，依旧优雅，依旧从容恬淡。她的发型衣着都有欧洲风里剪辑出来的熨帖妥当，使她恰到好处的婀娜有致，再加上岁月过滤的气质、谈吐，成就了属于自己不衰的风景。

你会不由得从心里赞叹：女人活成这样真好，到老都是精彩。

离家的路，回家的门

在多雪的冬天练摊

李振宇走在1994年布达佩斯多雪的冬天里，那种刺骨的严寒现在想起来还瑟瑟发抖。凌晨四点半钻出热被窝，换三次车，从蜗居的小屋到城市边沿的四虎批发市场。车窗外白雪皑皑，屋檐下挂满亮晃晃的冰凌。下车，踏积雪一路走过去，李振宇感觉自己好像南极的企鹅。四虎市场总在天不亮就开门，做买卖的生意人只得在黎明的朦胧里学公鸡打鸣。从温煦的温州出来的李振宇受不了这般冷这般早，可既然来了匈牙利，投入淘金人的行列，受不了也得受。随他一起来的还有妻儿，儿子才两岁，就陪他挨冻，严严实实被裹在怀里。四虎市场是东欧解体的现实写照，置换的场景，蓬勃的生机。铁皮摊位很小很局促，挤挤挨挨，活像捆到一起的罐子笼。笼里只能存货物，生意都在笼外露天做。各自一盏昏黄的灯，照亮踩污的雪地，照亮在雪地里把生意做热的生意人。零下十几度的低温，呵出的热气都是氤氲的白雾。没有水，水管子水龙头都结了冰渣子，弄脏了手就在羽绒服棉大衣上搓，搓的衣襟满是油黑的污垢。

好在生意非常不错，卖什么都是哄抢，不嫌多，只怨少。社会主义阵营的计划经济瓦解，东欧轻纺用品极度匮乏，匈牙利地理位置优越，起步又早，周边诸如俄罗斯、乌克兰、波兰、捷克、斯洛伐克以及南斯拉夫分裂出来的几个国家都开了大卡车涌进来，把四虎市场围得水泄不通。每天天没亮，坑坑洼洼的路面上就停满装货的各国来车，也有大巴改装的，拆了座椅，上下两层都装货。那时的买家不挑拣，不讲价，不嫌多，最多时一个批发商一天能发七个集装箱衬衣，实是今非昔比。比如鞋，现今一个集装箱品种至少几十款，而那时，几十个集装箱清一色，单品、单款，整箱整箱倒腾。这样做生意再冷也有热情、激情、豪情。

李振宇9月2日抵达，9月6日到四虎市场练摊，摊子是姐的，他一开练就再没歇下来。暂时没本事从国内直接发货，就做二道批，在摊头上卖，批量利润小一些，却没什么风险，都是赊了货来卖，卖完结账付款。

第一桶碎金来自一批浴巾，十天挣了3万美金，爽。当时上家批发商要带钱回国过年，有意把整个集装箱的浴巾低价让给他，但不能赊账，须在十天内付清全部货款。李振宇知道好卖，也有赚头，只是生意才做了几个月，上哪弄这么庞大的一笔资金？他灵机一动，想出两招：一打时间差，昭告下家买主，三天内批买浴巾减价20%，三天后提价20%，一出一进40%的差价，使各路商家趋之若鹜，排队抢购；二是赊了别的货物同步批卖，原价进原价卖，不谋利，只为快速回笼货款，说白了就是绕个弯转借资金。不愧是聪明脑瓜，两招一举奏效，不仅提前付清货款，整个集装箱的浴巾也全部清空，卖得一条不剩。

这一仗打得漂亮，让整夜睡不着觉的李振宇从既兴奋又担忧的状态中解脱出来。他发现做生意挺刺激，对他有难以抵御的诱惑。他渐入佳境，八个月后买店，不到两年买住房，事业之树在肥沃的土壤植根抽芽，蓬勃生长。

我非等闲之辈

其实，早在温州，年轻的李振宇就非等闲之辈。

他是上帝在1965年平安夜送给两个姐姐的宁馨儿，可惜那个年代多数中国家庭不过圣诞节，否则哪有比个胖小子更好的圣诞礼物。祖母辛辛苦苦攒了一辈子钱，给家里盖起一间屋。父亲先做供销员后当厂长，常年出差在外，所以李振宇自小就在三代女性的宠爱下滋润快乐地成长。小学毕业凭成绩考上二中，课余迷上航模，与兴趣小组一起荣获全省中学生航模比赛冠军，得了500元奖金。那是李振宇有生以来攥在手里最大的一笔钱，他竟想不出怎么花。

到了高中毕业，李振宇似乎不那么顺遂了，波折就是高考复习期间的那场肺炎，急性转慢性，住院出院如同走马灯，生生把高考耽误了。他不甘心，再进高复班复读一年，书背得滚瓜烂熟，偏考前肺炎又复发，高烧住院挂点滴，终究没进考场。两度高考就被一场病搅黄了，李振宇气急败坏，用头撞墙，最后想明白自己与上大

学无缘，便进了劳动部门委托温师专定向开办的外语班，专攻日语。一年半学成后被分配到华侨饭店任涉外服务生。嗣后，省里外派首批赴日研修生，华侨饭店属近水楼台，他被抽调培训厨艺之后随团去了日本。在日本一年，他是研修生团队几十个人的专职厨师，一日三餐，采购掌勺都是他。

这时李振宇迷上了摄影、摄像和电脑制作，于是在日本什么都没学，就学了这点兴趣。1987年回温，别人都带电视、冰箱、洗衣机三大件，偏他花尽一年劳动所得，吭哧吭哧扛回家配置先进的一套摄像及制作设备，谁也看不明白那是什么东西。

回来后李振宇照旧在华侨饭店上班，可他的心却野了，一有空就出去拍录像，会议新闻、婚礼喜庆，接什么拍什么，拍一档片挣500块。那年头的500大洋是什么概念？——两个月工资，两平方米房价。所以他很惬意，也很牛。工伤摔折了腿，乘养伤，居然跑到杭州听摄影制作专业课程去了。

如此不守本分的员工，单位领导肯定不待见。李振宇跟老板吵了一架，不管不顾就把自己炒了鱿鱼，连辞职手续都没办。那时正是1992年，出国潮愈演愈烈，去过日本的那帮人再次东渡，拉他同行，他不去，他说他喜欢拍录像。大姐在匈牙利也劝他过去，他心高气盛回应道，做餐饮？对不起，没兴趣！

于是他开始专职拍录像，这既是兴趣所在，又自由自在，对他胃口，合他性情，挣钱养家也没问题，一切都挺好。

邂逅穆罕默德

最终离开温州是因为大姐的一个电话。大姐说，知道你腻烦做餐饮，不过这里人人都在练摊，做贸易，你要喜欢就来吧。李振宇这下心动了。到东欧练摊，有点刺激，何不去玩玩？与妻子一嘀咕，她不反对，还有几分怂恿。妻子刚做了妈妈，心思比他还要活跃。他俩先是同学，后是同事，再是夫妻，一路携手走来，心有灵犀一点通。

签证耽搁了半年，夫妻俩带着不到2岁的儿子，开春去的北京，等了三个月签证迟迟不下，兜里的钱包瘪了，投宿的酒店越住越次，就差没睡澡堂子的榻椅了。温州坊间有讲究，出国未遂忌讳半道返回，李振宇一家只好辗转去了广州。这一等又是六个月，再加上飞赴匈牙利的机票，前些年的积攒花了个精光。

别人出国时兜里多少有点钱，李振宇却赤条条一文不名。但他有血气方刚的青春，有强健的体魄，聪明的脑袋，还有比别人多几分留洋的经验，他怕什么？

李振宇把浴巾那单生意看作布达佩斯抑或四虎市场赠送的见面礼。这份礼虽不大，却是对他的承认。其后的朋友——巴基斯坦商人穆罕默德，则是给他树立了经商做人的榜样。

结识穆罕默德是因为一批做工上乘的童鞋。童鞋是中国造，却比市场所有中国批发商的童鞋考究。李振宇卖上这批鞋也是偶然，跑街的送到他摊头，非常好卖，卖完了他便循着发票地址找上门，才发现老板竟是20多岁的巴基斯坦人，叫穆罕默德。李振宇想包销童鞋，穆罕默德回说童鞋早已售罄，而主打货品其实是内衣，质量同样考究。穆罕默德带他走进仓库，仓库很大，张挂的样品花红柳绿飘飘扬扬。细看价码，很贵，至少比市场同类货品高出两成。李振宇有些手软，价高卖不出去岂不亏本？穆罕默德笑着说，如果我说这些货很好卖您肯定不信，建议您少拿几箱卖卖看，我先不收钱，您若卖不好退回来就是。李振宇感动于对方的诚恳，几个品种各拿了两箱，装了一车回来，心里还是战战兢兢不安心。于是拆一箱挂出一箱。总不能到时卖不了把拆包的内衣退回去，虽然对方有承诺，但生意也不是这么做的。

没想穆罕默德说得一点没错，买家像是着了魔，拆一箱卖一箱，几乎没有时间差，看好品质，根本不嫌贵。李振宇哪敢犯傻发呆，让妻子守着摊卖，自己快马加鞭一车车从穆罕默德那里拉货，路不近，在城两头，跑得他那辆车突突突直喘气，等货的顾客还不耐烦地连连跺脚。

就这么卖了两年穆罕默德的货，与他也从生意伙伴处成了推心置腹的好朋友。穆罕默德不是中国人，卖的货却一律中国造，货品讲究质量，经营之道诚信为上，居然把中国商品在中国人的圈里做到了出类拔萃。这一切都给了李振宇为商为人的启示与训诫。几年后的一天，穆罕默德打来电话，说发现一笔4千美元的欠账，要还他。那时李振宇与他早已没有生意往来，便说你我账面结清了，你不欠我任何款项。那头却是不依，非要他立刻去取。李振宇怎么证明先前的账目没有错都无济于事，只好受之有愧接下那笔纠缠不清的糊涂账。这类做事做人的细节在现如今尔虞我诈的商场并不多见，所以李振宇把这个异邦小弟当老师看，常常打电话互道珍重，常常聚在一起喝酒吃饭。

做大的鞋老板

李振宇是在与穆罕默德合作越来越默契时分道扬镳的。他要做大，就不能永远依附在别人的天空之下，哪怕这片天宽阔晴朗。李振宇不再做浴巾内衣之类，而选择做鞋——皮鞋，只因故乡是海内外有名的鞋都。他把几年练摊赚来的资金一掰两半，一半在布达佩斯置下公司仓库，另一半作为直接发货的启动资金，揣在账户里悄悄飞回温州。

这是1998年，距他出国三年多，朋友们都说他变了，变得像个气宇轩昂走世界的人。其实他心很虚，这开弓的一箭要是射歪了，几年的吃苦受累都玩完。他通过多个厂家，小心翼翼地选样，制作了一万多双男女真皮时装鞋，满登登一个大柜，成本价15万美元。自以为把准了新一季的时尚之脉，然而人算不如天算，厂家忙，拖延了交货期，待集装箱进汉堡港再转车至布达佩斯时，别的商家新季货品早已上市，他的鞋即便对上潮流也是迟到的新鲜。市场就是这样，说翻脸就翻脸。李振宇只好揪着心低价抛售，真是赔了夫人又折兵，一集装箱的鞋净亏7万。

沮丧过，无所适从过，失败往往比成功更长见识也更磨炼人，顶过来就是柳暗花明。以后几年，李振宇频频飞赴温州、广州，一年两季从厂家运出几十个集装箱，再经布达佩斯自己的公司批发到东欧各国，他的鞋不走廉价低档的路，质量好，价位高一些照样人见人爱。东欧市场最繁荣昌盛那段时日，他们这帮温州乡邻的批发公司几乎成了中国鞋城的代号。

但李振宇也不敢掉以轻心，毕竟是在别人的国度讨生活，幸运不可能总是落在异乡人身上。而且哪怕是在生意最好做的那几年，李振宇也险遭灭顶之灾。先是港口出来的火车被窃贼扒了车皮，整个集装箱盗剩了一小半算是客气。你找谁去？找铁路还是找港口？人家管卸管运不管守，找也白找。再是仓库群大火，烧的明明是另一头，可救火车喷水龙头一扑火，竟是他这边的下水道水漫金山，满屋子刚入库的鞋箱，被淹后轰然倒塌，几万双皮鞋泡进水里，全成了雨靴。他与妻子蹚在水里，拎起一双双淅淅沥沥的鞋，泪流潸潸，撞墙的心思都有……

熬过来了，总算都熬过来了。坐在沙发上的李振宇把自己魁梧的身子舒展开来，对我嘿嘿笑。然后啜一口茶，脸上是经过了世事后的豁达。所以，他说，异邦再好也是别人的地，我终究是要回去的，只有中国，只有温州才是我永远不变的家。

我理解他的这份家乡情。正因如此，他才与别人的做法不同，两个孩子到了学龄都被送回国内接受母语教育，中学毕业才出国上大学。他不想让孩子变成黄皮白心的香蕉人，他给自己留着后路，也给下一代创造选择的可能。有那么一段时间，匈牙利贸易苦心昭然。

风雨女人

一

洪恺是个漂亮的女人，名字却像男人。她在大巴黎区开外卖店。如同茶室(salon de thé)，外卖店老板在法国同样是很软性很女人化的职业，让人联想到中国过去那部样板戏里的阿庆嫂。

认识洪恺是在她的外卖店里。就坐落在诺伊，一个很高尚的街区，萨尔科奇当选总统前是这儿的市长，当然也住街区里面。店铺不大，只有一个门面，里面却是五光十色的菜肴，罩在玻璃橱里，令人垂涎。菜橱对过有几张小桌几张沙发椅，一字排开，简洁，清爽。洪恺就那么笑吟吟地站在花花绿绿后面，素面朝天，一身休闲的夏装，头发用绸圈扎到脑后，看起来也是简洁清爽。正是下午闲淡的时候，仍有顾客出出进进，都是些有钱也有闲的街坊，生意做熟了，就是家人的感觉。或买盒寿司；或买几只春卷，两样素雅的菜；或坐下来啜口咖啡，喝杯小酒，日本、中国、法国的意兴就都有了。洪恺的笑总是很真诚，十多年了，一直没带上职业的假面。

来采访洪恺，是听说她周旋在一帮老板朋友中间，正为申办法国境内第一家华文电台而筹措资金，争取更有效地得到国会及媒介视听委员会的重视与允诺。她在巴黎创业的温州人中，算是有点文墨的人，所以她想做点文化传播的事，比如创办中文电台、中文网络，比如做本关于温州人的书，拍部关于温州人的影视作品。她显然是温州人这个封闭大院里不可或缺的外交家与社会活动家，虽然她的衔头只是经贸协会副主席，无数个协会中的一个。但无论是奥运火炬传递还是国难赈灾，她都是私底下实际的召集人和组织者。所以她的外卖店，不仅那些大老板们频频上门，领馆的参赞、欧洲时报的老总偶尔也会来坐坐。她总是春风满面，总是斡旋有余。即便乞丐进门，眼里的笑意也不变。但我更感兴趣的还是，一个孤孤单单的女人，如何在异国他乡的夹缝里展现她的舞姿，安置她的人生。

二

洪恺来法国时只有20岁，是刚考入温州大学的大一学生。高考没考好，憧憬的翅膀折了一截，就有些灰头土脸，不想再走读书的路。刚巧有人替她办妥了去罗马尼亚的旅游签证，也没怎么思量，辍了学便上了西行的飞机。走时，任温州第一医院院长的父亲因公出车祸伤了颈椎，正卧躺于病榻，孝顺的女儿一步三回头，流了满脸的泪。都知道此次出行不是旅游，这一去，归路的莫测谁也难以预料。

签证签的是东欧，目的地却在西班牙。洪恺不留恋西班牙的阳光，心中朝拜的只有一个巴黎。那是充满奇遇充满传说的地方，暗合了少女天真浪漫的想象。可那时还没有申根条约，欧洲境内仍需签证，洪恺在马德里的华人堆里转悠了好几天，终于找到一位结伴同行的大姐，并托大姐的亲友把她俩一起引渡到法国。到巴黎是一个寒冷的早晨，站在火车站前的广场上，凛冽的风刮得她站立不稳，一阵阵打颤。思绪被冻住了，如空旷的一片雪原，她竟不知走向哪里。巴黎于她本来就是陌生的，无亲无故，连个熟人都没有，她飞蛾扑火般投奔过来，只因为想象的错位。结伴的大姐拽了拽她的手臂说，跟我走吧，我有亲戚开衣工场，干的活和吃住都现成。她鼻子一酸，低头跟着走了。

没等安顿下来，有消息说，意大利大赦已进入倒计时，再不过去就赶不上末班车了。所谓大赦就是有条件地给无证移民发放羁留国劳工居留，使居住与工作变非法为合法。洪恺的身份已黑了，做不成法国居民，有个意大利居留也是好的，至少不会再被赶回中国去。就又结伴去了意国，还是那位大姐，还是坐火车，这回可是偷渡了，随着一行人。

一下火车就发生了场混战，是意大利人打他们这帮温州人。偷渡的两拨人弄岔了，对方拿不到钱，就恶打一架出气。没挨打的洪恺躲在暗影里，别过头不敢看，脸都吓青了。天下着大雨，鼻青脸肿的一帮人抖抖嗦嗦挨到天亮。有绿色的垃圾车开过，她的同行以为是警车，吓得钻了车底。洪恺好歹识点英文，拼拼凑凑猜出所在城市已是意国的地盘。就又上了火车，去罗马。罗马站前聚集了许多温州人，都是从欧洲各国涌过来申请大赦的。意国警局有几个“蛀虫”，专门卖批条给事实上不够条件的温州人。洪恺揣着一只小包，包的夹层里藏掖了借来的1万5千法郎，与大姐一起跟

讲妥了价码的一个男人走了。入住旅店，一栋楼里全是等待居留的温州人，洪恺是最年轻的女孩。那个男人倒也守信，四天之后就把居留证送到她手上。没钱打电话了，就偷打，向国内忧心忡忡的父母报喜讯，本是雀跃的欢喜，却抽抽泣泣哭了一鼻子。然后逃离旅店，回了巴黎。

三

有了意国居留，算是有了欧洲的一种合法契约，老板敢雇佣她了。洪恺租了一个铺，搭在已有很多铺的房间里，开始了长达三年的打工生涯。先是制衣，再是餐馆，没日没夜，囚犯一样的劳作。谁都不信，一个医院院长的娇娇女会吃得了这样的苦，可洪恺硬是挺住了，还不敢提父亲的名字，怕丢了颜面。然后开始申请法国居留，要强的她，是不甘一辈子为别人打工的，梦里都想做老板。洪恺仍然年轻，却有了沧桑的体会。居留证是那个夏季拿到的，委托的律师楼掏空了她三年挣下的所有钱。从城市岛警察总署移民局出来那一刻，居留证在手里烙饼似地翻过来翻过去。她又变得一文不名，但她笑得很欢，她以为这才是自己真正的开始。

整整一个月，洪恺一边打工，一边在偌大的巴黎城地毯似地搜寻出卖经营权的外卖店。这时她有了一些在餐馆或外卖店打工的朋友，便在餐馆关门后的午夜请人到通宵吧喝咖啡，请教乱麻似纠结成一团的法律问题与经营之道。一聊就聊到凌晨

两三点，地铁停了，又坐不起出租车，就苦苦挨到天亮，再赶去上班。

诺伊的这家店铺仿佛冥冥之中就属于她。原是一爿服装店，曾有几拨温州人想买来做吃的，由于没有烟囱，只得作罢。洪恺找来时，法国房东已与整幢楼打赢官司，有了经营餐饮的许可，要价自然也是水涨船高。洪恺让家里替她借了许多钱，又从银行贷了70万法郎，才把店顶了下来。装修公司欺她是女孩，借故怠工，她租了辆卡车，竟把又高又沉的两扇店大门独自拉了回来。她可真够胆大的，刚考出小车驾照没几天就敢开大卡车。

生意开张是深秋的一个节假日。巴黎人的节假日都会去郊外晒太阳拥抱自然，洪恺选在人少的这一天，是怕顾客多应付不过来。她心里慌。那时，她只雇得起两个工人，一里一外，自己则是全方位里全能的角色。晚上打烊，她就住在店里，睡觉的铺搭在货架上，把她半空里吊着，像是荡秋千。

因为人缘好，生意竟意想不到的好。街坊们都喜欢这个年轻漂亮的中国女孩。一边还着贷款，一边买下楼上的公寓，总算是安居乐业了，虽然仍是孤孤单单一个人。

后来院长夫妇要来探亲，女儿想在父母面前也挣一回面子，便咬牙买下第二处住房。谁知装修工捅了乱子，把水管撬开了，房里像发大水，哗啦啦从每一个角落漏下去，湿了整幢楼的墙。装修工也是中国人，不专业，又缺乏起码的职业道德，一慌，抱头鼠窜了。邻居只好打电话叫来应急的红色消防车。已是傍晚时分，天色暗下来，掐了电掐了水的整幢楼死气沉沉。房主洪恺被从店里叫了回去，开门，看见一地的狼藉，脸都吓白了，赶紧一户一户去道歉。邻居们有的湿了墙有的湿了天花板，又饿着肚子，自然是一腔怨气。洪恺不断地说着对不起，陪一脸笑容，含一眶泪，并从店里叫来外卖作为补偿的晚餐。

回房，跪在水里收拾一地的残局，几年来所有的委屈潮汐般涌上来，把她一点一点淹没。她号啕大哭。

四

爱情不期而至，洪恺连自己都难以置信，而这竟是她的初恋。来巴黎这么多年了，她却是连邂逅的机遇都给不出。有过徘徊门前的一个又一个男人，只是她没有时间，也没有心境。她差点儿把自己都给忙忘了。

她的恋人是个风流倜傥的帅哥，从小在法国长大，就在外卖店斜对过的写字楼里办公。从早到晚，洪恺的倩影都在他的窗玻璃上晃动，晃得他心旌摇曳。于是他走下楼，停在那些花花绿绿的菜肴前。借口自然很多，要点这，要点那，买了又不拿走。隔了晶莹剔透的玻璃橱，两双眼睛就像扇着翅膀的蝴蝶来回飞旋，一直飞进心的深处。

慢慢地，洪恺的笑有了梦幻的红晕，她感觉自己不再是人海中的一叶孤舟，有了停泊的港湾。

可惜好景不长。一连几个夜晚，洪恺未打烊的店堂里都坐着久不离去的男人，或是当地的温州人，或是从国内远道而来的游客，都是熟稔的朋友，交谈甚欢。她的帅哥沉下脸，郁郁离去。最末一次是情人节，不巧又来了位困难时帮过洪恺的同乡，自然不敢怠慢，陪着说了些话。帅哥来了两趟，见那人始终黏着不走，就守着一杯咖啡，不喝，也不说话。过后，帅哥失去了君子风度，切齿地说，今天是什么日子？它本该只属于我你明白吗？！洪恺这才想起这个日子对情侣的重要。遗憾的是，情人节早已淡出她的期待，她根本就不记得了。

她恍然明白，这份爱其实是错位的，因为自己已在多年的商场纷争中丢失了少女的浪漫情怀。而他，则是相反。所以，当一直牵挂着女儿的洪院长夫妇第三次来到巴黎时，洪恺有了钱，买了第三处房子，也有了越来越多的朋友，情感生活却又回到贫瘠的原地。女儿神情自若，母亲却知道她心里是苦的。

灭顶的灾难接踵而至。父亲出去跑步，迎面开来一辆车，刺目的灯光让他受了惊吓，摔倒在地，再也没爬起来。诊断是受过伤的颈椎再遭重创，压迫神经，导致半身不遂。洪院长洪允锋，一生操刀行医，没料想有一日会倒在巴黎街头，送进法国人的医院救治。人的命运真是难以预料。养女儿的好便在这磨难的时刻一一呈现出来。洪恺要管店，要顾家，要跑医院，恨不得生出三头六臂，百事并行。父亲在乔治·蓬皮杜医院住久了，院方要求转至尼斯附近的康复中心理疗。偏这时住家又被邻居告了，正限令装修地窖。而转院那天，父亲的救护车刚走，母亲又突发阑尾炎，需立即施行手术，做女儿的两头来回掂量，根本无法选择。父母都不懂法文，谁离了她也不行。最后只好是等到母亲手术完毕，洪恺再开夜车独自赶往尼斯，到那里已是次日清晨。办了连篇累牍的手续后冲进病房，只见可怜的父亲躺在白被褥里，头朝向门，正眼巴巴地等着她。父女如生死相见，泪扑簌簌流到一起。

后来一年，洪恺在巴黎与尼斯间无数次往返，一来一回就是十几个小时的车程，把院里的医生护士都感动了，处处帮她，格外悉心地照顾她父亲。其实，医院所有的护理都做得很到位，她来只是因为父亲在情感上需要她，是做女儿的一番心意。西方人很少见这种浓郁到化也化不开的亲情，所以看她的眼神就像看圣洁的神。另一边还不能扔下店里的生意，不挣些钱回来，如何支付这来回的花销？事实上几百万的医药费她再怎么挣也是挣不出的，父亲又是旅游探亲，法国社会保险不可能承担，只好挂在那里，每个月一点一点支付。

然而父亲还是于2005年去世了，安葬在巴黎拉雪兹神父公墓。那里有巴尔扎克、萧邦等人的墓，有著名的法国同行的遗冢，还有巴黎公社墙，父亲应该不会寂寞。

洪恺这么对我说，眼波是深邃的。

一点补缀：

一个漂亮的女人，一个外卖店老板，有着“阿庆嫂”的神韵。

她在巴黎创业的温州人中，算是有点文墨的人，所以她想做文化传播的事，比如创办中文电台，中文网络；比如做本关于温州人的书，拍部关于温州人的影视。她显然是温州人这个封闭大院里不可或缺的外交家与社会活动家。

她来巴黎只有20岁，历过险，吃过苦，失过恋，遭受过丧父之痛，也承受了一个女人都会承受的种种。但她终于历练成熟，并固守了心态的善良与纯净。在我看来，这是比成功更难得的成功。

小岛空降兵

詹云林来到我面前时脚步匆匆，低眉颔首，但手里拿的那片薄薄的Ipad，则表明了他颇为现代的一面。他是坐了飞机从北挪威的一个小岛上飞过来接受我采访的。他那风尘仆仆的神情，常被他那些温州伙伴戏谑。事实上，他与妻小被独家抛在那个以造船著称的小岛上近二十年，来一趟奥斯陆车船颠簸少说也得八九个小时，所以任何首都的“外事活动”，他只从天上来，省时，省力，大伙因此给他起了空降兵的绰号。

詹云林似乎欠缺空降兵的矫健强悍，他慢声细语，说话谦恭，看起来绝对是兢兢业业防守型的男人。然而他的故事听下来，我发觉人的直觉有时根本不靠谱。相反，他的开拓进取，不无骁勇犀利。

或者，这才叫做真人不露相。

桥头始发挪威立足，青春记忆纽扣做底

詹云林成长于当年名闻遐迩的永嘉桥头纽扣市场。那时桥头镇的居民几乎家家户户都做纽扣生意。1984年，15岁的他初中刚毕业就被卷入商品经济大潮，追随大他十几岁的兄长出门历练。桥头的广告语是纽扣，历练自然离不开卖纽扣。15岁的少年个头不高，却也同样肩扛手提大包小包挤火车，搭轮船，走南闯北。包里纽扣五颜六色亮得耀眼，心里致富梦想斑斓瑰丽。先是去商店制衣厂推销，后来腰包鼓起来，就去大城市大商场租柜台，把小小纽扣铺撒成连片汪洋，看得人们眼花缭乱。

后来的詹云林缅怀往事，常会叩问自己，你有过青春期吗？留下的印记又是什么？想了再想，想到的两个字还是纽扣。

不过他也知道，纽扣只是他的青春期，不是他的将来。他的将来是出国，到一个很远很冷的地方去，那个地方就是北欧，叫挪威。当村长的父亲“高瞻远瞩”，早早就把三小子托付给挪威表兄弟，促成出国之事。纽扣虽好，终究不能四个儿子通吃纽扣饭，老三比两个兄长小十多岁，长壮实了正好闯荡世界。父亲是商业化前沿村寨的统领，肚里自有一本经济账。

为出国作准备，詹云林渡江去温州城学厨艺，考出合格的厨师证，寄到国外申请劳工引进。尽管手续齐全，签证到手还是等了好几年。

女友也在双方父母撮合下相处着。女友在温州读师范，父亲是镇委书记，与詹家父亲上下级兼世交，长辈往来密切，儿女相爱也算顺理成章。詹云林读书不多，为人忠厚善良，不是生意场上那类拿捏不住的浪荡子，所以女友嘴上不说什么，心里是以身相许的。

1990年，21岁的詹云林终于踏上不可知的挪威之路。女友送他，两人都是喜忧参半，不知如何作别。詹云林更是木讷，翻来倒去一句话：等我看清楚外面的事，回来接你。

到了奥斯陆，詹云林开始在表叔餐馆里打工，勤勉地帮厨，勤勉地学语言，不敢浪费初来乍到的分分秒秒。他记着家族的嘱托，对女友的承担，要以最短的时间蹚出一条创业路来。

两年多，心里有了谱，他在圣诞节急咻咻回了桥头的家。回家是为把女友娶进门，其时的新娘已从大学生升格中学教师。但丈夫的挪威就是妻子的挪威，她将夫唱妇随。

白夜黑日海阔天空，中华美食季季飘香

詹云林把夫妻团聚的申请递交奥斯陆移民局之后，没再去表叔家打工，而是登报各处找店，准备自开餐馆。当时北欧华人除了中餐业别无选择。别人笑他胆大妄为，他在心里说，成家不立业，算什么男人？登出的广告很快有了反馈，出售的是餐馆加酒吧，其他条件都不错，只是远在北挪威的小岛上。岛是富裕岛，驻有数家世界知名的石油石勘探船、海底铺缆油岛上，足两万，出岛交通，记着船制造业，城镇加周边常住人口不足二万，失业率为零。但地理位置实在偏僻，出岛都得舟船

接驳，至少七八个钟头方能抵达奥斯陆。詹云林翻来覆去想了一周，最终以百多万挪威克朗拍板成交。加上装修，三年的积蓄只填个零头，其余都是向亲友向银行借贷的。詹云林不明白自己怎么就有了这股冲劲，心里阵阵发烫，是那种热血沸腾的感觉。

他坐了飞机过去，空降到春末初夏的岛上。周边的海湾及港口停泊着各色各样的船舶，都是大家伙，想来是造船公司打造的雏形。从自家餐馆的窗户看出去，看到了海的辽阔，浪的汹涌，他一下子就喜欢这个地方了。当个空降兵又有何碍？

翌年，辞了教职的妻移民手续获准，追随他来到白雪皑皑银装素裹的岛上。丈夫做厨师，妻子管前台。妻子是学英文教英文的，挪威语学起来有感觉，又天生满面春风，对顾客体贴入微。夫妻搭档硬是把色香味俱全的中华美食做得风生水起，满城称誉。没多久，岛上市民投票评选包括酒店，旅舍，出租车，美发等服务行业最佳称号，唯一的中国餐馆拔头筹荣膺桂冠。评委会送来喜讯，夫妇俩差强人意的挪威语居然一时没听明白是什么好事落到他们头上。直到被请去领奖，被记者围了采访、拍照，再在当地报纸大篇幅张扬出来，方知被异国海岛淳朴的民心接纳是怎样的一种荣耀。

接着开出第二家，还是中餐加酒吧，附设周末舞厅，供年轻人通宵达旦跳迪斯科。这家酒吧餐馆是新盖的房子，很大，很气派，又加上获奖的人气口碑，生意奇好，四年里除了那次回国奔丧，天天营业，从不关门休息。妻子即便怀孕，挺着大肚子也没歇一天，就连儿子出生那一夜，白天还在店里招呼张罗。从医院抱了婴儿回家，坐月子也没闲着，照旧洗熨台布餐巾。孩子满月没几天，詹云林接到父亲病危的噩耗，一家三口惶惶然回国，终于见到病父最后一面。父亲眼神直勾勾看着他，所有牵念慈爱都挂在惨白如墙枯槁如朽木的病容上。詹云林欲哭无泪，心如刀绞。那一刻最直接的彻悟就是，天下万物，唯有生命是金钱买不到的。父亲60岁都不到，不该早早离他们而去。

回返挪威，轮到妻子一步三回头了。两个月大的儿子未能同行，留给外婆带了。谁都清楚，自带婴儿经营餐馆是不可能的事，知冷知热的华裔奶妈又无处可觅，要想把事业做大，必须割舍母爱亲情。妻子是读过书的，深知鱼和熊掌不可兼得，但感情上过不去，泪眼婆娑，心乱成一锅粥。

咄咄霸气含而不露，极地小岛遍地开花

春夏秋冬来去匆匆，詹云林步入中年发迹的黄金岁月。由于他是小岛唯一的中国人，不少把他当作中国符号的挪威人都与他交好。有的仅是纯粹朋友，有的成了商业伙伴。

那位名校毕业的审计师既是朋友又是互相信赖的伙伴。

第一次找他洽谈商务在2005年，项目是收购一家濒临倒闭的船舶配件工厂。当时詹云林做餐馆已挣下不少钱，有意把一篮的鸡蛋分到别的篮里去。审计师的提议正中他下怀，当即应允。于是，审计师，原厂家聘任的经理人，还有詹云林，各投三分之一股份，把蛋糕瓜分了。后来两三年，经理人改革图强，使厂子起死回生，做出业绩。审计师有非常精确漂亮的可行性报告，四方游说谈判，最终以当初投资近十倍的价格被世界知名造船企业并购。詹云林虽是甩手掌柜，只投钱，什么事务都不参与，也有四五倍的进账，他当然满意。漂亮的一场商战，让詹云林大开眼界，原

来钱是可以这么去挣的。

2009年，受全球金融危机影响，欧洲经济低迷，詹云林反其道而行之，除了继续商业、房产投资，还接二连三并购多家餐馆商店，使整座小岛都对这位中国老板含而不露的霸气刮目相看。

其一，也是那位审计师的建议。此时审计师正替投资大老板运作新建的购物中心，以最优惠价格邀詹云林加盟，在购物中心经营中华快餐。购物中心人流不断，做快餐没有不赢利的，詹云林很难不被诱惑，开出崭新的一爿店。

其二，反正做了，索性开个孪生姐妹店。购物中心大门外正好有铺面，买下来，装潢营业，门内门外相得益彰，包揽快餐生意。

其三，熟识的朋友看他牛，拽着准备出让西餐馆的一位挪威老板找上门，从中斡旋让他接收全新装修的西餐馆，包括酒吧、舞厅。他想了想，也好。自己原来那家中餐馆兼营迪斯科舞厅，舞者多是年轻人，这家西餐馆则是高档次的交谊舞舞厅，吸引的顾客大多是富裕而不甚年轻的上层名流，两爿店两拨顾客，正好相辅相成，何乐而不为？

其四，是新行业。这爿店原先开在购物中心外面的小街上，经营五金制品、游艇用具、锄草机、劳保用品等等，一律挪威造，相对固定的顾客群，有点老店名品的意思。店老板退休告老还乡，把店转让给从未经营过类似商品的詹云林，也是看好他的实力与口碑，看好他是世界版图上越来越强势的中国人。詹云林当仁不让，哪怕自己的精力已被太多的事业撕扯得四分五裂。审计师朋友知晓内情，又来帮他决策，鼓动他把小街上的老店挪到购物中心来，推陈出新，开拓劳保用品市场，尤其扩大工作服制作销售范围，打造新的业绩。学经济出身的审计师总能给詹云林灌输新的思路，让他常有醍醐灌顶之感。他又何尝不是稍一点拨就能举一反三的人。15岁开始在纽扣市场混，几十年商场摸爬滚打，早已练就荤素通吃。

这一年，他有太多的宏愿太旺盛的精力，累是累，心却无羁无绊，逍遥自在。

妻子已全面退役，兢兢业业做丈夫的好妻子，两个儿子的好妈妈。大儿子从温州外婆家带回来已读完小学二年级，插班挪威学校时连个字母都不会念。妈妈就做了一年的陪读，天天一大早进教室坐孩子边上敦促他学习。挪威学校不排斥这种陪读方式，相反认为很有必要。后来两个儿子大了些，岛上不可能有中文教学，妈妈就充当母语教师，点点滴滴传授汉语及中国文化。前中学教师懂得中文对海外孩子的至关重要，宁愿舍弃餐馆的钱箱，也不能疏忽孩子早期的母语文化滋养。

决策在人成事在天，开拓进取心系故园

再一年，詹云林又有了新招，不说别出心裁，也有那么点高瞻远瞩。深海鱼肝油是挪威最经典的传统保健品，制造商经销商数百上千，销售面覆盖全球。可在中国市场却是稀缺品，就算有少量试销，也不是原装纯正的挪威品牌。所以，詹云林怎么想都觉着是个前景再好不过的商机。

相比美国进口和中国自制，挪威的深海鱼肝油更少污染，质地配方更纯正，制作流程更现代更规范，有理由相信是上上品。挪威人几乎人人吃鱼肝油，而且从吃奶的婴儿期开始，所以挪威心脏病，脑血管栓塞，骨质疏松等病患的概率相对比其他地区少。詹云林以前并不注意，后来做餐馆疲累过度压力大经常脑门灼痛，挪威医生建议他坚持服用鱼肝油，果然疗效显著，从此不再头痛。自己服着好，每次回国就大瓶小瓶捎给亲友当礼物，那些人服了都说疗效不错，追着赶着他继续讨要，可见是有市场需求的，生意的思路就这么给逼出来。

可是詹云林岛上这么一大摊事业，哪里走得开。有办法，联手同在挪威的发小阮向众。阮向众在奥斯陆做进口百货，隔三差五往国内跑，应该是帮他策划并打开中国市场的最佳人选。两个伙伴不谋而合，分工忙活起来。詹云林这头承当投资，制造。运作方式也简单，只要申请了品牌商标，就可以发放到选定的厂家，按照别家老牌销售公司同样的流程制作，然后海运中国。倒是阮向众那头上海广州等城市设立销售点打开市场较为复杂些，还有一段路要走。然而不管詹云林还是阮向众，都信心百倍。

除了打造品牌鱼肝油进军中国市场，詹云林还在挪威同步开发多种运动营养品，健美年轻人的肌肉、骨骼、体形及运动素质。不走传统渠道，只用网上销售。詹云林以为这是面对挪威市场的新挑战，他希望成功，但也不怕失败。

书墨飘香多瑙河

知道张执任在匈牙利，也知道他在布达佩斯办出版社，出书出杂志，更知道海外从事文化事业的难上加难，一直想写他，觉着他是足以堂而皇之驻足《温州人走世界》专栏的。可我们毕竟20年未谋面了，虽然以前都在温州文坛混，是文友，很熟。而且十年前他在他的出版社初创期也曾给我来过电话，邀我加盟，而我呢，窃以为那事太难，未敢接手，现在想来多少有些愧对于他。所以，联络他的念头一直蛰伏着。直到最近，另一位文友在闲聊中谈及他，细数了他十分不易的文化业绩，长久以来的动议突然间就被激活了。

我抓起电话就拨，果然逮住了他。本想飞去一趟的，偏巧他正准备启程回国，面对面的采访只好通过跨国电话来替代。他的声音从布达佩斯传过来，收进我的录音机，再放出来，竟还是20年前的熟稔，心下便有些恍惚，好像回到了过去。

一

张执任是从北大荒兵团返城的老三届知青，不论“老三届”还是知青，今天听来都有时过境迁的悲怆感。可当年，这个群体是多么可歌可泣的一个英雄部落，他们用青春和热血谱写着中国一段独特的政治人文历史。张执任出身书香门第，是温一中六七届高中毕业生。从黑龙江回温州，他先在中学教书，后调入市文联专事写作与编刊物。认识他应该是在我任职的报社副刊部或者文联举办的文学笔会之类，只觉得他个儿很高，来去一阵风，很有动感很健谈的样子。

那时温州文联名气甚大。名气大是因为一本叫《文学青年》的月刊，不仅在本埠，在全国都很牛，有中国文坛“四小名旦”之一的美名，比后来以风暴之势享誉经济领域的“温州模式”出名还早。《文学青年》既属于文学又属于青年，既深刻又前卫，用今天的话说是顶，是酷，几乎每期都有佳作被《小说月报》、《小说选刊》等转载，发行量曾一度攀升到全省所有文学杂志的总和，深受把文学作为至高理想的那一代人的青睐。这本刊物与张执任不无关系。他非最高长官，却也是灵魂与主要干将之一。他用北大荒情结把八十年代中国文坛最响亮的知青作家一股脑儿揽到他编辑的这本刊物里，使几十年来文化日渐贫瘠的浙南地区盛开灿烂之花，风景这边独好。那次雁荡山笔会，《文学青年》居然把当今的中国作协主席铁凝以及很多省市的作协主席副主席都请来了。当然张执任们请的不是这些人的头衔，而是他们作为一线作家在文坛如日中天飓风般的影响力。我恰好是当年的随行记者，还与铁凝同住一屋，除了追踪报道，单是各作家专访就连篇累牍做了四五篇。记得那时乐清电器市场方兴未艾，张执任们率先带了这群作家参观柳市。他身形颀长，多半比别人高出薄薄一片头顶，像是一个靶，大堆人里总能一眼瞄住他。走在微风拂煦的小桥流水之上，他侃侃而谈，叙说温州的变迁，叙说商品经济带给温州人的喜怒哀乐悲欢离合，既有切肤之痛，又有悲悯情怀，很到位，也很文学。

相信那些后来的文坛大腕以及《文学青年》编辑部的同人都会铭记那段属于文学也属于自己的青春往事。

二

张执任的二度辉煌是以剧作家的身份。那已是九十年代中期，他与好友张思聪、汤一钧以温州改革开放最初十年的风雨历程为蓝图写出一部十八集电视连续剧《喂，菲亚特》。上点年纪的人都知道，甲壳虫般的菲亚特是最早闯入温州的出租车，当年的旧城老街阡陌小巷满地都是，承载着这个城市的复苏与涅槃。三位剧作家可谓慧眼独具，感知着菲亚特的象征意义，抓住了这条经纬线，一个戏就风生水起地铺展开来。又因了陈宝国、何赛飞、米学东等知名演员加盟，原汁原味栩栩如生的温州人便从饱满故事里脱颖而出，有着独特的魅惑。其实这也是三位编剧的自我期许，一开始就把标杆立得甚高，呕心沥血也要写出温州的灵魂，温州人的精髓。为避开纷扰，他们躲进招待所，从议提纲到一稿二稿三稿的写作，竟把市内所有条件价位都低廉的招待所旅馆轮换着住了个遍。戏一出来，不仅轰动温州，还轰动全国。那当

儿温州已成中国热点，再怎么毁誉参半也吸人眼球，所以观众根本是把这部电视剧当作一座城市和城市人的真实来读、来看。戏本来就是媒介，观众通过媒介读懂了温州与温州人，好评如潮遍地开花也是自然的事。

那年另一部更牛的电视剧《北京人在纽约》也在全国上下热播，《喂，菲亚特》便在荣膺中宣部五个一工程奖之后又与《北京人在纽约》海内海外一南一北双双走上电视剧飞天奖颁奖台。飞天奖是中国电视剧的奥斯卡，在那个用鲜花红地毯铺陈荣誉的瞬间，张执任们为曾经吞咽了无数甘苦的《喂，菲亚特》笑出无邪的酣畅。

三

他与他的合作者迅速蹿红，被誉为温州文坛“三剑客”，成为各路媒体甚至广告创意者穷追不舍的对象，频频出现于报章荧屏以及广告代言的解说里。没等亮丽的一页翻过去，张执任却玩了出坊间蒸发，跑到多瑙河之畔与匈牙利人为伍了。世界是多元的，人在多元的世界里难道不该活出丰富和多彩？不少人为张执任的转身、去国、下海扼腕叹息，他自己则不然。不管编辑、作家做得多么好，多么出色，总是单一的，他的血管里搏动着温州人的不安分，就会遏制不住地想走出别样的途径，体验别样的生活。漂泊之于生存与现实也许是痛苦的，之于精神内核的超拔却是自由之路。

上世纪90年代中期，布达佩斯的进出口贸易非常繁荣，俨然已成东欧最大的中国商品集散地。可张执任孑然一身，却要独自面对几仓库急需甩出的价值几百万美金的积压货物。布达佩斯很漂亮，对他则是两眼一抹黑的混沌地带。语言不通，环境生疏，文人到商贾的转换又来得那么突兀，他真的很失落。守着一个办公室一部电话，他觉得自己像个孤独的幽灵。铺开市区交通图，把自己当作坐标的一个点，再用手指去丈量，找到公司的开户银行、律师楼，再找到有轨电车左右两个站头或者四个站头处的麦当劳，幽灵的感觉消失了，眼前豁亮起来。工作链的重要环节有了，吃饭的地也有了，他还怕什么？学讲话，学开车，学交江湖上的朋友，总之是学做生意的所有拳脚。毕竟是北大荒操练过的，毕竟是温州商业染缸里出来的，毕竟对人和人的学问有着天然的习惯与兴趣，商场的博弈其实就是人心的博弈，他懂人，先就有了几分胜券。

也就春夏秋冬各一季，满仓库的货物见了底，该付的国内货款也都还清，他与弟弟合作的这个公司，终于偕同布达佩斯华商界，走过泥泞走进了兴旺期。虽然夜夜睡觉，张执任仍要在枕下藏掖一把黑黝黝的嘎斯催泪枪以防不测，阳光到底照亮了他渐渐舒展的双眉。

一年后，妻子来了，几年后，女儿也来了。女儿上大学，妻子与他并肩操作中国轻工产品进口生意，布达佩斯的一个家有了家的感觉，有了亲情的温暖和温馨。张执任带着妻女走过油画般美丽凝重的多瑙河，居然有了一份舟船被港湾接纳的欣喜。

四

异国他乡的商海搏击是惊险刺激的，也是欢愉的。经历了五年大批量吞吐的进口贸易，金钱的意义成了转型书生的价值实现。笑过之后，张执任在满目夕阳的一个傍晚突然觉得倦了，厌了，沉睡已久的念头重又盘踞他的思维路径。他想为文，想拥有一个属于自己的出版社。

他知道这个念头在国外如虚无之处看海市蜃楼，会被很多商人嗤之以鼻，他也知道努力的回报多半是负数。可分明是他的理想，他的夙愿，从那本名闻遐迩的《文学青年》被禁令封杀的那一刻就在潜意识里蛰伏下来，他不愿辜负自己。人要挣钱天经地义，却也不是唯一的驱使。

张执任走出公司，开车走在高速路上，满脑子都是出版社的蓝图。一块接一块的路标写着匈牙利文迎面撞来，给他在非华文异域从事华文出版的挑战与刺激。他简直有点热血沸腾了。叫什么？做什么？世界华文出版社与它的主打杂志《世界华人名人录》就在转动的方向盘上诞生和凸显。

"礼赞龙的传人，礼赞中华民族。"真是出手不凡大手笔呵！《世界华人名人录》一开始就是顶级定位，要做就做最好的。张执任跑去中国，向当时出得够热的一些名人辞书词典取经，大抵都是条目式的，寥寥几字，一行编码，人变成符号，即便是大海捞针，捞出来的针也是模糊不清的。他可不想这么干。揣着巴掌大的纸片回了匈牙利，从合作伙伴处搬来旧电脑旧打印机，开始拟发传真的约稿函。用不来WORD，只好把标题的大号字剪下来狗皮膏药似地另贴到小字号规格信笺上，再一个个发传真到亚洲、欧洲、美洲、澳洲的各个国家各个城市，张开触须一般的人际之网，通过认识的名人结识不认识的名人，再通过新认识的名人结识更多的名人。他自己则鸟一般在天空飞，然后在各处栖息，用苦心和诚意敲开一扇扇并不轻易打开的门。门里的人无一不被感动，从诺贝尔奖得主杨振宁、朱棣文到人大副委员长王光英、文学巨匠巴金、著名导演谢晋，从风云人物陈香梅、靳羽西到金利来创始人曾宪梓、生物学家牛满江，都情意深切地支持他，寄来精彩传略，捧出珍贵的私人照相簿。

除了匈牙利，世界华文出版社在美国的另一个总部就设在后来被本·拉登炸毁的世贸大楼里。副社长副总编分别是姚琮与姚定康，都是鼎鼎有名的大人物，一为已故周恩来总理的翻译，另为资深美中商务专家。幸好大楼坍塌时所有员工都逃过一劫，但办公室的电脑资料却全部摧毁。那一夜，张执任刚从新加坡回温，忧心如焚打了整整一夜电话，睡梦里都是惊魇。

20世纪最后的春天，图文并茂印制精美的第一期《世界华人名人录》诞生了。这部厚重广博的大书果然没有辜负张执任，从内容到形式都彰显了一个出版社一个做书人的抱负与追求，在海内外赢得掌声，并作为炎黄子孙的颂歌列入包括联合国图书馆、美国国会图书馆等众多海内外重要图书馆及研究机构的馆藏资料。如今10年过去，这部大书即将出齐12期，作为拳头产品纳入出版社的编年史。

五

如果以为这本杂志就让张执任踌躇满志那就大错特错了。他是温州的儿子，不可能不为自己的城市留下点什么。《海外温州人》是世界华文出版社另一个品牌工程，上下两册，栩栩如生地展现了220位温裔华侨华人的群像，以不同视角讲述了他们闯天下的风雨历程和人生故事，是一部洋溢着浓郁乡情而且好看好读的纪实写真，开创了一座城市华侨史的最新篇章。事实上，这套丛书不仅仅为同是温州人的父老乡亲兄弟姐妹写史立传，还是张执任献给故土的一瓣心香，一份礼物，凝聚了他的深情怀念。

还有大型文献画册《世界华商》，一部重达两公斤的精装大书，由张执任和他的出版社为主，全球30多个华人华侨团体参与编辑，出版的意义超越了出版。

再就是由《世界华人名人录》派生的名人经典画册系列，一人一集，中英双语，详尽反映传主的人生之路，是一套装帧印刷都属高档位的精品丛书。其中编辑出版《周颖南》一集时，张执任居然冒着酷暑，专门飞到新加坡待了一周。待书出来，它的庄重大气连欧洲出版界的高鼻子出版人也竖起拇指赞叹不已。

今天，除了世界华文出版社董事长、总编辑，张执任还有世界华文传媒协会副主席、匈牙利华文作家协会主席、东西方文化无国界基金会董事局主席等头衔。我向来对采访对象的头衔不感兴趣，但张执任的不一样，都与文化沾边。大凡文化头衔，都没有含“金”量，都是赔钱的营生，海外尤甚。所以我为之感动，也为之钦佩。事实上，张执任引领的东西方文化无国界基金会，就成功主办了好几届“布达佩斯艺术节”，为东西方文化交流作出贡献，也向欧洲乃至全球彰显了华人在文化领域的先锋作为。

说真的，不服都不行。

女律师的天空

未赢的竞选

巴黎副市长奥弗莱夫人来找朱晓阳的时候，这位女律师的年轻着实让她吃了一惊。朱晓阳从律师楼的大厅里轻捷地走过来，脸上是毫无芥蒂的光滑，很中国式的委婉的笑。如果在街上走时遇见，奥弗莱夫人会认定她不是律师的，因为她看起来天真温婉，很难想象她在法庭上口若悬河的样子。而在于朱晓阳，夫人来访的目的也让她感觉突兀。过去20年，她几乎就是学校餐馆两点一线地来回奔跑，每一个日子都被书本与劳作充塞着，即便当了律师，参政对她也是太遥远的一种遐想，好比天边的彩虹。尤其还是在别人的国家，她就是一个始终徘徊在主流社会边缘的弱势族群。然而，机遇还是来了。

奥弗莱夫人参政之前是海洋学家，有着深邃的眼力与宽阔的胸襟，她大海捞针般捞出朱晓阳，是看好了这个女孩的三个特点：中国人，女性，职业律师。她希望朱晓阳在今年三月法国市镇选举中作为副区长人选参与中间派在巴黎13区的竞选。巴黎共有20个区，区长相当于除首府之外的外省市长。13区是巴黎的中国城，18万选民中有4万华人，奥弗莱夫人深知这个族群举足轻重的选举份额。

朱晓阳攥着一纸名单回了家。父母看着她，也看着这纸读不甚懂的名单。她的名字挤在大堆法文字母里，怪怪的，不是那么舒展。父母的眼神复杂起来，他们都是来自温州的普通老百姓，西方国家的竞选对他们是太生疏太深奥的一件事，他们无法为女儿作出相应的价值判断。父亲只是说，试试也好，兴许能为华人做点事。

女儿嫣然而笑。她知道该怎么做了。

朱晓阳把自己深思熟虑的理念写在纸上，拿给以奥弗莱夫人为首的竞选团队审读。她的竞选主张与那些同僚显然不同，是一种家庭式的许诺：关于老人，建华人养老院；关于孩子，设托儿所；关于中年，办中法经济贸易中心和文化会馆。她视野里的政治不是犀利的论战，铁腕的征伐，而是人性的斡旋，温情的体恤。于是东方女性的亲和掩盖了政治本该有的强势，让名单上的法国同僚对她刮目相看。朱晓阳做了中文传单，拿去分发，13区所有大街小巷都踩了个遍，高层公寓的门也被一扇扇敲开。不管愿不愿投出一票，华人们毕竟看见一个中国姑娘亭亭玉立站到面前，传递着弱势族群崛起的信息。朱晓阳还一次次对同胞作竞选演讲，用她悦耳动听的母语，阐述政见，阐述参与主流社会的可能性。她的姿态就是一种别样的宣言，别样的歌唱，别样的舞蹈。意义不言而喻。

然而，一位同是温州人的餐馆女老板接过朱晓阳的传单后却说，你这么聪明的一个女孩子，别搞什么竞选了，你不会赢的，干脆与我合股做生意吧。朱晓阳笑而不答。她承认中间派在向来左派掌舵的13区胜出概率很小，但她不怕输，她只要参与的过程，发出属于中国的声音。好比历史上任何一次启蒙运动，你都能讨要立竿见影的结果吗？

两点一线

朱晓阳背着书包去温州市丁字桥巷小学上一年级的时候，父母双双去了比利时，留下她和小两岁的妹妹跟着奶奶过。奶奶宠孙女，功课却丝毫不许她们马虎。小学毕业，姐妹俩也到了布鲁塞尔。下了飞机坐汽车，一眼看见父母开在街上的中餐馆，贴了年画，挂着灯笼，一派喜庆。来吃饭的客人很多，都是蓝眼睛高鼻子的洋人，父母一味地微笑，脸都僵了。她小小年纪，却觉出这笑有种无奈的疲惫，于是很心疼父母。

由于语言不通，她被安置在小学高年级重复学着已学过的课程。但父亲仍不放心，又为姐妹俩请了家庭教师，在学校没课的时候来教她们法文和比利时文化。家教是一位雍容大方的比利时贵族太太，懂六国语言，弹一手好钢琴。她来上课不是为钱，而属于一种雅兴。她喜欢这两个聪慧的中国小女孩，看好她们的前景，就额外地加了拉丁文课程。拉丁文是法文的源头，很难啃，但一旦掌握就像攥住一把开启大门的钥匙，可在语言天地里任意徜徉。比利时太太还教朱晓阳弹钢琴，教她上层社会的礼仪，让她沐浴在西方文明的氛围之中。其实，比利时太太本身就是一种文化象征，她的回眸、转身、无一不带出让朱晓阳着迷的气质。

但是，朱晓阳毕竟是温商创业者的女儿，她的成长过程不可能只在比利时太太华美的羽翼下，她必须要在父母的餐馆充当从一名年轻的侍者。10岁的妹妹在厨房里洗碗，13岁的她则放下书包穿起围兜跑楼面，幸好发育得早，个子也高，能勉强装出半个大人的样子。每天放学后的那顿晚餐，加上周末营业高峰，她都是楼面里多少带点苦涩的一道风景。这时她的身份是童工、黑工，都是灯红酒绿里必须躲避法律的一抹暗影。

后来，朱晓阳上了女子教会中学，穿一身深蓝色衣裙，书包里有着许多天主教的清规戒律。她细细碎碎在安静的校园里走，常常觉得自己像个修女。学校里没有男孩子，她与女同学也来往甚少，学校外除了楼上的家楼下的餐馆就再没别的去

处，所以她就像生活在一个缠完了丝的茧子里，很少进电影院，也很少度假，若有余暇，只能去学校图书馆。她在常常空无一人的阅览室里读拉丁文的柏拉图，深奥晦涩刺激着感官，她竟读得津津有味，并从此爱上这位哲人与这门学科。

考出BAC（毕业会考）全优的成绩，要选专业了，朱晓阳不假思索就要去做柏拉图的弟子，父亲却不赞成。父亲虽对比柏拉图早出千多年的诸子百家也有十分的兴趣，但他认为哲学肯定给不了富足的生活。今天的朱晓阳不再生活在中世纪，不再可能做苦行僧，而是生活在充满金钱与讲究实用的社会，学一个专业首先要有幸福的保障。父亲希望她学医，她不肯，她不喜欢医院里游走的生命，不安定的气息。于是想学语言，毕业后教教学生，过一份简单的生活。大家又说太浪费，凭她的资质，语言作为工具足够了。就这么讨论来讨论去，始终没有结果。那天，她去了比利时最古老最著名的鲁汶大学，在这个已有五百年历史的校园里走来走去，她的目光越过屋顶看向辽阔的天空，希望有这座名校的圣贤从时空里走来，给她以昭示。她果然遇到一位睿智的女士，个子不高，鬓发花白，穿一身浅灰。女士过来与她交谈，并肩走了一路。那女士说，姑娘，你有很好的逻辑思维能力，你应该去学法律。

就这样，她进了全欧排名永远都在五名之内的鲁汶，学了法律。

而这时，仍然走着两点一线单行道的她，居然孤陋寡闻到分不清律师、法官还有检察官的职业区别。

女儿的情愫

就读了鲁汶大学才知道，法律系筛选淘汰率太高，简直就是一个死亡陷阱。考入不易，凯旋更难。第一年招进来的800名学生年末就剔除了600个，第二年再剔除100，第三年就剩了100名精锐，这才闭门打造未来的律师与法官。朱晓阳与一次比一次难的考试较量着智商与腕力，终于学完五年，拿到响当当的文凭。她是唯一的中国人，唯一的亚洲人。

毕业后，父母把布鲁塞尔的餐馆卖了，迁徙到法国。朱晓阳却去了英国剑桥，用一年时间考出了外国人高级英文教师的资格证书。有拉丁文垫底，又娴熟地掌握了包括母语在内的三国语言，职业准备够充分，理应无往不胜了。可恰恰不是。在法国，外籍人从事律师职业是要经过严格考试的，考法兰西法典，考职业守则，考法国文牍主义的八股套路，总而言之是考包括精华也包括糟粕在内的一切乱七八糟。法国固然大度，在这里却与任何国家一样排外。

又是学校，又是图书馆，又是连篇累牍的考试，朱晓阳的青春就在考试中一点一点消逝，眼看都三十出头了，竟连男朋友都没时间没心思交。都说巴黎是爱情的摇篮，浪漫的天堂，可在朱晓阳眼里，塞纳河都是干涸的，河床里堆满了永远翻不完的书。

终于考完了，还要做最后的答辩。就像在鲁汶作毕业论文答辩，面前坐了一排颜面肃杀的人，校长、最高法院法官、最高检察院检察官、大律师、司法部什么长之类，眼神鹰隼似的啄着她，使她从两排座椅挟持的过道间走上前去就像走向地狱。好在朱晓阳看似温婉，实则是勇敢无谓的，她在走向答辩台的那一刻突然变得口锋犀利，神情坦然。

然后是宣誓。在司法大厦皇宫般的大厅里，身着律师的黑袍，对法兰西三色旗举手握拳，宣誓就职。她用优雅的法语念着誓词，眼前掠过的却是丁字桥巷小学的教室，幼小的她把手举过头顶，向火红的少先队旗宣誓。于是她想，我是法国律师了，但我身上流着炎黄子孙的血，我要为我的父老乡亲服务。

朱晓阳就职的百能律师事务所是个国际性事务所，分所遍布法国及世界各大城市，空间是广阔的，足够她驰骋。所里来过一位客户，是青岛人，她以为此人纵横交错的经营方式很值得法国及全欧的温商借鉴。青岛人做服装外贸生意，却在非洲买下一座钻石矿，建起采矿场与制衣厂，再把中国布料运过去，利用那里的廉价劳动力制作成衣。然后把成衣与开采出来的钻石运到比利时物流中心，成衣销往欧洲各国，钻石则请法国最好的设计师设计，在比利时切割，作为欧洲的首饰名品销往中国。这是一列东方快车有声有色的大循环，跨越三大洲，最有效地利用了资源、劳动力以及传统工艺的优势。青岛人的赢，是赢在疆域的拓展，立体的经营。朱晓阳总想把这类故事说给她周围的温州人听。她有一份热切，希望他们从原始落伍的经营方式中走出来，打下新的天地。包括融资，包括团队，还包括上市。否则，她会替他们担忧，商场正在纷繁洗牌，不重生，只有死。这份热切与担忧都与律师的职业无关，不过是温州女儿对父老乡亲一种血缘之情的传递。好比她虽然就要与比利时小伙子结婚，却仍然喜好听昆曲，舞太极剑。

温州的女儿脱颖而出，温州理应骄傲与欣慰。无论在政治舞台还是职业领域，她的身姿都是姣好的，带着江南水乡的蒙蒙烟雨，走进她自己的日子，也走进你我的集体记忆。

采访札记：

朱晓阳坐在我面前的时候，一点儿都不法国，浅浅地笑，温糯地说，那神情就像原汁原味的温州姑娘。我有些不可思议，她不是11岁就出来了吗，怎么竟没有沾上半点比利时抑或法国女孩的先锋与酷劲?

据说，父母过去在比利时的家里什么都没有，只有书，从中国一点一点搬过来，这才知道她其实一直没有逃离中国文化的“羁绊”，而现在，是想逃也逃不了了。我想这恐怕契合了父母的意愿，足以让他们欣慰。

我则是为她的职业和今年三月份那次竞选实践鼓舞着。她的竞选纲领几乎把所有的承诺都给了华人，难道我们不应该为温州人终于有了自己的律师、自己的参政代言人而弹冠相庆?

前记者的兵法之道

林肃原是我的同行，任职温州广播电台，也算当年的名记。与他没什么深交，却也常在媒体出没的当口遇见，互相点个头，问声好，然后各自匆匆奔工作主题而去。印象深的是那次全国媒体围堵大陈岛温州知青垦荒团，争夺采访对象愈演愈烈，我们报社这方差点没跟林肃电台那方因为竞争而伤了和气。那时大家都年轻气盛，现在想来有点傻。

20多年过去，我为专栏去维也纳，头一个见面的人便是林肃。他几乎不见老，虽未褪尽无冕之王的痕迹，实已添了儒商作派。他跟我说起这些年的阅历和故事，有声有色，很是精彩，但对见报却不那么情愿。我说你我都是新闻界蹦出来的人，就别与媒体推来挡去隔膜了，理解万岁吧！

林肃笑笑，算是默许。

摊贩前身：军人、记者、研究生、公务员

闯荡匈牙利、奥地利之前，林肃是不折不扣的一介书生，清癯的脸上架副眼镜，少年老成的样子。他出身“布尔什维克之家”，父亲是当时宣传部的头，母亲是财税局的官，可谓根正苗红。从小喜好读书，没认得水浒的“浒”字时，就磕磕巴巴读过了《水浒传》、《三国演义》。“文革”祸起，林肃小学二年级便没了书读，直到复课闹革命，乱哄哄的也没读出名堂来，高中辍学后就进厂当了工人。几年后“四人帮”粉碎，部队来招兵，林肃兴冲冲穿上“国防绿”，到了新兵连，爱好有了用武之地，出墙报、写总结，做得得心应手，便被上调做了文书。四年下来，在部队大熔炉也算经了风雨练了意志。1980年林肃复员回家，当时肥缺多，但他一心要耍笔杆子，便通过考试去了

市广播站，后地市合并转入温州广播电台。

这是一段很让林肃怀念的岁月。23岁的小伙子，当过三年工人四年军人，又当了记者，颇有一番人生阅历的感觉。但他毕竟错过了读书的最佳时期，自觉知识贫乏精神缺氧，于是开始恶补，自学、夜大，双管齐下。刻苦努力终得到回报，林肃的职业素养渐入佳境，成为全台最年轻的部主任，并多次荣获省、市好新闻奖。

本该踌躇满志的，林肃却又觉得脚下踏着的这块地小了，要想在新闻界出人头地，还非得有片汪洋大海扑腾，否则再牛也是群众甲、匪兵乙的龙套角色。林肃心气高，铁了心报考社科院新闻研究所读研究生，毕业后可进《人民日报》、新华社。这是一条通往业界高地的快车道，上了这根轨道就能离梦想更近一步。

可这又谈何容易。专业考试难不倒他，必考的外文才是巨大的障碍。林肃选择英文，只因还记得26个字母发音，事实上跟白丁差不了多少。一考考了三年，专业课回回通过，英文考试次次砸锅，六级水平的英语考卷，从19分到42分，吃奶的劲都使上了，照旧不过关。虽说林肃韧性超强，但他也不乏自知之明，再考岂不考成“范进中举”？识时务者为俊杰，林肃北上京城直杀社科院，改填报考志愿，转到北京广播学院。这一转，红灯转成绿灯，轻而易举做了院长教授的研究生。

毕业时林肃忽然茅塞顿开，国家重心是经济发展，为什么要死守舆论这棵大树？于是他放弃中央电视台等炙手可热的媒体，叩响了国家烟草专卖局的大门，并被局长钦点坐守他的值班室。丰富的阅历加上高学历，仕途再次向他招手，可终究没敌过妻子温柔缠绵的牵手。那时留学澳大利亚的妻子正转到欧洲，落脚在茜茜公主的家乡奥地利，蓝色多瑙河给了他极大的诱惑。

林肃犹豫再三，请了三个月假，借道免签证的匈牙利转去了奥地利。当时以苏联为首的共产主义阵营解体，东欧贸易十分热闹。他揣了100美金，在布达佩斯等待去奥地利的签证。生存问题没辙，林肃只好放下身段去练摊，倒腾些衣帽鞋类来卖，很辛苦，也很没面子，所以他一心想着掉头回北京。假期满了，签证也拿到了手，总不能维也纳没照个面就打道回府吧？

其实，何止是回不回去的选择。看国内昔日同窗好友，有的虽已官至省部级，却难缠官场勾心斗角，还是他一身自由好啊。

西部诱惑：三天，三周，三个月

林肃从奥地利踅回中国是世纪之交的那年金秋。他独自飞往直辖不久的重庆，在那个人生地不熟的城市里逛了三天。去那是因为在瑞士沃达斯经济论坛上中国高官关于西部大开发战略决策的透露。重庆是全国唯一非沿海的直辖市，为西部开发马首是瞻。林肃举一反三，把西部机遇切换到自身，以为发现了他的机遇。

之前他在奥地利做百货，商场名称“阿波罗”，最牛时曾有十家连锁店。但奥国市场小，做满也做不出大手笔，终是怀才不遇的感觉。在1991年维也纳的春天里，他初来乍到，没像其他中国人那样去中餐馆洗碗端盘，而是另辟蹊径做百货。开头的难是真的难，奥地利保守排外，见是东方面孔，该出租的店面就是不租。即便费尽周折租到一间，货物上架，顾客逛进门来，发现老板不是白人，掉头就走。20年前，中国造在市面上不多见，西欧人先入为主多有排斥心态。林肃守护着自己的初衷，历尽千辛万苦，总算踏出一条原本不是路的路。

眼下这路也算走到尽头，剩下两爿精华，算是保留节目。

林肃觊觎大洋那头越来越炫目的光影不是一日两日的事了。光影是诱惑却不一定是机遇，动辄几千万，上亿的资金，而他缺乏底气，不是智商，是钱囊，所以一直蛰伏着。

重庆三日，让他看到了机遇。重庆不比温州、北京，有丰富的人脉资源，但人脉可以建立，天时、地利却无法仿制。他捧回一摞资料，在维也纳做足案头工作后，再飞重庆。这回是三周，可那感觉就像转机，不过一下一上的工夫。要乱麻抽丝般寻出适合自己的项目，恐怕这么蜻蜓点水不是辙。于是他干脆把维也纳两爿店全盘撂给太太，三上重庆。从三天、三周到三个月，林肃准备豁出去打一场歼灭仗。

好项目是做出来的。山在中国西部，是自然环境恶劣的象征。重庆矿务局15万亩的一座大山，常年荒芜，山上的疗养院也空闲待业。林肃一举拿下，挂出“中外学生活动营地”的招牌。思路来自跨国经验，中国孩子不缺关爱也不缺知识灌输，缺就缺自主意识和自我生存能力。“中外学生活动营地”的宗旨就是让孩子走出温室，亲近自然，在开发生命本能的训练中学会顽强，学会坚韧，挑战被动的生存处境和生活态度。这个提议受到孩子以及家长的认同，他们积极参与，仅暑期英语班就爆满800人。媒体更称这营地规模是全国最大。

可偏偏，意想不到的事情发生了。2002年的暑期干旱，山上没了水。本就是卡斯特地貌多溶洞，水流失严重，加上久旱不雨，地表水也汲尽干涸。炎热的夏季没有水可不是小事，靠山下担水上山终是杯水车薪，远水解不了近渴。到后来，竟是矿泉水喝，矿泉水洗，那得多大成本？

好好的营地就栽在了一瓢水上。营地夭折，初战失利。

烂尾楼：上兵伐谋，其次伐交，其次伐兵，其下攻城

也是偶然，有朋友找林肃合作，收购一幢烂尾楼。烂尾楼往往是烫手山芋，纠结，复杂，林肃对这桩生意的难缠心知肚明。不过为商之本就是以最小投入获取最大利益，他手头不宽绰，需要多快好省挣银子、打天下。这幢烂尾楼处在商业旺街，原为修建宾馆，主体已然竣工，因商业纠纷搁弃十年，终被银行拍卖。地段好是诱惑，价位低更是诱惑，怕就怕陷阱，一旦扫清疑虑，便是量身定做的好买卖。林肃选择在接手时把钱和矛盾都交给法院。

孙子曰：上兵伐谋，其次伐交，其次伐兵，其下攻城。林肃吃透了《孙子兵法》

的精髓，对项目迅速“变现”胸有成竹。他把身家抖空，投入最后一笔资金，改建内部结构，给原来的宾馆房间配上厨房，打造成商务公寓，又把产权性质从商业转为商住两用，化整为零出售。

可问题来了，中介公司不肯代理林肃的售楼计划，理由是价位太高，根本卖不出去。果然太高？林肃并不讳言。当时房价处于低潮，周边新盖公寓楼公摊面积不到20%，售价也不过1800元一平方米；而宾馆客房改建的小套型房，公摊面积奇大，将近40%，定价却是每平方米2400元，房原是旧的，售价高了三分之一不说，还要让买家用将近一半的钱，去买不属于自己的“公摊面积”，岂不荒唐？

林肃镜片后的眼神是自信的。如果不曾伐谋，不曾作周密细致的市场调查，何有这等自信？他给中介公司拨拉了一笔账：其一，商务公寓的购房群体不是贷款买窝的房奴，而是有些小钱的投资者，购房只为出租；其二，房型小，尽管比新房贵，一套也才十多万，不想把钱死在银行困在股票的平民百姓也能过过“鸡生蛋”的瘾；其三，生意旺街地段好，虽非门面店铺，却是商务写字间的最好选择，出租抢手，即便贷款，租金也足够抵消房贷，不用十年就等于白捡了一套房；其四……。尽管头头是道，终是耳听为虚，售楼中介还是将信将疑。林肃便说，前面几套房子我帮你卖，算为你们义务打工。

林肃让人印了巴掌大的一页楼盘户型图，外加几句朴实无华的说明，没有红幅横额，没有彩旗飘飘，售楼部静悄悄开张了。他认为，楼是老楼，久趴街市，有意者烂熟于心，再东施效颦用广告轰炸眼球，实属画蛇添足。

很快售楼部迎来了两位顾客。一对哥们儿，做不大不小的生意，兜里掖了点钱，这楼，熟悉，这账，清楚，一张嘴每人要三套，根本不嫌贵。活生生就是林肃预测的现场模拟。开头有惊无险，结局高潮迭起。卖到后来，早先卖出的房子已陆续出租，租金比预期还高，大家眼红，最后那几套竟成了哄抢，买家好不容易购得旮旯里的一套，背阴，套型蹩脚，也还是欢天喜地。

正是短平快“变现”，让林肃体验了凭智商挣银子的快感。

攀高做大：料事要准，遇事要忍，出手要狠，善后要稳

林肃不满足于这种小成就，他想做政府想做而做不了、企业想做而做不成的事。

家乡的苍南龙港“中国印刷城”给了他启发。

经过数月市场调研，100页的“重庆国际印刷包装城”项目可行性报告出炉，总体规划2平方公里，近期规划1000亩地，投资总额超10亿，建成投产后预计年产值超过30亿。林肃兜里没那么多资金，脑子里却不缺孙子的奇正策略。他要借力、借势、借政策、借时机，打造一个平台，引领一直处于散兵状态的印刷包装企业入驻整合，形成新型产业链和产业集群，推进产业结构优化升级，催生知名品牌，实现基地与产业比翼双飞。

林肃与当地政府一拍即合，向当地行业协会一说即拢，对那些初具规模的企业一呼百应，大势均在掌控之中。

虽还是纸上谈兵，却人人想做。有权、有势的各色人等纷至沓来。规划图出来后，管委会头目主动上门，编理由公开索要百分之十的股份，分明是权钱交易的腐败勾当。林肃当时不在，偏他手下副手“不懂事”，出示前期投入账目，让人家按股份比例分摊费用。明摆着来要钱的，怎么可能给你分摊投资，管委会头目自然一脸愠怒拂袖而去。电话打到维也纳，林肃飞来圆场，可惜晚了，该得罪的已得罪。人家放出话，这种规矩都不懂，还投什么资！对不起，印刷包装城的土地另有他用。

潜规则，不能破，无处说。林肃于是用心与孙子“交流”——不战而屈人之兵；遇事要忍，出手要狠。他深思熟虑后写了一封长信给当时的重庆市委书记，不涉及个人项目，也没告状，只从外商角度谈投资环境优劣，颇有些高屋建瓴的意思。市委书记刚从北京调来，正下猛药治理投资环境，于是批示签发为《内参一号》。继而《重庆日报》全文刊发，当地其他报刊也纷纷转载，一时间沸沸扬扬。

不出林肃预料，管委会那头随即打来电话，邀他前去。林肃派去的员工回来说，那人桌上摊满了当天报纸，同样的标题，同样的大字号，很是触目惊心。让那些人去猜吧，一封长信背后是否藏了更锐利的剑锋。不愧是官场混出来的官，转舵快，首期土地迅速交到林肃手里，企业顺利入驻。林肃也见好就收，顺势留下一个产业示范基地。那人则继续做他的官，从此不再滋扰。

事实上，在中国投资，兵刃相见的争斗无处不在，是黑幕，也是现状。能打就打，打不赢就走。可以输掉一场战役，但万万不能失掉整个战场。

一部《孙子兵法》，让林肃从容面对；而夫人在背后的默默支撑，更使他得以放手一搏，从而节节取胜。

流动的色彩

我总觉得，金仁美像一片流动的云，在宽阔邈远的天空飞扬，每过一处，都留下一抹绚丽多姿的色彩，带着她自己的性情，演绎女人普通而精彩的人生。在丹麦哥本哈根郊外那排童话般的小屋外，我看见她从陡陡的楼梯上走下来，穿了时尚的衣衫，浓妆艳抹，醒目地站在门洞的阳光里。她笑着，是妩媚的欢快。于是我想，生活在于她，注定不是寡淡无味的白开水。

新疆童年

金仁美5岁那年，就跟父母举家迁徙，从温州雪山落户到新疆克拉玛依。与天山的奇伟壮丽相比对，温州的雪山不算什么山。山脚下那幢老屋的所有记忆，转瞬间就被克拉玛依的边域风光所取代。父母亲开店经营家用电器维修，金仁美则与姐弟先后入了克拉玛依汉族学校受教育，读到小学毕业，在西北边陲一住十年。等父母把安营扎寨的一个家重新开拔，回返温州雪山，金仁美不再是江南湿漉漉娇滴滴的温室小花。

七中二中初中高中，湮灭的童年记忆在温州局促而喧闹的街面上一一拾掇，她发现那个叫克拉玛依的天山城市不过是一个温州人曾经的童年片段而已。但谁又能否认这个“而已”给了她宽阔的胸襟，达观的心态?

1994年，高中未毕业，18岁的金仁美再一次作世界范围内的迁徙。天生游侠般闯荡江湖的父亲早二年去了欧洲，在欧陆飘了一圈，最后钉子似扎到罗马尼亚，开公司做小商品批发。金仁美惜别即将到来的高考和大学生活，由母亲带着姐弟三人追随父亲而去。

当时的罗马尼亚物资匮乏，中国廉价商品颇受青睐。金仁美抵达首都布加勒斯特，没来得及对这个城市多瞟几眼，就站到柜台前，替父亲也替这个漂泊异域的创业之家打拼。生意繁忙，必须跟上全家人的节奏，顾不上读书，也顾不上青春少女纤弱的心绪。

一晃六年，金仁美突然发现自己到了婚嫁年龄，人生也走到至关重要的十字路口，将何去何从？她不喜欢布加勒斯特，不喜欢罗马尼亚，替家族企业做营销员也没什么快感，她的心灵深处有着别样的憧憬。

于是，她联络了北欧姑妈，攥了一纸成人语言班的入学通知，从东欧来到丹麦。

跨国婚姻

丹麦是安徒生的故乡，金仁美从小就对这个充满童话色彩的国度着迷。可惜她的学校不在哥本哈根，而在偏远的屿兰岛，俗称大岛，满心欢喜多少打了些折扣。从大岛到哥本哈根需要坐船坐车再坐火车，很费周折。金仁美住校，平日上着课倒也热闹，周末同学散了，留守校园就有形影相吊的孤独。那时祖父母就住在哥本哈根的老人公寓里，孙女儿不如倒换车船来回七八个小时，到爷爷奶奶家住上一宿，既给自己的寂寞放放鸽子，也是对老人尽尽孝道。

平日晚间，金仁美总爱挂在互联网上，看视频，读书，聊天。先在中文网站窜来窜去，后来觉得该上丹麦网，别让丹麦语永远青涩生疏。鼠标来回滑动，停在点击率不断高涨的聊天交友网。金仁美的初衷很单纯，训练丹麦语，聊着聊着生发开来，很有些醉翁之意不在酒了。

对方是个丹麦小伙子，单纯，直白，快乐，也不忌讳金仁美的亚洲人身份和表达不到位的初级丹麦语。金仁美觉得正被一个亲近的男人关心和呵护，有丝丝缕缕的温暖袭来，一周聊下来，好似觅到了天涯何处无芳草的知己。

周末，金仁美与这个叫Jan · Kokholm的丹麦小伙子在哥本哈根见面。相逢何必曾相识，脸再陌生心已熟稔。手牵手在街上逛，就像一对亲兄妹。Jan是公共汽车修理师，独自住在哥本哈根，情感生活却极其单纯，从未交过女友，金仁美居然是他的初恋。初恋总是美好而甜蜜，Jan牵着娇小的金仁美走过一条又一条街，脸在笑，心也在笑。

下个周末，金仁美就把Jan带回老人公寓，父亲恰好也来探视爷爷奶奶。祖孙三代迎宾似的把Jan迎进家门。Jan彬彬有礼，甚得老人欢喜。人走了，茶更热。父亲还对女儿说，你想留在丹麦，最好的途径是结婚，这个后生不错，靠得住。金仁美笑，心是允诺的。

再下个周末，金仁美鼓足勇气对Jan说，我的签证快要到期，你如果愿意帮我，能否……这是求婚吗？金仁美不知道。但她还是被自己的直白吓着了，脸涨得绯红。

Jan先一愣，旋即明白过来，想也不想脱口而出，好！仿佛这“好”字早已含在嘴里。金仁美知道什么都不用再说，上车径直回了大岛。

又是一个周末，还是约会的老地点，Jan一上来就拥住金仁美，像是久别重逢。然后郑重其事塞过来几张纸，金仁美一看，竟是结婚登记表。不到一周，Jan居然把登记表也领来了。这回轮到金仁美发愣了，她被Jan对自己的全部信任打动，眼圈湿了。

哥本哈根市政厅的办事效率比Jan还要快捷，等金仁美下周末回来，已是市政厅批复的结婚日。几乎没有起承转合就把自己交了出去，金仁美恍若梦游。她问Jan，你父母知道你要结婚吗？

Jan说，我昨天打电话告诉他们了。母亲很吃惊，说你都没谈恋爱，怎么突然就结婚了。父亲则说，他是成人了，会对自己的选择负责，开心就好！

翌日，就在古老的哥本哈根市政厅大厦，金仁美与Jan·

Kokholm的跨国婚姻尘埃落定。距离网恋初始，仅两个多月。没有繁文缛节，双方长辈就是最直接见证人。Jan在铁路局当主管的父亲和邮政局任职的母亲都来了，金家父亲、祖父也来了，还有Jan唯一的姐姐一家。彼此都是初次碰面，却也相见甚欢。金仁美紧紧攥着Jan的手，脸上红云飞扬。

其时2001年7月6日，金仁美25岁。

老人助理

紧接着，屿兰岛学业结束，金仁美扛着小小行李卷回到哥本哈根Jan那个本来属于单身汉的家。如今她是丹麦的儿媳妇，再不用为签证到期的窘境发愁了。

赶紧补习丹麦文化。十个月成人速成高中，金仁美刻苦而努力，为跨国儿媳必备的交流之需，也为日后完整没有缺憾的丹麦生活。毕业以后，金仁美第一时间找到她的居住国融入顾问，她是闲不住的人，工作着是愉快的。

丹麦顾问问她，你对工作前景有何打算？金仁美答，我想当护士。

那就入校进行专业培训。护士课程学时长，要求严格，金仁美考不出最高级丹麦语，英语也不过关，只得降格学习低两级的护理。十四个月的课程，被她啃骨头似的啃下来，专业护理知识掌握了，丹麦语也长进不少。

第一份工作是为街区内几十位居家老人上门做生活助理。这些老人基本生活尚能自理，所以愿意守着自己的家，做不了的事就由年轻助理员定期定时来协助。丹麦向来是自行车王国，金仁美也学其他助理员，每天骑一辆自行车，走西家，串东家，为分管那一片的几十位老人分忧解难。事无巨细，小到分发药丸，给早餐面包涂上牛油，穿袜提鞋，大到帮他们洗头洗澡，剪指甲，联系医生。金仁美机灵，勤快，充满活力，老人们都喜欢她，天天期待她小鸟一般飞来。每当她笑嘻嘻进门，抑郁空气一扫而尽，屋里屋外都是阳光。

一做三年，崭新的自行车骑旧了，每家门槛跨越上千次，一颗小鹿般蹦跳的心终日与日落西山的老人做伴，难免会有一丝倦怠。恰在此时，一所丹麦私立中学招聘中文教师，金仁美打电话一问，校长表示了兴趣，请她去面试。她没教过书，也不具备任何与教书有关的职业培训，而中文又是学校的必修课，校长偏看好她。她被录取教五年级六年级各四个班。本是试试的心态，没了退路，只能辞掉老人助理那一头。

学校很远，离她搬到哥本哈根郊外的新家来回车程百多公里，而她又与Jan有了儿子，工资也比前一份工作少。但金仁美抵御不了教丹麦孩子中文那种不可知的诱惑。

走进课堂，才发现中文课不是课，而是一盘散沙，一场闹剧。学生压根就不明白学中文究竟有什么用。尤其六年级，学过一年什么也没学会，除了调皮就是捣蛋。金仁美问他们会什么，一个个头摇得像拨浪鼓，就会说“你好”。金仁美便从拼音字母开始教，学生不听课，却在下面喧哗，踢球，把帽子扔来扔去。国外初中生本来就自由，上课很少纪律约束，金仁美的中文课就更信马无缰到了“闹法场”的地步。五年级的中文课刚启蒙，没被污染过，情形大不一样，全然不是赶着鸭子上架的态势。

但是金仁美累。八个班级穿梭，还要独出心裁自编教材，尤其六年级四个班唱了红脸唱白脸，甚至干脆当“警察”——制乱。她心力交瘁，每天上完课人都挂在那里不得动弹。回家那几十里路，不歇口气打个盹就开不了车。儿子还嗷嗷待哺呢，总不能先把自己交代了。金仁美明知自己是喜欢教师职业的，但还是在半年之后辞了这份工作。走人的那天，五年级学生眼巴巴望着她，依依不舍。她呢，开着车，眼泪啪哒啪哒直落。

重返校园

金仁美重返护士学校，继续圆最初的职业选择，学习护士助理。丹麦的好就在于职业培训都是带薪的，生活无虞。然而将近两年的学习对一个母亲来说却是漫长的。儿子入托丹麦人的家庭托儿所，错过了牙牙学语阶段的中文启蒙，至今只说丹麦语，她后悔不迭。做好了学生，后来又做好了老师，离成功的母亲却差了一步。毕业了，金仁美以全班最高分夺冠，又击败所有丹麦籍对手，竞争到某老人院唯一的护士助理空缺。

长长的一条走廊，一扇扇紧挨的门静悄悄闭着，推一扇门，就是一个走向末路的生命。这些老人体弱多病，躺在床上，歪在椅榻，生活不能自理。金仁美们就是他们的扶手，拐杖，至亲的亲人。护士助理的工作很忙，很琐碎，走廊里来来回回都是她们细碎匆忙的脚步声。金仁美不怕苦，也有爱心，即便给大小便失禁的老人擦洗翻身，也不觉得有多难，让她忍受不了的是走廊两侧每一间屋里散发出来的死气。常常是一早来上班，发现又一个生命骤然而去。这是一种没法无动于衷的伤痛和无奈，让她颤抖。金仁美越来越觉得，她其实并不适合做自己给自己定位的护士助理这个职业。

两个月后，她选择离开。回到时时盼她回去的学校。学校还是老样子，学生早已换茬，多半还是不愿学中文，还是闹。可是兜一圈回来的金仁美不一样了，她已知道自己要什么，摇摆的心安定下来，她会竭尽全力做好这份工作。因为，喜欢。

她想了很多招，一招比一招费心思，也见效果。她与家长约定，对捣蛋学生以加倍课外作业惩治，多次屡教不改责令退学。她还邀请家长来听课，自己煮了咖啡做了月饼开展轻松温馨的课后讨论，让家长也见识兴趣盎然的中文教学。为顺应少年学生的英雄崇拜提高中文兴趣，她把华人拳师请进教室，表演中国武术，使这帮孩子也摩拳擦掌跃跃欲试。她还与附近的中国餐馆联络，连续三个周末分批为八个班级的学生和家长推介品尝中国小吃自助餐。比如春卷、饺子，汤圆，等等。并用两周课时提前给学生教授餐馆用餐礼貌用语和食品名称，要求他们会认，会说，会背。这一军将得好，学生生怕到时点不到好吃的，催也不用催，每天回家赶紧练，直到父母带他们去餐馆的路上还在车里嘀嘀咕咕念。吃过大餐回来，得知最爱春卷炒面，又把学生带进校食堂，手把手教他们做。这样的课还不让学生兴趣大增？接二连三，学生与中文亲近了。

今年春节，丹麦华人举办有史以来最隆重最热闹的庆典活动，金仁美的这帮丹麦学生也苦练几周后上台献艺，用中文合唱“友谊地久天长”和中国流行歌曲，获得满场喝彩，成为晚会感人至深并难以忘怀的一个片段。

那时的金仁美，静静地站在幕后，双眸晶亮，笑意嫣然。她看到了飘动的色彩，看到了赤橙黄绿青蓝紫。

琴声悠扬

一

金可寅考大学的时候，“文革”尚未开始，可他还是因为父亲是旧海关留职人员被关在门外，哪怕学习成绩好，哪怕曾得过全省青少年射击冠军。那时他并不怎么在乎，掸了掸身上的书生意气，放逐自已到社会跌打滚爬去了。他晒得乌黑，乍看像个舞拳弄棒之人，其实他最大的兴趣是拉琴，或者读小说。晒得乌黑是钓鱼钓的。其实钓鱼的间歇他还是看那些外国经典。他的第一把琴是二胡，父亲买给他的，花了一元九角钱。父亲见儿子听人拉琴时的垂涎欲滴，于心不忍，又没多余的钞票，就弄来一把最廉价的乐器给他解馋。殊不知儿子爱好的不是二胡而是提琴。不过有琴把玩总是好的，金可寅把二胡锉刀似的拉得咿呀直响，也算无师自通。

后来哥哥当了学徒，不知从哪淘来一把旧提琴，也在工作之余拉拉唱唱。金可寅不仅摸到提琴，也有了搭档，别提有多美了。可那时的温州民间，真正懂西洋乐器的人是少而又少，即便有也是深藏着，轻易不敢露面。所以金可寅没有老师。一帮年轻人四处鼠窜，才在某户人家的阁楼上找到一台老唱机和几张旧唱片，如醉如痴地听，也不知演奏者是何方神圣，只觉得耳畔响着天籁之音，奇妙极了。那次去上海，走过外滩，也走过弄堂里的石库门老房子，看见电线杆上粘着陈年八代的广告招贴，有卖仁丹梨膏糖的，有卖花露水痱子粉的，也有上门教钢琴教提琴的，就怔在那里，舍不得移步，好像电线杆里真会走出个梦寐以求的老师来。

二

求师未成，自己也被赶去下乡了。他不肯走，居委会来动员的人在屋里坐了一床，拗不过，只好怏怏下了永强龙湾当农民。每天拿四个工分，犁田耕种，一掌的茧，手指粗得像棒槌，还喂不饱肚子。其实，即便只有四个工分，农民也是不愿给的，那是抢他们的饭碗。金可寅就间歇地溜回城，半夜三更冒名顶替去煤厂拉煤球。煤车小山一般压在肩上，走路都蹒跚，哪还有什么浪漫情怀，拉琴自然成了奢望。

偏偏命运就是作弄人，唱样板戏的瓯剧团找上门来。母亲差人捎口信到乡下唤他回来，他换了件干净衣衫去了剧团。传达室老伯东喊西叫找来七八个人，簇拥他进了排练厅，那真是请菩萨的架势，让他受宠若惊。

果然，是请他来拉琴。剧团为演样板戏，买进了几把好琴，却没有琴手，就到民间求贤，听说下乡知青金可寅会拉琴，有意挖他到剧团来。金可寅自然是愿意的，操起把琴大显身手了一番。这哪是家里那把音色沉闷的破琴呵，弓一起，琮琤的琴音清泉般流淌，金可寅顿时不知身在何处。他被借上来，顶了提琴手的空位。

剧团是真的器重他，剧团三年，人事干部的皮包里总是夹了他的档案材料，腿都跑瘦了，可到底没能把他调过来。

不过一把提琴还是改变了金可寅的命运。外出演戏经上海坐船回温，遇上后来成为他妻子的年轻女孩。女孩爱唱歌，先是迷上他的琴，再是迷上他的人，眉目传情，琴瑟交欢。女孩是华侨人家的留守者，倾慕她的后生儿很多，她却摇着车铃穿越小街直奔金可寅而来。

三

于是，金可寅的角色变了，生活场景也从温州转换到意大利。他的出国在那时很难，不在签证，而在护照。几经挫折，还是外边的岳父母通过使馆斡旋外交部侨办等促成的。1976年，他只身来到北部城市米兰。

岳父母开有当时最大的中国饭店，炉头、砧板都是燃眉之急，金可寅初来乍到就一头钻进厨房。那时意大利中国人少，中餐馆更少，全米兰也就四五家。金可寅试着往炉头前站，望了二尺二的锅发怵。大师傅冲他吼，翻锅呀！他抓起锅，怎么也翻不动，便嘟囔，翻折了手指，往后如何拉琴。厨房里哄然大笑，做你的大头梦，你以为意大利请你拉琴来了？

他当然知道这里不是瓯剧团，拉琴在别人眼里就跟天方夜谭那样不可思议。可他还是不甘就此把手毁了，他相信人生会有“往后”的。他揉揉濡湿的眼眶，把带出来的那把提琴藏进旮旯，任它蒙满灰尘也不再去瞟一眼。

扭头就去但丁语言学校报名学意大利语，利用餐馆不上工的空当。“但丁”是米兰最好的私立语言学校，他是唯一的中国学生。这一学年的课程啃得很苦，苦也是孤独的苦。那会儿没有电脑，除了付费昂贵的每周几节课，回家就靠寻遍所有书店淘来的一本意汉词典，还是1946年出的。即便这样，他还是比陆续过来的别人好了许多，至少在翻锅做大厨的同时学会了基本的意大利会话。

接着，爱唱歌的妻子也出来了，夫妻联袂给岳父母又打了段工，分出来，顶下市中心多摩大教堂边上的一爿中餐馆，开张出来。顶费都是借的，一笔庞大的债务，压在肩上沉甸甸的。生意做上去，因为他的勤勉，妻子的能干；也因为他俩互为天成的灵性营造了餐厅少见的艺术氛围，颇受意大利食客的青睐。但挣的钱都用来还债了，还了好些年。

四

直至80年代中叶，有点钱往兜里塞了，金可寅长长吁了口气，束之高阁的琴思又蠢蠢欲动。那时他已知晓意大利的克莱蒙那西有世界最古老最出色的提琴制作，琴房卖琴，琴坊做琴，都是名门名家。他便去了，抱着朝圣的心态。那个早晨记忆犹新，他把自己穿戴起来，在镜前端详，他已很久不照镜子，也不知自己还像不像拉琴的一个人。他后来果然买了一把克莱蒙那西琴房的小提琴，4 百万里拉，约时下 2 千欧元，算是很便宜了，还是掏空他兜里的盘缠。

兴冲冲回家已是傍晚，夕照就在窗外流连，他在光影里站定，夹起琴，开始他生命里值得纪念的小提琴复出。他的琴艺已经很生疏了，是克莱蒙那西给了他神奇的灵感，他觉得自己在悠扬的琴声中飞起来。

那时，买琴只为拉琴，只为解馋过瘾，当作古玩似的收藏还是后话。

1991 年，金可寅加入意籍。次年，意大利众议员竞选。

作为华裔，金可寅是被潜在的一股力量推向不熟悉的民主参政舞台的。他是唯一有关中国的种子选手。他加盟的阵营是在野的共和党，民意呼声并不高，但偏左，亲华。金可寅其实并不看重自己能否当选，这个党派能获多少席位，他只要发出从未有过的声音，中国的声音。就像拉提琴，道理是一样的。

金可寅衣冠楚楚，走在共和党的竞选队伍里。他也印发传单四处张贴，他也到华人群体中演讲，他也在自己的餐馆别人的餐馆拉中国客人甚至意大利客人的选票。开始他还有点怯场，到后来他就把这个角色演熟了，变得口若悬河。他的竞选词里说，华裔群体也是为意大利创造财富的纳税人，是不容忽视的公民力量，我们有理由参与、介入这个国家的一切变革，以争取应有的权益共享……

选举结果公布，金可寅得到上百票的支持率，其中多数还是意大利人投的票。对于初出茅庐的一个华裔参选者，他的战绩已属不凡。虽然在他的选区，共和党最终还是败北。

如果把提琴作为比拟，此举乃金可寅行走世界的人生变奏，他相信这些音符会留在温州人的记忆里。

五

这以后，金可寅的视野开阔了，他从餐馆超脱出来，做了许多跨行业的经济实验。他像飞鸽穿行在意中两国，穿针引线，多方斡旋，完成了两爿工厂由意方转让给中方的大买卖。中方带了精锐的团队来意，租了房，长久地驻扎下来，从一个螺帽一枚螺丝开始，拆走了整座工厂的全部设备。他为中方引进先进设备、技术、原材料，包括剑杆织机、漂染技术以及粹取化学原料等等，可谓鞍前马后，费尽周折，肝都累出了病。他还曾经在温州经济开发区、在山东各地投资建厂。因为出来得早，杀回去也抢了些先机。当时他的意语已相当流利，人头又熟，四方游说进而打通意国关节已然成为他的优势。当然他做这些很替自己挣了几笔钱，却也实实在在让联姻的中意企业受益匪浅。

然而有一天，他突然决定在商界退役，“金盆洗手”。疲惫也好，厌倦也罢，归根结底还在于提琴。那简直就是一个魔咒，总要把他从游离的状态拽回来。金可寅是知道的，年纪慢慢大了，拉琴已拉不出饱满的情绪别样的境界，就像下棋，业余的段位只能停留在业余了，但琴艺是可以派生的，衍化的，只要你与他休戚相关，就会找到另一种方式的拥抱。金可寅选择了收藏。

新千年之始，金可寅飞往旧金山。这是他第一次去美国，是去找一个人，一间琴房。此人是美籍华人，他的琴房在提琴制作业享有一定的声名。金可寅通过琴界友人找上门去，拍出一万多美金，一气订下两把小提琴，一前一后带回米兰家里。一路上，在舷舱里坐着，看窗外飞渡的白云，居然生出很浪漫的感觉，感觉自己正踩了琴音飞翔。这就是金可寅的收藏之始，也拉，则已退其次。

琴有历史，也有文化。意大利是小提琴的故乡，金可寅算是住对了地方。只要有心，只要留意，只要好学。音色美，发音敏捷，有强烈的传送能力——懂得了品琴的ABC，幽深的门就会渐渐向他洞开。

后来，金可寅有了意大利人MARCO-OSIO的琴。再后来，金可寅也有了捷克当代最杰出的年轻制作者SPICLLENOVE的琴。当时最低价是1.5万欧元，眼下已翻了好几倍。SPICLLENOVE出生世家，四代制琴，在世界提琴制作业都享有盛誉，他上辈人制作的古典琴在今天早已是天价，金可寅倒是想要，却不敢。没几年工夫，他的麾下已收罗了十多把名家名琴，假若别贪得无厌，也可以舒舒心心把玩一阵了。作为藏品，固然未能媲美那些收藏大亨，但作为业余提琴手痴迷的爱好，他已很对得起自己的情怀。就像当年参政参选发出中国的声音那样，他也在海外温州人群体中为小提琴收藏填补了空白。

采访札记：

不能说金可寅不是商人，可看多了商家屋里除了奢华总还缺点什么的陈设之后，金家那些提琴和提琴图片提琴画框着实让人眼睛一亮。我与小提琴很生疏，但飘浮在屋里的气息却有贴心的感觉，我想那是一种文化、文明的氛围。

金家的房子是那种古罗马式的建筑，楼底四处都是磨得发亮的大理石，老式电梯，古典雕塑，大气也是深藏的大气。金家住楼上，也是一以贯之的意大利风情。厅堂后面有偌大的阳台，正与米兰最著名的多摩大教堂咫尺相望，那古意与美感，油然而生。真是，有这样的家，才有这样的金可寅。

他却说，这房子是租的。他有自己的好几处房子，却始终租住这里。他大约也是不舍这个建筑里的氛围和气息。他是聪明的，他知道自己需要什么。

他和他的神

在荷兰海牙，当潘红兵气质忧郁地坐到我面前，总觉得红兵的名字与他牧师的身份有种时空或者人性的错位感。虽然，潘红兵并未着那袭白领圈的黑色牧师袍，只穿件普通西装，举手投足却有若隐若现的宗教气息渗透出来，与别的采访对象迥然有别。他出生于文革期间的1968年，红兵的名字便是那场革命留给他的印记。当年在藤桥中学当老师的父亲抱着刚取名的男婴乐颠颠庆贺时，恐怕怎么也没想到这个唯一的儿子将来居然会在域外做了为上帝传递福祉的虔诚的圣徒。我是无神论者，我不相信潘红兵的生命轨迹会早早预设了宿命的指向，但对他心路历程的蜕变却有探究的好奇与兴趣。于是我们聊了很久，我希望他像牧师布道解惑那样，首先为自己梳理出不讳言的真实可信的脉络与轮廓。

他做到了。

寻找心的家园

潘红兵出生晚了点，否则红小兵红卫兵是注定当一当的。虽没赶上趟，也在名字上过了把革命瘾。父亲是中共党员，在藤桥中学从普通教师一直做到校长、党委书记。红色是他人生的底色。要说宗教渊源，与母亲不无干系。懂事那会儿，禁忌破了，母亲便常常揣了圣经去不是礼拜堂的某个聚会听道祈祷，记忆中母亲与父亲的信仰那般不同，母亲只敬畏她的上帝。

长大些，潘红兵在心智渐趋成熟的半道上迷失了方向，他不知自己要什么。1986年到1989年，他考入温大就读食品加工，进校后发现对此了无兴致，又找不到出路，便与同学聚在一堆喝酒打牌，被学校记过处分。好不容易挨到毕业分配，去处竟是与食品加工不搭界的缝纫机厂。郁郁不得志间，感情受挫，肺结核也缠上身，理当欢愉的青春岁月坠入无底黑暗。潘红兵原就是多愁善感的性情，那段时日更是屡屡与自己狭路相逢，怎么也避不开堵在心头的死亡之墙。父亲忿忿着，恨铁不成钢，母亲则心疼担忧。终于忍不住，母亲躲开父亲对他掏心掏肺说，儿子，相信妈一回，祈求救主解脱你的烦恼痛苦。

儿子无路可走，就蔫蔫地跟母亲去了。一间大屋子，坐满认识或不认识的许多人，都是肃穆的表情。那是潘红兵第一次聆听布道，第一次向上帝祷告心声。他跪坐那里，附和着周围的喁喁声，神思安恬下来……

潘红兵对我说，奇怪的是那天他竟没有初来乍到的陌生感，仿佛一切都曾亲历并在灵魂驻扎，是早已熟知的。后来读了神学院做了牧师才知道，那就是他与基督迟早必有的一次神会。潘红兵还说，有了信仰真好，让我的灵魂死里逃生。好比走夜路有了明灯，不再磕磕绊绊。

1991年初夏，潘红兵揣了一纸临时抱佛脚考出来的厨师证书，来到荷兰中部亚美斯科投奔开餐馆的姨妈。出洋是家人的意愿，自己并不热衷。姨妈很关照，安排他到灶前帮厨，吃住无须操心。可他一边学着荷兰语，一边仍在心里打退堂鼓，这种除了挣钱再无其他内容的生活不要也罢。

彷徨苦闷中，找到教堂，没想里面座无虚席。这座由荷兰华人基督教会创立的教堂已有30多年历史，创始人陈牧师早年从印度尼西亚辗转过来，布衣清俭，面容慈善。潘红兵走进去，就像回了家。

新加坡神学院

除了这座教堂，荷兰最终留住他的还有结识在教堂的一位女子。她也是温州人，也是虔诚的基督徒，在神的指引下，她与潘红兵萍水相逢，两情相悦，很快成为他的太太。

创业成了绕不开的话题。1995年，婚后一年的小夫妻在乌特勒支市开出一爿外卖店。投资30万荷兰盾，都是亲友帮衬借贷的。小两口兢兢业业，把不大不小的店经营出来，不仅还清债务，还有了些积蓄。

两个女儿也先后出世，带在身边，就在店堂里蹒跚学步咿呀学语。教堂自然去得更勤更密，夫妻双双风雨无阻。

一个家算是纳入亲友期待的轨道走向俗世红尘。唯有妻子知道，潘红兵的灵魂相反越来越挣扎。信仰对他已不是祈求福祉的功利，而是赎罪，改变自己从而改变他人，是生命意义的完善。而当时，他所看到的生存处境却是，全荷3千多家中国餐馆的同胞除了闷头赚钞票，精神世界一片荒芜。他为自己无力帮助他们深感负疚。

恰是此时，陈牧师因病离世，教堂犹失栋梁。

潘红兵于是在一个冷雨拍窗的夜里对妻子说，我要去新加坡读神学院，回来传布福音。妻子看见一双眼睛在黑暗中炯炯发亮，知道丈夫去意已决，便啥话也不说了。静默间，潘红兵觉得鼻子发酸。他当然懂女人心里的挣扎。但是，他们难道不都是上帝的孩子？

他把五年里挣来的钱分成两半，一半留给妻子，一半留在卡里带去新加坡。新世纪的第一个秋天，他上路了。神学院门槛很高，申请入学必有大专学历，还要考试，学资也不便宜。他原想找份工，替自己挣出生活费，讵料学业繁重，不全力以赴根本对付不了。大学那点英文底子早已荒废，上来就得恶补英文，然后才是希腊文、希伯来文、神学、圣经、宗教史、心理学、教育学、演讲等等，对于做了差不多十年厨师的他来说，没有哪一门课省力，都得把校图书馆的一个个长夜穿透。偶尔灯下抬头，仿佛看见带着两个孩子的妻子里里外外守护着那份家业，人比黄花瘦。妻子的奉献，更甚于他对神的奉献。

学到两年半，妻子那头独自操劳实在守不下去，电话里轻轻弱弱一声叹息，外卖店抛售，全家索性搬到新加坡来。荷兰的凉爽与新加坡的炎热形成强烈对比，夫妻俩默契的眼神却省去多少无谓争端。租房，安家，柴米油盐。然后，妻子也考取神学院，就用那笔抛售外卖店的钱支撑这一切，真有些破釜沉舟的架势了。

淡定中自有乾坤

以优异成绩修完四年课程，潘红兵毕业离开神学院，返回荷兰。又一次孤独之旅，开始新一轮不复以往的传道士生涯。妻女到机场送他，泪眼婆娑。妻子也是执著的女人，带着孩子留在新加坡，继续未竟的学业。她理解丈夫的匆匆离去，因为那是神的召唤。

学历，热情，献身精神都有了，潘红兵正式步入黑衣白领圈的神职队伍，基督教义成了他的工作，他的日常，以及物质精神的全部。他在港口城市鹿特丹最重要的华人教堂做全职传教士，拿一份清苦却足够温饱的薄薪，也向政府纳税，名义上享有一般受薪者的福利与待遇，薪资来源则是教友对基督教会的捐赠。当然，此后的物质生活与任何在外做老板的温州人都已无法比拟，就连与他自己经营外卖店的银两收入也有不小落差，开不了好车，穿不起名牌，住不上大房子，孩子也上不起私立学校。潘红兵坦然面对，这些坡坎早在全家搬迁新加坡时就已跨越。皈依基督信奉上帝，本来就是摆脱奢靡摒弃享乐的赎罪自新之旅。如果这一基本戒律都未参透，何谈信仰追求，何谈做上帝的儿子？

只是，对崇尚经商赚大钱的温州人来说，对一个曾经红色的家族来说，他的选择多少有些“离经叛道”了。即便最后在瓯海教师进修学校领导岗位退下来的父亲嘴上不说，心里难免有一份与红色相悖而去的失落。在世俗眼里，不挣金赚银衣锦还乡，大老远辛辛苦苦跑去海外做什么？当牧师，传道，有毛病啊？潘红兵颔首微笑，淡定中自有乾坤。神将宽恕所有的猜忌。

事实上，众多灵魂需要他的帮助和引领。一旦穿上牧师袍步入教堂，无论传道、诵经、唱诗，还是祈祷做弥撒，都能感受到教徒迷惘的眼神在与上帝的仰视与谛听中渐渐清澈起来。而他，则是细弱的风，微不足道的路径，引渡自己也引渡他人走向天堂。他穿梭于亚美斯科、乌特勒支、鹿特丹等多个地区，为病患祛痛，为死者追思，或上门讲道，为心神迷路的人解惑。他是最年轻的现代传道士，勤奋，谦恭，有学识，又不拘泥陋习成规，深得教友爱戴。

现代传道士

其实，任何宗教分支在当今纷繁多变的现实生活中必然有所改变，内容，形式，受众以及涵盖的方方面面。潘红兵是新型学府出来的学子，深知与时俱进的重要。他跟人们在电视节目中看到的诸多现代神父、牧师一样，游走在因俗世纷争而迷失坐标的心灵之中，所扮演的角色已远远超出传道的范畴甚至宗教的范畴。

除了每周三天必在不同时间不同城市的教堂做弥撒讲道之外，更多的时候是在路上。或去医院，或去教徒家，或去深夜餐馆打烊后的某个聚会，近的不近，远的很远。他总是一身布衣，一辆旧车，一只兜了手提电脑的黑包，来去从容，笑意安然。有对夫妇性情不合反目厮杀，架吵到半夜收不了场，催命似的电话打来要他去断离婚。潘红兵钻出热被窝往那边赶，推门进去果然是一地狼藉两张铁青的脸。一个传道士，哪断过此类清官也难断的家务事，可既然找上他，又怎能推回去。他把圣经放桌上，轻轻翻动，娓娓说道。都是圣经里上帝的旨意：多检点自身的劣迹，饶恕别人的过错，有宽宏豁达之心，行善助人之乐等等。浅显而直白的道理，听的人其实都懂，他不过是营造了一种舒缓的气场，化干戈为玉帛，修补了几近破裂的一桩婚姻。另有一位产后内分泌失调综合征患者，原是商场女精英，餐馆开得很大，患病后极度抑郁，整天困守拉上窗帘的黑屋子里，生不如死。潘红兵听说了，一次次去，一遍遍说，多次被拒后终于推开那间黑屋子和比黑屋子更幽闭的心，为她送去上帝的福音。现在，女商人皈依了基督教，病也好了许多，正从抑郁中慢慢走出来。用潘红兵的话说，他没有灵丹妙药，他传递的只是上帝的慈爱，爱就是心病的灵丹妙药。

医院更是潘红兵经常出入的地方。有位信徒肝移植后又患了肝癌，被医学判了死刑，他接受了。但剧烈的疼痛使走向天堂的路变成地狱，任何镇静剂都无济于事。他像哀号的狼，终日在病床上打滚。潘红兵十分不忍，就去给他祷告。他在前，亲属教友在后，床前排了一列，病房探视变成教堂弥撒。可也奇怪，撕心裂肺的喊叫低哑下去，抽搐狰狞的面目也平和下去，病人安静了。这以后，病人醒来就用期盼的眼神找他，那情景就像无助的孩子找爹娘。其实潘红兵不用找，尽管忙，尽管路不近，他每天都会去，为垂死之人减轻痛苦，安详走向天堂，本来就是他的工作和义务。潘红兵固然回天无术，但他仍然是欣慰的，因为他扶助了一个生命最后的解脱。

神学院毕业又5年传道士之后，潘红兵在2009年正式升职牧师，成为全荷最年轻躯体持续眼神也是唯一的温籍中国牧师。他太太也从新加坡学成归来，做了华人基督教会的半职传道士，一个完全意义的神职之家由此奠定。

无疑，他们是海外温州人的一个异数，用自己独特的方式与姿态行走，走出了迥然相异的人生风景。不能说独好，却也是值得回望的。

采访札记：

我承认，我走不进潘红兵的世界，因为门口拦有一堵墙，信仰之墙。我只能与他相对而坐，若即若离地听他说，声音很近，又很远。

但我总在揣摩，总在猜测，我觉着他的世界一定是满的，很满，深深浅浅都是他认定的为之追寻的真理，所以他热诚依旧。

有什么不好？用爱的精神改变自己，再改变别人——这是他说的。我开始理解他的热诚。一个人有了信仰就有了精神支撑，倘若这个信仰又有着善爱的道德标高，真没有什么不好！

明日之星

在这个多雨多雪的冬天，邵斯凡走到我面前，挟带着凛冽的寒气，戴一顶绒线帽，裹一条大围巾，俨然一个先锋的法国小伙子。但我知道他不是，他是温州的孩子。脱了帽，取下围巾，一张轮廓硬朗的中国脸露出来，衬托着一米八五的个子，矫健、挺拔、阳刚，是当下审美所青睐的酷。他的法语地道，中文也地道，所以他为之迷恋的演艺事业有着双栖双向的最好前景。

矫情或者文艺的说法，邵斯凡是法国演艺界尤其是先锋话剧界冉冉升起的一颗新星。然而一番交谈之后，我认定他既不文艺腔，也不矫情，反倒有着清醒、理智的生活态度与自我认知。借用法国人的时髦，叫活得哲学，这让29岁的他看起来更像成熟的男人。

戏剧新人的中国背景

邵斯凡从温州来巴黎时仅14岁，那时为生存打拼的父母亲在法国有难以想象的艰辛。父母离国后他被寄托在老师家，这一段成长经历中便少了母爱的温暖与呵护。由于监护人是老师，家更多的是学校的概念。但他很少哭，虽然小，却也有男子汉的担当。等他长大了些，终于被青春期的孤独、善感、迷惘所指引，在某一个溽热潮湿的傍晚给母亲写了封长信，字里行间都是亲情的渴望，就像一只亟待抚慰的小兔子。没有女人不为这样的文字心疼，母亲于是不管不顾，再苦再难也要把儿子接到自己身边。

住处是狭窄拥挤的，一台破电视局促地缩在角落，说着听起来像天文的法语。但小斯凡还是觉得心一下子宽敞起来，亮堂起来，阴霾一扫而光。他不肯出去玩，只守在电视机前，从早到晚“看”电视里的讲话，手里一本中法小词典，对着翻，直至翻烂。该进学校了，他执意要母亲把他弄到只有法国孩子的学校去，嘴里还振振有词，有了中国同学说中文，我就学不好法文了。邵斯凡融入法国的急切和排斥已然熟练的中文都是自觉的，他比别家孩子的意识更早，更清醒，也更坚定。他只有14岁，却写信给温州的阿姨说，来了法国，我唯一的出路就是读书，读好书。

如愿以偿进了他想去的学校。过渡班上了两个月，老师同学都十分惊诧这个新来的学生，赞叹他的法语速成是不可思议的奇迹。只有他自己知道，他不是天才，即便梦里，他都在寻找开启语言的钥匙。过渡班里，他的目标是中学名校龚德赛；进了龚德赛，目标递升为大学名校索邦。他的用功足以让他绰绰有余地实现自我期许。填志愿了，他几乎没来得及细想，就跟二三要好的同学结伴上了当时很热门的索邦经济管理专业。父母有了殷殷的希冀，以为学成后的儿子将会继承当时如日中天的家业。

可他，进了索邦的第一天，就发觉自己错了，错得一塌糊涂。课业学得轻松，成绩也不逊色，就是找不到感觉，缺乏起码的热忱。他一直在看书，看很多的书，都与经济管理无关，而是与戏剧有关，他这才发现自己对演艺的挚爱。

YI剧团和《约翰与玛丽》

那个清晨邵斯凡闯回了家，对母亲说，我毕业了。

母亲很兴奋，看着树一般雄立在面前的儿子，心想，总算成材了！

讵料儿子压根儿没想继承他们的公司，相反说，我考上弗洛朗明星戏剧学院了，我对商业经济没兴趣，我要演话剧……

母亲愣住，半天说不出话来。她对这个号称“法国演艺大师摇篮”的弗洛朗明星戏剧学院一无所知，她只知道一个月的学费是项很不小的开支。母亲是游离在西方文化之外的温州商人，中国的传统习惯让她自觉或不自觉地排斥儿子的选择。父亲更是竭力反对。邵斯凡就那么直挺挺站着，是倔强和执拗的姿态。他说，就供一年，第二年我会争取考上高材班，就能领到全额奖学金。又说，妈，求你了，我不想失去这个机会。母亲最终的应允是因为她听说自己的儿子将是四十多年的“大师摇篮”里出现的第一张华人面孔，并且许多法国当红明星与一线演员、导演都是从

这里出发的。事实被儿子不经意地说着，母亲听来却有震撼的效应。

第二年，邵斯凡果真没有违背自己的承诺，如愿以偿考入高材班。法国从莫里哀的十六世纪开始，就是一个话剧大国，有着长久不衰的戏剧狂热。而这一代的法国青年都与邵斯凡一样，不为谋求出路，只为纯粹的兴趣。几千人的预选，经过一试二试三试层层淘汰，筛选至男女各十名共二十人胜出，由学校出资全方位倾力打造。这样的两年说白了就是摇篮里孕育新星的过程。邵斯凡在理论熏陶艺术实践中窥见到自己逐渐清晰的生命空间超越本能的可能性。他自觉如鱼得水。

单纯的表演甚至满足不了他的艺术热情的宣泄了。他在高材班里自组小剧团，排出了法国著名剧作家、导演、国家话剧院院长巴斯嘎·蓝拜尔的话剧作品《约翰与玛丽》。邵斯凡把自己的剧团命名为YI艺术剧团，包含了西方现代话剧简洁的写意，中国道家的《易经》，还有艺术发轫之作从一开始等多重解读。在《约翰与玛丽》这出戏里，他不仅身兼艺术总监、导演、主要演员三职，还以自己的理解将蓝拜尔的经典剧作重新改编和演绎。都知道大师级的蓝拜尔是个非常古怪的戏剧人，从来不捧别人的场，也从来不允许别人改编、导演他的剧作。一个学生，未免太斗胆了吧？其实邵斯凡心里也打鼓，但他就是觉得这部剧作有她的瑕疵，结构松懈了，节奏感就出不来。他甚至都没想如果把大师的戏改砸了，今后还要不要在演艺界混的问题。

戏排出来了，在毕业公演上获得了最热烈的掌声。邵斯凡没敢去请蓝拜尔，他却自己悄悄来了，坐在最不起眼的角落里。原想看几眼就走，结果居然没走，看完了全剧，戏散后还等在大厅要与毫无禁忌的小孩导演见面。邵斯凡出来一看，真有点慌，连声说对不起。蓝拜尔却哈哈笑道，有你小子的，改得好，戏紧凑了，效果不错！邵斯凡受宠若惊，您不骂我？蓝拜尔耸着肩戏谑，把你改过的剧本送我一个，我就不骂你！

这出戏是属于邵斯凡他们这些新人的戏，被注入了更先锋的戏剧元素，与蓝拜尔早年的《约翰与玛丽》有了思维角度与表演形式的差异，在后来阿维尼翁戏剧艺术节的巡回演出中，尤其得到新一代受众的欢迎，荣获优秀剧目奖。然而邵斯凡是清醒的，不是他排的剧有多好，不过是与时俱进的尝试使他得到一份小小的奖赏而已。

《变奏曲——演员的陈述》

但这份奖赏对他无疑是有意义的。

从"大师的摇篮"毕业，艺术实践接踵而来。他追随多位戏剧界泰斗做工作坊，包括意大利面具大师与阿根廷名导，这让他开阔了视野，吸取了精粹。召斯凡还同步参与了多部话剧、影视短片和科幻电影的演出。还不计报酬，为世界卫生组织做关于抵制伪劣药品纪录片的中文译演。2006年戛纳国际电影节，他以入围单元短片《流放地》的清新演出，被全法演员协会推举为"明日之星"。作为唯一的华裔新才俊，他以风格迥异的亮相，踏上千万影迷簇拥的戛纳电影节红地毯。那一瞬间邵斯凡在心里给自己的选择画上了句号，他从此认定，他的生命足迹，将会一直印在这条也许热闹也许寂寞的从艺道路上。他可能不是最好的，却一定会是最努力的。

之后，邵斯凡被法国大导演诺埃勒 · 日安诺从"明日之星"榜里一眼瞄中，参演由他改编并执导的英国著名作家马丁 · 克里姆的作品《变奏曲——演员的陈述》。这是一出荒诞色彩的悲喜剧，以英国社会的中产阶级为视角，通过一系列亦庄亦谐的家庭冲突，入木三分地揭示现代人的哲学迷茫和生存困境。因其有着鞭辟入里的醒世效果，第35届巴黎秋天艺术节以此作为重点剧目，在巴黎大学城剧场隆重推出。邵斯凡在剧中出演思想活跃却不被社会认知的潦倒作家，是一个身份独特心理复杂的主要角色。他读了许多书，作了几倍于其他演员的努力，把极具挑战的角色在舞台上令人耳目一新地立起来，完成了只属于他的"这一个"人物形象的塑造。

《变奏曲——演员的陈述》在享有盛誉的秋天艺术节以及此后的巡回轮演中获得成功，而邵斯凡的东方脸孔与字正腔圆的法语对白，是想避也避不开的一个亮点。媒体蜂拥而至，尤其华语电视与报纸，把邵斯凡的出现比作华裔第二代冲刺法国主流文化不可小觑的一个涌浪。

母亲流泪了，在已长成大人的儿子背后，带着回望的感慨。

戛纳红地毯与中国电影

成功之后，邵斯凡却倏然转身，为自身中国背景的再一轮颠覆欣慰着。

几年前，还在索邦上大学的时候，他就把14岁拼力排斥母语的那个邵斯凡超越了。当他顺顺畅畅步入法国社会，当他纯正熟练地说着法语写着法文喜好着法国文化时，他重新认识到母语文化对他早已不是阻绊而是最好的资源了。可文化尤其语言是需要活水的，沉淀在久不翻动的字库里就会僵死。偶尔回家与父母是说温州话，普通话于是冻结了，说出一句都是拗口结巴的。他讶然变色，坐上飞机直飞北京，鬼使神差就到了北京电影学院，磕磕巴巴要学中文对白。那时还没来得及投考法国明星学院呢，竟先上了北京的专业学校，就像冥冥中的一个宿命。上课第一天，老师是皱眉的，倘若不看脸，根本就是法国人在念中文对白。整整六个月，老师学生都下了工夫，再回到巴黎时，一口京腔的邵斯凡竟把温州口音也消灭得不留一点痕迹了。

这次预谋让他从此多出一套身手，有一些配音、广告公司找上门来，请他做各类中法双语译作。时下中国文化热，教材出版社要出一套时尚中文CD教材，找到了他，中文法文的纯正都有了，可谓一箭双雕。

而在巴黎秋天艺术节上邵斯凡面对中国媒体的亮相与应答自如，也使国内演艺界发现了他。

一位新锐导演偶然在国内荧屏上看到走过戛纳红地毯的邵斯凡，觉着他的气质外形恰恰契合自己将为上影集团和欧培西纳影视文化传播公司等拍摄的电影里男一号的形象。不经意的邂逅让导演欣喜若狂，抓起电话便急咻咻到处找人，国内没找着，又把电话打到法国，请朋友挖地三尺也要把这个最理想的男一号挖出来。朋友没有头绪，就在电话簿上找，厚厚的一大本翻到一半，终于大海捞针般捞出邵斯凡，一问，正是，兴冲冲向国内报捷。剧本传过来读了，也飞中国试了妆，邵斯凡却因未做完话剧巡演，走不开，导演又是非他不可，只好往后延了三个月档期。

这部未定名的电影演绎的是人与自然和谐相处以及人性救赎的故事，有着人类终极关怀的全球性意义。邵斯凡喜欢他的角色“农巴”，他在香格里拉美丽神秘的梅里雪山下找到了感觉，对这个人物从泥淖里站起，一步步净化灵魂升华人格的心路历程有着细致入微的洞见。所以，他相信自己的诠释就算称不上完美，至少也是可圈可点的。眼下，这部影片还在后期制作中，希望邵斯凡的跨国经历能带给我们奇峰异起别有洞天的审美体验。

银幕上见。

一点补缀：

目前，他在凡赛纳森林里的艺术中心跟大师做工作坊，那里有最知名的太阳剧院、暴风雨剧院、鱼缸剧院等等，每年都有“硕果仅存”的大师级戏剧家前来驻扎教学，因此成为全球戏剧爱好者的朝圣之地。邵斯凡是幸运的，踏入这个殿堂，就意味着站到了巨人肩膀上，被艺术之神所眷顾。

年中，他将率领他的YI艺术剧团，携带著名剧作家乔治·斐多的喜剧，参加“中法艺术之春”，到北京及中国各地巡回演出，为两国文化交流作一份他认为属于分内的事。他同样身兼艺术总监、导演、演员三职。

其次，是读书。喜欢读书对他这代年轻演员来说有点另类，况且读的书还有一定的分量。比如，他读法文的柏拉图，读中文的《易经》。仅就这一点，他就让我刮目相看。

足下处处是欧洲

阿明

在斯德哥尔摩处于心脏地带的宝岛饭店见到他时，方知阿明不过是叫顺口的小名，他的大名则叫吴俊博，不为瑞典华人圈所熟知。阿明也就是吴俊博在餐馆靠窗那头一坐，有形有派，堪称帅哥。他才30多岁，游走海外却已将近20年，不限于某个国家某个城市，而在全欧的版图内。始于意大利，驻足瑞典，将来会在何方终结游走，仍是一个连他自己都不知道的谜。

经历成就了吴俊博，让他的日子有了向度，有了动感，有了时间空间的双重腾跃，也让他的人生变得深邃而丰厚。所以，吴俊博既是辛苦的，又是幸运的。

想来，他没把自己当个人物，叙述轻描淡写，但作为旁观者和记录者，我相信我是看到了那份绚丽多姿的，并从中捕捉到温州人血液里那种草根般坚忍不拔的精神意志。

“黑”在罗马

1974年夏日，温州西城路那户平常人家添了一个乳名阿明的男孩。上有哥哥，随后又有了弟弟，于是这个五口之家就显得刚刚硬硬，阳气十足。

吴俊博18岁那年，已考入温六中读高中，学没上几天，家里老宅被政府征了地，他谋到一份是男孩都眼红的好差事，交通队当警察。大盖帽眼看攥手里，最终竟未戴上。不是人家不要他，而是他把自己炒了鱿鱼。电业局当差的父亲就那么轻轻一搡，就把儿子搡上了去意大利的遥遥之路。1992年，温州出国潮如火如荼，有海外

关系的几乎家家户户都筹划着背井离乡去国闯荡。吴姓家族也是叔伯姑婶门门都有人在外打拼。父亲于是对他说，你哥工作安定，你弟还在读书，就你吧，替我们这个家补补缺。

他没有异议。哪个男孩子不渴望变只鸟，到广阔天空里飞。他把大盖帽一扔，噔噔噔头也不回地走了。

说是旅游，其实到了意大利就“黑”了身份。好歹有亲戚接纳，躲进餐馆后头洗碗打杂，填一张嘴，卧一张床。那日子孤单，无助，担惊受怕，每天醒来都不知道下一分钟会不会被警察逮进监狱甚至遣返回国。

如果不是一个叫詹伟丽的女孩陪伴左右，他或许早一跺脚把自己遣返了。詹伟丽是同在餐馆打工的跑堂，娇小、美丽、勇敢，比他小一岁，也是独自在外。他俩耳鬓厮磨，你有情我有意，其实不过是天涯沦落惺惺相惜，互相取暖。

到底，爱没能留住吴俊博。在渺茫的期盼中，他北上去了德国波恩投奔伯父。詹伟丽送他，依依不舍，眼里一眶泪。

波恩三年

还是餐馆，换一个地换不出朝霞似锦。亲戚也好朋友也好，能帮的就是给他一个相对合法的短期饭碗。移民条例在西欧国家都很严苛，那个年代中国人不受欢迎。

吴俊博决定不再顺水逐流，即便一天合法，也要创造条件活出尊严来。

他开始自学德语。每天起床就给自己上早课，一直学到餐馆开门，然后钻进厨房忙忙碌碌到深夜。别人歇下了，他还叽哩咕噜背德语，做功课，背着背着一头栽倒昏睡过去。好在年轻，又有语言天赋，身体累成一摊泥，脑里单词却势如方阵，为他筑出铜墙铁壁，再不怕被洋鬼子训斥了也回不出口。

老板见他德语飞速长进，哪里舍得搁在厨房洗碗打杂。吴俊博脱下脏衣，换上新装，气宇轩昂从阴影走到亮处，连自己也觉得高出一个头。一高兴，更是思念女友。跨国电话太奢侈，就写信，一字字诉说衷情。两个人身处异地，做的同是跑堂，每句话都心有灵犀一点通。

没多久，詹伟丽也离开意大利去了瑞典。女友启程的日子里，他躲进旮旯，把薄薄的一页信笺揉成了团。他多想女友别去北欧而来投奔他让情有所系，可自己一无所有，何以安身立命？刚刚好起来的心情又被乌云遮盖，20出头的吴俊博就在这一刻有了男人的承担。他在心里对詹伟丽说，我会强大起来，让你做一个幸福的新娘。

德国最后一年，他把自修语言的时间变成跑街做贸易，扛了中国造的小商品走街串巷，向店家批发推销，送完货再赶回餐馆上班。做贸易市场小，属于探索阶段，不敢拿肚子开玩笑，贸然砸了跑堂饭碗。待有了些起色，朋友来电话，说是给他在捷克办妥了身份，并邀他联手做贸易。于是拜拜波恩三年滋味杂陈的日子，启程东欧。

游历东欧

布拉格是个美丽的城市，刚到那天，吴俊博有点不适应。这个城市跟波恩不远，却是另一番面貌。纷繁，杂乱，却生机勃勃，有着共产主义阵营解体百废待举的万花筒般的景象。

朋友帮吴俊博办的是商业居留，让他从此摆脱地老鼠的黑民身份。在大街上堂皇地招摇过市，不再怕移民警察鹰鹫般追逐的目光。他与朋友合伙开公司，从中国进口小商品批发。开公司，做贸易，说白了就是练摊。在批发市场设摊位，起五更赶夜市倾销中国造。他的商品独此一档，廉价打火机，不仅中国造，而且温州造。价格低，利润也低，挣的是辛苦钱。就算是摇钱树，也是一颗枝叶稀疏的瘦树。

为让瘦树壮硕起来，实行扩张主义，入侵周边东欧邻国，诸如匈牙利、罗马尼亚、南斯拉夫等。到处施展拳脚，到处练摊，也算苦中作乐。常常是，夜半醒来，不知身在何处，便在黑暗里思念女友。思念是有感应的，詹伟丽总是笑吟吟款款而来，走进他香甜的梦里。

吴俊博的游历不是通常意义的游历，他不看山看水，不看人文景观，不是不想看，是无暇顾及。他走南闯北，为的就是两个字：市场。这种游历的艰辛程度难以想象。坐火车跨越两国边境，明明拿着货真价实的中国护照，硬被边境关卡视为假照而驱逐下车。碰到银行账上资金断档，信用卡被取款机吞没，只好饿着肚子在街角徘徊。住不了旅店，就躺到车站长椅上睡。有一次，真到了山穷水尽，想给当地朋友打电话连电话卡也没有，待在电话亭外一筹莫展。幸好两个温州人说着方言路过，乡里乡亲，见他有难，二话不说就往家里带，家也是穷家，都是打地铺，但他好比游子回家见到亲人，心里温暖得出汗。

再后来，瞄准了南斯拉夫首都贝尔格莱德，栖枝筑巢，开设批发中心，从捷克进货，销售给南来北往的东欧各国商家。正值南斯拉夫局势紧张的上世纪末，科索沃战争一触即发。五月的那个晚上，美国为首的北约飞弹袭击中国驻南斯拉夫大使馆，冲天火光他亲眼目睹，惊悚的场面感同身受，他为国家的受辱义愤填膺。

同时，也为居住国的战乱忧心忡忡。他在那个不眠的长夜下了决心，卷铺盖撤离。

重逢斯德哥尔摩

当然，离开南斯拉夫也是瑞典的召唤，詹伟丽的召唤。多年的爱与相思，终于在斯德哥尔摩结出情感之树。吴俊博投奔的不再是女友，而是新婚燕尔的妻子。

妻子看起来娇小羸弱，却有惊人的坚韧和执著，对爱情，对生活，对自己认定的目标。她与吴俊博其实很像，属于同一类人，是精神上的契合。或许这就是他们异地漂流这么多年依然不弃不舍的理由。

吴俊博抵达斯德哥尔摩正是瑞典的严冬，冰天雪地给他这个南方小子送上了猝不及防的寒冷。妻子仍替别人的中餐馆打工，做熟了跑堂，职业素养已然炉火纯青。现在吴俊博来了，一个人的家变成两个人的家，一个人的目标变成两个人的目标，必须自己创业，自己作自己的主了。绝大多数海外温州人的追求就是当老板。

为了省钱，一对新人就住在妻子原来租住的学生宿舍里。没料想当天夜里大楼响起火警，全楼住户都被赶出楼外，站到雪地里。火光亮红了漆黑的夜空，消防车风驰电掣，叫得人心一阵阵发怵。丈夫把妻子搂进厚厚的大衣，两人一起在风中颤抖。这时的吴俊博情意切切，对妻子充满了怜惜与呵护。这么多年来，一个单身女孩孤身打拼并为他坚守着冰雪之情，该是多么不易。

歇了三天，吴俊博歇不住了，出去打工，为丈夫的承担，也为当老板奠基。他德语不错，东欧几国的商业用语也过得去，但到了瑞典，全成摆设，一切都得重新来过。当时的斯德哥尔摩，除了中餐馆再寻不到中国人打工的地。他去了，扬言不做厨房只做餐厅。老板问他你会瑞典语吗？他回答，暂时不会，但我能把瑞典语当德语来听，来学，保证不误事。老板将信将疑，他却短短几月真把跑堂做到了位。

很快，梦想付诸实现，夫妻双双撑起了宝岛饭店的门面。宝岛饭店位于斯德哥尔摩本岛最中心地带，面向海湾，背靠闹市，门前流动着或起程或归港的船只和兴冲冲来喜洋洋去蜂拥如织的观光客。只要其中小部分人走进门，周遭唯一的这爿中餐馆就会爆满，座无虚席。吴俊博瞅准商机，多年积蓄倾囊而出，不够，再向亲友借，向银行贷，花大价钱盘下经营权，把大旗呼拉拉扯起来。待到装修开张，请工人的钱也掏不出了，只好自家两人死扛，男做后厨，女跑前台。吴俊博其实并没当过大厨，不过都是眼里功夫，看熟了照样能赶鸭子上架。一道菜做好了端出去，做不好直接倒进垃圾桶。也就倒过那么几回，顾客早已吃得两嘴抹油，心满意足。

生意好了，请得起员工了，基础也稳定了，吴大厨师从炉台前走出来，俨然纯粹的一个老板了。可是吴俊博还那么年轻，做大的雄心在胸膛里扑腾扑腾乱跳，一不留神，就把自己搡出了餐馆。他开海鲜加工批发公司，在码头租了场地，把活蹦乱跳的鱼买进来，做成半成品批给街面上比比皆是的寿司店，自己也顺手牵羊经营快餐寿司。又经营酒吧俱乐部，为2万多中国留学生提供卡拉OK特色消费。他还在饭店后面的礼品街开出旅游纪念品店，不做中国造大路货，专做瑞典及北欧精品，讲究时尚品位。店面不大，却精致，大有艺术沙龙意韵。他甚至企图涉猎旅行社、酒店业务，为越来越多的中国游客提供多层次服务。私下里还有兴趣玩玩古董。瑞典与中国交好源远流长，至今还有大量中国古瓷器流散民间，吴俊博常去圈里转转，见到喜欢的东西就收藏。前不久刚收进一只前清官窑小盏，20多万瑞典克朗。他脑子里的想法一个接一个，纷至沓来，收都收不住，直至分身乏术，难以招架。

况且，今天的他已是两个儿子一个女儿的爸爸，孩子尚在幼年，父爱与养育的责任在肩头担着，他已不能像当年在东欧那样为所欲为。于是他把事业大刀阔斧缩减，该收的收，该卖的卖，把家也从郊区别墅搬到市中心公寓楼，送孩子到离家离饭店都不远的好学校就读，营造相依相伴幸福美满的家庭氛围。吴俊博是在某一天的某一刻突然明白这个道理的，挣钱固然重要，孩子的健康成长更重要。

习近平的临时保安

又是一个偶然，一段人生小插曲，吴俊博却实实在在铭记在心。

国家领导人习近平一行包括商务部长国际开发银行行长等是作为中国采购团从东欧辗转北欧来到瑞典的，据说一路下来签购的大单超过了几百个亿。前来斯德哥尔摩之前，已在第二大城市斯德堡并购了瑞典老牌名车沃尔沃。习近平一行下榻于相当国宾馆的超五星大酒店，瑞典政府给予国家元首级接待规格，派以顶级保安团队辅助警戒。但电梯外的酒店大堂到台阶下上车的那一段疏忽了，成为防卫空缺的盲点。

于是，六名英武矫健的中国年轻人被招来，充当临时保安。吴俊博便是其中一个。他们穿戴齐整，从早到晚守卫酒店大堂，整整三天。胸襟上别着瑞典顶级保安的徽章，事实上受命于中国大使馆，是荣誉义工。吴俊博生平第一次参加并享受国宴，他是开餐馆的，自然比别人更懂得珍肴的个中三昧。

习近平离开那天，特意来到大堂向几位恪尽职责的卫士道别致谢。习近平平易近人，说的又是家常话，给这几个年轻人留下深刻印象。

因此后来吴俊博常开玩笑说，如果我也有选举权，一定会把票投给习近平，他当国家主席，我看好！

当然，只是玩笑。

卷二

温州人走世界

鲁娃 著

目录　卷二

回望凯旋门

从杨府山涂到香榭丽舍

日后被法国的温州人称为“皮带武”的陈胜武一到巴黎就上了香榭丽舍大街。他的步履有些胆怯。正是深秋季节，两侧梧桐落叶缤纷，其中一枚先打到脸上，又落在肩头，让他觉出不被这座城市接纳的尴尬。那情景就像当下国内的北漂族，背着行囊困在北京站川流不息的人流中弹吉他。那时他19岁，愣头愣脑一个乡巴佬。走出瓯江走出杨府山涂两年多了，羁留香港打工读书，学会了一点英文一点广东话，到巴黎又都废了，还原为更浓重的乡音。1978年的中国，紧闭的门只开出条细窄的缝隙，泥鳅般挤出来的都算先行者。整条香街没人听得懂他的话，于是懊丧也只能对自己发泄。他走着，两肩挂下来，敏感的触觉被不动声色的贵族式推诿弄得隐隐作痛。

本来可以不来法国的。虽然父母已在这个国度驻扎，同是父母儿女的大哥二姐三姐却都去了美国。美国才是冒险家的乐园。而他选择来巴黎闯荡，是因为这条街与这条街上耸立的凯旋门，那是纽约没有的，他景仰曾在拱门下凯旋的拿破仑，那是一个男孩由来已久的英雄崇拜。

阿武的少年是书荒时代，只有到了香港他才在那些直排的厚书中磕磕绊绊找到些乐趣。但拿破仑的故事却是退休后定居香港的祖父从前告诉他的。祖父是远洋轮上的海员，走南闯北，一肚子传奇。那年在大连海员俱乐部，讲完拿破仑故事的祖父拍拍小孙子瘦弱的肩背说，长大去巴黎，凯旋门会给男儿带来好运。

会有好运吗？站在凯旋门巍峨投射的阴影里，阿武连连追问这座他初来乍到的世界名城。强劲的风穿堂而来，像是回应他，鞭打他，把一个初生牛犊练摊习艺的豪情顶上来。他抬起头，踅身离开，决意成功前不来凯旋门，不拜谒他的英雄。

从熊猫肩包到墨西哥皮带

回到三区那条老旧的教堂街，陈胜武看到碎皮垃圾铺了一桌，都是洋藩皮货商扔出来的边角料，被母亲捡回了家。这是家里仅有的一张桌。他拨了几口冷饭，还噎着，就用粉笔在碎皮上勾出几只小巧玲珑的硬币夹子，再一块块绞下，拼接起来，摞成高高的一座塔。持剪的虎口磨出了泡，磨出了血，脸与昏暗的灯光一起摇曳。但19岁的心在为自己的创造兴奋着，坚硬的生活之壁已然撞开。母亲当即辞工，把儿子的设计缝制了拿去兜售，竟十分抢手。揣着洋藩开出的支票兴冲冲回家来，母亲辛劳多皱的脸亮得像是涂了油彩。父亲说，真是一桩无本生意，只要肯拉下脸面，什么都有了。父亲没有嘲弄的意思，阿武却瞧不起自己了，拿破仑的崇拜者，岂能靠捡破烂赚钱？他在咯吱作响的破床垫上辗转反侧，两眼瞪着窗外迷蒙的夜色，直到天亮。次日父母起来，见儿子早早趴到那张桌上，太阳在他头顶旋出一圈光芒。他对父母宣布：我要成立公司，不仅做皮夹，做包，还要做皮带。父母似乎没听懂儿子的话，看他的眼神就像看外星人。在当时的法国乃至欧洲，中国人除了开餐馆难道还会有别的行业？儿子可不管那些空前绝后的说法，既然主意已定，就不再有

Chen Singmo,
Président de l'association
des résidents chinois de Franc

第二句话。沉默是金，父母目送他走开的背影，惶惶不安。家里刚积了点小钱，眼看又要打水漂，这个儿子聪明，却也闹心。

他转身就去意大利进皮，别人进三两筒，他一进就是几十筒，学着洋藩做当时流行的皮领带与两头尖腰带。手工粘贴压边既慢又不美观，就弄来台旧机器，把它拆了，改造成压边机，工效提高了十几倍。接着又做包，很简单的包，却别出心裁。在面上贴一只熊猫图案，他知道那是中国国宝，一心要给老外开开眼界。憨态可掬的熊猫果然吸引眼球，他的初创旋即成了哄抢热门，拦都拦不住。

于是，“熊猫皮件”的牌子在教堂街悄然挂出，这是第一家华人皮件制造批发公司。说是前店后厂，其实不过是家庭作坊的规模。有温州同乡从街面走过，忍不住探头探脑，看见后厂局促的空间卧了台庞大的切皮机，黑黝黝很是吓人。陈胜武忙里忙外，衬衣贴在汗涔涔的脊背上，头发披挂下来，遮了半个脑门。此前，皮带对于他只是束缚裤子不露光腚的一根绳子，没想到竟还有这么深的学问，这么大的竞技场子。他亮眼登场，不断动着脑子，把无数条带子通过那双从陌生到熟练的手批发输送出去。真可谓神奇，他的工场小店总是挤满了要货的零售商，门槛差点被踩烂。每天不等开张，门前就已排了长龙，蜿蜒到街上，惹得那些老牌的洋藩皮货商一惊一乍，哪来的穷小子，跑这抢滩来了？那时巴黎简约时尚方兴未艾，各类饰品仍是女装必不可少的点缀。陈胜武的皮带是唯一来自中国的，因为跟对了时尚风向，踏对了市场鼓点，所以一路行来，甚是红火。

然而，只要一打烊，陈胜武就会从店里冲出来，啃块三明治，直奔地铁口。夜校法语班准时开课，他从不做迟到的学生。开不了口是无法在任何国度立足的，他深知法语对移民人生的重要。好在年轻，好在读书对他不是难事，这种时候他总会想起游历过五湖四海的祖父。他希望语言成为桥梁，把他引渡到全新的境界。

果然他认识了许多新朋友，有法国人、意大利人、阿拉伯人，黑人，甚至犹太人，那些新朋友与他的关系难免有些微妙，他们都试图从他身上探究谜一般的中国。80年代中叶，中国对所有外部世界充满了神秘的诱惑。朋友的好处还在于商机与生意空间都有了腾挪的可能性：市场上正流行墨西哥帽、墨西哥靴、墨西哥皮带，原料是来自墨西哥牦牛的皮，很硬，也很酷；创意来自好莱坞西部片，阳刚气质，骑士风情。陈胜武看好这个机会，却苦于对墨西哥一无所知。于是他请走得很近的犹太人去顶级餐馆吃海鲜大餐，因为他听说犹太人有位兄长在墨西哥城的某座囚牢做监狱长。觥筹交错，一大盆鲜蚝龙虾海螺活贝下了肚，生意拍板成交，主客双方一色醺然。翌日一早，犹太人夹了皮包飞往墨西哥，皮包里的合同书让夹皮包的手臂欢快地痉挛。

酷酷的墨西哥皮带源源不断运来巴黎，又源源不断批向市场。有那么一段时日，巴黎简直成了好莱坞片场，西部牛仔在街头走来走去，没有马，却是隐约的一阵马蹄声，想象的一股尘烟。时尚就是如此不可思议。

更不可思议的是温州小子陈胜武，他的这些皮带竟然都是在墨西哥城的监狱里生产出来的，他的工人则是犹太人朋友那个监狱长兄弟管辖下的囚犯们。

第一桶金满满当当打捞上来，“皮带武”的名声也不胫而走。

从“温州街”到“犹太街”

躲在一边偷窥的同乡人心痒痒了，先是围着他的店铺来回地走，眼球弹在橱窗上，热辣辣一串歆羡。紧接着，很多替中国餐馆做厨，替犹太老板制衣，替土耳其工场外加工的温州人纷起效法，新开张的店面纷至沓来，隔三步差五步排列成行，就像批发出去的集团军。古老的教堂街如注入加量强心剂，一夜之间盘活。仍是排队，仍是火爆的生意，家家挣足钱的“温州街”由此诞生。

此时，陈胜武却厌倦了。他发现，读书、画画、习武练拳原来并非己所好，纯粹的挣钱也解不了他见异思迁的馋，唯有时刻捕捉新的商机才能满足他的欲望。说出来别人都不信，他其实对钱没什么概念，平日最烦的就是数钱。那回做胸饰热卖收回的都是现钞，刚巧妻子回了国，打烊后他就把钱废纸似的扎成一捆，随手扔进床底，不看也不数。一句话，他只为成就真正的商人而生。

于是他开始迁徙，从“温州街”打入“犹太街”。那个叫SENTIER的街区名闻遐迩，是巴黎乃至法国二战前就掌控在犹太人手里的大众成衣命脉，连法国成衣商都难插足。陈胜武却不信这个邪，偏从一个犹太商手里以当时的天价顶下一爿前店后仓的旺铺，又做了回始作俑者。刚开始不懂服装，就借犹太籍设计师的手，创下品牌“确诺”(CHANON)，又去上海注册公司，去苏州开设生产基地，走上迄今已达16年之久的现代版丝绸之路。

生意做成龙卷风，进出的服装就像雪片漫天飞扬，年销售额达上千万，几乎一天一只集装箱。四五千人的工厂都赶制不及，能把人累得趴在地上起不来。过手的款项更是赚也上百万亏也上百万。这是高速火车驶出的新丝绸之路，自然少不了裙裾下纤纤细足的陪伴。原上海女子王静芬的出场却早了许多。

那是“皮带武”叫得响亮之时，亲戚朋友前后递过不少漂亮女孩的照片，陈胜武看也不看扔下就走，约会更是免谈。只在公司写字间的老式窗台上，搁有一幅他自己画的油画，画里是地中海气质的混血女孩，有着性感的美艳。父母为此频频发愁，难道不动声色的儿子要娶画里的女人？王静芬的介入似乎是一种宿命。同样是一帧照片，照片里的护校女生娇嫩得像是没来得及长大。陈胜武破天荒地瞥了一眼，竟然答应回国相亲。80年代的上海弄堂，总会横七竖八张挂着晾衣的竹竿，他们一前一后在五颜六色的衣旗下穿行，男方是不善言辞，女孩则是羞赧，都红了脸，眼睛不知看向何处。走着走着，陈胜武居然和王静芬走丢了，更奇怪的是他也没回头去找女孩。女孩伤了自尊，心想这事肯定黄了。讵料陈胜武早在心底暗托了终生。来年，这对新人在巴黎成婚，喜筵上美丽妩媚的上海小姐惊艳全场。从此，陈胜武每一个成功背后都注入妻子倾其全部的帮衬。唯有那张油画，依然如故搁在窗台上，至今仍是一个谜。

从圣火传递到国庆阅兵

30年过去，陈胜武在风雨中成熟。他一直是海外温州人的楷模，但孤身作战异国，生存的艰辛只有他自己知道，他渴望来自原籍国，来自同胞强有力的依傍。从1988年起，陈胜武加入温州旅法华侨俱乐部（华侨华人会前身），历任六届副主席，并以特殊贡献当选第八届全国青年联合会委员，中国华侨青年联合会委员。去年6月，他又当选法国华侨华人会主席。

北京奥运圣火传递到境外，他光荣当选巴黎站的火炬手，在香榭丽舍大街传递神圣的一棒。他是80名法国火炬手6名华人代表中唯一的温州人。虽然传递过程中出了众所周知的骚扰事件，但他仍将这程奔跑锲入永难忘却的人生记忆。当圣火熊熊燃烧，飘扬的五星红旗映着同胞的笑脸，他怦然心动，那感觉就像被笼罩在神圣的光环里。

年初雪灾，5月汶川地震，他个人先后捐出30多万元人民币赈灾款，因为他的心与故乡的父老乡亲一起疼痛着。

7月14日法兰西国庆阅兵，陈胜武被萨尔科奇总统邀为协和广场庆典贵宾，与同时受邀的各国元首及各界政要济济一堂，可谓风光十足。但他深知，这个时候他不代表自己，而是代表中国。当威武雄壮的法国军队走过他面前，他想起了曾经统帅这支军队的拿破仑。不是巧合，他正以堂堂正正的姿态坐在广场的高台上，回望香榭丽舍，回望凯旋门，用一颗沉静的心来告慰他崇拜的英雄，他已被这个国家接纳。现在他是两个大学生一个中学生的父亲，他的肩膀宽厚而壮硕，他的心智具备了叱咤商界的所有智慧。更重要的是，他做人的底线未被肮脏玷污，他还是原来的他，一个正直淳朴的杨府山涂人。

阳光在肩头跳跃着，红了一片。

摘取金桂冠的人

颁奖仪式并不像他在侨界演讲那般喧闹，静谧里飘走着欧洲式的敬意。他，林斌教授，就在这些蓝眼睛灰眼睛的注视下走上台，魁梧的身形、健硕的步履彰显出毫不逊色的风度与气质。没有怯场的理由，只有他才是今天这个仪式的主角。那个叫杜吕克的法国人，那个总部设在巴黎的国际颁奖委员会主席，赶到荷兰乌特勒支来，就是给他颁发欧洲传统医药最高成就金桂冠奖的。国际颁奖委员会存在至今40年，致力于表彰各国文化科技交流，以增进国际区域间的合作，其最高奖项金桂冠奖只授予不同领域作出重大贡献的杰出人士。林斌获此殊荣，之于各国传统医药领域，之于泱泱中华，都是一个新鲜出炉的特例。所以，他的感慨与微笑既是中国的，又是世界的。

逃离“文革”狂想，家训如山

林斌出身书香门第。父母都是早年英士大学毕业生，缘于一起冤案，贬回家乡瑞安，做了一辈子边缘人。这起冤案很可悲，只因父亲与同是英士大学毕业的某国民党军统特务同名，便被假想为特务嫌疑归置另类。直到晚年父亲即将病逝，有关部门在军统档案里偶然发现那个同名特务的相片，才把历史清白的甄别结论交到病榻前，可惜晚矣，父亲带了一生的蹉跎命归黄泉。

这类家庭出来的孩子再活跃也是罩在阴影里，越是驱不散黑暗就越想突围。1967年，他本该在浙江医科大学中医系毕业，偏遭遇风起云涌的“文革”，一直压抑受挫的他自然就把“革命”和“运动”看作改变境遇出人头地的一条出路，当上破旧立新的造反派头头。他显然是真诚的，狂热的，相信自己就是新文化旗帜下的五四青年，正用满腔热血破四旧立四新。就在“革命”如火如荼的当口上，一纸父命把他从省城召回瑞安。走过小城老街，他看见父母屈辱地接受着拷问、批判和体罚。他怔住，难道这就是“革命”血淋淋的真相？回到家，受尽折磨的父亲挺直了腰板对他说，你若还是林家孩子，就停止胡闹，做学问去。他想争辩，却被父亲的正气镇住，“革命”变得泡沫一般失去重量。

返杭，他断然退出造反派队伍，埋头书斋。那些往昔的战友嘲笑他不识时务，他也迷惘，动摇，但家训在上，不敢违忤。多年后回望，那些当年他曾混在一起的造反勇士张永生、翁森鹤之流，哪个逃脱了坐牢、判刑、递解青海劳改服苦役的下场？只有他，急流勇退，得以告慰父亲在天之灵，逃过生命的大劫。

后来的二十年是生命蛰伏蜕变的过程。随着那场浩劫的兴衰直至湮灭，林斌下过乡，当过赤脚医生，县长秘书，然后返回母校，心无旁骛走“白专”道路。他从事科研教学，做临床，并在专家教授指导下著书立说。苦其心智后的井喷是挡不住的喷发，他先后发表医学论文400余篇，并完成《高血压病》、《心脏病学》、《古今方剂和现代研究》等专著和系列科普书籍的编写。尤其在运用中医中药攻克心血管疾病的研究领域有独到的创见，由他牵头研制的抗心绞痛、降血脂等新药，都被列入药典投入临床使用。他在“白专”路上把自己走成了学界医界的一介名士，跳过助教，一路破格一路绿灯，直抵职称终点站。

当他成为教授那夜，他站在窗口遥望星空。其实他是平静的，评上教授在他是水到渠成的事。但父亲看重这些，他必须在第一时间把喜讯捎给天上的父亲，让老人撂下对儿子长此以往的期待。

风雨漂泊不归路，陷阱重重

1992年，作为浙江医科大学科技开发公司总经理的林斌跨出国门，来到郁金香的国度荷兰。本来只是探亲加讲学，应外嫁女儿的邀请。没等探亲期满他却去了西班牙，起因是那边的朋友已替他申办合法居留。揣一本同样是朋友送过来的第三国护照，他明知不可能是自己的真实身份，还是收不住走的欲念。这才发现，他其实不满足安分守己的学术生涯，心比想象的更大更野，把地球当一个村落来闯荡、漂泊和游历才是真实的向往。可那年，他已48岁。

到了西班牙，停留在一个中译叫海鹰的滨海小城。又是朋友侠义肝胆的撺掇与援手，身无分文的他居然开出一爿中餐馆。生意意想不到的好，他却连数钱都不会，唯一的创意就是在门厅前竖起一只振翅欲飞的海鹰。合伙人也是朋友找的，看走了眼，与他不是一条道上的人。他玩不过，节节败退，餐馆利润也从六四分成变为四六分成。那头见软柿子好捏，明知他的居留正在审批，居然打电话到非法移民稽查处，诱引警方来缉拿。幸亏员工听到这通告密电话，把他从厨房后门放逃。那是阴霾浓重的傍晚，他逃到海滩上，藏身沙垛，在水天迷蒙的暗夜里体验逃亡的惊悚与张皇。

待居留批下来，他早无心恋战，餐馆股份统统出让。他以教授的理性告诉自己，不能与同胞在别国的土地上窝里斗。他把积怨抛开，揣了几年的血汗所得十多万美金，去了东欧早前的社会主义明灯罗马尼亚。

不从医，不搞科研，当然也不开餐馆。而是，卖鞋。

那是1996年，罗马尼亚物资匮乏，市场空间大，商机遍地，中国早已淘汰的球鞋、塑胶鞋、泡沫拖鞋等等在那里都是求之不得的宝贝。林斌第二次放下教授医生的身段，与一位年轻后生搭档，做鞋的进出口贸易。要说心里没有失落不是真的，但钱那么好赚，诱惑到底还是大过了失落。他们租了大仓库，一车车往外批发温州瑞安运来的鞋子，换回一麻袋一麻袋花花绿绿的纸票。罗马尼亚的币值很小，那鞋虽卖得便宜，也是动辄一大摞一大筐。林斌从未见过如此多的钞票，堆成一座小山，就这么戳在面前，挡住视野。夜里，他与合作伙伴窝在四面警戒的大房子里数钱，数得手酸，就把钞票堆成垛，用尺大概压平了事。林斌分管国内出货，飞回瑞安时手提箱里总是码了兑换过的美金。90年代，这一摞摞的美钞真不算少了。

事情就坏在钞票上。正当林斌再次回瑞安出货，他的合作伙伴居然在凶险的黑夜被人杀死在大房子卫生间的浴缸里。警铃没有响，门也没有撬的痕迹，屋内到处是血，墙裙都洇红了。钱财被洗劫一空。林斌被急电从中国星夜催回，刚到就被罗马尼亚警局重案组当作疑犯铐走。人死，财散，又蒙冤身陷囹圄，简直就是晴天霹雳把他砸晕。幸好动机时间地点均没有疑点，几小时后释放，一仓库的鞋却被武断查封，强行罚款20万美金。哪里还有钱，瑞安那边还欠着一屁股货款呢。走投无路，只好佯装去机场接人，两手空空逃离了罗马尼亚。

两年多的淘金梦恰像水中月镜中花，碎成一片，他两手蒙面涕泪滂沱。

跌倒了爬起来，柳暗花明

人落魄了就像一条狗，脊梁都是趴着的。逃着难离了婚的林斌就这么沮丧自嘲着，躲在瑞安母亲家，门也不敢出。欠下的货款也是朋友以不可抗力事故损伤申请了减免然后由妹妹抵押房产还清的。友人亲人的举动给了他男人的警策，难道就这么趴着，他甘心？

他一向很能说话，演讲是他的强项，但这一回他是缄默的，无声无息回了荷兰。他拿的是西班牙身份，却执意要在郁金香的国度重新站起来，只因那是他海外行走第一个驿站。他直奔一家中医诊所求职，那是他在国内执过教的一位赤脚医生开的。他被接纳做坐堂医生并兼管医药公司一摊事务。替别人打工当然不是他的抱负，但他必须从零开始，必须卧薪尝胆。漫长的三年对于一个五十多岁的男人意味着什么谁都清楚，他熬着，积攒雄心。

终于，西班牙居留换成荷兰居留，他扛着行李走出打工的日子。三年的薪酬都付了申办身份的律师费，他还是赤贫的单身汉。但心已生出翅膀，自由飞翔。

一位美丽贤惠的女性就在这时走进他飞翔的心。他们的爱激情、浪漫、唯美，却也伴随着各自婚姻破裂留下的苦涩。他们走到一起有着惺惺相惜的背景，也有着重建生活的热望。这位名叫丽莎的单亲妈妈把林斌带进没有男人的家，让他做了两个孩子的父亲。

爱情使他重新站立有了坚强的支点。几年的实践让林斌看到中医中药在欧洲的前景乃至尴尬，他是中医中药专家，历史的叩问便风一般在耳边回旋，他找到了在海外的角色与位置。与爱携手，他们在乌特勒支市一个臭气熏天的宠物商场原址开出欧洲中华医药研究中心，下设门诊部和科研部，又于次年2003年创建中华国际贸易公司。

他当然知道，弘扬中医药并得到欧洲主流文化的认同，还有曲折的长路要走，只能迂回渐进，以东方的柔克西方的刻板，人为本。记得中心开张不久，隔街一爿诊所专事推拿针灸的荷兰人找上门来，自称欧洲中医协会副主席，扬着下巴，倨傲指责林斌荷兰语不过关不能行医。林斌不卑不亢地反问，治病用医术还是用语言？照您的逻辑，翻译家坐诊岂不更好，要那么多医生做什么？那人噎住，态度更是强硬。林斌一派外交家姿态，说，我不仅有贵国行医执照，还是堂堂中医专家，我的教授职称是中国国务院审批的，您有吗？又轻轻一笑，倒是先生您，凭这么点皮毛行诊中医，心里不怵？荷兰中医听懂了话里话外的揶揄，自讨没趣，讪讪走了。

又有荷兰病人来看病，说西医诊断他心脏早搏，治了多个疗程都不见效，想试试中医。林斌把脉问诊，审读病史，认为西医的诊断南辕北辙，病人不是心脏早搏而是逸搏。但林斌沉住气，不越俎代疱，只敦促病人再去复诊，并捎给那位西医同行推心置腹的提醒与建议。一起医疗事故化险为夷。

另一个故事更为感人。那天，坐前台的丽莎接待了一位穿破大衣的白人老妪，哭诉患病的女儿被荷兰医院诊断为不治，而她自己却在夜里做梦，梦见有神医能救活女儿，梦醒就找到这里。老妪扯着丽莎说，她相信救女儿的神医就是中国大夫。

女儿被她的老母老父搀扶进来，脸色像墙皮发青发黄，肚子比临产的孕妇还要大，连丽莎也受了惊吓。林斌不用看诊断报告就断定这是个晚期肝腹水病人，虽然她硬化的肝藏在高隆的肚腹下触摸不到。医院不是让她回家等死吗？林斌偏不信邪，要用中医救她起死回生。

与死神争夺生命的过程漫长而惊心动魄，需要医术需要经验更需要超越职业的悲悯情怀、人道精神。林斌和丽莎承载了这一切，只用中药针灸使这个三十多岁的病人在多年过后的今天依旧活着，而且越来越健康。在荷兰，针灸按摩可纳入社会保险，中药却是自费的，这个本来贫困的家庭由于治病早把家底掏空，来看病连停车的钱都付不起，林斌就几年如一日免费诊治，送医送药，以致他另一间诊所开张时，病人一家专门做了心形手工挂匾送过来，情动全场。

这类故事很多，在林斌就是行医的日常。他还四处办讲座，到福利院做义诊，并与荷兰皇家应用科学研究院签署中西医结合共同研制治疗心脏病药物"欧华心宝"，作为药品进入西方医药市场。他旗下的贸易公司还与天津泰达、黄山山华、重庆众景、成都威光和兰州美尔康等药业集团建立品牌合作关系，批销的"中华牌"中成药及针灸用品600多种遍布欧洲各国。

是的，在罗马尼亚跌倒的林斌已在荷兰站立起来，身形伟岸。或许就是这伟岸的站立，让他在摘取金桂冠奖之后，再次荣获世界中医推广运用重大贡献奖。

一点补缀：

年过花甲的林斌头衔很多，是教授，是医生，是药商，是中华医学在欧洲的薪火传承者，还是侨领与社会活动家。由他作为旗帜的欧洲杭州联谊总会促成了杭州海牙缔结友好城市的佳话，从而有了中国文化年、世界休闲博览会、杭州图片展以及双边经贸考察团的互为往来。他主编会刊《金桥》杂志，从自个口袋掏钱，办出经典和个性。作为海外政协委员，他心系祖国，赈灾救难，捐办希望小学，事事领兵前沿，或书写或演讲，鼓动别人鼓舞自己。

然而他的丰富不仅仅来自这些头衔，即便褪去社会人的所有锦袍，他的活法同样有声有色多姿多彩。他的故事随意铺展就是一部传奇，真实，好看，是性情男人的史诗。

亚裔事务专员

在法国总统萨尔科奇多次访华的公众视野里，常会看到出入其左右而频繁闪现的一个身影。年纪四十出头，戴副眼镜，很中国，也很南方。他叫孙文雄，法国总统亚裔顾问，法国执政党人民运动联盟（UMP）亚裔事务专员。

他是青田人，也是温州人。青田是他来巴黎的出发地，童年的记忆散落在那一方青山绿水间。但与他父亲一样当教师的母亲则是从温州嫁入毗邻的这座城市的。外祖父在二战期间从欧洲回返温州，便携家人一直住在府前街，母亲对温州的缅怀或许比他对青田的思念更悠长更繁复。人说地域的变迁不仅仅是个体生命的空间转换，也是其心理历程每一次嬗变的见证。一个人只有在他独有的处境里，才能品咂出生活的滋味，才能真正知道自己要什么。

一

原本约在孙文雄任总裁的法国AGF金融投资集团公司采访，后来据说有UMP的小型座谈在那里举行，我们就挪到了巴黎一区他那家雅致的日本餐馆里。恰是午后打烊歇息，餐室里相对安静，我听孙文雄讲他自己的故事。时有手机鸣响，把他的叙述打断，他起身接听，然后对我说抱歉。我知道他忙，想要做大事的人没有不忙的，我理解。

其实，不管孙文雄要为华人搭建融入平台的政治抱负有多大，也不管孙文雄在法国执政党人民运动联盟亚裔事务的介入有多深，他依然还是个商人。他是两条腿走路，旗下拥有巴黎闹市区的五家餐馆，有规模不小的商业地产链，中国、法国并延伸到加拿大、葡萄牙诸国。这是他得以依傍不可小觑的一堵高墙，耸立于身后，

让他的人文提升和自我实现有了足够的可能性。

他看上去与那些打拼在外的商人没有二致，话里话外的价值判断却有明显差异。或许首先征服了金钱，腰包壮硕了，纯粹的商人就有了不甘纯粹的念头，想要征服别的什么了。

孙文雄1984年15岁移民来法时，他父亲还在知名侨领何福基开在耐伊市的中国餐馆做厨师，而现任法国总统萨尔科奇偏巧就是那时的耐伊市长，与何福基老板交往甚笃。因此初来乍到的少年孙文雄对后来这位才华横溢的右派总统印象深刻。

15岁的他是稚拙的，带了些青橄榄式的不谙人世。他一头扎进餐馆要帮父亲打工，却被一把推了出来。父亲曾是教师，岂肯让仅读完高一的儿子以知识的赤贫毫无披挂地走上社会。于是孙文雄成了巴黎名校维克多 · 雨果中学一名迟来的学生，从初三一直上到高中毕业。他的班里多有政坛名要及各国驻法大使的孩子，连同学间的闲谈都与市井不大一样，孙文雄长了不少见识，出来时已然判若两人。

他的成绩不错，原是可以接着上大学的。但父亲辞了厨师自己创业，18岁的他便天经地义辅佐父亲挂出了皮包公司的招牌。他见过世面，语言没有问题，脑子也活络，很快成为生意场上一把好手。三年后，父亲退居二线，他当了老板，年仅21岁。

二

年轻老板视野高阔，不愿窝在原始手工作坊里数血汗赚来的钞票，90年代初毅然回国办厂，做皮包进出口生意。那是法国华人皮包业的鼎盛期，他却先声夺人，投资房地产，在宁波等地携手合作伙伴开发商城、商业街。无数趟飞鸟般地越洋飞行，天空给了他驰骋想象的最大空间。地产界的法国朋友也叹服他不凡的眼力与作为，力邀他加盟，于是他的跨国商业地产渐成雏形。从1993年的一砖一瓦开始，几近20年，已经垒建起一座令他自己也沾沾自喜的小王国。

换作别人，该是喘口气，给自己放个假轻松轻松了。但他是有野心的人，起步早，脑细胞活跃，浑身还有使不完的劲，再做点什么呢？置身巴黎都市的繁华中，压根不用思考，介入餐饮经营是不二选择。

当然也是为了夫人的考虑。

孙文雄的妻子可谓处事不惊，大度得体。她在丈夫中途离开时陪我坐了坐，后来采访结束，她又送我去地铁口，所以我们有过两次短暂交谈。我阅人无数，相信自己的直觉，这位女性不输给丈夫是以温婉淡定的姿态呈现强大的。她与丈夫在回国办厂的创业路上相识，经历过风风雨雨，一路携手走来，孙文雄的资本王国随处可见她的倩影。到了此时，更需要餐馆这个舞台的不是孙文雄而是她。一家接一家地开，一鼓作气开出五家，最末一家还在装修，超时尚，更气派。说是夫妻搭档，其实孙文雄哪里顾得上，中法两头商业地产，加上参政，他早已忙得像不停歇的陀螺，餐馆事务都是夫人一手操持。别人夸他夫人如何如何能干，孙文雄嘴上不说，心里却是赞同的。如果不是夫人帮他擎起半壁江山，梦想只是梦想，绝无实现的可能，尤其参政。

三

参政对于孙文雄似乎是水到渠成的事。维克多·雨果中学是摇篮，有着播种和孕育梦想的土壤。从那里出来的孙文雄与多数第二代华侨有所不同，他一直就在法国人圈里混，混熟了接纳他的这个社会。他与法国人之间不是全然没有藩篱，有，却被他一点一点用心拆除着。他说法语，看法文书，学习用法国人的逻辑去思维，并与法国商人合作做房地产。他不愿身在曹营心在汉，既然这个国家接纳他，就全身心融入。多年来，开车穿过巴黎三区，美丽城，十三区，看到华人族群只在自己封闭的小圈子里憋屈地捞生活，他就被刺痛，难过，辛酸。有尊严的生活不应该是这样的。

2000年，耐伊市长萨尔科齐成为法国历史上最年轻的政府发言人，2002年又出任内政部长。这位向来备受争议的政治人物再度走进孙文雄视野。自从15岁见过那几面，已然十几个年头过去，孙文雄蛰伏的意愿突然就被萨尔科齐的政治野心唤醒了，蠢蠢欲动。这是下意识的碰撞，不自知。

他开始在经商之余做生意外的功课，关心报刊杂志，读大量政坛人物传记，试着了解法国历史与各党派间的论争与政治理念。不陌生的萨尔科齐一直是他的参照系数和标杆。他淹进去，又爬出来，依然难免生涩，却勇敢地站到了某个党派门前。他有了选择。2005年，他加入法国右派执政党人民运动联盟（UMP），成为为数稀少的华裔党员之一，与他的政治偶像萨尔科齐同在一个阵营。

从此，居住国不再是别人的国，这里发生的一切喜怒哀乐都与他有了微妙的关系。他想诉求想对话的去处不再仅仅是中国驻法大使馆。眼前亮堂起来，像迷路的孩子一下子找到两个家，这种感觉真好。

他也知道他不是寻找钞票而是寻找提升而来，为自己，也为更多的亚裔。无论在生意场还是朋友间，只要有华人，他就掏心掏肺对人说融入的话题，神情里有一种急切，希望自己的提升带动同胞的提升，自己的愿望成为大家的愿望。他说，法国是个民主开放提倡对话的国家，我们是她的公民，要学会尊重自己，维护应有的权益，发出属于我们自己的心声。他的话带了些不可言喻的感召和煽动，热辣辣的真诚。融入是群体的事，他不以为千里走单骑值得炫耀。

四

后来的法国总统萨尔科齐看到了何福基、孙文雄所代表的这支在当时还很弱小的华裔力量。他不仅认识他们，且同在一个政党，邀他们参与助选也是情理之中的事。先是人民运动联盟（UMP）主席，后是法兰西总统，接踵而来的两次大选，新科党员孙文雄当仁不让，鞍前马后做足了大巴黎地区华裔选民的工作。众多华裔选民在历届大选都是不下河，不湿鞋，弃权不投票的，尤其温州人、青田人，人生的所有目的就是挣钱，对表达政见没有兴趣。孙文雄便以启蒙者的姿态，深入其间，与他们三番五次对话沟通，讲述公民的职责和义务，说明参选是多么重要的一件事。他还半开玩笑半当真地说，别拿这张选票不当回事，假若不在民主国家，你想选谁还无处可选呢。

那次助选大会，UMP在凡尔赛门集合了八万多选民，聆听萨尔科奇的竞选演讲。孙文雄站在黑压压的人海中，周围有一千多名华裔族群，都是黑头发黄皮肤的同胞，都是他的乡邻他的兄弟姐妹，其中不少还是他争取来的，是平生第一次出现在这种场合。孙文雄很激动，居然有了一种成就感，他觉得自己还有他的同胞都有了一个迟到却不错的开始。

2007年5月，UMP主席萨尔科齐当选法国总统。那是一个右翼政党与民众胜利狂欢的节日。孙文雄淹没在鼎沸的广场中，离他的偶像咫尺之间。他晓得70%以上的华裔选民把选票投给了这位颇多争议却力图改革的新任总统，他把萨尔科奇的胜利看作自己的胜利，挥臂欢呼，心潮起伏。

此后，他当选执政党人民运动联盟(UMP)亚裔事务专员，并受邀成为萨尔科奇总统的亚洲事务顾问。

五

孙文雄成了一个人物，格外地忙碌起来，并频频在媒体亮相。法国高层尤其是总统萨尔科奇的多次访华，包括之前有过龃龉的2008北京奥运会，2010上海世博会，他都以亚洲事务顾问的身份随行，参与总统在访问期间除两国首脑会晤之外的各项民间活动。他来自中国，熟悉那里的国情、民情，力所能及地为居住国领袖提供可能的资讯，促进两国消除芥蒂互相了解增进友谊，是他的本分也是他的愿望，他乐此不疲。

而在胡锦涛主席访问法国期间，萨尔科奇总统也在隆重的国宴上，为他的亚洲顾问留了席位。孙文雄在爱丽舍宫宴会厅的隆重庄严中举杯把盏，却不闻酒的香醇不知味的甘甜，满脑子都是参政的遐想，都是为旅法同胞融入的承担。他觉得自己早走了一步，起码能做一个铺路搭桥的人，把华裔族群亚裔族群的难题、诉求和愿望从桥和路的这一头牵引到法国人那一头，达成主流社会对他们的了解、理解、谅解，并求得应有的给予和帮助。

后来发现，仅仅凭他和其他三两个铺路搭桥的人是杯水车薪，远远不够的。没错，法国华商很多，但人再多，经济实力再强，你没有话语权，主流社会就不可能关注你。一直以来，柬埔寨、越南等其他亚洲移民反倒对参政议政有高涨热情，相比之下华人族群是弱势。一个人的提升不足以代表一个群体的提升，唯有群体起来了，每一个个体的提升才有了实在的社会意义。孙文雄继续忙，继续做他的执政党亚裔事务专员和总统顾问，视线却更多地转向侨团侨社以及散落在社团之外的几十万华裔移民，他们肩负着事业的继往开来和融入主流社会的双重任务，是先行者必须关注并为之工作的重点。

连续三个春节，孙文雄都协同总统亚裔事务专员何福基组织推动了在总统府举办的中国新年招待会。一年比一年喜庆，也一年比一年声势浩大。尤其今年，就在大年初一，招待会邀请的亚裔来宾多达1200人，其中华人华侨代表三分之二强。富丽堂皇的爱丽舍宫洋溢着欢乐的节日气氛，鲜花簇拥笑脸，辉煌的灯影下是崛起的一个民族的象征。

法国总统萨尔科奇说：多年来，旅法华人与亚裔移民在努力融入本土上取得了很大进步，为法国社会的发展和文化多元化作出了积极的贡献，我代表法国人民感谢你们，并向你们致以诚挚的节日祝福！

孙文雄站在亮处，脸上却是沉思的表情。他想，一个酝酿已久的关于法国亚洲社团联合委员会的设想该是实施和兑现的时候了。团结才能形成强大的社会力量，瞩目地走进全方位的世界格局。

香格里拉高度

他要走，他要寻找属于他的高度，在帝国崛起的西方

刘亚平是个男人，但那会儿在温州，他双膝跪地的心思都有。他要去西班牙留学，当然是名义上的留学，上头却死活不放。不放的理由很简单，他是名牌企业的明星厂长，自学成才的经济师，岂能说走就走。那时不像现在，国门打开不久，经济改革刚起步，他属于第一拨"弄潮儿"，业绩很亮眼，名气也很大。所以他的出走，在任何人眼里都是轻率的，都是对自己的不负责任。

说他不曾犹豫是假话，说他对内定的许诺不动心更是谎言，一个局的局长兼党委书记的头衔对一个三十出头的男人意味着什么他不是不知道。但是，改革初始的步履维艰使他伤痕累累，心在一天天老去，他不想年轻的胸膛里揣一颗苍老的心，然后把抖擞的翅羽垂下来，把脚步放慢，走四平八稳的为官之道。他以为这才是对自己的放弃。

刘亚平出身灰色家庭，靠比别人多出几倍的努力才从小学校的班长、少先队大队长一直走到红火的今天。他渴望出人头地，站到八面来风的高台上。如果换到今天，这类高台比比皆是，但那会儿他看不到。别人以为他立足的就是高台，他自己知道那不是，起码不是他期待的高度。

所以，他要走，他要寻找属于他的高度，在帝国崛起的西方。

上头奈何不了他的孤注一掷，只好随了他去。他走出办公室，充耳不闻身后的叹惜，回到一手创立起来的运动服厂，向全体员工告别。机鸣声刹那间停下来，工人们走出车间，黑压压站成一片，看着他们的厂长，鸦雀无声。刘亚平在台阶上伫立，读出一双又一双眼睛里的不舍。他哽咽了，一遍遍地说对不起。丢下厂子，丢下工友，他觉出自己的无情无义。有人在抹眼泪，有人在抽泣，天也阴沉沉的，本应是兴高采烈的出国告别，竟弄成类似葬礼的气氛。但刘亚平到底是个男人，到底是大踏步地走了，而那个日子成为了再也卸不去的心理负荷。

1990年7月21日，刘亚平36岁。

他在心底嗤笑，你们以为这就是我的目标？早着呢

刘亚平办的是留学签证，到了西班牙却一头钻进餐馆打工。留学不过是个借口，打工则是谋生，他不得不为。但学还是要上的，学语言，最初级的。在一个陌生的国度生存，不懂他们的文字和语言就是瞎子、聋子、哑巴，他可不想做一个残废。

于是，刘亚平每天清晨六点起床，从借宿的朋友处出发，步行，坐火车，转地铁，先去上课，再去上班，课上两小时，来回三小时，赶到餐馆扒几口残羹剩菜便连歇口气的功夫都没了。门开了，灯亮了，食客陆陆续续走进来，他便不得不像个陀螺一样转起来。餐馆生意好，他脚底的血泡就多，一脚踩下去，钻心地痛。熬到餐馆打烊，回住所冲个浴出来，已是凌晨两点，还不能睡，学校的作业就摊在枕上，等他睡眼惺忪地填上答案。总算睡去，闹钟前脚后跟就响了，警笛一般把他拽下床，窗外仍是黑的，却已是新的一天。

这样的作息时间表别人看着都累，他硬是坚持下来。半年过去，居然能用西班牙语记下简短的日记，饭店跑堂更是应答自如，酒水菜单倒背如流。单凭这一点，他的与众不同便凸显出来。并不是他更幸运，更聪明，而是他对自己的期许高出了几个刻度。否则，有必要巴巴地到西方来走人生的滑坡吗？

第二年，是认识西班牙。他不想始终做个异乡人。休息日，或者假期，时间都不长，对他却足够了。他坐上火车一个城市一个城市轮换着看，下了火车就租辆自行车大街小巷地窜，然后喝杯咖啡，与人搭讪。西班牙人是地中海性情，聊着聊着气氛就热烈了，有了家人的熟稔。刘亚平两眼放光，如海绵吸水，吮吸着这些人愿意给予他的关于这个国家的经济市场与文化内涵，异乡人的陌生感便在越来越频繁的行走中渐渐消弭。他等不及了，迫切等待着被接纳。

第三年，一家城市边缘的小餐馆开业。很不起眼，却是刘亚平操练两年的一次考核。

第四年，有了强劲的乐曲与闪闪烁烁的霓虹灯，是迪吧。刘亚平中国式的遐想之舟在南欧登陆。

第五年，小餐馆变成大餐馆，刘亚平在红灯笼下迎风而立，眼神深邃，一脸难以捉摸的表情。人们向他贺喜，他在心底嗤笑，你们以为这就是我的目标？早着呢！

刘亚平的幸运来自于背后十年厉兵秣马的经历，他成功了

直到第九个年头，直到创立刘氏集团——集小商品、成衣时尚、房地产经营的一条龙集团，刘亚平才觉着一个中国人的欧陆事业终于起步。他是做惯了大买卖的经理人，以前在温州，那是什么年代，他那个从濒临倒闭到重生的企业厂值就超过了一个亿。如今十年过去，世界经济格局中国经济格局都发生了翻天覆地的变化，他自然也要与时俱进，给自己一个大的平台，呼风唤雨。

刘氏集团顾名思义即刘家兄妹集团，刘亚平是灵魂、主轴与中坚。可他却在相当长一段时间里只埋头成衣时尚这一领域，算是重返老行当。过去是运动服系列，现在是内衣系列，两头链接了他的个人史，中间纠缠着解不开的情结。如果说大男人偶尔也会有小女人的柔软之处，这就是。

他一步跨出，就在中西之间搭了一座桥。他找到西班牙一家品牌公司携手联袂，利用人家的设计、销售网络及市场份额，由他担当制造商，在中国建立生产基地督促把关大批量生产。中国他熟门，西方人家熟路，这环环相扣就有了良性循环，不用殚精竭虑。集装箱源源不断入港，然后分流市场，登上各大商场包括高档精品“英国公司”的时尚专柜。没有中国品牌能够进军“英国公司”的，唯有刘氏，算得上半个品牌。半个也是胜利，有点偷梁换柱的意思，足以让他窃窃得意。刘亚平是个男人，又是个忙人，不逛商场是常规，但那一段，他有事没事就往“英国公司”跑，也不“血拼”，就那么往时尚专柜一站，站好久，笑眯眯心驰神往。

做出了瘾，他又独辟蹊径，把自己硕大的仓库改装为展览中心，然后把从中国打样出来的品牌系列五彩缤纷地陈列出来，独家展销，开订货会。这是华商在西班牙史无前例的一个创举。华商的时尚品牌因为档次与质量上不了台阶，一直以来都是世界级推介、展销、订货会的缺席者。刘亚平深谙其苦，干脆不求人，自己做。是大手笔，与他的性情相符，但也是忐忑不安的历险。如果会开起来了，产品悬挂飘

扬着，却门可罗雀，没有零售商和客户过来，岂不赔了夫人又折兵，闹一个大冷场。因此，他茶饭不思寝宿不安，做了最好最详尽的策划，甚至把请柬一一送到零售商与采购员手里。

上帝总是眷顾不打无准备之仗的人。刘亚平的幸运来自于背后十年厉兵秣马的经历，他成功了。展销会气派大，来的人也多，红红火火，让西班牙人刮目相看。都是欧洲风的时尚，质量好了，价位又低，买家何乐而不为？所以订单不少，笑脸更多。刘亚平穿梭其间，腋下挟一个文件夹，频频与人斡旋，一派气定神闲的主宰架势。于是，华商尤其温商中流传了“刘氏路径”的言说，不无歆羡之态，溢美之词。

知天命之年的刘亚平走得太远了，已停不下步伐，走不回来

本来，这时的刘亚平理应坐下来歇口气，品尝一下回望的滋味了。他同样拥有一座属于成功人士的豪宅，也在高尚区，有花园，有泳池，有网球场，有室内应有尽有的奢华。为什么不与风韵犹存的太太过一份外公外婆消闲的日子？知天命之年的刘亚平走得太远了，已停不下步伐，走不回来。那个有星星有月亮的夜晚，他坐在晾台上，浑身燥热，却心思邈远。他想到香格里拉，那个接近天壤充满神性的地方，觉得自己正一步步走近它。当时的感觉很诗意，很浪漫，也很奇异，是他这样的男人从未有过的，好像是神祇的某种昭示。

第二日，刘亚平看他那个大仓库的眼神就变了。工业用房变成了大酒店，名叫“香格里拉”。

原先闲置的工业用房在马德里欣欣向荣的工业区，有很不小的面积，刘亚平曾经用了四年买断三年审批用房职能转换。七年里一直是刘氏集团的仓库与展销中心。现在全部推倒重来，盖成洋洋洒洒的三层大厦。中国建筑，香格里拉主题，东南亚风情。外观是三座塔，依次为泰王宫，云南白塔，吴哥窟。内里的所有装修材料饭店设施都从中国集装箱运进，就连花草树木也是一律中国造。据说，设想、设计、设置，均出于集团老总刘亚平之手。他太神了吧，还让不让别人活？

6000多平方米一个大酒店，包括5个组合宴会厅、17个包厢房、会客室，还有自助餐、冷餐、卡拉OK、迪斯科、儿童游乐等等的这厅那厅，仅就宴会厅就能容

纳1100多人用餐。饭店内还有自动电梯、停车场、接送大巴，“香格里拉”自然成为毫无争议的欧洲华人之最——规模最大，设施最全，功能最多，菜品最齐，服务最到位。尤其是那豪华大巴，想得真是周到，迎来送往，吞吐着连绵不断的乡音和乡情。

谁都知道，海外华人即便很有钱，脱离了本土环境母语文化，日子过得也是单调枯乏的。刘亚平的思路就是以此切入，希望他的香格里拉能给同胞增添一些域外生活的色彩与欢愉。别以为吃喝玩乐没有生命的质感、文化的品位，但能多点世俗的乐趣，排遣乡愁，满足感官的需要，也是好的。所以，每当夜幕降临，灯火璀璨，这座宫殿式的大房子就活了，氤氲着温暖的雾气，编织出篱笆墙那样的乡情，把一颗颗离散的心拢到一起。刘亚平站在这些人中间，心也是暖的。

“香格里拉”实在是大气概，大手笔，小格局惯了的老欧洲们个个瞠目结舌。原来东方是这样的，中国是这样的，饭店也可以做成青藏高原的香格里拉。

虽然西班牙人是这个酒店食客中的一小撮，却是最津津有味的用餐者。他们不仅对菜品有十足的兴趣，对饭店主人也有十分的好奇。他们很想在美味的咀嚼中聆听一个中国男人的故事，这个故事一定很有趣。他们对此充满了宛若对香格里拉那样的朝圣心理。

可是，刘亚平大多时候不在，要在也是偶尔来。“香格里拉”已交给他的女儿管理。他的女儿很年轻，很漂亮，但心气很高，像她的父亲。

采访札记：

从西班牙回来后，我发现我忘了问刘亚平，你去过香格里拉吗？很遗憾，这个简单而不无重要的问题，成了一个谜。

只记得，刘亚平董事长办公室的后墙上，挂有一帧用小楷写就的诸葛亮的《前出师表》，似乎给他的坐姿投下一抹恬淡的古意。

但刘亚平给我的印象却与香格里拉的神性和诸葛孔明的淡泊出世相去甚远。也许是我看走了眼，只觉得他是一个很入世的男人，总想有所作为，总想超越自己。

也就是，很温州。

他还告诉我，在中国时，他叫刘继东。

中国彼德

在丹麦，人们都叫林洲“彼德”。彼德是林洲的洋名，只不过大多中国人都习惯把自己的洋名写在户籍而不叫到嘴上，他是个例外。事实上，林洲15岁出国，18岁来丹麦，他的北欧认知早已超越他的中国经验，他叫彼德也是顺理成章。林洲走过一条漫长曲折的漂泊之旅，他的每一个日子都是满的，经历多，故事也多，不是单薄的一篇短文足够概括的，只能择几个片段，勾勒一幅粗浅的素描而已。

希望这样的文字不辜负林洲。

穷孩子出山

林洲早年住在文成县大峃镇，童年的记忆就是贫穷的大山贫穷的家。虽然父亲是电影公司经理，母亲是集体小厂会计，但六个孩子跟了山里嫁过来的母亲，都是农村户口。林洲是老大，下面一个妹四个弟，一家八口除了当干部的父亲，谁也吃不上商品粮。20世纪70年代中叶，林洲与弟妹上小学，都是空着肚子上学去，从未吃过早餐。都吃黑市粮，母亲哪管得起，巧妇难为无米之炊。一溜五个男孩站成一排，个个饿得眼发绿，如狼似虎。欺贫攀富的邻人便时常冷嘲热讽，五个穷和尚，上哪娶媳妇去？母亲也是有志气的女人，铿锵作答：愁什么愁，等儿子长大，大不了老太太带队去四川挑五个川妹子回来，吹喇叭，点蜡烛，一日成亲。而那时林洲饥肠辘辘，不谙男女情事，他最大的企图就是有朝一日让弟妹吃上饱饭。

1979年，初中刚毕业的林洲做梦一般坐飞机飞到欧洲。亲戚在荷兰，申请的旅游签证却是奥地利，落脚在沾亲带故的一家中餐馆里。做童工违法，只能躲在衣帽间替客人挂大衣，挣点小费。跟着员工就餐，菜是一成不变的鸡爪，饭却管够，对

他是意外的惊喜，顿顿吃五碗。不出仨月，豆芽菜似的身子骨呼啦啦长了膘，又白又胖。小费先令攒够等值千元人民币那一天，林洲欢呼雀跃，狂奔邮局，把钱一分不剩统统寄回了家。

签证逾期转至荷兰，学了德文学荷文，学语言有小聪明，上嘴也快，但岁数依然不足，身份还是黑的，只能躲躲藏藏做份半工。磕磕绊绊三年过去，申请居留无望，心里着急，咬咬牙北上去了丹麦。

家有长兄

投奔的人是表伯父。但去晚了，伯父已然去世，只有从未谋面的表兄接纳他。晚去的理由很简单，是怕，表伯父来自台湾，怕两岸分歧给文成那边的家人带来麻烦。其实伯父一家离开台湾已久，在丹麦开有很大的贸易公司，几乎所有中国餐馆的中国货都由他们提供。林洲抵达哥本哈根恰是踏入成年门槛的年纪，先打理仓库，学了语言考出车牌后便替表兄送货。车牌是用英文考的，忙活了整整六个月。心知丹麦将是久留之地，学语言的劲头更加高涨。丹麦人人都会一口英语，林洲要做丹麦彼德，就必须两种语言双管齐下。他很刻苦，除了跟磁带学，还买英文丹麦文的报纸读，先查字典，记生词，然后读，然后背，朗朗上口，烂熟于心。

送货是体力活，独自一人，既开车又做搬运工。餐馆库房不是楼上住家就是楼下地窖，大包的米面，大罐的猪油，大箱的罐头笋罐头蘑菇等，几十公斤的沉重，都是稚嫩的肩头扛上扛下。那时他的力气真大，25公斤的大米，左手一袋，右手一袋，上下楼梯健步如飞。心有追求，人有动力，做任何事都神勇无比。

林洲的追求与动力又是什么？很简单，家有长兄，他要给弟妹创造别样的前程。工钱源源不断寄回家，先是弟妹的早餐有了，面包油条豆浆，后是家里的欠债还清了，再是老宅翻新的款子凑齐了，那是几万块的巨款呵，换在从前，想也不敢想。

送了四年一千多天的货，林洲终于为自己挣来合法身份，薄薄的一张纸，付出的心血钞票何以成正比。但林洲还是高兴，他在哥本哈根凛冽的风里狂奔，感觉北欧就在自己的怀抱里。那天起，他是文成的林洲，也是丹麦的彼德。

是不是该找个女孩，该创自己的业了？不，妹妹成年，弟弟长大，山沟沟里拴不住活蹦乱跳的心了，要出钱出力把他们一个个办到欧洲来。林洲从未推诿，既是文成山区的风气，也是理应担当的责任。

家有长兄，任重道远。货车不开了，林洲去给台湾人开得火爆的大饭店做跑堂，然后把高薪及小费统统换作弟妹合法或不合法出境的买路钱。送货跑堂硬碰硬苦了八年，总算把所有弟妹分别接到丹麦和意大利，完成全家西迁欧洲的宏伟大业。

爱在餐馆

家庭担子卸下，林洲开始打造自己的属地。境外漂泊第十个年头，他终于有第一家餐馆，是丹麦人破产的牛排馆。刚开始与亲戚合股，生意不温不火，干脆买下另一半股份，独挑大梁，改作传统中餐。

此前，林洲已在恋爱。对象是同在餐馆打工的广东女孩，与她相识让林洲一口粤语说得滚瓜烂熟。女孩也是在外单飞的燕，素素净净的，做起活来比壮仔还有劲道。林洲做跑堂，她掌勺做厨炊，一对金童玉女侍奉得餐馆老板眉开眼笑。男欢女爱的理由其实只有一个，那就是互相取暖。

林洲不由分说，把女友从哥本哈根拽到另一座小城自家餐馆空空如也的厨房里，他对她讲，我这里就缺掌勺的，你说你留不留下吧。女孩笑笑，把围裙往脖子上一套，嗔道，你说呢？林洲一脸得意，问也是多问。

未婚，却是名副其实的夫妻老婆店。生意一点点做上去，越发觉出店堂狭窄，容不下勃勃野心。淘汰掉，卖一份好价钱，盘下双倍大的另一爿店，改换门庭做西餐。这时女友水到渠成已是老板娘，照旧下厨，学做丹麦餐。林洲还是跑堂，走步如风，笑语喧哗。

几年后，西餐做腻了，回到经典中餐。妹夫妹妹在瑞典入籍后杀回丹麦创业，兄妹联手在哥本哈根一小时车程的斯拉格斯市开出一间豪华大酒楼。酒楼设在古典石头房子的楼上，纱窗外一串红灯笼，夜夜葡萄美酒夜光杯，良宵美景不得闲。林洲兄妹做前台，妹夫与妻子做后台，菜好，服务好，环境也好，远远近近的丹麦居民蜂拥而至。

爱在餐馆。林洲有了奠基的成功与拓展的新视野。

行走江湖

到了1996年，餐馆这棵摇钱树即便哗啦啦摇下银子来，也圈不住林洲向外冲撞的野心了。他实在不是一个安分守己的人，他有能力，他渴望行走江湖。

林洲去了中国，先从家乡倒腾些打火机眼镜之类的小商品出来卖，继而又与丹麦人合作，走丝绸之路，到杭州绍兴一带做服装出口。那时中国造在北欧方兴未艾，林洲与他的合作伙伴算是较早吃螃蟹那一拨。丹麦人握有市场销路，林洲掌控进货渠道，贸易额节节上升，有时仅一张订单就是上百万丹麦克朗，好像丹麦人民个个非穿真丝衬衣似的，林洲夜里睡觉都要笑醒过来。

笑了一年，笑不出来了。问题出在国内代理商，批量大，时间紧，只顾贪大挣黑钱，质量滑坡，惹恼了消费市场。丹麦人民不高兴了，掉转头瞥都不愿再瞥他们一眼。餐馆挣出的钱砸进亏损的大窟窿，林洲撑不住，与合作伙伴含泪分手。

此时林洲已有了两个嗷嗷待哺的女儿，“摇钱树”又转给妹妹独家经营了，他不能闲着当甩手掌柜不是？通过招聘面试，林洲进了丹麦知名的老牌医疗器械公司。这家集团公司在北欧规模很是不小，四千多员工，产品遍布全欧。他们招进这么一个非专业且没有高学历的中国人自然不是歪打正着，而有着觊觎中国造的企图心。林洲不忌讳做他们手中的一张牌，他想用一张牌赢回全局。

上班伊始，林洲就玩出漂亮一招，策划操作从中国进口一次性手术服。在欧洲，手术服制作昂贵，需求量大，一台一般性手术，消耗的量就是四五十件。林洲把生产基地移向中国，既为供货方提供就业机会，又为销售方找到不可同日而语的价位，让双赢的两头欢欣鼓舞。

那时林洲很牛，办公桌上的电话铃响个不停，他用中文丹麦文英文轮换着与不同的对方接应，思路敏捷，不卑不亢，让所有丹麦同僚对这个唯一的中国人刮目相看。欧洲各地的订单雪片般飞来，使碌碌无为的老牌医疗器械帝国焕发了生机。

好景不长。沸沸扬扬两年之后，突然偃旗息鼓。问题还是出在质量上——手术服线头未剪干净。开刀时线头抖落体内是会致命的，谁还敢要这批货？林洲眼看集装箱的货只进不出，肠子都悔青了。他不想推卸责任，引咎辞职。集团老总偏看重他的能力，再三挽留，还给加薪，到底也没留住他。

绕了一圈，林洲重返老行业，仍是兄妹搭档。

只是换了一块风水宝地。从楼上搬下来，驻入黄金街角最大的店面。五百万丹麦克朗的投入，采纳最昂贵最先进的通风设备，把180座的前后两厅装潢得高档时尚，美轮美奂。菜式也别具一格，中西合璧自助餐，市面上有的菜式他都有，喜吃中餐或者更习惯吃西餐的男女老少都能在眼花缭乱的纷呈中找到口味的最爱。

这样的餐馆理所当然成为斯拉格斯这类大众城市的青睐，周边城镇的食客也追逐名声纷至沓来，天天翻桌两轮，周末更是不提前订座进不了门。于是餐饮界同胞都说，林洲堪称哥本哈根中餐之最。也有人不服，大老远开车过来，躲在角落数就餐人数，直数得瞠目结舌。

侨领遐想

经历如斯，能力如斯，活跃侨界荣膺侨领的名号也是极自然的事。

林洲在国内外有不少头衔、名誉，诸如全国侨联青年委员，华侨国际文化交流促进会理事，省政协海外特邀委员，省海外联谊会理事等等。作为全球120位爱国丰碑人物之一，他的头像以长城、天安门城楼为背景，印制纪念邮票发行，他的表情庄严神圣。但他却说，荣誉并不重要，重要的是在丹麦中华工商联合协会会长连任期内所做的一些事。林洲有他的境界。

他带领他的会员们，到波罗的海钓鱼，参观引领世界之先的渔业制造，无土栽培，认识所在国家的文明进程。也曾组织出游欧洲各国，从自身狭隘的生意里走出来，用脚用眼睛更用心来感受生存的土地、海洋、高山，从而廓清什么才是当下他们的处境。

中文学校更是他的政绩。母语是新移民第二代最不能丢弃的“行李箱”。林洲的三个女儿需要，别家的男孩女孩也需要。丹麦政府原有移民融入部门办的几所中文学校，因右派上台移民政策紧缩都撤掉了。林洲的工商联合会就出资办了一所，六个班，每周末三小时，中国汉办编印的统一教材，场地师资都由孔子学院出。教学立竿见影，家长学生踊跃，外省的孩子逢周末就坐火车赶去哥本哈根上课。几个学期下来，拼音会了，方块字写了，原来一口洋文、一口广东话闽南话温州方言的“香蕉”孩子都能朗朗上口标准的普通话，林洲这个创办人也同别的家长一样，由衷地欣慰。

旅丹侨学界新春大联欢则是他作为主办方总策划人的大手笔。这场庆典林洲已酝酿筹备了半年之久，请到了诸如啤酒、糖果、连锁批发等丹麦商家提供赞助。既要走马灯，扭秧歌，舞狮舞龙，像嘉年华那样彩妆游行与哥本哈根市民举城同庆，还要在市政厅举办盛大晚会，丹麦总理致辞，市长大使均为嘉宾，中丹艺术家同台献艺。这将是旅丹侨界面对本土民众最亮丽最高调的一次展示。林洲只想让接纳并包容了他和他们的北欧岛国更清晰更细节地意识到：他的出生国，正走向全面辉煌。

生活本是狩猎

猎场枪手

我是从狩猎开始了解赵青的。

我当然不懂狩猎。在欧洲，狩猎基本是有钱有闲阶层的运动或者消遣，会打猎的中国人少而又少。赵青是异类。

在赵青家，有一幅赵青打猎的油画，他戴着鸭舌帽，扛着猎枪，目光矍铄，气宇轩昂。那时赵青还年轻，而他的狩猎史已超出20年，早于画家给他作的这幅画。

对捕捉猎物的兴趣潜藏于童年。人没半截鱼竿高，他就常去温州家附近的塘河或鱼池偷偷摸摸钓鱼。半夜三更，童稚的眼睛在星疏月淡的黑夜里闪闪发光。弄不好被管鱼池的老头“追杀”，两片脚丫跑得抽筋。唯有弹弓打鸟名正言顺，一瞄一个准，麻雀遭殃。后来有了气枪，枪法也是天生好，湖畔山冈的林子里绕几圈，常能射下几只野鸭野兔来。

童年潜质在法兰西发扬光大则是后来的事。80年代末，赵青已是巴黎华人皮包业正逐渐做大的年轻老板。里昂一位零售商来店里批发皮包，不知怎么就聊到了打猎，这位法国人每月都要到阿尔萨斯猎场围猎，专打大家伙。生意做得不怎么样，侃起猎经却一套又一套，把赵青的捕猎情结煽得热火朝天，约定周末跟他上山。

周五晚，赵青兴冲冲出发了，先飞到斯尔坦斯堡，再由法国猎手开车接他上山。猎场很大，貌似原始森林，蓄意豢养猎物，预设被掳掠的陷阱。晨猎是搜捕的形式，天蒙蒙亮出发，按照野兽出没的路径，迂回深入，在包围圈里近距离猎杀。晨猎要走很多路，对体力对身手敏捷都是考验。夜猎是守株待兔的意思，只要在太阳落山前赶到某个狩猎点，隐蔽下来。那里通常堆了些玉米棒，诱惑猎物夜间觅食。等到天黑，等饥饿的猎物靠近诱饵，走进猎枪准星，然后一枪击毙。夜猎更考验心理素质，要有足够的耐心，面对动或不动的视野不慌不躁。这类狩猎捕杀的都是大家伙，野山羊，鹿，狐狸，野猪，山鸡，野兔之类小东西是不屑一顾的。当然，赵青没有执照，也没有猎枪，饱眼福而已。

但是，在夜猎的埋伏中，他清晰地窥视到不止一只野猪在视野里出没，这是经验的空白，禁不住一阵战栗。一旁的法国猎手捅捅他胳膊，把自己的猎枪塞给他。他听见胸腔里狂奔的心跳，早已端起枪，屏住呼吸，只听“砰”一声闷响，前方黑糊糊的影子一头栽倒，扑蹬几下，不动了。一片死寂后，法国人兴奋地拍他一掌，真有你的，中了！拽起他朝击毙的猎物跑去。是头野猪，足有百多公斤，躺在杂木丛里汩汩流血。赵青像被自己的猎物吓着，站在那里一语不发——这是他的第一次狩猎，用别人的枪，违章猎杀。

征服，对于赵青这样的男人，其实是一种生命意志的需要。从那以后，他以当时有限的法文，考取了涉及天文地理的狩猎执照。里昂那位法国猎手，特意来巴黎待了好几天，给他讲解录像带里关于狩猎的种种条款。又去警局批了枪证，买了猎场许可，再花十来万法郎把自己从头到脚武装，正式加入狩猎队伍。他射杀了许多野猪、鹿，还有狐狸、野山羊，战绩显赫。这是男人的游戏，有钱人的消遣，20年间他只在上几个月才与唯一的同胞邂逅，还是射杀小猎物的。赵青长久地在狩猎圈里混，与欧洲人打得火热，心却是孤独的。

天生第一

因为他是异乡人，他的出生地在温州。

赵青的家乡是母亲的家乡，父亲是来自沂蒙山区随部队南下解放洞头岛的军人，先留守温州军分区，后转业永嘉烟糖公司当了书记。赵青1963年生在军区大院，长在南门荷花的小院里。母亲任职百货公司，父亲周末才回家，赵青与兄姊三个多是外婆管教。赵青心野，教室囚不住他，小学六年级才混了个红小兵。三天打鱼两天晒网读完中学，早早去清水埠烟糖门市部当了营业员。都说是卖紧俏品的好差事，对他却乏味而没劲。尤其20多块月工资，哪里够他大手大脚地花。后来商品经济蠢蠢欲动，他也活泛起来，跟江北一帮朋友发业务信，倒腾合同，做阀门、汽车节能器、袖珍气筒等，倒也赚了点小钱。说是小钱，以当时的物价指标已够拼拼凑凑盖一间屋。可他不盖屋，却买了一辆雅马哈100型摩托车，耀武扬威开上温州街头。1981年的进口摩托车还是超级稀罕物，全市仅两辆，算是出尽风头。赵青的牛在勇于弄潮敢于超前，凡事争第一。“雅马哈”是他的早期形象素描。

1984年，赵青21岁，远赴法兰西。他的选择是一个男人强悍人格的必然。走之前，赵青把他的“雅马哈”卖了三千多块钱，卷在报纸里塞给母亲。即便马上离境，他还去北京东四、西四，接了两张袖珍气筒价值三万多元的大单，留给合作伙伴。

辗转荷兰来到巴黎，赵青躲进姐姐皮包工场打黑工，没有“纸张”，只能躲。从早到晚，除了睡觉，一头扎进皮堆，大门不出，二门不迈。他一米八几彪悍的块头，心却绵绵的细密。皮作坊里制皮包的每道工序，他一学就会，而且做得比别人好，就连女人的营生踩缝纫机，他也踩得针脚均匀，线缝笔直。就是累、困、乏，汗湿的衬衣隔三差五换了一打，也没腾出工夫洗，长时间泡在水里臭得令人作呕。

熬，相信车到山前必有路。1985年成婚，1986年创办自己的皮工场，当老板便是山后的路，熬出来的见证。他不爱读书，学语言却比别人刻苦勤奋。因为他清楚，语言是行走他国必不可少的通行证。

他给皮包作坊及皮包品牌的命名直截了当，“包盈”、“包发”，像他的风格。皮包做得有型有款，都是他自己的设计，受客户青睐，批发生意越做越旺。场地小了，显得局促，卖掉，换间大的，有气派。前面批发店，后面工作坊，办公室也窗明几净，超时尚。正是法国皮包业黄金期，生意好做，恨不得批发店前排长队。赵青的“包盈”、“包发”水涨船高。因为技术上乘，做工精致，顶级名牌也愿意分一杯羹给他，香奈儿、爱马仕、朗赛纳都有多款手袋请他加工制作。但赵青不满意，明明大同小异的皮包，品牌间的差价如此之大，难道就没有利润空间的缝隙和捷径可走？他琢磨多时，终于悟出道道，旋即出门，西装领带直奔巴黎街头某幢大楼而去。回转来，腋下皮包里有了一纸名牌皮袋LORENZO的品牌“转让”书，制作权归了他。只要把自己设计并且质量过关的成品贴上LORENZO的商标，价格就比原来的“包盈”产品高出一倍。当然，LORENZO的制作权不会白送，销售后交纳的品牌利润也高于7%，但赵青的这笔交易不亏，反而大赢。LORENZO老牌品号在全欧有良好的口碑，不仅卖得好，价位高，还让作为制造商的赵青和他的“包盈”、“包发”名声大振。当时巴黎三区教堂街有许多做皮包的中国人，温州人，只有他是第一也是唯一贴牌做法国名品的。

足下王者

赵青就这样在事业的发达中成熟。

到了20世纪末，世界经济格局发生微妙变化，双边贸易势如破竹，中国造开始廉价倾轧法国及欧洲市场。赵青潜意识里的风向标急速转动，察觉到巴黎制皮业的太阳将要落山，他将面临新一轮选择：或另辟战场，或转入新行业，从零开始。

人生同样面临二度转换。第一次婚姻失败后，一位靓丽的女性走进赵青的生活。她叫叶列娅，也是温州人，就读欧洲管理学院酒店管理专业，在大学最后一年的实习期来做赵青的替补秘书。酒店管理与皮包业风马牛不相及，实是缘分所致。叶列娅14岁中学毕业来法国，16岁高中就读期间便开始在餐馆、批发行、电脑公司打工，风风雨雨多年后重返高等学府，虽是学生，却有一番经历。她漂亮，能歌善舞，语言天赋又好，中文、法文甚至英文都很不错，早年曾荣膺法国华裔小姐亚军，与世界华裔佳丽相聚台湾，靓丽抢眼。叶列娅与赵青曾有几面之交，工作中互生爱慕之情，顺理成章走到一起。

或许，寻觅到真爱使事业有了推波助澜的内力，赵青壮士断腕，把苦心经营十多年的皮包公司连同骄人的业绩最低价抛售，进军93区奥尔拜维耶迅速崛起的服装服饰批发城。商城以服装为主，赵青偏不做服装，做鞋。不为别的，就为奥尔拜维耶没人涉足鞋，他喜欢做第一个吃螃蟹的人。经营皮包后期，赵青曾与国内鞋界朋友联手，在巴黎市中心鞋市试营批发，当时法国进口鞋要配额，半成品入关，生意多有掣肘。现在中国入了世贸，成品入关没了障碍，足以让他驰骋疆场。

新婚燕尔的一对新人以两张绝对生疏的面孔出现在奥尔拜维耶，打造时尚女鞋的凯旋门集团。公司、批发中心、仓库连成一片，里外装潢设计都是赵青的手笔，超前，摩登，大气。人与鞋，鞋与中国面孔，闪亮登场。赵青一直做包，做起鞋来居然无师自通，宛若熟门熟路。没错，他有天赋，更重要的是功课早在不为人知的幕后做足。他请了法国设计师，但设计师的设计也是跟着他的灵感走。他还是晨出晚归，披星戴月，忙碌而淡定，恰如他的打猎、钓鱼，是大将气宇轩昂的风度，成败若定。加之妻子多国语言、管理学识的辅佐，更是锦上添花。他们做品牌，做质量，也做数量。一年两季，每季至少五六百款式，每年几百万双销售量，大小客户遍布全欧。除了30%销量来自凯旋门旗下的Bruna Rossi和Like You品牌，其余则来自法国最知名大众时尚品牌连锁。

好一个赵青，无愧于华商翘楚，从无到有，带动了中国造鞋业的批发，短短几年发展到上百家，终成燎原之势，蚕食吞并消弭了巴黎市中心那个法国爷们昏昏欲睡的老牌批发鞋市。

去年8月，法国华人鞋业协会成立，赵青当之无愧当选第一任会长。法国侨团繁多，其中争斗内讧也不少，赵青向来不介入，情愿做一个清醒的旁观者。可这回是专业协会，是凝聚散沙的行业堡垒，是独霸法国大众鞋市的上百个华商会员的娘家，只为团结同道，排忧解难，维护权益，这个一家之长他没有理由推，也推不掉。

当，就要当出与众不同的好来，这是赵青做事的一贯追求。就职典礼闪亮登场之后，赵青旋即推出他的“施政纲领”：建立客户咨询表，任何商家遭遇空账死账客户立即通报全体会员，以免再度蒙受欺诈；聘请法律顾问，联手催款公司，协助会员就商业纠纷打官司或庭外和解，催讨欠款。纲领的最后一条更是大手笔：圈地盖房，开辟前店后仓欧洲第一鞋城，让分散的鞋商同步迁出奥尔拜维耶，集体进驻新批发市场，完成专业整合。这个构想让全体会员欢呼雀跃，眼下赵青正跟当地政府频繁接触并四处看地。

实现自身价值的基础上，赵青正在实现其社会价值。

一点补缀：

无疑，赵青是成功的。不仅生意，更在为人做事。他既是孝子，有爱心负责任的丈夫、父亲，又是体恤下属的老板，还是对友人肝胆相照慷慨解囊的侠士。他支撑兄姊立业，襄助原手下员工创业，出力，借款，赠货，从不图谋回报。朋友有难，更是雪中送炭，暖心不言谢。

有位从法国回温的老人，临终前有心愿未了，说是多年前困窘时借过赵青一万法郎至今未还，多有愧疚，嘱咐家人赶紧还上，否则死不瞑目。这类借款在赵青是常事，早忘了，老人却说得涕泪横流。

赵青会挣钱，更会花钱，他从来不是那种数钱数得两眼放光的守财奴。他珍惜生命，享受当下，懂得做人该活出一份精彩的质地。除了平日坐骑奔驰，他的车库还泊了辆超豪华的法拉利跑车。签单时，车行老板认定他是巴黎第一位拥有法拉利的中国车主。他打猎，钓鱼，租豪华游轮畅游地中海。他把家安置在俯瞰塞纳河的高尚区，夜来灯火阑珊，伫立落地窗前，啜饮一杯窖藏拉菲尔陈酿，日子的香醇皆在胸臆之中。

侨领外传

没有弃权就是赢

张维庆天生就是当官的料，不走仕途真是可惜了。二十多年前他就是温州中行的科长，如果不出国，没准今天早已是权倾一时的财神爷了。偏偏他出来早了些，偏偏他要到奥地利体验域外生涯，实现那种闯荡中的自身价值，官位自然不会晾在那儿等他。

然而张维庆并不以此为憾。他行过无数路，吃过无数苦，也把自己在天地间的人生位置折腾了好几个来回，得出的结论是值了。如果在当年的“肥缺”上锥子般越凿越深，不仅外面的精彩无缘相识，自身也可能命悬两头，或升官发财，或被牵扯到腐败案中遭受牢狱之灾。哪能像现在，虽算不上商界大亨，也是靠劳动所得，凭智商所挣，也是开奔驰，住别墅，而且呼吸着维也纳自由的空气，享受清明静朗的心境，夜晚睡觉安生，不用担惊受怕鬼敲门。

如同其他温州乡邻，张维庆也不是安于现状的人，必将遭遇人生的多重选择。他从不肯把选择权交给上帝，总要拽着命运的缰绳，由自己来定夺。不管选择对错，结局好坏，他以为没有弃权就是赢。所以，每当张维庆回头检视自己的履历，心里总是透彻地明白。一个人，活得明白并不容易。

家史与青春记忆

张维庆出身不俗，家谱记载系明朝宰相张璁第二十一世孙。大家族的家教一直很严，他自小循规蹈矩，在校好学生，在家好孩子。父母都是“老银行”，工作忙，所有家务全权交给了他这个长子。生煤炉烧饭做菜，洗衣洗被单，他一个男孩子做得比女孩还要上路。高中未毕业，母亲担心上山下乡，让他先一步停了学，到社会上混生活。他喜欢读书，离开学校很是黯然神伤。但青春期的痛也同时催长他思想上的成熟。他做学徒，学裁缝，也到小学校代课，在世俗江湖的粗粝中跌打滚爬，褪去学生气，练就谋生手段与胆魄。如果不是1976年母亲退休让他顶职进了银行，张维庆也许连世家弟子残存的那点儒雅气也一一洗净。

银行显然适合张维庆这个银行家之后。他上进心强，学得又快，深得上司器重，又从党政班拿了文凭回来，升职便顺理成章。爱情也翩翩而至。同是大家之后的同事苏翎翎与他在业余英语学习的灯下互生爱慕之情。这段情起先双方都不看好，苏翎翎是父母宠爱的千金小姐，家务从来没做过，离他贤妻良母的择偶方略有距离，而张维庆，在翎翎眼里显然帅气英俊不足，所以断断续续分过几回，终难了断。彼时的年轻人哪有时下这般世故，张维庆把苏翎翎的自行车擦得锃亮，车前马后俨然一个护花使者，到底还是把女友娶回了家。事业爱情春风得意，张维庆反而在银行那把交椅上坐不住了，总想折腾一下，做点反常态的事情。恰有法国一朋友替他办担保领了护照，出去的心便蠢蠢欲动。妻子有姨妈在奥地利，一厢情愿想去投奔她。没有关于奥地利的申请材料，糊里糊涂就去杭州改道。人家不给办，一个电话打到省中行，居然帮他改掉前往地拿到了出境卡。再去北京签旅游，自己担保自己。运气超级好，没几天领馆电话跟过来，他的签证准了。既然是旅游，待得住待不住没底，该留条后路。张维庆不是那种破釜沉舟的人，他替自己办妥停薪留职，再把一百美金塞进干瘪的衣袋，算是准备就绪。1987年的那一

天是他生命中不同凡响的时刻，他开始闯荡世界。

第一次破产

到维也纳恰是周末，姨妈餐馆忙，脱不开身来接机，让他等在机场。张维庆东张西望，满脑子憧憬，不愿耗在晃来晃去的人影里等，摸摸口袋里薄薄的那张美钞，心一急，跳上出租车就往姨妈乡下的餐馆赶。到底是初生牛犊，他以为是温州的“菲亚特”呢，坐趟车五块钱。白人司机语言不通，就照他递过去的地址开，开了很久，像是永远没有尽头，慌得他把袋里的美钞攥出了水。

到了姨妈餐馆，口袋掏空，张维庆彻底破了产。

姨妈见他戴着眼镜，又是银行干部，没敢派他活，而推荐他去了台湾人开的饭店。那时台湾人看不起大陆仔，收下也是当苦力，明知他不像做苦力的人。张维庆心里逆反，手脚加倍勤快，楼上酒店楼下餐馆，所有脏活累活都是他包干。清晨六点起床，侍候酒店旅客早餐，餐后打扫房间，十点下餐厅拖地洗厕所，再洗菜洗盘碗，水池边一站好几个钟头，午后打烊，还要洗餐巾烫台布，然后再一轮晚餐的流水作业，直到夜深人静。张维庆从未吃过这样的苦，感觉就是万恶的旧社会。但他强撑着，累出胃病，痉挛发作，也不愿示弱。台湾老板开始喜欢他，动了恻隐之心要免费替他申办工卡，前提是三年不得离开。工卡意味着能在奥地利光明正大留下来，但他拒绝了，不留也罢。卖身三年的买卖，他不做。

他把行装整理好，写信告诉留守温州的妻子，吃过了苦，也体验了域外艰辛，该是回去的时候了。

不料，翎翎来广州接机时带来一个惊喜，她赴奥的签证下来了。一年时间过去，双双重新踅回起点。张维庆很感慨，犹豫再三，还是偕同妻子再度来到维也纳。他是选择过了，妻子也当有同等机遇的选择，不是吗？

夫妻老婆店

妻子的选择是做老板。这个选择从此改变这对银行伉俪的后半生。

身份是前提。要想留下来，又不“卖身”给台湾人，自己当老板是最佳选择。没错，妻子在张维庆眼里一直是养尊处优的女人，吃不得苦，但她决意在维也纳留下来的时候却说，别人能吃苦，为什么我不能？

买餐馆是国内亲戚融的资。餐馆是维也纳街角一爿不起眼的小店，生意清淡，经营权卖得很便宜，便修修补补开出夫妻老婆店。男做厨房，女做前台，包括洗碗洗厕所，都是自己做。省钱处一分分抠，人就成了三头六臂超级大侠，累得厨房切菜时都会昏睡过去，故而在华人圈里，银行伉俪的吃苦耐劳传为美谈。如此这般的受罪，生意不上去对得起谁？钱像小河流水汩汩而入，一旦还清债务，即着手买断餐馆房产，再购置别墅，把团聚的家拾掇出来。代价是，胃病，肾结石，半夜发作满地打滚，救护车送往医院急救。

炕腥瘓跷颍　绻砮偌绦莁饫喑睢衾土ξ　鞴淖鞣皇皆　蓟　累，他将陷自己的人生于泥淖而动弹不得，愧对闯荡的初衷与抱负了。不再犹豫，把餐馆的经营权在鼎盛期出让，放养了这只用心血养肥的会生蛋的鸡。

到匈牙利巴西数钱

他只身去了匈牙利。他是个顾家的男人，孩子又小，而布达佩斯离维也纳只有两小时车程，便于两头兼顾。1994年东欧市场的华人进出口贸易方兴未艾，他以为或可施展一番的。况且手里捏着卖餐馆的资金，比那些初到练摊的人多了份财力。他从中国一拨拨进装温州鞋的集装箱，自己不去摆摊，整个货柜倒给下家，价格低，资金回笼就快。做贸易不比做餐馆细水长流，盈亏都是惊涛骇浪。以前在银行替别人数钱，如今轮到替自己数，还真数得手软。

势头上，听说南美市场更是饥肠辘辘，便与朋友合伙进军巴西。那些东欧卖疲软了的鞋到那里都是紧俏货，不仅价位高，还供不应求。原因是巴西的中国人当时大多不具备合法身份，进得去，出不来，没法亲往国内组织货源，只能争抢现成的货源。做这生意恰如天上掉馅饼，赚钱易如反掌。不过好景不长，先是巴西移民大赦，后是巴西货币贬值，也就前后三年，张维庆乾坤倒转，满盘皆赢的棋局成了死局。

聪明人不会死磕，抽身退离。然而张维庆不是甘心退隐的人。肯从商界消停下来，该有另番成竹在胸。

超越小我的诉求与抱负

前面说过，张维庆身上有很活跃的政治家素质，不当官着实是浪费了。好在大显身手的舞台处处皆有。服务侨民促进融入，架构奥中友谊之桥是张维庆心存已久的夙愿。当年替台湾人打工时，看到他们友好互助精诚团结的热络劲，就曾暗下决心，总有一天，我也会让所有大陆仔抱成一团，成就不可小觑的社会力量。这就是他不带个人色彩的政治诉求及社会抱负。

奥中友协华人委员会无疑是不错的平台，让从匈牙利、巴西退回来的张维庆从狭小的生存空间一步迈进社会的世事纷繁。本是一身轻的潇洒，背上了沉甸甸的负荷，从此便被一种叫做责任的力量推搡着走，成为忙忙碌碌的公众人物。他太热心，也太能干，连任两届委员会主席，把常态的一个侨团做出许多亮点，让奥国人越来越清晰地看到中国人的存在。

2008年4月，维也纳藏独分子闹事，冲击中国大使馆，撕扯了五星红旗。当时张维庆恰在国内，闻讯后立即赶回维也纳，组织大规模的“声援奥运，反对藏独”游行集会。4·19是欧洲其他几国同步拟定的行动时间，其时只剩下三个工作日。爱国学生众志成城，要求站到前沿，但无权申请游行集会。若由华人社团递交申请，至少得有三名以上主要负责人签名才能生效。在时间紧迫，其他负责人不在场的情况下，张维庆采取非常手段，由他个人申请。其实西方国家也一样，游行集会均属反社会行为，团体算不了什么，个人申请难免会有风险，比如被居住国安全机构列入黑名单，被警局稽查背景资料，重点注意，查账查黑工等等。张维庆不是不懂内幕，但国家大义高过个人得失，他硬着头皮把申请递了上去。鉴于外交政策，使馆还不能介入，组织措施都得到外面咖啡馆去说。好在张维庆天生有政治家社会活动家天赋，再急的事做起来也是有条不紊。他把组织、宣传、安全等分划了九个核心小组，尤其对付媒体，事先设定关键问答，找德语娴熟的博士生负责。集会事宜发通知已来不及，就用电话，甚至口口相传。最棘手的是横幅标语旗帜等物件，当地做有困难，专门向国内外事部门求援。北京一口应承，并通过温州私营老板在24小时内赶制出来，却未能赶上维也纳航班，只好飞到布达佩斯，开车去接回来。等那大包小包的“道具”到手，已是头天夜里。一帮人通宵达旦连轴转，才在次日凌晨准备就绪。

集会来了三千多爱国侨胞与学生，旗海飘扬，人头攒动，群情慷慨激昂，堪称奥地利华人之壮举，事后被汉学家写进了奥中关系史。

5·12汶川大地震发生后，张维庆于当晚紧急召集当地各侨团负责人会议，发动赈灾募捐。奥地利是移民小国，华人资源相对薄弱，但整个侨界还是募捐了40多万欧元赈灾款，并用这笔款项在灾区水磨镇废墟上建起水磨镇小学，让失学的各族儿童重新坐进宽敞明亮的课堂。这是全体奥地利侨胞对灾区孩子的一片心意，但作为赈灾募捐的推动者，他同样感受到恒久的人性温暖。

同时，张维庆还是奥中友好的民间大使，曾多次陪同奥地利联邦议会议长等高级代表团访问中国，为促进奥中两国政府的经济文化往来作出不可替代的贡献。全国政协主席贾庆林在宴请奥地利联邦议会议长的宴会上还特地向作陪的张维庆祝酒。2007年，奥地利政府向奥中友协华人委员会颁发了罗斯特·霍恩奥中友好特别贡献奖。捧着那枚由奥地利总理古森鲍尔签字，奥地利国民议会议长帕拉玛亲自颁发的荣誉勋章，他很欣慰。荣誉属于集体，但他作为团队当家人，在这个无私贡献的位置上兢兢业业工作了八年，付出终于得到了社会的承认。或许，张维庆归根结底只有一个祖国，却同时拥有两个被他挚爱的家园，他相信这就是闯荡与漂泊的理由。

一点补缀：

无疑，张维庆是出色的侨领。离任奥中友协华人委员会主席后，他又被推选为奥地利中国和平统一促进会会长。他还是浙江省政协特邀委员，曾作为奥地利侨界唯一代表参加北京奥运系列活动，并连续几届参加世界华人社团大会，受到胡锦涛总书记、温家宝总理、贾庆林主席的接见。

张维庆说，没准，我热衷侨团服务社会的兴趣来自家族遗传基因。我父亲就是比我更古道热肠的一位老人。记得也是2007年，以父亲为“领袖”的我们家，居然在毫不知情的情况下被评为“全国精神文明五好家庭标兵户”，浙江省仅两户，竞争应该是很激烈的。显然，张维庆认同这些荣誉。

我却觉得颇有反讽的意思。明朝宰相张阁老的后人，居然成了侨领，成了全国精神文明标兵户，这里面难道不是蕴藏了某些命运的幽默与历史的喜感？

跨越千岛之国

两个故乡

柳少惠出生青田，却与温州有着千丝万缕的瓜葛。比如，在当年新开垦的龙湾滩涂圈地投资，做名副其实的始作俑；在今天的文成捐助幼儿园，还贫困山区孩子们本该有的童真与欢乐。他的温州话纯正，流利，听不出杂糅的外乡人腔调，因为他的祖辈、父辈早年原就一拨拨生存于斯。太爷爷、爷爷在温州置地买屋，舅公在温州开电影院，伯父在温州的国民党军方任职，姨妈家的小院就在矮凳桥，院前有潮湿的小街，流淌着他少年时期频繁纷乱的足音。在柳姓庞大的家族中，叔伯表亲至少不下十门与这座城市休戚相关。即便留在青田的他家这一支，看个病买点贵重东西也都宁愿舍弃丽水搭车赶到温州来，就为熟门熟路。其实也不奇怪，那时的青田和温州，本是同邦城郭，唇齿相依，地图上也画不出两个小圆点。

1979年，年满15岁高中刚毕业的柳少惠再次来到温州城。他要出洋了，就是当年随国民党逃离温州去了台湾后又辗转欧洲经商的伯父帮他办的德国留学。那时个子还没长开，他来温州是要定做一双垫高了跟的牛皮鞋。远走他乡，不能太寒碜，穿戴总要神气些。还有，是一份窃窃的私心，与这个城市告个别。所以，柳少惠可以说是心揣两个故乡的情怀上路的。

我要读书

到了德国，住在伯父家。伯父送他去学校读书，学德语，再读大学预科。伯父生意做得很大，却不让他沾边。伯父说，要想在国外立足，不读足够的书难以为继。

伯父当时已经脱离政界，依然是国民党立法委员，他的思路很台湾。柳少惠也是喜欢读书的人，在青田上高中文理成绩都不错，数学竞赛还是前几名。德国学校让他如鱼得水，他很努力，也很开心。两三年下来，读完预科，不仅德语英语过关，经济专业也入了门。

中途辍学是因为父母从青田出来，到北欧安营扎寨，他必须赶去瑞典与他们团聚，辅佐家业。他家历来是华侨之家，祖父二战之前就在欧洲漂泊，一根扁担两只箩筐，街头叫卖石头雕刻。祖父的故事即便再辛酸屈辱，也未能阻碍后辈子嗣前赴后继闯荡异邦。就像吉卜赛人，流浪本是天性，他们不愿意也守不住贫瘠乡村的一垄田畴几堵院墙。当然，父母的想法就与伯父不一样了，他们来北欧是开餐馆挣钱的，摆脱贫困是唯一的念想和终极目标。

早来三年的儿子柳少惠当是全家的门面。

可是，柳少惠的留学生活正渐入佳境，他舍不得。抵达斯德哥尔摩，他面对双亲的第一句话就是，我肯定要继续读书的，帮你们做餐馆可以，必须是课余。父母虽是农民，书中自有黄金屋的道理还是明白的，要想儿子有大作为，还真不能拦他上学的路。没等父亲点头，柳少惠早已几步蹿出门外。

北欧的天真是冷，零下20多度，走在冰天雪地里感觉像是一丝不挂，耳朵都要冻下来。柳少惠就这样不停地在斯德哥尔摩的一个个岛上走，跨越一座座连接诸岛的桥，终于找到瑞典人民大学，报名注册经济系。

有德国预科垫底，瑞典“人大”欣然接纳，并把他安排在多是德国、波兰等国留学生的外籍班。同学之间都说德文英文，交流没有任何障碍。他很努力，以语种接近的德文为参照，没日没夜死磕瑞典文，听课的难题迎刃而解。

餐馆跑堂更是操练实用语言最有效的捷径。瑞典人凡是上过学读过书，基本都能听说英语，所以柳少惠在父母生意红火的餐馆里打工，多种语言轮换着用，简直都有巧舌如簧的感觉。餐厅也因他的应答如流殷勤周到，天天座无虚席。

事实上，柳少惠对餐厅跑堂甚至对中餐业的全套流程一窍不通，也不喜欢，是语言给了他漂亮的假面，赢得食客青睐。

电脑商的海归经历

四年的经济专业是半工半读学出来的，柳少惠对自己基本满意。但走出中国人清一色单调的餐饮业也是他越来越强烈的企图心。他不能白学经济，他要另辟战场，让自己拥有别开生面的用武之地。

那是1986年，瑞典电脑市场方兴未艾，23岁的柳少惠走出餐馆，投身这个行业。他对电脑并不比同年龄段的其他人更爱好更精通，但做买卖，这点学识足够了。德国伯父是牵线搭桥的人，帮他把买方卖方市场链接起来。伯父是立法委员，在台湾政界商界有许多老关系，柳少惠把这些资源都用起来，那个“对岸”真就成了他的依托。第一次去台湾他是战战兢兢的，觉着无数双眼睛看他这个瑞典大陆仔都有无法言说的戒备和警惕，令人不安。去得多了，混得熟了，竟是两个兄弟一个娘的相知。

他从台湾进货，当时最知名的两个品牌微星、华硕都做，进所有的配件，在瑞典组装批发，或是直接把配件卖给瑞典电脑公司，由人家自己组装。那个时期家庭电脑远未普及，价格十分昂贵，微星、华硕的营销部门都对他这个小老弟很关照，初来乍到的他资金匮乏，一批批的货都是赊了走，几百万几百万欠着，货卖出再回款。他要打时间差，船运太慢，一般都从天上走。幸运的是瑞典这头永远都喂不饱，来多少，吃多少，他的巨星电脑公司门前总是川流不息，停满了要货的卡车。他的营销团队清一色本土专业人士，瑞典乃至整个北欧包括丹麦、挪威、芬兰、冰岛的市场都在他们掌握中。公司的地盘也不小，斯德哥尔摩外城，将近三千平方米的办公楼、组装房，颇有一番大公司的架势。门外车道是一条河岸，河水汩汩流淌。年轻的董事长柳少惠常在日落西山的晚霞里对窗眺望，他在倒映的河面会看到自己儿时的身影，在青田，或在温州。

昂贵的电脑利润空间很大，加上生意奇好，过几天就从机场运回大卡车装载的货，转手就空了，大把大把的瑞典克朗流进柳少惠的腰包，使他财大气粗，一年更比一年壮硕。他去父母同样忙碌的餐馆吃饭，父亲问他公司经营好不好，他总爱笑嘻嘻地反问，一台电脑不挣几千块，我是不要做的，您说好不好？父亲笑他吹牛，他说这是事实。

完成原始积累，柳少惠父子在1994年开始携带资本回国投资，属于海归投资最早的那一拨。柳少惠雄心勃勃，小项目看不入眼，上来就是大手笔，投资水电站，尔后投资园林、电脑基地、商城。温州龙湾工业区圈地入驻也是他值得期待的一个举措。那时龙湾工业区还是雏形，儿时的记忆把他牵引到这里，一片未开垦看上去甚至有点荒凉的滩涂，唯有芦苇在风中摇曳。柳少惠却为此动心，因为温州一直是他最爱的城市，不是故乡的故乡。多个项目加在一起，投资总额上亿，他没贷一分钱，悉数从自家腰包掏出来。换到今天也许不足为奇，可在20世纪90年代，已是天文数字令人咋舌了。柳少惠倾囊而出，抖空前十年从电脑营销里辛辛苦苦淘出来的金，踌躇满志。

然而，结局并非预想那般灿烂。柳少惠毕竟是15岁出来的，他的思维已接近瑞典人的思维，与国内的行事风格、人际关系以及种种潜规则都疏远，生分，把不住脉上不了路了。所以，难说海归的经历延续了他海外的成功。

住车的，住人的

柳少惠决定返回美丽的千岛之国瑞典。

还是投资。资金仍从巨星电脑公司挖掘，项目是车行、车库，投资地改为斯德哥尔摩。一旦回到他成长、成熟的居住国，柳少惠被掣肘被牵制的感觉少了许多，凡事依法或照规矩行来都会水到渠成顺理成章，没有不言而喻的暗示，也用不着背靠背的动作，坦荡，轻松。

他在高档车行集中的商业区瞄准一块八亩多空地，周边的三角地带各是奔驰、奥迪、沃尔沃。要做车行，还有比此更显贵的地段吗？柳少惠围着空地转了好几圈，镜片后的眼睛放出光来。他一刻也不敢延误，通过中介找到这块地的业主某建筑公司，直截了当表明志在必夺的立场。经过双方委托中介方方面面的论证，谈妥地价，很快约定时间签署合同。

那是一个明媚的早晨，柳少惠穿戴齐整挎了公文包赴约。待合同书摆到面前，柳少惠发现其中有一个附加条件：车行必须由对方所属建筑公司承建，否则加价50万瑞典克朗。这个附加条款让柳少惠心里一紧，明知对方承建费用高，50万又不是小数目，怎么选择都是两难。但他也就是皱了皱眉，犹疑了几分钟，就刷刷签下了合同。这块旺地有不少人觊觎，多耽搁就可能耽搁没了，到时悔青肠子都没用。他不住地告诫自己，做生意要大处着眼，往远了看，否则斤斤计较困守城池，做大也难。

果不其然，他的车场承建后尚未来得及腾出手做车行前期策划，隔壁的奔驰车行就找上门来。奔驰扩大规模，场地不足，希望以高价租赁他的车行。柳少惠掐指一算，是桩双赢买卖，爽快应允。当奔驰车泊满原本属于他的领地，他一次次从门前走过，心同样踊跃。这个地盘租出去，并不意味他的车行画上句点。他会寻找新的地盘，实现自己的梦想。如今瑞典品牌沃尔沃被中国买走，成了中国品牌，倘若要做车行卖车，首选便是沃尔沃，瑞典中国联姻，他最有优势。

只是，一时半刻他无法统揽大业。随着家庭电脑不断普及，价格战愈演愈烈，电脑营销业的黄金时代一去不复返，经营二十年的巨星电脑也辉煌不再，面临着或改弦易辙或破产重组的严峻考验。柳少惠守着门前车马稀的公司大楼，决定壮士断腕。那个黑夜，他点亮所有的灯，从这间屋走到那间屋，孤独的身影拖得很长，晃在墙壁上。他很伤感，他在这里挣了别人三辈子都挣不到的金钱和荣耀，最终还是未能坚守，不得不画上苍凉的句号，难道这就是商人的痛？

偏偏柳少惠不是轻易言败的人，新的规划成竹在胸。事业可以转型，阵地则不离不弃。窗外河岸流水是优美的景色，快速通往斯德哥尔摩的新干线正在铺设，不久这里就是首都的门户与驿站。何不将公司大楼推倒重来，建一座漂漂亮亮的星级酒店，商务休憩一体，工作旅游兼顾。

他做事向来大手笔，一投几千万，改装出三层共八十个房间，里里外外从原材料到装帧设计到家俱摆设原汁原味瑞典风情，不掺一点假，不留半点瑕疵。几十年来，他生活在斯德哥尔摩，可以说对瑞典文化有了心得，他把这些心得一股脑倾注到细枝末节上，使酒店全貌大有仿古仿真的华贵典雅。真是欧洲人的慢工出细活呵，从2008年开始策划到如今竣工开业，已三个年头。

慢，不是没有道理的，柳少惠自有其更深沉的追求。柳少惠学过历史，知道瑞中文化交好在18世纪就有渊源，当时的国王哥斯达夫三世酷爱中国古玩尤其瓷器并有相当不错的修养，通过列强或海盗掠夺的珍品不计其数，至今仍有大量宫藏，流散民间的也不少。偏偏柳少惠也喜欢集邮，喜欢收藏字画瓷器，虽说涉猎不算最深，也不是附庸风雅之辈。于是他把古色古香的酒店装潢出来之后萌生了别样的想法，他要在雍容华贵的大厅里替自己也替瑞典民间收藏做既是文化也是商业的陈列与展示，既是博物馆，又是画廊、中国珍藏交流淘换中心。挣钱不是目的，事实上也挣不了多少钱，他暗藏的私心是：让哥斯达夫时期的中国文化热在三百年后的今天，重温旧情，再次握手。

为什么不呢？瑞典，中国，柳少惠觉得自己就是最好的传承者。

在烹饪大师的家宴上

一

认识叶震宇是在他的家宴上。

赴宴之前，就知道他是世界中烹联授勋的烹饪大师，中式分子餐先行者。中烹联国际评委及中国烹饪世界大赛副裁判长。荷兰皇家骑士勋章荣膺者。

照说，家宴是采访烹饪大师的最好时机。我随朋友早早去了，心想总能抢一个先机的。哪料未等寒暄坐定，叶震宇已抽身离开，忙他烹饪的本分去了。他穿着洁净挺括的白衣，在锃亮的不锈钢厨案前穿梭往来，把我和我的录音机撂在那里，见缝插针的空也没有。

我谅解此时此刻的被冷落。采访之于名厨，永远都不会比烹饪做菜更重要。况且，虽是小规模家宴，来的宾客还真不少。有当地中文媒体的好几拨记者，有荷兰广告公司的洋人，使馆的参赞与夫人，还有他私交的中外朋友，林林总总二十余人，将会坐满宴会小厅铺陈了套杯与餐具的西式餐台。菜单上赫然印着包括餐前小食和餐后甜品在内的九道佳肴，比如龙游银河，八爪鲜贝，翠衣多宝鱼，鹌鹑二吃，香菌牛排等等，还不都得在他手下变戏法般地变出来。远远看去，连作为盘式点缀的鹌鹑蛋也是一枚一枚分了蛋黄蛋白煎出来，再淋上汁水，足见精工细作的费心费时。

厨艺大师这会儿是真没工夫做我的陪考。

听说叶震宇已将近十年没有餐馆了，所有创举和菜式改革都由他的“衷中参西”烹饪实验室发布。而实验室就在他坐落于荷兰港口小城优美静雅的家里。那是一幢带花园的三层小别墅，装修风格也是“衷中参西”，是简洁的精致，很前卫。

大师的风采已然有所目睹。于是我想，倘若回到普通层面，我的这位温州老乡又是怎样的一个人呢?

二

叶震宇不是生来就把厨艺作为立世之本的。他生于1948年，与新中国前脚后步跨过了时代的门槛。父亲是曾经的名医，毕业于抗战时期国防医官学院，回温行医之初红极一时，却因为人耿直，惹了口舌罪祸，做了一辈子不受重用的边缘人。生养的一群孩子，也是间接受累，没一个摊上锦绣前程。叶震宇是五兄弟之老大，无形中有沉甸甸的担子落在肩上。当年他考的是商校药材班，没上两年，“文革”之火就烧到温州，歇了课，回家自习中医，到药店打工。他有强烈的子承父业的使命感，西医够不着，钻研老祖宗的医术也是好的。可那时不是你想干啥就能干啥的，叶震宇苦学五年中医中药，总算挤进医药公司，却不是把脉叩诊，离看病且有越不过的沟坎。

早些时日，母亲曾拽住他说事。母亲说，儿子你不要谈恋爱了，我和以前的小姐妹作主替你订下亲了，就是她女儿，比你小三岁，在荷兰。叶震宇一把甩了母亲，脸红到脖子根。那会儿他不足20岁，谈情说爱的事颟顸着，哪像时下年轻人，这岁数爱情的话题都谈老了。事后几日，他不理母亲的茬，心里面却烙饼似的翻腾。倒不是未谋面的女孩子撩拨他什么，而是荷兰这个遥远的国度牵动了他对复兴家业蓄谋已久的期待。那是一个非常时期，温州处在毫无章法的动乱之中，一户平常人家想过正常日子都不太可能，何谈治家复兴？不如试试走闯天下，到别人地盘上开一亩自家的田，或许还能收几担谷子，催生家业。叶震宇想得很远，很实在，便觉着这份姻缘其实就是幸运的召唤了。

然而，即便有婚姻的理由，两头申请也是难上加难。所以，挨到拿了荷兰签证走上飞机舷梯，已是1973年的事。叶震宇25岁。

三

刚下飞机，域外生存的难题就赤裸裸横在面前。无一例外，叶震宇也走进亲戚家的中餐馆。除了中医中药，他什么都不会，便从洗碗打扫卫生做起。水池、案板、灶台，统统成了新兵操练习武的台阶。竟然发现，自己对餐厨其实是有悟性与兴趣的。也就一年半时间，他速成出师，夫妻联袂在内杰梅根市开出“豪华酒楼”。

叶震宇的理念是，酒楼的豪华首先是菜色的脱凡超俗，菜不好，外壳再豪华也是雕琢出来的空心萝卜。于是他憋足心劲，用当年自学中医时读经典，背歌诀，记方药的刻苦专注，研习烹饪，创出一套自成体系的叶氏菜色。他还真敢，方入门就飞檐走壁行超越之事，为此他付出了代价。头四年餐馆生意不是一般的不好，而是门可罗雀，比关门的境遇都要差。荷兰中餐向来大同小异一个模式，为什么偏偏是他弄出不一样的风味餐？同行不屑，顾客也是不明就里，与他的尝试擦肩而过。他守住空落落的餐馆，沉住气，不改初衷。先独创用盐溶液控制咸味的纯正，再打出杜绝味精保证菜色独到原质的招牌，坚持不懈推出迎合荷兰人口味的新颖菜肴，终于感动上苍。第五个年头，门可罗雀变成车水马龙，餐馆几乎是在某一天里突然火爆，营业额从2万6做到26万，10倍，比多开好几爿店都不止，看着就像一幕幻觉。

决非昙花一现。这把火，竟扎扎实实烧了二十多年。餐馆的旺一般也就七八年，经久不衰如“豪华”，算是非常不凡了。“豪华”的不凡在于叶震宇烹饪手艺的不凡。严冬祛风寒，他以野味中药材配制健身滋补药膳，吃得不识庐山真面目的荷兰人一惊一乍。1989年，第一届全荷华人烹饪大赛，他亮丽出场，荣膺冠军。次年远赴泰国，学艺文华大酒店，攫取东南亚餐肴精粹。为华人向世界野生动物保护协会集资捐款，他主持操办荷兰女王之父Prins Bernhartd尊贵庆诞盛宴。之后中国著名时装设计师率团来荷表演，他再次领衔操办有荷兰政界、商界及媒体嘉宾260多人包括前首相Ruud Lubbers等参加的大型晚宴。这是叶震宇作为中华烹饪大师两次最为极致的展示，把传统中餐推陈出新的变革如旌旗一般抖将开来，走进王室、走向社会。从此，即便不知道“豪华酒楼”的荷兰人，也都随着《电讯报》及其他主流媒体的传播认识听说了东方美食第一名厨叶震宇，垂涎三尺，没有谁不想品尝他的佳肴。岁月如歌，佳肴就是歌的全部含义。

四

新世纪元年，红火如旧的“豪华酒楼”易名别姓。同行惊诧之余都替叶震宇惋惜，这么一棵硕果累累的摇钱树，怎么说栽就栽到别人地里去了。叶震宇笑而不答，回头在自家别墅弄出一个“衷中参西”烹饪实验室，看似别出心裁，实是蓄谋已久。

事实上，“衷中参西”是他置身欧洲，以西餐理性分析、营养搭配、规范制作、科技设备等精华比照中国美食的历史渊源文化内涵实践经验总结出来的现代烹饪理念。也就是坚守提升菜肴纯粹的东方质味，借鉴参照西餐的外观形式与科技含量，拓展中国烹饪的内涵和外延。传统的中国烹饪若停留在经验性封闭式的思维定势里，不但不会有质的飞跃，还会日落西山衰亡于沉重的历史积淀与负荷之中。

叶震宇为此焦虑。人生的钱是赚不完的，生命季节却是说错就错过了。既然这眼花缭乱的世界把烹饪大师的声名给了他，他就不能有负于烹小鲜而见大乾坤的气度。除了开展厨艺培训咨询，对荷兰及全欧华人同行进行开放式教学之外，他还受聘荷兰名厨协会主办的“星级厨师班”开设国际厨艺东方菜色，应邀在荷兰最具影响力周刊《MISSET》介绍中国菜肴，并连续六年在荷利嘉华博览会表演美酒配佳肴，与各国名厨联袂表演厨艺，推广东方美食。

然而实验室最根本的宗旨还是“衷中参西”理论与实践的探索。叶震宇不曾受过高等教育，域外几十年更没读过一天书，他的几句洋泾浜荷兰语也是在餐馆摸爬滚打中鹦鹉学舌学来的。中国烹饪有丰盈的文化底蕴，比如宋嫂鱼羹、麻婆豆腐、东坡肉，一道菜就是一个典故、一首诗、一幅画，他信手拈来滔滔不绝。但要研究“参西”，不读西文的书如何入门？便是硬读，硬啃。搬来一大摞介绍西餐的荷文书，铺陈于深夜寂静的灯下，一字一行查字典，做中文笔记，再咀嚼，领会，吞咽，硬是把原本薄薄的纸页翻成臃肿的大部头。苦是苦，难是难，书中自有黄金屋却真是不假。到后来，西餐的概念有了，理论学识也有了，看书不用再翻字典，一看一个懂，连读过荷兰大学的厨艺班学生也敌不过他。也是奇怪，他的荷文阅读能力只限餐饮，跨出行业，就是报上最简单的新闻他照样读不懂。

便是这样，他参悟着现代西餐能让古老中餐借鉴的所有精髓，触摸到近年风靡全球的“分子时尚餐”，尝试站到巨人肩膀上，以学有心得学有创新捧出了中国特色的“叶氏中式分子餐”。这是“衷中参西”的科研成果，也是一场于无声处的革命。

五

在“衷中参西”实验室的底楼，有个设备炊具超现代的小厨房，叶震宇就凭借这个新型科技平台，洋为中用，承诺着自己对传统厨艺的挑战。他不喜欢一把菜刀一块砧板的东方厨艺古训，先进的技术不学白不学。于是，绿色烹饪，健康搭配，传统食物分子结构重组。比如高温烹制耗损营养精华，就变60度中温甚至零下75度低温，运用化学物理反应，气体液体互换，口感奇异。又比如做鲍鱼用红箩卜起司，菇菌以泡沫形态上盘，荔枝以假乱真鱼子酱，等等。即便最古老最地道的东坡肉，辅以绿茶泡沫为盘饰，也一改赭红菜色，变晶莹乳绿，既剔除了油腻，又鲜美如旧。

2007年，叶震宇登上世界中烹联《餐饮世界》杂志封面，向全球华人阐述“衷中参西”的科学理念及实验成果。2008年初，叶氏中式分子餐料理高调亮相荷利嘉华餐饮博览会，万人注目。紧接着开班培训，应邀设计奥运套餐并在实验室及他国各地多次品赏演示。10月，在荷兰皇家饮食业公会125周年庆祝活动中，亲率优秀青年厨师在“海上皇宫”操办130人晚宴，推出精心设计的环保兼分子料理套餐。随后在阿姆斯特丹等地开讲“衷中参西”高档菜肴培训课程。11月，匈牙利酒庄代理商在荷兰三星大厨Jonnie Boer餐厅举办美酒配佳肴擂台赛，参与者皆为著名西餐馆星级大厨和调酒师，结果是唯一的中国人叶震宇技压同行夺取个人单项热菜第一名。

接着是圣诞套餐，芦笋大餐，野味套餐，在荷兰饮食界掀起一拨拨热潮，各路媒体趋之若鹜，多年来一直追踪热捧叶震宇的《电讯报》更以整版篇幅以及多媒体频道发布资深记者兼主持人的深度采访。次年4月，“分子餐”创始人，被誉为“世界第一烹饪大师”的西班牙三星名厨Ferran Adria访问荷兰，参与其新书发布会的荷兰餐饮业精英达四百余人，叶震宇是唯一特邀并与之相见甚欢的中餐名厨。香港驰名全球的淘大集团也因此找上门来，委托荷兰广告公司请他加盟做形象代言。

六

回到家宴。

我与众人一起入座。柔和的灯下，第一道菜端上来，室内突然静下来，仿佛是被精致的艺术品吓着了。叶震宇的烹饪绝对是盘中翘楚。法式大餐优雅华美的形式，骨子里却是最地道最纯正的中国经典。我居法国多年，对西餐之最应该有所涉猎，但我相信此刻在舌尖化为一抹醇香的佳肴不是法餐，却是最高贵的法餐也无法比拟的。语言和文字在这种时候总是词不达意相形见绌。叶震宇不愧是学贯中西的烹饪大师，他把推陈出新的东方美食真正修炼到炉火纯青的极致了。

采访札记：

或许是我的孤陋寡闻，但我还是要说，这场以采访为目的的家宴，是我平生吃过的最好最美的晚餐。

其实采访是在散席后的夜影下匆忙而成，叶震宇忙了一天，依然精神矍铄。但回程还有不短的路要赶，总不能漫无边际聊个通宵吧。我虽意犹未尽，也只能扼要地提最关键的问题。他很健谈，却很少有夸饰之辞，与他的功夫菜一样，原是极认真和极严谨的。

他说，只有把烹饪当作学问来做，才能做成高屋建瓴的大家而不是抄袭的工匠。我的经验是两个字：多思。感悟会使所有成败成为最有效的理性经验。

他简直就是个睿智的哲人。

星形广场一个角

他怎么就把人家愣是不卖的具有象征意义的地盘买入他的私囊

如果有那么一天，神圣的天安门广场被谁挖去一个角，而这个“谁”又是老外，我想不仅中国政府不允许，十三亿公民也是断不答应的。可是，与北京天安门广场有着相似政治意义的巴黎戴高乐星形广场的地界上，却真有个外国小子在人家门脸上挖去了一个角。他以天价买下一幢破落贵族府第带花园的一层底楼，楼面、花园不偏不倚正对着举世闻名的凯旋门。这个人就是中国人，温州人，瑞安人吴忠。

眼下这层楼正在静悄悄地装修，装修格局沿袭了18世纪贵族府第的风格，每一个细节都不敢僭越，新主要让旧宅还原老欧洲古典沉郁的贵宦之气，这自然又是天价。双重的耗资不是为把自己与家人的生活装进去，而是作为中欧名流会所的会址，作为中法政治、经济、文化交流的一个平台。

天价仍是有价，蕴含其中的曲折却是意味深长，令人玩味的。无价怎么就变成了有价？这个吴忠何许人也？怎么就把人家愣是不卖的具有国家象征的地盘买入他的私囊？

吴忠笑而不答。颜面藏起一丝不易察觉的神秘与诡谲。不管怎么说，他都有理由骄傲。

他倏然回身，用肩背关上窗，把自杀的念头像掐烟头一般掐灭

瑞安人吴忠偷渡来法国是1989年春天。刚满23岁，已是初中毕业考进县农业局一名年纪轻轻的公务员。机关干部很吃香，一张办公桌，一杯清茶，虽没什么油

水，却是踌躇满志，一副出人头地的样子。然而吴忠还是走了，是被当小学教师的母亲推搡着走的。母亲出身大户人家，心中自有世事沧桑，她不希望儿子拘泥在什么局什么办的圈里做一个将来的小官小吏。世界大得很，为什么不趁年轻闯条自己的路出来？

举目无亲来到巴黎，唯一的伙伴就是后来一直陪他流浪的那只箱子。巴黎的春天在他初来乍到时比秋天还要悲凉萧瑟。好不容易打上一份“黑工”，在青田人开的餐馆做酒保。不料刚开张，倒挂的吧台坍下来，砸到他手上，割破了动脉。偏偏那晚生意旺，老板一心要挣钱，便把他拖到地窖，回头自顾自忙去了。吴忠歪在墙角，左手按着右手，眼看血流如注，在脚下积成一个洼。直到餐馆打烊，老板才手忙脚乱送他去医院。流了四个钟头的血，他早已人事不醒，只剩微薄的气息。最后总算捡回一条命，工作自然是丢了。回到住所，躺在搭铺的小床上，邻床的都去上班了，室内出奇的静。他扶着绑着一层层绷带的手，眼瞪着天花板出神。后来买了张电话卡给瑞安的母亲打电话，那时100法郎的卡只能说几分钟的长途，他不说伤了手，只说我要回家。那头却说，家里破产了，你若回来连粥也喝不上。原来母亲早已不教书，在做生意。不管破产说法的真伪，母亲的用意显然，那就是希望他留下来。母亲还叮嘱道，这家就靠你了！

退路堵死，吴忠只好硬着头皮回住所。进厨房，发现自己刚炖上灶的两只猪蹄子已被房东扔进了垃圾桶，还先发制人，就付一张搭铺钱，我可供不起炖猪蹄的煤气！流了那么多血，没钱滋补，原是想吃两只廉价猪蹄添些气力的……他一口咽下堵上来的气，脸都青了。撞开门，打开窗，恨不得一头栽下去。他是真不想活了，觉得自己连猪狗都不如。窗外是巴黎灰蒙蒙的天，云层很厚。他竟然看见父母还有弟弟隐约的脸，他们的脸上充满期待。吴忠醒悟过来，怎能没志气地死在异邦呢？收尸都没处收，让父母的脸往哪儿搁？

他倏然回身，用肩背关上窗，把自杀的念头像掐烟头一般掐灭了。

等伤手拆了绷带，他一扭头去了外省。他其实没有目的地，火车到一座城市就下来，拖着箱子无头苍蝇似的找中国餐馆，箱轱辘在石板老街上响出一路刺耳的声音。他找中国餐馆是为找份混口饭吃的工，找张能横下来睡的床。都说外省好找工，也不看居留证。他早就“黑”了，哪还有什么证？走了几个城市问了几家餐馆，终于有了栖息的窝，他被留下打杂。可他真的不甘心洗碗、做厨下手，活做得生涩勉强，还憋着一股傲气，所以没几天就被炒了鱿鱼。吴忠于是拖了箱子再走，到另一座城市，找另一爿餐馆。就这么走走歇歇混生活，几年里走遍了大半个法国。竟也学了些法语，见识了这个国家的一鳞半爪，虽谈不上深邃，却是自己的认知。

这人是大人物，法国前总理拉法兰；这事是大事，关于中欧名流会所

拿到合法身份是五年之后。吴忠躁动的心也终于按捺下来，名正言顺地当了老板。餐馆开在巴黎高尚的16区，食客多是富人与名流。这个地段契合了吴忠"好高骛远"的心态。餐馆在别人是单纯的生意，在他，却有另谋。这是一道门槛，他要伺机踏进新的天地。

果然，重要的邂逅在一个满天星斗的夜晚到来。记得是周末，餐馆生意很旺，吴忠却蹙起眉头不开心，他父母的来法申请被驻华法国领馆拒签了。正在餐馆吃饭的阿兰·德斯特勒姆听闻后向他招手。这位法国先生是不常光顾饭店的客人，与吴忠也就是握手寒暄的关系。可就是他——时任巴黎市长事务顾问的政要，居然写信给驻华领事，替吴忠父母办妥了来法签证，还摆摆手说了一句我喜欢中国，也喜欢你这个中国小伙子。为表谢意，吴忠父母也邀请阿兰去了一趟中国，到家里作客。从此这对年龄不同、种族相异、社会地位也天壤之别的男人，成为了坦诚相知的朋友，电话热线再没断过。作为新移民群落

不甘平庸的一员，吴忠被阿兰·德斯特勒姆带进了真正意义的主流社会。

当然，仍是中国商人的身份。除了餐馆越做越好，吴忠先是涉猎古董、红酒，又在2003年打入号称“中国租界”的奥拜维利耶，在天时、地利、人和的优化环境里投资开发商场，生意做成大手笔，钱也就赚得尽兴。而这厢阿兰·德斯特勒姆也是仕途通畅，先是巴黎副市长，希拉克总统事务顾问，再是执政党人民运动联盟副主席，官位节节飙升。有钱有地位的两个人继续着关于中法友谊的话题，或在吴忠的餐馆或在德斯特勒姆的办公室，或干脆就是一如既往的电话热线两头，聊着聊着，又聊进来一个人，聊定了一件事。这人是个大人物，法国前总理拉法兰；这事是件大事，关于中欧名流会所。

前总理拉法兰一向是中国人最诚挚的朋友。创立中欧名流会所正是政治家具有战略眼光的举措。直接动因来自法国“达能”与中国“娃哈哈”间的龃龉。龃龉之生成，就是双方缺乏直接对话、互相磨合的平台。欧洲的制造、金融、奢侈品等行业正在全球范围内寻找新的出路与合作伙伴，而中国企业家也有走出国门寻找发展机会的愿望。在拉法兰看来，为促进欧中在经贸、文化、科技以及高等教育等领域的深入合作，提供给大型企业高级管理层一个聚会交流的场合已是迫在眉睫的事，吴忠于是应邀参与筹建。

2007年3月，中欧名流会所（后改名为欧中交流协会）在巴黎宣告成立。拉法兰任名誉主席，阿兰·德斯特勒姆任主席，筹备阶段倾力主打的吴忠顺理成章成为秘书长。中欧名流会所下设两个常务机构，拥有40多位来自法国国会、参议院的议员以及欧洲世界500强企业的集团老总，包括达梭、标致、爱马仕、雷诺等。年轻的吴忠在这些基本都是鬓角染霜的政界大亨与商企巨头的斡旋中毫不怯场，始终保持着自如自信的微笑，仿佛他原本就是从这个群落里走出来。

他还把40多位名流浩浩荡荡带进中国，带进浙江的省城杭州，参加中欧名流会所中国总部落成典礼。代表团团长拉法兰，副团长德斯特勒姆，他呢，无疑是激活一盘棋局不可或缺的关键棋子。

星形广场的那只角也同时进入吴忠的视野。他要买栋楼安置他的中欧名流会所在巴黎的总部。他的野心很大，要逼近凯旋门，张扬在戴高乐广场，那才叫辉煌，才叫磅礴大气。显然，这已不是一般意义的“割地”，而是有着暗藏的政治意蕴。但他不管，他只要付出一个天价，那些难缠的官司就让会所的领导人去管吧。他笃定着呢，一位是前总理，一位是现任执政党党派副主席，还有摆不平的事？

捐赠青海高原六所希望小学，全家一人一所，包括当时尚未出生的老四

别以为拥有这些资本就有了进军政治舞台的敲门砖，其实吴忠并不稀罕，他至今拿着中国国籍，就是为了不掺和法国政界那汪深水。他只把自己定位在商人的本分上，做事的唯一原则就是祖国利益至上。这年头，40郎当岁，像他这样的商人还真是凤毛麟角！

更别以为他只喜欢游弋上层，他其实很平民，心里充满大爱。爱妻子，爱他的四个孩子。周末他连手机都不接，就在家陪孩子，为夫为父都十分到位。当初他择妻的方式也是简单而家常。妻子也是瑞安人，原在他16区的餐馆里打工，人能干，又勤勉，他就娶她做了老板娘，从此执手相契。

去年一趟国务院侨办组织的甘肃之行，让他亲历了青海高原的贫瘠与困苦。他到过积石山，据说是全国倒数第二的穷乡僻壤，街上穷得连丢弃的垃圾都没有。小学生的作业就在泥地上写，拨一把土，拿树枝比划，就这么抹了写，写了抹。他看了心酸，当即掏出200万，之后又一笔笔追加，一桩桩监督。他决定给积石山捐助六所希望小学，代表他的家人，一人一所，包括那时还未出生的老四。他要把校舍盖得漂漂亮亮，装修得齐齐整整，让没钱的孩子有学上，让城里的老师留下来。他出钱，也出心。

如今，学校已盖好两所，有围墙，有操场，有取暖设备，更有高原上用来挡风的树，还要配置电脑、图书阅览室等软件设施。他不偷懒，会千里迢迢去验收，验收的同时再选其他四所校址。他是有言在先的——假如弄出个豆腐渣工程，可别怪我断了钱也断了脸面。他说这番话时像严厉的检察官，俨然没了总是笑呵呵的慈颜善目。

但我们却看到他对贫弱者的慈善情怀。

采访札记：

约吴忠颇费周折，先是找不到他，好不容易找到，他又与拉法兰、德斯特

勒姆跑到外省去了。只好再约时间地点。到时又接来电，下大雨，路阻，赶不过来，次日还要飞中国，只得作罢。

逮到他已是两个月之后。我从诺曼底赶回巴黎，再赶到欧拜维利耶他的公司。进门，终于看到他，抱着3岁的女儿坐在一张古董沙发上，年轻，却是慈父的形象。后来长达几个钟头的采访，小女儿一直黏在他怀里，奶声奶气地享受着他的父爱。他呢，一点都不烦。我赞叹他的耐心，感受这个男人不为人知的另一面。或许，正因为这份细腻，才写出了人生大手笔。

快乐之源是豁达

在奥地利连轴转的采访中，谢飞如就用随意的一句话吸引了我：生命的所有过程都可以是高兴的，只要以豁达的心境去对待。说得多么好啊，简直就是哲人的至理名言。生活中太多不顺心不遂意的事，太多满腹牢骚满腔怨怼的人，并非缺少高兴的元素，而恰恰缺少了享用高兴的豁达。其实在很多非理性的时刻我也是，没有天生的豁达，高兴乃至幸福的感觉便远离而去。

于是，我看这位同龄的采访对象，先就有了一份欢喜。并且想知道，她是如何消解一个漂泊着的女人无可避免遭遇到的挫折与不如意。比如事业、爱情、家庭；又比如自我认知、价值观的碰撞。

推心置腹的交谈之后，我发现，挫折与不如意在她的言笑间竟然只是一抹烟云，早已挥之而去。存在于心的只有对生活的一份挚爱与感恩。她平凡，却有大智慧。

来吧，让我们结伴同行，女人不能永远找不着自己

奥地利华人妇女联合会是欧洲华人最老牌的妇女会。谢飞如的会长头衔也从创建之初冠戴今日，超出十年历史悠久了。可她怎么看也不像那些海外社团的专业侨领，迎来送往，一副为官的姿态。她太感性，太潇洒，太无为而治，即便比任何社团都多做了实事，也未必就能张扬到歌功颂德的台面上去，至多知心贴己的姐妹们口口相传罢了。大家管她叫大姐，圈外男士也这么叫，一个称谓恰如肺腑之言。

她说，妇联会的存在意义就是结伴同行，找乐。

原来一个社团的宗旨是可以这么简单这么单纯来定义的。姐妹们自然拥戴她，说什么也不肯让她让贤，便撺掇出由十多名骨干组成的会长团，实行集体负责制。她

窃喜自己的小伎俩得逞，华丽转身。可谁又知道，经历了干部家庭在“文革”世态炎凉中动荡，她曾经是个对任何组织排斥的人。就算这妇女会成立之初，也是被人生生推搡上去的。

1991年，最早的“奥华总会”筹备成立，谢飞如稀里糊涂被人拽到什么地方坐坐，说是已被当选总会唯一的女性副会长。那时社团交椅没人争，选上了要推也难。后来总会要求下属设个妇女会。其实就八个人，都是会长太太，啥事也不做，就开出名单在那搁着。到了世纪末，在一摊子家业里逐渐抽身的谢飞如觉得内疚，组个会闲置那里，对得起谁呢？

她是不俗之人，动议做实事自然不肯随波逐流。“认识我们居住的城市”即是她的首创。每年三八妇女节，凡有妇女会的华人，恐怕都是一场觥筹交错的聚会，顶多凑两个节目自娱自乐。只有她，独辟蹊径，领着她的会员深入维也纳精华，去歌剧院，去联合国驻地，去历史博物馆，去市政厅，甚至还去全球净水领先的自来水厂参观访问。每到一处，都有行内资深人员讲解翻译，为固守华人圈对主流社会两眼一抹黑的同胞姐妹开拓了崭新的视野。哪怕似懂非懂一知半解，走进去了也比关在门外强，潜在的内涵意义不言而喻。

尔后是融入居住国细枝末节的探究。每月一期专家咨询，就借在会长团姐妹开的华联超市底楼。简洁而安静的小房间，咨询专题包括健康、法律、商务、税收、签证等移民融入的各种困扰和难题。前来义务讲解的有共融基金会的权威人士，也有各领域学有建树的博士专家，通常是深入浅出的几句提示，图解的一个法律条文，就把一锅粥一团乱麻的头绪梳理清晰，找出了捷径。曾在海外呆过的人都知道，语言不通，瞎猫撞门是多么难缠难堪的一件事。

谢飞如的追求，就是试图把女人从生意中家庭里部分解放出来，还以人的本能本分与本性，生命有限，人不能永远找不着自己。于是舞蹈队有了，合唱团成立了，每个周末来唱，来跳，不管唱得专业不专业，跳得像样不像样，都会上台，还要参加国际性业余合唱团比赛，见证舒展心灵的美丽。“结伴同行”的旗幡也亮出来，读万卷书，行万里路，阅人无数。读书在这些本不是文化高层的半老徐娘已不现实，那么就用行走填补阅历丰富人生。十年来，每年一回，都是自费，她们去了欧洲各国，去了美国东部西部，去了日本澳大利亚，也去了中国的山山水水。女人们那个开心呵，就是一群叽叽喳喳从囚笼里飞出来的鸟，在外部世界的交融中滋润超脱，变得自信满满。

谢飞如的魅力在于她的率性、大气与不谄媚，她正有意无意用自己的人生观影响簇拥着她的这帮姐妹们，她们把她看成从此岸泅渡到彼岸的一条船，这条船让她们看到了无限风光，看到了多种活法的可能性。

一个人对世界的认知没有对错，只是历练的检阅与总结

事实上，这样的一条船谢飞如已经构筑了多半辈子，里面装满她对这个世界的认知。没有对错，只是生命过程的检阅。

谢飞如的父亲是打游击出身的地方干部，她5岁随父母去了长兴煤矿，11岁再随父母返回温州，没多久十年浩劫开始，父亲没坐热一零三厂那把交椅就被揪出来游斗。她去牛棚送牢饭，不许进，就蹲在门边哭，一直哭到太阳落山。造反派呵斥也没用，烦了，只好放她进去见爸爸。

在学校她却很孤独，“黑五类”后代，没有同学正眼看她，进出校门总是低着头。后来闹武斗，一家人随保守派逃乡下避难，在山坳里窜来窜去，弟弟用箩筐担着，三姐妹就跟在箩筐后头紧追慢赶。挨到回城，说要复课闹革命，上了工读一中。上课其实不读书，闹革命又无缘，好歹有了校广播室一份差使，播放革命歌曲。乱世里偶然也多，丽水文工团来学校招演员，考场设在广播室，报名的考生都过完场，考官见她长得清纯可爱，也叫她试试。她不怯场，唱了首歌。居然就被录取，16岁离开学校去了丽水。一去九年。

她其实没有艺术天赋，除了能唱几首歌，别的都不会。团里排样板戏，分她龙套角色，就上台跑一圈，也把台步跑乱。团里看她不是演戏的料，又资产阶级小姐一身臭毛病，就把她贬到云和山旮旯的药厂当工人去了。山旮旯的枯燥生活对于她这样一颗心时刻都要放飞的女孩子简直是一座囚牢，她于是看了不少书，学会螺蛳壳里做道场，历练精神飞扬。

回家的路很周折，到了1980年，早已在市机关重新当官的父亲把女儿调回身边竟耗费了七年时光。谢飞如落实到工科所，抱有一份感恩，努力工作，希望这个岗位成为报效社会的光荣途径。可是她错了，不过换了一任领导，所里变得乌烟瘴气，清清白白做事变得几乎不可能。再加上情感经历了一场振荡，她与一个曾经爱过的男人终因志不同道不合分手了。她没有哭，分手也是笑着分手的。她已学会豁达，学会放弃，一心要远走高飞。

恰巧，闺中好友从奥地利给她寄来了担保书，希望她去维也纳辅佐开餐馆。信封里还有一纸不知从哪弄来的杭州西湖饭店的厨师证明。用这纸证明申请护照办签证，就像做一个不真实的梦，神速而顺畅。几乎都没来得及同家人朋友一一告别，家乡就在1986年开春的严寒里被她不假思索甩向身后。

她31岁。

生命的所有过程都有可能是高兴的，只要以豁达的心境去对待

闺中好友同样有着浪漫情怀，早早在阁楼搭好了谢飞如的窝，还特意安了书架，以备她带了大堆书没地方归置。那是维也纳多雪的冬天，餐馆打烊的余暇里，她俩约在典雅的咖啡馆，倚了通红的壁炉，透过结冰花的窗玻璃看街景。人手一杯苦香氤氲的热咖啡，啜一口，浑身毛孔都舒张开来。

势必成为别人眼中的异类。温州人是来挣钱的，谁会理解她们的小资情调？事实上，从密友过渡到老板员工的关系，也是生活没有教会她们的难题。十个月后，谢飞如带着一份歉疚离开了朋友的餐馆。

此离开并不等于彼离开。成熟完善的公民意识和社会保障，已让谢飞如一见钟情爱上了这个自由民主的音乐之国。她决定留下来，创业，并按自己的意愿活出一份精彩。当务之急是过语言关，她报了德语班，又在新找的餐馆硬着头皮做跑堂，逼迫自己在实践中强化语言。也是天助，一位国际学校任教的奥国老头毛遂自荐当了她的德语教练。老头隔天到午休打烊的餐馆来，名曰喝茶，实则教她口语，教她用尊称对话，还让她每次一段口述人生经历，然后逐句纠正词汇语法错误，弄得她夜里做梦都是唧唧呱呱的德语。错误总是很多，劈头盖脸打击她的自信，但她硬是嘻嘻哈哈笑着，把上好茶叶从自己杯里省出，孝敬老师；把难堪当作动力，支撑着德语学习的每一次突破。

然后是全方位掌握餐馆技能。餐饮业在当时是奥地利华人唯一的生存途径，要想留下，没有别的选择。谢飞如换了一位新加坡老板。老板经常不在，她这个跑堂便充当了经理人，拿跑堂的薪金，把别人餐馆当自己的做。因为她的努力，厅堂里阳光灿烂，生意很是兴隆。她清楚厨房每款菜色的订货来源与加工程序，吧台上识酒调酒是眼中功夫，看多了，自然也会。前台是她的重镇，本来就好看的姿容，淡施薄粉，裙裾窸窣加上老师教会她的语言功夫，顾客只要路过这个门，就会情不自禁走进来。进来是偶然，留住才是必然。她用心记客人的姓名职业甚至几时度假几时回归，记不住就写到本子上，细细揣摩。到了陌生人成了熟客，踏进门来她叫得出名，套得上话。倘若顾客度假回来，她上去就问，假期玩得好吗？某某胜地有什么奇遇？不过几个有的放矢的问号，须臾就把距离拉近，甚至给顾客家人的感觉，下回怎会不来？

人的一生，攫取是一种活法，放弃也是一种活法

也许命运真的特别眷顾她。出来也就两年，机遇来了，她与男友在离维也纳半个多小时车程一个叫MISTELBACH的小城镇发现了街巷后面一个破败的大院子。男友也是温州人，维也纳萍水相逢，情缘从合租公寓的室友转换而来。院里有旧别墅，旅馆，电影院，还有个倒闭关门的餐馆。男友以为门面开在后院是餐馆大忌。谢飞如偏不信，酒香不怕巷子深，做好了恰是别样风情。进去一问，租金极是便宜，谢飞如也不讨价还价，当即签了租约。

稍事整修，张挂了些喜庆的红灯笼、中国画，匆促上阵。男友入了籍，必须服兵役。为了不到一年的兵役期能回家住，也为能多拿总共6万先令的义务兵津贴，未及水到渠成的恋爱也赶在之前匆匆结果。一贯小布尔乔亚的谢飞如没想到自己就这样连件婚纱都没披就在一纸登记中托付了终身。没有伤感没有落寞不是真的，但也就轻轻的一个手势拂去。餐馆开业正是新婚丈夫去维也纳军营的同天，她一个人顾

盼浅笑，把未知底细的寥寥几位食客迎进门来。

丈夫起早贪黑穿梭在军营餐馆两点一线上，谢飞如也起早贪黑，两点一线，是从厨房到店堂。起初的生意并不像后来那么好，但她依旧开开心心，励精图治，恪守酒香不怕巷子深的信条。她甚至学会了上山采蒲公英炒出佳肴，穿了高筒靴踩酸菜。厨师找茬撂挑子，她索性辞掉，自己卷袖管上炉台，一天烟熏火燎熬下来，全身神经痛，半夜送医院挂急诊。谁说不苦？但这份苦既然是自己要来的，就是苦中作乐。

她不仅把餐馆捂热，也让颓败的院子起死回生。房东老头就住院里，欠税欠贷款拖了一屁股债，又与院前街面开餐馆的女儿反目成仇，穷途末路中来敲谢飞如的门，要把包括前后两爿餐馆一个电影放映厅一家旅馆还有另两幢别墅总共两千多平方米的整个院子卖给她。谢飞如心跳都加快了，正中下怀求之不得的好事呵！她开口出价，是估计能从银行借贷的低价，老头拉长了脸，她连忙追加，竟加了一百万先令。谁见过用百万基数讨价还价的，真正是大手笔！老头岂有不肯的，签字画押，乐颠颠拿家产抵债去了。

谢飞如这边也是欢天喜地，其实谁都承认她是捡了大便宜。一夜之间，她成了地主资本家。一边付银行贷款，一边用餐馆挣来的钱年年在院里大动土木，该拆的拆，该扩的扩，该修的修。酒店改装，半是公寓半是旅馆；放映厅换了银幕换了沙发椅换了先锋音响，后又扩展到三个放映厅，升为一线影院；街面上原来老头女儿开的餐厅也改为百货商场；唯有后院餐馆保持原样，仍是不可或缺的摇钱树。地主兼资本家的夫妇俩更忙了，酒店早餐开始，再商场开门，再餐馆午餐晚宴，最后才是放电影，即便单是管理，人也像陀螺一刻不停地转……此时是1992年，旁人眼里，正是谢飞如的人生辉煌期。偏偏她自己不这么看。她其实又是排斥这类辉煌的。那时她就告诫自己，人的一生，攫取是一种活法，放弃也是一种活法，只能以不同的年轮体验不同的活法，万不能陷进去走不出来。

果然，辉煌持续十年，她就开始一点点放弃，商场不开了，餐馆租给员工开保龄咖啡吧，她一家只留下影院与酒店稀少的几个房间。但谢飞如的人生是满的，是丰润的，她就在满和丰润中享受，知足而常乐。

草根大亨

一

传言中上亿身家的胡鹏飞就坐在我对面茶几前，娴熟地摆弄他的茶道，很有些繁文缛节的意思。我平日因睡眠困扰，不敢饮茶，但眼前那玲珑小盏里琼浆玉露般的功夫茶，实在太诱人，不啜一口实在对不起他的功夫也对不起他的茶。

有闻茶道茶桌是眼下总裁、董事长办公室的时髦摆设，之于胡鹏飞，既是鞋业霸主，又是地产大亨，把些有钱人的做派从国内搬到匈牙利来也是顺理成章。不过胡鹏飞再怎么看也不像附庸风雅的人。没错，他相貌周正，还有几分官胚，但三两句话说下来，便见农民出身的本分资质。几十年酷烈的南征北战，似乎并未让他在商场学会刁钻圆滑，损人利已，从而在肆意的喧哗中铺张气焰。

据说，他除了年少就会的抽烟、喝酒，至今不进舞厅，不下赌场，不唱卡拉OK，在匈牙利呆了十五六年，就连布达佩斯最美丽的景点都没去逛过。当然不是没钱，也非真抽不出闲暇，只是没兴趣，不会玩。唯一奢侈的享受恐怕就是搭乘航空公司的头等舱。飞归飞，一着地哪怕天都没亮照样连个呵欠不打直奔公司仓库。犯不着嘛，就算补课操劳，也不耽误这会儿功夫是不是？

他也不辩解，一味淡笑。笑里闻得出早年那些田畴老农披星戴月的泥腥味。

于是我想到了一个词：草根大亨。

二

胡鹏飞出身农家，却不是赤贫的那种。他父亲解放前夕若不跑到山里藏起来，或许就会没命，就没有后来出生的小六子。长辈们说，他家过去来喝酒的人都是长袍马褂头戴礼帽的，酒桌一溜摆到院里，隔三差五觥筹交错喝到东方破晓。

躲了几年回到郭溪梅园，父亲虽是无关痛痒定了中农成分，家道却是衰落了。胡鹏飞读书没有兴味，小学毕业就随父亲下田耕耘，挣几个填不饱肚皮的工分。终究不甘心，在瑞安鲍田五金厂学徒速成，跑到梅头、玉环坎门等地当起了车钳工师傅。技术活他有天分，到手的零配件一看就会。心也节节攀高，20岁回返梅园创办乡镇企业，自任厂长兼供销员。走南闯北接业务，生怕对方质疑他的年轻，便拽上姐夫扮演厂长，以抵挡"嘴上无毛，办事不牢"的习俗偏见。做老到了，又做到温州康乐坊，做到标准件市场，不仅做自接的单，也做众多"飞鸽牌"供销员从全国各地揽来的业务。前后十年，做出一街的名气。

正当标准件称霸之时，一个突如其来的转身，胡鹏飞的绒布店开张出来。前面十年，他已同步把立业置产娶妻生女的人生大计逐一完成。妻子也来自农家，勤勉不怕吃苦的草根性情在整个标准件市场赫赫有名。后院固若金汤，胡鹏飞便腾出手来玩新招。80年代末90年代初，衣着时尚已在这座被单一色彩压抑掣肘了太久的城市逐渐风靡，西装、呢绒大衣大热。犀利的生意眼在这种时候犹如采花蜂蝶，盯准了就是酿蜜的骨朵摇钱的树。新出炉的布店老板可不管标准件新老同行如何瞠目结舌，只把自个儿瞅准的毛料做成笔挺的西装配上领带洋洋洒洒穿到身上，就那么颇有点西方绅士风度地站到门口，半是模特，半是招牌。那时没见过模特，新科老板又是天生穿西装的身胚与相貌，表面淡然心里痒痒的男人们，谁不想跟了他臭美一下？于是店堂里的毛料呢绒一米米一匹匹倾泻而出，进价十多元，卖价五六十，整个就是哄抢，唯恐胡鹏飞来不及数钱似的。

三

那天，生意场三两朋友走进店，嘻嘻哈哈问，要不要出国，一起走？

走就走！胡鹏飞没当真，心想哪有这么容易。

不料这出国竟还真一点都不麻烦。护照原是有的，就玩儿般去杭州领了出境卡，便可成行。转让没过完瘾的布店时还真有些不舍，但出国的机遇就在手心捏着，总不能又退下来吧。闯荡江湖这些年，他可从来没退过。世界这么大，出去看看有什

么不好？

就顺水推舟坐上了国际列车，在内蒙古二连出境，经俄罗斯、波兰抵达匈牙利首府布达佩斯。走得稀里糊涂，行程却记得清晰，是1991年4月21日出发，5月4日抵达，中途逗留莫斯科一周，把列宁斯大林故乡用眼睛捋了一遍。布达佩斯的多瑙河很漂亮，对他却没有怦然心动的感觉。一路相伴而来四五个生意朋友，追寻的都是西方极乐，谁也没想滞留在落后贫穷的东欧。胡鹏飞兜里有钱，就花钱纳税在毗邻的奥地利申请劳工居留，然后又申请旅游签证去英国、德国实地考察，意在捕捉商机。走走停停看了一圈，甚至还在德国中餐馆做了一个月的洗碗工，终于灰头土脸回到匈牙利。不是吃不起苦，而是做惯了老板实在不肯降格做打工仔。虽出身农家，却不无李嘉诚的雄心大志，他十几岁出道，总不能越玩越窝囊，玩到洗碗池里去。东欧西欧玩不出明堂，谁还拦我玩回老家去不成？奥匈两国居留证往衣襟里一塞，整整仪容打道回府。别说家里标准件的店厂都在，就算一股脑儿全没了，只要一身气力一脑子生意经在，还愁东山不再起？

一份差使比他提前到了家，居然还是官差，到正筹建的温金铁路下属服务公司当经理。江湖上混了这许多年，还就是没替公家当过小官小吏。试一试也不错，别指望捞钱，就当多份经历长点见识。做了一年多，也算安逸，只是时有掣肘，大事小事一道程序，扯皮扯得他头晕。

正嘀咕着，匈牙利那边进出口贸易热闹起来。有朋友邀他合伙做服装生意，朋友主外，管卖；他主内，管备货往外发运。组织货源在他是轻而易举的事，只要肯大把大把押进钞票，还不是要什么有什么。陆陆续续五百万人民币的服装鞋帽装入集装箱运出去，却堆在布达佩斯四虎市场边的破仓库里山一般高，怎么也卖不动。这边则欠了一屁股债，见了厂家都得躲。胡鹏飞生意场上出出进进，哪到过如此尴尬的境地？只有破釜沉舟，寻找绝处逢生的一线机缘。胡鹏飞炒了自己的鱿鱼，再度出走匈牙利。

四

这回的心境不再优哉游哉，是焦灼，更是无奈。一下飞机，直奔仓库找到合伙人，吃下所有库存，五百万缩水只剩三百万，作罢，统统低价抛售，换回一文是一文。那些日子，他觉得自己就是个兜售破烂的，幽灵般徘徊在四虎批发市场狭窄幽深的巷道里。偏偏雪上加霜，父亲重病，为尽孝道他必须撂下兜售赶回温州。父亲病榻前，一通电话把他再次扔进油锅煎熬，是匈牙利那边，仅一墙之隔，是毗邻的仓库起火了。父亲家没有国际长途，只好驾车回自己寓所，一遍遍拨电话。回复语焉不详，只说救火车开进去了，正喷水龙救火。火在那头烧，他在这厢捶胸跳脚。就算喷灭了火，他的衣服鞋帽又怎能逃得过水淹，几百万的货，还能从水里捞上来？一个长夜如此之长，像整个世纪，他抱了电话机，一寸一寸把墙上的影子熬瘦。

结局比猜想好出许多。就因为那堵墙，挡住了火也挡住了水，让他的那些货死里逃生。可父亲却渐行渐远，去了未可知的天国。谁知道呢，兴许冥冥之中早有安排，父亲的死保全了儿子的生路。他在父亲的葬礼上这么想，红了眼圈。

等幸存的货一点一点倒腾干净，胡鹏飞已在郭溪和福鼎分别创办了“奥华特”及“鼎丰”两个鞋业有限公司，专做运动鞋，员工五百多人，有相当不错的规模，并在匈牙利申请商标品牌，命名为“奥利特”。他已缴足了境外贸易的学费，决意一切从头开始，走鞋的锋线。

困难重重，尤其资金缺口宛若黑洞。商界朋友伸出援手，雪中送炭。让他至今铭记不忘的是伊利斯鞋厂的老板，未收一分货款，就把价值五六百万人民币的雪地靴运往匈牙利，源源不断喂养他当时在东欧市场已拓展开的饥馑的胃口。妻子是质朴的女人，却非蝇头小利苟且之人，他想过卖房，又不舍，妻子就说，卖吧，宁愿欠自己也别欠他人，欠自己睡觉踏实。于是，没等涨出好价钱，水心的四套房子包括自己的家统统卖掉，用来偿还一部分货款。妻子说一身轻反而好，随他去了匈牙利。那是1997年。

五

妻子一来胡鹏飞如虎添翼，生意大面积铺展开来。妻子叫鲁爱微，是最吃苦耐劳的女人，比丈夫有过之而无不及。她什么风景都不看，一头扎进四虎市场，把守摊位如板上钉钉，再也拔不出来。东欧的市场开门早，他俩总是凌晨起床，摸黑辗转换车，折腾到市场天都未大亮。也有到得更早的买家，大抵是从乌克兰、波兰赶来，就坐在暗影里，等要他们的运动鞋。讲价，验货，然后一箱箱开单，一切都在灯下进行。后来做多了做熟稔做信任了，四虎市场也不再去，直奔胡鹏飞的仓库，把集装箱刚到的货一卡车一卡车运走。

“奥利特”运动鞋品牌就这样做出气势也做出名声。那时的生意真好做，匈牙利所有二道批的摊头上，只要有鞋，就有“奥利特”。批量更大的则是东欧其他国家，波兰、罗马尼亚、捷克、斯洛伐克，也有比邻的西欧国家奥地利。尤其乌克兰，运动鞋独钟“奥利特”，回想起来难以置信，一年竟能走掉上百个大货柜。胡鹏飞历经挫折，走到了柳暗花明处。

所以，当后来匈牙利清关税值膨胀，货品只能避到保税库辗转出关；当匈牙利货币入不了欧元区，一再大幅度震荡；当进出口贸易再不像前些年那么好做，胡鹏飞便开始寻思把挣到的钱投到别处去。圈地做房地产大亨是偶然也是水到渠成。本想着给自己买座仓库，也就千多平方米，不想四虎市场对过看中的一处地产光平面就有八千平方米。原是解体前国有企业的遗产，造火车废弃的厂房，断墙残垣，惨不忍睹的样子。但胡鹏飞是明白人，知道贴近市场的含金量，花些本钱修复重建，就是能与四虎对峙的大卖场。一块到嘴的肥肉，岂能不吃？抖净钱兜里的钞票，再回国内融了些资，一口价买下，大兴土木。

没想到就这七个月，把一生所有的辛苦都吞咽了一遍。

因为年轻那会帮承包工程的哥哥打过下手，他懂些建筑，也是舍不得全部交由他人来做的高昂费用，就自己设计自己当工头领了一群匈牙利工人各司其职。其实把废弃的厂房改装成簇簇新的店铺仓库，还要抬楼，没想象那般容易，不是这边塌了，就是那头撬了，时而下水道堵塞，时而电源短路，麻烦事层出不穷，抽筋扒皮似的折腾你，更别说资金窟窿，简直就是无底洞，怎么也填不满。那两百多个日子，胡鹏飞早六点上阵晚八点撤离，一刻都不敢怠惰。哪还像个老板，一身斑驳工装，砺灰油漆什么都有，天天脚蹬高统套鞋，在圈了八千平米的工地上来回奔走，几十趟，上百趟，调兵遣将，补漏拾缺，俨然一个消防员。回家身子散了架，吃着饭也会歪倒在椅子上。妻子拽他上床，脚重人轻，只剩下一身骨骼，百三十的大男人居然掉了三十斤肉。妻子偷抹眼泪，藏掖了心疼，哽咽也是背过身去。

一个他名下的商业区就这么矗立起来，分租给同是贸易圈的温州乡邻，不仅仅是仓库商铺，还有停车场，餐馆，旅行社，理发店等等，就是一个复制温州的小租界。与日渐萎缩的老牌四虎市场对峙，无论生意还是气派，都有压倒之势。

六

成大事的人往往小事健忘。没等那掉了的三十斤肉回到身上，胡鹏飞已忘了遭罪开始又一轮圈地。这回更大，与他的一期正好衔接，有万多平方米。他说若被别人买去，就会乱了他的格局，索性揽过来，成一统天下。圈地只为改造重建，有了上回的经验，也做腻了地主，他玩了新招，不出租，出售。报纸上广告一登，嚯，分田分地真忙!

他呢，没等割据完毕，早已启程，飞到河南开封投资房地产去了。又是一个不大不小的项目，七幢大楼，楼层住人，底下驻店，不管看不看好，蓝图都在独自的胸臆里酝酿。都说中国做事难缠，他信了。来来回回飞了几十次，总算铺展了工地，开始打桩。

他感觉疲累，是心的疲累。但这疲累里自然会有男人的欢欣，那就是成就感。

采访札记：

我理解这份疲累。为专栏行走了一圈，跨越空间也跨越时间，见过许多人，听过许多故事，大抵都在重复见证，凡是挣足了钱做大了业的，往往都与吃苦受罪的海量成正比。吃小苦，赚小钱，遭大罪，赚大钱。俗话说天上不会掉馅饼，果然是生存生活的至理名言。

比如胡鹏飞。比如征战在异国他乡的诸多草根大亨。我不钦羡他们的名车，他们的豪华大宅，财富只钟情于舍命掠夺或者舍命创造的人们，没有超越感性征服金钱的欲望，活该贫穷。但我还是钦佩他们，钦佩他们为改变生存处境所能吞咽下的所有艰难困苦，包括屈辱，包括牺牲。这里的牺牲不指代肉体消亡，而是灵魂的某种煎熬与摈弃。这是何等惨烈的一种买单，我，做得到吗？

这就是不死的草根的坚韧，是值得仰视的人格力量。

穿云破雾的飞翔

不知什么时候，蔡足焕对长途飞行害怕了。他从座位上站起，揉揉发麻的腿，在铺了地毯的过道上走来走去。机舱里显得很暗，舷窗的遮光板放下了，把棉絮般铺天的白云挡在外面，只留了微明的顶灯。蔡足焕看到多数旅客戴着眼罩，蜷在座椅里，睡姿都有些勉强，不那么舒坦。他睡不着，飞得多了，客舱的灯一暗下来他就条件反射，听觉里全是飞机穿越气流的轰鸣声，于是睡意顿消。睡不着的夜就会很长，能让他细细翻捡23年走过的路。

飞向法兰西

第一次坐飞机是1985年，一坐就是国际航班，北京至巴黎，越洋飞行；一坐就把家乡变为故乡，摇身成为海外侨胞。当瓯海仙岩那个山清水秀的出生地离他远去，他居然没有一丝惆怅，满心都是闯荡江湖的豪情。其实那会儿他不算太年轻，28岁，已是两个女儿的爸爸。虽然妻子暂时没坐到身边，但小两口是说定的，过几个月她就会追随而来。妻子是他仙岩中学的同学，青梅竹马，追随他也是自然而然的事。再说在女人眼里，蔡足焕也是个优秀的男人，轧过钢，当过工段长，也跑过码头，后来又自己办厂，成了人人钦羡的超级“万元户”。有些年纪的人都清楚，当时的“万元户”就好比现在数钱数得手发软的千万富翁。

可办厂三年挣下的钱一趟飞行就花了个精光。那时能飞得起国际航班的人还真是不多，签证据说也有些邪门，托人不知怎么弄来的，当然也是花钱。于是那趟航班上东张西望的蔡足焕已是赤贫的无产阶级，不过他不怕，他相信巴黎满地都是金，任由他去捡。已在法国安顿下来的弟弟来信说，只要肯吃苦，没有赚不到的钱。

吃苦他吃得起，只要有钱赚，在家那许多年，苦还吃得少么？

下了飞机才知道，巴黎的苦是不一样的，是一脚高一脚底老要踩空了的那种苦，是没有根飘来荡去的那种苦。你住在这个国家却不会说这个国家的语言也不是这个国家的居民，你就把自己迷失了，不知道自己是谁了。

钞票真的是不难挣。与弟弟合伙开工场做皮包，只要做得出，总有人买，并不是他们做得比别人好，而是当时欧洲经济好，购买力强，人人都能分一杯羹，有一瓢饮。然而无论怎样挣钱，身份都是至关重要的。蔡足焕便学了别人的样去申请难民，拿到一纸六个月的暂住证，可以乘地铁，可以看病，可以打工，甚至可以领一笔生活费。到期了运气好还可以换一两次。这是人道国家对难民的体恤，并非难民的蔡足焕钻了空子，自作主张辟了一块自留地，安居乐业，权当已被人家容纳。

天赐双胞胎

最幸运的是生子。天赐洪福，蔡足焕的妻子竟生下一对双胞胎。前面说过，他已有两个女儿，在国内已没有生育机会，这对儿子是法兰西送给他最好的礼物。

刚刚分娩的妻子躺在医院粉红色的产床上，身体虚乏，面颊却是奇迹般嫣红。蔡足焕一步不离地守在床头，眉开眼笑，殷勤备至。如果没有护士进进出出，他一定会把妻子紧紧搂进怀里犒劳犒劳她。婴儿没抱出来，他就坚信长了他的鼻他的眼。他的儿子，不像他像谁？妻子嗔他憨，他一咧嘴，笑得更憨了。

到出院，发现事情并不那么简单了。孩子的出生纸填什么？怎么填？他着实犯了难。

蔡足焕发现他做不了儿子的爸，妻子也做不了儿子的妈。因为夫妇俩延过几次的暂住证已被收回，手里攥的只是一张驱逐出境的驱逐令。之所以没走，是自己不肯走，赖着。人道体恤是需要理由的，并不是光芒普照的太阳。如果他把儿子挂在自己名下，是不是也要一并被驱逐？明明是在巴黎医院生的人，驱逐了岂不冤枉。他左思右想，咬咬牙把儿子签到了别人名下。交上出生纸盖章的那一刻，他心里是说不出的痛，就像被砍了半边手臂。

没办法只好学会健忘，不去咀嚼那伤痛。蔡足焕把人和心都藏起来，藏进阁楼和地窖，埋头做皮包，挣钱。后来才知，他当初走的是一步臭棋，烂棋。

人算不如天算，这个国家突然有了一次大赦，他与许许多多寄居蟹一样的温州人终于有了身份，敢于在大街上光明正大行走了。拿到工作居留的第二天，他就开了自己的皮包工场。工场开在一栋老房子的五楼，是从犹太商家手里转租过来的。马亥区教堂街多的是这样的格局，一套百多平方米的地，厂房住房全囊括了。而这时，双胞胎已经脱离摇篮，会爬，会抓东西，会摇摇晃晃兜圈了。没找着托儿所，又不舍得花钱雇保姆，就自己带着。说是身边，其实是在工场另一头的屋里，掩了门，嘴里塞只奶吮，扔两件塑料玩具，就让孩子们自己待着，除了喂奶喂食，几乎没工夫去管。那天，突然听见楼底下法国邻居惊惶失措大叫大嚷，蔡足焕连忙推门去看，两个小东西不知怎么竟爬上窗台，探头探恼正朝外面张望呢。吓得妻子脸都白了，腿都软了，一手拽下一个，大人小孩哭成一团。另有一次，受惊的是蔡足焕。他走过那道门，听见哇哇的哭声，冲进去，看见一个儿子张着两只手，满嘴鲜血淋漓，地下乱七八糟散了一盒口服液。孩子以为是好玩好吃的东西，玩腻了，就塞进嘴，咬碎了。他从小嘴里掏出碎玻璃，手指都染红了。儿子拱他的胸口，呜呜哭得像只病猫。

深夜，儿子睡了，蔡足焕与妻子却睡不着。他们想着留在国内的女儿，一个女儿小学三年级，一个小学将要毕业，若有她俩在，孪生弟弟至少也可多份呵护。父母都有了合法身份，掰成两半的家真该团聚了。

山重水复

问题是，需要申请的不仅仅是两个女儿，还有这对双胞胎。前面说过，当初儿子出生，是借来的一纸父母，蔡足焕把自己与妻子就那么轻轻一抹，抹掉了。现在，要把儿子重新认回来，便是山重水复的一番周折。

蔡足焕把这对“别人”的儿子带回仙岩老家，造成在那出生的假象，然后向法国政府提出四个子女来法家庭团聚的申请。这边倒是没什么障碍，那头的出生证明却卡住了。人说你凭什么生四个孩子，这是违反国策，且慢，罚来款再说。任何解释都没用，只得去计生办纳了好几万罚款，才把那纸证明开到手，再开始关于“纸张”的两国间漫长的游历。差不多等了两年，蔡足焕才带着四个孩子浩浩荡荡飞来巴黎。其中多少时间的消耗、金钱的消耗只有他自己知道，简直是一则带泪的黑色

幽默。

儿子终于回归自己名下。没等蔡足焕高枕无忧，一不留神，他自己的居留证又被吊走了。就像违章开车吊销执照，蔡足焕犯了个小小错误，便把自己再次弄得身份不明。其实哪个温州老板没遭遇过这样的事：工场里用了“黑工”，而这“黑工”是亲戚或者乡邻，就这么简单。那时蔡足焕正从做疲软了的皮包业走出来，尝试进出口贸易。他在3区开了批发店，把中国造的首饰、服饰推向整个欧洲。当时这是新的行业，他抓住商机，开门红。居留证的吊销就像一张电椅把他电得不能动弹，有腿不能跑，有翅不能飞，跑了飞了就再也回不来。如今全家都是合法的法兰西外籍居民，只有他不是。他只能躲在太太的阴影下做生意的幕后人。一个大男人哪受得了这个，觉得身体都矮了下去。他说，那一段是他生命中最黑暗的日子，连睡觉都是噩梦——“纸张”的噩梦。

好在他吉人自有天相，噩梦没能延续多久，左派上台了，又一拨非法移民合法化的政令下达，法兰西政府再次把他从水深火热中拯救出来。拿到新颁居留证的第二天，他就上了飞机，飞往中国。

飞向高空不低徊

从此，他与空中巴士结了缘，至少一月一来回，飞上海，再飞中国其他城市，一年下来飞行里程就是30万公里，频繁的一个天上乘客。

第一次去义乌时那里还是一个破烂地方，三两爿小店，木板门，连个橱窗都没有。现在的义乌就像光怪陆离的大世界，张扬，喧闹，熙熙攘攘，无奇不有。蔡足焕几乎与义乌经历着同样的洗礼，同样的脱胎换骨和蒸蒸日上，生意越做越大，越做越好。

3区的批发店庙小安不下大和尚了，蔡足焕就去欧拜维利耶买了爿大的，1000多平方米，好几层，张挂起来，打扮起来，就像绚丽多彩的时尚大舞台。他的公司叫“环球”，很霸气的一个名。帽子、围巾、皮带、还有层出不穷的时尚首饰，应有尽有。来的是超市的采购员及全欧的零售商，淘宝似的在店铺里淘，然后把这些会让女人贪得无厌的漂亮东西拿到各国去卖，东西赏心悦目，钱，也是批发零售一起挣，蔡足焕决不独吞，所以皆大欢喜。

蔡足焕的腰包就在白天黑夜的飞行中鼓囊起来，气也壮了，笔挺西装裹在身上，俨然一个商贾大亨。他罢不了手，建厂，投资房地产，战线越拉越长，飞行也越加勤勉。但他还是他，笑呵呵的脸容不变，对故乡的依恋不变，山清水秀赋予他的善良情怀也不变。他开始想他有钱了，该做些什么了。于是，九间门面的仙岩河口塘村文化休闲中心修建起来，下林河边长廊修建起来，乡人有了坐坐、走走的闲暇去处。这种时候，蔡足焕就会想，有钱、用钱的感觉真不错！

更不错的是，他的孪生儿子长大了，长成了大小伙子。儿子是父亲的血脉，眉眼像他，脾性也像他。俩人都上着高中，却是一个喜欢读书，一个更喜欢在父亲身边学做生意。蔡足焕想了想，就让喜欢读书的留在法国继续深造，更喜欢做生意的送去上海读中文，不读专业，就读语言。即便将来不做博士只做商人，母语总是不可缺失的。他希望两个儿子就像他的一对翅膀，一只属于中国，一只属于法国，载着他自由飞翔。

别忘了，蔡足焕还有两个女儿呢。大女儿已嫁人，有了自己的生意。二女儿也是个读书的料，很优秀，学国际贸易，明年研究生就毕业了。都说女儿是贴身小棉袄，做父亲的自然是可心。但农村出来的蔡足焕仍然有着很中国式的传统观念，他人生规划里搬来搬去的两步棋，到头来还是离不开儿子。等他老了，接这一摊子家业的还不是他们。

这个局限不单属于蔡足焕，不是吗？

采访札记：

蔡足焕有许多值得一书的业绩，比如事业做得有多大，公司多么有实力，做人的口碑又有多好。不少财经、商贸杂志都报道过这些方面，中央四台、浙江卫视也做过他的访谈。但我，只对他亮丽背后的人生细节有兴趣，我以为这才是最丰富也最感人的一个角落。

当他把我迎进他并不豪华的家，并在餐桌上接受采访时，我看见墙上有一个很大的红木匾，匾上细细密密刻着治家的格言。正是黄昏，有一缕夕照在上面徜徉，我被触动了。他和他的妻子，应该是一对热爱生活并认真对待生活的伉俪。而之于商人，这无疑就是最好的起点。

汉堡法庭的温州律师

他想，或许我应该当律师，让我的同胞都能在别人地盘上得到庇护

林宇7岁来德国。刚上了半年学，就被妈妈牵着手到了巴伐利亚州的一个小城镇。他一点都不喜欢这里，在他眼里比温州差远了。但早来的爸爸在这里开餐馆，妈妈必须来，他和姐姐也必须来。爸爸对他说，明天就送你去学校，你必须好好读书。林宇使劲点头，心里数着一连串的必须。

三年后餐馆挪窝，全家随了餐馆挪到柏林。林宇继续上学，人也就桌子一般高，放学却要洗杯端盘，做餐馆的杂务。帮忙归帮忙，读书却是丝毫不马虎的，只能比德国孩子读得还要好。从祖爷爷开始，林家到他已是第四代漂泊出洋，能上洋学堂的只有他和姐姐，所以父亲把整个家族出人头地的愿望寄托于他，他又怎敢怠惰。

高中毕业会考前，家里与餐馆房东发生租赁纠纷，德国人欺负他们是中国人，不懂法律，连个申诉调解的约会都拖着不给。林宇那时已是半大小伙子，自己去找有关法律条例的书来读，越读越清楚父母是吃了大亏，就写信给对方，表示强硬立场。他德文一点都不比德国同学差，一封信写得不卑不亢，让对方刮目相看，再也不敢小觑他们。事情后来得以圆满解决，避免了大动干戈打官司。

林宇因此对法制社会掌握法律武器的重要性有了清醒认识。他想，或许我是应该去学法律当个律师的，让我的家人，我的温州同胞都能在别人地盘上得到正义庇护。就是出于这么个简单朴素的念头，林宇报考了由柏林大学、洪堡大学、伯茨坦大学统筹联办的法律专业。

国外学法律和学医一样，都是最长最难啃的专业，就像马拉松，终点遥遥无及。先要修满学分读完五年课程，参加每一轮都有可能被淘汰的考试，他这一届的350

名学生考到后来只剩下50人，风风光光戴上硕士帽拿到学位证书。然后是两年实习，在不同时段当见习警察，见习律师，见习法官。实习是带薪的，要等政府给出的实习名额，政府节省开支，名额总是很少，要踮着脚仰着脖子等。好不容易过五关斩六将，拿到实习的及格分，再去竞考国家统一的律师资格执照。这才是最后的关头，最难的关头，只能有一次失败，如果两年内考砸了两回，就被终生踢出律师的门槛，非但八年学习时光打了水漂，学位也失去职业的实质意义。可想而知，资格统考会给这帮新科硕士多么大的压力。差不多两年时间，林宇每天早早起床，背一个肩包，包里一个苹果两根香蕉三片面包，还有一瓶水，急匆匆去图书馆，一坐一整天。面前是高高摞起的书墙，一砖砖砌，一部部啃，直到一次通过考试，拿到正式入行的通行证。

那天，父母在餐馆为林宇举办了很排场的庆典。在他们看来，儿子成为德意志律师，是漂泊家族终于立足终于崛起的象征。父亲给儿子斟酒，手是颤抖的，喜极而泣。新婚不久的妻子也与林宇深情相拥，祝贺他从此有了展示自己的平台。

这旗开得胜的第一仗，出手就与移民机构打擂台，让他很有成就感

林宇的律师事务所开在汉堡市政厅边上的一座老楼里，位于城市的心脏地带。汉堡是德国商业中心，欧洲第二大港口，平均每日至少有两万个集装箱入港。林宇要做国际商务律师，汉堡是最好的选择。也曾有柏林、汉堡的老牌律师行希望他加盟，开出很不错的待遇，房，车，高薪，但林宇还是谢绝了。老牌律师行固然阵容大，名声亮，但门槛高，要价也高，哪个中国企业温州同胞敢把官司送到他们那里打。林宇情愿筑一爿属于自己的小庙，烧香点灯都是黄皮肤的“香客”，他这尊“佛”呢，学法律的初衷不就是襄助同胞诉求居住国的一切合法庇护？

2006年，林宇上任了。律师袍熨得笔挺，大写字台前插了中德两国国旗。透过窗玻璃看出去，汉堡港的灯火明明灭灭。

第一个案件居然不是有关国际商务的。是朋友间接交来的一桩移民申请案。林宇读了一遍卷宗沉默了。案卷简单，却棘手，几乎没有胜诉的可能。一位中国女士，与第一任中国丈夫离异后二嫁德国人，并已怀有身孕，而与前任丈夫所生并在离异时判给女方的儿子一直留在中国，成了事实上的孤儿。母亲向德国移民局提出申请，

希望孩子移民德国由她和继父抚养。然而孩子已满16，超过了随父母移民的法律条款，所以几番申诉都被挡了回来，德国人律师行束手无策。中国女士爱子心切，找到新科律师林宇这里。林宇自然读懂一个母亲焦灼的眼神，他把她想象为自己的母亲，那份母爱感同身受。但法律的表情恰恰相反，冷静，甚至冷酷。

林宇很想帮这样的母亲，也很想做成自己的第一个案子，便把几页被拒绝的申诉搁在移民条款上寻找破绽。突然，绝路逢生，他眼前亮起来。推开椅子站起来，像头豹子在屋里转圈，然后在电脑键盘敲出一纸诉状。

他把汉堡移民局告上了法庭。

他抓住了把柄。没错，移民法钦定成年子女原则上不享有母亲居住地的居留权；可同时移民法也注明不管权力机构接纳还是拒绝外籍人氏的移民申请，都必须在三月之内作出明确回答。汉堡移民局恰恰未能照章办事，他们对所有移民法案都以来不及审理而采取拖的办法，三月，半年，甚至一年。林宇手头这个案子倒是给了拒绝，却也远远超出三月之外。

林宇一告一个准。他的态度很强硬，移民局慌了，自知理亏，又羞于站到被告台上。就私下与外交部及德国驻广州领事馆通融，以给那中国孩子发放移民签证作为交易，恳请林宇这边撤诉。就这么简单，一个被拒绝的移民申请反败为胜。孩子来了德国，母亲带他见年轻的律师叔叔，感激之情难以言表。林宇脸上淡淡的，心里止不住乐。这旗开得胜的第一仗，出手就与执政机构打擂台，让他很有成就感。移民法不在商务律师范畴之内，却是海外侨民绕不过去的麻烦，他必须倾尽全力，为同胞谋取异域生存的最大空间。他以为这是不可推卸的义务。

他会站在中国人立场为华商充当护花使者，也希望不愧对正义准绳

当然，商务律师更重要的战役还是打在国际商场。汉堡因了欧洲大港成为国际商贸热点城市，仅中资公司就有300多家，还有华人华侨不包括餐饮业在内的贸易商行。这些公司和商行都是林宇潜在的客户，是他有责任使用法律武器给予保障的一个群体。

他把业务分成三大块，一块是商标专利，一块是注册及代管公司，还有一块是经济法，商务纠纷。

关于商标专利。很久以来，海外中资企业的品牌意识都不是很强。他们也打造企业形象，搞策划，做广告，往往只局限于国内，一旦涉足别人的地盘，就变成了串门、走亲访友的小商小贩，再大的生意也做成了水货。

比如中国远洋公司，也就是中远集团，多么响亮多么牛的国有企业，在汉堡港船进船出早成常客，却愣是没有欧盟二十几国的注册商标。一个中国人如雷贯耳的品牌，洋商则谁也不清楚，林宇觉着这样的失误不应该。找上门去游说，自告奋勇替中远集团申请欧盟商标。居然发现已有另一家中资私营企业抢了先机，把本应属于中远公司的商标抢先注册掉了。说起来都不信，这么庞大这么强势的国有企业居然就被不见经传的市场对手合法侵犯了权益而浑然不知。经查询，对手是原中远公司上海分公司的员工，自己出来干了，有清醒的商标意识，就走到了前头。林宇反复揣摩，只好在商标细节上做文章。多一条线少一条线的不同，救了林宇，也救了中远。他把原本属于中远的欧盟商标按照集团初衷申请下来，名号还是本来的名号，图案多出一个线条，那家抢了先机的私营企业即便想状告中远也是无门，多一道线，就不是一个图案，不是吗？

这是一个正反两面的教训，使大大小小中资公司乍然醒悟。没有品牌，连自身合法权益都保不住，又如何在欧洲市场风生水起？一直做贴牌产品的企业也意识到，不打造自己的个性，就永远不可能有鲤鱼翻身的机遇。在林宇的操作下，至少在汉堡这个港口城市，中资公司的品牌在激烈的广告战中有了越来越多的走台与亮相。有了良好的开端，欧洲市场就会以择优汰劣的商品原则接纳或者拒绝每一个同等条件下的竞争者。

关于注册以及代办公司。林宇在这里充当了我们过去所说的买办的角色，只不过与那些洋务买办换了个位置。洋务买办是洋人在中国的替身，他则是中国企业在洋人地盘的代理。在伟大的中国经济走向世界的今天，这样一批人其实有着杠杆和桥梁的作用，是难能替代的精英力量。林宇知道自己的优势，他给新公司的注册和代办都是专业操作，省却了人生地不熟的中国商人在许多繁文缛节中绕不过去的冤枉路和一不小心就会踩落的陷阱。没错，他是由此赚到了他理应赚到的那笔代办费用，可一个做得好的公司，几笔生意下来，挣个几百万上千万又算得了什么？比如深圳一个公司，在汉堡就是一块空牌子，连间办公室都没有，从申请到挂牌再到运作，林宇一手操办，结果是生意越做越红火，财源滚滚。

对林宇来说，相对复杂的是经济法与商务纠纷这一块，其中尤以假冒商标仿造名牌最为棘手。众所周知，中国假冒伪劣产品之甚嚣尘上已让所有国际品牌头疼和切齿，大有同仇敌忾的气势。汉堡港更是欧洲桥头堡的派头，防备森严。只要中国进来的集装箱，海关抽检的概率越来越大，即便是打擦边球的货品，不完全假冒，运气不好撬开箱子一看，照样置于死地而后快。

有一回，德国华商进来一批温州的鞋，其中掺杂了小部分拷贝冒牌，被海关逮了个正着。海关根据现有规定通知被假冒的品牌公司，比如耐克、阿迪达斯什么的，听凭他们发落。那些公司正窝了一肚子火呢，自然不会手软，责令一概烧掉。海关便把处理意见递交被扣压者。按照法律，这家公司可以起诉打官司，不管输赢至少能保住大部分不是冒牌的鞋。可华商对经济法与海关条例一窍不通，干着急，连个信也没回。结果人家毫不客气，把全部货品一把火统统烧掉，价值一百多万。

还是这位华商，哑巴吃黄连，亏大了，也长了见识，不敢再做仿造违法的事。不过这年头，市场萎缩，不打擦边球还真赚不来钞票，生意人难免会有此类赌徒心理。

于是又有比上回多一倍的鞋泊在汉堡港码头上，重蹈覆辙，又被开了箱晾在光天化日之下。这次没有绝对冒牌了，只是像，甚至可以说很像。海关不管三七二十一又致函耐克、阿迪达斯，那头如法炮制，一个字，烧。好在老板学乖了，通过温州亲戚找到林宇。早就说过，林宇可不是软柿子，立马打官司提交诉讼。他说，我冒牌了吗？没有。像，只是一个多么模糊的概念，岂能当做法律依据！结果都没费什么口舌，他赢了，替华商救回一双不少全部的鞋，价值好几百万。

这时的林宇会有少年老成的那种感慨。他是一名律师，会站在中国人立场为华商充当坚定的护花使者，但他同时也是宣过誓的，更希望不愧对正义的准绳。

采访札记：

林宇能说比较流利的普通话，有时也会有点小障碍，比如听不懂我的提问，或者表达不出某一个字词或某一个句子的意思。但在幼年就出来并且没怎么学中文的这拨人里头，已属不易。

虽是新科律师，却有天生做律师的资源。他长得胖胖的，看起来更像容易捏的柿子，其实不然。他思路清晰，德语纯正，庭辩总是有理有据，以强硬的姿态占据上风。由于多年用心苦读与领悟，他对法律武器了如指掌。所以他的律师事务所打一仗赢一仗，业绩有目共睹。

江湖起落笑谈间

一

王建不是那种伟岸的男人，也算不上英俊，却有江湖起落笑谈间的魅力，吸引着友朋同好的眼球。也许有人纳闷，他的磁场究竟在哪里？我想，大约是他拿得起放得下的聪明潇洒，四海为家八方结盟实话实说决不虚情假意的真性情。人格魅力往往与谈锋的机智幽默珠联璧合，当年，仙女一般的乖乖女蒋丽嫦之所以不顾家人反对死活跟了他，恐怕也是这个道理。

王建定居荷兰，在一个与德国接壤译名安恒的城市里做工艺首饰及服饰的进出口贸易。郁金香花国的首饰市场早已成熟，一直都是本土荷兰人的霸业。王建起步晚，步了法国、意大利、西班牙等温州人的后尘，生意做得很大，超越了所在国家所在城市的袖珍格局，蔓延到德国、奥地利、比利时及英国。他的仓库像海货架像船，他的展示厅就是花船整装待发的港湾，灿烂夺目，美轮美奂。首饰不是大东西，要把一个海填平该有多大的吞吐量，这吞吐量就是王建的手笔。他有七个批发公司，每个公司都是海盗出身的荷兰人替他看门打工做着精明而有条不紊的营销。他看似什么都不参与，就坐在那里抽烟喝茶，顶多接接手机，优哉游哉的一副架势，满壁江山却尽在眉宇的运筹帷幄之中。谈笑挥手间，招展的旗幡早把市场割据于麾下，先是蚕食继而分享甜香美味的大蛋糕。

这就是他的聪明。聪明的商人不靠蛮力而靠思考。王建的脑子分分秒秒都在转动，像只长鞭催打下的陀螺。陀螺所到之处都是收获。王建不讳言他的收获来自信息，信息是商场王者的诀窍。王建的信息库通达八方，所以他总是赢得很轻松。即便金融危机笼罩下的今年，一季比一季寒冷料峭，人人自危，他仍独树一帜，旌旗不倒。重新洗牌算什么，他的牌局越洗越犀利，越洗越好。高调广告之后的战绩从来都是商家秘不可宣的隐私，王建亦然，谁也不知他今年赚了多少，反正该是亮眼的数目。

二

相反，王建不是天生的商人，对金钱也没什么特殊的爱好。用他自己的话说，他只喜欢嬉戏，喜欢交往，说好听点是江湖性情之人。

王建属于60后那拨人，在瑞安一个知识分子家庭长大，父母分别是机械工程师与小学教师。但高中毕业的王建没去考大学，而是投笔从戎好男儿志在四方了。在辽宁丹东某空军地勤当了两年兵，没过完一把瘾，遇上邓小平十万大裁军，被一刀切裁了回来。换个活法也没什么不好，与那帮半茬子退伍兵勾肩搭背找退伍办讨要生计。还是运气好，一场并不难的考试，让王建考进工商局做了第一线缉私干部。那会儿沿海一带走私猖獗，贩卖黄金，贩卖电器、香烟，贩卖鳗鱼苗，什么乱七八糟都有。王建穿着制服，穿梭于海上鬼鬼祟祟的船只之间，俨然一副正义化身，比当兵持枪还有神圣感。交友又阔，都是些生意内生意外的哥们儿，几杯酒下肚，面色醺红，意兴方遒，很是年轻、气盛、成就霸业指日可待的豪迈。

但王建骨子里终究不是激越昂扬之人，没过几年，就对这身制服这份工作甚至这种神圣感厌倦了。他觉得瑞安小，一心想走出去，看看大世界。适逢1993年，温州地区出国潮汹涌澎湃，王建一个踉跄就被推搡了出来，27岁。那身制服也不要了，脱在那里引来一片惋惜的唏嘘声。王建手持旅游签证，没什么选择来到郁金花国度。也算大世界，却是小国家。

与想象的完全不一样。站在河道纵横街衢蜿蜒的阿姆斯特丹，所有的美与躁动都与他无关。他像走错了地方，那感觉就是迷茫。

三

好在朋友多，便去他们的餐馆轮番打工，两天打鱼三天晒网，了无兴趣。他不喜欢这份工作，很不喜欢，哪怕朋友刻意替他腾出来的位。穿惯了制服指手划脚，餐馆里的灶台如何捆得住他？况且兜里也不缺钱，那时他的兄弟在国内已把企业做大，用美金资助国外游荡的哥哥小菜一碟。于是王建辞工不干了，放任自己到社会上混。先把荷兰走了个遍，再去欧洲其他名城游玩，诸如巴黎、慕尼黑、罗马、马德里、维也纳、布鲁塞尔，等等。说是游玩，其实就是访友。温州人遍布天下，他的朋友便也无处不有。喝酒聊天，边走边看，老外的人文景观在他只是过眼烟云，他这一路收获就是温州人在大世界里踢打腾挪的千姿百态。

回来，转动他聪明的脑袋想事，琢磨了半天也没找到开门的钥匙。荷兰怎么除了餐馆还是餐馆，中国人、温州人就不能做点别的？与那些比他早来的江湖好汉商议，都笑他想入非非，不是脚踏实地之辈，所有盘算都被击毙。索性，作罢，开始新一轮嬉戏新一轮混。他租了一间陋室，白天看闲书，夜晚等别人打烊走朋串友，天南地北海聊。他用兄弟捎来的美金租房吃饭喝酒，真到了山穷水尽就去搓麻将玩扑克打牌，赌一把。最潦倒的记录也是最神来之笔。那天午后起床，一摸兜里只剩5个荷兰盾，搔搔脑袋吹着口哨踱到私家小黑屋的赌桌上，若无其事押上去，居然还真旗开得胜翻出了新天地。那个通宵，就用5个荷兰盾，他满打满算赢了19万。他不讳言他有赌徒心理，却决不嗜赌成瘾，尤其不进赌场卡西诺的门，赌在他不过是

嬉戏中的客串，之后立业做了生意，要赌也只在商场见输赢了。

六个年头，就这么一晃而过。

四

这期间，也是宿命，王建在朋友餐馆顶缺时认识了做维特也就是侍者的漂亮女孩蒋丽嫦。

王建早过三十而立的岁数，虽与同乡蒋丽嫦一见钟情，仍是大大咧咧不着不急的一副姿态。蒋丽嫦年轻纯情，哪能识破他欲擒故纵的世故，爱得很是投入。爱也就爱了，偏遭家长作梗，棒打鸳鸯。丽嫦同在荷兰的兄长也是心疼小妹，王建既没定居，又没职业，嫁他喝西北风去？丽嫦铁心要嫁，王建的确什么都没有，但有聪明的头脑足够了，丽嫦自信慧眼识真金，这个男人会给她带来飞扬的未来。她红了眼圈对兄长说，哥，你就抬抬手，放我跟他走吧，我就中意他。言罢，下班也不回家了，一副双鸟比翼私奔投林的架势。

兄长便去妹子打工的餐馆门前堵截。他苦等在前门，王建早早设了调虎离山计把女友从后门接走，开朋友的一辆破车，一路颠簸一路自谑：吓，我王建讨老婆怎么恁麻烦，搞得就像王老虎抢亲。

然后打电话跟兄弟说，你老哥要娶媳妇了。兄弟不愧同胞骨肉，保险箱弹开，甩出厚厚一沓绿票子，这厢一切搞定。钻戒、婚纱、喜筵……别人有多风光，他的新娘就有多风光。那头丽嫦父母兄长见王建果然气度不凡，办出事来中规中矩，丝毫不塌女方的台，也就不计前嫌笑纳了这个“白丁”女婿。舅爷呢，后来竟成妹婿喝酒交心的好搭档。

又去了趟温州，蜜月探亲，婚姻大事总算尘埃落定。这年是1999年，王建33岁。

五

踅回荷兰的王建像换了个人，眉头蹙起，心事一律挂到脸上。先是盘下一爿薯条店，兄弟在温州付钱，他在这厢接手。有了家，就该立业，这是男人逃不掉的责任。不管薯条算不算他的目标，动起来再说。

夫妻老婆店，只要肯困守，任劳任怨，一月也能挣几千。可惜王建不是困守之兽，他要的是鹿奔，不是弹丸一隅，而是四边无墙的旷野。女儿出生了，嗷嗷待哺，王建看都不敢看女儿的小脸。正举棋不定，大款兄弟来了一通电话，公司大规模扩充，亟需管理人才，恳请阿哥回国襄助，年薪200万，上海一套高级住宅，还有奥迪车，还有年终分红。兄弟开出的条件很优惠，与正困守的薯条店不可同日而语，若说王建不动心肯定不是真的，但思来想去终是婉拒。出来这些年，就这么灰溜溜一事无成地回去，王建不知道自己这张脸还能往哪儿搁。别说兄弟，就是早前的那些朋友，一个个都做大了，做好了，只有他在外蹉跎着，别说衣锦还乡，就连空手道也玩不起，实在无颜见江东父老。

一刺激，反倒解了死结。卖掉薯条店，攥回相当10万欧元的荷兰盾，进军贸易。只有做贸易是适合王建的，他已觊觎了太久太久。然而贸易是个大窟窿，成也罢，败也罢，10万欧元都是杯水车薪。还是老办法，借。资金都是朋友筹措的，他要做生意，没人有二话。温州人交朋友，多是生意往来，真诚相见。

他也不胆怯，新手上阵就是大手笔，找来朋友在荷兰长大的儿子做合股人，人家语言好，靠他打市场。集装箱泊进鹿特丹，货仓一租就是上千平方米。王建瞄准了他的开山之作：玩具。

六

玩具市场新鲜上货，王建没有看走眼，买家还真不少，中国造，物美价廉，荷兰商家趋之若鹜。可是问题来了，兴冲冲出去一个集装箱，灰溜溜返回半个集装箱，症结何在？质量。王建刚上手，没来得及练就一双火眼金睛，不知貌似美丽的货品肚里填了什么乱草。投机厂家欺生，忽悠了他一把。王建是顶爱面子的人，在荷兰商家面前倒了中国造的霉，恨不得找个地洞钻进去。憋一口气直奔广东，守在那里，看工人把电动的小狗、小猫、飞机、大炮圆满地做出来。集装箱再进港，价还是原价，退货少而又少了。

做了两年，发现首饰、服饰市场利润空间都比玩具大，两手一把抓又太分心，索性壮士断腕，弃掉玩具。弃掉玩具也是弃掉钞票，王建眼也没眨一下。

他把公司扩展分流，首饰为主，服饰为辅，做专做细，走同类产品的尖端路径。

他的公司也在起步之始就纳入主流社会良性经营轨道，一切照法律去做，不搞灰色交易，不谋见不得天日的蝇头小利。这样的公司向荷兰人看齐，初创期成本高利润低，上坡以后就是健步如飞，奔跑腾跃，有着所有可操作的前景。王建的视野在高处，在远处，不服都不行。

但是，做首饰的风险也是很大的。时尚的要旨就是时新、时髦、时间差，赶在风口浪尖不落趟的审美。你若慢一步，时尚就会甩了你，翻脸不认人。王建脑子再好，动作再快，也不可能没有闪失。这闪失是时尚给他的见面礼，可谓恶毒。整整500万人民币的东西，不过迟了一个潮涌，全得扔掉，就是一堆垃圾。

去年，王建与他年轻的合股人分道扬镳，不是私人关系不好，而是理念不同。相反，更年轻的主张守，在外受教育，思维已是人家的思维，守住安康就是赢；王建却是不停地攻，他不屑于谦虚谨慎，不做则已，要做就做大，成就霸业。朋友们个个都成大佬，他得扬鞭紧追慢赶哩。有人担心分道后对方语言好、市场熟，会对王建形成威胁。王建反诘，我是卖产品，不是卖话，如果话好市场就好，天下就数翻译最挣钞票了，李嘉诚是翻译吗？随后哈哈大笑，拍拍屁股走了。

王建自然是对的，产品才是市场的试金石，产品才是挣钞票最直接的渊源。

采访扎记：

王建是个人物。在海外温商群体中，他甚至可说是个异类。采访他是个快乐的过程，他的风趣和幽默常常令我忍俊不禁。他从不掩饰他犯浑的劣迹，愿意袒露自己的真性情，这一点难能可贵。

没想到他还是个书虫，什么书都看，所以他行走江湖的阅历有了文化积淀，不再是纯粹的商贾或者钱褡子。以至于他的小女儿两三岁就学爸爸的样，坐进沙发跷起二郎腿拿一本厚厚的书看。其实那就是他日常的姿态。

还听说，是他大女儿的事，幼年，别人问她哪里人，她说荷兰人，话音未落爸爸的巴掌甩过来，差点把她搡倒，从此只说我是中国人，不敢再挨那火辣辣的痛。这就是犯浑的王建，爱国主义教育直接而粗暴，让人肃然起敬，又不敢苟同。

眼科专家的域外人生

我的面前有一本《辞海》般厚重的大书，书名叫《求索心路，赤子情怀》，是中国留法学人20年的回顾。书做得很大气也很漂亮，纸张好，装帧设计好，内容更好。捧于手中有历史学识一并在握的感觉。

书是温州籍医学博士、眼科专家张剑送给我的。他不是作者，只是出版人。此刻他就坐在我的面前，很儒雅的一种姿态。这种平易且专家的姿态，巴黎的乡邻们大抵都见识过，因为他几乎就是全体温州人特约的医学顾问。打一个不确切的比方，他就是巴黎“温州租界”的“赤脚医生”。

读张剑出版的这部书如同读他眼科专家和“赤脚医生”的名号一样，会读出岁月里关于一个人的史诗。温暖，感人，还有些许沉重。

教授与道士的双科学子

张剑是浙江大学医学院医疗系老大级的学生，1964年考入，1969年毕业。在校期间遭遇“文革”，多半时间并不读书，只闹革命。他是祸兮福所倚，由于出身“右派”家庭，被革命排除在外，索性躲进一隅走“白专”道路，走得辛苦而寂寞。正气馁，一位藏于深山精通中医、针灸、点穴、气功的江湖名士季信灵走进他的视野。此人系他表哥，原是头上梳绾纂儿的道士，被革命削发“下凡”，在民间偷偷行医。张剑就去敲那个陋室的门，叩拜表哥为师，为慕名找上门来的百姓治病。这是他一生的第一个实习期，有点学手艺的架势，却是学贯中西另辟蹊径的起始。过后，缘于大批医务人员下放劳动改造，张剑意外受益，被分配在温州医学院眼科教研组，师从后来以眼科光学著称的缪天荣教授。当时各学科基本没有教材，工农兵学员基础又差，张剑就协助缪天荣整理提纲编写教材。教学时教授因病手抖，方言难懂，他就代为板书、翻译，自然是近水楼台先得月，心得学养与时俱进，被斥为“只专不红”的“小权威”。由于当时全地区眼科疑难病人都集中在温州一医，许多严重眼外伤病人躺在走廊上惨不忍睹，他和恩师缪天荣请命于各级领导，在原温医大门那排小屋挂出了“白求恩眼科门诊”的牌子，为温医第一附属医院分流出的眼科病人诊疗，并在不可思议的简陋条件下开辟了眼科手术——这就是后来第二附属医院的雏形。待熬过黑夜走路的磕磕绊绊，挨到“四人帮”粉碎高考恢复，他顺理成章成为缪天荣眼科视光学的第一批研究生。

1978年对于张剑是喜鹊登枝叫喳喳的年头，备受挤压的脊梁挺了起来，沐浴在幸运之神的眷顾下。研究生发榜那天，正有一位女性依依袅袅走进他的小屋，如春风拂面，干涸的感官醒回了男人的伟岸。他喜滋滋地散着喜糖，甜蜜挂上眉梢。真所谓：洞房花烛夜，金榜题名时。

然而他的新妇不久就走了，去了法国。妻子是老华侨的女儿，全家都在那边，她是最后留守者。因为依恋丈夫，拖着，磨蹭着，终究还是要远行。送她上路时，张剑的眼圈是红的。他徘徊在事业感情的两难中，他知道若不丢下眼科光学追随妻子而去，他就得放弃一个多么好的女人。他很无奈。几年后他也终于成行，与其他温州人走天下的豪迈不同，他的心态甚至是晦暗的，生命的一半弃在故土上，他郁郁寡欢。好在他的导师缪天荣支持他。缪教授说，别的不管，先拿个博士再说。

可那时，他已整整37岁了。

医学博士的洗碗生涯

未知的彼岸在机翼颤动下向他靠近。导师的话重复萦迂，他明白来这陌生的土地已不仅仅是与妻子团圆，另有更重要的使命在身。匆匆瞥了几眼巴黎，他考入皮埃尔和玛丽·居里大学（亦称巴黎六大医学院），成为新时期第一位来法攻读博士学位的温州人。

居里夫人，多么了不起的名字！走进这座学校，就走进了居里夫人的凝视。张剑觉得一直以来的偶像活了，在自己的精神里飞扬，变成无处不在的一种鞭策。学制很长，整整五年，每一个日子都是满的，满得让生命的容器难以承载。就吞咽，再反刍。

晚上，却是截然不同的角色。张剑是做了父亲的男人，总不能一年又一年都靠羸弱的女人支撑着家。妻子是愿意的，但他不愿意。妻子在父母开的餐馆里做酒吧，做楼面，他就关进厨房洗盘子。餐馆生意好，杯盘总是堆积如山，他每个夜晚每个周末就做这份单调肮脏疲惫不堪的体力活，系一个围裙，埋下头，眼睛半睁半闭，两条腿差点儿站成罗圈。怕妻子心疼，也怕自己难堪，就不诉苦，不说委屈，甜酸苦辣独自照单全收。

没有课没有实验也没有临床的时候，他也忙。用国内行医12年的背景，也用从道士表哥那儿学来的针灸按摩等中医治疗手段“不合法”地替人祛除病痛。

比如著名舞蹈家戴爱莲携新秀来巴黎参加国际芭蕾舞比赛，跳主角的男演员在预演中扭伤了踝关节。戴爱莲心急如焚，向使馆紧急求援。当时正接受张剑点穴、按摩治疗肩周炎的使馆教育处参赞立即把张剑送往演员下榻的酒店，经过一个多小时的揉、扪、捏、切，年轻演员的眉头舒展开来，翩翩起舞，做出一连串高难度的旋转跳跃，然后轻松落地，竟是完好如初，没了痛感。博士生的妙手谱写了芭蕾新秀的神奇，翌日比赛一举夺冠，掌声鲜花如潮。

同是演员，则有另外的邂逅。贝尔娜黛特·拉芳是酷爱东方文明的法国

影星，她对三次中国之行都为彼此留下了深刻的印象。尤其1984年应北京、西安电影制片厂邀请，为当时刚刚起步的年轻演员上表演艺术课，深得唐国强、许还山等敬重，还与西影厂长吴天明结为好友。回法后，她给中国使馆写了情真意切的长信，表明自己崇尚中国传统医学的心迹，想要寻求一位住在巴黎的中国医生。张剑此时仍在读博士，亦非正统中医，但由于早前的连锁医疗因缘，使馆还是推荐了他。于是张剑成了拉芳家的座上宾，他的中华医术则为法国影星及她演艺圈的朋友们带来关爱与健康，以致拉芳在其有关艺术生涯的一书中，对她的张医生作了大段温馨描述。

这两个故事就记载在后来张剑作为出版人的《求索心路，赤子情怀》里。他只是一百多学人中的一个，占了不到三页的篇幅，却用多年时间组织编纂了这部留法学人20年回顾的大书。这样的一部书，显然无关他的专业，无关他的声名，也无关他的职责范围，但他还是一丝不苟地去做了，到头来，没有出版社以及任何部门愿意出，他就自己掏钱，出了两千册。他不是生意人，没有很多钱，却心甘情愿抖空了衣兜，因为他觉得这是一件有意义的事，值!

五个春夏秋冬挨过去，张剑终于学成毕业，收获了医学博士学位，加上中国12年的临床、研究背景，理所当然成为眼科专家，就职于圣·安东尼及居里大学所属的另三家教学医院。

不必再到厨房洗盘子，不必再过千篇一律黯淡无趣的餐馆周末。眼科职位的薪酬并不高，根本无法与那些做生意的温州老板匹敌，但是张剑还是高兴。不管怎样，他对得起恩师的嘱托，对得起居里夫人的凝视，也对得起自己了。他天生就是一个读书人，读书人能把书读到博士也算读到头了，接下去该做些什么才是。正值法国大革命200周年与总统竞选在即，医学博士却做起了医学外的事情。他借了个相机，在巴黎的各个竞选点穿梭往来，记下实况，拍下照片，然后写成一本中文小书，题为“法国的总统及其竞选”，交由香港《镜报》出版。这是他用专业之外的另一只眼看到的法国，时任总统密特朗收到这本小书后，还给他复赠了亲笔签名的总统像。

温州租界的赤脚医生

法兰西有欧洲最好的医疗社会保险制度，但温州人往往游离于主流社会之外，又由于语言障碍，就缺失了本应享有的权益，使自身的健康成为或悬而未决或放任自流的一个难题。

做了医学专家后的张剑屡屡被这个难题所困扰。

那次，张剑正在巴黎六大医学院附属德依医院肾病透析科病房会诊，手机骤然响了，拿起来接听，竟是从本院妇产科急诊科打来，说救护车送来一位华裔女患者，已昏迷，状况十分危急，但陪同的丈夫不懂法语，怎么也说不清病史，慌乱之下只会用头撞墙。急诊科想到张剑医生正是中国人，就打电话向他求救。与那丈夫一接话，居然还是温州人。听到乡音，慌张的男人定下心，大致能说清妻子发病的由来及症状了。根据停经三个月及下腹部剧烈绞痛的主要症状，也根据自己眼科之外的临床经验与积累，张剑的诊断是宫外孕导致腹腔内大出血。他把病患休克前症状与自己的思路简明扼要地复述给急诊科大夫，使其诊断治疗少了迂回直奔主题，从而抢了时间。事实证明张剑的判断没有错。经过手术，清除了腹腔内大量积血，这位差点命毙巴黎的温州少妇得救了。事后她丈夫缠住手术大夫追问那位电话里未谋面的中国医生是谁，听说是张剑，竟是认识的，不过只知眼睛有病才去找他。

所以，问题不是缺医少药。巴黎一名眼科医生平均只分摊到一千多居民，相比中国，实在是太少太少。可温州人在巴黎就像生存在一个名叫温州的“村子”里，吃是温州菜，穿是温州衣，讲是温州话，行是温州格，整个就是划地为牢的小“租界”。张剑要把这些自我放逐的乡邻领回与法国人平等的社会层面来，充当的角色就不能是高深的医学专家，而是最大众最平民的“赤脚医生”。

这是他的自我期许。从最琐碎的小事做起，开办健康知识讲座，替病人选择医院、医生，协助约会，陪同就诊，充当翻译，等等。他有一个随身带的小本子，上面记了巴黎多家医院不同科室的著名教授、主任医生、主治医生的背景资料及联系方式，这是长达25年学习工作期间慢慢建立起来的私人关系，他把它缴了公，变为“赤脚医生”送治病人的医疗网络。于是，常常是小病一拖再拖，大病乱投医的乡邻们有了属于自己的医疗站，只要健康亮起红灯，就找上门去，张剑固然治不了百病，却能一路绿灯把人送往安全地带。

一次，是在《欧洲时报》文化中心与法国丝绸之路协会举办的关于肠胃健康的讲座之后，听众纷纷要求主讲人张剑帮忙约会做胃肠镜检查，其中一位不幸查出位于升结肠至横结肠交接处的6公分大肠肿瘤。张剑拿到检验报告后，立即替病人联系了全法国消化外科负有盛名的圣·安东尼医院，由著名外科专家、科主任巴克教授为其做了手术。由于及时、干净、彻底地切除癌肿及清除周围的淋巴结，患者得到根治，很快痊愈。

就这样，医学博士眼科专家以“赤脚医生”的形象为巴黎乃至法国的温州人所熟知，所接受。对张剑来说，没能在眼科光学走得更深更远是一种遗憾，虽然他也为浙江省内分泌协会准备出版的临床营养学完成了五万多字的眼科论著《眼睛与营养》，但对于坊间的温州人，却不能不说是一种幸运。有了张剑，就像当年或高山或海岛的村庄里，家家户户都有了一个终日背着红十字箱爬山涉水的“赤脚医生”一样，生命，毕竟多了一份关注，一份体恤，一份保障。

采访札记：

张剑显然不年轻了。他告诉我，再过三年，他就到了法定退休年龄65岁，要从医生的职位上退下来。他说他不至于太留恋，因为他的三个儿子会传承他的从医生涯，接着走他的路。大儿子刚从巴黎六大居里医学院毕业，做了德侬医院肿瘤科康复医生。二儿子已考入与父亲、兄长同样的医学院，正开始六年制的漫长爬坡。小儿子尚在读高中，志向也是当医生。

看得出，张剑对此是欣喜的。我把这份欣喜看作职业的痴迷，悲悯的情怀，对所有生命的挚爱，就像他甘为“温州租界”的“赤脚医生”那样……

洛基山脉的回望

一

张翎是在去年下半年蹿红文坛的。以她描写北美华工的长篇史诗《金山》和正被大腕名导冯小刚改编拍摄电影的中篇小说《余震》。她从沉静的幕后走向大众视野，成为媒体新宠，各大报章文学版满目都是关于她的访谈、评介和照片，一片叫好。于是，早前不认识她的读者都在问，张翎是谁？谁是张翎？仿佛她就是一夜成名的一个传奇。

只有我知道不是。

多年前，张翎就曾告诉过我，她写得很寂寞，也很倦怠，都有了放弃的心思。文坛是名利场，没有谁甘心长久地在灰色地带徘徊，张翎也是自诩能在作家的三分地亩上闹腾出些名堂的人，她渴望动静，哪怕满耳朵批评也是好的。当然最后她还是咬牙挺过来了，动力却不是外界声色犬马的诱惑，而是文学本身，生命本身。因为越到后来张翎就越知道，她的生命其实早与文学唇齿相依捆绑在一起，书写对她不再是追求、信仰之类的崇高驱使，而是她这个个体存活或游走于世界的唯一出路。

所以今天站在公众面前的张翎不是传奇，而是必然。

二

那时张翎很年轻，还没走出温州。

应该是30年前的事了。市文化局在江心屿举办笔会，我俩睡一个屋，闺中密友的聊天海阔天空。当年我们这类做着作家梦的女孩都有些矫情，有些青橄榄的生涩，谈文学可以谈得面红耳赤。张翎刚过20岁，扎两条洗帚辫，白皮肤，青春妩媚。虽初涉文坛，却已在省刊发表处女作，很出风头。但那次笔会她连笔也没动，只顾埋头啃厚厚的英文书，不久便以高考外文类第一名的成绩考上了复旦大学外文系。临行前，我去看过她，在她县前头的家里。她穿一件飘柔的连衣裙，脸上喜气荡漾。我问她，读了英文，放弃写作了？她说也许我会当翻译家，把莎士比亚全集重新译一遍。说这番话时我仿佛听见她胸腔里意气铿锵。

再见张翎已是五六年之后，在我当时的报社办公室里。她娉娉婷婷走进来，把一摞稿子递给我，稿面上同样娟秀的字迹，是访美访加的随笔。那时她已毕业，分配在北京煤炭部任翻译。话题聊开，她的眼神复杂起来。我意识到煤炭部的职位固然好，却不是她栖息的枝头，因为那里没有文学。

果然，不久她便去了加拿大，读英国文学硕士。之后我们失去联系，只听说她在校园绿茵地里戴了硕士帽的照片很亮眼。待重新有了她的消息，我已迁徙法国。在大西洋海岸布列塔尼亚的小屋里，我捧读张翎的长篇处女作《望月》，熟稔的气息扑面而来。《红楼梦》式的语言，张爱玲的韵味，张翎的情绪，娓娓讲述了一个关于三姐妹的故事，是那种润物细无声的轻巧。我为张翎高兴，相信她正张开翅膀在文学的意义上飞翔。

三

那个周末很奇异，突然接到了她的电话。张翎从多伦多温州朋友处要到我的号码，拨了过来。她的声音没变，却是一口标准的京腔，才知她嫁了北京丈夫。电话聊得很家常，很温馨，却也让人感觉这么多年藏在背后的艰辛。张翎说她一直在搬家，一直在漂泊，卡尔加利、辛辛那提、明尼爱波利斯、温哥华和多伦多都住过。高达16次的搬家过程中，她做学生，做秘书，做翻译，最后做听力康复师，所有的岁月似乎永远在把一屋子的东西简化成两只箱子，再把两只箱子的东西，发展成一个屋子。张翎还说最难忘的是第一次打国际长途。1986年8月抵达卡尔加利，圣诞节才打电话回家，家里没装电话，只能打到邻居家。等父母气喘吁吁赶到电话机旁，母亲只“喂”一声，眼泪便泣不成声。父亲说你们别哭了，电话费太贵，她才和母亲说了几句等于什么都没说的话。后来账单来了，是45块加元。当时打中国的长途是4加元1分钟，她为此心疼了很久。那会儿我就想，这或许就是张翎为什么会把她的文学搁浅整整十年的缘由。文学在某种意义上说是奢侈的附丽，无法凌驾于生存之上。

再后来，是巴黎重逢，前后跨度20年。她几乎没老，头发剪得短短的，皮肤反而更白净了，看上去与她的作品一样，温婉，端庄，有气质。那时她已经很了不得，出版长篇小说《望月》、《交错的彼岸》、《邮购新娘》；中短篇小说集《雁过藻溪》、《盲约》、《尘世》等。其作品在国内国外频频获奖，包括第二届世界华文文学优秀散文奖，首届加拿大袁惠松文学奖，第四届人民文学奖，第七、第八届十月文学奖，《中篇小说选刊》双年度优秀小说奖。中篇小说《羊》、《雁过藻溪》、《余震》还分别进入中国小说学会2003年、2005年、2007年年度排行榜。并受聘南昌大学人文学院客座教授，应邀去哈佛大学、伯克利大学、中国社会科学院、复旦大学等交流讲座。她声名鹊起，被誉为北美最有成就的华文作家之一。但她还是她，用温州方言淡淡地说她的小说，说她刚装修好的新家，也说一些女人间私密的话题，就像年轻那会儿在江心屿托着腮帮说她对飞翔的憧憬。她已早早完成英国文学及听力康复学双硕士学位，在多伦多一家医院的听力诊所任主管康复师。她不再漂泊，不再为衣食所虞，足以洋洋洒洒面对键盘书写她的文学人生。

四

张翎后来的小说我大多是在电脑里读的，每有一篇佳作完成，她都会电邮过来，让我分享她的收获与喜悦。作为对她有所期待的读者，更作为朋友，我珍惜读这些作品时的感觉、感动与感慨。无论是《空巢》、《雁过藻溪》还是《余震》，都曾让我触摸到她对俗世的悲悯，对人性的烛照。她总是把故事讲得很纯熟很好听，讲故事的口吻则永远是温情的，带了淡淡的惆怅与哀婉，也带了含蓄而执拗的向往。是平视，又是俯瞰，有着不动声色的穿透力。她的语言尤其好，优雅，灵秀，不虚张声势，给人亲近的知己的神交与意会。当然，我不是评论家，我的喜欢只是一个朋友一个读者的喜欢。做朋友的好处就是坦诚，用不着藏掖直接的好恶，把私下的感觉公众化。即便张翎写了很多，却仍在成名的灰色地带徘徊时，我就大言不惭地对张翎说，不管别人看不看好你，你都注定会走得更远。人微言轻，但我相信自己的直觉。

然而，直觉有时竟是靠不住的，虽然我深知张翎的才华，深知她深邃的理论功

底与被跨国经验拓开的视野的向度与广度，事实上每上一级台阶依然不容易。张翎不是专业作家，她用于书写的时间只有晚上与周末。她的生存职业是听力康复师，文学对她只是与衣食无关的超现实劳作。首先她没有充裕的时间，连吃个苹果都得在键盘前吃，她写得很苦，很累。有时我觉得张翎就像一只吞食桑叶的蚕，无休止的吐丝，然后把自己束缚在密不透风的茧里，至死方休。丝茧就是她文学的意象。有时，我又觉得她更像浴火凤凰，为她的文学涅槃。张翎曾说，每个人的天赋其实差不了多少，关键在于你耐不耐得住寂寞，肯不肯为自己那份守望付出所有心力。对于一个非本土海外写作者来说，不被关注的寂寞是很难摆脱的一种处境。读者不认识你，出版社、编辑部与你隔重山，隔条河，势利的媒体自然也就不愿意搭理你，倘若没有特定的机缘把你推到镁光灯下，哪怕你写得再好，或许终其一生都只被小众注视而默默无闻。所以，张翎的这番话让我听起来有种类似献身的悲怆感。

五

好在张翎有了一个很不错的机缘。大腕名导冯小刚在出行多伦多的驿旅中邂逅张翎，并在后来看到了她的一部中篇小说《余震》。顾名思义，《余震》是写地震的，故事的核心是人在灾难废墟上自我救赎的心灵过程。冯小刚被打动，决定把它拍成夺人眼球的一部电影。事实上，《余震》早在《人民文学》刊发时，就被称为30年来写得最出色的地震小说。冯小刚无愧是大腕名导，看小说同样火眼金睛，识货。

于是，随了冯大导改编拍摄的进程，张翎在国内公众视野里的“出镜”率迅速飙升，加拿大家里的电话响个不停，有做访谈的，有谈电视改编权的，也有约稿发刊或出集子的，信件雪片似飞来，塞满了电子邮箱。

然而张翎却在这样的关键时刻沉默了。她的沉默决非故弄玄虚，而是无暇应对。她正一头扎在40余万字的鸿篇巨制《金山》里作殚精竭虑的最后冲刺。《金山》与她先前的任何一部小说都不同，是酝酿了20年的心血力作，动笔至今，她已耗费了将近4年的气力。她沉湎其中，与笔下的人物休戚相关，同生同死，早已忘却身外关于利禄的一切诱使。不是矫情，她从不讳言她是渴望被关注的，可人一旦做一件事到了忘我境界，便身不由己了。张翎对自己说，《金山》是我的金山，我要把深藏的金子一点不剩地挖掘出来。

门外是催促成名的敲门声，张翎却安安静静坐在灯下，把一个个丰润的长夜熬瘦。

六

果然，《金山》没有辜负张翎。在《人民文学》杂志第四、第五期刊载后，学界与读者好评如潮，小说单行本由北京十月文艺出版社隆重推出。几乎同步，囊括了《金山》、《余震》等张翎优秀小说的作品精选六卷本也在上海高调上市。《金山》的电视版权则由享誉历史大片的资深导演张黎以秘而不宣令人猜想的价位购得。海外版权亦已先后被荷兰、加拿大、英国、法国、意大利、西班牙、德国、希腊、以色列等国签署，翻译出版均在紧锣密鼓中。

素有国刊之称的《人民文学》杂志社联袂十月文艺出版社在北京召开了一线评论家云集的作品讨论会。这一回张翎不再缺席，从她那些以血泪书写的人物中脱身，出现在焦点评论之中。她优雅转身，音容却是倦怠的。

这是一个关于文学的会，与影视无关。评论家侃侃而谈，有意无意避开冯小刚的电影，是想给《金山》的文学成就一个非炒作的纯粹评价。他们的善意让张翎感觉温暖。

评论家们说，张翎用女性作家纤柔丰盛的浪漫情怀和悠长婉约的语言演绎着山川巨变中跌宕奇突的人物命运，以个体和家族为切入点，把后鸦片战争中国屈辱的近代史和新中国成立以来的历史兴衰纳入全面回溯。《金山》不仅是一部将赴加华工命运首次引进当代文学视野的叙述实践，同时也是探讨国际大背景下民族身份与认同的史诗式书写。作品从同治十一年到2004年，从广东开平到加拿大温哥华，纵横捭阖，波澜壮阔，跨越了一个半世纪浩繁的光阴和辽阔的太平洋；又谨小慎微，步步为营，对个体命运与历史有深刻的体察与还原。张翎澎湃的写实激情以及信手拈来的新鲜而又翔实的异国经验，都让我们不得不对宏大叙事和经典现实主义的力量充满敬意。

评论家们还说，《金山》讲述了中国人百年来的海外秘史和痛史。在中国人对全球化背景下的身份定位越来越迷惘和焦虑的时候，《金山》的出现恰逢其时，它带领我们回到上两个世纪先侨们的血泪历程，回到故事的源头——几代华人是如何用自己的血泪奋斗不息，在异国他乡筚路蓝缕、前仆后继杀出一条生存之路的。它关乎中国经验中深沉无声的层面——普通民众如何在近代以来的全球化进程中用血泪体认世界，由此孕育出对现代中国的坚定认同……

《金山》无疑是厚重的，承载得起如此厚重的意蕴。或许还是因为这份厚重，《金山》在摘取华侨文学奖桂冠之后，再获华语文学传媒大奖2009年度小说家奖。有记者说，《金山》是张翎回家的路，我则说，《金山》是张翎的文学走向世界的路。

一点补缀：

张翎如是说——

放下《金山》书稿的那天，我突然意识到，上帝把我放置在这块安静到几乎寂寞的土地上，也许另有目的。他让我在回望历史和故土的时候，有一个合宜的距离。这个距离给了我一种新的站姿与视角，让我看见了一些原先不曾发觉的东西，我的世界因此而丰富。这个距离让我丢失了许多，却也得着了一些。

我想，那些长眠在洛基山下的孤独灵魂，已经搭乘着我的笔生出的长风，完成了一趟回乡的旅途——尽管是在一个世纪之后。

爱德华西餐三昧

13岁的夏宝康站在香港摩天大楼的阴影下，觉得自己就像一只爬在地缝里的蚂蚁

13岁对夏宝康来说是新旧更替的年份，他从七都走出来，去了香港。那是1970年，中国正在如火如荼的革命中，学上到三年级就夭折了。课堂闭了门，黑板封了白条，只有操场敞开着，充斥了斗争的硝烟。夏宝康太小，不明白革命那档事，就到滩涂捉螃蟹去了。七都是泊在瓯江的一个岛，能望见江心屿和屿上的双塔，也能望见舟帆的乘风破浪。一颗心便也涌动着，扬起风帆。夏宝康的父亲是香港环球航运公司的海员，从不回七都，经年浪迹远洋，香港也不过是歇脚的一个客栈。寂寞漂泊，总想回返“客栈”时能有妻儿陪伴，享受些许天伦之乐。但大陆中国的门闭着，敲了多年也没敲开，直至1970年，才裂开一道缝，让夏宝康与母亲得以从缝隙里挤出去。兄姊则已成人，无缘投奔父亲膝下。当母亲战战兢兢领回盖有大印的通行证，兄姊都在流眼泪，只有夏宝康咧着嘴笑。他是全村第一个拥有通行证的孩子，走就是最大的荣耀。

坐小船离开七都岛，全村的亲友都来送行，岸上欷歔着无遮无掩的乡情。别以为大大咧咧的男孩子就没有不舍，事实上夏宝康眼圈红了，别过头，装作让迎面的江风吹散溽热逼出的汗。

到了香港才知道走错了地方。香港是什么？冒险家的乐园，穷人的地狱。十三岁的夏宝康站在摩天大楼的阴影下，觉得自己就像一只爬在地缝里的蚂蚁。没等安置好娘俩，父亲又出航了。他与母亲只好挤在租来的一间小屋里，从早到晚谋算糊口的生计。这时的夏宝康在一瞬间长大，成了母亲的支柱。他把自己发配出去，做了机修厂的童工，学徒3年，每天工作12小时，每月工薪300港币。这三年他见识了金钱操纵下的血腥，懂得贫富悬殊是怎样的一幅景象。他吃足了苦，也膨胀了人上人的欲望。

间或偷闲去看母亲，母亲总要颠颠地闪进厨房，煮一碗面给他吃，碗底卧两只省下的蛋。母亲是心疼瘦成一根篾的儿子，可在他，倚着房东的碗橱吃面，嚼在嘴里都是寄人篱下的难堪。也不敢去看母亲佝偻的背影、凌乱的头发，母亲在衣工场剪线头，一份日子过得比他更寒碜。

熬到学徒期满，做了师傅，工薪涨到1000元，才算出了一口郁闷之气。但这点小钱在冒险家的乐园又能做什么？辛辛苦苦做两年，除了吃穿，除了租屋，攒下的银子也就薄薄一小沓，买只屋角也不够。就辗转反侧，思变，夜里的觉也睡不稳妥。想过继承父业做海员，也去航校实习了三个月，半道上还是被父亲怎么也混不好的前程吓住，掉转了头。反正是闯，不如闯到欧洲去。他对自己说，年纪轻轻，我怕什么？夏宝康有一个七都的童年伙伴在巴黎，打电话去问，那头乐意接纳他，一桩大事就这么定下来。

18岁，香港居留证拿到手，他旋即去领事馆申请法国签证，然后给自己置了两件衬衣一身西装。几乎没费什么周折，出炉三个月的香港居民已经走在巴黎大街上。一只手提袋，兜里掖了800法郎。那是他香港五年的积蓄。夏宝康至今记得1975年的6月20日，香港已是溽热难耐，巴黎则轻风荡漾，十分适意。

他在烟雾缭绕酒香扑鼻的人缝里穿行，犹如快鹿飞闪，连背影都逮不住

巴黎华人没有机修厂，香港五年练就的身手无用武之地，荒废了。那时工不难找，但华人的选择只有做皮，或是餐馆。夏宝康觉得皮工场闷，终日跟臭烘烘的皮做伴，便去了餐馆。虽也只能待在水池边洗盘子，终有出头，将来还是要与人打交道的。他洗着盘碗，心却在灶头，背后都会生出骨碌碌两只眼，盯住大师傅翻锅的手。他有香港学生意的经验，勤快是本，早来，晚回，师傅不在就两手抓锅，掀来翻去操练灶上工夫。不敢真拿了配料练，就舀几罐米放锅里翻，沙沙沙地翻出一阵眼花缭乱一阵响。

六个月，再六个月，东家换了两茬，职位擢升两级，先是二厨，再是大厨，锅里翻的不再是米。一顶白帽一身白衣，竟有了厨房统领的霸气。菜做得有多好说不

上，中国餐的要旨与法国人的口味倒是拿捏得恰到好处。食客啧啧称赞，老板就死活不愿他走。撂不下情面，只好留守一段。其实他哪是守得住厨房守得住平庸的人，早早身在曹营心在汉了。

因为要立足，要成事，没有嘴上工夫还真不对付。但他总共上过三年小学，与学校的桌椅板凳不投缘，即便学语言也要另辟蹊径。他摘下厨师帽去法国人开的夜总会去应聘。年轻是真，相貌端正也是真，但话结结巴巴连不成一句，如何到乌烟瘴气的夜总会混？也不知他使了什么招，居然被招进去，人模人样混下来，并且一混五年。他后来回忆说，其实他的“招”就是勤快，哪里需要哪里冲锋陷阵。他不怕苦，把苦作为学语言缴学费。五年里，他没有度过假，任何岗位缺席都由他补缺，侍者缺了他是侍者，酒吧缺了他是酒吧，厨师缺了他是厨师，甚至连清洁工门卫他也照顶不误。天天都是夜猫子出入，晚六点到晨六点，连太阳长成什么样都忘了。还学会抽烟，是解乏，犯困却根本无暇。巴黎的夜总会是怎样的一个情景？是生命的消费，欲望的狂欢。很多很多时候，他在烟雾缭绕酒香扑鼻的人缝里穿行，犹如快鹿飞闪，连背影都逮不住。一只手举托盘，托盘里杯的晶莹酒的缤纷，另只手捏了酒单，一长串各式各样的酒名在嘴里搅得叽里咕噜。再也腾不出手，就用脚去开冰箱，一勾一撞，门开门闭，算是他的特技。这样的员工法国人里踏破铁鞋也寻不到，老板一高兴，付的薪酬高出中国大厨的两倍。但对夏宝康来说，高薪酬不过是额外之喜，关键是他学会了最俗常也最大众化的法国话，而且是巴黎口音。

目的达到，他又寻思跳槽。这回是自己当老板。夜总会老板说了一筐好话也没挽留住。他把77省小城里的一家中餐馆连墙买下，装修成他自己的风格，小是小，却有热闹的氛围，一开张，果然火爆。来了劲，又到60省开间大的，也是连墙买下。这回上帝不再眷顾他，饭店气派了，生意却寡淡。他坐在豪华桌椅间，被高利的借贷挤压着，胸都是闷的。无法腾挪，便在僵局里突围。他潜下心，把以往闯荡江湖的心得都用上，从厨艺菜品着手，以价廉物美包装，用勤勉换取诚信，终于把生意做成蔚为大观。这在他是漫长的一段经历，整整十年，就蛰伏在60省那个角落。现在回首，他以为走了一条弯路，是浪费。

他把餐馆卖了。鼎盛期抛出得了好价钱。他把大笔法郎揣在兜里，杀回巴黎。久违的巴黎依旧不是陌生的，有着令人怦然心动的魅惑。

夏宝康原汁原味的法式大餐从阴影里走出来，喧闹声响了一街

夏宝康是与柬埔寨华侨朋友一起走进歌剧院高尚区这个小广场的。EDOUARD广场藏匿在豪华背后幽静的街巷里，中央有英王爱德华七世的青铜塑像，旁边是以爱德华命名的小剧院，四周围了一圈洗去陈迹的奥斯曼建筑，有着不动声色的雍容大气。

然而夏宝康不是来欣赏小广场的。他与金边朋友合租了这里的一个角，要开出一家高档法国餐馆。眼下这块寸土寸金的地方什么都没有，就是一间两层540平方米的空房子，月租10万法郎，装潢估过价，是800万法郎。天气不太好，刮着阴郁的风，两人站在那里，有点不胜风寒。夏宝康原是对餐馆腻烦了的，经不住旅游高尚区法式大餐的诱惑，复又转过身来。他有好赌心理，未涉足的方阵总想圈进来踏一踏脚，哪怕是陷阱。

2001年，命名为“爱德华”（CHEZ EDOUARD）的法式餐厅以簇新的面貌上市。柳条木地板，旋转式楼梯，落地排窗，帷帘是皇家的色泽，果然气度不凡。

菜品是海鲜大餐与风味套餐两大系，纯粹的法国。厨师、酒吧、侍应生还有前台经理都是清一色法国人。中国老板只躲在幕后，指挥也是多有掣肘的。偶尔撞上知点内情的，还死活不敢承认，就怕别人对中国人经营法国菜生出惯性的疑窦来。华人独家意味着先锋，先锋必有普众接受的过程。

生意不好是必然的，亏本也是必然的。原址什么都不是，突兀矗起220个位的一家饭店，客源是零，你又去招揽谁？常常是灯火阑珊，员工更比餐客多。合伙人眼看投进去的400万见天打水漂，心惊胆战，脸都绿了。夏宝康硬挺着，心再虚也不往脸上露怯。他去周围的精品店及高档写字楼游说，又去亚洲人旅行社分发卡片，把午做写字楼晚做旅行社的既定方针一个点一个点落实。刚开始，写字楼的法国人不认，旅行社的亚洲人也不认，接卡片的表情和手势都是敷衍的。又在菜品上下功夫，服务上下工夫。好不容易做热了写字楼的午餐、台湾香港旅行团的晚餐，后台厨房又撬开了。你要早，他不干，你要快，他偏慢，法国主厨根本就是惯出来的大爷，那副艺术厨炊自以为是不配合的傲慢与骄狂，能把指着他挣钱的老板噎出病来。有半年多他天天守到午夜，凄清的灯影下眼巴巴等稀落的客人推门而入。一年，二年，三年，有了些起色，终是亏空。合伙人撑不住，撤资走了。

留下他，惨淡经营。一个人也有一个人的好，可以率性做。他把主厨法国大爷换了，从著名法国海鲜连锁FLO高薪挖来年轻一代法餐厨艺师，员工紧缩到十四人，励精图治，非要把法国大餐做出温州人的翘楚来。

厄运偏在这时袭来，他的太太病了，晚期癌症。从发病到去世的八个多月里，他开车载了她求医、手术、化疗，找最好的医院，请专家名医，终究没能留住渐走渐远的生命。太太为他生养了一男一女两个孩子，都已学有所成，自已却没来得及享一天福，他觉得愧对她。夜半从“爱德华”回家，坐到病榻前，强颜欢笑，两人都试图把死气藏起来，可哪里藏得住，四目相对，早已是生离死别愁绪纷繁。

太太也来自香港，纵然过世也是他一生的关照。所以他情愿把“爱德华”后来的门庭熙攘看作太太在天之灵的荫蔽。终于，夏宝康的法式大餐从阴影里走出来，喧闹声响了一街。先是写字楼工作餐，一道门走熟走便捷了，又嚼出原汁原味，便几乎天天爆满。再是台湾人、香港人、东南亚人，还有美国加拿大华人，跟着旅行团来，行程中都有法式西餐这个节目，也曾慕名去过法国人开的知名餐饮，都没觉出更实惠的好，重新掉头奔他的“爱德华”来。那些当年接卡片敷衍的旅行社团，也都不请自到。一晚一拨是少的，有时撤一席上一席，流水似的做到500位，就算平均一位30欧元，你算算，该是多少？

没人知道夏宝康是如何把温州人独一无二的法式西餐做成这般红火的。问他细节，他总是一脸神秘莫测的笑。但他的“爱德华”有了名声有了经典品相却是不争的事实。在巴黎，在歌剧院这片举世闻名的繁华地带，一个从七都岛走出来的温州人正用生命弹奏如歌的岁月。

采访札记：

夏宝康的顾客中，恰恰来自大陆的中国人、温州人最少。同胞的心理他揣摩得到，就因为他是中国人，便认定他的法式西餐不正宗。这种认知上的武断与错位让他很失落。他问我，“爱德华”能得到法国人认同，为什么偏换不来同胞青睐？

单就这一点，他也不快乐。

极地灿烂

阮向众是位小个子男人，算不上风流倜傥，但他阳光，快乐，洋溢的热诚足以感染并激活你初始并不那么轻松愉快甚至紧张逼仄的情绪。所以做他的访谈是一次无拘无束且用不着装模作样的体验。于是你会想，这难道就是他身处透明澄澈的挪威的缘故，是极地灿烂的写照？

阮向众的回答是肯定的。

撂下行装，锅碗瓢盆奏鸣曲即时响起，没有任何过渡

其实来挪威二十多年的阮向众早已不再是年轻小伙子。记忆中1987年离开瓯北也就是当年的清水埠时，他正当青春年少。那时温州没有火车、飞机，他是坐长途汽车离开出生地的。那天来了许多送行的人，除了亲友，还有同学，把清水埠那家餐厅围得水泄不通。他不是“黄牛背”，是父亲在外的朋友替他申请的技术劳工输出，因是合法，所以高调。然而上车那一瞬间，阮向众的眼圈红了，从未出过远门的他发现自己舍不得这里的家，这里的人，这里的一草一木。家是阳刚之家，四个男孩。父亲自小打游击，后又读师范，当了文武双全的官员。与父亲同学的母亲师范毕业一直教书。阮向众是老三，高中毕业考大学受挫，便上了电大财会班。学了半截，又去酒店实习餐饮，只为拿张骗骗老外的厨师证。一切顺理成章，临上路才觉得一脚踩空，心里头啥也没抓住。退又退不回，只好往前走。身上的着装是当时最时髦的军装，四个兜，部队同学赠送的礼物，穿它出国，壮胆。

挪威对瓯江畔小镇出来的阮向众就是天涯海角。北京出境，莫斯科转机过夜，睡在机场旅馆冷飕飕的被窝里又冻又饿。幸好同屋是来自北京某大学的访问学者，塞

给他几个国内带出来的熟鸡蛋，次日分手前又把他托给同机的挪威人，才让这个迷失的乡下男孩子有了多番转机的移动路标。抵达奥斯陆空港，车行高速，到了落脚的中国餐馆。阮向众餐厅厨房转了一圈，透过窗玻璃看见远处的山峦已是白雪皑皑，便在心里告诉自己，这冰天雪地的北欧就是我的第二故乡了，但愿给我带来好运。

撂下行装，锅碗瓢盆奏鸣曲即时响起，没有任何过渡。

菜刀、砧板、炉台，从三厨做起，跟台湾师傅顶班学习厨艺。投靠的老板朋友对他不错，吃住全包，还付他几千挪威克朗的月薪，让他对未从事过任何职业的自己刮目相看。他每天一早起来就去语言班学挪威语，下课正好赶上餐馆开门，然后一直做到打烊。这么连轴转的头一年他没觉出苦，干得很带劲，因为朝气蓬勃，心中自有方向与目标。他很乖，挣下的薪水基本不花，月月寄回家，父母由此添了大冰箱、大彩电，幸福生活节节拔高。

第三年，会讲一些挪威语了，感觉语言班门槛太低，遂又考入全日制职业学校，专攻酒店餐饮，周末和学成后依然回中餐馆打工，只不过炉头小厨换位跑堂。他总是快乐的，天生的好性情使整个餐厅洋溢着其乐融融的气氛。一气做了七年，直到老板转让了餐馆。又跳槽任职于香港餐厅，期间曾接待来用晚餐的当届挪威女首相与家人，他服务周全礼仪到位，与首相一家相谈甚欢。

也就是在那晚，阮向众突然有了紧迫感，觉着该有一家属于自己的店。自己的店才是自己的事业。但在海外创业，独把桨划船难上加难，他必须先找到另一把桨——娶妻。

娶妻不是“血拼”，他相信一见钟情，有情人终成眷属

有了心思，便开始在心里盘算。事实上出来四年后第一次回国探亲，父母就把这件事提到桌面上，被他嘻嘻哈哈搪塞掉了。当时温州出国热如火如荼，未婚华侨回去择偶，那情景真有点选妃的架势，女孩排了队候选绝非夸张。但阮向众不屑这样的做法，女人不是商品，娶妻不是“血拼”，他相信一见钟情，相信有情人终成眷属。

巧了，有朋友去温州结婚，带回来一盘录像，几个光棍凑到一起看。阮向众只觉眼前豁然一亮，伴娘中那张灿烂的笑脸再也挥洒不去。急忙把新郎拽到一边打探

“灿烂笑容”的背景，得知是新娘卫生学校的同学，正待字闺阁。阮向众怦然心动，一拍大腿忙不迭声说，就是她了，我要的女人。

热心的朋友即刻牵线搭桥。这厢照片寄过去，那头照片返回来，信笺无话，却一拍即合，情牵两头。世界小，温州更小，两家父母竟然早就熟稔，女孩的姐夫。兄弟还是阮向众的老师与同学。一桩人人看好的姻缘便在春暖花开的季节里播种，浇灌，抽芽。那时电脑手机尚未流行，越洋电话又过于昂贵不敢轻易触碰，两颗心便在来来往往的飞鸿中相知，相爱。

将近一年纸上谈兵，阮向众没有着急回去，只在奥斯陆做安家立业的所有准备。

1995年情人节，阮向众在温州举行婚礼，把他的“灿烂笑容”娶回了家。作为一生一世的情爱见证，没有比情人节更好的日子了。

三个月后，妻子追随他来到挪威。

阮向众几年前就在奥斯陆购置了一套三居室公寓，这对打工为生，靠薪水还贷款的新移民来说，不是件易事。阮向众的房主当得有点超前。

如果以为他是恋窝的人那就大错特错了。妻子来后，只在温馨的婚房里待了几个月，仅够她完成初级语言班的学习，阮向众就把这套房子潇潇洒洒卖掉了。别人替他心疼，他则不以为然，立业重要还是享受重要？

用心收藏的午夜太阳北极光，是他弥足珍贵的精神资源

他的迁徙不再单枪匹马，而是一个家，家里有他，还有笑容灿烂的妻子。他的潇洒在于一拂手，就把自己前十年的历史包括奥斯陆的一切轻轻推开了。空着一双手，向北部极地，向洛夫顿群岛进发。复活节的奥斯陆已积雪消融，去洛夫顿岛辗转的一路却天寒地冻，飘着雪花。天上飞还是陆路走，都要经转省城几番折腾。终于跨桥进入极地之岛，车窗外雪原无痕，一片清寂。妻子问他，阿众，我们是不是把自己流放了？

自我放逐恰是立业选择。就在群岛倚北的小城里，有一爿二百多平方临街的铺面窗明几净等着这对年轻夫妇到来，那就是他们的新餐馆——中国屋。这座极地小城，连周边渔村在内，只有万多居民，不贫穷，却原始，偏僻，缺少现代都市的繁

华。除了盛夏旅游旺季，各式房车泊满海滩，欢声笑语随了潮汐惊扰市声之外，淳朴的当地人几乎少有饭店用餐的习惯。所以连无孔不入的麦当劳都不肯来设点，觉着前景寡淡。阮向众偏不这么想。凡事都有一个从无到有的过程不是吗，他要引领风骚，让东方美食叫响中国屋。

起初没人理睬他的宏图大业，“中国屋”门可罗雀。中餐美味不美味与吃惯了烤鱼腌鱼大王蟹的当地人有何相干？但阮向众的本领就在于，哪怕偌大的餐厅只有一位食客孤零零坐着，他也能给出最诱人味蕾的美食和最发自肺腑的诚意。不管食客是什么人，从哪里来，一瞬间就从全然陌生变为知己、朋友，从而对“中国屋”有了一份牵念。菜好，服务好，人好，是“中国屋”征服洛夫顿岛最简单也最核心的秘诀。到后来，旺季做游客生意，淡季做当地人生意，常是街上行人如洗，店里顾客盈门。远近渔村的男男女女也会冰天雪地开车来回一个时辰，到店里叫外卖。若关门一月回国度假，吃刁了嘴的食客会盼星星盼月亮等他回来，重新开张肯定爆满。再后来，夫妻俩的中餐馆还成了小城炫耀的资本，当地报纸牛皮烘烘地说，我们固然没有麦当劳，但有“中国屋”，这就足以值得荣耀。

居然用了“荣耀”二字。

阮向众于是生出一份感恩。这是一片多么好的土地，一群多么好的人！

洛夫顿岛八年，阮向众不仅有了名声响亮的中国屋，也有了可爱的一儿一女，这是极地给他的馈赠。更有冬季北极光，夏日不落的太阳，都被他用心收藏，成为弥足珍贵的精神资源。

洛夫顿岛地理坐标恰在北回归线上，所以才有了如此奇特的自然景观。北极光给中国南方小镇长大的阮向众带来的是视觉还有心灵的震撼。澄澈透明雪茫茫，横空里杀出闪电般耀眼的光束，冷艳，强悍，有棱有角，那架势像要把宇宙切割。阮向众喜欢这个瞬间，那是属于男人的，从脚底到头顶都涌动着征服世界的勇气和力度。白夜则在灿烂中多了份柔美。通红的火球沿着彩霞绚丽的地平线姗姗而来，在球样的就镇出来人日出日落在同一时光过渡交替，天际美轮美奂，令人心动，战栗。这些没有黑夜的时光是洛夫顿岛的庆典，也是阮向众的庆典。饭店打烊后，全家开车来到海滩，与驾着旅行车远道而来的度假客聚在亮晃晃的午夜太阳下，聆听海的潮涌，吃烧烤，喝啤酒，载歌载舞。

妻子的笑也被海空洗涤，更嫣然，更灿烂。

他告别自己的历史总是轻而易举，一拂手，弹指间

“八年抗战”胜利。阮向众到底还是惜别洛夫顿群岛和他的中国屋，再度迁徙南下，在2004年年末回返奥斯陆。火爆的餐馆转让了，漂亮的大房子卖了，一屋家什连同过往的生活点滴也都忍痛割舍了。仅开出一辆车，坐了全家四口。女儿只有三个月，裹在襁褓里。携带的唯一器物就是儿子弹的电子钢琴。圣诞节凛冽的风呼啸着，车玻璃上挂满融不掉的冰凌。

阮向众告别自己的历史总是那么轻而易举，只在一拂手，弹指间。

不为别的，只为孩子。儿子已上小学，女儿也将长大，在那个没有中国人的北欧极地，孩子的教育怎么办？必需的中国文化濡染怎么办？挣钱做生意固然重要，孩子的将来岂不更重要。挪威华人本来就少，唯有奥斯陆才有中文学校，中国语境。为使孩子逃离黄皮白心“香蕉人”的未来处境，阮向众没有选择。

一家人住进匆匆购置的新居，时尚、新潮，是典型的奥斯陆都市风情。儿子头

天背书包上学，难免有乡下孩童的胆怯，却眼睛发亮，满是见世面的兴奋。周末去中文班上课，更是雀跃开心，学了课文，见了同学，就像回了趟中国，从此不再孤独。钢琴课也由挪威人换成中国老师，只用母语教授。孩子渐入佳境，阮向众与妻子心头的石头也落了地。

再另辟蹊径图谋事业发达为时不迟。岛上餐馆做到鼎盛，腻了，阮向众想玩点别的。去意大利哥哥处兜一圈，发现小百货贸易甚是兴旺，回来便四处寻店，有意在奥斯陆一试。挪威市场小，没人敢从中国进口小商品，批发零售都没有。阮向众不是优柔寡断之人，凡事丢下捡起完全听凭感觉。运气也是好，偏偏碰到市中心旺铺转让，价虽贵了些，但适合百货，他二话不说签了合同。

掉头就往沸沸扬扬的义乌拱。海一般的市场，小商品琳琅满目，让初入道的他眼花缭乱，不知从何入手。好在国内有帮哥们，掏心掏肺地帮他，很快弄了一个集装大柜海运出来。全挪威唯一的中国造小百货商店高调登场，批发零售兼营。生意做起来，才发现市场这汪水其实不浅，做餐馆的经验到这里是瞎子点灯不管用。规律不是没有，要靠摸索，做熟了自然水到渠成。积压的货赚到的钱都是代价，也都是经验。

时间飞快，又是六年过去了，阮向众对自己的生存状态基本认可。一年三四趟义乌，他管进口，供货；妻管销售，把守柜台，情意绵绵的两个人无论做生意还是居家过日子，都是绝配，因而家也和睦业也兴旺。更值得欣慰的是，儿子女儿都弹钢琴，都说标准流利的普通话，都喜欢去温州过暑假，与中国文化亲近不隔膜。刚在挪威上中学的儿子还能书写颇有文采的中文日记。

当然，阮向众正值壮年，还有大把的未来在前头，肯定不会停滞不前。他已投股国内的房地产项目，正开发挪威深海鱼油的中国市场，都是大项目，大运作，单枪匹马难以胜任，都与朋友联手搭档。他交往甚阔，又以诚待人，所以到哪都不缺朋友。即便在孤岛、极地，他在自己周围营造的也是阳光，快乐，热闹。他说他怕孤独，喜欢有朋友的日子，热辣辣的意气，暖洋洋的氛围，多好！

画家的异国情缘

骑车收获牵手之爱

22年前的那一天，叶星千从体育用品商店驮回了一辆沉甸甸的自行车。正是法国人蜂拥出城度假的夏季黄昏，巴黎街头几乎清一色的外来游客，没人注意扛着纸箱行色匆匆的这个中国人。他风一般卷过，年轻，瘦削，留一头长发。来法国三年了，终于有了允许歇工的两周假期。他出了工场就去买山地车，2000法郎的月薪一下花去了1200。他把余下的钱塞进兜，什么也不盘算就准备出发。

他是要出去写生。憋了三年，做梦都盼这一天。可他不认路，又说不来法国话，单枪匹马恐怕连大巴黎的经纬圈都拱不出去。只好厚着脸皮混入原是一帮艺术青年自发组织的轻骑车队，权当一名殿后的哑巴。出发之后，才知道一路行走的区域是诺曼底。他从未骑车旅行过，却照样肩背行囊，后架捆了帐篷，一天100公里，风餐露宿。夏季的夜幕总是亮到很晚，他就坐在低矮的山坡上，吸吮着大西洋的风，把风姿绰约的小镇、麦地、牧场还有树林间穿行而过的流水一幅幅搬到纸上。诺曼底的美把他的心撕扯得既疼痛又温暖。

叶星千是个天生对色彩敏感的人，眼前的浓绿和金黄恍若记忆里的家乡。他的家乡叫乐清，交错的石板小街，纵横的河道，也有诗意之美，却没拴住他的心。15岁，他就北上去了苏杭，去了上海，游历拜师，想让自己成为写意自然的画家。之前他学过雕刻，画过像谱，被民间乳汁喂养着，大了些，便一心扑扇羽翼脱了俗常而去。再大些，也就20岁，苏杭同样留不住他的脚步了，一张机票就把自己捎到巴黎。下飞机，干瘪的裤袋里只有一张200法郎纸票。然后白天替别人打工，夜晚5个人挤在20平米的单身公寓睡觉，人就像困在笼里的鸟，欲飞不能。可他竟一点都不沮丧，照旧窝着背蜷着腿画素描，逮住什么是什么，连手纸上也画了人体的骨骼与曲线。

所以，在诺曼底的清晨或黄昏，无论他作下什么画稿，积累与心得都会叠印其间，告诉别人也告诉自己，过去的三年并不是荒废的。于己，是欣慰；于别人，就是钦慕了。

这个“别人”是个漂亮的犹太裔法国女孩，叫诺爱乐，业余管弦乐队的小提琴手。她毕业于法国东方学院汉语专业，还去天津南开大学留过一年学，汉语说得十分流利，是车旅中唯一能与孤独的叶星千交谈的人。有时，他们甚至都不交谈，一个拉琴，一个画画，简洁明了的心声就附丽于画面与乐章中迂回表达。热烈了，熟稔了，男欢女爱就在一日日飞驰的车轮下催化、抵达。不期然不经意的夜晚，两顶帐篷合二为一。

彼时，叶星千似乎并不具备谈婚论嫁的条件，他什么都没有，正式职业，钱，住房，甚至连人也是个“黑人”。而诺爱乐，叶星千没有的她都有，研究生学历，拉一手好琴，通四国语言，还有美貌，还有富足的家庭。但姑娘心仪的是画家这个人，其他都变成题外之话。浪漫国家以人为本的价值观呈现出令人感慨的诸多好处来。虽然诺爱乐父母期待的女婿本该是信奉犹太教的犹太裔男孩，可女儿执意要嫁中国人，也就随她去了。女儿对中国的狂热做父母的怎会不知道，自学中文的那一刻起，她就注定属于中国了。

穿梭于抽象具象之间

或许真是宿命，叶星千觉得自己在瞬息之间浮出了水面。被一个女人的接纳等同于被一个国家的接纳，过去的三年他其实什么都不是。爱情把所有幸福生活的资源都带给了他——一个有家不再流浪的男人；一个堂堂正正的公民；一个健步起飞的新锐画家。叶星千的感觉好极了。

当然他也深知，生命的承担是万变不离其宗的要旨。生存问题不解决，画画与拉琴只是想象的华丽与奢侈。他与新婚的妻子在彻夜不眠的灯光下坐了一宿，面对琴谱与画架，讨论的却是如何成立公司的话题。他们决定到中国天津设厂，为法国乃至欧洲的时装名牌设计加工服饰与配件。妻子是学国际贸易的，又有犹太人天生的经营头脑，知道该怎样运转未来的公司。他呢，有手里的这杆画笔，又有越来越被看好的中国背景，也是没有理由气馁的。可是，当他俩终于成熟这桩珠联璧合时，心里却有隐隐的失落。相对于温饱，艺术总要朝后退退的。

好在，叶星千对画画的爱好并不属功利胁迫，如同他的血质，是与生俱来的狂热。况且他的画家头衔也是自诩的，原本就未专业过，继续业余就是。于是，他把自己的日子掰成两半，一半是服饰公司的老板、设计师，另一半才是纯粹的画家。白天对他是具象的世界，他设计帽子、围巾、手套、腰带以及头饰、挂件的图样，深得时尚名牌的青睐；一到夜晚，他不再是他，而是嗅觉灵敏的一个捕手，物质世界的万物都在他的感知中抽象为彩色的画面，而任何画面表达的题意只有一个，那就是生命的跃动。他画得太多，画得太快，有时竟是词不达意慌不择径的状态。于是他强迫自己停下来，久久伫立在诸多博物馆诸多艺术大师的杰作前，开始思考自己的探索之路。

都说西方绘画的视觉灵魂是色彩，中国绘画的欣赏命脉则是笔墨。叶星千有着自己的理解。难道前辈大师林风眠的彩墨，刘海粟的泼墨泼彩，张大千的墨彩交辉不都是中国画色彩复兴的一种极致？叶星千的跨国情缘让他时时都在两种文化的碰撞交融间，视野在变，生活经验在变，审美的纬度经度也在变，归结到画，是被色彩激活了。那时，他只作国画，作油画是后来的事。他希望自己有一个蜕变，就像马蒂斯找到东方的线条，毕加索找到非洲的原始雕刻。他的自我期许很高，所以胆敢攀巨人的肩膀。于是，他画作里的元素变了，变得丰富、丰满，具象隐退了，色彩站到了前沿。他后来创作的一幅作品题为“交响”，大气磅礴，有强烈的视觉冲击力，足以视为色彩与色彩的交响，色彩与笔墨的交响，大千世界与内心情感的交响，东西方艺术元素的交响。

他被画界发现。1988年，他的《葡萄国掠影》、《升华》、《云》、《红梅》四幅作品入选法国青年艺术家沙龙，参加世界各地巡回联展，其后顺理成章地成为该协会的常务理事。筛选于500参选者的38名艺术家中，他是唯一的中国人。这个以推介新人为目的的法国青年艺术家协会已有半个多世纪历史，曾孕育了米罗那样的世界级艺术大师。该会主席吉利·萨巴格先生对叶星千的评价是：一颗新星在巴黎上空冉冉升起。两年后，他受邀上海美术馆举办个展，国内媒体评价他的画是：用现代语言描绘广阔的世界。

他一发而不可收，走马灯似的穿行在大大小小的画展中，诸如蓬皮杜文化中心的现代艺术展，日本大阪第11届国际现代绘画展，北京中间艺术馆个人画展，还有法国电讯之王阿尔卡特为他在斯坦斯堡举办的画展——世界华人书画展，等等。最多时一年连续开了八次画展。那时公司已在天津设厂，生意很好，他便来来回回频繁地两地飞行，乐此不疲，作品也因此多了俯视的感觉，飞扬的感觉。

他很少卖他的画，妻子诺爱乐也从不拉琴卖艺，挣钱别有途径，所以他们是自由的没有羁绊的艺术家伉俪。自由等同于幸运，叶星千对此满意。然而有一次，某家先锋画廊为他与几位朋友开了个合展，他心血来潮，画了100张小尺寸的抽象山水花卉，不裱，不框，就三角旗似的夹在绳上。结果，一天内居然卖了80多张，一张30欧元，还挺有市场，弄得他自己也傻了眼。

寻常生活的甘苦滋味

回到画家以外的寻常生活。

叶星千喜欢文学地概括东西方绘画的分野——水墨画是诗，是散文，油画则是小说，故事。我忍不住就想问他，那么你和诺爱乐的生活呢？是诗，还是小说？

叶星千嘿嘿一笑，笑里几分率真，几分世故。率真是画家的率真，世故是商人的世故。其实我知道，无论诗还是小说，都有个起承转合的过程，即便结局完美。一桩婚姻，尤其是跨国婚姻，由于地域迥异、宗教差别，文化碰撞在所难免。

他点头称是，然后给我举了两个例子。

生活稳定富裕以后，叶星千把乐清的父母接来巴黎小住。刚到那天，妻子预习了中国礼数见过公婆，令老人满足而满意。随后诺爱乐端来托盘为公公敬酒，杯是精致的水晶杯，酒是上好的威士忌，姿态也是礼貌周到。老人的脸却阴晴不定，有了愠色，回头逮住儿子就说，瞧你讨的洋老婆，就给你爸倒了杯底那么点酒，恁小气！叶星千哭笑不得，这是烈性酒，都这么倒的，又不是啤酒，还给您倒出一满杯来？偏妻子也听懂了，自然是不开心，暗暗嗔怪公公老土，不谙西方礼仪。

还有，妻的家族是犹太人，自然信奉犹太教。犹太教教义森严，一般是不接纳异教徒与无神论者的，即便家庭聚会也同出一辙。更有甚者，连异教徒碰过的餐具都要扔掉。为了尊重妻子的宗教信仰，也为了家庭融洽情感和谐，从小亲近佛教的叶星千也就改辕易辙，不论陪妻儿家庭聚会还是去做弥撒，也都入乡随俗，头上扣顶小帽，打扮成虔诚的犹太教徒，跟真的一样。没人知道他心里怎么想，但妻子是清楚的，丈夫做这一切都是为了她和孩子，其实自始至终他都不会皈依犹太教。

叶星千说，诺爱乐为我付出了那么多，我为什么就不能回报点滴？

就这样，20年岁月流逝而去，叶星千的人生与他的画一样，从生涩走向成熟。现在，画家的两个混血儿子都长成了大小伙子。一个20岁，爸爸的遗传多一些，趋向于东方人的脸；一个16岁，妈妈的遗传多一些，趋向于西方人的脸。两个儿子都很优秀，基本能说法、中、英、德、日五国语言。老大在巴黎上大学，学国际贸易，同时又在北外学中文，课余兼教法文，前月挣下不少钱，还替在中国的爷爷奶奶买了平面大电视。老二上高中，学业优异，还是曾经入选国家队的少年手球员。音乐方面，兄弟俩都承继了母亲的天赋，老大弹一手好吉他，老二干脆就是钢琴八级。不过叶星千还是有点小遗憾，两个孩子都对光与色彩没有像他那样的狂热。

可是，没有遗憾的生活还叫生活吗？

温州美味这边独好

总统来店小酌

2007年9月末的这个夜晚是奥地利中餐名厨陈玉明的又一次奇遇。

天色未暗，秋空明净，陈玉明当晚没在他维也纳温州美食城的餐馆里，而受邀去了联合国中国国庆招待会的宴会厅，正西装领带周旋在朋友之中。手机突然响了，他手下的厨师在美食城那头有点乱了方寸地嗷嗷大叫，阿明老师，你快快回来，总统到店里吃饭啦！

心里咯噔一下，陈玉明撂下酒杯弃了冷餐会匆匆往回赶。一路上车开得快，心跳也快。在奥地利十五六年了，他知道西方国家民选的总统都有亲民姿态，公民们也讨厌凌驾于上的政客做派，可一个堂堂总统就这么毫无预示闯进外来族裔的餐馆用餐，多少还是让他惊讶甚至惶恐。当然，他阿明也非等闲之辈，他店里的中餐是传统中华美食的经典，在维也纳名闻遐迩，总统慕名来品尝或许还真是吃有所值。那么，总统会点什么菜呢？总统会喜欢他的温州风味吗？阿明暗自笑着，心里却是忐忑的。

车过一条街，看见饭店门口果然停了一辆与众不同的车，车上一个司机，车旁两名保镖，警惕藏在随意之中。除此，街面人来车往，并无异样。街灯亮着，安详而宁静。陈玉明进了店，一眼瞟见 Heinz Fischer（海因茨·菲舍尔）总统夫妇对坐在窗边不起眼的一张台子，周边形同往常坐满各吃各的食客，没人因为总统而乱了消遣晚餐的轻松。陈玉明猜测，大多数宾客恐怕与他一样，都是在报纸电视上认识总统的。奥地利人并不以为总统夫妇与他们有什么不一样，此刻无非都是馋嘴的食客而已。

陈玉明一头钻进厨房，换上浆洗干净的白制服，在砧板灶台间忙碌起来。其实总统夫妇点的都是菜单上极普通的菜，诸如小笼包、韭菜饺、萝卜酥饼、敲虾汤，还有清蒸草鱼、辣子鸡、干炒牛肉丝、青干菜。在陈玉明这些算不上工夫菜，亦无法临时选料，就按常规做，只把现成精到的手艺使出来，达到普通小点不普通、家常菜不家常的温州风味，以满足总统作为西方食客的新鲜与好奇。

果然，这顿晚餐总统夫妇吃得津津有味。尤其清汤鲜红的敲虾与连骨带刺的清蒸全鱼，温州做法的纯正口感与精美盘式，被总统夫妇誉为不可思议的奇珍佳肴。

西方不作兴"官吃"，国家首脑也是要结账的。结了账，陈玉明被临时做跑堂的大学生女儿从厨房推介到菲舍尔总统面前。总统赞赏中国菜的原汁原味，称赞他为美味大师。陈玉明本是厚道之人，虽上过台面，还是面赧，偏德语又不好，便有些局促。菲舍尔总统很亲切地握住他的手合影，更像熟稔的老友。陈玉明嘴上嗫嚅，心里却有乐滋滋的成就感。回望身后走过的那条长路，到了今天，连居住国总统都肯定他对传统中华美食的坚守与推介，所有心酸艰难都成了甜蜜温暖。他想他是幸运的。

世家弟子阿明

陈玉明人称阿明，出生厨艺世家，父亲是早年华大利主厨。他十几岁还在上学，就与兄长跟父亲城里城外替人做喜宴。那时温州小城不富裕，家有喜庆都在前间天井摆流水席，吃个实惠热闹。阿明喜欢这份热闹，更喜欢这份热闹中的忙碌。他对烹饪的兴趣便在一茬接一茬的热闹中衍变为本能的生命特质。

初中毕业是1969年，随上山下乡大潮去了浙江兵团，先是开拖拉机，后调入炊事班。可如愿不遂心，此烹饪非彼烹饪，说难听点就是熬猪食，他的技艺无用武之地。厨师父亲去探视，觉着可惜了儿子一双手，想方设法把他调回温州"华大利"，拜第一炒锅吴正道为师，算是正式入行。其时已有一番闯荡的阿明不到20岁，比谁都勤快，比谁都好学，于烟熏火燎中如鱼得水。家教亦是师教，父亲说，做给自己吃传坑，做给别人吃传话，他牢牢铭记。那时"华大利"家喻户晓，门槛算是不低，他则神速升任厨师长。尔后游走温州饮食业，从"华大利"到江心屿"浩然楼"，再从"浩然楼"到"天津馆"，抢眼的店轮番做，做出一路声响。

除了"酒家"。"酒家"有了名厨金次凡，成就当时酒店之盛。阿明不事"酒家"，却不耽误追随金次凡讨教学艺。心诚心切，会深更半夜跑人家里去，把尊敬的老师从床上拽起来问东问西。这金次凡也是，非但不恼，还捅开煤炉，就在自家小厨房手把手教他做菜秘诀。四周的夜漆黑静寂，这对不是名义上的师徒就守着那炉旺红的火切磋厨艺，直到天边破晓。

就这么玩命地习练身手，想要名声不响亮都难。其时改革大潮汹涌而来，温州矗起龙港农民城。城头一座七层楼大酒店的农民企业家按图索骥找到阿明，重金邀他去掌勺。那老板嘭嘭拍着胸脯，豪气冲天，硬把生性不善打头阵的阿明拽下了海，成了最早吃螃蟹的人。这在阿明是非同凡响的一次僭越，他发现为之痴迷的烹饪居然潜藏着很不低的含金量。很快，他主厨的菜系成了农民城之最，招待过当时来视察参观的所有中央及兄弟省市领导。最好玩的是，第一个月发工资，老板把鼓囊囊的编织袋往他怀里一掷，袋口跌出一沓沓拾圆票、伍圆票。佰圆票还没印出来，一万二千元的工资就是一千张两千张，可不装了半个编织袋？在单位工资几十块，哪见过这么多钱，阿明眼花缭乱，脑里一片空白。夜里坐车送钱回家，这编织袋捂在胸口，心跳像是擂鼓。

正做得欢喜，原单位不许了，要他归队。归队后全国恢复厨师职称，他轻松过关，考取一级厨师。次年是1985年，他31岁，又随前辈老师考特级，去杭州考，壁垒森严，热菜冷盘甜点四大菜系一道道做考题，还要写论文。他心熟手熟，轻而易举，成为年纪最轻资历最浅的特级厨师。他一一登门拜谢，把功劳归于求教过的所有老师。

死气沉沉的单位越发拴不住他的心了，又经历了龙港，金钱的诱惑也越来越大，他横下心，跳出单位也跳出束缚，承包了望江路港务局投资的中川饭店。当时承包还是刚出台的经营模式，他又是始作俑。长辈老师们一直以为阿明是本分厚道的后生儿，没想到这么能折腾，铁饭碗说扔就扔，眉头都不皱一下的。其实背地里阿明自己也会疑惑，他怎么鬼使神差就当上了大饭店二老板呢？当然很快释然。每一个人都是被改革大潮推着走的浪花，是生活改变着他们。

手艺行走无疆

陈玉明走出国门是1990年。不是他对家乡厌倦，也不是中川饭店经营不善，怎

陈玉明与奥地利总统

么说呢，也许经历了“龙港”、“中川”，经历了下海弄潮，拓展开来的心守不住了。偏又东风西渐，人人朝外跑，朋友还自告奋勇替他办妥厨师签证，阿明如何按捺得住活泛起来想头？加上父亲早年曾在港台转过一圈，也怂恿他出去扬名中餐。于是内力外力一个踉跄就把阿明推搡到德国一个他十分生疏的城市。

宁谧极了。虽有那么多的车，那么宽的高速路，还是与他想象中的灯红酒绿醉生梦死大相径庭。第一天，他被受雇的老板带出去喝酒，杯是大杯，酒是茅台，他喝一口没有，再喝一口还是没有，发现酒香凝在杯底，只有稀薄一线，这才知道西方喝酒原不是像家乡那样狂饮猛灌的。

很快进入阵地。他的阵地便是老板新开张的餐馆厨房。两耳不闻窗外事，一心操练温州菜。20年前的欧洲，哪见过如此地道的传统中餐？餐馆门前，红灯笼下，排队候餐的宾客踮足翘首，日营业额做到14万马克，忙得昏天黑地的大厨师阿明只感觉腿站麻木了，胳膊做塌了。老板一高兴，付他工资2900马克，是当时德国中餐馆之最。还帮他申请妻子来德国团聚。可惜三年劳工合同即将到期，他再有心，也无法恋巢。

提前一步以旅游名义辗转奥地利，请人代为申请工作纸。护照交了律师，人在朋友餐馆做客。偏巧警方来稽查，把他夫妇也当黑工拘捕，羁押到临时监狱。男牢是间大屋子，关了一群无身份的偷渡客，各色人种都有。陈玉明一害怕，面呈土色，恨不得抱头鼠窜。内裤里藏掖了德国打工积攒的钞票，睡觉也不敢挺直了躺。又不知一同入监的妻子被带去哪里，心绪败落到极点，欲哭无泪。多亏一个巴西人好心，替他爬到窗架上喊，还真喊对了，妻子竟在楼上女监关着。好在证明他俩合法入境的护照复印件传真过来，次日一早便被警方歉意请出了监狱。走在自由的蓝天下，他与妻子都有了九死一生的感慨。

后来陈玉明回忆说，申请等待工作纸那一段是他生命的最黑暗时期，妻子肚里怀着第二胎，夫妇俩却既无工作又无居所，安不下遮风挡雨的家。曾经去过边远城镇打所谓的黑工，无时不惦着寄宿无定的大肚子妻子，心像热锅上蚂蚁，受不住焦虑煎熬，没做满一天便卷铺盖匆匆走人。

终于挨到妻子生下儿子，工作许可也申请到手，才堂堂正正租了住房，租了餐馆，开始安身立命。似乎很久没见过阳光了，似乎身心都很疲惫了，三番五次都想退回温州去。但陈玉明还是放不下初衷和使命。远离家乡，难道不就是为倾注了半辈子心血的温州菜在别人的土地上行走无疆吗？！

食文化传播者

陈玉明终于没有回去。外在与内在的理由都是，在音乐之都的街头，有了他的温州美食城。温州菜不是音乐，却饱含了他意蕴悠远的心曲。美食城也不是他的第一爿餐馆，却是温州菜的极致推介。其时阿明的中餐在奥地利华人中早已口口相传，尊为正宗。使馆有重要酒会或国内来团，一般都会奔了他去。美食城并不大，也缺了些富丽堂皇的王者之风，食客只为纯粹的饱享口福而来。尤其国内军方要员来访，更是使馆武官处指定用餐之所。餐馆套间的墙壁上，挂满军方大人物友情邂逅的留影。军委徐副主席在国事访问期间也来吃过饭，喝得豪气吃得尽兴，临行还送他由胡锦涛亲笔题词纪念抗日战争胜利六十周年的一块军表。

其实阿明心里是清楚的，他的温州美食城不在温州而在维也纳，只吸引华人是远远不够的。他希望老外也喜欢他的菜，并由此了解探寻中国食文化的博大精深。这是他由衷的诉求，于是奥地利华人餐饮服务联合总会应运而生。社团工作并非阿明长项，但为了颠覆西方饮食文化，给传统中餐争一席之地，他扛起来，豁出去了。

牛年，是阿明长久努力的收获之年。新年伊始，由华人餐饮总会主办的大型金牛展示宴会高调推出，宾客以奥地利商会出面邀请的当地各大酒店名厨、调酒师、餐饮鉴赏家及平面、视听媒体为主。会长阿明是当然的主人，也是宴会的主创。他与总会不同菜系的厨师会员联袂献艺，展示各路佳肴。他甚至把温州坊间俗称“米捏儿”的米塑嫡系传人也从奥国某个角落挖了出来。人家不肯，说米塑在本帮都没了气数，还在洋番地盘瞎摆弄什么。阿明先是急，再是晓之以理，硬是撺掇“米捏儿”传人捏出了作为宴会标志的一头金牛。他说，老祖宗传下来的好东西不应该死。果然，当那头金牛栩栩如生惟妙惟肖地在花团锦簇中一站，不说惊艳全场，也是喝彩一片。觥筹交错中，精湛道地的美味不仅让高鼻子蓝眼睛们称奇，更把那眉眼都看直了。媒体也把千篇一律的负面报道转换为夸张的惊诧。阿明更来劲了，一不做二不休，敦促奥地利商会协同华人餐饮总会，通过国务院侨办请来曾因多次接待外国元首享誉餐饮界的上海锦江饭店厨师团到奥地利推介中国食文化精髓。培训班就设在维也纳著名的莫杜尔国际旅游学院之内，热菜冷盘面点各路名厨为来自世界各地的学生及当地中餐老板传授厨艺表演绝活，并从文化理念上还中餐本来面目。整整一周，作为组织操办的当任会长，阿明干脆关了自家餐馆的门，全程陪同。钱是花多了，挣少了，但他高兴，因为年复一年步步脚印，终于走出扬眉吐气的锦绣之路。不为己，只为他的东方美食温州菜。

采访札记：

陈玉明来旅舍接受采访时西装领带，给我郑重其事的仪式感。我旋即明白，他将要表达的是什么。一个人，只要他对从事的职业有了敬畏，便同时有了忘我的职业境界。这在浮躁的当下不是容易做到的事，但我相信，被大家昵称为阿明的这位厨师做到了。

我问他，奥地利总统怎么就知道有这家温州美食城的？他远没有说温州菜时的两眼放光神采奕奕。但故事后面的故事还是让我兴趣盎然。

当奥地利读者层次较高的《标准报》记者第一次来采访陈玉明与他的中国菜时，回来度假的奥地利驻上海总领事正拿了一份不知从何弄来的特色菜单，要求每天几道菜通尝一遍。见记者提问，便拉他对酌，并头头是道代主人作答，倒也专业内行。记者又恰是大牌，回去用生花之笔一渲染，读报的高层人士包括总理、总统都慕名而来，温州美食城便也蓬荜生辉。

阿明到底笑了，说，奥地利总理、总统都来吃，都叫好，还愁我的温州菜传不出去？

我的青春我做主

一

苏忠超从小就是一个很有主见的男孩子。他1979年出生，在平阳读完小学，11岁随爷爷奶奶转到温州上中学。那年，他读初三上学期，哥哥去了荷兰投奔父母亲，他小人儿的小心思一下就乱了。哥哥比他大六岁，是他的崇拜偶像，虽然读书成绩远不如他好，也不像他有班长的头衔和臂上的三条杠。但哥就是哥，他还是小不点倒挂秋千下不来的时候，哥就是男子汉了，兜里有零花钱，可以晚回家，甚至交女朋友，站在那里他要仰头看，轮廓线条有棱有角，酷毙了！所以，哥出国，他将来也要出国。

苏忠超虽是爷爷最疼爱也最看好的孙儿，但苏氏这个出了数学大师苏步青的家族家教历来严苛。苏忠超从小就被屡屡告知，没有人会为你的将来买单，只有靠你自己。出国也一样，没有现成铺好的路。

那时苏忠超还很小。5岁上小学，又是五年制，读完初三才满13岁。他就在13岁的年纪做了一件胆大妄为的事。故意把中考靠砸，考到普高录取线外，再名正言顺被录取在华侨中学烹饪班。哥哥是学了烹饪出去的，他的计谋就是依样画葫芦。

读完三年，越读越没意思，这才发觉自己其实不喜欢烹饪，很不喜欢。回到原来那帮同学中间，同学都读完普高考上了大学。他原是最棒的，却落了个半吊子厨师的下场。心里不平衡，失面子，便后悔中考那场恶作剧是自己扇自己的巴掌。

二

追寻哥哥的荷兰之路也失去了光彩。一跺脚，断掉念想，去杭州外语实验学校重读普高。去杭州是为摆脱比原班同学落伍三年的尴尬，好在读书早，职高遛一圈回到新班年岁并不比同学大。杭外实验学校是私立贵族学校，学生都是公子哥，纨绔之风盛行，周末接学生回家好比名车大展示，一辆比一辆牛。苏忠超当了两年班长，成绩虽比别人好，自觉打赢高考却悬。文理分科时不敢再耗下去，自己给自己转学，跳到教学质量高却很平民的临平中学，刻苦地读完高三，顺理成章考入浙江工业大学。喜欢做生意，就学了经济。

报考浙工大也非盲目。当时浙工大与澳大利亚某大学有交叉协办的一个尝试：学生如果在工大修完前两年专科学分，再自费赴澳大利亚继续修完后两年课程，便可拿到中澳两所高校的两个本科文凭。苏忠超是杭外实验学校出来的，英文好，觉着留两年学拿个澳大利亚文凭也不错。那时他在浙工大已经开始挣钱，校歌唱大赛拿了奖，便去附近歌厅驻唱；英文好，便给别人做业余翻译，一左一右两条勤工俭学的路，贴补家里给不够的生活费。家里不是没钱，买单还得靠自己。两年下来，居然攒了一笔钱，又生出去澳大利亚踏点的念头。走的是旅游路径，自然包括考察与工大联姻的那所大学。逛了一圈之后，感觉自己一点儿都不喜欢那个地方。于是他对自己说，不喜欢的地方还去做什么？回来噌噌就把后两年的学籍开销了，只攥了张浙工大的专科文凭走出高校。

心里不郁闷肯定不是真的。刚开始的人生就为自己做了两次主，都不是凯旋，都没拿到亮丽结果。但苏忠超不后悔，他毕竟学会了给自己买单。

三

苏忠超受聘凯思捷国际服装贸易公司。这个外贸公司那会儿正火，正牛，单子做都做不过来，老板根本顾不上操练新来的大学生业务员，就给了间办公室，摆放了一人一张办公桌，让他们闲置着，放任自流。可一日青春一斗金，苏忠超哪里是个肯闲置的人。找来一本企业黄页，把嘉兴平湖众多制衣厂家的资料捋出来，又自掏腰包印了名片，背个包出发了。那时网络不发达，高速公路不发达，也没有手机，他只能揣一摞黄页里摘下来的名号地址，坐公交车咣当咣当寻过去。第一家，见是一只新鸟，敷衍了。第二家，扑扇的翅膀还是嫩，也敷衍了。第三家，敷衍中新鸟有了长进，能飞出一点高度了，对方即便还想敷衍，也得假装一点热情来应对。再

接下去，聪明的新鸟熟了业务，侃起来头头是道，别人再不敢小觑他。就这样在平湖泡了两个月，几乎把每个厂子的关系都掖进兜里。

回公司，恰逢老总贴出招贤榜，说是谁能摆平加拿大的一份订单，正空缺的欧洲部经理就是谁的。招贤榜在墙上贴了一周没人敢揭，是因为这份订单太难太复杂。总共三千件样衣，面料、款式、尺码、色卡就不下两千不同，还有诸多时间质量的限制，要做好这样一单前期生意，再承接后续的大批量订单，真不是想揭榜就能成事的。苏忠超明知没有他说话的份，憋了一周实在憋不住，还是把榜揭了。公司内部大哗。

权当耳边风。苏忠超目不斜视走过每间办公室的门，去见公司老总。老总拍拍他肩头，眉眼里是赞许，也是期待。

苏忠超次日就去了刚回来的那个地方。要说忐忑，也是新兵上阵的忐忑，情绪上的事。其实他心里是有底的，两个多月的勘探，这么多热络的厂家正等他来真格的呢。虽然人家不愁业务，苏忠超不是新的资源吗，这年头，多条接单做生意的通途有什么不好？

他把单子分发给二十多个厂家去做，再一个点一个点督阵。样衣不上流水线，他就陪着手工制作的裁缝熬夜、吃夜宵，困了随便在哪个角落眯一觉，那架势不是上头来的业务员，倒像厂子里监工的把头，弄得摊到任务的工人想歇也不好意思歇了。

一单复杂而难缠的样品衣就这么干净利索漂漂亮亮拿下。苏忠超因此坐上欧洲部经理的交椅。本是老总的承诺，因年纪太轻资历太浅才在职务前挂了个“副”字。

四

事实上，这类交椅并不是苏忠超想要的。他在公司做，他接下去的办厂，都是野心或者抱负浅尝辄止的实践与过渡。他回平阳向爷爷借了40万，与亲戚联手在平湖租厂房买设备办制衣厂。也剪彩开工，也接单做外贸服装，归根结底还是砸了，成为苏忠超办实业的一次滑铁卢。一胜一负，算是打了平手，苏忠超不玩了，揣着成功和失败的经验跨出国门，去了荷兰。

去读书，深造。

绕了一圈，又回到少年初衷，可跨越新世纪，到了2001年他毕竟不是少年了。

又面临选择。或读硕士，一年；或读本科，四年。苏忠超想学真本事，想深入细致了解西方，他选了四年本科。国际商业与管理研究，英文教学，是荷兰最好的学校。

如果聪明是上帝的恩赐，那么勤奋和刻苦却是自身的戒律。苏忠超在最好的学校成为最好的学生，有了不凡的名声。当然，他是唯一的中国学生，中国政治经济地位提高也很大程度托举了他。他受到各科教授的器重，提携他参与有关中国的主题活动。他不怯场，又有在中国从事经济活动的实践，就陪着教授作论证报告，登台演讲，博得赞赏。他很忙，却不耽误学业，仅用两年半时间修完四年课程，提前毕业。

没等毕业，就已受聘荷兰某经济顾问公司任商务顾问。这里的顾问有经济咨询和决策智囊的意思，一般都是跨国双向作业。他穿了西装打了领带，少年老成的形象有点职场精英的派头了。公司老板也是在主题活动和论证会上认识的，看重他的才干，付高薪早早挖了过去，并让他成为荷兰国第一个作为高科技人才引进的中国人。

他工作着，实践着，挣钱，挣职场经验，也挣书本上学不到的一切。他才25岁，人生的阅历已然超越了许多同龄人。

五

2006年，苏忠超作为海归杀回杭州。

不是荷兰待腻了，而是国内有太多的事好做，他雄心勃勃，不想放过唾手可得的机遇。

一是成立自己的顾问公司；二是办公系统电脑软件开发；三是再次伙同哥哥，与国内第四大电池企业巨江合资生产营销欧洲市场的汽车电池。这是他杭州顾问公司一手促成的强强联手，目前正投资兴建厂房，预计三年后欧洲市场占有率将抵达5%至8%之间。苏忠超信奉商界那句戒言，不要把全部鸡蛋放在一只篮里。

顾问公司总部设杭州，分公司在北京，是荷兰他任职的公司在中国的延伸，一个牌子两张脸面。欧洲企业要到中国融资、营销、开拓市场等等与商务有关的事项，就来找他公司作前导与参谋，把预测、分析乃至合作伙伴的所有铺垫都做好，然后全程陪同谈判。反之，中国企业要渗透到欧洲或者美国，则通过他找荷兰这家公司。说是顾问，其实就是联姻中外商界的红娘，鹊桥，并不参与实质性决策，却有软着陆的影响力。

他很忙，行色匆匆俨然一个空中飞人。那一年，他累积的机票是厚厚的一大摞，共108张，平均三天飞一趟，住酒店多过住钱塘江边那个自己一手打造的家。酒店都是那些国际商务酒店，连锁旗舰，陈设大同小异，所以常常是一觉醒来，只知身在哪家酒店，不知身在哪座城市。聆听浮躁的市声，俯瞰甲壳虫般的车流与熙攘的人群，身心交织着亢奋与疲惫。

电脑软件开发是不期而遇的一次合作。回杭州之初，苏忠超结识了一个德国小伙子，年纪比他还小，是一家德国驻华公司的软件工程师。有回在酒吧闲聊，苏忠超提到关于办公系统电脑程序开发的设想。中国人注重结果而不注重过程，所以办公系统的程序软件也往往有意无意忽略过程，这是本末倒置的信息错误。他以为过程才是真正实质性的，不管负面还是正面，都决定着结局的生死攸关。如果过程虚拟了，结局就是虚拟的果实，没了根也没了土壤，令人质疑。苏忠超很能侃也很能展示自己的才思，德国小伙子越听越兴奋，蓝眼睛都亮了。

两年后的一天，这位小伙子突然找到杭州顾问公司，兴致勃勃对苏忠超说，还记得酒吧那次聊天吗？我把有关过程的办公系统程序开发出来了！不愧是日耳曼人的后裔，认真、严谨、务实，潜心两年就把既没应允也没夸口的东西亮到他面前。苏忠超真的很感动，很钦佩，决定与之共同创立宜巴陆软件技术有限公司，一年投资500万，后续研发办公系统软硬件集成。宜巴陆借了八路军的谐名，是苏忠超对阳光、正义、蓬勃向上的遐想与追求。

六

说了太多苏忠超创业的故事，该回头看看他的私生活了，那是最本真的写实。

苏忠超与爷爷永远都是“忘年交”。只要人在中国，逢年过节都要去平阳看爷爷。假如出差温州，更是无论怎么忙也要赶去坐一坐的。甚至，突然想爷爷了，放下手头正做的事，飙车直奔平阳老宅，就在老人身边待一刻钟，说上几句话，急咻咻的牵挂和念想就安抚下来。爷爷已经90岁，身板还挺硬朗，苏忠超觉着爷爷始终都是他生命的依傍。可就在那一刻的几句话中，老人说，忠超啊，爷爷什么愿望都没了，就等抱你的小孙孙了。

苏忠超已是三十而立的男子汉，不小了，爷爷的要求一点儿都不过分。问题是他刚把同居了一年的女友送走，送出了婚姻范畴。不是女友有什么不好，而是他发现她与他在一起其实不开心，虽然她一直想要这个婚姻，而且也一直装出开心的样子。苏忠超或许太清醒了，他始终认为爱情不能有哪怕百分之一的勉强和附就。他常与许多优秀的女孩玩在一起，也很能展示自己内在的优秀，但他其实又是拘谨的，过于理性的，害怕失败的，在情场远不如在商场骁勇。还有谁比爷爷更知道自己的孙子，其实爷爷有的是重孙，爷爷这么说只是给他压力，希望他的青春有全方位的绽放。睿智的爷爷！

一点补缀：

苏忠超喜欢阅读，也喜欢旅游。旅游是受北京同事的启发，同事比他年长，已把世界上最经典的50个包括太空、北极也包括北京、西安的必到之处游历了42个，这番战绩很让做小辈的苏忠超眼馋，决心挑战记录。于是他出发了，首选是亚马逊丛林，背着背囊，扎着头巾，他觉得自己像极了出没丛林的印第安人。

苏忠超的阅读涉猎也很广，且不少书都读英文原版。他在书海捕捉到理性和遐想交糅的世界，这个世界让他睿智让他成熟。他说他的崇拜者是两个人，一是营销大师科特勒，市场逻辑思维令他叹为观止；二是誉为股神的巴菲特，在全球性风险最大的行业做最安全最稳定的工作。达则兼济天下。苏忠超希望做他们的徒弟，精神上的。

山外有山，天外有天

林丽霞泪眼迷蒙地对我说：那一日永生难忘，我把捂在怀里没捂热的儿子抛下了。他才四个多月，也不哭，一双乌亮的眼睛就这么瞪着我，我的腿软了，怎么也走不动。别人都以为出国是欢天喜地的事，对我，你信吗，却是撕心裂肺的痛。

我当然信。仿佛看到三月阳春下，一个女人飘忽的身影和沉重的步履。如今，三十年河东三十年河西，当时那个美丽年轻的小妈妈已阅尽世事变迁，披戴了岁月风霜。一件做工考究的红色中式小袄，闪现在餐馆古老的建筑时尚的装扮里。背景是柏林的黄昏带雨的秋色，有着中西合璧油画般的景致。我们守着一桌的小点和清致的凉茶，她说，我听，相互回望一个女人平常而不平常的生命轨迹。听到最后我发现，她其实还是过去那个她，藤桥的女儿，温州的媳妇，善良不变，要强不变，热心肠也不变。

女儿的乡村

林丽霞是读完小学三年级离开藤桥的。离开藤桥是因为带她们姐妹的外婆死了。她还小，只记得外婆临死前筛糠似的颤抖，抖得老式的眠床架子都要坍了。后来外婆躺在黑漆棺材里，被人抬了出去，她在后面哇哇哭着追，把鞋也踢蹬掉了。那时父母早已离开家乡去了青田，爸爸当乡长，妈妈窝在乡镇供销社的小屋里坐月子，弟弟刚出生，比她小了整整十岁。爸爸年纪轻轻就与藤桥林山村地主成分的爷爷决裂，参加了队伍，别着驳壳枪闹革命。妈妈原是山下的农家女孩，嫁了爸爸自然成了工作同志，怀女儿时硬是识了几个字，派去供销社卖布。工作同志要顾工作顾不了家，就把三个女儿扔给外婆。外婆没了，林丽霞领着妹妹回到青田某个乡镇母亲家。

又上了两年学，运动来了，学校关门歇了课。她像一夜之间长大，洗衣，做饭，带弟妹，简直就是全能的小管家。管家做腻了，就去山上采茶，背个背篓跟在大人后面一路小跑一路撒欢。春茶过了，又去车算盘珠子，这可不是一桩好做的活。搭条毛巾在肩头，车木架上一坐，把长木条切块，车圆，磨光，打洞，木屑与汗珠一起飞溅，气都喘不顺，贼累。也不是家里缺钱，一心就想自立。接下来有文艺宣传队招人，一个月十几元补贴，憋足了劲挤进去。表演太嫩，就在台后伴唱，唱《白毛女》。她嗓子清亮，唱歌人来疯，像是布谷鸟叫。没想变音期是不能这么唱的，唱过度就唱出了毛病。发烧发到41度，巡回演出的山岙里连拖拉机都没有，只好找农民用板车把她推出山外。父母赶来接她，早已不省人事，嗓子也从此嘶哑，清亮不再。

复课了，重回学校，在青田、藤桥两地相继读到高中毕业。一心想上大学，可那时大学门只对工农兵开，只好下乡，试图先做农民然后曲线上学。农村在她并不陌生，外婆家度过的童年都是美好记忆。可下乡的农村却展现了严酷的一面。十多名知青与农民睡一样的房，吃一样的饭，做一样的农活，过一样的日子。躬耕田畴胼手胝足的辛劳苦痛映衬着山野的炊烟，把三年时光填得满满的。没有快乐也不是真，淳朴的村民给予的关爱使她一辈子受用不尽。

由于表现出色，林丽霞在三年后抽调回城。但大学的门依旧不肯向她洞开，她招工进了百货公司当营业员。是熟稔的职业，早在母亲供销社的柜台见习过。算盘打得好，记账一目了然，没几天就升任收银员，坐到高高的柜台上。她俯瞰着商场里来去的人流，常常会问自己，我的一生就这么打发了？

山外有山

爱情是倏忽之间降临的。1980年年底，金建忠冷不丁就站到了她面前。金家林家是世交，两家孩子便也走动频繁，成了青梅竹马的玩伴。六年前，金建忠骑车从温州赶到林丽霞插队的知青点，告诉她他要出国了。两人突然就沉默了，隔了一辆自行车，心里很慌乱。金建忠嗫嚅着，欲言又止，最终还是什么也没说，木讷凄惶地走了。那个年代不像当下，男女情爱总是藏之于心羞于表白的。出去之初，金建忠常有信来，说些外面的好与不好，渐渐地信就疏了，最后两年竟没了只字片语。

原本没有承诺的，林丽霞便把一腔心事撂开，准备在看得见的视野里交男朋友。

没想到金建忠又冒了出来。冒出来不说，还拒绝温州家里给他介绍的一沓女孩子，直奔青田要娶林伯伯的女儿林丽霞。金建忠本是强悍的小伙子，执拗起来谁也挡不住。林丽霞半是感动半是爱慕，扔下青田关于自己的一切，跟他去了温州。

结婚，是1981年元旦。紧接着送新郎从北京回返柏林。蜜月没过完，那头餐馆的合伙人查出了绝症，只好心急火燎地走。林丽霞自是不舍，却无怨言。既然她选了一条漂泊放逐的路，夫妻相随看月亮的日子恐怕不会很多了。

不过是怀孕生子，把女儿嬗变为母亲的一个周期，林丽霞也离开温州来了德国。那是有太阳却让人感觉阴沉的日子，她记忆清晰，是因为母亲对儿子的负疚。

然后就是创业。从最小的一爿餐馆“莲花楼”做起。吃苦她不怕，有少小摸田螺、车算盘子以及当知青时春种夏收的艰难困苦做底，分明比城里女人多出点优势。难堪的是人生地不熟，嘴不能言语，耳不能听话，两眼一抹黑，四肢健全却像残疾人。便一边做楼面一边去私立学校学语言，下课铃未响，脚已跨到教室外，赶地铁，赶餐馆开门。客人点菜点酒，听不懂，直窜厨房鹦鹉学舌讨教丈夫，竟也应付下来。丈夫金建忠事业心强，有能力，又恰是德国中餐的旺盛期，就一爿一爿接连开店，最多时独家合股六爿店，包括“莲花楼”、“北京楼”、“中华园”，还有“华大利”之一之二。人在这种时候就成了织布梭子，来回穿梭。脚板走路赶不过来，就硬着头皮学交通规则，学开车。害怕也没用，该学的必须学。后来又生了女儿，请不到保姆，就放在婴儿篮里拎上拎下。有一回，女儿从篮里摔出来，就那么在地上趴了好几个钟头，肚皮冻得冰凉。林丽霞是真的心疼，欲哭无泪。

眼下这爿开在西柏林富人区的高档酒楼是1989年买下的。原是一幢百多年颓败的老别墅，重新修缮扩展，换了屋顶门窗，栽了花草，次年春焕然一新开了业，命名“华都”。恰值柏林墙推倒，德意志联邦统一，生意红火挡也挡不住。来吃饭的人天天排队，即便下雨打了伞也照排不误，餐厅里几乎没有消停的时候。来客又多是趾高气扬的有钱人，骨子里排外，对华有歧见，特别不好伺候。林丽霞管着楼面，跑堂最多时请了七八个，个个紧跑慢跑，腿肚子发颤。

荣誉和担当总是一面两头。朱镕基当总理的时候，曾经带了120人的大型经济考察团来柏林，下榻议会大厦附近的酒店。团里大多数代表吃不惯德国人的面包火腿肠，使馆于是一找找到“华都”，订下包括总理部长在内120位的工作餐。这是多

大的难题呀，夫妇俩一声不吭应诺下来。金建忠专门开车去荷兰采购比德国齐全的中国菜，还请了好几个厨师朋友帮忙烹制。林丽霞操作早餐，没有大型豆浆打磨机，就半夜三更起来，用家用小机器一杯一杯磨出来，攒到大桶里，再配上咸蛋花卷馒头，还有各式小菜。待拾掇停当，天已大亮，眼皮困得睁都睁不开。如此一日三餐，餐餐都是做好了，装上车，几十里地热腾腾送过去，再通过安检，递到代表团的餐桌上，任何细节都不能出岔。

之后江泽民总书记带访问团来，也是如法炮制。回想起来那段岁月真是金建忠林丽霞事业的鼎盛期，再忙，再累，再苦，也是意气风发的。

天外有天

到了世纪末世纪初，金建忠随了海外兵团的潮流回国投资去了，他是出国早的老华侨，杀回去也不甘落后，做啤酒，做地产，投资开稀有金属矿，战线越拉越长，驻扎国内的时间也越来越多，留守餐馆的林丽霞便成了单枪匹马的老板娘。

当经营餐馆成为惯性的日常，当挣钱不再是维持生存所需，林丽霞这个山里山外摔打过的女人想为社会奉献点什么了。她不甘寂寞。她跃跃欲试。

2000年，香港、澳门回归之后，欧洲中国和平统一促进会在德国柏林成立，旨在促进大陆与台湾的民间修好。林丽霞看好这个超越了地域狭隘促进民族统一大业的社团，积极参与随之成为骨干。后来这个会有了全球性分支，每年都有一次盛会轮流在世界各个角落召开，探讨海外炎黄子孙如何打破人为枷锁，增进友谊，树立众志成城的中国形象。林丽霞为此到过奥地利、俄罗斯、匈牙利、澳大利亚、巴西、日本等国与会，把一颗小女人的俗常之心舒展放飞，栖息在大社会的层面上。

不管是大陆汶川大地震，还是后来的台湾风灾，林丽霞都让金建忠开车载着她，一爿爿中国餐馆、一家家中国商店、一户户中国住家收集赈灾捐款。无论来自大陆还是台湾，在她眼里都是人同此心心同此理的中国人，都用不着游说，只要把滚烫的情绪传递，沉默是金。林丽霞在这些时候总是很感激她的先生金建忠，牵手情笃意绵绵。

那个春节，文化中国四海同春艺术团36人应邀来柏林演出，林丽霞们作为当地社团的主要组织者，断断续续忙了几个月。从发邀请函到接机安排食宿，从集资租演出场所到电话传真组织观众，每一个环节都是千头万绪，少一步就落实不了。很长一段时日，来吃饭喜欢与老板娘说说笑笑的老客人总也见不到林丽霞，都纳了闷起了疑心，以为她遭遇了什么麻烦。林丽霞笑笑，演出若出了纰漏，可不是麻烦？她可不像长大成人了的女儿，大学毕业做了某传媒公司的策展人。她的职业长项只是餐馆老板。

然而演出还是圆满落幕，一点纰漏都没出。只不过苦了编外策展人林丽霞，又担心又疲累，差点没在开演前的主持台上晕倒。事实上，这时的林丽霞已经当选德国华侨华人中国和平统一促进会的新任会长，经八十多人的理事会投票选举产生。多大的责任多大的承担啊，她再好强，心里也是怯怯的。再三推，终于没推掉。

后来，德中文化交流促进会也选她做副会长，这次她没有推，欣然前往。没推的原因在于，这个会的核心事务是办好移交过来的一所中文学校。规模很不小，五百名学生，多是华人子弟，在异域他乡接受母语训练。林丽霞喜欢管这桩事，奉献她的爱心。学校天生就是林丽霞亲近的地方，她的眷恋不是装能装出来的。每个周末，不管餐馆有多忙，她都会一大早开车赶到学校，她不上课，却要把课堂背后的所有难题妥善处理。场地，师资，生源，课程，还有最最关键的经费，没有一桩是小事，都比自家餐馆的事要大。她知道轻重，知道关系着中国文化的传承，所以她不敷衍，连细枝末节也捋得平平整整。她在这种关键时刻看上去更像学富五车的一个校长，面容里沉积着对文化对教育的感知和敬畏。

采访札记：

发稿之前，传来林丽霞被故乡侨界评为十大杰出女性的消息。我以为，她当之无愧。

林丽霞显然是个能做大事的女人，但做大事并不影响她对小事的周到。她不虚泛，也很少甜言蜜语，她的周到只在举手投足之处。

比如接我的机，航班误点，她本来可以随便找个咖啡吧消停消停的，但她怕我找不着，就一直在闸口不挪步地站等了一个多钟头，弄得我十分过意不去。

比如采访时在她餐馆吃的那顿午餐。听说我喜欢清淡，她特意让先生给我做了好几样青菜，尤其那道野菜豆腐虾仁汤，是我品尝过最好的美味。还比如，那壶伴我们采访的洋参菊花枸杞泡出来的凉茶，喝一口都是沁入心脾的甘甜。我不是没吃过更高档的大餐盛宴，但在一道家常菜一壶凉茶里品咂如此用心的体恤，却是少而又少的，我很感动。

同时我又相信，那不是我的特权，她对任何人都会这样做。

为家族飞翔

听说过黄品松、黄学铭父子，在法国侨界都是很出名的人物，口碑相传，见诸媒体的报道也不少。但我不想嚼别人吃过的香饽饽，另辟蹊径，找到了黄家的第三代，25岁的后生儿黄高翔。一个活力飞扬的名字，却有略微的腼腆，虽然已是家族企业公司新一代的总经理，将帅之才。青春是什么，青春意味着阅历浅，涉世不深，意味着生命仪式的起承与开端。我想知道，他正走着的路与父辈有什么不同。

不停的搬家是幼年最清晰的记忆

黄高翔的父母亲都是15岁从温州属下的瑞安一带漂洋过海来到法国的。那是20世纪70年代末，巴黎的中国人尤其温州人并不多，皮包皮带业也刚刚兴起，欧洲市场空间又大，只要肯动脑子，肯吃苦受累，一般都能挣到钱。黄高翔相信他的父母都是能干肯吃苦的人，所以短短五年到结婚到他出生的时候，父母已经与人合作皮包作坊，并且有了自己开在三区一爿名叫“高雅”（CARO）的皮包批发店，高雅这款品牌一直延续至今。

黄高翔是在巴黎四区的一家医院出生的。他是老大，也是唯一的男孩，他降临人世的第一次号哭就是象征福祉的天籁之音，使这个终日劳作着的家庭格外欢欣鼓舞。依然年轻的祖父祖母也从中国迁徙而来，守候在他降生的时刻。祖父原是银行职员，从此断了国家干部的履历。当然，不仅仅为他，是从家族的整体利益出发。

然而，黄高翔的婴儿期却是在皮包作坊一墙之隔的摇篮里度过的。没有谁能腾出空来照看他。只有饿了，尿了，奶奶才会急颠颠从作坊那头跑过来，喂他吃，哄他睡，然后再匆匆离开。大人们都说他很乖，很少哭，醒来就两眼骨碌碌看天花板，好像那里面有他的童话世界。

有点记忆之后，就是搬家，不停地搬来搬去，三区、美丽城，还有巴黎其他的角角落落，通常是一个家没住熟，便换到别处去，所以玩伴从来不固定，熟一个，丢一个。小学校也一样。这种极不安定的漂泊感黄高翔很小的时候就体验过了，他不喜欢自己经常是小朋友眼里陌生的面孔，他为此善感，苦恼。

终于，“高雅”越做越好，父母挣了钱，在他上小学以后到巴黎郊外买了一幢花园别墅。过去一直租屋，住得局促，乍一来到属于自家的大房子，黄高翔与妹妹满园子打滚，兴奋得手舞足蹈。可是问题来了，这个街区当时没有中国住户，左邻右舍都用异样的目光看他们。学校也从巴黎转过来，班里同样没有黄皮肤的亚洲孩子。黄高翔一口土生土长流利的法语，却像一座小小的喑哑的孤岛，被同学隔绝开来。黄高翔突然就有了朦朦胧胧的自我体认。他是中国人，是生他养他这片土地上的外来族裔。为此他伤心了很久。

后来有一段，大巴黎地区闹罢工，所有公立学校都参与罢工停课。父母十分焦灼，就把儿女转学到私立学校去。私立学校学费昂贵，但校风好校规严苛，教学质量也相对高一些，生源来自中上层社会的孩子，有教养，反而没有同学间的歧视。黄高翔如鱼得水，很快就把童稚的欢快找了回来，学习成绩也稳步上升。

直到中学毕业会考，考入巴黎索邦大学经济系。

退学巴黎索邦，走进上海复旦，他想知道自己要什么

与几乎所有男孩子一样，进大学前他也很是迷过一阵电子游戏，课余时间哪儿也不去，就墙似的挡在电脑前，亢奋地倾注智商和激情。入了大学，他和大多已成年的法国孩子一样，从父母家搬了出来，与同伴租住到学校附近的宿舍里。他意识到自己不再是小孩子，应该有所作为，咬咬牙便与电子游戏说拜拜了。然而索邦的课听下来，并没有提起他足够的兴趣。他不缺聪明，却觉着聪明没地方使，不知自己想要什么。熬过一年苦闷期，终于在一个清晨恍然醒悟。课也不去听了，径直找到父母亲的公司里。公司还叫“高雅”，还做皮包批发，却已今非昔比。货仓租得很大，办公室员工也坐得很齐整。父亲是最早去中国进货的始作俑者之一，价格有竞争力，生意就越做越大。

儿子上来就是硬邦邦的一句话：索邦的经济我不想读下去了，我要去上海，学中文。

父母傻了，被儿子的突如其来弄得莫名其妙。他从来都是循规蹈矩的乖儿子，父母似乎都没想到他也有揭竿而起的一天。而且，居然要去学中文？

黄高翔理解父母的吃惊，别说父母，连他自己也吃惊。他从小就没学过一天中文，不能读不能看是当然的，除了能说吭吭哧哧半生不熟的简单方言以外，普通话就是“你好”，“谢谢”，“再见”，多半句都没有。但这个念头绝非心血来潮，他已经想了很久。正因为不会，才要赶紧去学，他已经错过，再不补偿就没有机会了。他还对父母说，我已成人，要对家业有所承担，等我学好中文，就来挑公司的担子，我不让你们这么辛苦了。

一番话说得父母眼睛湿漉漉的。就这样，黄高翔去了上海复旦大学，开始学习自己的母语——中文。

他住在留学生楼，一个寝室两个铺，周边走动的都是老外，即便有几个中国人，同样不会说中文。老外同学大多来自英语国家，少数欧洲、亚洲的落了单，也跟着说英文。所以课堂里学来的中文，一到课余就溜之大吉，反而英文长进神速。

黄高翔有时也苦恼，但十八九岁的年龄正是大把挥霍青春的时候，他无法主宰原定的目标与方向，随波逐流跟着同学到处疯玩。他喜欢弹吉他，喜欢唱歌，便把学校周围的酒吧坐了个遍，又谈又唱，高谈阔论。唯有一点恪守准则，他不挥霍钱财，他深知父母挣钱的辛苦，他也算是公子哥儿，却拒绝做纨绔子弟。

一年下来回到巴黎，他打开中文“行李箱”，才发现自己的收获微乎其微。他脸红了，无地自容。他把自己关在屋子里，抱着吉他弹很忧郁的曲子。再走出来，眼神也变了。

他把行李箱合上，二度出发上海。这一回是去了交通大学，仍住在留学生楼，却不再醉心演绎青春的狂欢。他变得刻苦，教室里教室外都只逮住中文不放，他有了非常明显的长进。又是一年的课程，他的心智成熟，中文长大，再走到上海大街，没有“香蕉人”的文化隔阂，像是一个说母语的中国人了。

他完成了蜕变的过程，知道自己想要什么了。

对家族的承诺与承担，原本就是他存在的意义

回到巴黎，在法国人公司实习了一个月，黄高翔正式步入家族企业，创立“高雅”旗下的子公司NEW CARO，也就是新“高雅”任总经理。不足22岁，压上肩头的担子却是沉的，有时难免会不堪重负地趔趄一下。他以为经受摔打理所当然。对家族的承诺与承担，原本就是他存在的意义。

NEW CARO设在巴黎郊区人称温州租界的欧拜维利耶商业群里，周边是琳琅满目的商家店铺。新公司原是策划从皮包业分流出来，涉足鞋帽生意的。尝试后发现鞋帽市场已然饱和，同胞商家为分得残羹剩汤互相杀价，几乎没了空间。黄高翔掉头就走，重回父辈老行业。年轻就是好，撑船快，掉头也快。但回老行业并不是走老路，而是做新的品牌新的系列。

ELITE原是全球知名的模特公司，超级时尚名牌的广告模特都是通过他们发掘、包装、代理，其中也有脱颖而出成为世界顶尖名模的，ELITE因此在时尚界名闻遐迩。公司决策人自然不会闲置这笔天价甚至无价的资源，以品牌实体的姿态进军国际时尚界。经过筹谋运作，黄高翔的NEW CARO在父母老“高雅”公司支撑下拿到了独家开发营销ELITE皮包手袋授权，正式加盟已在市场不断升温的知名品牌。这是一条走向高档名品的捷径，省略了从ABC初创的原始积累阶段。

这条捷径让初生牛犊黄高翔走起来很顺。ELITE手袋上市了，设计新潮，材质新颖，制作工艺简洁洗练，价位适中，以时尚为旗帜，借着模特公司的知名度，一炮走红。生产基地设在中国东莞，由祖父出山管理，他除了与父母共同决策之外，着重抓营销，因了学中文而突飞猛进的英文让他如虎添翼，把欧洲、北非以及如迪

拜那样的阿拉伯国家的客户一网打尽。他仿佛天生就是做生意的料，一上手就把市场摆弄得熨熨帖帖。去年一年，新、老高雅的营销额逼近千万欧元，这份业绩对全球经济危机中的家族企业来说，该是相当亮丽了。当然，这是一个家族的整体努力，属于爷爷，属于父母，也属于全体高雅人。黄高翔对此十分清醒，他虽然已站到了父辈的肩膀上，依然对他们是仰视的姿态。而且，怀有一份感恩。

爱情就这样在婚姻的前提下被预知地演绎

黄高翔名副其实是家族的儿子，就连他的爱情与婚姻，也有父母撮合的意思。黄高翔不以为这样有什么不好。以他对婚姻再简单不过的逻辑就是，有爱情的婚姻就是好的，形式都在其次。

在上海的时候，他曾经有过一位塞尔维亚裔的女朋友，是学中文的同学，他俩一起弹吉他，唱歌，跳舞，狂欢，耳鬓厮磨挥霍青春。这种时候，他是完全意义的欧洲孩子，心理上没有任何羁绊，男女聚散都是闪电般的明快，并没把黄头发蓝眼睛的女友刻意想象成厮守终生的对象，他觉着婚姻对他这个年纪就好比天边的霓虹，遥远而虚幻。

一旦回到巴黎，父母听说儿子相爱了，十分警觉。海外温州人一般都排斥跨国婚姻，因为骨子里他们不认同居住国当地的文化理念。黄高翔的父母亦不可能例外。于是暗地里紧锣密鼓在温州人圈子里给儿子物色对象。无巧不成书，皮包业的一户同行也正替女儿张罗婚嫁，这头是瑞安，那方是七都，同埠乡邻一拍即合，编导了一出意在牵线搭桥的相亲。两个年轻人不明就里，糊里糊涂就被牵进了由别人签字画押的鸳鸯谱。幸亏是不明就里，否则两个纯粹法国脑子的年轻人是再也不肯赴这个宴的。

紧接着，是巴黎一年两季的皮包手袋展销会。黄高翔与后来的丈母娘在展厅相遇。丈母娘“顺便”递给他一张小纸条，上面写着她女儿的手机号码，有意无意地说，余毅会等你电话。

余毅就是黄高翔将要一生执手相随的爱人。余毅是在里尔出生，后来随父母搬迁巴黎的。与黄高翔中途退学不同的是，她已念完大学，正修硕士乃至博士学位。余毅是聪慧的女孩，她发现黄高翔并不阳刚的表象下其实潜藏着男子汉的承担与责任，她不怀疑这是一个可以托付终身的人。

爱情就这样在婚姻前提下被预知地演绎。第一次约会，竟发现两个人很谈得来，像是早已熟稔。其实也不奇怪，双方的族群、血缘、生存处境、文化渊源都那么相像，志同道合也是顺理成章的事。

两年后，他们结婚了。婚礼是全盘法国的仪式，古典，隆重，即便奢华也是不张扬的奢华。是新郎新娘执意的选择。这一回，双方长辈都作了让步。

婚礼结束，一对新人就住进了挨近凯旋门的高尚公寓，老式电梯把他们载上载下，分解着幸福生活的每一寸时光。白天，高翔上班，余毅上课；晚上回家，余毅做饭，高翔洗碗，然后，守在温馨的灯下，夜读，弹唱，健身。或者干脆什么都不做，就你看着我，我看着你，把爱恋传递。这种时候，他们真的很中国，就像住在瑞安或七都的某个角落，就像从没啃过洋面包。

余毅很知足。黄高翔也很知足。

采访札记：

照片里的黄高翔在弹吉他，他只有以这个姿态出现在镜头里才是百分之百的松弛。他说他没有接受过媒体采访，多少有些别扭。他还说他太普通，没什么值得写。我说我的专栏从不排斥普通人，我要追踪的正是海外温州人最普通最大众的生存处境。

我们就用普通话对谈，实在找不准恰当表达时才用掺杂了法语的句式，我们竟然聊得很不错。但他毕竟是经过现代文明洗礼的西方式中国小伙子，即便传统也是颠覆过的传统，能让我轻而易举分辨出理念上的某种超越。

也问过他对自己的身份认同。他说，我是中西文化滋养出来的混血儿，既是中国人，也是法国人，归根结底还是中国人。

我以为他的界定很清晰。

苦孩子的精彩人生

父亲去了，弟弟来了，生死聚散一日间。他踉跄着，7岁的肩头不堪重负

那时，张新建还很小，7岁，刚来荷兰一年。

天突然就塌下来，把一个小家砸出了大窟窿。父亲死了。父亲还相当年轻，却走得草率而匆促，连病症都没弄清楚。荷兰大夫是给过诊断结论的，大抵是脑溢血之类，但母亲和小新建听不懂。

记忆犹新的是，他被人从学校接到医院，看见病房里一片肃杀，白被单掩盖了父亲冰凉的身体，腆着大肚子的母亲伏在被单上撕心裂肺地哭，哭得浑身打战。他很害怕，抓着门框不敢进屋。对过的窗外是比黄昏还要黑的阴霾。

1979年是父亲来荷兰的第六个年头。父亲的海外生涯是有渊源的，祖父就是二战前扒货轮出来的老华侨。但从下飞机到病发倒地，父亲自始至终都打一份餐馆厨房的工，积了点小钱，办了很不易的身份，才于1978年把老家藤桥的妻子和儿子申请出来团聚。6岁的小新建出来了，3岁的弟弟没被公安部门核准，作为当时中国公民出境每户必留一人的原则留守原籍。自然，缺了弟弟的团聚也是团聚。当没有任何记忆的一个男人作为父亲站到面前，小新建很开心，觉着有妈妈又有爸爸的日子真好。没想到好日子一年就过到了头，父亲好比圣诞节白胡子红衣红帽的圣诞老人，由上帝派了来，给他短暂的惊喜，旋即又被上帝召回去。抓着门框的小新建反而觉得还是藤桥的日子好，见不着父亲，却有实在的念想，不像眼前，活生生的父亲躺在白被单里，再也醒不过来。

更不可思议的是，母亲趴在父亲身上哭了一下午，竟在黄昏过后黑夜降临的时辰里产下了小新建的第二个弟弟。婴儿的啼声清亮而昂扬，掩盖了哥哥的啜泣。小新建离开父亲走进产科病房，看见一张肉嘟嘟的小脸在襁褓里扭来扭去，母亲倚着床，没来得及笑，眼泪又扑簌簌滴落下来。弟弟来得不是时候，给丧夫亡父的家雪上加霜，平添悲苦。小新建突然有些明白，从今往后这个家或许就该靠他了。7岁的他踉跄着，肩头不堪重负。

小翻译不再结巴不再脸红，转瞬间就长大了，长成了大人

父亲的老板体恤孤儿寡母，把原来那间小屋留给他们暂住。住得挤不说，还占了其他厨工的床位，母亲日夜不安，便向老华侨们打听，得知政府原是可以给孤寡贫弱家庭福利保障的。母亲不知从哪里弄来一个电话号码，要放学回家的小新建为家里申请房子。母亲从藤桥来荷兰，纯粹是个聋子和哑巴，不求儿子还能求谁？小新建虽然也只上了一年小学，却有全班第一的好成绩，荷兰话已说得不拗口。但申请房子这类事，7岁多的孩子又能奈何？小新建却一点儿不怯场，撂起话筒就拨号，果然是，穷人的孩子早当家。电话接通，他奶声奶气把母亲教他的一番陈述译成荷语说了，对方听出破绽，误以为是比他大的女孩，倒也和蔼，说小姐，这事电话里说不清楚，请你家大人约时间来这里谈。

于是小新建牵着母亲的手去了。这回母亲是当事人，他则充当翻译。小翻译的脸是紧张的潮红，语气有些急，缓不过来就结巴着，眉眼也涨红。政府福利机构的公务员们哪见过这么小不点的翻译，大家忍俊不禁，算是开了眼界。后来的张新建回首往事，总愿意把这个记忆作为他人生的第一次出场。有了这早于别人至少十年的第一次，以后的许许多多大场面就都有了垫底，不足为怪了。

房子在一年之后到手，是政府的廉租救济房，一家三口搬进去，住得很宽敞。再申请衣食补助、儿童抚恤金，等等。人道社会的福利就是还给贫困者一份基本生存无忧的常态。小新建依旧牵了母亲的手，频繁地出入于各个福利机构，渐渐地连母亲不用解释，他也知道怎么跟人说了。他不再结巴不再脸红，仿佛转瞬间就长大了，长成了大人。

在学校，他还是孩子。个子小，总是坐到前排，成绩也是从未落后过的前茅。从小学到高中，每学期每学年都是优等生。虽然读初中时家里有了继父，有了在港口城市海林铎新开的迎宾酒楼，他放学回家就是挑大梁的楼面侍应生，夜夜忙到打烊，

作业五更起来做，在校依然旌旗不倒。老师来上课，总要冲他的座位眨眼睛，惜爱之情难以言表。母亲更甚，晚餐时辰未到，就会站到门外，暮色里朝来路眺望，不迎候食客，只等儿子放学。实在是，餐厅缺谁都行，就是少不了儿子。张新建的童年、少年乃至青春期就在这样的重压和众望中一一走过，步履蹒跚却峰回路转，走出了开阔的前景。

要考大学了，家人和老师同学都以为张新建会选择学文科的法律、金融，或者工商管理之类，他却另辟蹊径选择了机械工程，考入荷兰TWENTE大学机械建筑学系。他以为接受高等教育的专业途径并不重要，关键是逻辑思维和创造力的训练。这时的他非常有主见，把握自身人生之舵已然举重若轻。大学里他秉承一贯先锋和优秀，既是各科考试的分数冠军，也是历届学生会长，社会活动佼佼者。有教授断言，作为中国背景的外裔学生，他具备了融入本土参政议政的所有可能性，假如哪天议员部长席上出现新面孔，或许就会是他。他笑笑，不置可否。

1996年，张新建大学毕业，很低调地出任一家大公司的项目工程师，并在其后三年偃旗息鼓，悄无声息。熟悉他的才华并对其前景作过种种断言的人因此大跌眼镜。

“张裔”出名了。新潮中餐出名了。他站到四面来风八方飞扬的高台上

重新在公众视野露面已是新世纪之后。张新建作为荷兰皇家中国饮食业公会主席，站到荷华支柱产业前沿，与名厨叶震宇、WOK餐排头兵郭文飞等人一起，引领中餐在郁金香王国从衰亡脱胎换骨走向复苏。这是名副其实的一场革命，张新建选择不做项目工程师而回返中餐业，不仅仅当自己的老板，赚钞票，是有更宏大的理念支撑的。在此之前，他先在旅游胜地开出一家足以称霸的大酒楼，继而又在阿姆斯特丹打造他高档豪华的新潮中餐“张裔”。大酒楼虽在理念上已有探索尝试，归根结底还是张家三兄弟与继父精诚合作的家族模式。继父自从1986年走进母亲与三个儿子孤寡的家，就像栋梁，把坍倒的屋厦撑起来。二弟跟他学了烹饪，掌了酒楼内厨的大勺。然而张新建雄心勃勃地回来，不是一个酒楼的兴旺发达就足够喜形于色的。传统中餐在全球大整合新时期跟不上趟的阵痛、衰微有目共睹，倘若不改变中餐停滞不前的落后状态，提升它在国际餐饮现代化进程中的地位，在荷华人的主干产业将会再次变陈渣为泡沫，别说发展融入，生存也会重新成为难题。他是清醒

的，带了理念的锋芒而来，他要像儿时那样，把肩上的重任担当起来。

于是，“张裔”诞生了。一爿开在阿姆斯特丹心脏地带的国际餐饮名店，新潮、高档，精致，就像周围那些时尚名牌迪奥、古琦，卡地亚、路易威登。“张裔”并不大，只有百来个座位，不仅餐色，不仅装潢，连餐巾台布杯盘餐具也都交由欧洲知名厂商量身定制，每一处细节无不折射出“张裔”与菜色相呼应的或飞扬或含蓄的个性。个性往往都是奢侈的，张新建花起钱来大手笔，设计请了名家，施工也是名家，实在称不上大而堂皇的一个场面，单装修就投了将近百万欧元。

“张裔”是中餐。“张裔”又不是中餐。“张裔”的内容是中餐，滋味、用料、烹饪传承、文化精髓堪称中国；形式却是西餐，餐式、盘式、配酒甚至氛围都很荷兰。不谙底细的绅士淑女走过“张裔”贵族式门庭，断然不知内里铺陈的竟是改良过的东方佳肴。唯有享受了个中三昧，才能见识到哪怕最极致西餐也无法比拟的东方式口感。“张裔”一反传统中餐的经营方式，用荷兰裔经理，有熟稔精到的配酒师，有遍寻而来配餐的上百种葡萄名酒，价位高怕什么，只要吃得开心喝得尽兴，荷兰人还不照样觥筹交错手舞足蹈。“张裔”的邻居是阿姆斯特丹最著名的音乐厅，时有大型交响音乐会上演，或肖邦，或莫扎特，或当代大牌音乐家，很少间断，所以“张裔”晚餐的第一轮席位总是坐满了先用餐后听音乐会的上层消费者。这些达官贵人或绅士淑女喜好享受品位，并且钱包永远都是鼓囊囊的。“张裔”虽是中餐，却与音乐会一样，非但不会掉这些人的身价，还给出想不到的惊喜。

于是“张裔”出名了。张新建和他的新潮中餐及全新现代经营模式出名了。荷兰各大新闻媒介如《NOS新闻联播节目》、《荷兰邮报》、《人民报》、《综合报》、《经贸新闻电台》和各类生活时尚杂志以及各地区平面立体媒介都做了热烈关注和相关报道。张新建简直就是一个风云人物，站到了四面来风八方飞扬的高台上。

荷兰政府终于松了口，谈判以中国饮食业公会的全胜而落幕

然而，张新建是清醒的，作为荷兰皇家中国饮食业公会主席，只立足自己的“张裔”就是拉大旗作虎皮了。张新建虽然6岁就离开家乡藤桥，如今连普通话都说不好，中国文化的濡染却渗透肌肤直抵骨血，他坚信自己永远都是中国的儿子。在改良传统中餐，抢夺中餐业同胞话语权的全过程中，他时刻都被“黑工”这一难题困

扰，痛心疾首。荷兰的劳工法移民法极端严苛，“黑工”实在是聘不到厨师的权宜之计无奈之举，却把许多中餐馆推向死地。在上千公会会员的呼吁下，张新建提出议案，递交劳工部、移民局，并开始周而复始的努力。荷兰的“衙门”也是“衙门”，要把一个外族议案跑成兑现的法令该有多难谁都可以想见。第一回踏入劳工部，约见的官员甚至连卷宗看都不看一眼就信手扔到桌案的文件堆里。张新建想起7岁时被母亲牵着手去要房子的经历，不愠不恼，把漠视吞咽下去。他不再是7岁的年纪，他已成熟，有充分的心理准备走一条为同胞争取权益的不平坦的长路。再去，书面换成口述，不等别人提问，先已滔滔不绝。语言和口才都不是障碍，除了荷兰语，张新建的英语、德语表达也丝毫没有问题。劳工部官员显然大大地吃了一惊，没想到看起来忠厚腼腆的中国小伙子竟有如此清晰雄辩的论证能力。马拉松谈判以此拉开序幕，张新建代表了中国饮食业公会，另一方则是荷兰劳工部和移民局。谈判不纯粹是玩嘴皮子，还需要按照对方的条件做许多脚踏实地的事，比如开办中厨培训班，招收荷兰失业者学做中餐；短期引进中国厨师缓解用人缺口，下降中国餐馆“黑工”指数要求；摒弃中餐老店脏乱差现状，吐故纳新，整合一批适应新形势下的新型饭

店新潮中餐，等等。都是难题，也都是谈判成功的前提。

结局是：荷兰人中餐培训班以失败告终。短期引进效果明显，“黑工”指数直线下降。新潮中餐类似“张裔”或WOK连锁雨后春笋一般，整合告成……成与败都是张新建们“放宽劳工条例，引进中餐专业厨师”议案的可行性论证。荷兰政府终于松了口，敦促劳工部、移民局制定完善了有关引进专业人员长期悬而不决的身份问题的法令。谈判以中国饮食业公会的全胜而落幕——大批温州餐厨界的后起之秀以合法渠道输入荷兰，中餐业后继无人的核心问题得以最妥善解决。

千万别小看这个议案的成功。决不耸人听闻，它关乎中餐馆在荷兰的生死，关乎华商支柱产业在欧洲的发达壮大，关乎中国食文化在西方乃至全球的渗透与覆盖，意义是无限的。

一点补缀：

张新建显然看清了“放宽劳工条例，引进中餐专业厨师”这一议案的意义所在。

他是胸有韬略的胜者。长达几年与政府机构推手般的交锋，究竟有过多少个回合连他自己也记不清了。谈判是面上的事，背后则是不间断的各级政要之间的穿梭与斡旋，腿跑折了，嘴说破了，不靠别的就靠诚意。他甚至连外交部都进了，连首相都见了。不想别的，就想他是中国饮食公会主席，成败都在肩上扛着。

一个藤桥生荷兰长的农家孩子，竟有如此担当，不佩服都不行。

女人的成功是美丽

在音乐之都维也纳，精彩的人生美丽的女人一定不会少，但在华人族群尤其温州人圈子里，叶双双的多姿多彩，却是一道亮丽的风景线，摇曳在姐妹们心悦诚服的注视里。事业成功在其次，做人出色才是魅力所在。

据说她能干，生意做得很好，不管是开餐馆开超市还是收购、经营破产的中国中心。做人则更好，比如帮助落魄乡邻从来不图回报，比如留出超市底楼不出租，装修一新给妇女老人作永久性的活动中心。据说她靓丽，穿衣着装甚有品位，是那帮钦羡孔雀开屏的女人们钦羡的时装模特。据说她幸福，老公宠爱，儿子崇拜，小家温馨大家和睦，父母亲友甚至一些原本不相识的人个个对她心怀感念……没错，她有很不少的据说，但我第一次见她时，她就坐在丈夫身边，衣着简单，神情随意，并不像据说中那般夺人眼球。她看起来普通，家常，却给人舒心的感觉。我恍然明白，这看起来普通家常的舒心，就是那些据说最抽象也最精彩的概括。

母亲肚角里的小龙女

人都说，叶双双是母亲肚角里爬出的小龙女，此话不假。哥哥大她18岁，姐姐大她13岁，母亲怎么也没料到会在迟来的龙年又生出粉嘟嘟的婴儿来。母亲是裁缝，嫁了工人，过一份俗世里的寻常日子。唯有1964年幺女的出生，是生命的一次奇遇，令她惊喜和自得。

先是打绳巷小学，再是温六中，叶双双没有任何悬念读到高中毕业，进了新华药店做学徒。那时的年轻媛儿在职场情场都有几分敬畏几分腼腆，但叶双双在药店的劳作是快乐的，她的快乐感染了柜台前柜台后买药抓药的人。下班也不闲着，上夜校，学业务，19岁就把相当于药剂师的执照考下来。那时她可没想出国，人生计划单纯又实在，开一爿属于自己的小药店，磅秤出，银秤进，打造不愁吃穿的殷实小康。

命运从后来的夫君陈少雄进门那一刻开始改变。陈少雄与叶双双是同学，那时男女生隔膜，高中几年从未说过话。然而不搭腔不等于没有青春期的互为吸引。毕业后，陈少雄居然循着通讯录找上门来，话不多，爱慕之心尽在无言中。叶双双慌了，一张脸涨得绯红。男同学无端上门对她便是爱情信号，她请客人坐，送去茶，自己在远远的椅上坐，手抖个不停，觉得难为情，便悄悄塞到腿下，掩耳盗铃。陈少雄不比她镇定，上门也是豁出去的劲头。这一眼却看得真切，看到了她的慌乱，心里反倒有了底。若是无意，她慌什么？

果然，都没来得及演绎肥皂剧里的那些风花雪月，一对初恋情侣早早步入婚姻殿堂。叶双双后来对所有同学的解释只有两个字：缘分。嫁了陈少雄，她很知足。陈少雄呢，在老婆坐月子时被朋友拽去大鹰岩玩，算命先生瞅住他说，你娶了个好老婆，有帮夫运，挡都挡不住。乐得自觉幸运的他变本加厉地笑。

有帮夫运的女人说：分离是痛

叶双双津津乐道自己的帮夫运，便把开药店的宏伟计划讲给躺在身边的人听。丈夫嗯嗯应着，两眼却在洞黑的夜里搜寻。聪明如双双，顿时明白这个男人有自己的预谋，他的预谋要比小药店大得多。

果然，陈少雄没多久就把出国的事办妥了。照理，父亲是人武部出身的干部，在各阶层不乏路子与同好，给儿子弄个喝喝茶看看报的“肥缺”并不难。可陈少雄不稀罕，姐姐在奥地利，他的心思只在那边。同是下海，索性玩一回全然陌生的水，那才叫刺激，才叫挑战。当一纸辗转玻利维亚的签证掷到面前，叶双双看见丈夫燃烧的眼睛。没想到平日斯文的男人会有这类绽放于生命的激情。叶双双心里再不舍，也只能放手。

怀孕四个月，小儿子正在肚里，叶双双送丈夫上路。那时温州没有飞机火车，只能一路换车转到广州。丈夫这一趟无疑是险恶的西行，连玻利维亚的签证都是花十多万弄出来的，能否顺利转到奥地利谁都没有把握。前方命途难料，身后债台高筑，叶双双硬是替丈夫在内衣里绑了几家人拼凑出来的三千美金，形影相随送丈夫上了飞机。只身回到旅店，盯着脏兮兮的墙发愣。灯影摇曳，晃出一脸惨白。叶双双觉得自己像踩在悬崖上，心很空。

虽然此番蹚路有惊无险，虽然陈少雄信守承诺，让妻儿在两年后的1990年夏以合法移民身份来到奥地利，叶双双始终对小旅店那个风声鹤唳的夜晚难以释怀，她会告诉那一刻还未出生的小儿子，妈妈是怎样圈着肚里的他絮叨魂不守舍的话。她说人生的痛就是分离。

所以，团聚后的任何苦都不再是苦，餐馆里洗地洗厕所洗杯盘做得兴致勃勃毫无怨言。别人从零开始，自己则从负数开始，只要夫唱妇随，不怕没有可唱的戏。叶双双对丈夫是满意的，他在早来的两年里，已勤勉学习闯过了语言关。又撺掇他学开车，考下车牌贷款买车，买了车再去上专业培训班。陈少雄的德语真不是吹的，没用翻译，第一个考出了餐饮管理执照。彼此心照不宣，来国外不是打工的，要争分夺秒扫清一切障碍。再两年，夫妻俩攥了打工攒下的工钱，开车寻找餐馆。这点点钱，要还温州那边的债务，要抚养留在母亲膝下的小儿子，要支付买车的贷款，也要维持这边一家三口的生活费用，还能剩下多少？可衣袋羞涩脸面并不羞涩，只要轮休，就带上瞌睡未醒的儿子，一大早开车出去。那是一个命运来敲门的日子，他们在下奥州省府圣堡尔顿找到了后来打造为“华丽都”的那块黄金白银之地。原是破

败的西餐馆，被当地人连铺面带楼层买下修复了出租。很眼热的街面，很开阔的门庭，已有不少老华侨来问，房东都没搭理，理由是不信任中国人的灰色经营。叶双双牵了儿子的小手走进去，居然博得好感，无条件租赁。夫妻俩兴冲冲回餐馆辞工，大伙儿都吃惊，神速啊，不到两年开店当老板。

楼上有狭窄局促的住房。隔出个小间，铺上大床，算是老板一家三口的安身之地，卫生间的墙也是自己买了瓷砖一块块镶嵌起来。再在剩余空间安两张上下铺，员工的住处挤挤也有了。手里的钱只够勉强搭出两个窝，餐馆装修全靠银行贷款。叶双双这时露出了真人真相。她要台湾产的装修材料，要东方庭院式格局，要双龙戏珠的对称，还要高档桌椅自制配套的台布餐巾，还要盆景插花，总之少一个细节都不行，一切都要那个年代最好的。老债未清，又背了银行相当几十万欧元的贷款。万一餐馆做砸了，凭夫妻俩打工，恐怕连每月的利息都还不出，他们居然就敢!

完美的老板与完美的事业

其实，叶双双同样心里没底，但追求完美是她的习惯品性，她没法敷衍。逼到墙角，没有退路了，就把自个儿榨干。夫妻都做前台，丈夫语言好，她是姿态和笑容好。每天早早起床，工人拖过的地她再拖一遍，工人擦过的杯盘她再擦一遍，台布上有一滴油渍也要换过，插花必须是沾了晨露的鲜花，甚至敲一枚钉挂一幅画也要自己来。想想，一个宫廷式的餐厅会有多少细节等她事必亲躬。一年年下来，生意越做越旺，座位挤得水泄不通，还要排队，她却越熬越瘦，体重从50多公斤下跌到39公斤，子宫下垂，入座都难，只能一点一点挪动屁股。工人说从来没见过这么勤勉的老板娘。她则心里明镜一般，身上背座债山，不勤勉死定了。

然而，一个餐馆要想成为食客首选，光靠勤勉是不够的，菜品质量及服务精益求精才是根本所在。叶双双太有心得了。大师傅技艺再好也会失手，比如，盘式上的腰果炸焦了几粒，她会把整道菜婉转退回，再出一盘吧，这菜留着自己吃了。让厨师既心里明白又下了台阶。再比如，一道鸭汁水浓了些，色泽不够好，她端到桌边又会窸窸窣窣折回来，总是不肯敷衍。还比如，铁板牛柳的食客抱怨菜咸了点，她莞尔一笑，说，没准我们大师傅失恋了。借用奥地利人的幽默，先舒缓气氛，再送水果盘或者尝新的优惠券，轻轻松松就把不快变成笼络的由头，顾客下回怎能不进门？

当餐馆真做成了摇钱树，陈少雄便腾挪有致跨领域施展拳脚去了。他为中国引进电力设备牵线搭桥也算歪打正着。中方奥方在商务洽谈中常因语言障碍形成鸡同鸭讲的局面，奥方便找他去做翻译，渐渐懂了，先做中介，再建外向型企业，业绩很是亮丽。以致奥地利总理几番带大型企业去中国招商都会邀他同行。这类生意是大生意，适合男人去做，“华丽都”则在以后十年里成了叶双双唱独角戏的地盘。即便如此，她还是踢踏着舞步，把曾经最火最知名的台湾饭店挤兑得太阳落山，把外州的餐馆做得首都维也纳也名闻遐迩。

永远微笑的一张脸

叶双双踌躇满志。已然成年和正在成年的两个儿子突然在2006年的某一天问她，妈妈，你挣钱挣够了没有？她一愣怔，如梦方醒。是呵，孩子很快脱离母翼飞向远空，错过这一站，人生的天伦之乐也将失之交臂。她做母亲的一贯理念是，不为孩子积累财富，只把孩子当作财富。可一味挣钱，不都拧了？

徘徊多日，她决定卸下“华丽都”的辉煌，还专职母亲的自由身。可毕竟倾注了多年心血，真舍不得卖，就租给亲戚，好歹留个念想。然后抽身回国，在温州、上海、北京都买下不止一处房产。原想着让儿子大学毕业回北京、上海学中文有个窝，买顺了手就有些收不住。那年是出国后第一次在温州过春节，新家拾掇得像伊甸园，迎候老公儿子尽享温馨浪漫。

偏一个越洋电话打过来，有亲戚手头紧，要把维也纳街巷里的食品小超市卖给她。不就一爿小店，找个店员看着就好。恰恰忘了自己追求完美的秉性，于是换地换门换货架，几乎推倒重来。没等开业，一个消息传来，破产的中国商业中心要拍卖！中国中心是幢好几层的大楼，地处维也纳市中心，由于经营不善，庞大债务无法偿还而倒闭。因了中国渊源，觊觎的华商自然很多，求购电话都打翻了。

这对叶双双的小超市无疑是威胁。店没来得及开，灭顶之灾倒先来了。叶双双哪还顾得上什么天伦之乐，次日一早挽起丈夫的臂膀走出门。有资金底气垫底，心下已是志在必夺。就短短一周，当那帮觊觎者都没弄明白怎么回事，他俩已把拍卖的整幢楼一举拿下。可是拿到钥匙，她却不敢进去，里面断电断水，房顶蜘蛛结网，墙根老鼠筑窝，阴森森像座凶宅。不亚于在废墟中挖掘城堡，待重新布局重新修茸再一间间店铺租出去，“中国中心”还真有了热闹红火的中国气氛。当然了，临街最好的铺面叶双双留给自己，开出了一爿奥地利最大的亚洲食品超市，专职妈妈的遐想自然搁浅。

如今生意兴旺固然人人说好，可当初，因为停车不便，出口处台阶过高，也因为毗邻的竞争对象虎视眈眈，他们夫妇又从未经营过超市，几乎众口一词：死定了！叶双双还真不信，把当年做餐馆的心思劲头重演一遍，把对货品质量的精益求精和对顾客的真诚善意延续下来。铺面货架的整洁几乎达到全欧亚洲超市之最，货品半数以上来自日本韩国台湾香港等地，价位固然高一些，卫生质量却有保证。谁不知道生命可贵，谁又会在入口的东西上省几文小钱与自己的身体开玩笑？还有，岁数大的进门她端凳子请人坐，买多了菜的她替人拎出门，送到车上。顾客在她这里形同家人如沐春风，岂肯再把生意送到别处。叶双双是永远勤勉的一双手，永远微笑的一张脸，卖出的不仅仅是吃食，还有人与人之间最起码也最美好的情愫。

恰如开餐馆那会儿的旧事。圣堡尔顿是包括维也纳郊区在内的下奥州首府，那些打黑工被拘的无身份外来移民都会集中关押到省府警局，其中不乏温州人，关出经验，常以绝食抗议获取人道释放。出来时，大多身无分文，饿得连路也走不动，常会扶墙挪到警局附近的“华丽都”讨口汤水喝。只要撞见叶双双，都会被客气地引进门去。厨房里不缺现成的招牌热汤，但叶双双觉得浓香的酸辣味不合适，会刺激饿了多时的胃，总是嘱咐大师傅特意做碗蛋花汤，看着可怜的同胞慢慢喝下去，再掏钱给人买火车票，去维也纳或别的什么城市。这在叶双双是见多不怪的小事，举手之劳，给对方的感觉却是一生的温暖，是涌泉难报的滴水之恩。

也是，平常人一辈子，哪有多少大事，在世为人还不都由无数小事打造出大气象来。

林老板的高地

我是一个兵

林国兴曾经是个军人，生意场就被称为他的营地。无论失守城池或者旌旗凯旋，林老板都是一副永不言败的军人姿态，叉腰站在那里，笑傲江湖。

虽然他只是个汽车兵，没打过仗，但他所在的部队是27军，野战部队，所以他对自己的光荣历史津津乐道。

其实那已是很早很早前的事情了。招兵的来到温州，恰逢文革武斗，持枪的造反两派在城南城西设了障碍，招兵的下不到地区各县，就全招了温州的城市兵。19岁的林国兴就是其中之一，那时学校停了课，他正在社会游荡。五年兵当下来，林国兴学会了仗义，学会了军人的胸襟与气度，待转业回来，到粮食车队开车，已是很男人的一个汉子。

那时车少，开车是个肥缺，有工资外的收入，抽烟喝酒都不用自己掏钱。有俗语说：第一四个轮，第二华侨人。但运粮很辛苦，总在泰顺文成的盘山公路上旋，一不留神就会出车祸，或是压死人，或是自残，然后去坐牢，去住医院。眼看同事纷纷落马，他虽是例外，却也心惊胆战。再说娶的妻是郊区人，上不了城市户口，只能窝在家里烧饭洗衣，又生了两个儿子，手头一拮据，就动起出去闯荡的心思。

林国兴先是用弟弟寄来的担保书领了护照，签了意大利的入境许可，那个签证其实是假的，他花了钱，却未知底细。然后去签罗马尼亚过境，那头一看意国的签证都有了，自然放行。到了布加勒斯特才有了真的签证，从德意志辗转来到法兰西。那是1984年，他34岁。

来巴黎的第一份工是给弟弟的工场做烫衣工，烫得满手燎泡，还做不长，当兵人的身架顿时矮了半截。去找住房，走过一处贫民窟，推门看一眼，根本就是个破烂不堪的地窖，顶是斜的，墙是黄的，黑洞洞的臭气熏天。朋友说，就这儿。他捂着鼻子跳开，有没有搞错，比部队的猪圈都不如，跑外国来住这鬼地方？回头还得住，总不能上街流浪去。酒不喝了，烟也戒了，没钱，也没闲心，自己关自己的禁闭，做苦行僧也要打出片天地来。

就在那间破屋里做衣，夫妻俩替别人外加工。两部缝纫机，妻缝复杂的拐弯抹角，他纫简单的直线，还愣是纫不直，当兵操方向盘的手被缝纫针戳得直流血。恨得咬牙，一拳砸到机子上，一个当兵的，难道真做一世娘娘活？

败走佛罗伦萨

他不甘心，卷行囊去了意大利。

刚在佛罗伦萨安顿下来，林国兴立马开了爿皮作坊，制作皮衣皮包。几年挣下的钱都换了手中那片薄薄的居留证。也是无奈，身份不合法就做不成老板。好在巴黎的几年苦日子没白过，换来一箩筐经营之道，加上前军人的勇武，林国兴的皮作坊蒸蒸日上。

一做四年，林国兴挣了些钱，还兼并了当地人的家族企业，闹出不小的动静。只是他没逛过街，没进过佛罗伦萨任何一个博物馆，中世纪美丽古老的城市在他就是汽车连的那个兵营，那片停车场，所有风景都在眼里，但都视而不见。即便与面熟的邻人打着招呼，也是过目就忘。

然而意大利人记住了他。林国兴兼并别人的厂子，用了清一色自己的人，那些原来的工人失了业，自然迁怒于他。于是警察上门了，说是稽查黑工，其实醉翁之意不在酒，林国兴被带进局子关了起来。五天的牢狱对他不算什么，咽着还算可口的牢饭，照旧一觉睡到天亮。释放出来时，监狱长对他说，先生，请您最好离开这里，走得远远的。是句简单的意语，他听懂了，心里却犯了嘀咕。这是兵谏，他们要赶他走，难道不是？

蔫蔫地回了家，一位温州老乡来看他，未开口，早已泪眼汪汪。这人在附近开餐馆，因为菜做得地道，又便宜，餐馆里总是人声鼎沸，好评如潮，日日满座不说，还要排队。自然抢了别家的生意，无意间树了敌。若是中国同行还好说，偏是当地人的意大利餐。也不知那伙人用了什么招，几天工夫就把中国餐的客源一扫而尽，再无一人上门。老板心里明白，却是状告无门。在人家的地盘，又是黑手党老窝，只要看你不顺，什么毒招使不出来？只好咽下恶气盘了餐馆拉倒。

林国兴听后顿生兔死狐悲之感，心想这地方看走势也是他的麦城，越陷会输得越惨，不如早早走人为好。其时他已有了法国身份，一直借给别人用着，兴许绕一圈再打回去，反倒柳暗花明呢。

无硝烟的战役

林国兴后来转行做了餐馆。巴黎美丽城是个混杂的街区，有很多地痞，黑人、阿拉伯人都有，中国地痞则是专门敲诈温州老板的。林国兴买下蓬莱饭店之前，朋友都劝他别趟这个浑水。林国兴眼睛一瞪，我一个老当兵的，还怕混混？果然，餐馆

开业的第一天，楼下餐位坐满了明火执仗的人，喝了，吃了，非但不埋单，还要倒打一耙从钱箱里捞票。林老板不动声色，口气却是硬的，今天算我请客，日后多谢诸位捧场。也怪，那帮人讪讪然走后，竟没敢再上门。朋友问他用了什么招，他笑笑，自己也茫然。

餐馆是与姨夫合开的，虽然生意不错，但两对夫妇扎成一堆，总觉得庙小。林国兴一心想开辟新的战场。正巧，听说了餐馆对面的中国超市要出手，他当即找上门去。超市老板是早年移民法国的柬埔寨华裔，除了超市还经营着享有盛誉的大饭店“牛车水”，因年老退休才要卖掉超市。当时流通的货币还是法郎，林国兴也不多说什么，出了个百多万的价就回了餐馆。这个价只是FONG，即经营权，并不包括库存及房租。对方见他爽快，当即拍板成交，并说有急事回香港，能不能先付了20%的定金。林国兴二话不说就去银行取钱，送到超市，连个收条也没让对方写。手一拂，你是大商家，还赖了我不成？话是这么说，却不是法国商道的做法，这个林老板，到底还是露出了军人的破绽。

然而诚意确给他带来了好运。还是两连襟合作，从餐馆跳到超市，果真就上了新的高地。巴黎的温州人至少十几万，做好他们间的买卖事就成了一大半。他们于是从中国进口干货与冻品，尤其品种繁多的温州土特产，不仅零售，还做批发，生意盘活了，财源滚滚而进。又陆陆续续买了十几辆货车，雄赳赳一色的白，专门送货上门给巴黎周边的中国餐馆。十几辆车就得十几个能停下来装装卸卸的泊车位，巴黎是座老城，车位就跟拉雪兹神父公墓的墓穴一样金贵，为了死死扼守超市前那一溜划了白线的路边车位，他只好再用一倍的车队来替换，真是不惜代价。餐馆也是，楼下一层餐厅几乎成了公司食堂，所有员工加上自己两家人，少说也有五六十口，日日两顿一坐一个满。生意做大了，心态也有了微妙的变化。站在超市一角，常会看见有人鬼鬼祟祟偷点什么拿点什么，他总是眯眼一笑，偏过头，只当没看见。他说，反正我也偷不穷了，能饶人处且饶人。

父子两代

林国兴有三个儿子，最小的生在法国，两个大的半路从中国出来，都有了硬邦邦的法国文凭，老大毕业于巴黎七大，有数学分析与信息仿真和建模两个硕士学位，曾在法国原子能研究所实习工作；老二毕业于巴黎五大，学的是计算机编程。林老板一直希望儿子能走进他的“兵营”做他旗下的两员儒将，却都被俩小子拒绝了。尤其老大，戴一副眼镜，做的是与原子弹有关的学问，深奥的很，父亲虽然耿耿于怀，也只好诺诺。替他们买了房，帮他们娶了亲，儿媳都来自温州，一个护士，一个教书，也算尽了为父的职责。

可没想到突然间两个儿子都变了卦，跃跃欲试要下海经商。老爸乐晕了，急咻咻要带两人去看他正准备大手笔签下的另一家超市。超市在巴黎三区，靠近“温州街”，生意落败的很，且FONG（经营权）的要价没任何便宜可捡。儿子们一听就没了情绪。只见他两眼一道光，重重地拍着儿子肩膀说，做赚了都是你们的，做亏了老爸赔，敢不敢？那气势就像带兵的给战士下冲锋的号令。言毕，不顾多少亲友反对，他执意买下人人眼里的赔钱货。且在买下当天就咣当关了门，如同关进一出好戏。

再开门时即是开业，贺喜的花篮摆了一圈。还是那个超市，却没了旧日的一点影子，连隔栅的墙都腾挪过了，那亮眼的气派甚至超过了法国人的连锁店。林国兴门前这么一站，简直就是大将风采。又是两个大学生、硕士生当老板，做大的抱负、做新的理念源源不断地注入，先是有了网站，有了库存、回流的数字化管理，再进一步开辟网购、开辟新的连锁。除了中国人，三区的温州老客，法国人也兴趣多多地在很洁净很专业的货架前流连忘返，生意自然就好。年轻老板的父亲却不再来，一个高地拿下，他转身又开拔了。

新的战场在93区欧拜维利耶，巴黎的温州租界。街角的一片黄金地，盘店的FONG（经营权）自然不是一笔小数目，再加上冷藏设备，加上法国超市的标准化装修，投资已超过上百万欧元。数个月下来，由于通风及噪音问题没协调好，营业许可证当地政府仍在审批中。上千万人民币的投资躺在那里睡觉，别人看了都替他跺脚，林老板却是不急不躁，脸上还是那种水到渠成的泰然。几十年的历练，当兵的成了将领，他已具备了容纳江河的胸襟。

终极目标

现在的林老板算是很有钱了，日子却过得平常。不说俭朴，也是低调。他给两个儿子和自己买的房都不大，装修更谈不上豪华。尤其他自己那个家，至今的眠床还是三只脚，垫了一头。不像亲友们的家，弄得像个皇宫，警察来察访也是啧啧称道，说是法国人祖祖辈辈住这里，也没挣出这么份家产。林老板怕就怕在这里。法国从来都是别人的国家，他一个外国人，过的日子都像捡的，哪天过不下去了，卷席子走人，没什么留恋。

林国兴留恋的只有温州，那才是他永远的家。他毫不讳言身为温州人的自得与骄傲，一说起出生的那个地方，那种温州人的精神，就会两眼放光。他超市里的大屏幕电视每天都会播出温州新闻，包括方言"百晓讲新闻"。儿子遵照他的嘱咐，通过电脑录下带子，再放给来买菜的温州乡邻看。这是他看重和炫耀的一件事。在温州买房，一买就是300多平米的精装修，比巴黎的家不知好了多少。也没人住，空在那里，心却是实的，舒坦的，自觉光耀了祖宗。

等开好了93区那个新超市，他也许还会继续连锁下去。但最终的高地他已远远地看到，就在他的故乡。他要在那里建起一座中国最新型最大规模的冰库，来画下他从军人开始的人生句号。这是一笔巨大的投资，约为两个亿，他相信能拿下它，就像曾经拿下的所有高地。

采访札记：

这次采访是个愉快的过程。

林国兴坐在那里，很本色的脸相，很本色的坐姿。眼睛是温和的，却时有军人的凌厉闪电而过，不知是不是蓄意掩藏起来的不凡。

听他讲自己的故事一点儿都不乏味。他的乡音没变，常常是不动声色却妙语连珠，叫人忍俊不禁。

他之所以接受我的采访，是因为《温州人走世界》这个专栏弘扬温州人精神的主旨。他说他很在意这件事，也希望所有的温州人引以为荣。

他的话让我感动。

人这一辈子

一

傅松望始终是个台面上的人，不管还坐不坐那个位置，当不当那个侨领，热衷侨团、服务他人是与生俱来的脾性。他这人既有江湖义气，又有传统道德，还兼具出人头地的价值目标。但凡往芸芸众生里叉腰一站，就会无端地高出半截来，不说鹤立鸡群，也是迎风而立。朋友都说，他还是生不逢时，投迟了胎，倘若把他搁到有皇上坐龙椅的年代，没准是个替人平天下的主呢。

傅松望懒得驳斥这类并无恶意的胡言乱语，他觉着朋友虽说走得近，却是不甚知道他的。也难怪，人吃五谷杂粮，各有各的心思，各有各的嗜好，挺正常。不说别人，连他自己还想不清究竟要什么呢。

虽说想不清道不明吧，也已过了大半辈，都是做了爷爷外公的人了，还图什么，不就这么过呗，自己觉着好就是。

二

其实，傅松望之所以成为傅松望与他的身世有关。而这身世，来自父亲，又源于自己。

他的父亲在还没有他这个儿子的时候，人在美国。父亲是从青田出发，一路卖青田石卖到美国去的。坐船，要在水上漂好几个月。父亲天生是个商人，在纽约摩天大楼的阴影下居然混得很不错，不但开出一个温州进出口公司，还开出一个中国进出口公司，把青田石、黄杨木、象牙等雕琢为中华国粹卖给美国人。也是运气好，欧洲正当二战动乱，美国大后方一片歌舞升平，他也就很淘了些金。后来生意交给侄甥经营，自己回国进货。进货是捎带，紧要的是生儿子。可连生几胎都是女孩，不甘心，便耽搁下来，带回的美钞也在温州置地买房投资工厂，一捱就捱到了解放。原已买了香港那边的船票回美国，妻当临盆，就从上海赶回温州看个究竟，倒是生了个儿子，都没来得及高兴，就被弄到江心屿办学习班，从此再与香港美国无缘。

这个望眼欲穿的儿子就是傅松望。如果预见得子，父亲早走了。他的到来改变了全家的命运。工商业兼地主的帽子划下来，他一睁眼，就归入另类，房顶永远压着蘑菇云。

所以，当他稍大一点看清了父亲越来越落魄的命运轨迹，就觉得父亲其实是栽在他这个儿子身上的，就有了替父亲重振当年之勇，再活一番纽约式精彩的冲动。

三

后来，傅松望做了供销员。当年俗称"飞马牌"，是个跑街的，在计划经济的缝隙里走钢丝。他游刃有余，心下却时刻不忘纽约的摩天楼，伺机出发。要活父辈的人生，乡镇企业跑供销的这汪水着实浅了些。千方百计找到那边的担保申请了护照，可恶的星条旗就是不向他招展。无奈之下退一步去敲欧洲的门。领了葡萄牙的签证，还是去了法国。

乘着转机的工夫，竟从法国海关的眼皮底下溜出了关。他的胆也忒大，就在海关人员低头审核挡着窗口的一对夫妻的入境资料时，大摇大摆明目张胆走了出去。一步跳上出租车，傅松望乐得眉锋直颤，觉得自己挺伟大。那是1983年，为对付中国涌出来的偷渡潮，法国海关壁垒森严呢。

不过伟大的感觉很快就蔫了。经人介绍去了一家制皮工场做杂工，割皮、刷胶、贴皮，尤其打洞，一天十六七小时，连续打上万个洞。前面说过他是"飞马牌"出身，向来靠嘴皮子喂脑袋，哪做过这些苦力活，脸都绿了。还有吃饭，动作慢一步，饭菜全没了，只好干瞪眼。有朋友给他提个醒，说，先盛半碗，快快吃完再盛一满碗，不就抢了先机？他一琢磨，还真是活命哲学，就依了，心下却是苦涩的。

又向谁诉去？就是给家里报平安，都是难上加难。家里没电话，就给报社业务处的小妹打，一个长途翻来覆去转了半天终究还是岔了线，话没接着，法郎倒是花了370。一封信寄回去，也是辗转好几个月，信封都揉烂了。哪像现在，手机一拨，整个地球都在手心攥着了。

便在心里思量，简直就是万恶的旧社会受剥削苦大仇深嘛，要想翻身，必须做老板。

后来换做制衣工，计件，这才缓了口气。又把家人一拨拨弄出来，包括妻子与孩子，包括姐姐妹妹。家族庞大，就有了凝聚力，租一间大的房，摆好几台机子，给金边人的衣工场做外加工，齐心协力原始积累。不是老板，也像老板了。

傅松望是真有气魄也真有能量，自己还是“黑人”，就把大半个傅家林林总总搬到巴黎来了。但没有身份毕竟与他出人头地的抱负相去太远，欣闻西班牙大赦，便携家小还有两年积攒的一笔钱下了南欧。

四

1985年的西班牙没有做皮、做衣的华人行当，傅松望摇身一变，做餐馆。先在马德里郊区开了第一家，又在市中心开了第二家，居然流水很旺。老板终于做成了，却要兼着大厨。没掌过勺，系上围兜就学。烟熏火燎也苦，得忍着，受着，即便还是旧社会，也是替自己苦了。心里装着大志，他很性急，总是飞奔的姿态。太太也不愧是他的太太，懂他的心思，辅佐他的鸿图大志，吃苦，耐劳，那没昼夜的勤快，俨然是电影里卓别林的频率。

餐馆一溜儿开过去，最多时是六七家，有点遍地开花的意思。拳打脚踢还是顾不周全，就邀上实力欠点火候的朋友作合股人，说是帮他，更多的是他帮别人。他这人就这样，自个儿一旦站住脚，有了些底气，那侠义心肠就挡都挡不住，必要铿锵落到实处。于是，风景这边独好，傅松望有了属于他的江湖。

到了90年代，马德里趟熟了，心又痒痒地试图突围。飞了一遍悠远的美丽岛，眼球就被直勾勾地吸住了。美丽岛的西语叫CANRIAS，是西班牙位于大西洋属地的七岛之王，毗邻非洲，是亚热带风光旖旎的全球度假天堂。傅松望去时正值旅游旺季，走了一街居然没找着下榻的地。人还说，就你眼皮底下这片海域海滩，就满了2万张的铺位。要把七岛全年的人流量加一个总和，一点都不夸张，上千万哩！傅松望当然信，手搭凉棚望去，满大街哪有餐馆不排队的。他在和煦的阳光下走，在微腥的海风中走，能听见自己兴奋的心跳。

再去，就不是看客了。攥了一把投资，他点兵点将，一气开出三家餐馆，一家独资，两家合资，连成一个金三角，很是招摇。那时美丽岛的中餐属于初创，他往高处一站，大有独占山头之气概。

开头半年多，生意好，心情更好。几位朋友天天海鲜大餐，夜夜笙歌艳舞，日子过得十分惬意。便盘算把马德里的两爿餐馆也出手，把老婆孩子也接来，就做美丽岛的神仙伴侣了，寿命也长几年。

待久了些，恶劣的一面渐渐露出端倪。先是生意，有客源没错，可战线长，他一个光杆司令顾此失彼，从洗碗工厨师到酒吧跑堂，都得请人。岛上人工比本土高出许多，中国人还不愿来。物价也贵，尤其中国货，都得从马德里空运过来，成本就翻了倍。只有换成家庭班来做，或许还是摇钱的营生。二是生态加上心态。岛是什么，是水面上的一种围堵与困守，热闹时热闹非凡，那人却是流动的，都要走，只有海肯永远陪你，与你一起睡一起醒。还有气候，原以为温暖凉爽是顶级舒服，却不曾想没了四季更替就没了身体和心理新陈代谢的支撑和理由，两者都像锈了锁，就算生成一点“庄稼”，也长不蓬勃。

这是生活给他的认识，与当初的感觉大相径庭。他明白是感觉错了，一个从小崇尚纽约摩天大楼的大陆人，把归宿锁定在海岛是不切实际的遐想。又留守了两年，打道回府。他把三家餐馆一一割爱时，免不了要嘲弄自己一番，算是给生活买单了。

五

回到马德里，季节反差让他为之一振，精神也抖擞起来，有种阅过了人生的顿悟。生意自然还是要做的，几年后也真的玩了回大手笔，以60万欧元从台湾人手里再顶过来一爿高档餐馆，门面不大，是生意大，盘踞在马德里最中心的闹市区，游客也好，公司白领也罢，餐餐蜂拥而至，那时的经济大环境又好，所以真正的门庭若市。然而即便如此，傅松望也不钉着铆着，一番作为时不时都要腾挪到外面的江湖上去。

这与他从小出人头地的抱负是吻合的。没钱的时候挣钱，有了钱，就得挣你在社会立足的那个高台了。靠什么？就靠不利己的一腔热情为他人服务。男人终究是

为社会生的，连个影都是虚拟的，岂不枉为男人？然而对一个海外漂泊者来说，这个社会这个高台都很小，是圈囿在别人疆域上画地为牢的一个“租界”，傅松望深知这一点，就把高远的心收敛许多，即便当了侨领，也是低调的姿态。

其实以前他也一直在做，本来就是江湖上的能人、好人，帮别人是习惯，连脑子都不用过。比如，接一个电话，只要是朋友的朋友介绍来，他会二话不说凌晨四点起床去机场接机。又比如，有人初来乍到半夜敲门，面生，说是乡邻，他就自己扎了围裙去厨房炒菜，酒肉招待。还比如，只要来自温州，不管认识不认识，一律古道心肠，借钱借力还借策划筹谋，帮人把事做起来。这类事举不胜举，多了去了。那还都是副业，一笔带过的事，现如今是侨领的心态了，要当主旋律来唱，主事的调调和意义就有了不同。要发扬光大爱国之心，要维护侨民在居住国的利益，想低调也不行。故国有难，风灾、水灾、地震，哪一回不身先士卒，组织赈灾救难。侨民被杀遇难，生老病死，或者商务纠纷，哪一次不第一时间赶往，配合处理善后。国内一拨接一拨地来代表团，哪一拨都要接待，哪一拨都不肯怠慢。还有社团日常工作，诸如办学出刊节日联欢，等等，等等，也是麻雀虽小五脏俱全。试想，这一摊子的事，得投入多少精力，花费多少钱财？

况且，人人都是争抢着贴钱买一个义务劳动。

都说海外侨界很复杂，众说纷纭。但他们这些“官”，还真找不出有什么直接或间接的功利。傅松望在那样的江湖那样的位置坐了整六年，把人坐老了，鬓边也依稀有了白发。除了一把荣誉，中国侨联顾问，欧洲华人华侨联合会主席，世界温州人联谊总会顾问等，还有什么？

问过他这个问题，他沉吟半晌，说，有时想想也是空忙乎，但人这辈子，走一趟社会，不就图点声响吗？

采访札记：

如今的傅松望已是半退役的侨领和半退役的老板。会长不当了，餐馆也一家给了女儿，一家给了儿子，剩下两家与人合股，去不去都无所谓了。当着爷爷和外公，日子该是休闲了。但他的江湖还在，来来往往的事儿还在，想闲也闲不住。这不，我采访他那会儿，他还在接待温州以外地区的一个什么代表团，一车的人，还不在旗下的餐馆，自掏腰包请的酒席。他陪酒，劝酒，谈笑风生，那做派很有“官”的周详和老到。

于是我想，他做生意是可惜了，如果为官，会有一番大作为的。

悲欣交集慈母泪

刚跨上邓雪花的大奔，她就对我说，若要采访，我只能告诉你，邓雪花是个失败的母亲。再端详她，笑里真有几分苦涩。于是我说，成功与失败都是一个结局的主观判断，有很大的不确定性，而我的兴趣只在于抵达这个结局的过程，能否说来听听？邓雪花瞟我一眼，有犀利的眼锋掠过，手则继续旋转她的方向盘。她穿件休闲的衣衫，染了头发，发式剪得短短的，驾起车来风风火火。她已退休，有六个早已成年的儿女，也做腻了外婆，怎么说都是老妪了，却活力犹在，看不出过多的老态。但我相信，她应该是历经过人生跌宕的沧桑女人。

巴黎的老街总也找不到泊车的车位，兜了几圈未果，我们便索性猫在车里开始约定的采访。车窗外的天空与街道都是灰蒙蒙的，是夏季黄昏很少见的景致，适合回忆和怀旧。

没有风花雪月的回忆

邓雪花的回忆没有风花雪月。她来巴黎太早了，20岁，是中法远未建交的1963年。她在温州读完中学，住在打锣桥，后随父母移居省城，直至高中毕业，便由亲戚介绍认识了法国华侨夏永光，两人书信往来，互托终身。那时中国是个孤岛，闭关锁门，堵塞了所有出走的通道，连个因私护照都没有。戴了订婚戒指的邓雪花想要圆满成婚并不是水到渠成的易事。好不容易申请了当时唯一的境外许可澳门通行证，经由澳门偷渡到香港，住在青田人专为这帮偷渡客设置的客栈里，申办了香港居留，住满至少半年，再以香港居民的身份领取台湾护照，移民到法国。这是一个辗转曲折极其漫长的过程。邓雪花用未婚夫寄来的大把法郎和自己不屈不挠的心力赢得了她人生的第一次转折。

一年半之后，她在戴高乐机场见到夏永光。两人一步步走近，垂下眼帘，矜持着，想要咧嘴笑的，眼泪却啪嗒啪嗒滚落。婚礼由在侨界很知名的叔父操办，还算热闹，但热闹终究是给别人看的。他们没有蜜月，所有的罗曼蒂克就是在租来的小屋里相互凝视，灯光把两个人的剪影投射到刷白的墙上，有种凄清的美。

后来邓雪花去法语学校上课，半句也听不懂，还被老师揪起来答题，可连问题都没听懂，如何回答？上了三天学，吓得不敢再去。丈夫那时在别人餐馆打工，回家都是半夜，躺倒便昏睡不醒。邓雪花心疼他，硬是把无处诉说的心事按捺下去。从此就跟着丈夫上下班，餐馆老板不肯聘她，她就权当做义工，楼面厨房什么活都干，只蹭两顿饭吃。未曾想这一年的义工经历让日后做成了老板的邓雪花享用不尽。可当时，她只是想与新婚丈夫在一起，如此而已。

诺曼底小镇的不归路

有了一间巴黎5区租来经营的饭店后，邓雪花怀上了第二胎。

没有足够资金买下餐馆的FOND（经营权），只能租，所以又付房租又付高于房租几倍的FOND(经营权)租金，压力更甚。偏偏那时不懂避孕，孩子要来，挡也挡不住。邓雪花本是做楼面的，可肚子越来越大，既不雅观又违反劳动法，只得退守到厨房，充当最苦最累的洗碗工。周末生意爆满，撤下来的杯盘从长台桌的这头一直铺到那头，邓雪花两手泡在洗碗液里，凸出的大肚子磕碰着水池粗糙的边沿，围裙湿漉漉地淌着油腻的污水，在脚底下积了一洼。

一天做到深夜两点，餐馆刚打烊，邓雪花的肚子就一阵阵剧痛起来。预产期早着呢，于是就蜷成一尾虾熬着。夏永光做了碗热汤面端过来，她啜一口，却痛得浑身抽筋，只好丢下筷子去医院急诊。大夫见了蹙起眉头，把她按倒在医疗车就往分娩室里推。没等上手术台，女儿已经踢蹬小腿呱呱坠地，哭出的那一嗓子简直惊天动地，像是早已不耐烦母亲的子宫，抢先来到人世。

也好，邓雪花不用兜个大包袱穿堂风似的跑来跑去了。捱到满月，正逢餐馆不营业，一大早夫妻俩相傍出了门，朝蒙巴纳斯火车站匆匆而去。女儿躺在婴儿篮里，叼着奶吮，小眼睛骨碌碌转。邓雪花偏过头，不敢看女儿的眼睛。她心慌，心疼，乱

成一团。火车是慢车，坐了几小时，邓雪花一直沉默，双手不停地摆弄为女儿纫好的一沓沓尿布和小衣裳。同样的行程有过一回，上回送老大，这回送老二。就在诺曼底小镇，有对常年做奶妈的法国母女。那时华人少，找不到保姆，家人又出不来，只好把孩子托给法国人。邓雪花是一千个不愿意，一万个不舍得，但要把生意轰轰烈烈做起来，不愿意不舍得又奈何？

小镇那条石板街邓雪花走得像梦游。明知那对母女是尽心尽职的好奶妈，自身的负疚感却仍是推诿不去。亲了女儿亲儿子，襁褓放下抱起，千斤石头也没那么重。是心重，掂不住。孩子最终是被奶妈“夺走”的，否则，等到太阳落山她还在周而复始地不忍割舍。回返的路一步三回头，邓雪花突兀间矮了下去。

亮丽登场的人生背后

后来终于有了自己的餐馆，虽是一个破落的餐厅和庭院，可毕竟买下了墙也买下了FOND(经营权)，再借调些资金装潢起来，便是当时堂皇气派的大排场。那些年，邓雪花的肚子也没闲着，一口气又生下三女一男，已是整整半打。争强好胜的邓雪花注定要在诺曼底那条镇街走到底了。那一日，也是去看孩子。刚买了新车，出了巴黎一路朝西走，一路上乌鸦的哀鸣车前车后地掠过，夏永光听了心里忐忑，总觉得什么地方不对劲。看罢孩子回来，果然就出了车祸，为避迎面而来的卡车，他们的标致306撞到一棵大树上，差点把夏永光的命掳掠了去。两条腿一条胳膊断了好几截，膝盖粉碎，舌头几乎咬断，整张脸血肉模糊。邓雪花却什么事也没有，送丈夫进了医院急救室，缩在墙角打战。大家都说这回人怕是活不过来了，邓雪花连哭的勇气都溃散一空。

然而，或许是夏永光放不下妻小，竟被奇迹般抢救过来，躺在病床上，一点一点修补破裂的身躯。

家和正装修的餐馆两座山似的压在邓雪花瘦弱的肩头上。没了丁点收入，奶妈并不昂贵的托儿费也付不出，只好把孩子带回家，参差不齐地站成一排，陌生地瞪着她。夏家的上辈阿叔来了，要把孩子逐个分到亲友家以解当下之难，邓雪花断然拒绝，孩子是我的骨肉，断不会送人的。她买来碎皮，借来车皮机，替人加工皮夹子，换些小钱喂养孩子。她一直做餐馆，哪里会用车皮机，两手都被缝纫针戳得蜂巢一样血糊糊。还要一天两次上医院，抠出钱来给丈夫送炖好的鸡汤熬好的牛蹄筋。汤里不仅有泪，还有血，心血。

半年多时日捱过去，总算迎来柳暗花明。餐馆修葺一新，亮丽开张。邓雪花自作主张命名为永光饭店，并把丈夫从医院用轮椅推来酒会，举杯同庆。永光饭店当之无愧成为当时最大最旺的中国餐馆，用邓雪花的话说，是借了丈夫大难不死的幸运。

失败妈妈的“香蕉”孩子

就在生意越来越旺，钱越挣越多的时候，邓雪花发现了自己的失败。

六个孩子成长得不错，在校都是好学生，与父母却是生分，礼貌之间没有沟通的栈桥，怎么也走不到彼此心里去。比如，周末节假日餐馆人手不够，希望儿女来帮忙，他们会说，假期是让我们休息的，父母不可以占用。说得振振有词，很法国范儿。又比如，不肯学中文，数落几句，便是理直气壮地反驳，学那做啥，法文才是我的母语。噎得大人张口结舌。

邓雪花明白了，诺曼底那条镇街，已让孩子们愈走愈远，再也拽不回来。人即便在身边，心也飞了。她的儿女除了黄皮肤，除了东方人的脸，再无中国渊源，纯粹的“香蕉”孩子。那几天，邓雪花与往常一样在餐馆忙碌，却觉得食客的身影是虚幻的，钱箱里的法郎是虚幻的，她自己奔走的步子也是虚幻的。大多母亲原就是为儿女活着，她可好，生命在一个瞬间失去方向感，她找不到目标，也找不到意义了。

接着，大女儿高中未毕业就与法国男孩好上，爱得轰轰烈烈，母亲不同意，女儿一气之下搬出去住了。邓雪花与女儿僵持着，夜夜流泪。女儿却与男友相携相伴把大学念完，找到了工作。几年过后，那个法国小伙上门来找邓雪花，问她为什么不肯接受他。邓雪花说，我不是排斥你，我只希望女儿嫁个中国丈夫，好找回丢掉的中国血统。可法国小伙说，希望代替不了爱，您总不愿意看到女儿有个没有爱的婚姻吧？邓雪花知道自己的理与男孩的理都不是歪理，但两条平行线是不可能交叉的，只好与女儿女婿重新和好。

邓雪花学乖了，把自己的中国情结束之高阁，不再干预儿女的婚姻，学做法国妈妈，把母爱也淡为君子之交。她彻底明白了，自把孩子托送诺曼底奶妈家那一刻起，就注定了今天的结局，懊丧与悔疚都已太晚太晚。

渡不过中西文化栈桥

结局就是，六个儿女都娶了法国媳妇嫁了法国女婿。冬天高山滑雪，夏日海滩晒太阳，谁也不愿意过父母那样的生活。

当然，除了背离母语文化，不愿继承父母的生意之外，孩子们似乎也挑剔不出更多的毛病。他们都受过良好的高等教育，像法国人那样，看淡金钱，过一份自己愿意过的生活。尤其在两年前父亲患病住院最后不治的过程中，各司其职，让邓雪花在悲恸之中始终存有温暖的支撑。夏永光去世后，法律通过经纪人来裁定众多遗产，儿女众口一词，都要留给母亲，决不愿在母亲生前瓜分硕大的“蛋糕”。他们说，家业都是父母挣下的，他们羞于坐享其成。

然而，守了寡退了休的邓雪花还是遗憾。好几家连墙都早已买下的餐馆无人接手只好租给别人去做，硬是断了茬。空落落的大房子独自守着，白天还好，一到夜里满壁满墙都是孤独的影。邓雪花是场面上的人，又与夏永光相亲相爱几十年，热闹惯了，依恋惯了，实在耐不住眼下这份寂寞，总想找个儿女陪伴。

先去找大儿子。儿子是个不幸的电脑技师，爱妻与两个月大的儿子都葬身车祸，留下孤身一人，独自住在租来的婚房里，靠回忆度日。邓雪花以为舐犊之情既让母爱有了安置，也能疗治儿子的伤痛，讵料儿子根本不领情。劝多了还烦，我就想一个人待着，你难道不明白？

又去找职业工程师的小儿媳。小儿子在美国加利福尼亚工作，儿媳因为在公司有五成股份必须留在巴黎，小两口只好暂时分居着。儿媳住着月租1700欧元的公寓，每月还要飞一趟美国，挣的工资不低，却都花在两项开支上。邓雪花替他们心疼，鼓动儿媳搬来住，说好给她一间卧室一间书房，下班还可吃现成的晚餐。金发蓝眼的儿媳笑而不答，那神情还是谢绝的意思。邓雪花不是不懂，这些孩子都想保有自己的私人空间。可她还是疑惑，这所谓的私有空间真值得花那么昂贵的代价去换取吗？再说我是母亲，替他们省钱，会侵犯他们什么呢？

还比如，儿女来她家共进周末晚餐。女儿竟会这样礼貌地问她，母亲，我口渴了，可不可以喝杯水？她不无愠恼，喝水还用问，这里难道不是你的家？

礼貌僭越了亲情，这亲情还有血缘的温热吗？

然后邓雪花会很悲哀地想，中国长大的孩子肯定不是这样的。

采访札记：

邓雪花的失败其实不是失败。作为母亲，邓雪花是少了些儿女的眷恋，也少了些亲情的负荷，但血缘传递的两代人在不同文化背景中成熟为精神独立的个体，难道不是具有社会学意义的一种进步？

依我看，中国孩子与父母间互为依赖、侵犯甚至剥夺显然是过多了，双方都难再有各自人格的完整。往面上说是亲情浓于血，往骨子里说就是不自觉的精神奴役。

东方情感细节上的丰盈与富足固然让西方人垂涎三尺或者望尘莫及，但那是需要代价的，很不小的代价。相信邓雪花与读邓雪花故事的读者都能体会我说的意思。

寻常人的生命目录

穷小子当兵

童年的龚任纲不知道幸福是什么滋味。出身寒门倒没什么，偏母亲早早过世，把不满6岁的他连同两个姐姐两个哥哥抛给了孤鳏的父亲。残缺破败的家靠了一个男人走单骑会是怎样尴尬窘迫的境况可想而知。偏还是大饥荒年代，殷实富庶的人尚且喂不饱肚子，更何况几张薄薪一窝饿鸟的龚家。因此，龚任纲对饥肠辘辘记忆犹新。

大姐在他就是慈母。后来大姐嫁了，把他也拖油瓶带去夫家。姐的夫家住在西角煤场附近，龚任纲小小年纪就去煤场做暑期童工，滚一身黑，只露出贼亮的眼乌珠。煤场没活，便跑山上石子场敲碎石子，能给自己混个粗粮填肚也好。平日放学，从不直接回家，而去周边几座最高的拱桥边候着，帮搬运工推板车，鼓足吃奶的劲，一张小脸憋得通红。板车夫念他的好，会捋一把汗津津的小脑袋，塞给他几分硬币。得了重赏，他狂欢般冲下桥，给自己买支铅笔，或买块红薯打个牙祭。

就这么磕磕绊绊长成了半大小子。初中未念完，“文革”祸起萧墙，他被划为温二中69届初中毕业生，作为最后的“老三届”怏怏离校。因为大哥支边，二姐上了工农兵大学，他便在家待着。父亲的工人成分在那时过硬，参军有可能成为最好出路。果然中了彩，体检政审都过关，接兵的也作了家访，到最后入伍通知却被有权势走后门的人掉了包。这个打击对龚任纲不亚于冰天雪地掉进了九山湖，从头冷到脚。参军是他从小到大唯一的企盼，走进军营意味着从此摆脱困厄，走出新一轮人生。他在浓重的黑暗里面壁而坐，头低沉，两手攥紧拳头。

他不甘心，但除了睁大一双眼守株待兔没别的绝招。一年后征兵的“兔子”又来了，他欣喜若狂，起五更跑去征兵站排队报名。验兵、体检、政审，这一回他不肯再吃亏，仗着出身好每个环节往死里盯，不让抢道的对手有机可乘。苍天不负有心人，入伍喜报终于敲锣打鼓送到了家，父亲搭着小儿子的肩膀笑歪了嘴。

20岁的龚任纲就这样一波三折在1972年成为中国人民解放军第二航空学校的一名战士。一年新兵训练，分配第二训练团当机械员。他在部队如鱼得水，别的城市兵哑出的苦在他都是甜。因而对于成长中的龚任纲，五年军旅不仅开拓了视野，也是命运的重大转折。

票务员的地下作坊

复员回来，适逢“四人帮”粉碎，国家变革，故乡在龚任纲眼里有了许多不同。他被分配到市电影公司前身市电影站做票务员。他喜欢与电影沾边的工作，人说水电局吃香，他却挑了电影站。那时他年轻，适逢中国电影复苏，比如那部万人空巷，差点没挤塌了电影院的《少林寺》，那真叫带劲，简直就是一曲英雄狂想，释放了他与那一代同龄人压抑已久的青春激情。

80年代初，地处改革开放前沿的温州充满商品意识的躁动，商人挣钱，上着班的非商人也处心积虑寻找致富门路。龚任纲是从小穷怕了的人，对钞票有特殊的敏感。他与锅炉厂上班的妻子在枕边嘀咕了一宿，找着了生财门道。侨居荷兰的大哥给小弟寄来几张荷兰盾，龚任纲没舍得花，都攒着，此番正好派上用场，买了两台亮晃晃的针织机回来，遮遮掩掩摆在房间布帘后面。妻子也是超级勤快的持家好手，下班后跑去针织厂学织羊毛衫。也就一周工夫，龚家针织作坊悄无声息开了张。那时第二职业不被允许，便有些偷偷摸摸的架势。可市场需要，织出的羊毛衫非常好卖，个体商贩追着屁股要货，不愁销不出去。龚任纲见前景光明，又进来两台机器，并从郊区招来女工，把小小的一个家真弄成了挤挤挨挨的地下工厂。效益自然可观，平日上班不过几十块工资，这羊毛衫倒好，一批出去哪回不点进几千块钱。龚任纲把一摞摞钞票塞到加锁的抽屉里，感觉自己的腰杆越挺越直。

原以为，他是不用再去域外闯荡淘金的。偏荷兰的大哥新开了餐馆，有意让小弟去帮衬。龚任纲迟疑着，亲朋好友无一不用钦羡的目光瞪他，多好的机遇，别人做梦都梦不来哩。妻子也在背后推搡。他留恋电影公司的轻松，但荷兰那个风车与

郁金香的国度同样有着难以抵御的诱惑。

他作出权衡，决定出去看一眼再说。把家庭作坊里的机器卖了，揣着大哥替他办妥的旅游签证，吻别两个幼小的女儿，他在1986年携妻子上路。走上飞机舷梯时，他总觉得自己很快就会回来。

跟着风车转

没想到，一踏上荷兰世外桃源般的乡野小镇，龚任纲就发现自己再也回不去了。原来地球上竟有如此美丽怡然令人心悸的一个角落，能活在这片以恬淡展示富足的宁谧之中，真是三生有幸，他为什么还要走？

大哥餐馆的门外是一尘不染的小街，街上响过自行车的叮铃声。龚任纲睡了一个囫囵觉，捋起袖管就到厨房干活。他是曾经的飞机机械员，在餐馆却只能做无需技巧的洗碗工，腰腿站麻痹了，一双手泡得发白发皱。一双曾经的飞机机械员，在餐馆却只能做无需技艺低说不苦是假也是真。儿时领教过苦滋味，大哥付他的工资又是国内几十倍，他不以为还有叫苦的理由。没错，他原本只是来旅游，旅游的目的是对后半生有个交代，既然头一天就把自己交代在荷兰了，那么亲历改变命运的全过程便是他的本分，包括所有的细枝末节，喜怒哀乐。

前后三年，成正比的付出与得到，口袋里的荷兰盾渐渐多起来，“黑”下来的身份却使日子越来越不好过。龚任纲的眉头蹙起来，事实上他着迷的这个国度并不接纳他。无奈，他与妻子双双被人引渡，去了南欧地中海沿岸的西班牙。1989年的西班牙正在“大赦”，只要花钱找老板报工，就能从非法移民阵容里“赦”出合法身份来。那年西班牙汇聚了无数欧洲各国赶过去的温州老乡，人人揣一本难念的经，磕破头也要寻出域外打拼的一条血路。

龚任纲算是幸运的，候了两年，没费太多周折把身份洗白。留在温州的两个女儿也接出来在西国团聚，家，重新有了实质上的完整。合法身份真是好，想做什么都有了可能性。龚任纲把兜里的钱翻个底朝天，在马德里周边的卫星城买了餐馆，做起老板。女儿入校上学，放学回家就用啤酒箱垫高了洗杯盘，一家人辛苦是辛苦，倒也其乐融融。

竞争却越来越激烈，受益于合法身份的温州人没有一个不想当老板的，短时期内，周边连环炮似的开出几十家中国餐馆，做饭的人比吃饭的人还多，生意锐减一路下坡。龚任纲的眉头再次纠结，蹙成浓黑的一团。倚靠在餐馆清冷的门廊下，他脑海里晃动着油绿色乡野随处可见的风车，他有了一种急切，想要回返荷兰。

女儿带来的契机

再次举家北上。签了证，理由是到荷兰开公司。落脚还是大哥餐馆，但龚任纲心里是对餐馆排斥的，生意场五彩缤纷，难道中国人除了从吃里刨钱就不会来点别的？

他蛰伏着，伺机出山。契机竟是女儿带给他的。女儿从西班牙转学过来，已在荷兰上专科，周末暑期出去找工，因能说流畅的华语、西班牙语、英语而被荷兰人的旅游品公司接纳。女儿天生也有生意头脑，不但克格勃似的把洋人商业机密经营之道“偷”出来，还给父亲一个不容置疑的建议：做旅游品生意，有钱可赚。

龚任纲掉头去了阿姆斯特丹的热闹街市。他当然懂，旅游品的店铺只能开在游客最旺的阿姆斯特丹心脏地带，偏了城市偏了街区都不行。但之前他都在大哥开餐馆的小地方待着，对这座河道纵横的都市名城不熟识，车开进去都拐不出来。便徒步踏寻，缩小包围圈，一点点靠近坐标上的圆周。果然，那几条街热闹非凡，花枝招展的旅游品店满地开花，游客摩肩接踵。女儿的判断没错，这里将是他的发迹之地。可篦虱子般篦了多日，发现店铺林立，竟然没有一个门面是要出售或者出租的。他不死心，又走上几遭，发现也有生意清冷的店家，不管三七二十一，推门进去，也不问店主是否卖店，只说自己愿意出高价买经营权。唐突的游戏规则不可能不遭来大多店主的白眼，最终还是让他达到了目的。一位经营皮衣的商家为他开出的价码所惑，眉开眼笑转让了店铺。签合约时，龚任纲不惊不乍，心里却偷着乐，捡了金砖得了聚宝盆的是我，你就后悔吧！

不是中国造

还真被他料着了。卖皮衣的店铺改名易主卖了旅游纪念品后，很快热闹起来。不是冲着这个行业里少见的中国老板，而是琳琅满目荷兰造欧洲造的商品。中国人向来只卖廉价的中国造，龚任纲走了偏锋，给欧洲市场的消费者另类惊喜，于是旺街不起眼的门脸里果然挖出了聚宝盆。当然，挖掘也是费番心力的。旅游纪念品长久以来都是荷兰人经营，突然有一天挤进来中国人，卖的还不是中国造，难免形成竞争对垒的架势，若不趁早掐掉还不生出是非来。靠海洋殖民掠夺起家的荷兰人玩了些不够文明的小伎俩，试图把厂家和批发商的来路堵死，不批货给龚任纲。但他们忘了，如今早已不是海盗掠夺时代，资讯发达，游戏有规则，通过网络能把所有预想变为事实。电脑前有女儿盯着，龚任纲则背手去了商会，索要供货商信息，然后拨电话，发传真，写电子邮件，到底找齐了货品来源。本可以讨巧回国仿制的，但他不愿意，他希望不落中国造的俗套，开辟新路。

终于跟荷兰人站到同一条起跑线上。一旦开跑，中国人谦恭，勤勉，肯吃苦，黑天白夜从时间里赢空间的韧劲立马发扬光大，哪怕新来乍到，也是后来居上一跃跑到前头去了。几年下来，龚任纲数钱数得手发软，而络绎不绝的游客不断涌进来，小店的门脸窄了，连数钱的地都被热烘烘的商品与人淹没。龚任纲甩手出门。他知道那一头有家店铺要出让，只因犹太人要价太高没人敢接手。他也问过好几回，垂涎，终究没舍得花大银两。如今被好生意逼到墙角，他明白不割血红不了门柱子，小气就要坏事了。他仰脸朝天空瞥了一眼，撞进犹太商家的店门。

这是多气派的一爿店面呵，旺街腹地的，要多诱人就有多诱人。有钱真好，梦想成真。龚任纲把二楼架空，让高拔的房梁挂满各色国旗，琳琅满目无所不有的货架还从室内溢向门外，铺设到人行道上。满目的橘黄色，满目的风车木履郁金香。龚任纲做到了，成功了，不造假的荷兰风情完美呈现。

天平秤称金沽银

对龚任纲来说，金钱即是成功的佐证。他与妻子照旧过着粗茶淡饭起早贪黑的铺老板店小二生活，物资匮乏的苦日子则永远成为过去。随后又买了两处店铺，一处出租，另一处由女儿经营婚纱批发，还与两个已然婚嫁的女儿在阿姆斯特丹城外高尚区一并买下三座新别墅，一头挨着一个女儿，享福也要享在一起。虽然自己两口子还是店铺楼上行军打仗般吃着睡着，那套别墅至今也没怎么去住，但买不起和没去住毕竟不是同样的感觉，尤其龚任纲那样从小对贫穷敏感的人。

照说，挣大钱花大钱都亲历了，龚任纲的日子该守守歇歇趋于平和了。可那晚看电视，荧屏上一则园林节能灯广告让他突发奇想，为什么不把荷兰人的商机引为已有？他很少回国的，此番一刻不耽误地动身了。他去了广东，把荷兰市面上最新型的节能灯交由灯厂试制，当时国内室外节能灯还在初创阶段，微型的见都没见过。龚任纲为厂家也为自己抢了先机。东西做出来，装了集装箱，没让往荷兰卸，而是直接运到了西班牙。龚任纲有公司有团队，却不开店，只把规格齐全的货品分发给众多华人小商品批发行以20%提成批卖。批发商们自然是乐意的，不担投资风险的流水买卖不做白不做。

龚任纲的投资大是大了点，但也不吃亏，省了打市场的麻烦。

荷兰这头旅游品，西班牙那头节能灯，就像称金沽银天平秤的两端，让他进账均衡，源远流长。所以，龚任纲是歇不下来的，最多也就是到西班牙海边自家的度假小屋过一个不长于一周的假期。好在，人生追求各异，开心就是福气。

无岸的漂泊

女孩

从文成黄坦出来的叶芬玲从小就是一个“崇洋媚外”的女孩，当班里同学还在渴望去温州五马街逛一逛时，她的心就已经飞了，飞到很远很远的地方。那个地方叫巴黎，有铁塔，有凯旋门，还有塞纳河。她把不知从哪搜罗来的这些图片贴在本子上，藏在课桌抽屉里偷偷看，几次被老师罚了站。中学是在大峃镇上的少体校，打排球二传手，比赛也曾打到省城打到上海，西子湖与黄浦江的水都没留住她的目光，一心只想着出国。

高中毕业，考上温师专。心高，不想上，放弃了。硬是缠着父母的朋友担保她去了阿姆斯特丹。荷兰也不是她的目的地，再坐出租车偷渡来法国。路上遇到海关稽查，一箱的行李包括母亲为她配齐的日用品、衣物、常用药统统被扣，只逃出两手空空的一个人，还有一路行来欠下的4万法郎债。真站到巴黎街头茫然四顾的时候，觉得这个梦中城市并没有想象的那般绚丽。19岁如花似玉的年轮，在1989年深冬的季节里显出萧瑟。

衣工场躲躲藏藏打了一年黑工，还清了偷渡的费用，代价是手指头密密麻麻被缝纫机扎出来的针窟窿。瞧一眼镜里的脸，眼圈乌黑，嘴唇苍白，永远一副睡眠不足营养不良的样子，心想我来巴黎难道就这么糟蹋了自己不成？不甘心，辞了衣工场另找出路，找到一家台湾人开的房屋交易所。老板问她，有交易经验吗？没有。懂法文吗？不懂。老板纳闷了，那我有什么理由聘你。她嘻嘻一笑，我能给你找来很多温州客户啊！你也不用付我工钱，谈不下房子算白干，谈下来你就给我付佣金。老板掐指一算，觉得是桩只赚不亏的买卖，应允了。回头把自己打扮起来，穿着职业

装，高跟鞋，天天带着没住处的温州人去美丽城看房子。都是些老楼、破楼或者顶楼，吱呀作响的木楼梯一天上上下下不知要爬多少回，腿酸了，鞋跟折了，才挣出点佣金。她生性张扬，又总是衣着摩登地带了租房的男人在街面走，难免就有无聊的风言风语背后跟着。

叶芬玲其实是无畏的。身正还怕影子歪？但这时她已有了男朋友，就不得不收敛。同居之后怀了孕，匆匆结婚，干脆回家开了夫妻老婆店。还是衣工场，只是替别人打工变成替丈夫打工。随后没多久婚姻亮起红灯，本来就是玩家家般的男欢女爱，没有锚没有帆，小船刚起航就触了礁。

儿子是在情感沉沦的死去活来中出生的。曾想打胎没打掉。那个黑夜，叶芬玲独自躺在医院产床上，忍受撕心裂肺的疼痛，女人刻骨铭心的经验让她从想入非非的浪漫中醒过来。襁褓中的婴儿算不得爱情结晶，但终归是她的骨肉，她要一辈子呵护他。

丈夫闷声不响接他出院。来了就是好。丈夫抱了孩子走在头里，她穿一身黑恹恹跟在后面，觉得通往地铁站的那一小段路那么漫长，一辈子都走不到似的。

孩子几个月大，衣工场由于雇佣黑工被查封了，丈夫也进了监狱。要保释出来，需通过律师交纳一笔罚款。她抱着孩子四处奔走，竟借不到一个法郎。只好从别的工场拿来衣片在家里做，一天趴在缝纫机上十几个小时，儿子躺在身边哭得像只病猫。苦苦做了六个月，终于凑够罚款，把丈夫保释出来。

法国没法待了，磕磕碰碰一家三口迁徙意大利。叶芬玲想，只要她忍辱负重，换个环境或许能救出岌岌可危的婚姻。但是她错了，破裂的情感是修补不了的。于是她提出离婚。那头说你要走不拦你，孩子决不会让你带走。她守了儿子整整一夜，在晨雾中捂着红肿的眼睛离开米兰北上巴黎。兜里分文没有，车票钱也是好心人封在信封里悄悄塞给她的。

那时儿子不满3岁。

母亲

此后十年，叶芬玲经历着女人"一个人的战争"。为儿子而战。

先是开爿房地产公司，专做温州人房屋租赁买卖生意。有了替台湾老板做的经验，也有了法国合法居留，她做得如鱼得水。一位从纳粹集中营劫后余生的犹太孤寡老人，收回一些二战期间被侵占的破旧屋舍，空在那里。叶芬玲眼尖，看好这档生意，找上门去，说服并协助老人修缮了这批房子，再逐个卖出租出，获得双赢。此时的叶芬玲，虽然也像以前那样走过美丽城的大街小巷，却沉郁了许多，脸上有了本不该有的沧桑。

继而是在皮埃尔菲特买下400平米的商铺，零售从中国进口的日用品百货。那条街上有许多这样的店，挤成一堆，只有她是单身女人老板。只见她穿身洗白的牛仔装，开辆大卡车装货卸货，纸箱扛起来风一阵走，那架势十足一个假小子。没有女人愿意这么靠体力做事，毁了容颜坏了身子何以立世？可叶芬玲没有办法，她需要挣很多钱，靠自己，不靠男人。

晚上，她会变回如水的女儿身。香舍丽榭附近的一条老街有一爿她与法国女孩合伙经营的私人酒吧。那是个高档隐秘却奢靡的去处，从傍晚开到凌晨，夜夜门庭若市。来的大多是衣冠楚楚的男士，吸雪茄，喝威士忌与白兰地。也有女人，十有八九是情妇，玩爱情，玩浪漫，当然也玩火。夜巴黎有太多这样的地方，营造着邂逅与奇遇。

叶芬玲在迷蒙的烟雾里看着这些叠印的脸，质疑着爱情的不可信。她从头至尾都在笑，几分妩媚，几分性感。那是因为她必须笑，笑是她此刻挣钱的途径。暗自却是吞咽苦涩的眼泪。

她做这一切，不管白天的百货还是夜间的酒吧，都是为一个再明晰不过的目的：创造条件，要回儿子。

她往意大利打过无数次电话，不是不接，就是咔嚓挂断。丈夫不愿离婚，所以恨她。法院判离孩子明明归她，那头偏是不放，以此作为要挟与惩罚。她给孩子寄去礼品，寄一回退一回；托人捎去衣物，也被毫不留情扔出。孩子则从小就被反复告知，他是一生下来就被母亲扔掉的。母子间的一堵墙被怨恨的砖越砌越高，越砌越厚。

儿子7岁那年，叶芬玲去了一趟米兰。前夫不在，她在孩子祖母处见到儿子。她抱着他哭，儿子却不知道她是谁。她告诉儿子她是妈妈，儿子怯生生瞪圆了眼睛，不肯叫。抱得紧了，儿子就推开她，躲一边去。她绝望之极，恨不得把这小东西重新按回肚里。

回来后，叶芬玲便这样白天黑夜发疯挣钱，终于买下一套三房一厅的大房子，豪华气派地装修起来。尤其儿子的卧室，是最大的一间，床也是大床，还有大屏幕电视机。其时已过了六年，六年间她与儿子血缘加亲情的热线电话不曾冷过，长到13岁的儿子终于肯认她，也终于愿意回法国来。父亲已再婚，又生了两个弟弟，敏感的孩子觉出自己处境的不妙。但他父亲仍然不肯放手。叶芬玲山穷水尽，找到孩子的后母，作了许多承诺，也流了许多眼泪，终于让一个女人对另一个女人动了恻隐之心。

儿子回来了，走进属于他的卧室，往大床上一躺，说，我终于有一个人的屋，一个人的床了。儿子虽然与她仍旧隔膜，却是欢喜雀跃的，叶芬玲的眼泪扑簌簌流了一掌。十年离别，一个母亲的心遭受如何的煎熬只有她自己知道。

情人

这时，一个男人一个女人走进叶芬玲的视野，改变着她的生活。

女人是法国前总统希拉克的养女英瑶。英瑶是越南裔，当年随大批越南难民涌入法国，孤苦伶仃无人认领，被身为巴黎市长的希拉克带回家，成为最受宠爱的三女儿。遇见英瑶的时候，这位当时的法国公主是三个孩子的妈妈，也是公益组织欧洲军民奉献之星协会主席，活跃的社会活动家。她无意之下为叶芬玲打开一扇从小家、从生意、从封闭情感走向广阔天地的大门。

叶芬玲的天性舒展开来，学着大家闺秀的姿态，跟在英瑶后头为残疾军人、为烈士遗属排忧解难，为全球范围内的天灾人祸包括汶川地震集资捐款，也为由法国体育发展与成就组织发起的“丝路长跑”助威助阵专程跑上长城。前几年，未入法国籍时，她还积极参与由巴黎左派市长任会长的欧外名人会，呼号奔走，协助无居留、无家可归者争取人道关怀。自然会有同乡不解，你又贴工夫又贴钱到底为啥？她笑而不答，心里却是沉静从容的。英瑶从一开始就对她说，太阳照耀每个人，你要走出家门，找寻自己的运气——那些能给你奇妙机遇的人和事。这话丝丝缕缕说到她心里，她认定自己的选择。

那么，邂逅男友算不算奇妙的机遇呢？她不知道。

男友是任职巴黎十三大的电脑技师，比她小了整整八岁，瘦高个，棕发，蓝眼，很有几分白马王子的英俊洒脱。别人看来，他俩至少年龄、婚史都不般配，可爱情就是这么不可理喻，如火如荼地燃烧起来。叶芬玲是有过婚姻的人，却不知这耳鬓厮磨的体己之爱是那么美好，比梦幻还要梦幻。

每逢叶芬玲轮值酒吧，男友都会半夜开着车从78区赶到香榭丽舍，等在街灯的暗影里，接她回家。有时酒吧客人经久不散，女老板要拖到凌晨才打着呵欠走出门来，男友只能蜷在车里睡一阵醒一阵。叶芬玲心疼之极，吻着他冰凉的脸连说对不起，那情景很难说是女人怜惜男人还是母亲体恤儿子。反正，从那以后叶芬玲执意不让男友接她了。

西方人总是简单的，你说不来他就真不来了，守在家里打电话。可情感与欲望却让叶芬玲难熬酒吧长夜，即便能换来钱财也不足以让她高兴。横了条心，干脆把股份全部卖出。她似乎忘了商人的本分，想也没想这么旺的生意一甩手抛掉是不是亏，只要能享受属于两个人的每一个夜晚，或在自家，或在他家，她把自己还原为爱情至上的女人。

三年过去，叶芬玲刚在77区枫丹白露开了一家大面积的百货商场。男友等了再等，终于按捺不住。他说我知道我很贪婪，但还是想与你同居，真正意义地在一起，并拥有自己的孩子。

男友的要求并不过分，是情感故事顺理成章的归宿。但叶芬玲做不到。

障碍是儿子。心理上的。用了整整十年争回来的儿子，她怎能再次抛弃？儿子正在长大，却远未成人。她不敢想象未来的三口之家怎样安置这两个个头都是一米八的男人。儿子经历过后母的日子，她不愿意让他重复不幸，再经历继父的疏离。她认为这类疏离是必然的。她是母亲，无权把自己的痛苦与欢乐一并推给儿子，让17岁的年轮替她的40岁买单。况且，对男友也是不公平的。他比她小那么多，怎么忍心让他为这样的家承担父亲的职责。

她选择分手。但她是怎样地爱这个男人呵！

分手后那段日子，叶芬玲常常开车到离家不远的一片林子里，在风中，在夕阳下缅怀这份有情无缘的爱。她总会看见男友大踏步地走过来，身姿矫健。伸手去抓，却什么都抓不住。她明白过来，心的漂泊永远都是无岸的。眼泪涌上来，盈了满眶。

一点补缀：

叶芬玲的故事充满女人的心绪与隐秘，一一写来有委婉的凄楚。她活得很累，只因心高，只因想有一份自己想要的生活。但命运的缰绳并不是仅凭自身努力就能把握在手的，还需要潜在或不潜在的种种机遇，尤其女人。

叶芬玲没有错。她的漂泊也没有错。我希望幸运终将眷顾她，从而给她一个坚实的岸，一棵遮蔽风雨的大树，从而能让她喘口气，轻松地过一份理该属于她的有爱有亲情还有钱的生活。对于她，对于一个女人，这并不过分。

我祝福她。

陈老师的太平洋

一

陈老师的“太平洋”不是五大洋中的那个洋，而是街心花园，在马德里。“太平洋”街心花园有绿树，有繁花，还有一座不大不小的桥。四季晨昏，尤其周末，桥下都有聚聚散散的中国人，或练拳健身，或跳舞练形，或扭秧歌打腰鼓自娱自乐，一派很中国的太平景象。这帮人多为老者与女性，偶尔也有小童相随，所以这太平也是老叟妇孺的太平，有着无邪的欢愉。

陈老师名叫陈秀玉，是“太平洋”这汪水的漩流中心。她既是老人又是女人，很大气地往那儿一站，就有了发号施令的话语权。当然，她又是全然不霸权的，嘻嘻一笑，面容和悦，语气温婉，家长里短便在知心知己中了。

“太平洋”自然不可能是陈老师开辟的，它早早就在马德里这个街心躺着了。但它变成中国人的地盘却是近些年的事。是因为陈老师来了，率着长青俱乐部来了，率着妇女会来了，才有了气氛，成了气候。长青俱乐部和后来的妇女会都是她的队伍，都是她的兄弟姐妹，忧是同忧，乐也同乐。西班牙19年，她为此付出很多，也得到很多，她是满意的。做人图什么，不就是营造和分享别人的快乐。

快乐无价。所以，她从未收受任何报酬，完全是心甘情愿的奉献。

二

陈秀玉出来时已不年轻，是在荷兰女儿家过的50岁生日。女儿在鹿特丹经营中国餐饮，有点气派，女婿则是后来在温州开出王朝饭店的老板，更气派。陈秀玉是以探亲的缘由第一次出访，有刘姥姥初进贾府时的新鲜，每每为荷兰的富庶与美丽惊诧。探亲期满，她与先生都想留下来，情愿做个不合法的借居者。但思忖再三，先生没走，她却怏怏踏上归程。不是怕在国外身份“黑”，而是国内组织的戒律在心头横桓着。当时是1989年，她尚未退休，还是温一中政治教师以及初中段级段长，30多年党龄的老同志，她不可能不掂量组织的分量。

虽然一切不复从前。女儿恋爱结婚那会儿，该是十年前，她着实为华侨家族的联姻惹了一身腥。学校组织教职员工看电影《牧马人》，然后坐下开会谈观感。电影里的情节是那个牧马人拒绝去美国继承财产而回到受过很多苦的大西北继续牧马。这是多么高尚伟大的爱国情操！同事们个个表态，畅谈心得，那情绪真是慷慨激昂。只有她，坐在那里耷拉着脑袋，一副抬不起头直不起腰的感觉。她先读瓯中再读丽水师范，读完师范被分配到梧钿小学教书，在那18岁入了党，又被保送温师院上大专，是当时音体美系科唯一党员。后来系科撤并，院校也撤并，校址给了温一中，她才留下来，任教政治。想想，她从来都是先锋骨干，何时这么失过脸面？好在风波很快平息，国政民心都发生了变化，海外人被称为“爱国华侨”，出去也不是什么丑闻了，这才扬眉吐气。

但终归要把事情做得顺理成章，这是陈秀玉的风格。于是又教了两年书，那边丈夫带着13岁的儿子已从荷兰到西班牙办妥了投资移民，她才提前三年退休，把行囊捆在腿肚上，闯荡江湖去了。

三

52岁的年轮对于一个女人意味着什么陈秀玉不是没想过，但儿子不是还小吗，总得给他开条路，再扶他一程。母亲的责任扛在肩头，女人就变得神勇和无畏。

第一年还是苦，苦不堪言。自家的餐馆在她眼里简直就是一座越不了狱的牢房。餐馆叫“香港楼”，买餐馆的资金是荷兰两个女儿汇过来的，照理初级阶段的打拼是省略了，但他们一家两老一小，从未经过商，又不通语言，买个餐馆也是空的，如何盘活？只好找合伙人，用干股换取自身匮乏的资源，携手共治。陈秀玉与先生签得是老板的工卡，却一个厨房洗盘碗，一个酒吧洗杯盏，戴不来橡胶手套，就拿一双手作贱，泡出泛白甚至青灰的色泽。动作慢了点，酒吧前那个年轻女人就把台子敲得梆梆直响，胆战心惊还得忍气吞声。终于熬到半夜，撤下来的餐巾台布扎成大包扛在后背，吭哧吭哧往住家挪，要洗，要熨，那佝腰偻背的狼狈就像蚂蚁搬家。躺下来，浑身散了架，每一根骨头都是痛的。欲哭，眼窝却是干涸的。心想我这是出来劳改还是奔万恶的旧社会，怎么整个一暗无天日的感觉。

好在这种困顿没有维持多久，第二年，上学的儿子学了西语，两口子洗盘洗杯也洗出了餐饮的经验，便付出大半年的利润，收复失地。这“香港楼”一旦回归，“牢狱”的门就亮堂堂打开了，囚禁的心也扑扇飞扬起来。儿子下课来顶班，又请了厨师与跑堂，生意相当不错。赚钱事小，关键是先生和她成了名副其实的当家人。原来老板的身份是这样的，堂堂正正，头顶有太阳照着哩。

四

然而陈秀玉毕竟是老师，老板没当多久就腻了。是找不着感觉，恹恹地守着那台收款机，心里的江山越圈越小。门外有风景，那风景也不是悦目的。她看到小孩不会讲中文，看到妇女只活在钱眼里，看到老人等死似的无处可去。不仅不悦目，还刺痛她的眼睛。她想她是陈老师，或许应该为这些人做些事的。

那时已有侨领初创侨会下的一所中文学校，她加盟进去，以30年的教龄当了协助教学的副校长。妇女会是在女参赞女侨领叙旧送别的友情晚宴上提出的创意。陈秀玉说，女人不能这样活着，要从钱眼里钻出来，还自己一个女性的天空。生为女人，谁没有这类同感，动意得到响应。协会成立，她还是副的，尽心尽力行辅助会长之责。

周末没有空了，好几处急咻咻需要她去，“香港楼”也是最旺的时辰，她穿戴齐整，不动声色去了中文学校。她要去听课，去培训那帮初创期散兵游勇般凑起来的师资，家长把孩子送过来，有着对母语的敬畏与期待，她与他们这批办学的人千万别误人子弟。可她走了，“香港楼”也缺人呐，便请留学生来顶她的班，还对老板丈夫撒谎说人家是来义务帮忙的，一边诌着善良的谎，一边把私房钱悄悄塞给义务帮忙的人作报酬。骗谁呢，国外还有义务帮忙这一说？他先生心里明镜一般，只是不戳穿而已。结婚几十年，他太知道为人师表的妻子了，学生学校之于她，岂是“香港楼”乃至赚钞票所能抗衡的。

五

后来，陈秀玉又把目光转到老人这个弱势群体上。这片苍凉的风景已在眼皮底下晃荡了多年，没腾出空来，一直愧疚着。现在，她自己也在老去，白发爬上鬓边，更有了份急切。

海外的老人们缺少的不是物质生活，而是精神归宿。他们大多是被事业有成的儿女接出来享福的，福没享着，反被关了禁闭。他们有嘴不能说，有耳不能听，有眼不识字，有腿摸不着路，是与藩地格格不入的寄居者。倘若舍弃儿女回家，回中国的家，那么就是一种等死的姿态。

陈秀玉不愿意他们在亲情的两难中煎熬，就把他们召集到“太平洋”来。于是，街心花园，桥下，有了家的命名。陈秀玉说，叫“长青俱乐部”，好吗？老人们不吭声，却两眼放光，皱纹沟里都是笑。陈秀玉转身就去卸了妇女会的职，专门做这件事。

40只腰鼓从中国运出来了，扭秧歌的道具服装与练剑练拳的功夫衣也从中国运出来了，都是企业家自告奋勇捐助的，随同集装箱和他们生意上的货一并进港。陈秀玉忙得不可开交，几乎不在“香港楼”待了，组织腰鼓队，秧歌队，太极拳剑队，都挂“长青”的名，都在“太平洋”桥头下。学腰鼓，学秧歌，学太极拳太极剑，陈老师都是一副教头统领的器宇轩昂。老小孩们那个高兴啊，就像拨开乌云见青天，笑都是被阳光照亮的。

“太平洋”就在那时成了陈老师的领地。“香港楼”呢，则是她的大后方，长青俱乐部的会所就设那里。自已三心二意做餐馆不说，还每每带了一帮老人来店里开会，坐满一桌，一陪心思二陪工夫，三赔茶水饮料，都有吃大户的架势了。不是自家的后花园嘛，带人来请吃请喝也是常有的事，怕正经做着老板的先生不高兴，就谎称这些吃喝都是付费的，其实花的都是她的私房钱。她向来都这样，见不得别人乐，一乐，自已先晕了，卖了家当也乐。

六

渐渐地，光有“太平洋”，光有“香港楼”不尽如人意了。老人也是喜欢水涨船高的，一旦从家里解放出来，就指望弄出个有爿屋檐挡风遮雨的俱乐部来。陈老师的心思又何尝不是，“太平洋”毕竟是人家西班牙的地盘，得有自个儿的地才好。

她又忙乎开来，颠颠地找企业家要赞助。别看她60多岁的年纪，游说斡旋的工夫一点都不比当下专做宣传企划的年轻人差，当然也与她筹谋的事与夕阳慈善有关。谁没有父母，不想给老人奉献一片孝心？当她找到斯达远东公司老板黄志坚，问愿不愿意替长青俱乐部租个会所的时候，黄志坚一点犹豫都没有，当即就说，租还不如买，好让老人有个长久的去处。又说，陈老师您就去找房，钱的事交给我，有人愿意分担更好，若没人，就我自已出了！

果然就找到了一处地，一所中国人建了不久的教堂嫌小要出售，换大的，能容越来越庞大的教徒群体。陈秀玉本是基督徒，常去教堂听道，得了信儿，便去商议谈价，谈下相当时下26万欧元的西币，然后约了企业家去经纪人处签合同。去的路上心里还打鼓，总觉得这笔钱数目大了点，会给全然无利可图的出资人心里添堵。可到了经纪所一看，黄志坚、刘光新、高平还有他们的妻子都已笑吟吟等在那里，另两位企业家她连说事的口也没张过，都是黄志坚联络的。价值26万欧元的西币啊，都是现钞，从每人的包里拿出来，推过她面前，码了一桌。她埋下头，又抬起头，朝三对正当壮年的男人女人脸上看，多么温暖仁义的迎合与注视，带着某种神性的宽广无边的爱意，把她圈囿笼罩。她一阵感动，眼泪扑簌簌地流淌下来。

房子很快装修完毕，长青俱乐部的牌子挂出来。门面朝向很好，阳光总在上面徜徉。门里面有健身的乒乓桌、走步器；有娱乐的棋牌桌、麻将台和书报阅览架，还搭了像模像样的戏台子，逢年过节就上台演节目，唱戏、打腰鼓、扭秧歌。老人们忙忙碌碌欢欢畅畅，就差把自家的日子也搬来过了。晚霞映进窗来，暖融融一派夕阳的绚丽。

陈老师的“太平洋”又多了道新的风景多了份新的境界。她也越活越年轻，在这绚丽的夕阳中继续她六年如一日的领衔和奉献，直到近古稀之年卸任。

采访札记：

采访间隙，陈秀玉拿出纸和笔，要给妇女会写个发言，一副埋头疾书日理万机的模样。我纳闷，她便说，我也没想到，“长青”的只都卸任三年了，居然又被选上妇女会长。又嘻嘻笑道，呼声很高，推不掉，只好从命啦。

可见人品、口碑和众望所归。如今她已70有余，金婚50年的先生已过世，“香港楼”也卖掉了，公益慈善已是她唯一的事业，成就了有生之年的精神依傍。她为此乐此不疲。

陈老师还告诉我，那个街心花园，那爿桥底下又热闹起来，她正把妇女会的活动引到那里去，接老人的班，唱戏跳舞打腰鼓扭秧歌，老少同乐，姐妹同乐。

是呵，陈老师的“太平洋”！

中医师的历史记录

半生蹉跎，开篇被错诊，错错错

一

刘圣聪本不姓刘而姓吕，后来姓了刘是从小被吕家绛吕姓农民过继给了温州城刘家，缘由自然是父母家境不堪，无奈之下替儿子寻了只殷实的饭碗。刘家无后，得了这么个儿子也是满心欢喜。继父穿长衫，做小生意，其实赚不了许多钱，反倒是继母娘家是个大户，很有些家底。继母婚嫁前被人称为林小姐，知书达理，嫁进刘家有些失意，不肯蜗居厅堂做少奶奶，拜师名医方鼎如习练把脉诊疗，学成后成为当时少有的女性中医之一。

刘圣聪当了刘家儿子后，吃穿体面，家教却严。母亲对他的好便是望子成龙的厚望，少有宠爱。学龄前早早碾墨习字背诵古文，唐诗宋词不算，还跟着母亲背中医中药的汤头诀，背多了，就算不求甚解，也略知一二。

解放后温四中读到初三，祸从口出。表面由头是穿了双资产阶级意识形态的牛皮鞋，看了几部香港电影，实则多半是私下议论新调来的校长有裙带关系。半大孩子不知天高地厚的一句话，惹得校长、教导主任大动干戈，开大会将他清除出团，又以政治、道德品质不及格降级一年，让他成了班里最不耻的留级生。刘圣聪不敢回家，在街灯的暗影里徘徊很久，严苛的家教如何容得下一个自惭形秽的留级生？

母亲听说原委怒气冲冲直奔学校，回来更是阴郁了一张黑脸。但她没有责备儿子，只是叹口气说，留级就留级，书总不能不读。母亲不以为从她这个家庭出来的儿子道德品质会有什么诟病，她心里清楚这事不是儿子的错。刘圣聪只好硬着头皮去了留级的班，坐进课堂觉得自己就像溺水的人爬不上岸，同学唾弃的口水也会把他淹没。上了一学期实在上不下去，辍学回家，整整一礼拜不出门，关在黑黝黝的屋里看天花板发呆。想到后门口那条瓯江，恨不得一头扎进去不再活这份憋屈。

是童年好友敲开刘圣聪的门，邀他去正在招工的动力机厂做学徒。两人一起报了名，留下考察培训。不到两周，好友录用，他则被一记闷棍赶了出来。不为别的，还是四中那档“不光彩”的事，居然波及招工，连个学徒工也做不成。这时他已16岁，青春期的苦闷险些儿彻底毁掉他的命。

最终没去跳江还是传统家教的反作用力。他要脸面，怕人死了背负的骂名再也洗刷不掉。不声不响躲进旮旯温书，再去报考边缘高中勤中，用了假名，蓄意把四中那一段抹掉。结果被录取，在后来做了肺病医院的学校战战兢兢读到高二。到底还是东窗事发，校部找他严正谈话。他慌了，没等勒令退学，卷铺盖逃之夭夭。回家还不敢实情相告，谎称学校寝室多蛇，他害怕。母亲摇头叹息，他则在母亲的叹息里抹泪。

二

幸好有了一次机遇，他的表姐参加革命早，其时正在江西共产主义劳动大学当官，介绍表弟入校学兽医。他千里迢迢去了，却对兽医了无兴趣。从小看多了母亲救死扶伤的崇高，以为给人看病才算真正的医生。这一回不再是别人害他，而是价值观的误区断了前程。没等毕业，他退回温州。

母亲居然没有指责儿子的半途而废。对于兽医，母子同在认识误区里。是1963年，他25岁，母亲见他站到面前，已是人高马大的壮小伙子，便拽了他出门。其实母亲一直在等，等一个她认为合宜的时刻把儿子推搡到恩师面前，恳请方鼎如老先生收了这个两代同门的弟子。方老先生一向厚爱女弟子，岂肯拂了她的面子。刘圣聪的生命之船在漩涡里沉浮几番，终于泊到宿命中的一个港湾，朝同样宿命的一个目标出发了。第一天在方老先生的医案旁入座时，他仿佛觉得心已经很老很老，眼里隐含一抹泪雾。

跟了方老先生没多久，刘圣聪就在这一拨的几个弟子中超拔出来，后来居上。勤奋是一说，历经磨难的早熟是一说，母亲的家学渊源也是一说。汤头口诀、内经、医案等古籍均已熟读背诵，就连一些疑难病症，也都耳闻目睹，见多不怪。所以先生器重他。

等到“洋为中用，古为今用”的方针政策出台，传统学术抢救势必成为当务之急。那是一个春暖花开的季节，名老中医学术拜师大会在温州召开，刘圣聪作为被卫生系统选拔出来的弟子，正式拜方鼎如为师，以抢救传承一代名师毕生的中医学养。同样是学生，却是被政府“招安”的，有了合同，有了工资，结业后还有了向阳卫生院的全民编制。后来恩师回府颐养天年，他便顺理成章坐了医案前的这把座椅。他主攻妇科，治愈的久婚未孕等病例不少，有了很不错的口碑，虽在基层，找他看病也不是当天就能挂上号。但他深知先天不足，不敢懈怠，去苏州学针灸按摩，去各医院进修西医西药，尽全力补课，以不愧对救死扶伤这一崇高职守。

三

然后结婚成家，生儿育女。妻子是新加坡华侨后裔，很老实本分的一个女子。就看了一场电影，互生爱慕，结为连理。乃至后来出国，也是妻族的牵线搭桥。

随着境遇好转，也随着心智渐趋成熟，身世之谜成了常常骚扰他的一个命题。不是不对养父母的养育之恩感念在心，而是寻根的急切。一个人，尤其像他这样愿意思考本我命运的人，不知道自己从哪里来总是遗憾。

儿时，从母亲发火时斥责他的话语里，就隐隐感到自己外来人的身份，只是不敢想也不敢问。到了敢于怀疑的年龄，潜在的破绽便难以自圆其说了。于是问了周边的长辈，或敷衍，或缄默，只有问到方老先生的长女周阿姨，被他突如其来的质问逼到墙角，脱口说出了吕家绛这个地名。便到吕家绛当地派出所问，往返多次，终于让一个其实算不得秘密的秘密浮出水面。亲生父母已然过世，他找到了大哥，两人唏嘘相拥。

大哥在母亲坟头告诉小弟，母亲在世时常常念叨送出去的这个小儿子，念一遍哭一遍，衣袖抹得两眼红肿。还打扮成要饭的去城里刘家窥探。去了一次没见着，打听到刘家儿子常跟母亲住到殷富的外婆家。二番进城就去了外婆家，还是乞丐的打扮，还真见到了易名刘圣聪的小儿子。母亲没敢认他，只躲在墙角瞪大了眼睛看，恨不得把亲生骨肉看进母亲寸寸撕绞的心里去。

刘圣聪满脸是泪，跪拜生母。他说，他是幸运的，比别人多出一个母亲，他感谢她们的生育之恩抚养之情。不管生母还是养母，都是他生命意志里最虔诚的仰视。

负笈出洋，遍寻行医路，难难难

四

刘圣聪出洋是在1983年，出洋的念头却是少年被迫害时生成，经过多年发酵，直到找到同胞兄弟，得知二哥远在美国创业，才铸成决定，从而改变了自己后半生的生存格局。

从70年代开始，刘圣聪就开始敲美国驻上海领事馆的门，由二哥担保申请赴美签证。之后几个月一次，几乎每年春节都要拜访领事馆，总数不下20次，就是拿不到签证。总是重蹈覆辙，兴冲冲来，灰溜溜回。

这年也是除夕，他在上海旅店接到妻子的电话，说是老丈人替他办妥了荷兰旅游签证催他快快赶回去。他撂不下做了多年的美国梦，次日还去老美领馆碰运气，再遭拒绝，才怏怏别了美利坚的路。

一刻也不敢耽搁，带了14岁的二女儿于1983年上路去欧洲。离开生养他的瓯江之畔，心绪是理不清的一团乱麻。不做中医，他不知道能在外洋找到一条什么样的人生之路。

到了荷兰，与老丈人与妻舅住在一起，总有寄人篱下之感。老丈人一家是后来从新加坡迁徙过来的，对他很客气，只怪他从少年的逆境与继母的教养里出来，敏感过度，自尊过度，便独自南下，闯到法国。巴黎在他是全然陌生的城市，举目无亲，只好随了载他过境的车，投奔皮作坊打下手。即便是地下黑工，是苦力，总算有个容身之地，有口饭吃。

那天出来透透气，碰上早前病人的丈夫。那人讶然于他异乡的流落，说做皮是力气活，不如餐馆洗碗，下午好歹可以歇息，介绍他去亲友餐馆打工。去了才知老板娘曾经也是病人，自然收留了他。问题来了，皮工场管吃管住，餐馆却管吃不管住。夜里洗了一大水槽的碗下班，竟不知何处安身。沿了老街黑黝黝的灯影蹒跚，走到了灯火通明的里昂火车站，一头扎进，蜷在候车室角落的长椅上打盹。兴许白天淋了雨受了风寒的缘故，全身火烫发起高烧来。摇摇晃晃撞进厕所喝水，不会拧龙头，又被水浇了一头一身。次日大早照例还得去开餐馆的门，支撑着软绵绵的身子该做什么照做什么。夜里打烊再去里昂站，睡到下半夜浑身打战如得疟疾，实在熬不下去，悄悄回了餐馆，拼了一排餐椅，迷迷糊糊睡到天亮。老板进门，看见他一张死灰脸，吓了一跳。后来荷兰的二女儿接来，老板体恤，让他们清理出库房旮旯打个地铺睡。夜里老鼠兴风作浪，吱吱乱窜，钻进被窝咬女儿脚趾头，吓得孩子又哭又跳。

就这样熬了好几年，熬出合法居留，熬到夫妻团聚，熬到二女一男都入校读书，这才租了自己的房，算是巴黎的新生活开始。还是苦，因为负担更重。他白天去餐馆打工，夜里回来做皮夹子外包工，用小铁锤敲，还不能敲出声音，深更半夜怕被法国邻居告到警局去。再后来，尝试开外卖店、开餐馆，人累得贼死，钱亏得补都补不上，只好放手，盘了，卖了，两手空空回到起点，十年一梦付东流。

五

如果说十年里没想过重操老行当不是实话，刘圣聪白天不想睡觉也想，但法国排斥中医，他没有执照许可，断然不敢公开行医。挨到任何不相干的事不相干的苦都做一遍吃一遍，实在没了退路，只好把医案安在隐秘处，替人舒解病痛，也替一家挣口饭吃。

虽然温州行医小有名气，又曾在过往几年里断断续续读了法国东方大学中医学课程，拿了文凭，可巴黎的中国人乃至温州人并不熟悉他。刘圣聪摸出一条路，去了华人佛堂。佛堂没有和尚，只有香客。他便往香案旁一坐，给拔签的人解签。中医与佛教本来就有互为渗透的渊源，他识签说签轻车熟路头头是道。然后，连带着给人看病，免费，就收很便宜的药钱。药从哪来呢？从华人超市买那些五味、十全大补汤之类，一味味拆开，再托人从国内寄些过来，凑凑也就齐了。还真灵验，给人一治药到病除，尤其那些吃西药怎么也断不了根的妇科顽疾。刘医师的名声便在佛教徒中传来传去，传到以温州人为主的华人圈。多半温州人在巴黎不上法国医院，没纸张的不敢，有纸张听不懂话的不愿，即便看了西医治不好病也都回转身投奔中国人自家医师。刘圣聪狭窄的厅堂坐不下候诊的乡亲乡邻了。

毕竟是举一反三的圣聪之士，又闻知英国、荷兰均已允许设中医诊所，药源也有了市场，便转弯抹角开出一间小门面的店铺，名曰“茶的文化”，实则中医诊所，把从荷兰进来的枸杞、菊花、柴胡、黄芪、陈皮等等与各式红茶绿茶展示在玻璃橱下，暗渡陈仓。中国人一看心知肚明，法国人似懂非懂也就开只眼闭只眼。刚开门时警察进来问过几句，握手而去，从此不再登门盘查。当然刘圣聪是谨守法规，绝不无度僭越的。他只行中医，妇科为主，兼看内科、小儿科，从不做西医诊治或人流之类的手术。事实上就这三科的病人他就看不过来，每天一二十位病人，就算挣钱，也已挣不过来。

更值得欣慰的是他治好了无数疑难病症，尤其久婚不孕，给诸多不完整的家庭带来生机与幸运。刘圣聪不饮酒，床底下却塞满一地的各类名酒，都是痊愈病患送来的心意和谢礼。

那次一个女孩无缘由突发高烧，送进医院，法国大夫治了几天也退不下烧，眼看小命不保，家人请了他去。他把脉叩诊，开出一张变通的古方，又让去医院的桑树折来桑枝，剪成寸长与几味常药同熬煎服，女孩很快退烧，起死回生。法国医生大为震惊，专门追到刘圣聪家里，与他探讨中国医药的神奇。他侃侃而谈，用他结结巴巴的法语，甚是自豪。“茶的文化”从1993年开业到前两年退休落幕，刘圣聪除了给儿子投资房地产，自已也在国外购置公寓别墅，国内也多处置产，他满足自己拥有的钱财，也满意自己的后半生，难，却苦中又甜。

采访札记：

当刘医师坐到我面前，思路清晰地讲叙关于自己的故事时，是一副知足常乐的态势。他不讳言人生的先天不足与这些不足带给他不幸的遭际。但一切都过去了，追究还有什么意义？他说。

还说，一个先天不足的人能有今天，已经很好了，不是吗？治病救人是好，挣钱捞生活也是好。更让他理直气壮的是在捞生活的全过程中，始终没有剥削儿女的劳动力出卖儿女的前程。这浅显易懂的道理海外温州人真正明白的其实并不多。刘医师除了大女儿留在国内，在法国长大的其他三个儿女都没有替父母打过一天工，都至少大学毕业学有所成。儿子爱画画，就学时装设计；小女儿喜欢做生意，就学经济管理；二女儿是最会读书的，读了两个硕士一个博士，现在法国社会科学院研究中国文化。刘医师检索自己的一辈子，真没什么遗憾了。

源于生命之爱的情缘

当夏俊杰老先生坐到我面前的时候，我就深信他与张大千、方介堪、谢侠逊、郑逸梅的万里情缘绝不是商界炒作抑或有钱人的附庸风雅。国画大师，金石泰斗，百岁棋王，文章大家，与这些国宝级人物交往，即便台阶不高，即便大门洞开，也得有点底气撑着方能对上话，是不是？夏俊杰不缺底气。行千里路，读万卷书，荷兰家中满满一屋子的藏书藏品便是佐证。他是性情中人，有艺术学养，喜好道德文章，儒商之说不高抬他。如果当年不是少年丧父不得不高小辍学拜师学了生意，如果后来不是为生计所迫不得不偷渡香港最终做了荷兰国的饭店佬儿，他兴许早是高端文人或书画家，学富五车，功成名就。造化总在冥冥之中作弄人，他的宿命就是在郁金香王国开一爿酒楼，做一个老板。不得志是吧？不甘心是吧？那就点一炷心香，牵几缕情缘，自己给自己筑建精神之桥，飞渡彼岸。

他以为，这样的人生不算辜负。

文心画魂蹉跎犹存

夏俊杰1924年出生在七都。七都是瓯江上形如树叶的一个小岛。儿时家有水田祖屋，还算富裕，6岁上父亲患肺痨去世，撇下寡妻孤儿，家道急遽中落。纵有万般不舍，夏俊杰13岁就告别学堂去江北跟草药师学医学药，战乱期间还跑单帮做药材、棉纱、肥皂、木炭之类的买卖，穿梭于温沪之间。解放后，政府要求药医组织卫生院，没合拢，散了伙。转办碾米厂，刚得效益，动力马达都被上头借了去抗旱，碾米遂又搁浅。寻来寻去没个养家糊口的营生，不得已择了一条偷渡香港铤而走险的路。其实这条路在七都不新鲜，凡是出去的，别无他途，均是前赴后继的阵势。

夏俊杰办出去广州的通行证。1953年的中国就这样，去广州也得万般艰难批一纸通行证。夏俊杰告别妻子儿女，只身南下，从广州买通“蛇头”偷渡到澳门，再由澳门偷渡香港。半个世纪前后的“蛇头”、偷渡如出一辙，只是当年更原始更惊悚。夏俊杰去澳门去香港都是坐狭小破旧的乌篷船，都是刮着阴风黑漆漆的深夜。船是载货的，马达突突突像哭丧，这伙亡命之徒就被钉死在舱板底下，横横竖竖仰躺，鼻孔朝着舱板的缝隙呼吸吐纳。船在涌浪里颠簸穿行，把他们掀起来翻下去，吐也只好吐在衣兜里。江面有探照灯，有警局的巡逻艇，运气不好被逮住遣回大陆就是叛国通敌之罪，牢底坐穿。

幸好夏俊杰没遭什么不测，上岸不久就被亲戚介绍到远洋轮做工。说是当海员，其实就是帮厨或者服务生。此后漂在海上，环游五大洲，停靠过世界各个港口埠岸，见识了各式各样的人。他不埋怨，别说挣的薪水比岸上多一倍，就算不多，在舱里读书，在船上行路，也是他喜欢过的日子。

直到妻儿都出来，才下了船，申请了荷兰定居，一家迁徙到阿姆斯特丹附近开了新北京酒楼。那是整整20年后的1973年，一个人半生的岁月已蹉跎而去。

方介堪的信使与念想之桥

夏俊杰还在七都老家就景仰方介堪，那时方介堪已享有金石大家的盛名，他却连正儿八经的生计尚无着落。但这并不影响他通过朋友引荐结识了方先生。那时民风淳朴，名人大多不端趾高气扬的架子。夏俊杰记得即便第一次去蝉街的方家拜访，就没有诚惶诚恐的感觉。而国画大师张大千正是方介堪的莫逆之交，张大千早期画作多为方介堪治印，故画界有“张画方印”之说，夏俊杰就在方家听闻了张大师的画名。方介堪见他崇拜之情溢于言表，笑道，以后有机会替你引荐引荐？讵料这番话说了没多久，新中国成立，张大千也离开大陆，经香港、印度去了阿根廷、巴西。

他自己呢，也紧接着去了香港，一个充满期待的邂逅就这么搁置下来，一搁几十年。

其间，夏俊杰与方介堪仍有断断续续的往来。从香港或荷兰回家探亲，夏俊杰都会记着去看看方先生，没什么必须的理由，只为一份淡淡的牵挂。“文革”那一段方介堪境遇不好，挨整，挨斗，张大千画作珍藏也被搜出来打了黑叉，一家人困守阁楼如惊弓之鸟。夏俊杰见了愤愤不平，也是敢怒不敢言。后来稍宽松了些，他便带几瓶洋酒，递送几张外汇券让方家能到友谊商店买些市场上稀缺的烟酒。他知道抽支闲烟喝口小酒是方先生所好。多余的话也不说，就这么淡定地坐着，吐纳着世间本不该有的污浊。

直到70年代末80年代初，周遭人际才算清朗起来。方介堪做回了著名篆刻家，夏俊杰也回国次数增多，有关张大千的话题便有意无意被重提。原来都是夏俊杰告知方介堪张大千的海外信息，因为张与张画一直都是国内画界敏感的禁区。这一回却不然，夏俊杰未坐定，方介堪先就说，张大千联系上了，他托香港学生给我带来泼墨山水、印泥及高丽参，真是一片苦心哪！30年长相思，终于解开人为纠结，方先生喜极而泣。又说他已构思治印回馈，苦于寻不到托付之人。夏俊杰自告奋勇，愿为代劳。这是等都等不来的机遇呵，能帮上方先生的忙自然不假，自己心里不也藏藏掖掖了30年，终于如愿，高兴都来不及呢。其时张大千早已从巴西迁居台北，夏俊杰持荷兰护照，可通行无阻。

待饱蘸情缘的“张大千印”、“大风堂”、“大千八十后作”、“大千世界”、“西蜀张爰”等八方印章一刀刀篆刻出来，正值严冬过后的文化春天，方介堪与全国诸多著名书画家应文化部之邀，到北京“藻鉴堂”搞创作去了。夏俊杰又赶赴北京，取来方先生致书张大千的亲笔函及汉玉手镯、茶叶等物，携带回赴荷兰。北京的风刺骨而寒冷，“藻鉴堂”里秋意萧瑟，夏俊杰却感受到方介堪殷殷的热望。

张大千“摩耶精舍”的记忆

几个月后，即1982年元月，夏俊杰偕夫人专程经香港去台湾。

他没法若无其事地坐在张大千“摩耶精舍”硕大的厅堂里，面容拘谨，心有内在的胁迫。午后的阳光在中西合璧的厅堂间悄然走过，洒下一地碎金。宽大的楼梯扶摇直上，景仰了几十年的那个人就这么一步步朝他走下来。虽是80多高龄，又有多种病患在身，大千居士的气色看起来还是很好，一挂美髯公飘逸的大胡子，白如霜雪。衣着短褂长衫，布鞋，手持那根磨得油亮的藤杖，朗朗地笑，啊哈，老友的信使来啦？

夏俊杰毕恭毕敬呈上方先生的信函与印章，张大千睹物思故人，悲欣交集。他告诉夏俊杰，我与方老友30多年未谋面了，1948年我离大陆去香港曾邀他同行，他说孩儿幼小负担重，一家老少就靠他的一把雕刻刀谋生，脱不了身。其实我知道，他是不舍家园……老人的眼圈渐渐红了，后来听说他在“文革”遭罪，其中的罪证还是因为我的画，真觉得对不住他。

夏俊杰也听得鼻子发酸，但他唯恐大师伤怀伤身，连忙告慰，现在好多了，方先生又可堂堂正正治印了，此番我来之前，他还在北京“藻鉴堂”，是文化部聘请搞创作去的。

这就好！这就好！老人的面容舒缓下来，他说自己每天凌晨三点起床作画，心清，神定，气足，家养的那只调皮可爱的金丝猴，就守在旁边伴他碾墨泼彩。说着，起身领夏俊杰夫妇参观他古色清幽的园子。他问，夏先生你呢，也作书画？夏俊杰慌了，连连摇头，小辈只是崇拜先生的画名。老人打趣道，那我必得给你画一幅喽。

园子亦是画中世界，红装绿裹。有四季草木花卉，小桥流水，奇岩异石，还有刻意挖出来的荷塘，走过去清风拂面。最奇艳是那百多株的梅花，粉红，嫩绿，洁白，均是来自世界各地的珍贵品种，栽在园里，活在画中。梅丛中还有方巨石，形如台湾版图，上凿大师手迹“梅丘”，与梅交相辉映，互成雅趣。“梅丘”购自南美荒野，从巴西那个家海运过来，是大师难以割舍的心爱之物。

晚餐是轻松愉快的，很家常，也很温馨。暮色时分，夏俊杰叩别张大千，离开“摩耶精舍”。老人把客人从天井一直送到门外，轻拍他的手，欢迎你明年再来。

可是，没有明年了。夏俊杰正准备替方介堪作第二回信使，传来张大千在台北仙逝的噩耗。方介堪哭，为终不能相送的故交；夏俊杰哭，为一代画师，也为心中不灭的珍藏。

拜谒谢侠逊，幸会郑逸梅

拜谒谢侠逊是偶然，也是缘分。那次回温，棋界甚有名声的教练陈力行找到夏俊杰，恳请他资助正筹办的温州市侠逊杯少儿国际象棋赛。陈是他甥侄辈亲戚，知道叔伯一向喜好结交文人，热心文化。夏俊杰欣然应允，便有了拜谒温籍百岁棋王的上海之行。对他，这是可遇而不可求的幸运，求一纸墨宝，见识棋王的风采，都是好的。百岁老人在温暖的居室里慈爱待客，品茗话棋，并对他和陈力行等为未来棋坛培育栋梁之材表示赞赏。老人果然超凡脱俗睿智深远，给他人格上高山仰止的敬畏。

夏俊杰领受了棋王的教诲与启迪，欲罢不能，接连为棋赛资助了3届。那时国内物资缺乏，他便次次从香港购买奖品，专程送往温州，摆得颁奖台像儿童用品展览会，琳琅满目。无论玩具还是学习用品，都是香港时髦，孩子们别说摸，就连见都没见过，个个雀跃不已。夏俊杰每一回都是西装革履的主颁奖人，每一回都被兴奋的孩子团团围在中间，也是欢声笑语。

结识文章大家郑逸梅则更像典故，不是随缘而是寻寻觅觅而来。

早就说过，夏俊杰一生最爱是读书，哪怕做海员，开餐馆，与书隔了一座山，有点余暇还是书中自有黄金屋。邂逅郑逸梅是在书里，越读越喜爱，便四处搜寻他的书。郑逸梅的书出得多，印数却少，香港书店常是缺货。夏俊杰淘不到想要的书，沮丧中萌生奇想，给作者去了一封殷切求书的信，从荷兰家中寄出。其实他并没奢望郑逸梅的回函，茫茫人海，谁会在意一个国外读者的文字饥渴？所以信扔进邮箱，这心事也搁一边去。哪料没多时竟真的收到郑逸梅用毛笔书写的信笺，解释出版社金钱挂帅不给印量的苦衷，向他表示歉意。末了，老人委婉地说，如果夏先生有机会来上海，欢迎去做客，他愿意赠送一套全集予他。夏俊杰读信，眼睛都热了。

转身就去订机票，飞赴上海。安顿下来急匆匆去拜访心中仰慕已久的文章大家。见面又是一番讨教一番慨叹。奇怪的是，夏俊杰一点都不觉得郑逸梅面生，仿佛他早就做熟了自己的先生。著作等身的郑逸梅知道他来，已把高高的一摞全集搁在书案上，请他笑纳。夏俊杰是真的感动，忍了半天没忍住，背过身悄悄把泪揩了。

从此礼尚往来，成就写书人与读书人的一段佳话，直至文坛大家离他毕生钟爱的文字而去。郑逸梅辞世以后，郑家后人为他出了一部年谱，其中记录：最后一封收签的信和未及回复的信都是荷兰夏俊杰老弟。

时光总是一晃而过，今天的夏俊杰也是耄耋老人了，忆及这些生命之轮碾压不去的累累情缘，每每唏嘘不已。

男人情殇也是痛

徐顺海是大巴黎两家亚洲餐馆的老板，40多岁年纪，瘦高个，有几分知识型商人的精明和儒雅。他的法文也比一般温商要好，言谈中常有法国人的习惯用语混杂其间。他说他喜欢法国，喜欢他眼下拥有的生活，心却始终关注眷恋故乡发生的一切。这就让他随便往哪一站，彼岸交错的跨国身份会隐隐约约彰显出来。

采访他是在我家旁边的大草坪上，他没有开车，搭了地铁快线过来。正值春夏交替，处处莺飞草长，轻风拂煦，坐在长椅上听他叙说自己的故事，感觉很真切，就像亦步亦趋走在他的人生路上。他应该算是成功者，多年漂泊捡拾了创业的梦想，收割了金钱的丰硕，而且心无旁骛融入居住国，把自己丝丝缕缕编进西方文明的经纬线。可我没能在他脸上窥见那种踌躇满志的常态，反而有一抹忧伤一抹沧桑甚至一抹阴影间或闪过。于是我猜想他在得到的同时注定也在失落着什么。

失落了便无法捡拾，尤其情感，或许这也是漂泊的代价。

沪上之恋

徐顺海祖籍乐清柳市，是家里最小的儿子，高中毕业考上温州大学外贸专业。个体经济发祥地柳市出来的人嘛，读外贸做生意也是顺理成章的选择。三年学成，没回柳市，也没做外贸，而是跟大哥去了上海。大哥在上海开公司，生意做得蛮大，他就随公司销售人员全国各地推销产品。船进吴淞口，黄浦江的飞浪溅了一身，柳市渐去渐远，上海滩为他展示大都会多姿多彩的生活画卷。记得那是1987年，他才20出头，精力旺盛，满脑子奇思异想，就像身处魔宫，每一扇门推开来都是惊喜。他租了一间小房住着，白天工作，晚上到外语学院学法文，到财经学院学企业管理。学管理是出于经商的爱好，学法文则是法语系一个同乡女孩的启发。这个女孩有狂热的法兰西梦想，感染着他，使他也对那个国度有了一份遥远的憧憬。他读过许多关于法国的书，崇拜拿破仑、戴高乐，并在书页上认识雨果、巴尔扎克。他也知道巴黎圣母院、艾菲尔铁塔与香舍丽榭大街，他想能在那些地方走一走真的很不错。出国留学的心思便在一夜醒来的清晨突兀地强烈起来。

他开始通过亲友的途径在外寻找学校与担保。那是1993年，温州人八仙过海，出国潮风起云涌，他却不想铤而走险"黄牛背"，不是凑不起付蛇头的钱，而是欠些胆量，他到底还是文弱书生，少点风险总是好的。只是留学签证难上加难，法国领事馆门前那条蛇行的长队让人看了心里都发憷。

就在这时，一位上海女孩推开徐顺海的生活之门，婀娜有致地走进来。女孩是浪漫诗意的音乐人，就读师范学院钢琴系，毕业后在某学校当音乐教师，有着小家碧玉的细腻和大家闺秀的脱俗。徐顺海毕竟是柳市小镇出来的后生，哪经过十里洋场的这阵势这派头，慌了手脚，一颗心扑通跳着沉溺爱河。那是一段两情相悦人间天堂的日子，一对可人儿流连在外滩月色下，耳鬓厮磨信誓旦旦，一刻都不愿分离。

等到终于获取签证，女友的肚子也有了动静，爱情结晶不偏不倚冲着签证而来，让本应雀跃欢喜的两个人发了怔。徐顺海要走，孩子要来，上海女孩却没来得及嫁他，如何是好？徐顺海自然舍不得儿子，可儿子来得不是时候，必须舍。偏偏女友不仅从容而且执拗，非要把骨血生下来，哪怕即将各奔东西，情缘动荡。她说，你走吧，将来我会带着孩子去找你。很现实的一句话，竟把徐顺海说哭了。仓促间立即操办迟到的婚礼。因为仓促，婚礼显得草率，多少有走过场的意思。新嫁娘却不怨，在白云般的婚纱里与他凝眸，托付终身。

儿子在徐顺海走后的一个月呱呱坠地，清亮的啼哭传过大洋，使远在巴黎的父亲一阵悸动与战栗。

负疚远行

徐顺海是1995年春抵达巴黎的。从机场出来，感觉阳光稀薄，都会的色彩并没有想象中那般绚丽，心里又是对上海湿漉漉的牵挂，热烈的情绪就淡了许多。专业留学的前提是过语言关，第二天便去最知名的阿里盎斯语言学校注册。学费非常昂

贵，只能半工半读，晚上到中国人开的夜总会做侍应生，挣钱付学资。原以为自己在上海外语学院狠学了一段法文，应该有点基础，没想到了真实的语言环境，整整六个月都开不了口。

逼他不得不开口的还是夜总会。不管法文好不好，你都得说，不说招待不了客人，老板自然炒你鱿鱼。终于开了口，又有阿里盎斯功课撑着底，他才渐渐冒出台面。拿到学生卡是儿子出生半年后。一张卡领回来，攥在手里，没捂热，就订了机票，火烧火燎飞上海。多少相思多少牵挂多少揪心的疼痛与酸楚，都在一瞬间鞭打催赶他。然而半工半读的人没有自由支配的时间，要去中国探亲，学校旷课，夜总会解雇，巴黎刚开始的日子就会到头。一跺脚，只能周末行。乘周五夜里的航班，回上海过半个周六半个周日，再坐夜航回来，赶周一上午的课中午的班。去头掐尾不到三天，两万里飞行，就为看一眼妻子看一眼儿子，心酸有，喜悦也有，男人的温情与愁绪尽在其中。临走，妻到机场送行，依依惜别。妻没说阻拦他的话，怨怼的眼神却让他在回返的旅程中坐立不安。

双肩从此压上责任之山，沉甸甸的。找学校，立户头，做担保，下决心要把妻子办过来。留洋上音乐学院学钢琴是妻子长久以来的夙愿，也是热恋时千百次谈论的话题，根植于心，成了他俩共同的梦。可是三番两次他这边办妥申请程序，上海那边的签证都被拒，留学的路总是看得见，摸不着。而此时中国正发生翻天覆地的变化，妻子的事业日渐斑斓，前景看好。徐顺海一阵阵恐慌，五年的离别对新婚夫妇意味着什么他清楚，睡梦里都看见妻子的背影越走越远。

终于在世纪交替的千禧年拿到旅游签证，妻子带着5岁的儿子来了。婚姻生活终于在五年之后姗姗来迟。徐顺海激动异常，妻子却相对平静，漫长的等待正把爱意与眷恋一点点销蚀。儿子不认识爸爸，倚着门角，满脸戒备。送他去幼儿园，老师陌生，小朋友更陌生，站在那里像只孤独的小船，在汪洋里打转。徐顺海躲在墙旮旯远远守着，儿子哭，他也跟着，在心里哭。

六个月旅游的日子就这么磕磕碰碰过去，签证到期，妻子死活不愿黑了身份留下来，徐顺海百般不舍，急过，劝过，终究拗不过，只得放手。

又挨了两年煎熬，家庭团聚的合法纸张才下来，徐顺海再次从机场接回妻儿，悠长地吁了口气，他以为总算把疲惫的相思作了了结。他欢天喜地。

妻子却淡淡的，高兴也不由衷。儿子已经8岁，头埋进妈妈膝头，视线避开爸爸。徐顺海就尴尬地被阻挡在亲情之外。

缺席离婚

后来发现，结局早在这天就铸成。徐顺海不知道自己到底错在哪里。

那时独自支撑的餐馆正在坡面下滑，徐顺海心力交瘁，亟需图谋一条新路，避免撞墙。即便这样，他还是没把妻子留在餐馆，而是信守诺言送她进了艺术学院钢琴专业就读。很少温州籍商人会这么做，海外打拼最原始的成功套路就是夫妻搭档。但徐顺海没有犹豫，他要让他们共同的梦想成真。他对妻子说，我愿做一张梯子，让你踏着我的肩膀走上去。徐顺海认定这是精神层面的追求，充满另类英雄的成就感。

然而心已渐走渐远的妻子并不领情。妻子本来就对餐馆了无兴趣，到了门口也很少进去坐坐，一个三口之家便泾渭分明地掰成两半。徐顺海困守饭店，妻子送儿子上学然后自己上学，一个早起一个晚归，作息时间相逆，彼此照面都难。虽是同床而卧，也是背靠背。

也就短短一年，妻子突然在一个倦怠的早晨对他说，要带儿子回上海。徐顺海愣住，你不继续学业了？妻子看着他，无言。他试图挽留，能不能不走？妻子摇头，还是无言。徐顺海云遮雾罩，抓不住妻子讳莫如深的心迹。他只知道，他仍然爱着她。妻子很酷，不肯给出任何理由，他甚至猜不到她还会不会回来。

妻子走了，儿子也走了，留下一屋的空旷，也留下一堆爱情的碎片。徐顺海在空荡荡的屋里来回走，灯影把他拉长，鬼魅般晃到墙上，他听见那个影子在哭。

离婚是在又一年后。徐顺海是法庭上的缺席者，所有手续均委托上海的兄长代理。也好，避免了劳燕分飞时对簿公堂兵戎相见的难堪。

走向新岸

那几年是徐顺海亲情离散的人生低谷。先是父亲患病去世，接着离婚，再是老母跌伤了腿一卧不起。他挚爱的亲人一个个离他而去，他却常常连送行的路也赶不上。他被他的餐馆绊住，旧的改换门庭，新的装修开张；他被房产投资还有别的一轮的商道作业绊住，不甘固守餐饮，换招式，探新路；他还被由前总统希拉克的越南裔养女倡导创立的军民奉献欧洲之星基金会副会长的社会工作慈善事业绊住……他走不开，真的走不开。

母亲离去的过程并不短，前前后后三年多，他硬是没赶上诀别，终成憾恨。当时他从德国边境那家养老院为“军民奉献欧洲之星”做慈善慰问回来，正在机场海关等候入境，手机响了，姐在那头心急火燎地说，母亲撑不住了，你快回来吧！他只觉得脑袋轰然作响，仿佛机场所有的嘈杂把他掩埋。回巴黎火速订票，次日便上飞机。十几个小时飞行在他就像做了一个长梦，梦里都是母亲沟壑纵横的脸。然而还是晚了，母亲终究也没等到她最疼爱的小儿子。母亲从来都是慈祥的，徐顺海却能触摸到老人藏在心底的怨怼。跪倒在母亲床前，他为迟到的五个小时悲哭，也为自己的不孝悲哭。

幸好，青春女孩张妙就在这时走进徐顺海心里，女孩是纤巧简单的，却成为徐顺海超拔沉沦情感的一个岸。她不自知，是他给了她这么个比附。张妙原是餐馆里的打工妹，才20多岁，出来不久就在徐顺海店里做，做熟了做久了，成了一等一的好帮手。补漏拾遗，哪里有缺口有破绽，都能顶上去。徐顺海不在店的时候，她就是没有命名的经理人，能把里里外外操持得滴水不漏。果然，餐馆从非典的阴影里走出，改做高档日本餐以后，面目全新，生意大好。徐顺海也尝试从情感泥淖挣脱，着眼中国市场，投身新的行业，比如房地产，比如汽车零配件进出口。张妙比徐顺海小很多，或许不太知道如何抚慰这个男人内心的创痛，她只懂得老板需要帮衬的就是餐馆，事业蒸蒸日上了，不开心的男人自然就开心了。她是善良的姑娘，希望他心仪的男人开心。

自然天成，张妙做了徐顺海第二任妻子，并为他生下两个胖乎乎的小女儿。徐顺海的男人之爱父亲之爱重新着陆，有了新岸。他的眉宇因为阳光的徜徉，舒展开来，空落落的心也踏实下来。他还是瘦，却变得骁勇而力大无比，因为他同时是大小三个女人坚强的岸。

采访札记：

采访徐顺海的时候，发现这个男人的面容有一抹若隐若现的沧桑，恰如他的故事，说出他的口，走进我的文字，都带着温热的伤痛，给人酸楚的感觉。我想，这或许就是他这个个体漂泊的艰难。与他的乡邻稍有不同，他的艰难是情感的艰难，有着心绪的纠结与离乱，有着捡拾与失落的喟叹，是一种抓不着的东西。

因为抓不着，更其难。

好在新一轮的阳光终于照耀到他，给了他情感上的新生——解脱与超拔。

为他庆幸。

天使之梦

梦的土壤不贫瘠

蒂安娜5岁就有了当医生的梦想。她出生在米兰，哺育她的乳汁却来自飞云江的水。那时她还是穿花裙子的小姑娘，常常会被毗邻开首饰店的意大利老夫妇从幼儿园接回家，趴在店堂后面的小桌上读童话和写作业。幼儿园没有作业，蒂安娜的作业是自己布置的，是将来做了小学生才会有的功课。两位老人见这么用功的小孩倍加喜欢，慈祥地教她意大利语，还讲圣经和天使的故事给她听，她忽闪着明亮的眼睛，很是着迷。随后她会回到父母开的餐馆，收个杯，接个电话，颠着碎步做一个小小的侍应生。

蒂安娜的梦想没有太多罗曼蒂克的色彩，而是现实最直接的驱动。最初，来自父亲。父亲身世坎坷，在国内那个时代蒙受了诸多不幸，等到了意大利，做了蒂安娜的父亲，大半生已蹉跎而去，所以他比别的父亲老很多。女儿从小心疼老爸，学了医就可以做尽心尽孝的保健大夫，替父亲延年益寿。后来，是经常上门的温州乡邻，说不来意大利语，有了病痛都不知上哪儿医治去。蒂安娜真的很想帮他们找回健康。她从小就是个悲天悯人的女孩，天生心善，与所有小动物甚至爬在地缝里的蚂蚁都会惺惺相惜。

上了小学，蒂安娜开始朝既定目标走。她知道那是一条又高又陡的山路，必须刻苦用功。先在附近的公立小学上到毕业，年年第一，年年得奖，家教的中文也水涨船高，能说会写。七年级跳级转到罗马英国学校，是那种一般家庭上不起的私立国际学校。学校很漂亮，有英国式古典的教学楼，有大花园，还有游泳池。但对于蒂安娜，这漂亮是罂粟花的漂亮，她在上学第一天便被刺伤了。

学校实行封闭式英语教学，而蒂安娜的小学是纯粹的意大利，英语除了你好、对不起、再见别的什么都不会说。一节课下来，什么都没听懂，涨红脸问老师，不料意大利语的问是不被允许的。女老师虎着脸，往她的笔记上狠狠打了个叉。蒂安娜向来都是最好的，哪受得了这种屈辱，回家哇哇大哭。

便恶补英文，像一块砖一块砖铺一座桥拆一座桥。作业写不下来，就先用意文然后逐字逐句译，字典翻烂了，作业也是搅成一锅的杂烩。这时她不再哭，哭也没用，只能比老师更狠地鞭打自己，飞渡栈桥。好在她是聪慧的，聪慧又有目标，栈桥便被甩到身后。学年终结，全班的英文第一奖竟是她的。学了七年英文的同学不信，她自己也不信，成绩单却由不得不信。

走在梦的前面

高中是蒂安娜的豆蔻年华，娉娉婷婷已是少女的姿态。功课还是出类拔萃，心门却打开来，疆域扩展到校园以外。假如校园是个童话世界，未来的医生则注定属于尘世，注定要行走于人间疾苦之中。她是自我意识超强的女孩，凡事都会早早准备，不喜欢措手不及。

于是她的课外时间总是排得满满当当。她去教堂去慈善机构做义工，照顾孤寡老人，把各处筹集来的衣物整理出来分发给穷人，圣诞节送食物给圣心食堂，让流浪汉吃到热腾腾的平安饭。她还参加红十字会救护队，学习专业急救课程，然后在大型活动或局部骚乱事件中施行应急救护。那些现场没有风花雪月，有时甚至是龌龊血腥的，她始终怀有诚挚的一份善意，学着用心去温暖人们的疼痛。

她还径直去了家庭医生诊所，笑吟吟坐到问诊的大桌子前。大夫是意大利帅哥，饶有兴致地问她，我能为你做什么？大夫从小看这个女孩长大，知道她对救死扶伤有天生的职业爱好。你不是找我看病的吧？蒂安娜摇头说，不，我很健康，我只想看您怎样给病人诊治。你不是还没考医专，早了点吧。帅哥冲她眨眼睛。蒂安娜连忙求他，我会很小心的，不会烦你。心里却说，考医专是迟早的事，先接触临床不好吗？意大利女孩可是很少有这么未雨绸缪的，大夫心里喜欢，表面却做出夸张的无可奈何状。尔后一个学期，蒂安娜每周两个下午一放学就去诊所，安安静静坐在角落里，听，看，偶尔也在小本本上记点什么，那聚精会神的姿态整个儿就是没来得及长大的女医生。

专业的有了，教会与民间的也有了，还当了学校里的学生会主席。可是蒂安娜的自我期许还在拓宽，她竟然去了联合国。她的联合国是学生联合国，参与的世界论坛以全球学生为主体。会场在荷兰，就设在联合国分部常驻机构的“大院”里，论坛的所有形式包括开幕闭幕听证演讲都是安南那个联合国的袖珍版，甚至连议题也一样，全是世界性的俯瞰与扫描。蒂安娜是代表她的学校去，分下来的论证课题是关于印度尼西亚当时的民族纷争。可她从小生活在欧洲，对南太平洋的那个岛屿国家根本不熟悉。怎么办？蒂安娜抓起电话拨到印尼大使馆，把意图说了，要求给她一个约会，并提供印尼当局对这次争端的看法。使馆那头听是小女孩嫩生生的声音，没当回事，电话撂下了。蒂安娜打了数次电话，数次都是没有结果的敷衍。她急了，冲着电话发火，我是代表贵国讨论贵国大事，你们就不担心我由于资讯不足而影响立场观点，让贵国蒙受不公正结论吗？对方或许是个一秘二秘，听她口气如此之大，慌了，很快给出一个正式约会。

那天蒂安娜去了，约见她的居然是大使，还有民族事务顾问类的老头陪坐在侧。

见是一个纤弱细瘦的女孩，大使自然吃了一惊。但既然有关国家事务，会谈不严肃不正式也不行。顾问类的老头为面前这个女孩准备了厚厚一摞资料，这摞资料最终成为她演讲最翔实的依据。大使官邸很大很深，像是一汪海，蒂安娜坐在那里，犹如一叶小舟，动荡而不安。

后来蒂安娜面对三千人的演讲成了世界论坛的一个亮点。那时她不到15岁，演讲的英文很流利，很纯正。

成就梦的剑桥

在剑桥等待面试的那个夜晚是无助的。父母亲送她从罗马过来，旋即去了伦敦，把她孤零零抛在这间古典的屋子里。屋里点着灯，依然幽暗，空间里隐隐绰绰摇曳着这座学府的历史，给人无形的压力。蒂安娜坐在未打开的行李箱上，视线穿透玻璃窗，落在校园的黑暗里。16岁的影子在墙上晃，无着无落。

还在读十三年级，高中最末一年，大学已在选择他们。蒂安娜填报的所有专业都是医科，有美国大学，更有英国大学，剑桥是她由来已久的夙愿，排在首位。但剑桥的面试通知姗姗来迟，原以为已被筛选掉。考剑桥难，考剑桥的医科更难，正沮丧呢，柳暗花明。

这一夜她早早躺下，眼睛却在黑暗里睁着。她被如临深渊的紧张折磨着。

到了第二天，其实没什么。笔试口试都没她想象的那么难。她觉着自己发挥不错。剑桥给她毕业会考的录取分数线是满分为45分的38分，几乎是医科考生的最低分数线，可见考官对她的潜质有相当的信心。

17岁，她考进剑桥，读医科，学籍落在填报的女子学院，其实就是生活和住的地方。她很荣幸成为意大利英国国际学校创立近百年来唯一考进剑桥医科的学生。但这一年剑桥医科名额满，她又是年岁最小的，就被按常规劝说缓一年入校。她应允了，缓一年还可做些以后也许再没时间做的事情。

蒂安娜扭头去了中国。回到老家瑞安，由一位做中医的叔叔介绍，到中医院做义工，学习针灸、按摩推拿及中草药。她从没在老家住过这么长时间，这一年就像补课，把血缘的地气接上了，把欠下的乡情还了，把中医中药乃至中国文化的大门推开一道缝隙，瞥见了其中的广袤、深长与厚重。她为自己是中华的后人而骄傲。

翌年，蒂安娜如约来到剑桥，开始长达六年的学习生活。康桥是如此美丽，充满梦幻的色彩。蒂安娜的梦想却在一步步接近现实的时候，变得异常残酷。这残酷是竞争的残酷。在这里，没有人不聪明，也没有人不用功，能考进剑桥都是最好的，比试起来就是针尖对麦芒，各有各的锐利。医科前三年课堂学习，后三年医院实习。总共三百学生，分布在剑桥大学的各个学院，集中起来上大课。前三年不合格会淘汰一半，转到别的系科；后三年不合格也要淘汰一半，拿不到实习医生的合约。这个筛选淘汰的过程就是学生受虐的过程，行走地狱的过程，迈不过坎自杀已不是危言耸听的结局。

蒂安娜所在的女子学院是清一色女生，这群学府闺秀汇聚一起，那整合的自我鞭策情绪便会衍生出一种赴汤蹈火的凄美。晚餐过后，她们三三两两站在楼厅和门道里，磨唧着不愿回房苦读，就是给自己一点可怜的放纵和发泄的机会。她们聊彼此功课的难，聊唯恐过不了关的考试，聊被淘汰的不幸，聊着聊着哇哇痛哭，抱成一团。这类集体性的歇斯底里成为青春记忆里不可磨灭的伤痛。蒂安娜大三时，就亲眼目睹大五的一位女生上吊自杀了。女生逃过了医科前三年的淘汰，却没逃过自虐的锁链。

梦的延续与舒展

现在回想，那六年一闪而过。尤其前三年，除了寒窗苦读几乎没别的记忆，虽然她也在国际医学刊物上发表关于肌肉的重要论文。后三年实习则让蒂安娜欢喜多了，或许更辛苦，毕竟有了临床的概念，有了与病人的交流。虽然你是学生，病人还是把你当医生看。病人的内心都孤独，需要善解人意的心来接纳倾诉，哪怕这倾诉是无声的。蒂安娜天生具备这种素质，所以她如鱼得水，游刃有余。

熬过来了，蒂安娜在隆重的毕业典礼戴上了学位帽，她还是那么年轻，笑却有了人生的厚度。剑桥大学医学院附属医院给她一个非专科医生的合约，她留下来，做了内科，也做了外科，天使之梦终于成就职业生涯。

原是可以一年年续约的，蒂安娜却回了意大利。不是想家，而是想做专科医生，心脏科医生。罗马一家医院的心脏科教授看了她的履历后执意要她，这在意大利是千载难逢的机遇，别人通过几年的排队与各种裙带关系都难挤进去。蒂安娜只好辞了剑桥第二个已做了半截的普内合约。剑桥附属医院一心要留她，没留住，教授给她一个评语带回意大利，评语里说，蒂安娜是他共事过的最好的年轻大夫。

蒂安娜并不满足这样的评价，她的自我标杆很高，她要成为最好的心脏科大夫。眼下她在罗马当医生，却常常利用周末飞伦敦听课，目的是考出一个通常需要工作三年的普内医生执照。她留在英国医院的同学都在按部就班走这个程序，她跳了一档，已在做专科，却也不愿失去低一层次的那个资格。等做满四年心脏科，她会比别人早拿四年专科执照。那时，职业经验有了，临床基本功有了，她会重返剑桥，再读一个心脏医学博士，然后尽天责，报效人类。

采访札记：

采访蒂安娜是罗马的黄昏，夕阳淡淡的，洒遍屋里的每个角落。她就在水一般的夕照里坐着，有种沉静的美。她生在米兰，生日是1982年10月31日。对于在外出生的移民第二代，我总要问及身份定位，她毫不迟疑地回答：我是中国人，永远都是。

她通晓中、意、英、法、西五国语言，她的通晓是真的通晓。她说法文最差，很少用，生疏了。但我听过她与法国人交谈，没有障碍且发音准确。学识让她27岁的年轮显出深刻而博大，但她活得不轻松，青春几乎都消耗在求知若渴的路上。未能享受生活是她的遗憾，我知道其实这也是青春的伤痛。

不过随即她便释然了。她说她要开一爿诊所，为迁徙在意大利的温州人问诊治病。享受生活是需要健康的，能为父老乡亲的健康尽一分心意，不也是间接的享受生活？

黑马腾跃

他是谁

他坐在赛场角落，抿着唇，稚气的圆脸被灯光涂抹了油彩，显出与年纪不甚相称的凝重与严峻。空间很小，气氛浓缩了，变得锐利紧张，仿佛一触碰就要断裂。

后墙顶端悬有一块简简单单却欧洲味十足的广告牌，那是他们这个赛事的会标，上面写着龙飞凤舞的EURO TOUR，而TOUR中间那个字母O，则夸张为一只台球的样子，台球上画了黄色的眼睛，挤眉传神，很人性，也很俏皮。于是我们知道，这是欧洲杯台球循环赛2009年2月11日开局的第一站——法国站巴黎大赛。第二站是3月，在意大利，然后是德国、奥地利、荷兰、瑞士、西班牙，一年的循环大赛共有七站。据说，台球比赛是有分野的，EURO TOUR是九球洲际大赛。

由此可见，对他这么个半大不小的孩子，打这一战是鲤鱼跳龙门，必须具有三级跳的神勇，才能过五关斩六将。

结果他居然战果赫赫，赢了十场比赛中的九场，一路摧枯拉朽捷报频传地杀上来，成了让全场瞠目的一匹黑马。连爆冷门不算，还搅乱了那些勇士骁将一直以来的座次排名。一场场鏖战硝烟弥散，到了最末一天的关键时刻，240名选手淘汰了236名，只剩下四强。而他，打进了半决赛，很牛，很给力。时已傍晚，赛场外的天色正暗下来，氤氲着暮色，他握着球杆，有点不知身在何处。进军半决赛是他与陪他过来的小姐姐都没想过的，否则，就不会把回程机票订在这个周六的下午。赛程是事先清楚的，只不过以为半决赛铁定不会有他。

比赛开始的时候，机票已作废，他来不及心疼就上场了。但潜意识里，这场比赛的代价飙升了，压力也飙升了。

他的对手是一个老头，德国人，瘦削的两肩挟一个光秃秃的脑袋，很精干也很睿智，那神情不像打台球倒像造宇宙飞船。老头与他站在一起，体量恐怕只有他的一半，却令他望而生畏。这可是一个重量级人物，八岁开始打球，几十年打下来冠军无数奖杯无数，都打成人精了。EURO TOUR 更是老头作为一号种子选手的自家花园，进出泰然，常驻常胜。不像他，是刚摸着门一头撞进来的初生牛犊。

他看起来运气不错，球杆握在他手里有旋风般的快捷，赤橙黄绿青蓝紫，球滚动着色彩准确入洞。一局局下来，他的比分竟然领先——八比五。初生牛犊的好就在于输赢对他都是赢，呼风唤雨的高台本不存在，也就没了失却城池之说。

但是，一点儿没有负担也不是真的。他毕竟还是个孩子，老将诡谲圆熟的球风和沉着大气的姿态本来就是面对面这个磁场里极具张力的威慑。作为对手他是弱小的，刹那间的怯场足以荡涤一点点累积的胜利成果。可不，离九比五的终场之赢只剩三个球的时候，他擦杆的手抖了一下，也就是这么轻微一颤，局势便逆转而下，德国老头轻而易举连翻两局。

八比七。他愤怒了，持杆而立，壮硕的身体像座塔。勇气是胆怯的天敌，血刃的意志主宰了这个男孩的躯体与腕力，心先冲了上去，誓要决一雌雄。

九比七，赢了。终于赢了！出奇的静默之后，赛场狂呼起来，巴掌拍红拍疼拍响，裹挟着口哨，呼啸而过。记分牌上，他的身份是奥地利选手MARIO.HE，在观众球迷看来，他是EURO TOUR一匹爆出冷门的黑马。没人认识他，全场都在问，这个15岁打进欧洲杯，历史上最年轻的决赛者，究竟是谁？

"香蕉人"的成长无奈

他叫何亦同。一个中国孩子。温州孩子。

何亦同的家在奥地利与瑞士接壤的VORARLBERG州RANKWEIL市，那是一个宁静而寒冷的边远小城，住着为数不多的中国侨民，有从大陆来的温州人，也有台湾人。温州人大多是80年代中期过来的新移民，来时赤手空拳；台湾人更早一些，以投资理由迁徙。何亦同的祖父是二战期间回国的老华侨，维也纳至今遗存他租住过的那栋老房子。何亦同的父母亲何建平与吴建华，分别于1986、1987两年从温州辗转维也纳来到RANKWEIL，放下行装就去中国餐馆各打各的一份工。餐馆位于东西两头，夫妇俩东家做厨，西家洗盘刷碗，老板都是台湾人，都对他们的勤快与任劳任怨满意。那时还没有亦同，女儿瑶瑶也留在温州爷爷奶奶处。夫妇俩在奥地利人的洋房里租了角落的小单间，也就是刚刚能转过身来的一席弹丸之地，铺张床，搁两把椅子一张桌，就算把漂泊的家安下来。很长一段时间里，何建平与吴建华对家的全部概念就是那张咿呀作响的旧床，除了倒头昏睡，这个空间根本给不出什么别的感觉，比如过日子原该有的安然与温馨。

三年后，女儿瑶瑶出来，这个家连9岁的小女孩也不喜欢。晚上爸爸妈妈总是上班，把她独自留在屋里，点一盏明亮的灯，小小身影晃在墙上，守着自己也守着窗外洞黑的夜。该上学了，半夜睡下的母亲早早起来，天没透亮就驾车送女儿去学校。孩子人生地不熟，又听不懂德语，母亲怕她受委屈，就坐在教室后面陪读。说是陪读，其实困得眼睛都睁不开，就差瞌睡虫把人直接从凳上拽下来。好歹熬到放学，慌慌张张带女儿回家，塞给她一顿仓促对付的午饭，喘直了气，一溜烟赶着上班去。替别人打工，分秒都不敢怠慢。

亦同出生是在1993年夏季。之所以敢生他是因为父母有了自己的餐馆。但怀孕分娩仍是忙里偷闲的一桩难事，温州女人是想也不敢想一般女人坐月子时的娇贵与受宠的。母亲顶一个大肚子跑堂，跑到临盆也是一人上的医院。父亲心悬着疼着，却是无法丢下大厨炒菜的那把勺。肚里的亦同是个大块头，母亲疼得满床打滚也生不出，只好遂了医嘱剖腹产，手术单也是自己签的字。这时的女人很无助，需要男人搀扶支撑的臂膀，但母亲不怨，她知道丈夫正在炉头前一盘接一盘地炒菜，她甚至猜想得到他挥汗如雨的情景。这难道不是男人的一种担当？担当共同创下的这份家业。

儿子清亮的哭声没有唤醒昏迷中的母亲。母亲睁开眼睛已是两小时之后，看见丈夫抱着婴儿站在面前，她感觉到深情的注视，很温暖。不知是灯光还是阳光，徜徉在脸上，是由衷的喜悦。

月子也是孤独的月子。母亲躺了三天下地，吃喝拉撒洗洗刷刷都是自己。等到亦同29天大，母亲开车把他送往寄养的奶妈家。一路上，母亲频频回头朝躺在婴儿篮里的儿子看，泪盈在眼眶里，脸上一抹凄惶。她真的不忍，不舍，肝尖都是痛的。可在这奥地利小城上哪儿去找中国保姆？事实上，儿子寄托的是一户友好亲善的当地人，丈夫是地方警局警察，太太辞了工作在家照管三个未成年孩子。中国婴儿的到来会为洋人家庭带来一抹欢乐。

从此，小亦同成了奥地利爸爸妈妈的幺儿子。家里有大房子，有大花园，奶妈就在阳光下的花园里哺乳。小亦同咿呀弄语，蹒跚学步。他也不再叫何亦同，而叫MARIO.HE。他已触摸不到中国的文化渊源，很快乐地过着属于奥地利孩子的每一天。上幼儿园，乃至上小学，都是警察爸爸来回接送。他很神气，因被满足了小男孩式的虚荣。餐馆休息的时候他也回自己家，领受父母加倍的宠爱。这种时候他总是很乖，猫咪似的蜷在母亲怀里，久久不肯离去，仿佛那根脐带压根就没剪断过……

一住十年。他不知道他已无可奈何地长成一个“香蕉”孩子。

姐姐是摆渡的舟船

待父母入了籍买了房，10岁的亦同才回到装潢一新的家。他觉得自己长大了，有回家的急切，别人的家再好终归是别人的。父母没想过成为奥地利人，入籍买房多半是为了他。奥地利有很排外的法律，入籍才能买房。一家团圆，父母静下心来，突然发现儿子不该丢的母语早在自己忙乱打拼与创业时丢弃了。何建平吴建华都是一头冷汗。

于是一家四口的交流成了一个困境：父母与儿子说最简单的普通话，听不懂就用蹩脚的德语补缀，儿子则与父母用低级的德语，掺杂三两似是而非的中文，唯有瑶瑶是语言之桥，能任意跨越。她与弟弟说德语，与父母说温州话，必需的时候亦可勉强充当中文口语翻译。好在有姐姐，亦同才不至于陷在与父母对话的困境里，所以瑶瑶成了他最亲近的人，是语言摆渡的舟船。

瑶瑶的小不在岁数而在个子，实际上她比亦同大12岁，可往大块头弟弟边上一站，就显得格外娇小。她也很出息，大专毕业入行海关已做到举足轻重的职位，可乍一看，更像亦同的妹妹。

11岁那年暑期，亦同要与巴黎的表哥戈阳去温州度假学中文，离家前两天，他对小姐姐说，我喜欢台球，我想学。他跟同学刚从俱乐部出来，动了回球杆，便痴痴迷上。亦同从来都是个沉静的孩子，不声不响，但认准的事决不含糊。接着去温州，不玩别的，就与表哥结伴打台球。那时中国出了丁俊辉，所以在温州台球也很热，玩的人很多。只要球杆在握，即便不会打，亦同的球感也和别人不一样，有着与生俱来的天赋，一招一式被疼他的舅舅吴建荣看进心里。到了归期，果然他就收获了舅舅的重礼，一根最名贵的球杆，美国造。坊间买不到，是专门从上海订购快递过来的。

回到奥地利，亦同扔下行囊就去青少年台球协会注册登记，肩上扛了美国造的那支球杆，台球生涯开始起跑。小姐姐呢，四年如一日护航保驾。一周五个晚上训练，几乎每个周末的比赛，都是瑶瑶开车接送，风雨无阻。后来打出息了，入了国家少年队，要去维也纳、瑞士、德国等地参赛，瑶瑶就是他的经纪人，不但全程陪同，照料起居，还包揽所有参赛事宜。没人强求，瑶瑶是自愿的，她不怀疑弟弟台球王子的前景，她想助他一臂之力。除去舅舅的礼物，其他几根球杆也都是瑶瑶挣钱买的，千多欧元的价换了给自己买衣服还真舍不得。瑶瑶并不讳言自己也有别的女孩都有的私心与小气，但对弟弟，她是最无私的姐姐。

亦同自然记着姐姐的好，不言谢，只用四年半的成长经历和越来越亮丽的成绩来回报。他没让姐姐失望，迄今已摘取奥地利各届各项青少年杯赛的七枚金牌，二枚银牌，一枚铜牌以及团体冠军。今天的他只是五年制职业学校金融专业高二级的一名学生，但在他们那个叫RANKWEIL的小城却是家喻户晓的球星，一张胖乎乎的中国脸频频出现在媒体的传播与渲染中，“粉丝”前呼后拥一大群，真的很牛，很给力！

一点补缀：

何亦同在决赛没有赢，败在荷兰名将的杆下。他红了眼圈，不是因为输，而是恨自己没打出胆量与谋略。尽管如此，他还是EURO TOUR台球赛有史以来最年少却最具旋风气质的一匹黑马。奥地利国家队来了八名好手，全军溃败，只有非队员的他站到颁奖台上。所以，他当即被授予国家队红辣辣的球衣，成为奥地利队的一号种子，尽管至今年龄还差一截。

回到RANKWEIL，电视、报纸、广播，满街都是他的名字他的照片。同学为他鼓掌，球友为他狂欢，手机终日响个不停，简直他比球星更球星，比王子更王子。

但他还是不言不语。上学依旧，打球依旧，与姐姐心照不宣的对视依旧。

他把3千多欧元的奖金交给了妈妈。真的很乖的孩子。

三色旗下中国兵

我找了陈建很久，也约了多次，总算在历时半年后把他逮住。他早已退伍，早已不是兵，给我的感觉依然是圭亚那原始森林那个神出鬼没的兵。我抱怨，做你的采访真不易。他说对不起，嘴里一味抱歉，脸上还是说开拔就开拔的“备战”状态。

其时，我们已从法国外籍兵团退伍华人战友会会所转至他的贸易公司。楼下是铺天盖地的首饰，一律中国造；楼上是董事长办公室，他坐在大班椅上，俨然一副老总派头。空间与时间无不给人错位的疑惑。于是我相信，面前这个叫陈建的人，除了走世界的跨国经验，还有尾随身后两段截然不同的人生路径，回过头去看，风景便也多一番绮丽。

试想，有多少读者知道，海外温州人居然也有这么一个当兵的群体？

乐清·青岛

陈建18岁那年就当了兵。中国兵。他从乐清出发，揣一纸初中毕业证书，去了青岛。他的家境不错，父亲是乐清登山鞋厂的设计师与创始人，他是家里的老幺，兄姊都在法国，照说他用不着当兵也会有一番作为。但军人是他从小到大的英雄崇拜，他想做真正的男人，在雄性的疆域驰骋。青岛与乐清一样，有大海，有港湾，他像海鸟那样扇着翅膀迁徙青春，当了第四训练团的一名海军航空兵，做无线通讯载波。因为反应敏捷学得快，训练完毕就没让他走，留下当了助教。助教是给新兵上课，做载波示范，任务不算繁重，枪也摸得少，文绉绉全然不是好兵帅克那一套。舒服是舒服了，却有点精力过剩，便缠了上级讨要加载。没想讨来一份文书兼职，例行出操也免了，百分百成了机关的兵。习武的理想越走越远，心下自然有几分失望，藏

着，没敢吭声。服从是军人的天职，软骨头硬骨头都得啃。便把光荣梦想撂到一边，踏踏实实做一名好助教、好文书。

平凡日子如流水，没什么痕迹，却飞逝如梭。转眼间四年过去，陈建与许多没当成好兵帅克的战友一样，光荣入党，光荣退伍。戴一朵大红花，噙了泪水从青岛的海回渡家乡的海。这时他23岁，曾有乐清的一家银行愿意接收他，职位不错，待遇也不错，他却迟疑着。人人都说银行是份好差使，对他却不是。他的心太大，太野，是用来奔鹿的那种。兵营里的文职已关了他这么些年，既然挣出来，就没理由把自己重新关回去。

陈建像个沉思者在落日的余晖里走，沉思也是大踏步，走着走着铁定了一份心意。那是1990年，夏天退的伍，到了秋天树叶飘落，他已下了飞机，站到巴黎街头。车流人流是一张织得密密的网，把他罩在几乎看不到的黑点上，没人注意他脸上惊惶的表情。一个来自中国的退伍兵，将与这座世界名城产生怎样的纠葛?

佛诺雄·欧巴涅

在表兄的餐馆里洗了几个月的碗，突然就洗不下去了。陈建问自己，我在这里做什么？难道洗碗就是我要的生活？他甩门出去，走进地铁，在迷宫般的世界游荡。走过不少花花绿绿的广告招贴，其中一张吸引了他的眼球，不为别的，就为画了一群威武的兵。他读不懂画里的法文字，拽了阿哥来看。阿哥笑道，这是外籍兵团招兵买马哩，是雇佣军，谁想去，都去得。阿哥早来法国，对招兵的事略有所闻。他却跳起来，一步蹿到招贴底下，我去，也要？阿哥泼他冷水，会被送出去打仗的，你就不怕死?

那一夜通宵睁着眼，阿哥的话杯水车薪，把他的念头越浇越烈。他觉着由来已久的光荣梦想复苏了，新的挑战就在眼前。当兵在法国，多好的机遇！雇佣军是危险了些，但能拼出语言拼出技艺拼出合法身份尤其拼出一身绝境逢生的本领，这代价，值，很值。第二日爬起来就往大巴黎佛诺雄招兵站去。阿哥心知拦不住，只好陪着。兄弟俩一路不搭腔，都虎着脸，那情景真有几分像是上战场。

佛诺雄的大门果然敞开，没有接兵站那种惯常的森严。陈建走到接兵的长官前，被目测，被检验，被筛选，被无声拷问。他当过兵，站如钟，走如风，那虎虎生威的架势一看一个中。长官笑得很儒雅，当即把他留在兵站里。不限制国籍，不索要合法身份，不苛求懂法文，全过程的简洁明快就像选你去站一次队。陈建莫名其妙，一遍遍问离他而去的阿哥，我就这样当上兵了?

当然不是。两天后，他与一批新兵候选人坐火车去马赛边上的小城欧巴涅。那是法国外籍兵团总部。军营是电影里见过的军营，很气派，这伙人进了门就被剃成秃瓢，是气派里的点缀。接下去两周，是来真格的体能考核。跑步，爬绳，伏卧撑，练双杠，负重越野。也做智能测试。军营里严禁使用原籍国母语，法语听说懂不懂都是强制。淘汰也是残酷的，不管你早早剃光了头，早早穿上了军服。每日出晨操，都有几个叫到姓名的人出列，被宣告淘汰，送回原处。晨操于是成了鬼门关叫号，人人胆战心惊，唯恐过不了关。

陈建是幸运的，不但没被赶走，还在此后四个月的高强度正规训练中考出新兵连第二名的好成绩，当上了雄风猎猎的坦克兵。坦克营也在南部，一个译意叫橙子的城市。先学开车，考出重载车牌再学开坦克、开装甲车。坦克是个庞然大物，填了炮弹19吨，启动它的刹那间，陈建自觉力大无比，足以撼动地球。这是属于男人的豪情。

圭亚那·波黑

后来知道，法国外籍军团是一支历史悠久无坚不摧的队伍。诞生于19世纪初，以1863年发生在墨西哥卡梅伦城堡那场著名的战役举世惊骇。那场战役艰苦卓绝英勇无比，是以少胜多的战事典范。外籍兵团的训言是：前进或死亡。荣誉与忠诚。陈建吞咽着这些含义，血脉贲张。

1992年，从科西嘉岛平定了那次骚乱，陈建随部队飞往拉丁美洲圭亚那。圭亚那是法属海外太空发射中心，是法国的军事基地及训练基地。六个月里三番五次的残存训练，终于让陈建完成了对外籍军团一个合格士兵的体认。

残存训练就是极限突围。他与他的部队被拉进遮天蔽日的原始丛林，连续行军直至精疲力竭，然后收缴武器搜光了身，放逐到荒无人烟的孤岛上，必须坚守72小时方能突围出来。突围还不是只突围自己，要砍了树劈了藤条把木筏从汪洋里推出来。一支队伍四五十人，没有干粮没有水，只有三颗子弹，两只电筒，一人一挂网结的吊床。吃的是树心，第一口嚼烂淡淡的，还过得去，啃多了就会恶心、呕吐。这时，想要几粒盐成了最大的奢望。喝的是密林深处泥洼里的水，用手去掬，一掌蠕动的小虫，只好投下药，把水濯过了再喝。三颗子弹的其中一颗打了只鸟，无法分吃，索性用它做了钓鱼的诱饵，还真钓上一条活蹦乱跳的鱼，烤熟了，一人分到指甲大的一撮。还是饿，就吞吃烤蚂蚁，胆小的一边吃一边跳脚，跳完脚哇哇地吐。没吃没喝还不能吊床上吊着，要砍树，要把放倒的树用最原始的手艺扎成木排……人在这般绝境不得不退化为直立的猿，求生欲望超越一切，理智坚守愈见其难，性本善性本恶袒露出美好或狰狞的一面。陈建看清了一切，对自己对他人都有了从未有过的洞见。

紧接着，前南斯拉夫塞尔维亚科索沃独立纷争的内战拉开序幕。陈建所在的坦克营被紧急调回，作为联合国的维和部队挺进敌对双方对峙下的中间地带波黑。军用飞机降落在夜雾弥漫的山坡上，走下机舱就是横卧于眼前的战壕。身着防弹衣穿越横跨驻地的战壕，堆满沙袋的沟壁上有飞弹哧哧掠过。没及撂下铺盖，就去哨位接了岗。次日睁眼一看，满目疮痍。

不再是圭亚那，绝境也是训练的绝境。这里是残酷的战争，是肉身与肉身的杀戮。陈建开着他的侦察坦克出巡，炮筒里填着炮，不能打。南斯拉夫人的枪弹就在坦克盖上擦出火星嘣嘣嘣的响。即便举枪，子弹上膛，没有命令还是不允许扣扳机。陈建当然懂，他们是维和部队，代表正义，平息战事。放飞和平鸽，枪是橄榄枝。

战场上的中立是刀尖上的行走。你不能出击，不能退让，行动的准则就是不卑不亢斡旋在敌对双方的准星里。一不留神，谁保得住红了眼的子弹不会射杀过来。那个愁云密布的傍晚陈建至今记忆犹新。阴森森的峡谷，风声鹤唳，恐怖的气氛让人透不过气来。敌对双方虎视眈眈盘踞了峡谷对岸，看不清人，却能感觉沉重的喘息。这是维和部队在敦促敌对双方交换俘虏。装甲车就泊在不远处，陈建与他的战友全副武装守卫着正中央那片旷地，高音喇叭每播出两个俘虏人名，就分别护送他们从敌对阵营走回自己阵营。交换的俘虏多，越往下换势头越紧张，时间便漫长而难挨，直到天一点点漆黑下来，陈建大汗淋漓，浑身上下都湿透了。

更严峻的是经受生死考验。对于和平年代的军人，死，常常只是一种概念。但陈建却在三年内两次各六个月的前南斯拉夫维和行动中，亲眼目睹战友在一瞬间与他天人永隔。那是护送红十字会救援人员到难民营的途中，陈建的法国籍排长就在他的装甲车上被流弹击中颈部动脉，一头栽倒。鲜血喷涌而出，按都按不住。他都没明白过来是怎么回事，排长软下去的身体就凉了。这位排长是他最要好的哥们，平日情同手足，刹那间说没就没了。那一幕陈建刻骨铭心，体验了战争的残酷与生命的无常。

奥翰什·巴黎

回到法国驻地奥翰什，陈建变了，变得沉默坚定。男人在军营里成熟，军人在战争中成熟，这话一点不假。他在班长任上又参加了四个月的军事体育培训，擢升为体能教练。教练的位置不算官，却是升迁的一个阶梯。陈建不是华裔外籍兵的最早或者最后，却是独一的教练，深受兵团上峰器重。

然而陈建还是决定走了。这时他有了女朋友，是文成人，正翘首等他回巴黎缔结良缘共创家业。他爱这个三色旗下的军营，是军营给了他法籍，给了他优厚的待遇，并把他打造成真正的男人，他依依不舍。但他说到底还是温州人，在外的温州人岂能不创业不做生意不当老板？外籍兵团五年的合同期满，他递交了退伍申请。上峰很难割舍这么一个好兵，挽留再三。一位将军甚至在送他走时谆谆叮嘱：到社会上如遇不顺就回来，外籍兵团的大门将永远对你敞开！

1996年，他揣了退伍的一张表走进巴黎某区失业就业中心。根据社会保险条例，退伍军人可享受一年以上数额可观的待业抚恤金。陈建在里面兜了一圈，陡然生出走错了门的迷惘。他问自己，你来做啥？要钱吗？曾经的军人脸红了，三两下撕碎了没来得及填写的表，逃也似的走远了。

他找了份替人开车的活作为出山创业的初始，然后做跑堂，开餐馆，创立贸易公司，一直走到今天，一步一个脚印，步步都是好身手。

一点补缀：

有这样一面三色旗，旗上缀有醒目的中文字。人说这是世界上独一无二的三色旗。这面旗就是法国外籍兵团退伍华人战友会会旗。陈建是本届战友会会长。

战友会不同于别的侨会，没有功利目的，只为联络感情互助战友而存在。核心口号很温情：从不认识到认识，从认识到朋友，从朋友到知己。

战友会的前身是自发的互助会，源于一位退伍军人患癌症病故战友联手为其协调后事。后作为常设公益协会报批外籍兵团总部，迟迟未被首肯，原因就是“华人”两字。总部的意见是，外籍兵团无论在伍或退伍，都是整体，不能把华人单挑出来。直至2006年，经多方斡旋才审批下来。

陈建说，160多会员都是华人，绝大多数是温州兄弟，这两个字可不能缺。

追忆俗世情怀

周丽娅从布达佩斯九龙饭店三米高的楼梯上一头栽下来，经历了生死两界的一次徘徊。当时她不省人事，趴在地面软得像团棉絮，被餐馆员工七手八脚抬上救护车送往医院急救。表面创口处理之后，CT颅脑断层扫描发现她的右颅震荡挫伤，已形成柿子大小的淤血，旋即转入急症病室剥光了全身接受抢救。不知过了多久，周丽娅醒过来，感觉头颅被劈了两瓣，一半死，一半活。用手去摸，右脸右脑肿成半个球，毫无知觉。左半边却异常活跃，一幕一幕演电影，把那些早就流失的记忆片段全挖了出来。原来，与死神擦肩而过时，反刍活着的滋味竟是这般美好。

茫然

那是1991年初冬，周丽娅去国上路的日子。

飞机正在起飞，11岁的女儿突然撞到妈妈怀里号啕大哭，哭声很大，把机舱里的乘客都惊动了。问了半天，才抽抽搭搭说，不走不好吗？走了再见不着奶奶，姐姐，见不着老师同学，我想他们了。女儿的话让当妈的心里一紧，愣在那里。女儿不过小学四年级，就舍不得童年的这份生活，她何尝不对扔下前半生远走异国他乡千般离愁，满腹怅惘。一个37岁的女人，不年轻了，好端端国营单位——瑞安烟酒公司财务的职位说丢就丢，满世界瞎窜，她想过前路的凶险吗？当然，动议来自丈夫，也来自出国热的推搡，她只是潜意识里不安分的随波逐流者。弟弟从意大利寄来担保，领了护照就朝一个陌生的地名布达佩斯仓促而去，只因那个国度不用签证就可前往。至于去了怎么办，做什么，一无所知，心思里去就是目标，就是不可复制的机遇。护照拿到手的前后，仿佛躯体一直在忙，思维却在什么也看不见的盲点上麻木着。要不是女儿突然间的号哭，她也许迟迟都不会醒转来。

她于是对坐在身边的丈夫说，谁知道呢，兴许这一步根本就是错的。丈夫没说话，脸上也是不确定的神情。她更心慌了，觉得舷窗外的机翼都在抖动。

确切地说，周丽娅不是见过大世面的女人，除了儿时在温州上小学，后来一直待在瑞安城关，读书，工作，守着丈夫和两个女儿，老老实实尽妇人之道。要说有什么追求，也就是小城女人的攀富心理，希图多挣点钱，把家拾掇得亮丽一些，殷实一些，过幸福美满的日子。她甚至没想过，其实任何事情都是要付出代价的。比如眼前，离乡背井的茫然便是代价。然而她亦是草根的性情，有自己看不到的隐忍和坚韧。所以，她搂着女儿对自己说，反正出也出来了，只有往前走，不拼死挣到50万，我决不回头。是赌气，也是宣誓。

寻找

这句话被丈夫当作笑谈揶揄至今。可谁敢说，1991年的50万不是女人天大的抱负。

抵达布达佩斯，没有熟人接应的周丽娅一家住进廉价旅店。旅店就在四虎贸易批发市场附近，市场里挤挤挨挨中国人面孔，都用不着寒暄，就已壮了胆。周丽娅每天出门，从市场转到街上，发现卖什么都有。东欧共产主义阵营解体后，匈牙利物资匮乏，消费市场如饥似渴包揽价廉物美的中国造。即便搭几条领带摆个小摊，好像也能赚回钞票来。周丽娅有点跃跃欲试。

然而全部身家只有5千美金，被丈夫携带着跑去东北做双边买卖去了。丈夫说，我先扒拉点立足的本钱，等我回来，创业。周丽娅过不了干等的日子，带女儿去了意大利。哪儿也没去玩，就在弟弟餐馆学本事。心里有了划算，匈牙利啥生意都多，就是吃饭的饭店少，何不试试从吃喝里刨食？

八个月后重返布达佩斯，丈夫果真挣了点本钱，还替娘俩办妥了身份，立足、初创有了可能。女儿进了学校，周丽娅则四处找店。那时人生地不熟，中文报刊又远未诞生，即便翻人家的分类广告，也是只字不识，半句不通。只好付费请来翻译查寻广告，一旦发现铺面招租，便打电话去问。竟是回回碰壁，还真不那么容易。转眼几个月下来，广告翻得眼花缭乱，连翻译都烦了，懒得认真去看。周丽娅呢，看

多了千篇一律的广告语，居然把些常照面的字也认熟了。心里急，就跟在翻译后面再看一遍。那天翻译照常翻过报纸，摇摇头走了。她不肯作罢，逐条重复，角落里捡了条尾巴信息：台球俱乐部出租，地点在英雄广场附近。就几行字，她用手指掐着，数豆似的数了好几遍，终于认定就是自己要的。急匆匆带女儿去洽谈。女儿语言天赋好，上了半年匈牙利学校，已能充当妈妈的翻译。其时布达佩斯遍地国有企业，这个台球俱乐部亦是南城区政府的产业，事实上周丽娅是在与匈牙利政府谈，这个感觉很奇特。黄金地段，不需大笔资金购买经营权，又有餐饮许可，对她简直就是天赐良机。

签约之后，丈夫再回东北，定制变台球厅为中餐馆的所有设施，招标专修队，聘请大饭店专业厨师。周丽娅则在半年的等候里留守经营。说是俱乐部，其实就是台球厅加夜酒吧。守着一个破烂摊子和几名接手过来的匈籍员工，周丽娅下午过去准备，夜晚开张，日日忙通宵，彻夜不眠。语言不通，台球、酒吧也不懂，单凭眼神手势做事，倒也不少起码的赢利。从未有过的辛苦，却让周丽娅尝到生意场上竞技的乐趣。

待九龙饭店亮丽登场，一个全职全能的老板娘已然脱颖而出。

发现

命名“九龙”，来自饭店栩栩如生的九龙壁。或许正是它，给周丽娅带来鸿运。饭店自1993年圣诞前夕开始存在，生意从未淡过，规模也越翻越大。而今说它是布达佩斯中餐之最，似也不为过。一路经营过来，丈夫还有别的事需要忙，做投资地产，做华文报纸，餐馆这头终是女人唱大戏演主角。其实也简单，周丽娅唱的就是“三字经”：质量，服务，价格，做圆满了所向无敌。

她把1998年那次看作幸运之神的奖励。匈牙利政府选择性抛售房地产，以促进全民资产私有化进程。英雄广场周边几条非主干道上的店铺门面在统一规划下以低于市场价出售。九龙饭店的位置正好在主干道与非主干道交叉的街角上，窗开主干道，门朝非主干道，不偏不倚捡了个大便宜。好运来了挡都挡不住，南城区政府签了字，房契顺理成章落到名下。周丽娅前脚签约，后脚改换布局，把非主干道的门挪到主干道，宽宽敞敞堂而皇之开到大街上，出入通畅，停车方便，远眺近看更招摇更醒目。饭店要的就是这种气氛，房子成了自己的，想怎么变就怎么变，感觉真好。

热闹了几年，又嫌小了，扩张的野心越来越膨胀。都说人心不足蛇吞象，还真是周丽娅那会儿的写实。华人食客爱唱卡拉OK，难免闹出动静让二楼住户少了安静。有邻居三番五次下来交涉，周丽娅赔礼道歉到最后，干脆顺水推舟，问对方可否出售他的房产。对方先是一愣，没料到这笑嘻嘻的中国女人出的方案竟是变相驱逐，不无愠恼，后想想开出的价位实在诱人，居然就答应了。一户开了头，另几户也蠢蠢欲动，都是凡人，都抵不住卖个好价钱的诱惑，找上门，拱手相让。周丽娅正中下怀，眼眉不眨一下，五套公寓通吃，很快腾空了二层。那个黄昏，她在一间又一间空空的屋里走，夕阳的余晖在墙裙跳跃，跳出金色的光。她突然发现，有钱真好，征服真好。

接下来的事情要复杂得多。二楼一直以来都是居民生活区，要改为商业尤其餐饮经营，必须由政府相关机构审核批准，而审批的前提是首先拿到全大楼二楼以上所有高层住户没有异议的签名，缺一不可。于是，全大楼房主被召集起来开会，周丽娅是发起人，她用温糯的家乡话向异邦邻居讨要关照。没人听得懂，就由已然长大的小女儿一一注解。流利的匈语，同样谦恭温糯的姿态与口吻，把一纸协议弄得像友邦互访的礼仪往来。平日熟稔交好的邻居多是一片体恤之心，在她保证餐馆决不骚扰他人正常作息并承担所有修缮费用的前提下顺顺当当签了同意。余下几位原就对中餐馆的油烟与吵闹颇有微词，当即表明否决立场。欧洲人不圆滑，肯与不肯都在表面。没办法，只有会后一户户去亲近，去化解顾虑。

其实周丽娅不是特别细致温柔有耐心的女人，但这件事却表现出截然相反的脾性。长达半年的胶着，就为一笔一画的几个签名，她无数次上门，动情，晓理，甚至要挟，都不急不躁，和颜善目，让对方即便反感也得笑着，直至瓦解。拿齐签名那天，周丽娅想笑的，却哭了，是喜极而泣。原来，做成一件事不仅拼智商，拼膂力，还要拼耐力，坚韧是理性之本。

代价

周丽娅的成功与她舞文弄墨的丈夫自然不无关联。她总说，家业的开创者奠基者是老公，她只是兢兢业业的守护神。

眼下，除了三度扩建，装潢如宫殿的九龙饭店，他们又买下英雄广场前的另一处临街房产，自己分身无术，分别租给银行与匈牙利快餐店，权当甩手房东。早前，在匈牙利乌克兰边境，也曾投资一个小型贸易市场，30多爿店面，悉数出租，并在当地招募员工代管，也是轻轻松松收租当地主。近两年，又作为股东参与唐人街贸易市场地产投资，规模很是不小。瑞安家乡那边虽没大动干戈，也买进六七套房子，扔在那里腾不出工夫去管。她经营饭店忙，丈夫做媒体也不得空。与乌克兰边境那个市场差不多时间，丈夫已把一份中文周报办了十几年，雇几名留学生，自己写言论，写特稿，靠广告持平，不赚钱，只为同胞传递属于自己的声音。心甘情愿地付出，是兴趣，也是追求。

相比出来时的50万誓言，周丽娅的收成早不是几倍甚至几十倍。都说欲壑难填，她不以为然。守住“九龙”犹如守住自家菜园子，金钱的驱使已然淡去，不过是不让习惯的作业停滞而已。周丽娅在这种时候想得更多的是曾经的付出，代价永远成正比。

别的都不说，仅两次摔倒，一次脑出血，一次断腿，便是生命几乎断裂的惊悚。

周丽娅是双胞胎，她的孪生姐妹在希腊，也是打拼域外的女老板。周丽娅每次遭遇不测，总是希腊的妹子第一个感应。她楼梯上栽下，没从昏死中醒来，那头的脑瓜就无缘无故裂了般疼；她摔断腿，医生正在打石膏，那头电话已打过来，说你是不是出事了，我一条腿痛得迈不开步了？哪怕最日常的小病小灾，也是这边感冒那头发烧，两人一起受罪。所以，周丽娅的付出已超出自我，超出个体，成为孪生姐妹共同承载的代价。为此她很自责，觉得对不住妹子，凭什么你卖命别人陪绑？

不值。周丽娅终于觉出不值。剥光衣服躺在医院任由大夫摆布半瘫的颅脑时，淤血排出来，青紫了半边面颊耳朵，青紫了整条手臂，不能动弹没法言语的时候，她就告诫自己，别玩命了，打住吧，即便不为自己只为希腊的孪生妹子。

那以后，她真的休闲起来。她学会了游泳，隔三差五就去温泉泡澡，欧洲最大最负盛名的宫殿式温泉中心就在离饭店不远的公园里，对她是近水楼台。她还与妇女会姐妹们乐在一起，去乡野踏青，国外旅游，并结伴“血拼”，疯买名牌服饰，然后穿戴光鲜，满足女人小小的虚荣心。九龙饭店没丢，但所有事务全盘交给21名中匈员工，包括钱匣子。自己坐在那里，不过是支撑门面的魂。

同时，周丽娅还是虔诚的佛教徒。多年前，她就与其他三个教徒一起，出钱买下400多平方米的一个院子，建立虚云禅院，由北京佛教协会净慧大师专程前来开光，明正法师、常道法师居院主持。如今虚云禅院香火旺盛，吃斋念佛者众，叩病及超度也不在少数。非但温州人中国人来朝拜，东南亚其他各国佛信徒也三五成群，络绎不绝。

周丽娅则希望把它当作栖息俗常情怀的一个驿站。

采访札记：

采访周丽娅时，她三番五次提及她的两个宝贝女儿，脸上笑意荡漾。

女儿都已长大，却永远是母亲的牵挂与念想。大女儿在温州读高中，匈牙利读大学，美国读硕士，现已成家，任职硅谷计算机行业。女婿是南洋华裔后代，虽同是炎黄子孙，却未能说中文。在马来西亚举行的婚礼上，双方长辈因语言障碍无法对话，周丽娅深感遗憾。

于是她责令小女儿，最好找个正宗中国女婿。小女儿体谅母亲苦心，大学毕业回了中国，来往于北京上海，立业，并寻找真爱。

周丽娅的这份期待，正是普通母亲的俗世情怀。

人生四景

他与他的履历

詹云成25年前出来漂泊，先到法国巴黎，待了两年没呆住，辗转到意大利，那时他不到30岁。由于两手空空，就走东家串西家替人打工，挣份温饱有余的小康。可苦苦挣出的小康哪里是詹云成的目标，还在温州住大高桥老宅就达标了，何必千难万险跑出来。他书读得平平，江湖上捞生活却有一手。年少练拳，又好结识各路朋友，虽干的都是埋水管拉大车的体力活，闹出的声响总是不小。没想到了异国他乡，虎落平川，呼啸也弱了声气。

不甘心，拿到身份立即筹资开办制皮工场。他在佛罗伦萨住了5年，包括替人打工，自己当老板，挣下一些钱，就寻思玩大的。那时他知道了距离佛罗伦萨十多公里处有个叫普拉托传统纺织品集散地。他知道是因为温州人的嗅觉已经闻到那边的气息。詹云成就把做得好好的皮工场卖了，跑到普拉托开起衣工场。1992年的普拉托，伊奥罗、达沃拉工业区纯粹是意大利人的天下，远没有现如今华商称霸的气势。詹云成的衣工场就和那三五家温州乡邻的作坊一样，很有点势不均力不敌的感觉。他便吆吆喝喝地给自己鼓劲，居然也做得不错。当然这个不错难能与眼下同日而语，他只是给意大利企业做外加工，人家拿来几款设计，依样画葫芦就好。哪像现在，两个工业区95%的意大利企业都被华人尤其是温州人并购，不但设计制作是自己的，品牌也是自己的，在欧洲市场所向披靡。詹云成当年挣的是辛苦钱，挣再多也是血汗换的。

所以，没等温商占领大规模工业区，詹云成又拔脚走了，没走多远，还在普拉托，转了行，开起饭店。饭店就叫“鹿城”，就做地道的温州菜，就把浓浓乡情捧出来给乡邻们品尝。餐厅都是大桌子，包厢也是，一看就是用来摆酒席的，这个宴那个宴，闹哄哄的全席，满堂彩。菜品更是家乡有的这儿都有。这饭店开在普拉托街上，却清一色的温州。

开出勃勃兴致，詹云成又买下第二家，眼下正装修着，说要比“鹿城”气派和高精尖。詹云成呵呵笑道，我做餐馆就像我儿子打拳，有感觉，对路。

他与他的儿子

詹云成有三个儿子，老二最像他，面相脾性都像，更帅。老二叫詹中，在意大利普拉托出生，今年刚过16，却是一米八的身个，比父亲高出半个头。詹中目前远在千里，说来都不信，居然是少林寺！

詹云成对这个孩子的父爱是复杂的，既恼恨他在意大利学校读不好书，又欣赏他胆大机灵从小就是摔跤格斗的武士作派。詹云成旧日对习武喜好，《少林寺》电影在温州上映那会儿，李连杰的少林功夫曾经让他癫狂得找不到北。所以儿子击沙袋掰哑铃把家里弄得像个拳坛，他其实还是窃喜的。意大利学校本来就比国内宽松，少了管教的儿子便像一匹脱缰野马，再也拴不到安静的教室里去。屡屡领回不光彩的成绩单后，詹云成把儿子揪到跟前，板下脸

来训斥，如果下回还考成这样，就别浪费时间了，送你少林寺练拳去。詹中听了满不在乎，不反弹，也没表露特别兴趣。接下来，父亲发觉儿子用功了许多，做不来作业也会问一声阿哥，看来他也想试试自己到底行不行。但是挨到初二期末，考出来的成绩还是倒数几名。这次父亲心意已决，对儿子却格外和颜悦色，你说吧，怎么办？詹中垂下肩垂下手，去呗！也不讨价还价。

父亲不食言，真把儿子送往少林寺。那是4年前，孩子12岁，实在小了些。母亲舍不得，流了一夜泪。詹云成又何尝不心疼，硬把心埋进肚里，装出一脸轻松笑颜。他是男人，也希望儿子将来成为真正的男人。读书读不好，就不走这独木桥，走少林寺。不是说条条道路通罗马吗？詹云成相信，只要儿子有志，少林寺也能走出辉煌。

练武功的残酷却是必须承受的。詹中毕竟是在和风细雨里长大的孩子，说一口意大利话，过惯了优裕舒服的日子，不像从中国农村到寺外武术队那些同学。刚到时吃得清苦住得简陋练功起早摸黑不堪忍受，语言又不通，简直如堕入地狱。两年后，干脆离队单独跟寺里的老和尚们学。少林寺的功夫和尚是一支庞大的精锐，个个都是武林好手，跟在他们的方阵里踢踏至少也是教练级的拳术了。詹中租住在寺庙旁边的富裕农家，吃住都在那里，每日天蒙蒙亮进寺，一身白衣白裤木桩似的铆在拳坛上，那英姿那威武，实有少林寺的真传。少林寺里像他这样的俗家弟子是个流水席，多时能有十好几，都是什么大款大腕的公子哥或者公检法衙门里的太子爷，托了关系进来，吃得了苦留下练一段，吃不了苦照个面做几个手势溜之大吉。只有詹中是棒打不走的铁杆弟子。各套拳路的老和尚都与他有缘，愿意传授秘诀予他，也没什么目的，就是喜欢他的灵性、豪气与韧劲。所以，他的个头刷刷长，功夫日日进，武术队上千人的表演赛，他的拳花总是数一数二。

通常到了暑期，詹云成会放儿子的假，让他回普拉托与阿哥阿弟待一阵，也让他把少小离家亏欠下来的疼爱补一补。可有个暑期，詹中打电话说不回来了，请求父亲送他去北京体操学院学翻跟斗。他不好意思地说，寺里翻跟斗都在砖地上，连块地毯也不铺，我怕翻不好，折了骨头。詹云成听了心疼，立马联系了北京中国京剧院的武功短训班，聘请专门老师，就教儿子翻跟斗。京剧院的训练厅多气派呵，别说地毯，什么设施不是超一流的。詹中在那翻了一个月跟斗，老师揪着腰带一串串地翻，可不就翻出了新的招式新的气象。

意大利媒体采访少林寺，摄录了普拉托孩子詹中的实况。绸衫飘逸的詹中在镜头里一脸弄拳后的热汗。记者问他苦不苦？他说苦，但我会坚持下去。记者又问你要做职业拳手吗？他腼腆笑答，我与爸爸有约，学到18岁再做打算……这个节目后来电视上播了，詹云成是在普拉托看到的。他对画面里的詹中叫好，有种，是我的儿子！

他与他的联谊会

在海外待过的温州人都知道，侨团是温商唯一的精神领地，只要挣了钱，事业小有成就，大多愿意到侨团坐把交椅领个一官半职。其实官非官职非职，不过花钱买个出人头地的感觉。能为乡里乡亲做些正经的实事当然好，做不了迎来送往喝酒聚会也是找乐。大凡人都需要金钱外的一点追求，不管浮名还是功德。詹云成也不例外，当了两届普拉托华人华侨联谊会会长，现在“退役”，是名誉会长。

值得一提的是，詹云成在他任内做了两件有意义的事，这会长头衔就不仅仅是为个人的好恶买单了。事情起始于上任会长，接任会长便也接任了把好事做下去的一份心思。当然，你偏不做，偏要另择路径或者反其道而行之也未尝不可。然而詹云成生来就是板上铆钉的性子，认准的事决不撂挑子，搭上气力一竿子撑到底。

联谊会旗下有个中文学校，租几间教室，招些孩子周末学母语。这类中文学校欧洲各国到处都是，不管教学质量如何，都是不让第二代第三代成长为香蕉人的防微杜渐之举。可是普拉托这个也算省府的小小城市这些年涌进了太多中国人，华商几千家，就地出生的孩子估摸至少也有2千，古老城邦成了中国移民新大陆，租赁的小学校就显出捉襟见肘的窘迫来。詹云成在校门口徘徊，兜了几个圈，回头就在自家餐馆召开联谊会的首脑会议。他也不费舌，上来便提议：中文学校小了，学生挤都挤不下，干脆买座校舍吧！

学校是联谊会的，在座的一干副会长自然都是名正言顺的校董，虽然会长詹云成的姿态有点强势，有点“兵谏”的不容置疑，他们都能理解，都没二话。十年树人，毕竟中国孩子与母语与中国文化的疏离也是他们的心病。所以，詹云成就在那里坐着，用眼乌珠瞪着大伙，一个决议就通过了。有处房子他已看好，可开辟8个教室，要价29万欧元，分摊下来每人1万，足矣。再捐些钱装修，添置桌椅板凳，宽敞亮堂的新学校就有了，联谊会的会所也有了，岂不一举两得？

詹云成是商人，商人都精于算账。他笑道，从此会费不用纳房租，省下一笔钱，联谊会的活动开销就有了。可他偏偏忘了，自己当着会长的职，无偿工作，仅仅每月电话费，都得倒贴千多欧元，谁知他是不是真忘了？

他与他的城市

温州是詹云成的城市，普拉托也是詹云成的城市。他在温州生活了29年，普拉托的日子少一些也有限，他对两座城市都有很深的眷恋。

缔结友好城市的遐想也是从上届会长手里承继下来的。那一回，温州市委书记来普拉托拜访当地省府首脑，会晤中有了动议，上届会长就从中斡旋，做了一系列前期接触。到了詹云成手里，这桩联姻成了联谊会外交上的头等大事。一个城市的儿子，却想象自己是月下老人，要把交错的彼岸系上红绸，牵引到一起，谱写温馨的情歌，这难道不是儿子对母亲至诚的孝心？

来来往往的穿针引线很日常也很琐碎，詹云成守着自己的饭店，几乎时时都在迎来送往。温州过来一拨拨人，包括外事办到市政府的头头脑脑，普拉托也频频回访，从幕僚到联络官再到省府首脑，都在詹云成心系的栈桥上相遇会晤，东西方两个遥不可及的城市便有了互相凝望的可能。缔结手续是繁复的，意方要内政部审议，中方要报批外交部甚至国务院。批文下来，便是双方官员多次来回签约。普拉托两次签约詹云成都在场，那仪式的庄严，让他感受个人情感中从未有过的神圣。省政厅前迎风招展的两国国旗，普拉托首脑身佩的三角带，温州官员春风洋溢的笑脸，都在他粗犷的记忆里留下印痕。詹云成是个有泪不轻弹的男人，可在那样的场景里，故乡所有的情愫不期而至，他觉着鼻腔里有热乎乎的东西涌上来，眼睛湿了。

最后一轮协议是普拉托省长去中国温州签的。这位意大利人在地中海这个古老国度做了一辈子官，居然没坐过飞机。他的第一次飞行居然是跨越欧亚大陆，飞向东海之滨那个传说中白鹿衔花的城市。省长说他非常喜欢普拉托的姊妹城市温州，在他印象里，温州是个富有活力并且蕴含诗意的城市。省长的赞美让詹云成甚为得意。因为温州是他的母亲城市，意大利人喜欢温州，他脸上有光。

缔结城市姐妹花之后，普拉托省政府从欧盟申请了一笔相当500万元人民币的经费，介入了文化遗址永昌堡的抢救修复工作。这是普拉托以及欧盟送给温州的一份厚礼，或许钱并不算多，却是手足之谊，姊妹情深，是没有疆界的人文关怀。詹云成从中穿梭地跑，尽着他应尽的义务。

他的感动首先是温州的感动。

采访札记：

他把酒倒在广口玻璃水瓶里晃着，再给一桌的几个人斟满，晶莹的杯就殷殷地红了。我不懂酒，但闻着香，就猜想是窖藏的好酒。詹云成朗朗笑说，陈年葡萄酒醒了才能喝出好来。那姿态带了品咂的酒道，也带了真诚的豪爽，席间便有了春风拂面的气氛。

我从法国到意大利的普拉托来采访，詹云成是约定的一个人物。其实我们并不认识，是通过朋友的介绍。他是那种不给任何生人以陌生感、一看就是江湖道上走得豪气的那种男人，天庭饱满，浓眉大眼，笑和说话都是掷地有声。

于是，采访就像看风景听故事，充满俗常意趣。

幸运叩门

尼克——养父，荷兰退役海军军官

当母亲第一次把刘浩然领进阿姆斯特丹这座老房子，他的生命就随着尼克的出现发生了不同寻常的改变。尼克是荷兰人，退役海军文职军官，高大魁梧像棵枝干茂密的树。尼克就住在家族留下的房子里，房子和里面的陈设都有年代了，黑黝黝的，散发着沉郁的气息。好在有扇硕大无比的窗，太阳升起的时候，窗外河道里的波光折射进来，游走在屋角，静谧便被打破，一切都活了起来。

当时刘浩然只有12岁，看见尼克树一般植在窗前，觉得他很寂寞，很没劲。事实上尼克出身贵族，也有钱，日子却过得寡淡。小浩然使劲扯母亲的手，只想早早离开这间屋。虽然他儿时在温州死了父亲，一年前随母亲再嫁香港人移居荷兰，童年也是诸多不幸，但他天性快乐，从来不知愁滋味，自然不会喜欢跟孤鳏的尼克待在一起。

母亲不依。母亲是带他来寄养的。母亲认识尼克是曾经做过他的荷兰语学生，母亲知道尼克的背景和学识，希望儿子近距离接受正统的西方教育。望子成龙的母亲重托于贵族出生的海军教授。尼克对母亲的请求欣然允诺。

小浩然不情愿地留了下来。尼克送他上学，接他放学，教他胸前塞了餐巾用刀叉吃西餐，还在卧室后面的起居室铺了床，安了桌，再把台灯拧亮，在做完功课后的夜晚给他讲故事。不出三天，小浩然的不情愿烟消云散，他发现海军尼克本身就是一汪海，有层出不穷令他着迷的景致，怎么看也看不够。尼克从未做过丈夫和父亲，被他这么一个孩子崇拜着，成就感膨胀起来，比当年随舰艇参战印度尼西亚、索马里更荣耀。尼克带他郊游，带他出入上流社会，把他介绍给自己颇有渊源的庞大家族。尼克在所有亲戚面前津津乐道得了个中国儿子，那份喜形于色，难以言表。

一大一小不同肤色的两个人，就这样处成了一对父子。小的管大的仍叫尼克，心里却是难以割舍的亲情。到了有一天，母亲决定领儿子回家，尼克与小浩然都愣怔了，不愿，不舍。母亲很为难，靠打工挣钱她已付不出寄养费。西方人从不把金钱情感搅和一团，尼克这回却破了例。他对母亲说，钱，可以不收，只要孩子留下。请求您别把我们的快乐夺走。尼克说这番话时搂着孩子，蓝眼睛是湿润的。

小浩然吻别妈妈，留在尼克膝下，一直住到18岁，成年。尼克在浩然卧室的门柱上钉了标尺，每年过生日，都把他往上蹿的身高刻在上面，以纪录他的成长经历。六年六个刻度，这与众不同的标杆，至今仍在尼克那幢老房子的门柱上。

林斌——继父，中医学教授

18岁那年，跨过成年门槛的刘浩然离开尼克的老房子，回到母亲家。这一回尼克不再阻拦，18岁是一道门，跨出门外意味着走社会闯天下，不能再鸡雏般孵在父母家，西方教化向来如此。母亲此时已离异，守着他同母异父的小妹过一份不算轻松的日子。母亲给儿子指了两条路，一条是从职高进入大学，继续学业，学成做高级打工仔；另一条是从商学商，挣银子将来做老板。刘浩然意识到自己是这个家唯一的男子汉，肩上扛有不可推卸的责任，唯有选择第二条路，走捷径，做老板。

尼克的潜移默化使刘浩然比别的中国孩子多了些西方文化，这种文化的概念是大的，包括语言，生活规范，也包括西方人的习惯思维。而刘浩然毕竟又是中国孩子，小学五年级的母语环境同样根深蒂固。杂交稻香蕉人的双重背景，让他融入立足的社会相对驾轻就熟。仅仅打了几个月工，他就携母亲开出一间薯条店，当起像模像样的小老板。店是不起眼的店，缩在一座小城的街角，开张那天是不胜风寒的景象。没有资金，只好以最低价买下破产的铺面，做了一年半，惨淡的生意居然翻了几倍。别人夸他机灵能干，他偏蹙起眉峰一脸不高兴。是薯条店庙小容不下大和尚，他人小心大，想往大了奔。

卖掉处子店，挣下一笔资金，嗣后走东家窜西家历练本领，专挑气派豪华的餐馆学生意经。等他二度签下大学城街中心那爿热热闹闹的快餐店，然后器宇轩昂往中间一站，那神情很是飞扬，已然褪尽处子店时期的青涩。

快餐店的生意非常火，每顿午餐单单卖出的面包三明治就超出500个。他当老板，兼送外卖，最多的时候是开车给大学城送午餐。在林木掩映街衢交错的各个学府穿行，他的情绪偶尔会在兴奋过后骤然低落，他问自己，难道我错过了大学，就做一辈子快餐送一辈子面包？

此时，全力襄助的母亲在替儿子找了位继父后已离他而去。继父是教授，中医师，母亲追随他辅佐中医诊所和中药批发公司去了。刘浩然喜欢这个继父，就像喜欢尼克那样，因为他重新得到了父爱。

那天，刘浩然正在快餐店里忙，教授老爸来了，同尼克一样魁梧的身躯往他前面一站，说，儿子，这个笼子太小了，不适合你，出来吧，你该拥有更大的天地！他的心一下就被煽动起来。他知道，老爸是想把中药批发这一摊的业务撂给他，让他跨进新领域，经受传统医药跨国作业的全方位历练。他从心里感激继父把他当作亲生儿子不留后路的栽培，但嘱托太重，担子太重，他心高，却也胆怯。

老爸走后，他左右环顾热烘烘的快餐店，感觉变得不一样。这爿店是他的江湖，他付出心血，收获成功。这成功不是别的，是钞票，辛苦几年，便可买好车买别墅，过份小老板的滋润日子。可他是谁？他是尼克教出来的中国教授的儿子，难道一份小老板的滋润足够填塞他的野心？出出进进顾客的身影在眼里缥缈起来，宛若浮云，瞬息间消逝而去。他恍然明白，数小钱的成功不是男人的成功。

于是，刘浩然器宇轩昂走进父母开在同一座城市的诊所。他把穿白大衣的继父从诊室里拽出来，只郑重其事地叫了声爸，便出奇的缄默下来。老爸一拳捶他的肩膀，你小子，一向呱呱的嘴怎么闷了，难道报到来了？

知子莫如父，一猜就中。他从包里掏出一摞纸张，说，我已决定做中药批发。喏，快餐店也卖了，这笔资金应该够买一间大仓库。老爸见他一副破釜沉舟的劲头，还真始料未及，半开玩笑地激他，你小子，可得想好了，中药这一行你可是门外汉？他回答，我想好了，不懂就学，您教我！

就此上了马。继父就是那风雨里的牵马人，牵他走进全新的天地。搬入新仓库那天，老爸送来请人在国内给他写的条幅，上书饱满酣畅的两个字：奋斗，就挂在他办公桌对过的墙上，是座右铭，时时刻刻给他鞭策。

李淑仪——妻子，现代贤妻良母

认识她也是小时候。刘浩然去阿姆斯特丹中文班学中文，她也去了，十二三岁的样子，说广东话，一个腼腆的小丫头片子。即便儿提时代，李淑仪也是静悄悄躲在大家背后的那个人。但刘浩然长她几岁的目光并没漏掉她，相反萌生了藏之于心的喜欢。搭讪多了，小丫头片爱红的脸慢慢地不红了，两人便有了些青梅竹马的意思。一个火，一个温，男孩外向，女孩内敛，倒也相得益彰。

渐渐长大，中文学校不再去。刘浩然职高毕业到另一座小城开薯条店，李淑仪则考入大学学了财会。分别在即，两人终于把早前没挑明的心迹袒露。姑娘一头飘逸长发，站在阿姆斯特丹横跨河道的小桥上，夕阳的余晖照在她素面朝天的一张脸上，轮廓晶晶发亮，很让18岁的小伙子心动。他走上前，与她面对面，不知怎么就说出了憋在心里难以吐口的那句话：我想跟你在一起。她脸红了，比以往任何时候都红，然后抿嘴浅笑，返身而去。刘浩然目送她的背影，乌黑长发被风扬起，随了步子摇曳，那姿态是欢快的。

一句再平常不过的示爱，就把两人未来的姻缘拴到一起。一个读书一个开店，都忙，又不在同一座城市，谈情说爱便少了许多缠绵悱恻的物质形式。爱埋在心里其实更容易发酵，思念是甜蜜，也是煎熬。于是，阿姆斯特丹中心火车站里那家咖啡馆成了一对情侣爱的驿站。一周或者两周，刘浩然会在某一天清晨坐几小时火车赶到阿姆斯特丹与女友约会，没有多余时间，只能就近在咖啡馆面对面坐一坐，喝杯咖啡，再要份水果布丁，就是共进午餐的感觉。总是刘浩然滔滔不绝地说，李淑仪安安静静地听，手与手握出灼人的热度，眼眸流萤穿梭。叹只叹幸福时光太短，墙上大钟的指针不亚于逼人的剑戟。小伙子依依难舍不肯走，女友就在身后轻轻推，把他一步一步推到站台，推进回返的火车。

后来刘浩然在大学城开了快餐店，母亲辅佐教授开诊所去了，他没了帮手，正犯难，李淑仪像无声的风飘进门。那时她已大学毕业，在荷兰公司任会计师，挣高薪。这样的职位并不好找，所以刘浩然说不出让她来帮衬自己的话。可她还是来了，放下行李系上围裙就在吧台前后忙碌起来。烤面包，炸薯条，收银，招徕顾客，有什么做什么，细活粗活通通包揽，不多话，却是好身手。直到夜半打烊，才倦倦地坐下身，吁一口气。刘浩然问她，你怎么不声不响就来了？她反问，我若不来，谁帮你？往下追问，才知她已辞了那头的职，要在快餐店安营扎寨了。刘浩然心里一热，想说的话一句也说不出来。

是时俩人未及谈婚嫁，李淑仪却一点心眼都不留，率先把自己嫁了。她看起来默默的，心里却有一份坚定与执拗，托付终身在她就是给出自己的全部。这种作派其实更像旧式女人，三从四德，贤妻良母。可她偏偏是西方教育哺育出来的现代女性，香港裔，出生荷兰，高学历，通多国语言，具备了女性、女权主义扩张的条件假设，其中的悖论谁也说不清。

唯一清晰明朗的，刘浩然想，就是快快把她娶回家，做他永远的新娘。

所以，事业招手，生活微笑，他幸运

一个人的生命里，倘若幸运三次叩门，便有了背景，有了资源，有了回首和前瞻的动力，有了自我实现的种种可能。所以，刘浩然事业的转型显得一点儿都不突兀，几乎就是水到渠成的流畅。虽然刚开始他对中医中药一窍不通，第一次被继父推搡着独自前往中国重庆与天津，他还是在飞机上闷头背熟基本药经，现买现卖的。

2005年，中华国际贸易有限公司成立。名片上，28岁的刘浩然是总经理；名片下，始终站立着他的教授父亲。除了“奋斗”那个条幅，父亲还给他们的公司立下座右铭：您的健康就是我的心愿。仓库里的药材源源不断引进，源源不断输出，就靠他这个双重文化背景的小小掮客，携一只药袋，袋里五色杂陈的中药，变换因人而异的语言，跨国推销兜售。这种时候尼克的西方林斌的东方还有李淑仪内外的东西经纬都在他身上激活，成全着他的事业。路是继父开辟的，由他来走，走得好坏都是他的造化。

诚然，他的中华牌中草药注重质量和规范，有种植、采栽、制作、包装一条龙的产业链，有专家权威的信誉推广，有除荷兰之外欧洲各国的七家代理商，在后金融危机各路好汉重新洗牌的态势下不乏经营品质上的优势。然而中华公司与别的同行只做当地中医诊所的生意不一样，他面对的是欧洲市场，外裔客户占80%以上。要让这些对中医中药完全陌生的欧洲人弄懂中医文化的博大精深几乎不可能，他却至少做到两千之众的客户能在西药房开辟中药专柜，从而让西医西药无能为力的患者寻到另一种痊愈的可能性。他的贸易才能不可小觑，可如果没有尼克的荷兰资源林斌的中国资源以及他自身的跨国优势，他注定走不远。

采访札记：

刘浩然的采访是在雨中行驶的“凌志”上，他的言谈与他的坐骑一样激越飞扬。或许是年轻，年轻本身就是一种飞扬。

他说他的理想是让中药作为名副其实的药而不是滋补品写进西方药典，并冠冕堂皇占领欧洲药品市场，以最大限度换得全人类的身心健康。这是何等壮观的前景，相信他会用毕生的追求付诸实现。

更让我触动的，却是他的人生。无论尼克，林斌，还是李淑仪，都是幸福之神，带给他命运的转折，也带给我们由他的故事展示出来的瑰丽温暖的遐想。

希望人人都有幸运叩门。

活出丰盈美满

再续姻缘

朱桂莲1991年离婚时，没想到后来的婚姻会超出期待的美满。人生真是一场不可预设的俗世之戏，演到日出便日出，演到下雨便下雨，演员是自己，导演还是自己。朱桂莲的演出堪称完美。

离婚是女人命途中的坎，跨不过去摔倒，磕下流血的疤，瘆目，疼痛，不幸。尤其在那个远不如当今这般喧嚣躁动的年代。朱桂莲与任何传统、爱面子的女子一样，万不想遭遇离婚的厄运。可她还是净身出门，只带着一个8岁的女儿。

离婚后的朱桂莲在别人眼里多少有些离经叛道，却又无损她一直以来的好口碑。她原是柴门裙钗，多兄弟姐妹。那些年大姐支边，大哥学徒养家，她小小年纪就成为照料弟妹操持家务的好二姐。二姐的好德行来自母亲。母亲是广西桂林人，为了温州这个家，几十年没腾出工夫回趟故里，母亲在女儿眼里有贤妻良母的最高境界。中学未毕业，朱桂莲招工进了跃进化工厂，先当幼儿班老师，再任出纳。离婚后带着女儿住娘家，手头拮据，心绪也难免纠结，就想换个活法，到别处寻条新路。

现成的去处是匈牙利。小妹已在那边落脚，给二姐做担保申请了护照。当时匈牙利免签证，持中国护照可大模大样人境。朱桂莲纵使千般不舍女儿，还是抹去离别的泪，把伤心旧事往行囊中一塞，出得门去。

邻居陈阿姨拦住了她。陈阿姨念着她的贤惠，处心积虑要替她的第二次婚姻牵线搭桥。可是晚了，她将启程去布达佩斯，见面约会都已来不及，便把相亲之事留给回温探亲的小妹代劳。

在她只是婉言托词。讵料陈阿姨超级热心，居然真把介绍的对象从省城招来，与

朱桂莲的家人见面。对象是杭州人，当时在省直机关工作，一米八的个头，一表人才，文质彬彬，自然讨得朱家欢喜。小妹绘声绘色替二姐美言，不无撮合的热切。末了小妹说，我相信二姐是个好女人，但有两点小小不足，一是个子矮了些，二是带着8岁的女儿，你仔细想想，会不会介意？他摇头，我不介意。又说，个子高了又如何，谈不拢还不是白搭？有女儿更谈不上是缺点，相反多一份财富，有什么不好？一番话说得朱家母亲妹子眼圈都红了。

人回杭州，一封信寄往匈牙利。朱桂莲正单枪匹马在布达佩斯那个叫四虎的贸易市场东奔西突寻找商机，忽然就接到沉甸甸的长信，陌生的一个名字变成黏稠的乡情温暖的关爱潮汐般涌来。朱桂莲噙泪读完厚厚的纸页，觉着那里面对她说话的人就是相知已久的兄长。她是经历过情殇的人，已学会洞察男人的心思，也知道自己想要什么。她发现与这个杭州男人之间有座栈桥，能彼此走近。那时没有手机，跨国电话又很贵，两颗心便只靠了飞鸿传递。

半年之后，朱桂莲在圣诞节匆匆回了趟家。男友在机场等她，四目相望，竟生出前生宿缘的感觉。不用再看不用再谈，一切都在命定中。朱桂莲没按原定的行程离去，一拖再拖待了三个月。再启程，身份已变，她已做了快乐新娘。

樱桃食廊

2005年，折腾一年多的加拿大移民批文终于下来，朱桂莲一家却在节骨眼上变了卦。一个华丽转身，从贸易界打入餐饮业，加盟樱桃食廊，令匈牙利华人同行惊诧不已。服装贸易顺风顺水做了十多年，做疲软了也是实情，但移民北美的真正原因却是为女儿的读书。未等审批过程漫长的申请获准，女儿已率先考入悉尼科技大学去了澳大利亚，这加拿大迁徙便成主角缺席的瞎忙乎，不去也罢。

樱桃食廊原是好友创立的中华快餐品牌，当时已有六七家连锁，上升势头很旺。朱桂莲与丈夫以前一直没接茬是因为隔行如隔山，不敢也没法接茬。此番朋友带来的信息是实的，旅游城市埃格尔商业中心有现成的一家食廊，说吧，要还是不要？朱桂莲一听埃格尔，就从沙发上蹦起来，那是她最喜欢的匈牙利小城，富饶美丽，人气也旺。朋友刚走，朱桂莲就对丈夫说，就做它了！丈夫有点接不住妻子的迅捷，你想好了？想好了，加盟樱桃食廊。他又提醒，我们只会做贸易，餐饮可是一窍不通啊。朱桂莲快人快语，你不还有这位食廊老总的朋友在吗，怕什么，边干边学，肯定火。

丈夫不响了，算是附和了妻子的动议。他俩真是绝配，大事小事始终默契。丈夫说，他相信妻子的能干。朱桂莲说，她敢冲锋陷阵，是因为有丈夫在后头掌舵。读书人沉稳，有他撑着，自己心里有底。十几年的性情磨砺，知己，知彼。

当年，舒舒服服坐机关的丈夫并不想出国，但既然与朱桂莲相爱，理当追随温州女子为家庭建功立业的勃勃雄心。刚来匈牙利那会真是苦，一穷二白，除了两人之间的互相支撑，什么都没有。破烂的四虎批发市场租个破烂的罐子笼练摊，花枝招展张挂的衣裤下是丈夫苍白疲惫的脸。朱桂莲则马不停蹄跑国内组织货源，一周一个来回，分秒不敢耽搁。女儿哭，母亲叹息，她权当没听见，坐到飞机上才忍不住淅淅沥沥淌眼泪。其实域外初创的温州人都这样，不靠辛苦挣钱，哪有后来的发达？朱桂莲出身贫寒，吃苦受累习惯成自然，她心疼的是好人家出身又曾在国家机关养尊处优的丈夫。她知道他肯放下身段脱胎换骨多半出于对家庭的责任，对妻子的挚爱，财富积累却在其次。所以她感动。

商贾之道不仅苦累，也难免遭遇凶险。那一次，大柜集装箱的货刚入库就被人撬了，一夜之间洗劫一空。为报不报案，夫妻在电话里争执起来。妻是温州人思路，凡事绕开警方，省得不查贼反倒查到自己报关缩水的账面上来。丈夫则不甘心价值一百多万的货物不明不白打了水漂漂，情愿受罚也要捕捉贼犯。结果报了案，绕过区警局，由布达佩斯警察总署稽查。这一绕证实了他的聪明，未超过20小时便破案。窃贼正把货物运往外地，被警方在半夜的公路上拦截。总署警队不仅破案手段高超，而且十分廉洁，守着一车货冻了半夜，塞过去那沓喝咖啡的谢礼都被退了回来。夫妇俩过意不去，做了金灿灿的大奖杯送到警署，又把查案的全体警员与妻子、女友请到最好的中餐馆，以最高档次摆了三桌庆功宴，欢天喜地一番。

从此，这个家业虽然仍是朱桂莲掌控“生杀大权”，但有意见相左时，她一定不会固执己见。她很清楚丈夫是有实力的，小事宠她也就罢了，大事还得男人首肯与支撑。

比如樱桃食廊。

开张前两天，朱桂莲还在贸易这头发最后一批货。倒计时的最后几个钟点，才去了埃格尔。夫妻俩往商业中心装潢一新的樱桃食廊一站，就是临时抱佛脚的两个赶考生。好在热心诚挚的朋友在，每道程序每个细节一一做出榜样供他们学。都是有悟性的人，学得快，心得也多，别人的经验举一反三都成了自己的智慧。又占了埃格尔的天时地利，菜好，管理好，服务好，把顾客当作上帝侍奉，餐饮业经营的诀窍还不是万变不离其宗？

五年来，随着旗舰的发展而发展，壮大而壮大。樱桃食廊快餐连锁从六七家上升到四十二家，其中四家属于朱桂莲夫妇旗下，分布三个城市，人气蓬勃。刚开的新店不仅做中餐，还做匈牙利餐，以期把尚未习惯吃中餐的老人儿童一网打尽。老店也有新招，每晚打烊前一小时，所有菜色半价供应，把更多的平民阶层吸引过来，反正便宜，干脆打包回去全家共享。于是，阑珊之际反倒成高潮之时，蔬菜鱼肉卖个精光，第二日全盘新鲜。四家分店的员工大多从国内申请出来，都是学厨艺的年轻人，朱桂莲把他们看做自己的孩子，供吃供住，呵护有加。她买了好几幢大房子，装修一新，配上全套家具，让每个员工都住上单间。过节休假还租车带出去旅游，使身在异乡的年轻人真把樱桃食廊当作温暖的家，干活也是给自家干，任劳任怨。目前，樱桃食廊的规模是全欧华人快餐之最，其名声人气在匈牙利境内也仅次于麦当劳。

天作之合

布达佩斯华人圈曾有这样的戏语，嫁老公嫁杭州男，娶老婆娶温州女，朱桂莲的美满婚姻在圈内亲友间传为佳话。

朱桂莲从不讳言自己的幸福。当然不是钱多，也不是事业有多发达，而是老公好，女儿好，公婆好，兄弟姐妹好，交往的朋友好，旗下的员工好……总之来往于域外沾亲带故的社会关系没有不好的。这些好，难道不足于造就一个女人的幸福生活？

她与丈夫不是没有口角。否则那就是臆想中的人间烟火，不真实。但她的男人懂得女人，知道女人的情感世界需要什么。比如她回家做饭，丈夫帮不上手，就倚在灶台边给她念报上的新闻，晚上休息她爱看两集电视剧，丈夫虽没兴趣，还是强撑着陪她看，看不到两分钟呼呼大睡，她便在鼾声里心满意足。她性子急，平日也发小脾气，那头总是大人大度，忍，哄，即便口角也从不僭越相互信任相互理解的底线。她也是明事理的人，撒个娇认个错找个台阶也就下来了。

或许正是老公的好，使朱桂莲看俗世的目光变得温情脉脉。

首先，她反馈，对老公加倍体贴。丈夫不像她，在匈牙利有兄弟姐妹，有温州帮同好，丈夫除了妻女温馨，其实不无孤独。她便处心积虑把他仅有的几位朋友请家来，好菜好酒款待，不为别的，就为男人有说话的对象聊天的机会。是小事，却给丈夫贴心的感觉。

后来他俩也有了女儿，移民美国的公公婆婆来布达佩斯带小孙女，带了五年，直到孩子进国际英语学校上学。大女儿由温州的外婆带到小学毕业也到了匈牙利。一个小家壮大丰盈，其乐融融。朱桂莲也从好妻子，好母亲的口碑延伸到好媳妇，婆媳相处胜似母女。若干年后婆婆再度来匈，朱桂莲再忙也挤出时间开车带老人各处游玩，做好吃的，买好穿的，嘘寒问暖，无微不至。婆婆十分感慨，逢人就说，我儿子有眼光，挑来挑去西子姑娘都不入眼，单单看上温州媛儿，多好！

同在匈牙利的大姐生病，三番五次住院，大姐夫守着生意走不开，照料病人自然成了朱桂莲的义务。她也开着好几爿餐厅，两个城市穿梭奔走，难道就不忙？可她偏不这么想，时间都是自己的，有心就能腾出空来。整整三个月，正是溽热难熬的炎夏，每天顶着烈日开车送饭送汤，连女儿看了都不忍，说妈妈你太辛苦了。她说大姨是妈妈的亲姊妹，妈妈帮她也是福气，反过来妈妈病床上，你们就很不幸了是不是？她的理由听起来并没高尚到哪里去，却足以支撑她无怨无悔。每每开车去医院，她都哼着歌，像青春年少时赶赴约会。

事实上，做人的好不是说出来而是做出来的，靠一个个细节，一件件琐碎小事，看见的少，看不见的多，如果言累，真能累死。奇怪的是朱桂莲从来不觉得累，反而是心甘情愿的快活。她问自己也回答别人，难道生活不就是这样？相信这不是矫情。或许做女人做到如此境界，付出与奉献真能成为常态。

桃李之乐

她不是没有歉然，只不过那份歉然早被新大陆的诱惑和不甘平庸的跃跃欲试所抵消

黄小捷在马德里先后开过两爿店。第一爿是时装店，有着女性处心积虑的所有妩媚。第二爿是食品小超市，纳尽俗世尘烟，有着家常且很女人的欢愉。黄小捷是女人，更是温州女人，她不可能在闯荡西班牙的经历中绕过创业、经商、赚大钱这条几乎横卧在每个温州人面前的梦想之路。她有很好的人缘，因为善良，因为聪慧，也因为做人得体，她充当店老板的时候没少得到乡邻的帮衬。然而这两爿看起来像模像样的小店，还是没有给她带来预想的成功。那时她很茫然，弄不明白失败的原因，久而久之才悟出属于她自己的真理。原来，不是每个人都能在商场刺刀见红的残酷中安置一席之地的。

她原是从一幢带花园的大房子里搬出来，如果觉得有一份安逸的生活就足矣，她完全可以留在那里。可她不甘，她希望自己的人生只属于自己的行走，即便苦，也是有声有色的甘苦。等她老来回首去望，每一个日子都是满的，就无怨无悔，不是更好？

否则，她在温州好好的，为什么非要出来？

黄小捷在温州的背景甚是不俗。她从小学教师被提拔起来，一直以来都是干部，先是共青团学校部部长，再是市妇联宣传部部长，再由副主任的人选调入外事办。那时她如花似锦的前景与青春姣好的倩影相得益彰，是小城集体记忆里亮丽的一道风景。

所以，当她执意辞职远走异域时，没人理解，就连最器重她的顶头上司也是苦口婆心之后一脸愠恼，培养一个干部容易吗，你就这么作贱自己的未来？她笑着，心里不是没有歉然，只不过那份歉然早被新大陆的诱惑和不甘平庸的跃跃欲试所抵消。她知道，战胜本我的难度不在理性，而在最原始的欲望。这种欲望不是衣食而是成事，对女人来说或许不那么大家闺秀，也不那么小家碧玉，却是真实的她，别人拦不下，自己也拦不下。

当然，也有另一层走的助力。她深爱的男人离她而去，泣别在癌症病榻上。多么矫健的一个身躯，多么宽阔的一副肩膀，军人的伟岸倏忽间被死神吞噬了，留下生命里的两个女人，一个妻子，一个女儿。属于黄小捷的暖巢就这么裂了大半，坍了小半，变成一堆支离破碎的记忆。家若失却男人便不再是接纳女人的岸，不再系得住身心漂泊的船筏。单因这一点，她也不得不走。

原来，不是每个人都能在商场刺刀见红的残酷中安置一席之地的

刚到西班牙，走熟了仕途的黄小捷遭遇了比一般女人更大的心理落差。一脚踩上异国土地，所有乌托邦碎为飘飞的鸿毛，生存成了唯一难题。为了学习语言和节省开支，她住在一位西班牙孤身老太太家里，兼带照顾老人的起居，付很便宜的房租。第一份工作是在中医诊所打半工当翻译，挣一份刚够吃饭的工钱。日子过得清苦不说，还两眼一抹黑，看不到柳暗花明处。好在语言学得神速，灰暗的生活总算有了一抹亮色。

有餐馆老板找上门来，邀她做跑堂，开出很不错的待遇。老板是她的老同事，看出黄小捷的不俗，心地好，做事好，笑脸也好，恳求她来顶自己的门面。她则看中待遇里许诺的那间单人房，几千西币的省略，在她可是不小的诱惑。人都这样，活到天上就是天上宫阙，落到地上就是人间烟火。她自嘲着，领受了跑堂这份工。

其实那位老板是西班牙著名的侨领，她请黄小捷加盟还有其他的想法。她要组织妇女会，要在会下办学校，黄小捷曾经的履历让她青睐，是她踏破铁鞋无觅处的意外。黄小捷自然欢喜，并在心里感激这位老同事给了她这么好的机会，就在餐馆跑堂之外兼了妇女会秘书长与中文学校教导主任。她如逢甘露，找回了过去的感觉。她的跑堂确实做得不错，可一旦站到讲台，面对那些在西班牙出生、成长的华裔孩子讲中文，她就身轻如燕，心乎乎地热了，流溢着宗教般的神圣。这类感觉在她自己也是始料不及。

一做三年，餐馆跑堂是主业，教书是副业，她把自己一点不剩地投入，竟然也积攒了一笔小钱。就把跑堂辞了，开那一爿时装店。她也犹豫过，但温州人做老板是约定俗成的一条路，你即便没有想，也有一波波无形的涌浪硬是把你推搡前去，何况你只要流着温州人的血，你就会不甘，你就会怎么也想试一试。黄小捷把店开得很漂亮，有别出心裁的意蕴。可每每在店堂的衣裙下走来走去，她就把心走到学校走到课堂上去了，就像魂灵出窍似的。恍然，便把自己骂得一脸潮红，骂也没用，照旧心猿意马。时装店换作食品店，还是如出一辙。这般做生意，做得出来才怪呢。一气之下，盘给别人作罢。

中文方兴未艾，正在成为入侵欧洲文化的另类时尚。她赶巧了

返回令她梦萦魂牵的那块地，是真回，没有退路地回。凡事都可诓骗，唯有心诓骗不了。她在中文教学的田亩里安营扎寨，不再心有旁骛。可问题来了，靠周末教几节课如何喂饱海外生存的两口之家？她像雌鸟四处觅食，中国文化是美丽的诱饵。那时她已交好不少异邦友人，就在友人间先行传播她的国学，不收钱，只用学西语交换，一来一往教学相长，她的魅力，不，应该说是中国文化的魅力竟让朋友转换成痴迷的学生，接二连三缴纳学费来她租住的陋室里上课。于是她发现不为商的文化传播其实也是有商机的。她转身走出家门，到各个语言学校去转悠，果然就被一所私立学校西班牙人开办的中文班盛情相约。中文方兴未艾，正在成为入侵欧洲文化的另类时尚。她赶巧了。

米格尔就是这样邂逅的。他是一位小有名气的建筑设计师，无任何渊源，却对中文怀有难以言喻的虔诚。后来熟稔了，学到佛，他曾嘲弄自己是中国人轮回转世的。刚来上课时，他刚过了39岁生日，如今已是50岁的半老头，十多年学下来，中间又频频去中国寻找语言环境，已能通读报纸，写一手好字，甚至作派都很中国了。事实上中文与他的工作毫无瓜葛，他来就是一份兴趣一份热切。说出来都悬，他还说学中文对他是一剂舒解压力的良药。他一遍遍重复这类比喻，真诚的眼睛清澈见底，能照出你的人影来，由不得不信。所以，当西班牙人办的这个中文班终于结束时，米格尔就跟老师转到“私塾”的家里来，面对面坐着，一人一杯香茗，窗外晚霞游走，很诗意的瞬间。

小纳丘也是私塾里的学生，也就八九岁，蓝眼睛，翘鼻子，亚麻色的头发剪成小女孩的模样。他的哥哥姐姐都在中文学校上周末课，只有他，太小，又生性好动，母亲就给他开了小灶。纳丘的父亲是刑法专家，对未来中国有着前瞻性的认识，就把孩子的中文准备看作成长的必经之路。小纳丘是个聪明的孩子，可中文与他太不相干了，要拴住他并不是水到渠成的事。刚来上课时，蓝眼睛常常不在课本而在闹钟上。黄小捷就用儿歌与游戏开启他的兴趣。儿歌是关于小动物的儿歌，游戏是童心稚拙的游戏。比如小鸡捉虫虫，比如小蚕豆拼字，还比如让小纳丘自己挑要学的字，果然就落了圈套。男孩子总是好强的，挑出来的字必定就是笔画最多的字，他也不怕，越难学越带劲。一册小学生课本学了一多半，居然识了几十个方块字，几十首儿歌与唐诗。遇上有“口”的字，他会投机取巧地画一个方圆，然后调皮地吐舌头，对不起，我的笔画又错了！

黄小捷忍俊不禁。类似的例子很多，类似的学生也很多，让她有发现新大陆的惊喜。

名声越来越响，更多的西班牙人找上门来。这回鸟枪换炮，是正规军了。一所中学四个班，一所大学两个班。站到那些讲台上，她不再是她，而是中国的象征。

她要让海外第二代保有完好无损的行李箱，走出结实的不缺胳膊不断腿的人生

然而在于她，守住足下这块阵地比开拓新大陆有着更现实更重要的意义，华人圈才是她不弃不离必须用心血播撒耕种的田畴。黄小捷不允许自己把棋盘上的黑子白子混淆，她要让漂泊海外的第二代保有一只完好无损的行李箱，装着他们的中国根，装着他们的母语文化，走出结实的不缺胳膊不断腿的人生。

教书的名气大了，自然有人请了。马德里的南边有一个中国人较为集中的地区，号称“中国唐人街”，那里有一座基督教堂，建在街角，每逢周末全马德里的华人基督教徒都习惯来做弥撒的。教堂后面有一排平隔成七八个不大不小的房间，有些陈旧，却很安静，想来是以前那些修女修士还有唱诗班唱读圣经的地方，或者原本就是教会学堂的前身。教会的牧师求贤心切，诚聘她来主持中文学校。黄小捷终于在一个清朗的早晨迈了进去。她与虔诚的牧师立于穹顶之下发自肺腑地交谈，她的心意与恳切感动了自己也感动了牧师，一所命名为“爱华”的周末中文学校在互为共鸣的言辞中诞生。

自任校长，责无旁贷。黄小捷张贴了招生广告，就在教堂左右侧的厚墙上，报名者踊跃，超出了预想的几倍。有唐人街的小孩，有教徒的华裔子女，也有西班牙家长领养的中国孩子。还有从四面八方慕名而来的非华侨华裔，年岁大的50多，年幼的只有5岁。这拨中文爱好者只占二成，却什么肤色什么族裔都有，走在一起就是小小联合国。她把200多的学生编为不同级的18个班，分在不同时段的七个教室里上课，聘任的15名教师必须都是懂西语并曾经有过中文教学履历的大专毕业生。学校自然收学费，付工资，但对中文的热爱，学也热爱教也热爱是学费工资之外的第一考量。

这样的学校是黄小捷的呕心沥血之作，岂有办不好办不红火的道理。忙是肯定的，累是肯定的，挣不了多少钱也是肯定的。但她没有抱怨的理由。就像同时在教堂里祈祷做弥撒的宗教信徒，虔诚的奉献是生命内核的驱动，她怨什么？

况且，桃李之乐是令人迷醉的一种境界，想僭越都难。十多年来，黄小捷教授辅导过的华裔华侨弟子不下三百人，连续得过三番五次的各类奖项。单就作文，学生有三十多人荣获历届世界华人小学生作文比赛和世界华人青少年作文比赛一、二、三等奖及各种优秀奖。老师则是历届作文比赛辅导奖。她的论文《尊重鲜明个性，写出真情实感——海外华文写作辅导若干体会》荣膺由中央教育研究所、中国教育学会、国务院文教宣传司、人民日报海外版等联合举办的世界中小学汉语教师作文教学论文大赛一等奖。夜来有暇，她邀明月为伴，把诸多心得感悟作成文字，陆陆续续见诸于当地的欧华报与北京的人民日报海外版。她写得很透彻，很坦诚，就像与明月琴瑟对弹。透彻与坦诚来自一份窃喜，她终于挽留了第二代、第三代的中国孩子与他们的母语文化渐行渐远。

也许，这就是黄小捷有别于海外温商群体的地方。

采访札记：

采访黄小捷的过程是愉快的。她的笑很明朗，阐述着心的富足。

她谈她的学校，学生，也谈她的另一半。看得出，如今的那个另一半给了她俗世的幸运与幸福。他是报人，原是杭州日报记者，现为西班牙欧华报副社长，他每周以龙井石笔名撰写的专栏拥有不少粉丝，独树一帜，把浓郁的中国情怀渗透到了异乡的足迹里。

常有人在知晓黄小捷的温州背景之后露出难以置信的惊诧：你也是温州人？不像，不像！她笑了，“我也许是属于温州人的另类吧！”

不知这是对她的误解还是对温州人的褒奖。

柳暗花明是荷兰

追着风车淘金去

周建波的海外经历与别人稍有不同。他不在海外起家，而是先在国内打下一片天再由招商的途径跨出国门。选择荷兰是因为他喜欢这个处处有风车的国度，也是刚巧有荷兰引进机构到温州商务招商，两方接榫，一拍即合。二十多万手续费在十年前温州人的算盘里一拨拉应该算是合理的价。朋友拿着登了招商广告的报纸找到瑞安，周建波稍作盘算，丢下手里忙了半截的事务急匆匆去了温州外事办。一路上，他想到未满8岁的女儿，突然有了作父亲的荣耀感。此举一旦成功，女儿将有幸从小在欧洲接受正规教育，这难道不是一件比挣大钱更好的事？

这批作为荷兰引进的温州商人共有六十多位，纷纷结伴成行。周建波晚了一步，次年也就是2001年春暖花开时节才从瑞安出发，独自上的飞机，老婆孩子也未同行。晚一步的原因是，他要破釜沉舟，断了自己的后路。周建波外表笑嘻嘻，内心却十分强悍，他不喜欢只是出去兜一圈走马观花，捡到商机就做，捡不到掉头回乡，该干什么还干什么，几十万银子权当买个他国身份。他是一个做一不二的人，很不屑脚踏两只船的投机心理，面对新的挑战，要么不上，要上就心无旁骛扎扎实实地干一场。

到了荷兰，那份宁静安适给他一种到了世外桃源的感觉，视野里姹紫嫣红，美景如画，甚至高出了他原来的期望值。但心里依然惴惴不安，因为这拨人都明白，他们不是来看风景的，即便交纳费用已然踏上这片不可知的国土，也难保证招商的幌子究竟是不是一场精心设计的骗局。幸好，在鹿特丹港口城市，一片新盖的房子包括店铺门面与仓库打消了他们的顾虑，所有一切都是真实合法的，荷方引进机构

没有要这帮在国内可谓精明的温州商人。

当然，真实合法并不等于商机唾手可得。每人坐镇一爿自己在国内公司的分支机构，把经营的商品陈列出来，然后在柜台后面守株待兔，等着荷兰商家撞到枪口上来。这对从国内商场拼杀出来的生意人来说，几近天方夜谭，他们怎么可能相信天上掉馅饼的美事。但这些人即便在国内有多么的能干，一旦到了法律规矩完全两码事的欧洲，语言又一窍不通，还不是孙悟空被套上紧箍咒，难以动弹。坐了一阵，荷兰买家稀稀落落，再也不上门，只剩下这群温州来的卖家大眼瞪小眼，自己唱戏给自己听。再坐一阵，自己也守不住耗不起了，都是雄心勃勃做大业的人，国内还有一摊子事呢，不如撤退算了。于是，扇扇门窗关闭，人走楼空，热闹了短短时日的贸易中心如昙花一现，很快萎靡不振。

唯有周建波不属于守株待兔那一拨人。他早早断定只有样品没有货囤在仓库是没法做成生意的。一个新的不可知的市场，必须用货品去打探。不管三七二十一，从国内捣腾出一个货柜再说。别人还在东张西望，他的小百货集装箱已抵港，虽然最终还是卖掉的少，积压的多，但他毕竟与市场交上手并打出了第一张牌。这张牌是试金石，让他开了窍，知道当时的荷兰市场看好中国造价廉物美的内衣系列。

这个信息让他如获至宝。做内衣好哇！他太太黄赛春就是做内衣批发的，此刻在瑞安批发市场正如鱼得水起劲着呢。他急匆匆回国，凭借从太太那里耳濡目染来的间接经验，交由几个厂家做齐了各式各样的一货柜内衣内裤，运抵鹿特丹。然后在新结交的荷兰朋友的帮助下，发出五千封业务信。果然，客户循着指引找上门来。客户永远都有嗅觉灵敏的“狗鼻子”，只要需求对上号，只要价廉物美，你不找他他也会找你。

这是荷兰朋友告诉他的一句话。这位朋友在北京留过学，说一口流利的中国话，周建波结交上他，如虎添翼。这位朋友还不间断地把零售市场的销售情况与顾客的信誉度反馈给他，大多顾客都看好他的内衣批发前景，因而使他坚定了留下来的决心。破釜沉舟对自己是最好的激将法，没有了退路，只能不顾一切往前走。

次年，共同招商出来的伙伴陆陆续续都回了国，回了温州，只有周建波，反而把太太女儿接了出来，在鹿特丹附近的祖特梅尔市安居乐业，女儿读书，太太做他的生意帮手，创立荷兰天祥有限公司，开始大批量内衣批发。

豆腐作坊捡拾童年记忆

十年一晃而过，周建波认同自己的今天，更不后悔早前的那次选择。他不是一个总爱活在后悔里的人。

周建波出生在瑞安那个叫湖岭的小镇上。父亲是粮管所干部，母亲是塘下制糖厂职工，父母工作忙，他是傍在爷爷奶奶膝下长大的。爷爷奶奶做豆腐，卖豆腐，香飘四季。他闻豆香，喝豆浆，每日三餐都离不开豆腐，个子不高，却长得壮壮实实。很小，就学会早早起床，在作坊里帮爷爷奶奶推石磨磨黄豆。那段童年嵌入古镇小桥流水的记忆里，弥足珍贵。

未到学龄，他就渴望入校。父亲送他去，心里却有疑虑，不相信平日沉默寡言的儿子能读出什么名堂来。学校不近，要沿了河道走远远的路，一不小心掉水里连命都捡不回来，父亲着实不放心。走进校门那一刻，父亲塞给儿子一块香糕，有“步步登高”祈福的意思。小建波掖在衣袋里久久不舍得吃。香糕不过几分钱一块，但即便是双职工家庭，在那时也是奢侈的零食。也不知是否香糕的祈福应验，后来的小建波完全打消了父辈的疑虑，在班里年纪、身高总与成绩成反比。

大了些，不安分的潜质渐露端倪。当整个时代越来越崇尚知识无用的时候，课堂也越来越关不住他。他用弹弓打鸟，用电线电鱼，还用青竹的一截填了烟丝当作烟斗来抽。喜欢看书，只找到当作批判材料的《水浒传》，一气看了五六遍。革命的小人书倒是有，饥不择食，照单全收。没了零花钱，就把奶奶悬在房梁上的小竹篮扯下来，从里面偷拿卖豆腐的硬币角票，去换连环画解馋。甚至还把米缸里的米偷出一斤二斤，卖到黑市，挣到的钱对当时一个小人儿来说已是很大宗的一笔款项。周建波经商的天赋或许就是那时被激发出来的。

1978年高中毕业，年仅15岁的周建波凭借职工子弟的指标进了湖岭粮管所工作，几年后调入瑞安粮管所。粮管所在计划经济年代的小城镇绝对是个肥缺，所以谁都觉着入得这个“庙”，算是一生无忧了。

周建波起初也踌躇满志，到后来就不这么想了。他觉得“庙”太小，掣肘了他做“法事”。这时的周建波依旧年轻，却早已不是当年走河道上小学的乖孩子。当温州成为全国商品经济发达的领军城市之际，他就像潮涌中的一个浪，翻腾起来，跃跃欲试，做梦都想做生意，挣钞票。

终于等到那一天，随着粮食市场的逐步开放和粮食部门的体制改革，铁饭碗眼看端不笃定了，他在单位率先停薪留职，只身北上，到首都西单的某个商场租下一个专柜，卖鞋。卖鞋跟粮管所的大锅饭没有任何关联，他一点经验都没有，纯粹是想当然，结局可想而知。那情景如同小孩玩打水漂，钱像石子一样扔出去，跳出几个漩涡然后复归平静，颗粒无归。接下去轮番做过好些事，卖布，做服装，开百货商店等等，无一不是落花流水无情的败局。

倒也不垂头丧气，回湖岭办化工厂，买下配方研制除臭剂。又是一个风马牛不相及，再努力也与成功背道而驰。苦苦支撑不到一年，到底还是破产倒闭。

周建波不得不停下来，追寻失败的原因，追寻创业思路的误差。

两个第一与人生最漂亮的事

这时候，他遇见了后来的妻子黄赛春。

黄赛春是个温良娴静的女子，当时正在瑞安莘塍的小学校当代课老师。周建波不是没领受过别人替他介绍对象的好意，漂亮不漂亮，家境富有不富有的女孩都被撮合过，总是提不起兴致。唯独见了黄赛春，仿佛情窦初开，所有诗情画意凝聚成冲动的理由，决意促成婚姻。当时的亲友甚至父母不无忧虑，他相中的姑娘没有正式工作，且是农村户口。周建波对母亲把头摇得如拨浪鼓，他说我是娶妻，不是娶户口，妻子将来是要跟我白头到老的，户口能吗？说罢扬长而去。

周建波人在瑞安城关，却天天往莘塍跑，往黄赛春所在的学校跑，骑一辆脚踏车，沿着田垄沿着河道沿着镇街呼啸而去，那份急切就像踩了两只风火轮。到了学校黄赛春还在上课，便在操场一角眼巴巴地等，等心上人被孩子们簇拥着从教室里走出来。然后在宿舍简陋的板凳上一坐几小时，说些不咸不淡的闲话。他不善言谈，表达爱慕之心的花言巧语一句也不会说。黄赛春更是连听这类话的思想准备都没有，早早羞红了脸，颔首低眉坐在那里，回答轻得几乎听不见。这时的黄老师，竟比学生还嫩。

但是，周建波依然很满足。因为在这间简陋的小屋里，漂泊男人的心找到了归宿，他有了家的感觉。不几日，周建波带着已然私订终身的女友回家亮相，一路上搜肠刮肚寻找说服父母的理由。讵料一进门，母亲对未来的儿媳妇越看越喜欢，早把农村户口的质疑丢到了九霄云外，根本无需再费口舌。于是，皆大欢喜。从初识到成婚，也就一个多月时间，周建波就把自认为天下最好的女子娶进了家门。即便18年后的今天，周建波依然不讳言这是他有生以来做得最漂亮的一件事。

假若后院幸福果真能让商场打拼的男人在事业上也搭上顺风船的话，周建波该算一例。失败过的周建波重整旗鼓，先创办建材公司，然后行业延伸到做包工头，承包了多个建筑工程。这一回他有教训在前，做足了功课，纵然一路也有坡坡坎坎，却不再是黑夜独行的感觉。有个家在身后托着，居然就干得有声有色，任何困难都打不败他了。黄赛春甚至都不需要陪着他，只做自己喜欢做的内衣批发，他的业绩照样越做越好。

到了90年代末，他登上人生的制高点，完成了湖岭历史上迄今为止没有先例的两件大事：一是盖了镇上第一幢二十几套商品房，成功投放市场，收到良好效益。二是做成了该镇第一笔由改制企业委托拍卖行拍卖的产权交易，而这个改制企业恰恰又是他曾经依附的湖岭粮管所，简直有点黑色幽默的喜感。原本也想盖幢大楼或者商场什么的，半道上被荷兰的招商广告所诱惑，觉得这满满的第一桶金说到底还是钻政策空子淘出来的，并非创业立身的久远之计，难免心疼，却还是把地基切割匆匆卖掉完事。

此时，商务移民荷兰成为他的转型之举。

做人经商不忘本分

走到今天，站在与厦门结为友好城市的祖特梅尔市自家公司的大仓库面前，周建波的心态是感慨而感恩的。这个荷兰城市是他的第二故乡，对他永远敞开胸脯接纳、扶持，处处给他开放绿灯，当然中国的强盛是理由，但也与他生意做得好，为人行事值得尊重不无干系。几年前，祖特梅尔、海牙两家当地报纸相继报道了天祥有限公司的业绩，并把他的照片做得很大刊载在最显著的版面上。

周建波并不为此飘飘然。因为除了个人事业的发达，侨团以及全社会还有许许多多的事需要他尽心尽力而为。他有不少会长、副会长的头衔扛着，督促着他做实事，做好事。在中国，单是他牵头的荷兰中国经济贸易促进会，就为甘肃省靖远县捐建了一座学校，为甘肃石山县捐建了民居，让贫困地区的孩子有书读，让贫民有房住。他还将进一步集资，为玉树地震灾区捐建学校和农村卫生院。在荷兰，他则是努力实施华商再创业工程，为侨商转型留学生创业提供信息、可行性研究、传授经验以及给缺乏资金的创业人员提供货物信誉担保。这些都不属于酒桌上的事，都需要脚踏实地无私无偿地去做。

周建波乐此不疲。因为，他认为这是他的本分。

西班牙诱惑

张旭光无疑是低调的，只不过作派的低调被宅第的豪华稀释或抵消掉了

踏上南欧大陆的第一天，张旭光除了从里到外的疲惫，是真正的赤手空拳。他在地中海微腥的风与阳光下踉跄。人都这样，诱惑一旦成真，虚弱感便会不期而遇。

到今天，几近20个寒暑甩到身后，张旭光不再是当年的小帅哥。他在豪宅里接受我的采访，一件格子衬衣，敞着领，脸上是沉稳淡然的笑。他的侧影被灯光拉长，投射到乌黑锃亮的三角钢琴上，有种适可而止的浪漫气息。

张旭光是低调的，只不过作派的低调被宅第的豪华稀释或抵消掉了。

这家是真的漂亮，无论布局、装潢还是陈设。没来造访之前，就有朋友说，张旭光家的房子算是马德里温州人中的巅峰之作了。我以为这种界定搁到法国都不为过。

房子座落在西郊高尚街区，有马德里难得的连片绿地，环境幽静，住户几乎都是富人与社会名流，据说西班牙首相也住这一带。张旭光从啤酒商手里买下它是冲了这个黄金地段，那幢盖了十六年的房子却怎么看都不中意，索性推倒重来。住欧洲的人都知道拆房子的昂贵，有时会比买一套公寓都贵。张旭光可谓大手笔，眼都不眨就把好端端一座房子夷为平地，然后搬了一摞建筑设计的书来翻，饭吃得敷衍觉睡得囫囵不说，连生意也怠惰不少，总算画出心目中的一间屋。草图交出，那个西班牙设计师对他的无师自通露出难以置信的惊讶。

房子盖成了，共3层，1300多平方米，卫生间就有7个。客厅是气派的，落地长窗，大理石地面，有几分像歌剧院大厅。有电梯，还有衔出来的大晾台，颠覆扩展了原来的格局，显得器宇轩昂。底层是酒吧、家庭影院、卡拉OK、台球等多功能娱乐消遣中心，专门请了国内音响师飞过来调试。花园不是很大，却也栽了树铺了草皮，修了游泳池和网球场。就连台阶下那两棵没长高的棕榈树，也很不便宜。室内装饰则是两个女人的手艺，一是妻子，一是曾为王室作过设计的西班牙女人，一中一洋，倒也相得益彰，把高雅、温馨、舒适还有细节的曲径通幽表达得恰到好处。不管是坐是卧，走进这扇门就会觉出身心的愉悦，有种停靠到岸卸下重负的感觉。这难道不是一个家令人向往的境界？

据说买回棕榈树那天，妻子问过张旭光，这么贵的树，你怎么就买得下手？张旭光两手一摔，我对炒房炒股没兴趣，赚了钱就想建个称心的窝，种几棵心爱的树，过分吗？

这是实话。当年西班牙诱惑对他就是眼下这些。张旭光是个脚踏实地的男人，他治家立业，没想过要平天下。他努力着，只为一份自己想要的生活。这种追求并不超凡脱俗，却平易，感人，有着世俗的常态与温度。

恰如年少时演戏，年轻时行伍，除了跑龙套，除了当大头兵，再也得不到有话语权的角色

张旭光不是完全意义上的温州人。父亲是山东人，母亲是杭州人，只因父亲南下永加当了宣传部长，他才在温州下属的这个县长大。“文革”期间父亲成了走资派，他14岁就进戏校学艺。那时只演样板戏，他唱腔好，扮相也好，就演杨子荣、李玉和、郭建光，倒也有板有眼。母亲却在台下犯愁，一个孩子，不读书如何是好？便把他哥哥学过的中学课本往他面前一掷，逼他学。母亲是教师，就兼了儿子的家教。

到了“四人帮”粉碎，他的杨子荣、李玉和不像先前那般吃香了，经典老戏又没学过，就对剧团腻味了，去武汉当了兵。部队见是演艺人才，就把他送进文工团。唱唱跳跳两年，文工团解体，他又被分到师部文化科，主管战士干部的两个图书馆。突然他就安静下来，在书的阡陌中穿行，处处都是柳暗花明的欣喜。他在从小擅长的肢体表达之外学会了用头脑去想事情。

自卫反击战，他所在的高炮独立师开拔广西前线，他也随“战地黄花”小分队深入中越边境。正义战争是军人心中向往的壮举，张旭光读过拿破仑和巴顿将军的书，感觉自己的血在身体里奔涌，梦里都是骑马挎刀驰骋疆场的骁勇。但睁开眼，他的武器不是枪不是炮，而是一支笔一架相机，甚至一个嗓门一段麦克风播放出去的声音。或许不够男人的血性，都上了战场，不打手也痒痒，但张旭光是沉得住气的

军人，懂得把分内的事情做好。他的身影固然不在炮筒底下，却是无处不在，写进战地记忆中。

四年军人生涯结束，他复员回到永加。部队是要留他的，但他明知错过军校便错过了当将军的机遇，还是一咬牙，走了。先是商业局副科长，再以婚姻为跳板，一纸调令“摆渡”到温州。来来去去的安置调动中，他看见了自己的前景：国家正发生翻天覆地的变化，社会不再青睐从蒙昧无知的历史中走过来的人，没有学历文凭，就意味着失去走仕途或从事专业的一切可能性。恰如年少时演戏，除了龙套，分不到有话语权的角色了。那是一段生命的苦闷期，他被扔在第三粮食仓库的角落里，抑郁不得志。

假如不是跨国界，那出生入死的历险就像当年走西口或闯关东，留下长久的悲号传唱

西班牙诱惑便在此时悄然而至。张旭光像看到海市蜃楼，觉得眼前一下亮了。

他终究不是一个甘于平庸的人，在妻子的推搡下，他上路了。三十出头的年纪，还没做熟爸爸。记得是九一年春节，天格外冷。

那一时期风起云涌的出国潮中，温州人的西行多是没有签证的僭越。如果不是跨国界，那出生入死的历险就像当年的走西口或闯关东，留下历史与民俗长久的悲号传唱。

张旭光一行是三个人，到了北京就发觉第三国签证泡汤，走不成了。只好在京城里耗着，住窝棚似的小旅馆，躲在厕所用小电炉做饭吃。守了两月没等到良机，转道新疆、云南，被“蛇头”球一般踢来踢去。想回又回不去，温州那边工作辞了，妻子也在他之后走另一条路去了西班牙，只好硬着头皮朝前拱。到了西双版纳，找到肯捎他们的人，却是险情四伏。张旭光毕竟当过兵，当机立断把三人背囊里的旅费汇回温州，只留1500美金，割开皮带，塞在夹层里。结果还是被逮住，皮带里的钱也一缴而空。后来才知逮住还是大幸，否则将会被设了圈套的歹徒扔在原始森林当作人质向家人敲诈勒索。还是不甘心，无头苍蝇似的找出路，那种咽不下气的坚韧连他自己也难以置信。果然撞上乡邻的乐清籍“蛇头”，谈妥由他送关，费用从家里交到乐清那边。在小餐馆那张油腻的谈判桌边站起来时，张旭光一脸破釜沉舟的决然。兜里只有温州汇来交罚款的钱余留下的几张小票，他用一半给家里打电话证实乐清人的身份，另一半买了把锋利的藏刀，插到腰间。

出发了，是步行，跋山涉水穿越中缅边境原始森林。一根很长的绳索，牵引着三十多个越境者，还有女的，来自福建、浙江、上海，深一脚浅一脚背离着他们的家乡，那情景是悲怆的壮观。路其实是没有的，靠脚从荆棘中踩出来，脸划破了，衣裤撕得褴褛不堪。陷进沼泽，一条腿拔都拔不出来。鞋走丢了，就赤脚，有人竟把十枚脚趾甲全走没了。实在走不动，就原地而卧，大雨瓢泼，风声鹤唳，溽热的潮湿让人喘不过气。打个盹醒来，一只脚拇指就被蚊子咬出六七个小红点。走出森林，是一条河，河对岸就是缅甸。自然没有摆渡的船，会水的游过去，不会就套上绳，扔进河，由对过的人拖上岸，倒干灌进肚的水，再活过来，由摩托一个个带出大山。张旭光总是殿后，没人敢独自留在山坳，只有他，军人素质一路凸显。

然后横渡湄公河，从缅甸潜入泰国。一队人分散到四条竹叶般细长的小舟上，一扬手，齐刷刷趴下。湄公河让张旭光想起自卫反击战，心情很复杂。就这样千转百回到了东欧，继续南下。火车过境在护照里夹美金，闷罐卡车美金不管用了，就耗尽自身氧气，青面獠牙，差点憋死。

终于嗅到西班牙的气息，一路行来已历时七个月之多。

妻子来接他，四目相望，泪流涟涟。

他一把甩了自行车，两手畸形地弯曲在风里。妻把他的手捂进怀，眼泪扑簌簌滚落下来

然而，诱惑不是海市蜃楼。去餐馆找工，连洗碗都没人要。理由是太英俊，不像做粗活的料。要吃饭，要还偷渡的16万，不做粗活，还能画个老板纸上谈兵不成？低三下四挤进妻子打工的饭店学厨炊，不要工钱，只管饭。也不知犯了什么错，竟被双双赶出店堂。黑夜茫茫，两人站在下雨的街头，不知何处栖身。还是好心的工友带他们到正修建的餐馆库房，堆了满地的水泥沥灰，墙砖都没砌好，就蜷在墙旮旯睡，像流浪猫。

挨了两年，马德里巴塞罗纳几进几出，都是夫妻分居，各打各的工。偶尔幽会一次，也是见缝插针更像偷情。好不容易有了自己的小餐馆，两人才睡到一个屋檐下，却是狭窄的店堂，四把椅子铺一张床，一翻身，梦也做到地上。

号称餐馆，充其量也就是外卖小排档，从台湾人手里买下的。虽廉价，还是亏，亏在烟囱泄漏。一开厨，油烟直冲而上，西班牙邻居叽哩呱啦嚷成一片，只好闭了烟囱作业。张旭光蓬头垢面，鼻涕眼泪汹涌不止。次日醒来，掌勺的手是痉挛的一个拳，要一个一个掰开指头。

没有退路，还是熬。做出十样八样的菜，煎出馒头，再背一只肩包骑自行车送外卖。马德里是丘陵城市，路永远都在上坡下坡，汤卤湿了肩背。别人都是摩托车送快餐，只有他，没钱，才有了这番独一无二的街头风景。严冬，风刺骨的冷，线手套里的手冻僵了，就在腿上梆梆地敲。送餐回来，上坡就像蚂蚁爬树，死活爬不上来。妻子到门口张望，看他一把甩了自行车，两手畸形地弯曲在风里。妻子把他的手捂进怀里，眼泪扑簌簌落下来。

又买下隔壁外卖店的顾客源，生意总算做上去。妻子把马德里的大地图挂到后墙，柜台上两台叫餐电话机，摩托车也增添了好几辆，有点发达的架势了。

五年还债，然后开出一爿在当时算不小的廉价杂货“百元店”，100西币一件物品，生意居然奇好。还是苦，不过此苦非彼苦，是忙，忙得焦头烂额。总算淘了扎实的第一桶金，转身买了四房一厅新盖的公寓楼。张旭光的治家、立业开始有了头绪，虽然姗姗来迟。

一鼓作气做时装贸易。有那么点慌不择径，一揽子买卖，都想做全，就乱了章法。两年下来，这边债台高筑，那厢存货塞满仓库，到了年关，电话都不敢接。凯旋没多久的张旭光睡不着觉了，两眼瞪天花板发呆。那一周，是漫长的煎熬，张旭光回到西行的路上，回到无烟囱的灶台，回到送外卖的坡坡坎坎。他明白是决策错了，定位错了，决定把“全”转为“专”，把瞬息万变的时装转为相对稳定的内衣。他与妻子都不再年轻，输不起了。于是，一个内衣品牌脱颖而出，张旭光重新抓住命运的缰绳，使西班牙诱惑步步成真。

而我，关于品牌“索菲娅裁缝”的故事只能留待下回讲述了。

采访札记：

我对张旭光留有很不错的印象，因为他的沉稳、低调，也因为他对凡事的周到。

他这一路走来非常不容易，听一遍都会令人毛骨悚然，但他从未叫过苦，既不后悔自己的选择，也不抱怨命运的不公，脸上总是包容的沉着与泰然。

我以为，这是优秀男人的气度、品质所在。虽然，他并没做出惊天动地之举，但生活的常态已为他写下最佳评语。

从黎明出发

大亨耸耸肩，蓝眼睛戏谑地瞅着他闪烁，“如果我说喜欢你，这个理由够吗？”

那年，那天，任黎明25岁，戴头盔，骑一辆不上档次的摩托车，停歇在举世闻名的香榭丽舍大街上。天气晴好，光影就把他脸上的朝气一览无余地勾勒出来。他不魁梧，又架了副黑框眼镜，乍一看根本就是个高中生，哪像什么老板。然而一旦推开矗立于街旁那扇气派的旋转门，他一个深呼吸，就把神情里的腼腆与胆怯都吸进了肚里。门里是深宫似的石油储运集团总部，其豪华其大气都比那扇推进来的旋转门更给人逼仄的压力，他必须提防自己先就被这威仪吓住。这个约会是他打了无数次电话，一再被拒绝，又等了很长时间才终于如愿的，既然已走进来，就要笑着出去。

任黎明自然不是来谈什么石油储运的，他只为一个皮包商标oxyde而来。那时的任黎明在蓬皮杜文化艺术中心旁开有温州人第一家皮包零售店，他店里卖得最好的皮包就是最受年轻人青睐的oxyde品牌。正看好呢，oxyde突然就断了档，说是做腻了，不想再做，就这么简单。任黎明去了解内情，得知oxyde不过是石油储运大亨包括公司、商标以及启动资金捆绑送给朋友的一份礼物，现在这位朋友有了别的嗜好，oxyde就被扔下了。任黎明很是不舍，想捡起来，做成一番新的气象。于是便三番五次联络石油储运大亨，都被秘书挡了驾。大亨是挣大钱做大事的，哪有工夫与他这个中国小孩磨唧，扔下一句话：想要这商标，拿去做便是。可任黎明不敢，倘若哪天大亨得了空，有了心思，与他维起权来，岂不倒了大霉？只好继续软磨硬泡，隔三差五打个电话过去，他不怕耗，他年轻。那头却耗不起了，终于给了他一个约会的机会。

跟在秘书后面踏过柔软的地毯时，任黎明的心是慌的，这类场面在他是闻所未闻。办公室与办公桌都大得吓人，就像深海里泊着的一艘兵舰。一个瘦高个花白头发的法国男人在桌后站起来，审视着他，眼里的蓝也是海的色泽。任黎明夹了头盔走过去，再次预习着要说的话。

他的法语并不流利，语速显得慢，但那一番话毕竟已在心里搅拌了好几个月，说出来大抵是顺理成章的。法国男人圈在皮转椅里静静地听他讲毕，脸上的褶皱舒展开来。他说，如果我的理解没有异义，你喜欢oxyde，你想买下这个商标，不是吗？那么我答复你，我同意转让oxyde，但不要钱，送你了！

为什么？任黎明从椅上蹦起来。

大亨耸耸肩，蓝眼睛戏谑地瞅着他闪烁，如果我说喜欢你，这个理由够吗？

易主的oxyde还是新潮，还是抢眼，又多了东方的含蓄温婉，深得青春年少青睐

揣了oxyde商标的转让书回家，任黎明抱着新婚太太转了好几个圈。太太是生活在巴黎的日耳曼人与犹太人的后裔，一个洋女，同他一样年轻。但他们都知道，大亨给予的馈赠不亚于上帝的礼物。上帝说，oxyde的前史结束了，一切将从黎明重新出发。太太的眼睛也有点蓝，此刻灼灼发亮。

太太曾是他这爿小店的实习生，读罢商科，经人介绍来做几个月的营业员。店如鸟巢般狭小，这一男一女两个小青年摩肩接踵就撞出了火花，女店员到了实习结束也不走，“赖”下来，做了两情相悦的老板娘。不同的文化背景在那时是爱情的催发剂，有全新的体验与刺激，缔造着一轮又一轮的生命狂欢。妻子在他的男人身上认识了中国式的聪明、勤劳与坚韧，任黎明则由妻子的那道门步入以前总也走不进的身边的这个社会，他们互补着，互动着，铺展出多彩多趣的夫妻老婆店的温馨图景。女儿生下来，是极其漂亮的混血儿，很让人羡慕。

任黎明毫不犹豫盘下了第二爿店。他对自己的设计天赋是有底气的，有了底气之后的自信就不是盲目。又拿下了oxyde，品牌有了，他还怕找不着路？

算起来，他到巴黎将近十年了。1978年，他16岁，七月初在丽岙农中毕业，八月末就从戴高乐机场下了飞机。他给法国的叔叔当儿子，来的时候就不用偷渡，理直气壮。出国挣钱原是父亲的夙愿，无奈签证总也签不下来，才把夙愿转

给了儿子。婶婶是中法混血，叔叔家的起居食宿就基本是法国人的格局。任黎明来自丽岙侨乡，从小就在茶堂街上见识了众多的华侨与洋藩，所以过一份多少有些不伦不类的生活对他并无大碍。吃了几顿使刀叉的西餐，睡了几宿垫方枕的觉，就去学校插班上学了。上了几天啥也听不懂，蔫蔫退回来，转而报名上了最有名的阿里盎斯法语学校，不学数理化，专攻法文。这个名校学资昂贵，他怕辜负叔叔的付出，学得很刻苦，一年学完三册课本，并考上法国境外法语教师高级班。这个班要学出来，就能到其他国家做法文教师。但他没兴趣当老师，也不愿离开巴黎。叔叔婶婶开有餐馆，也开有皮件工场，他一扭头，扎进皮工场。

选择皮包而不选择餐馆也是基于对自已的认识。一触摸到手袋的皮质、颜色、款式，他的神经末梢就会被牵动，感觉纷至沓来，他与它们实在有着一份心照不宣的亲昵。

在丽岙的时候，他从小就爱画画，没有白纸，就在废报与传单上涂鸦，画枪，画大炮，画飞机，画一切男孩子神往的物件。画到后来废报纸废传单也没了，就捡老师的粉笔头，往石板地上涂抹。他记得每当看完一部电影，或是样板戏，或是阿尔巴尼亚进口片，他都会蹲上半天，把印象最深的战斗场景描摹下来，街角村路上就铺展了一幅长卷，带着几分稚拙，维妙维肖，活像一本连环画。那时并不知道这叫天赋，只是喜欢，觉得好玩。

来法国后他走过巴黎街头，伫立橱窗前，看裙裾飘曳，看流光溢彩，笔早已不动，心却越来越骚动。叔叔的皮工场给了他平台，三叔给出几年的“练兵期”，于是他重新执笔，当然不是用粉笔头在地上涂鸦，而是无师自通的设计者。

等到命名为oxyde的第二爿店开张，任黎明的皮包隆重登场。易主的oxyde依然新潮，依然抢眼，还多了些东方的含蓄与温婉，深得青春少年的青睐。零售填不饱胃口了，就去租摊位展销接订单。任黎明不参加皮件皮包沙龙，却去时装沙龙亮相，不玩主打，只作服饰配件。他的这一招果然灵验，摊位前总是流连着下订单的商客。

又一个十年在履历中走过，任黎明有了第三爿店与打样板的一个工场，oxyde品牌与它的主人一同成长，成熟。

这根线绳与别家的款式不一样，是他处心积虑的伏笔，居然“玩”出了新路

有一天，任黎明发现自己对皮包手袋腻了，有点移情别恋的意思。一年两季在时装沙龙驻扎，好奇与心得同步地与时俱进着，终于手痒痒难忍难耐了。那一季展销，他在陈列皮包的摊位上挂出自己“玩”出来的五款时装，一件连衣裙，一套裤装，一长一短两条裙。面料统一，色彩各异，主题设计亦大同小异。但无论裤装还是衣裙，下摆袖口都有一个开衩，再套上编织的线绳，可松可紧，有家居的随意，也有休闲的飘曳。这根线绳与别家的款式不一样，是他处心积虑的一个伏笔。但他猜不到伏笔会不会变成败笔，第一次“玩”，心里有点忐忑。

结果，客户蜂拥而至，他的摊位独枝一秀地火爆，且不要皮包，竟都冲那几件衣裙来。尤其是日本商家，大公司小商店，人看人爱，着了迷似的下订单，根本就不讨价还价，弄得他腾云驾雾像在虚幻的梦中。晚上回家，定下神，才知自己居然“玩”出了一条新路。

再试，去市中心最时尚的购物中心租柜台。那可不是轻易抢滩的地盘，世界

各国追崇时新时髦的暗察明探都会频频来此过眼，所以先锋设计人个个瞄着盯着都想挤进来。任黎明带着几款设计还有初出茅庐的一张新面孔去了，居然被接纳。恰是冬季，他独出心裁做了一批休闲棉袄挂满摊头，不过两天，几百件款式颜色各异的棉袄抢购如空，一件不剩。如此的零售盛况在时尚铺天盖地的巴黎实是一桩奇事。任黎明当然明白，这些衣品不是买去穿而是用来偷盗拷贝的。但不管怎样，租赁合约上三个月的试用期两天就见了分晓，他得以长踞，直至几年后整个中心搬迁。

于是他对自己与时装的契合有了充分的认知与把握。

然而，夫妻关系却出现了裂隙。十几年情感磨砺，疲惫生出龃龉，原来情意胶合时起了作用的中国文化成了劳燕分飞时的催化剂。妻子要西方式的生活至上，任黎明要东方式的事业狂想，同步的起点走向两极，再也无法牵手。一个静谧的长夜之后，他们选择和平分手。任黎明是大度的，含泪走出婚姻，走出家，把三区的住房和最好的皮包店都留了下来。

他不想再在生意上与前妻竞争，索性摈弃皮包，专做年轻人的先锋时装。试过两回，他知道自己行的。

没人知道他是oxyde的设计师，正像没人知道门外的旧摩托就是品牌主子落伍的坐骑一样

一旦跻身时装界，任黎明才发现自己所有的人生准备都缘此而来。他是男人，却长袖挥舞，身轻如燕，再纷繁的奇思妙想都为oxyde这艘旗舰所包罗，成为帅哥靓女追逐比试的心仪之物。闲下来的时候，总会想念那位只有一面之交的石油储运大亨，对他赠送的这份大礼充满感恩。没有oxyde，也许就没有丽岙小子任黎明今天的辉煌了。这个辉煌不是金钱的量化，而是生命质地的升华与飞扬。

第一艘旗舰，第二艘旗舰，第三艘旗舰，第四艘旗舰……巴黎市政厅近旁的马亥，巴士底狱广场边，还有一区青春领地，三区先锋创意街，陆续开出oxyde装饰简洁风姿独有的时尚连锁店，里面飘曳着酷的动感，青春的气息，素淡的颜色，还有少男少女进进出出的倩影。任黎明不常来，他喜欢呆在工场的样板间，把静夜里一拨拨袭来的遐思画在纸上，裁在剪下，然后纫出新的作品。他是躲在背后诠释亮丽的人。当然，自己的旗舰，总要巡视一番的。去了，也就站在角落里，看一眼，静听年轻顾客对他的创意肆无忌惮的品头论足。他很多时候都是不起眼的，来巴黎三十多年了，仍未褪去丽岙的那份质朴。没人知道他是oxyde的设计师，正像没人知道门外停泊的旧摩托就是oxyde主人的坐骑一样。

但在巴黎这个令人眼花缭乱的时装擂台上，他的每一次亮相，都在青春记忆里留下浓重的一抹。追逐时尚的年轻人可以不知道他，却没人不知道oxyde。

一点补缀：

前几年，任黎明也把他oxyde的设计打好版拿到香港或广州去做。在那里，他认识了不少国内同行，也邂逅了生命中的第二次爱情。女友是学时装设计的，在广州虎门一个厂家的设计室里打版。任黎明有别于一般外商的低调与含而不露，也对打量他的这个女孩充满神秘感。揭掉面纱，两人很快走到一起，没有起承转合的过程，也没有多余的罗曼蒂克，因为忙，也因为相见甚少。

后来，女友在广州为任黎明生下一子，再以小法兰西人母亲的身份移民法国，来到他身边。任黎明至今没要婚姻契约，两人只因情爱而维系，融融地过着一份事业至上的家常日子。

母亲的心是一汪湖

香港情缘

廖小平从香港登上飞机时，身边多了一个中年男人。这个男人叫胡守近，是意大利有头有脸的老派侨领，西装革履，裹挟着道地的欧洲风。胡守近此番来港，不为别事，就为迎娶他的新嫁娘。廖小平固然漂亮，固然年轻，阵势上还是弱了些，神情先就露了怯。

决定把自己嫁出去时，她与这个名叫胡守近的男人刚刚相识。

廖小平是温州人，当时是鹿城区颇有姿色的靓女，爱唱爱跳，常在工厂或者系统的宣传演出队露面，也算一道风景，吸引着倾慕的眼神。她只是小学毕业，毕业后在向阳皮件厂做工，虽是工人，却有细致温情甚至高贵的气质，给人惴惴不安的猜想，总觉得街巷小厂圈不住她，终究是要飞走的。

果然，要飞的还是飞走了。两个月前，廖小平申请获准来了香港，与阔别10年的母亲团聚。母女相见亦悲亦喜之际，母亲塞给她一张照片，说是朋友替她介绍的对象，人在意大利。廖小平瞥了一眼，觉得照片上的胡守近只是个遥远而模糊的轮廓，与自己没什么瓜葛似的，就收起了照片，不再提。没想到，那头却是当了真，差遣文成的亲戚去温州作迂回包抄的察访，那情形就像时下私家侦探调查隐秘私情。为时两周，得出的结论是玉璧无瑕，人漂亮不假，却是品德人缘都无可挑剔的乖乖女。于是这胡守近一个电话，前脚后步飞抵香港。

廖小平几乎连打扮都没来得及就晾在了胡守近灼灼的注视下。遥远模糊的轮廓突兀地逼到面前，成了一个真实存在，一个托付终身的选择，廖小平真的没有准备好，心慌意乱，措手不及。胡守近却毫不掩饰对廖小平的喜欢，直截了当，嫁给我，我会一辈子对你好。

廖小平眉眼羞涩，两颊飞红。胡守近直白的求婚给了她一份被倾慕的虚荣，被信任的感动，距离一下子近了。她觉得这个来自意大利的胡守近与那些温州后生不太一样，是个有沧桑有经历也有洞见的男人，会给女人岸的感觉。廖小平嘴里不说，心下已在攀援这个岸。

胡守近又说，我的前妻走了，丢下三个孩子，你不会介意……他再直白，还是把任何女人都忌讳的“后妈”二字咽了下去。其实这个事实提前都说过，求婚的当口重复，只说明胡守近的郑重与坦诚。

廖小平又一阵慌乱，不知点头还是摇头。先当妈再作妻，不介意不是事实，但介意又如何？孩子是这个男人的历史，接纳他就得接纳他的历史，不是吗？廖小平犹豫片刻，恢复平静。只要这个男人好，其他就宿命也简单了。她笑笑，说，我只相信缘分。

就这样与胡守近上了飞米兰的航班。那是30年前，廖小平27岁。

米兰新妈妈

进了家门，廖小平首先看到的是一堵墙，一堵由三个男孩组成的参差不齐的墙。11岁，9岁，5岁，脸蛋是陌生的，眼神是戒备的，就这么直愣愣看着她。她是他们的新妈妈！廖小平心里湿漉漉的疼痛，眼泪流了下来。她撂下行李，试图走近这堵墙把孩子拥入怀，那墙朝后退着，与她沉默对峙。

新妈妈的难在第一时间呈现出来，廖小平难免有些尴尬。她是没有当过妈妈的女人，饱满的母性却在胸臆间涌动，就像一汪湖，水都是热的。她可怜这三个被娘抛弃的孩子，他们不是她的，却是她男人的，她告诫自已要学会爱，学会呵护，让孩子接纳她。

做比想更难，但廖小平做到了。上班，廖小平当着丈夫南京饭店的老板娘，歇了班，就是家里全职全能的一把手。到了米兰才知道，丈夫胡守近是个侨界不可多得的人物，大有“文成帮”帮主的意味。他父亲是第一次世界大战期间远渡重洋的老华侨，上辈在文成山岙富甲一方，有几百亩田地，别人出洋做劳工，他则是担了两筐白花花银大洋上的船，几经辗转，几番起落，才在意大利落下脚。20世纪50年

代，胡守近投奔父亲来到米兰，先是把领带、绣花缎子搭在手臂到处兜卖，洋藩们喜欢就买，不喜欢的扔几个分币全然是打发叫花子的一脸鄙夷。那时华侨在外直不起腰，没有尊严可言。后来动心思开了饭馆，正值美国总统尼克松访华，中餐风生水起，胡守近的南京饭店渐成意大利食客的时髦去处，生意做都做不退。廖小平初来乍到，却是如鱼得水，游刃有余，仿佛天生就是店堂里的精灵，一颦一笑都是意会。回了家，又是别样的一番劳作，仅是三个男孩的起居衣食，便是无穷尽的操心。她对孩子好，琐碎的爱真心实意，孩子的回报便也不作假，乖，不惹事，与她同舟共济修补曾经破碎的亲情。

一家之主胡守近放下了忐忑不安的心，人前人后踌躇满志。廖小平刚来，文成帮的那些人时有断言，胡家的温州女子呆不长，不出半年肯定飞。现在胡守近有足够的依据夸口了，不管廖小平有多好看，多年轻，都是铁定做他老婆的人，逃不了，也不会逃。后来胡守近又开出两爿餐馆，一爿叫珍宝酒楼，一爿叫迎宾楼，生意一浪高过一浪。后来廖小平也生下两个女儿，一个比一个可爱，一个比一个更受老爸宠爱。家像一条舟船，胡守近掌舵，廖小平扬帆，驶向和美，兴旺。

坊间“大姐大”

都说漂亮女人红颜祸水，这话搁在廖小平身上不是那么回事。当然廖小平也是能干女人，但她的能干是隐忍而负重，甚至把女人怜花惜玉的那点自我特权也牺牲掉了。她在珍宝酒楼主事，前厅后厨一手周旋，若遇厨师缺档，她系上围裙照样能把顾客点要的菜单烹调出来。几公斤重的铁锅在手里翻，翻的就是一座小山，指上的戒指都会咔嚓崩断。酒楼上面是旅店，住了各地来的旅游团队，包餐要赶在晚餐开门营业前。而午餐后是员工法定的休息时间，人都走了，只剩下老板娘光杆司令一个。这也难不倒廖小平独摆龙门宴，袖管捋起，又洗又切又炒，硬把几席团餐漂漂亮亮端上桌。团队一圈圈入座，喧哗着，她就倚在过道上看他们吃，脸上是笑，身上是乏。展开双手来看，拇指指甲掀了半片，是淘猪内脏、剥鸡爪留下的伤痛。泪水涌上来，又咽下去。

这种时候她会生出丝丝缕缕的委屈，觉着对不起自己的容颜。但她天生就是好强的女人，做好了餐馆挣多了钱出人头地她有成就感。成就感对别人或许就是感觉，对她却是诱惑，使她走进去，出不来。

其实出人头地光有钱是不够的，做人才是关键。胡守近在米兰混得烂熟，连政府官员警察局长都是朋友，人又恋旧仗义，故在意大利华侨群体向有“大哥大”尊称。嫁了“大哥大”，“大姐大”的坐椅似乎就量身定做搁在那儿了。廖小平原是没有这个野心的，她可以忍辱负重，却不会飞扬跋扈，然而挑战无可推诿。曾有多少人在背后嘀咕，说她是注定飞走的鸟。她留下了，好妻好母当得滴水不漏，说到底还是给自己一个做人的交代。她的刚烈暗藏于心。

那些岁月是动荡的岁月。意大利几次大赦，欧洲各国无证件的温州人都揣一份侥幸涌到这个靴子形的国度来。胡守近根基深，枝蔓繁多，家里便一拨拨住满了投奔他的亲友。房子是地坪，四间屋，不算小了，还是被密匝匝插成了筷子笼。便都是廖小平的忙碌，没有床，天天晚上替人在屋里挤挤挨挨铺好地铺，白天再浩浩荡荡去餐馆吃饭。一个亮丽的城里媛儿，领着这支无助的山里人队伍，被阿嫂阿婶地叫，总有不搭调甚至奇怪的感觉。不烦不怨是假，心若一汪湖容得下波澜曲折是真，起码脸是笑着的，小心翼翼不让那些已经无奈的人觉出寄人篱下的难堪来。

家有贤妻总是好。胡守近与他的同乡叔伯子侄都为廖小平的会做人欣喜着。胡守近是个有精神追求的男人，很早就给文成山区捐了一座图书馆。那时没有影碟DVD，胡守近就去巴黎买了台湾、香港、大陆的录像带回家放，观众挤了一屋，沙发靠背扶手也坐满了人，就像国内收钱的放映厅。廖小平沏茶倒水，礼数周到，那风韵那情致，俨然一个开茶馆的阿庆嫂。便有了众人相传的好口碑，有了被信赖被感恩的人际交往格局。廖小平认也好，推诿也好，“大姐大”的交椅自然天成。

爱心会长

蝉联两届米兰妇女联谊总会会长，是廖小平“大姐大”品质内涵的延伸与飞跃，一颗小我的心从家门到群体，走向广袤人间。她推却过的，以没文化为由，未能如愿，就当了，竟然做得有声有色。首先是向社会奉献爱心。在中国城的中心广场上，女人们以社团名义向意大利慈善机构捐助了自家店里批发零售的价值18万欧元的衣物服饰，几十个纸箱在广场逶迤排成长龙，让意大利人刮目相看一片叫好。在海外做生意刨生活，女人的煎熬往往是双倍的，妇女会的存在就是让她们有某种程度的解放，比如组织泡温泉、春游，演节目、联欢，营造轻松与和谐。又比如关爱帮助老弱病残，送一份情怀一份温暖。廖小平竖起了一面旗，旗下暖洋洋一片温馨。付出当然也是不言而喻的，有钱财，更有时间，两届六年，大宗不说，零星费用至少也是五位数的欧元。

不同于其他社团的是，廖小平的妇女联谊总会很少把钱花在餐桌上觥筹交错上。本不愁吃穿，再吃就是挥霍。她们自有使命，要把会费花在刀刃上。那次一行七人去云南贫困山区考察，进了一所村小，其实就是年久失修的破祠堂，木楼梯吱吱呀呀踩上去，楼板就翘起来，摇摇欲坠。就这样的危房破楼，缺胳膊少腿的桌椅，居然挤了200多学生，在黑影幢幢里上着课。趴窗往里瞅，看不清脸面，只闻恶臭。走进去，个个都是乌黑的煤球蛋，只有手心一圈红。骨瘦如柴的校长说，这栋破楼迟早要坍，学校已被三番五次警告搬迁。往哪搬？总不能让学生到野地里上课吧？一脸沮丧无奈。慈悲女人心软，那边话没说完，廖小平先就落了泪，其他姐妹也哭成一团。联谊总会的决议便在抽噎啜泣中形成：把所有的会费捐出来，在这破祠堂的废墟上建一座明亮，宽敞，结实的希望小学，让山沟里的孩子有书读，读好书。母亲的心飞扬着，多么好呵！

这是云南的握泽小学。还有河北青龙满族自治区的秦木沟小学，原样跟进。两座崭新的校舍还有延伸出去的操场矗立起来，砖砖瓦瓦灌注了无私而饱满的母爱。开学那天，廖小平领着姐妹飞去剪彩，并直接从义乌发送了各200多只装满簿册铅笔盒等文具的新书包。山里孩子捧了人手一只的新书包，咧嘴笑，眼都亮了，在剪彩仪式上向来自远方的阿姨们致谢，致敬，孩子们说，请阿姨放心，山窝里定会飞出金凤凰。

清脆的童声在山谷里飞荡，廖小平心一阵阵发烫，生出隐隐的期盼。或许，她和姐妹们的这份心意竟能改变穷孩子一生的命运呢。

一点补缀：

廖小平与她的姐妹们去云南握泽小学剪彩时，带了50斤花花绿绿的糖果，散给山里的穷孩子吃。有个女孩咬了半块，把余下的半块重新包回糖纸。问她为什么？她说她的爷爷奶奶一辈子都没见过这么香甜漂亮的糖，她想省给他们吃。说到这个细节，廖小平哽咽着，眼里一层泪雾。

的确，廖小平不是强悍的女人，心软，柔情似水，眼圈时不时红着，与概念里的“大姐大”实有出入。但她就是她，她的“大”在于心，在于包容。包容是不需要高调不需要张扬的。她的心是一汪湖，湖里有波澜，看上去却平静，安然，给人小舟泊进港湾的联想。

蛇的艺术在柏林

一

汪洪浩是我曾经的同事，当年都服务于《温州日报》报社。我做副刊，说好听点是与文学艺术有关，用社里跑新闻的记者调侃是风花雪月鸳鸯蝴蝶派。他则是群工部悍将，游走民间，关注民生，是为民请命的姿态。工作性质有异，兴奋点也不一样，所以虽是同仁，却无更多交往，常常只在老楼的走廊里照个面，问声好。后来在版面上看到他与群工部同仁做了一系列有轰动效应的系列报道，还获了大奖，省级、国家级都有，替他高兴着。不过也只是泛泛的，稍纵即逝的情绪而已。

然而，他区别于众的一种特质却给我留下很深的印象。就是较真，执拗，刨根究底认死理的那股子劲。分明是一个成事之人的素质和优点，在那个年代的处境中却显出些不合时宜的迂。当然我是为他叫屈的，因为我同样崇尚认真。

记得是20世纪90年代初叶，我们都离开报社，各奔东西。他去了柏林，我来了巴黎，走一条与那些留在报社的同事们截然不同的放逐之路。汪洪浩那时37岁，年岁不小了，但我不以为这样的选择有什么对错，遵循心的支配就是理由。

二

再见汪洪浩是在巴黎。他带着全家从德国到法国旅游，几位原与报社有关的同好相聚美丽城某酒楼品茶，饮酒，话旧。那次聚会汪洪浩可爱的小儿子是中心话题，他刚满3岁，在柏林出生，比他姐姐小了一大截。汪洪浩说，这是上天赐给他的礼物。

这时才知道汪洪浩出国最主要的原因。他家四代单传，从祖爷爷起，到祖父，到父亲，再到他，均是单子，没有叔伯兄弟，传宗接代只靠没有旁支的一条血脉承继。尤其到他，生的是女儿，又必须依循国策领了独生子女证，永嘉老家那部族谱上已是一条红线赫然悬着，没了下文。俗话说不孝有三，无后为大，他虽有女儿，还是不能理直气壮。

当然记者做得踌躇满志时他可以不去理睬这些“封建残余”，况且身后也不是刨地为食的耕耘之家，不应该死揪子嗣憾缺耿耿于怀。汪洪浩的父亲当年也是有志之士，满腔热血要去延安闹革命，途中染患伤寒未去成，才与教会医院护士小姐联姻，辗转上海、重庆，抗战胜利回返温州。解放后父亲任师范函授学校主任，实职等同校长，母亲则在温二医少儿科任护士长。1957年百家争鸣百花齐放，父亲说了不该说的话，戴了“右派”帽，被开除劳教。从此汪洪浩与三个姐姐头顶乌云盖月。中学毕业，汪洪浩因二姐三姐下乡支边，得到工矿指标，进搪瓷厂当了高温下的搪烧工人。这样的境遇在他已是万幸，没有“右派”子弟比他好到哪里去。

但他生来不是庸碌之辈，烧搪瓷与人生目标有悖。于是，他在1974年21岁的某一天去了中山公园，叩拜太极拳名师徐达天，开始学杨式太极拳。前面说过，他是极认真的人，学拳也是钉是钉，铆是铆，决不三天打鱼两天晒网。太极学出了心得，又跟还俗民间的道士学习针灸。那时学太极学针灸并无功利目的，只觉着有大把时间总该学点什么。谁会想到，这少年功夫若干年后会在德意志开花结果，不仅成了立身治家之本，更是有了“蛇的艺术”传播者的美誉。这是后话。

所幸，那场长达十年的浩劫结束了，荒废青春学业的年轻人如汪洪浩等又有了补习的可能性。他为之雀跃，先读夜高中，再读电大，填充学养的饥渴思想的贫瘠。适逢赶上新闻队伍向社会招兵买马，他过关斩将，考入报社。记者在那时算是吃香的职业，有无冕之王之称，汪洪浩是多少有些自得的。

如果不是那场难以言说的风波，如果不是定居德国的二姐天天打来电话撺掇弟弟加入出国潮，四代单传的话题也不会重提。二姐柏林的餐馆亟需帮衬，小弟何不申请出去，既帮姐，还有望添丁生个子嗣，岂不两全其美？这时候家族问题突然就膨胀起来，成为要旨。

于是，汪洪浩出来了。就这么简单。

三

巴黎一别十多年，重逢在柏林。此番是我去找他，为“温州人走世界”这个专栏。当年丁点大的儿子已长成一米八几的小帅哥。汪洪浩瘦了些，脸上也有了走过风雨的沧桑。

在他家的公寓楼里，窗外一片金黄秋色。我说我们该把上回巴黎的话题续下去。他呵呵笑，行出一个拳礼说，就讲太极拳。我恍然大悟，原来这些年德国人竟把我们的记者打造成了赫赫有名的拳师。

角色的转变自是一条有依可循的经纬线。汪洪浩初来柏林的第一份工是在姐姐的餐馆里洗碗，然后步步晋升一直做到大厨。生意越好，洗碗乃至厨师的活也越重，幸好有姐姐和姐夫的温暖关照，也算苦中作乐。他的苦与乐都在洗碗之外，夜半学语言，早晨练太极。学语言是苦，是生存必须，练太极是乐，只为健身。其间，一位号称“拳王”的德国人常来餐馆吃饭，自称练太极多年，造诣匪浅。于是汪洪浩被姐姐从厨房拽出来与这位“拳王”切磋拳艺。几个套路一来回，汪洪浩发现“拳王”破绽百出，根本不是那么回事，便指点迷津了一番。他知道德意志民族是严谨的民族，耻于天花乱坠，“拳王”自以为对拳道精通是因为他没弄明白太极拳的文化渊源，是对中国的隔膜，是不自知的浅薄。汪洪浩心里一亮，为什么不由中国人来传播泱泱中华自己的武术精粹呢？比如我，总比由着不相干的人误导要好。

主意固然不错，实现却非易事。汪洪浩在心里盘算自己的缺失：一是语言，革命尚未成功，同志还需努力；二是身份，德国移民政策严苛，有关餐厨的劳工合同不允许从事其他职业，必须做满八年拿到永久居留才能跨行业跳槽；三是基本生存，一家大小的温饱能否倚仗于太极拳且待考证。但汪洪浩并不气馁，暗做准备，蓄意待发。

四

先是从姐姐餐馆学徒出师，开出一爿夫妻老婆快餐店，妻子主店堂，他管厨房，把生意一点点做上去，使囊中不再羞涩，飘荡的一个家安居乐业。尔后强化语言训练，从学开车考驾照入手，一反德国华侨带翻译学开车的习惯作派，交通理论、路考操练都上德文班，强制自己用人家的语言学规则，听路课，从而像苏联红军攻克柏林那样拿下驾照。对他而言，这驾照不仅是开车的照会，更是语言的照会。自认不够，又花钱请厨师，把自己从封闭的厨房解放出来，做侍者周旋于食客中间，学日常用语，家长里短花边新闻活像鹦鹉学舌，逮着什么说什么，练得舌头嘴皮都打滑。还嫌不过瘾，夜半灯下再给自己加课。捧一部大词典，专找与武术太极相关的词与句，逐字逐句翻译，咽下肚，反刍，再变为解说，注释，变为深入浅出的自编教材。

其实，在等待出击的时日里，他已收下两名太极拳学生。一名是中医朋友介绍来的洪堡大学体育系学生，狂热的中国功夫爱好者，走访过嵩山少林寺，练功不慎伤了筋骨，是来疗伤恢复元气的。另一位就是“拳王”，从中国人汪洪浩随曲就伸至柔至刚的太极拳里，他悟到彼此功夫的深浅，决定不耻下问。汪洪浩授拳于一老一少两个德国人，课上得闲云野鹤，相处如亲朋旧交，丝毫没有国与国的隔阂，甚是舒展。

多年时光度过，终于熬到头，拿到了所谓的绿卡乃至红卡。汪洪浩一分钟都不愿耽搁，专程跑去国内回炉，考取太极拳教练证书。回来立即起草求职信，向柏林各大学和成人高校发放。他已经等得太久太久，按捺不住“白鹤亮翅”了。

五

求职信的第一个回复来自柏林十二个区成人高校中的某一所，来函说校办太极拳班原来的教练走了，需另聘补缺，如果他有兴趣，可以试试。虽是公文式语调，不冷不热，汪洪浩还是兴高采烈。柏林无人知晓他的太极拳，这没有包装青菜萝卜地推销自己，真比当初开出一爿餐馆都难。然后面试，然后签了学年的合约，一个班，满员25人，每周1节课，每节90分钟。不多，甚至很少，但毕竟能把开场白唱起来了，他觉着是个机遇。

高高兴兴回家，居然又接到名校洪堡大学体育中心的电话，说也有意开设太极拳班，不过受聘教练须经过考核测试。考就考，试就试，汪洪浩最不怕的就是考试，少年功夫加之七八年的潜心修炼，他正愁没人欣赏他的身段呢。

测试是在洪堡大学很大的健身厅里，四周围满了意欲报名学中国太极的师生。体育中心还不知从何请来几位研习太极拳的德国同行充当“考官”，城墙般地矗在前首，真有点壁垒森严的架势。汪洪浩也学太极的女儿和两位德国弟子也来了，“拳王”与本校体育系学生，簇拥着给他助阵。全场肃静，汪洪浩出场了，一身专门从国内定制来的太极功夫装，白绫，盘扣，镶了宝蓝色宽边。他气定神闲目光如炬，行拳礼，然后一个亮相，颇有几分仙道之气。

自然是，圆满，喝彩，当即给他“开设多个班级”的许诺。汪洪浩此时还做着快餐店，分身无术，就先开了两个班，一个初级班，一个中级班。

退役记者和快餐店老板汪洪浩就这样站到了中华武术杨式太极拳的教坛上，做了倾慕中国文化的德国人的老师。

六

无论在第一所成人高校，洪堡大学，还是后来越来越多的其他高校，汪洪浩的第一节课永远都是：太极拳是什么？

既是武学，也是人学。它内含，后发先制，是具有攻防含义的一种武术文拳。易经的阴阳学说，天人合一的哲学思想，传统中医的经络理论都是它的源泉及精义所在。它的柔和是对力量的包容，舒缓是对速度的特殊理解，是人文情怀与身体语言的完美结合，体现了东方文化对生命的诠释……汪洪浩用德语对学生说这些的时候，总是手舞足蹈的兴奋。教授太极就是传播文化传播中国，他自视很高。

学生也是津津有味。除了洪堡大学的在校生，成人高校来拜师习武的大多是认同中国文化的知识界人士，有作家诗人，音乐指挥，抽象派画家，还有律师教授，其中几位还是汉学家，能说流利中文，他们对原汁原味的中国教练相当满意。

授课的中心内容是各式太极拳，却从自己缩编的迷你拳路入手，循序渐进，举一反三，达到步步为营的教学效果。夏令时节则引进公园文化，把学生带向室外。比如那次在世界文化遗产——博物馆岛中心草坪上百人的大型演练，已然成为柏林人记忆里难以磨灭的中国景观。汪洪浩还创建自己的网页，把多篇普及文章译成德文挂到上面，一位搞媒体制作的学生又替他录制了专业的DVD光盘，系统介绍老师的太极拳教学。

这样的太极拳班不火都不行，声名传出去，其他高校“烧香拜佛”也要请他去开班，学生络绎不绝，“粉丝”蜂拥而来。最多时仅洪堡大学与另一所成人高校，就一气各开了六个班级和七个班级。汪洪浩大腕赶场似的开着车四处奔突，实在是顾了这头顾不了那头，干脆卖掉快餐店。迄今为止，他每学期分别在四所高校开班20余个，每周至少40节课，真有点疲于奔命了。可人消瘦精神爽，他很开心。

在外习武授拳的国人很不少，像他这样能在异邦成就声名的却是异数。为此，德法两国合作的电视艺术台播出了他与太极拳的有关报道，画面唯美，很中国。发行量众多的《新德意志报》周末刊则以整版篇幅配大幅图片，详尽描述他在柏林高校掀起中国武术之旋风的全过程。标题为“蛇的艺术”，题下则是一连串的惊叹号，连连惊呼：一个人怎么可能开那么多班教那么多学生，这位做过记者的中国拳师，简直太不可思议?!

汪洪浩笑了，本来嘛，中国人之于你们老外，就是不可思议的异数。

采访札记：

我曾问过汪洪浩，为什么会把太极拳称为“蛇的艺术”？他讲了这么一个传说：武当山有一道士名叫张三丰，某日清早起床，看见窗外奇景，有仙鹤与蛇在山野旷地上厮杀搏斗，仙鹤步步紧逼，蛇呢，看似节节败退，实则反守为攻，以内含而制胜。道士张三丰大受启发，模仿蛇的攻防谋略，创立内家拳，后称太极拳。

他肯定也是这么对德国媒体讲述的，那些记者大为赞叹：多么美丽神奇的传说！故有了整版报道的标题“蛇的艺术”。

咖啡姊妹花

陈佳是姐姐，陈瑜是妹妹，一对在巴黎咖啡馆热里应运而生的温州姊妹花。她俩都很年轻，在青春年华里起舞，舞姿靓丽，吸引着侨界的注目。然而她俩并非传统意义的同胞姐妹，也没有血缘关系，是分别从两个破裂的家庭走到一起缔结挚爱亲情的。在不是亲生父亲或亲生母亲撑起的一片新的屋檐下，她们的成长背景难免有不尽如人意之处，但多出峰回路转的曲折，便也多出几分承受世态的坚硬质地，反而使人生丰润而饱满。

书写这样一对姊妹花，是我的专栏别开生面的一次尝试。

妹妹陈瑜

陈瑜1984年出生，从小跟爷爷奶奶和三姨长大，住在温州沧河巷很大的老房子里。父母离婚，爸爸又在她上幼儿园时出洋去了法国，没能带上她，她一点都不难过。因为爸爸有许多兄弟姐妹，周末聚到奶奶家总是一大帮人，各位长辈都宠爱她，尤其三姨，比亲妈还要疼几分。所以，她常常觉着自己是被整个大家庭呵护长大的。

读书读到初三，爸爸突然在某一天打来长途，说已给她铺好去法国的路，让她立即辍学启程。她舍不得学校，舍不得同学，也舍不得沧河巷这个温暖的大家庭。但奶奶年纪大了，总不能老绊在膝下，让老人无穷尽的操心。她也懂事了，意识到女儿终究是要回归爸爸那个家的。

其实爸爸未雨绸缪，早早就在巴黎那边申请，只不过长达两年都因种种原因没能办成。无奈之下，只能“黄牛背”。虽然不是跋山涉水假护照之类的偷渡，毕竟是条辗转曲折之途，有难以预料的不确定性。对于一个15岁的女孩子，未免惊悚。当然爸爸并没把这层忧虑告诉她和所有家人，爸爸就自己扛着，整夜整夜睡不着觉。

陈瑜上路了，同行四个人，竟然都是半大不小的孩子。每人揣本护照签证，飞向非洲，飞向几内亚。出发前出发后，她甚至都不清楚是哪个几内亚，反正是最穷的那个国家。到了那边，住在开餐馆的中国人家里。到处是黑人，用乌幽幽的目光密集地扫射过来，直弄得这几个孩子心里发憷发麻，纵然有十分的好奇，也不敢迈出大门一步去。

果然就卡在烈日笼罩下的那间屋里动弹不了。申请去法国的旅游签证，迟迟签不下来，一等两个月。画地为牢，困守屋角，每天就做一件事，接听爸爸从法国打来的电话。她能听出话筒里的焦虑，便装出一副快乐样子，在这头嘻嘻笑。她在这两月的等候里突然长大，学会了体察大人的苦心。

终于飞抵巴黎，同爸爸一起开车到戴高乐机场接她的还有异父异母姐姐陈佳。陈瑜居然没有哭，只是心里涩涩的。陈佳走近来，接过她手里的小件行李，她的不安消失了，有了熟稔和知己的感觉。其实陈佳去温州时她俩一起玩过，应该不算陌生。她随爸爸姐姐走出机场大厅，心里一直在问自己：我到家了，是吗?

姐姐陈佳

陈佳其实仅比陈瑜大一岁，生日也只相差一天，但她是巴黎长大的，在刚来的妹妹面前有气质上的不同。她胸有成竹落落大方的仪态，一看就是这个重组家庭里举足轻重的形象人物。陈佳在学校成绩好说一口精确优雅的法语不假，中文普通话和温州方言也顶呱呱的流利，这就很让陈瑜打心眼里佩服。

陈佳儿时就跟母亲来了法国，在温州只上过两个月学前班。她天生爱读书、爱学习，刚来法国上学，法语一句不会，却是上完一年老师就让跳到三年级，年年都是优等生。可连她自己也百思不解，为什么会对中国有这许多情意绵绵的牵挂。她压根没来得及学中文，中文在她已非母语，中国文化的土壤也早已远离而去，她哪来的动力？她说，没准就因为我的血管里流着中国人的血。

在她13岁上中学的时候，父母新开了餐馆，她从此成为跑堂的主力军，从此没有了一个学生所拥有的夜晚与周末——听音乐，看电影，玩电脑，甚至逛街，参加任何形式的派对。她的夜晚与周末是重复而单一的，只在餐厅端盘子，走窸窸窣窣步。每逢期末考试前，就在端盘子的舞步里背书，温习功课。留给她自己的时间不过周末下午餐馆歇班的三两个钟头，她与中文亲近就在这个时段里成为可能。那条通往十三区中文学校的地铁曾经无数次载她往返，时间总是很紧，一下班必得匆匆赶车，否则上课就会迟到。一个十三四岁女孩儿，贪玩的心思不会没有，就把车厢当作一个想象空间，编织五彩缤纷的梦幻。有时竟还不能，须做等一会老师要检查的作业，便蜷进椅座，读拼音，歪歪扭扭写中文字。真的太累太困，就会落了手里的笔，呼呼睡去。

就这样一周一次的中文课，如何包容浩瀚无垠的中国文化。陈佳就从小说书里补，从录像带放映的电视剧里补。夜深人静，她做完餐馆晚餐高峰，回到楼上，总要抽出睡觉前的一点空隙，让自己过瘾。她尤其喜欢历史剧，喜欢历朝宫廷故事的惊心动魄，喜欢字正腔圆的古典对白，更喜欢视觉、听觉触摸到的无处不在的文化符号，遇到不认识的字翻词典，遇到模糊不清的事件，也翻词典，翻历史条目。她沉湎其中，学到的方方面面竟比中文学校多得多。

因此，当陈佳把陈瑜带回家，带入两人合住的小房间，她们的聊天旋即热火朝天起来。语言文化的没有障碍，使两个不同背景本来有可能生分的女孩子像一个班出来的同桌，有说不完的知心话。

但是，一旦话题回到当下，回到法国，回到这个新家，陈瑜就有些短路了。陈佳深知这是妹妹的难题，也是她做姐姐的难题。陈瑜是学，她则是教，破解难题适应法国是她们共同的使命。

陈佳把手伸出来，牵着新来的妹妹去语言学校注册，去楼下餐馆做酒吧，去逛街熟悉街区，去超市购物，去一切必须去的地方学一切必须学的事情，包括熟悉新的妈妈新的弟妹。倘若陈瑜面前有条河，陈佳就是那座横跨两头的桥，牵引陈瑜从此岸走向彼岸。

陈佳的姐姐做得很到位，也很精彩。

还是陈瑜

妹妹也不输给姐姐。陈瑜虽然很小丢失了亲生母亲，却在长辈们的溺爱中长大，当生存空间和处境都发生变化的时候，她居然大人似的学会了面对。

陈佳　陈瑜

妈妈对她好，她懂得知恩图报。下飞机的第二天，她就到父母餐馆做工了。不会法文，就在不太需要语言的酒吧当实习生。调酒，打咖啡，洗杯，一边动手一边背单词。现学，速成，仿佛天生就与餐馆有缘，一颦一笑都是行内亮丽的潜质。

当然学业也是不能荒废的。陈瑜还不到16岁，她的位置应该在课堂里。于是做餐馆的同时，上了两年全日制法文学校。她的法语也是速成，比一般这个年纪学语言的同学好出许多，顺利升转职业高中，学财会。其实专业对她并不那么重要，她想她终究是要自己创业做生意的，读书是将来的铺垫。

知道这类铺垫对于将来的不可或缺，她却没能坚持下来。父母餐馆生意爆满，人手越来越不够，好的跑堂又难请，父母什么都没说，眼里却是复杂的意味。她谁也没商量，悄悄去把刚读了一年的职高退了，退到餐馆，做父母旗下的全职跑堂。父亲替女儿惋惜，她说她喜欢做餐馆。其实心里是有几分失落的。姐姐在校一直是学习尖子，如果姐妹俩必须退一个，无疑该是她。陈瑜放弃学业不是被动的，许多华侨孩子都会这么做，家族利益高于一切。

甚至爱情婚姻也会纠葛其中。陈瑜的爱情来得早，是家族合力推搡的结果。叫阿博的这个小伙子是姨妈的儿子，休了学在父母开的餐馆里挑大梁，来得多了妈妈与姨妈两姊妹便生出亲上加亲的念头，有意无意半真半假往一起撮合他俩。嘀咕多了，玩笑多了，一对少男少女竟真的落入“圈套”，在预定的爱情轨道上你追我赶起来。事实上各自社交圈都很窄小，视野里就这三五个走动的年轻人，陈瑜迟来，甚至都没什么朋友。所以每每餐馆打烊，阿博来接陈瑜夜猫似的出去玩，两人都是期待而开心的。陈瑜接受并喜欢阿博，最先是从亲情开始的。这样的爱恋不狂热，却温润醇厚，有经久的耐力。到了耳鬓厮磨难分难解之时，父母便替他们订了婚约。陈瑜只有19岁，就搬入河边阿博单住的公寓楼里，构筑温馨的两人小世界。夜深人静，月色在窗底下的河面荡漾，一个焕然一新的女人脱颖而出。

不到21岁，陈瑜结婚。婚礼很热闹，她在雪白的婚纱里娇羞而美丽。短短的蜜月是在中国度过的，陈瑜来自那里，理应把幸福时光定格在那里。

然后换到原是姨妈现是婆婆的餐馆，还是跑堂，还是挑大梁。少女变了少妇，陈瑜在店堂里风姿绰约地移步旋转，把生意做得风生水起。

但她知道，她该是另有作为的，不能满足于在父母的家业上踢蹬。是时华人咖啡馆业正如火如荼，她便与阿博四处出击，寻访咖啡馆。半年后找到93区邦当教堂附近一爿名叫维克多·雨果的咖啡馆。咖啡馆圈了闹市的两个街角，很有些大，要价自然也高，不算月租仅是经营权就是百多万欧元。公公婆婆卖掉郊区一幢花园别墅作为首付，其余皆从银行贷款。陈瑜真的很感激两位老人，他们疼她就像疼自己的女儿，没有他们援手，小夫妻俩的创业只是一纸空文。

咖啡馆走马上任的第一年，陈瑜和阿博真的是又苦又累。还贷压力重，不敢多雇员工，什么都自己来，管理应接的经验又都不足，生怕员工翘板更怕原有顾客逃掉，拼了命的劳作斡旋。每天五点多起床，六点半开门，上班用早餐的法国人呼拥而入，接着喝咖啡，买香烟买彩票。然后就是七十人的法式午餐，座无虚席。再一轮马票彩票香烟之后，就是下班族回家晚餐前的酒、咖啡及各类饮品。就这么一直忙到晚上八点半打烊，清理结账已是九点半。随便抓点什么吃的，就从馆里的扶梯上了楼，一个小单间的卧室，倒头便睡。日复一日，整年累月天天如此。门外的市声，窗外的夜景，闭目不见，充耳不闻。倘若不去附近小超市买日用品，甚至一个月连咖啡馆的门都没迈出一步。

生意果然越做越好，人却越来越不对劲，甚至都不是乏力疲惫的症候。陈瑜感觉是身心到了崩溃极限。她吓了一跳，心疼自己也心疼老公，赶紧增添员工，退休卖了餐馆的公公婆婆也来帮忙，才让她从一个密封的城堡里解脱出来，重新有了回旋的余地。现在，咖啡馆装修一新，生意节节高升，她与阿博也在十分钟车程处买了公寓楼，天天晚上回家做喜欢吃的中餐，生活纳入正常轨道。陈瑜以为这样的选择不错，因为挣钱的路很长，日子却要一天天过的，即便平常，也得善待自己。

还是陈佳

其实，姐姐陈佳的咖啡馆早就开出来了。陈佳比陈瑜结婚晚，事业却抢先了一步。

陈佳多少还是很有几分遗憾的。她是那么喜欢读书的女孩，原本想去国外读硕士博士的，最后还是未能修完学业，在国际贸易大三的节骨眼下停了下来。没人强迫她，也是她自己的选择。

陈佳是在上巴黎十大的第一年末邂逅后来的夫婿王志的。那时王志已修完金融工程硕士学位，在某银行信贷部实习。王志比陈佳大六岁，也是书生气十足的小伙子，与陈佳一拍即合，十分投契。可在全球金融危机的前兆里，实习完的王志却一直找不到专业对口的工作。有经济实力的家人就买下巴黎十三区一爿咖啡馆，敦促儿子当老板，别做打工仔，哪怕是高级的打工仔。几乎容不得选择，王志顺理成章当了老板。起先陈佳也就是周末来帮帮忙，半年之后当了新娘，这周末帮忙就成了杯水车薪。况且父母买下店已是天大的支持，做生意挣钞票总是不能还让上辈人替代的。陈佳于是也没了选择，只好放弃学业回来当老板娘。这条回来的路在那个黄昏的萧瑟里走得不可能轻快。陈佳的心绪是复杂的，挣钱的欲望快感不是没有，告别学业的惆怅沮丧也很浓烈。

然而这些那些情绪已经无法左右她。陈佳从走进咖啡馆的那一天起，就被一股强大的力量裹挟着，推搡着，除了往前走，绝无退路。她的店堂是比妹妹的小，可五脏俱全，经营项目一模一样，况且处于十三区闹市，周边有大公司，国家篮球馆等，店里人手又少，连小夫妻加员工总共五个人，忙起来真是昏天黑地。若不是13岁帮助父母做餐馆，磨砺出吃苦耐劳的一身本事，还真抵挡不住。比如，早晨七点开门，刚给空腹的自己打出杯咖啡，顾客便蜂拥而入，等手忙脚乱招架的空隙里终于能去喝第一口，早已过了九点，再等杯子喝空，腕表已指十点，一大上午就这样在一杯咖啡的功夫里仓促过去，还能想什么？

不想也罢，就把咖啡馆做出精彩。陈佳与王志，一对书生两脑子智商，还怕玩不转小小咖啡馆。咖啡馆是老巴黎也是法国人的经典行业，突兀杀进来年轻的中国人，令许多老派人颇有不快，蓄意刁难也是常有的事。查账查黑工查卫生查不出纰漏，就来找茬。比如信用卡付款规定是有最低消费限额的，偏偏来个警察喝杯咖啡也掏信用卡，还亮出证件恫吓。陈佳不卑不亢，推挡回去，她说，先生您不如出去捉贼，警证在我这里不管用，至于付卡额度，您可翻找法律，亦可去问银行，请便！一席话说得来人哑口无言，只得加买了四包烟灰溜溜而去。

陈佳笑了。她在心里追着那人的背影说，不是从前了，海外华人受欺侮的时代过去了，他们的后辈正堂堂正正站立起来。

这或许就是陈佳陈瑜两姐妹做咖啡馆更深层次的成就感。

罗马故事

别人的故事——相逢梵蒂冈

在梵蒂冈城国海一般涌动的人流里，朱中环看见他朝自己走来，黑袍映衬苍白的脸，虔诚而宁谧。朱中环有些惊愕，觉得宽广无比的圣彼得广场倏忽间变小了，稠密的人流也潮似的远退，只剩下他俩，在秋日的暮色里四目对望。

世界很小，所以相识的人总会再遇。他们从小在教堂认识，跟着基督教信徒的父母。如今长大成人，朱中环做了餐馆老板，那一个，竟穿了一身黑，成为从圣彼得大教堂出来的天主教神甫。听说他后来去神学院读书了，当然，在意大利，在梵蒂冈城国的周围，他只能皈依天主教。

朱中环看了他一眼。他对他微笑，眼波清澈与世无争。

便想起他小时候的事情。那时他10岁，是一场诉讼的关键，在意大利华人中闹出很大动静。他儿时寄养在一对没有子嗣的意大利夫妇家里，吃意大利餐，说意大利语，倍受养父母的亲情疼爱，与血缘家族反而淡漠疏远。过了10岁生日，一直忙于做生意挣钱的亲生父母突然想起该领儿子回家的时候，他不愿意，他的养父养母也不愿意。是不舍，他若走了，好好的天伦之乐不就沉了一半？亲生父母急了，官司打到法院。他当时只是个小不点，庭证立场却分明，自始至终站在意国养父母一边。他以为父母抛弃了他，中国抛弃了他，就用半生不熟的温州方言来拒绝血缘的召唤，以致被长辈亲属视为“狼崽”。官司最终胜诉，父母算是从意大利人的臂弯里夺回自己的儿子。可是即便还在童年，他也再回不去，一颗饱知冷暖的心留在了养父母泪眼婆娑的视线里。

他不开心，对周围充满敌意。周围也在他身外筑起一堵厚厚的墙。中国孩子的圈子他走不进去，别人看他的目光就像看一个入侵者。

朱中环第一次看到他是在罗马并不多见的基督教教堂里，每个礼拜天都有众多中国教徒聚集在那里。他看见他的时候俩人都是10多岁的孩子，但朱中环比他大。他一个人孤零零坐在最后一排椅子上，低着脑袋，头发很乱。朱中环好奇他的孤单，穿过排椅走过去，他抬起头，抿着嘴唇，眼里有凌厉的冷。朱中环于是什么都没问，转身走了。问也白搭，他猜到目光冰冷的他是不会回答陌生孩子的任何提问的。

后来，礼拜天的教堂里看不见他了，听大人说他还是离开熟不起来的这个家，到神学院寄读去了。再后来，他曾经打听过他，说是读完神学院，只身去了非洲，大抵是传教去了。

时过境迁，想不到竟在梵蒂冈相遇了。他成为神甫应该是顺理成章的事。没有问他教堂分别之后的种种，朱中环已没有儿时那份好奇了。他们只用意语问好，别的都是意会，然后道别。只要还能在人海里捕捉相互的眼神就好，不是吗？

回来，在餐馆打烊后微明的灯下，朱中环铺开纸，把白天的重逢和邂逅写下来，寄给《意大利华文报》，刊载在他的“罗马故事”系列里。朱中环知道他是不会看这篇文字的，要看也看不懂，他早扔掉了母语。但他还是想写，写给读者朋友，也写给他自己。

自己的故事——打捞双重向面

朱中环坐在我面前，一直侃侃地说着别人，这类故事很多，都在他感性的记忆里兜着，说不完似的。一旦问到他自己，便是连连摆手，颜面也腼腆起来。我不应允他的说辞，在海外颠簸，谁没有几行回望的足印和值得咀嚼的甘苦？

朱中环15岁就跟父母来意大利了，那时他刚在温七中初中毕业。到了罗马，看到满目的中世纪古迹，不知怎么就觉得自己也老了许多。后来才明白那是一夜之间长大了。在街上走，他的视线总是锁定一座又一座的学校，他不想做工，他要上学。然而语言学校上满一年，能说几句意大利语了，父母殷切的目光就落到肩头。他当然懂，那是劝他放弃学业出去打工的软命令。对于赤手空拳的新移民来说，一家五口想要异国他乡站稳脚跟，除了玩命工作玩命挣钱别无他途。他把读书的愿望吞咽下肚，走出家门，到中餐馆找了份侍应生也就是跑堂的工。他很勤勉，他的意大利语也进步神速，因而深得老板器重食客赞赏。但他的心思并不像笑颜那般明亮，过早与学校告别成为青春的伤痛写进了他的成长经历。

好在他学会疏解，学会变通，学会把淡淡的一抹阴影着色添彩，变为飞扬的一朵云霓。他在端盘子疾步如飞面若春风的同时感知、领悟、思考着周围的一切，原本单调郁闷的生活显而易见生发出斑斓的质地，值得拥抱与享受。他从餐厅的穹顶“越狱”而出，还给自己丰富饱满的侍者生涯。

三年后，朱家三兄弟从各自打工的三爿餐馆出来，重新汇聚一堂，开始了自己的创业。餐馆是从文成人手里接过来的，要让做败的生意起死回生。朱中环是老二，却做了三兄弟的领头人。重新装潢重新命名，开张出来门里门外焕然一新。仿佛，从门可罗雀到门庭若市就是睁眼闭眼的一刹那。朱中环当然知道那是别人的错觉，天上从来不会掉馅饼，有几多努力就有几多收获，三兄弟每人三年捆在一起整整九年的职业经历，才是朱家兄弟餐饮兴旺发达的根本保证。作为经理人，朱中环太年轻了，高高挑挑的一个细崽，也就20郎当岁，可堂前榭后那么一站，倒也中规中矩有模有样。

或许就在侍者到老板的飞跃中，朱中环有了倾诉的渴望。细读当时罗马唯一的华文报纸，他会想象那些在版面登陆亮相的文字竟是自己的，先是雀跃，继而惶惶。七中读书时他是喜欢写作文，可来了意大利，多年不动笔，那点文墨早还给语文老师了。都已铺好了纸，又撕了，扔进废纸篓。直到读了别人写温哥华的遭际，并不高深；直到听了朋友的爱情故事，有俗常的凄美，才在一个餐馆打烊的午后，遏制不住地写出来，藏藏掖掖只给自己读。他不知道写得好不好，只是每读一遍，都会被字里行间的情绪打动。便装入信封，惴惴不安地寄给报社。

很快刊登出来。不仅刊登，还收到编辑读者寄来的信和打来的电话。信和电话都说他写的故事很感人。原来，不仅他自己，还有别人喜欢读他的文字，就这么简单。他揣着信捏着话筒，感觉立足的餐厅扩展开来，成了一汪海，千姿百态的人生，甜酸苦辣的滋味，如涌动的浪头朝他迎面扑来。

一发而不可收。他把听到的，看到的，甚至想到的都用笔写出来，束成一札，称为“罗马故事”，见诸于罗马、米兰还有普拉托的华文报纸，他有了相当固定的读者群，倘若中断了一段时日，他的“粉丝”就等不耐烦，会打电话来问。在母语相对贫瘠的人文环境里，他的故事他的文字俨然成了小小的一块绿洲，吸引着干涸的眼球，有了阅读以外的意义。并不是他的学养有多深，文辞有多美，他的意义在于真实——人文处境的不造假，情感认知的不虚饰，走笔行文的不做作。

形而上的故事——罗马心情

朱中环越来越忙。肢体忙是生意越做越旺，头脑忙是文章越写越好，他便在忙碌中跨越了两个世纪的交替。世纪的交替也是他自身的交替。首先是三兄弟散了，一棵摇钱树抽枝发芽，分栽了三棵，各人拥有自己的餐馆，独立经营，中餐也改良为日本餐。继而，他恋爱了。他结婚了。他做爸爸了。生命的节奏与生命的角色都发生了根本的转换。他体验着成熟男人每一种新任的世俗的角色，日子满，心也满，全然没了过去那些独守一隅的空灵遐想。甚至午后那段餐馆歇息的时段也被家庭总也不断的困扰与餐馆的麻烦事侵吞。所以，他觉着自己大抵是要与“罗马故事”道声再见了。他很失落。

那个后半夜，从餐馆回家，朱中环睡不着，就在灯下独坐。周遭很黑，很静，只有家人的鼾声在睡梦里游走。他拉开抽屉，满当当的一屉剪报，都是刊载过的他的文稿，足有上百条。捧起来很重，他便就着抽屉一页页翻阅。报页和字体他都很熟，别人的故事，却是他的心血之作，他在那里看到自己行走欧洲的脚印和身影。一阵伤感袭来，他的眼睛湿了。

朱中环早已把这隅用文字耕耘的田畴当作了精神领地，告别或者失去，他不知道自己会不会迷途羔羊般在人生中走失。经验告诉他，自己从来都是感性的人，需要架构于物质生活之上的精神彩虹，是指引，也是充实。如果没有这些，即便做老了四个孩子的父亲，挣下更多钱更大家业，他满足吗？得意吗？

什么是生活？生活不仅仅是活着，是柴米油盐衣食住行，还包括了对这一切的认知，不是吗？他有越来越多的感悟、体察、回味、思考，他一定要说出来，写出来，否则，潮汐般地涌来涌去，注定要把他的皮囊淹没。

于是，就在这个夜晚，“罗马心情”掀开了扉页。没有时间听故事写故事，他就写写心情，短小，随意，是散文随笔的形式，在报章上开扇小窗，窗里窗外梧桐听雨。

他写了跑堂是怎么练成的。学会端盘子，疾步如飞，学会笑，笑出春风与真诚。笑里其实含泪，含委屈，这些滋味他都尝过，所以就那么寥寥几笔，也催读者泪下。

他又写少年漂泊者读书的梦。不该是梦成了梦，本来就是年少者的不幸。他用诙谐的笔调，悲哀很淡，却浸润了每个字，让读书成了梦的孩子与家长很难面对。

他还写了无身份移民海外打工的黑暗游历。在他看来，文化沙漠的处境比丢失一个人的社会属性更具伤害与毁灭。他的结论与别人不大一样，无论对错，他都是站在低处往高处看，立足点是实的，他有底层体验。

还有一次，朱中环偶尔看到意大利电视台的“萤火虫”专题节目，披露了华人女性在意国卖淫的实况。记者很职业，藏掖了针筒录像机混入按摩美容歌舞厅等场所，拍摄出一系列效果刺激的画面，令人作呕。作为电视机前的一名观众，朱中环心情沉重，既怜悯那些为生活所迫无路可走的同胞姐妹，又不齿她们自讨其辱的堕落行径。妓女做到了国外，个人的颜面还有国家的颜面往哪里放？人，总该为自己的龌龊承当责任吧。他一夜无眠，把伤痛的心思变成带泪的叩问。

营造“罗马心情”同样需要时间，而朱中环缺的就是时间。他不仅操持着餐馆里外一摊子事，还要对父母尽孝对妻子尽心对儿女尽职。他如今是四个孩子的父亲，大的6岁，小的2岁，妻又身体欠恙，孩子的教育就责无旁贷落到他肩头，他做不了甩手掌柜，也不愿做，他希望他的血脉从小就学会好好做人。所以，他分身无术。

不过他有他的办法。意大利总有没完没了的事要办，办每一件事都得约会，捏一枚号签，坐到大厅长椅久久地等。朱中环就把难挨的等待用起来，一个硬皮文件夹，几张白纸，屏息敛神，思绪便在笔下飞扬起来。也是奇了怪，只要写下第一行字，满厅的嘈杂就都退了，只留下他，像入无人之境。

朱中环笑着说，只要做喜欢的事，指缝里漏出的时间也能找回来。这就是我的罗马心情。

采访札记：

朱中环是自己撞上来的，原本并不知道他。路远，他开车送父亲过来接受我的采访。后来一聊天，觉得儿子的故事比父亲更有意思，就强留了他。

朱中环不太愿意我写他。他说他才30多岁，没有什么跌宕起伏的经历。我的认识恰恰相反。他的“罗马故事”与“罗马心情”是一种独特的底层书写，于读者或者于他自己都是难能可贵的人生体验，蕴含了别样的姿态与别样的风景。相信我的读者读了他的心情和他的故事之后会有与我相似的感觉。

后记

鲁娃

一

在2008年5月汶川地震的那些日子里，我身处遥远的诺曼底小镇，无法看到日夜滚动的电视实况，只有终日守着电脑桌面，为故国遭受的苦难揪心。我问自己，能为地球那端的父老乡亲做点什么？我当然什么都做不了。文人的焦虑与书写在这种时候苍白无力。整个人类在那瞬间都如此不堪一击，何况飘摇的一支笔，冰凉的一个键盘？

然而也在那时，一篇关于我的文字出现在故乡报章的一角，那是我旧日的文友如今的文化官员写的。我很感慨他始终记着年轻时我们共同经历过的那个时代，那个时代的文学。可惜现在我们都不年轻了，过去的足印已然复归于各自的阅历，成为人生财富。

没想到的是，就这么一篇短短的文字，却有那么多反馈。我的家人、同窗、朋友都接到一连串电话，我的电子邮箱、博客也进来了一些访客，甚至远在法国、英国、加拿大我的同乡好友也被各自的熟人告之或问及。他们似乎都为又在报章中看到我久违的名字而欣慰。事实上这些关心的人我大多不认识，他们只是记得我以前的那些文字。于是，尘封的记忆打开来，温暖的乡情再次被牵动。我惭愧，但也感动。

离开温州二十年了，我在世界的范围内漂泊，我走了很多路，看过了天地的广阔，江河的无垠。无论面对黄沙中的埃及金字塔，非洲原始丛林，浩瀚的大西洋，还是纽约早已被本·拉登恐怖组织摧毁的双子摩天楼，感觉都与站在历史长河的尾部一样，个体生命永远蝼蚁般渺小。但我还是希望揣着故园的根，在行走的过程中脱胎换骨，历练成熟。然后再喘口气，歇下来，系筏靠岸，去一页页翻阅西方文明褶皱间的细枝末节。我现在的居住国是屹立着无数文化大师的茂密森林，每一个名字都是一棵参天大树。比如我的一位朋友就住在萨特住过的房子里。不管愿不愿意，我们的肺叶都在伟岸的树下呼吸与吐纳，这些让我充满敬畏，失去自信。很长一段时间，我根本不敢动笔，生怕自己的笨拙玷污什么。

我深知自己是个再普通不过的中国女人，我只能用东方式的眼睛去解读这里的每一件事每一个人。到后来我才领悟，人类共通的东西其实很多很多，不同种族的困惑与喜怒哀乐说到底都是人对生存处境以及外部世界的一种表达。人的困惑因此也是文明历程中逃不开的困惑。于是我想写点什么了，想把点滴的参悟描摹下来，记录下来。于是我写了欲望，信仰，死亡，救赎，悲悯，等等。那都是人性的难题，是一口深井，要从中打捞出浑浊的水，再把它们过滤沥清，不是简单的一件事。好在我并没有奢望，也早已无趣于声色犬马的浮躁与诱惑，我只想安静地呆在某个角落，把书写作为偶尔为之的一项劳作，如同做饭，如同花园除草，如同家居清洁。或者干脆就是生活本身，是一种原样。所以，我不刻意追寻意义。

但我仍然怀念那个我曾用纪实的笔记录过的年代，也对因那时的书写至今记着我的读者朋友怀有一份感恩。我不是那种生来就是写小说的人，就算写了也是客串。作为一名曾经的记者，我并不愿意放弃纪实的书写。在天塌地陷国难当头的那一刻，我就想，如果我还在过去那个岗位上，我会去汶川吗？答案是肯定的。

同时，我心里长久以来存有的愿望突然苏醒过来。假如有机会，我要重新起步，把散布在世界各地的温州人书写一遍，让他们行走的姿态和行走的故事在我的书写中或深或浅地留下痕迹。

这就是我写这本书的初衷。我把它看作对故乡深情的回望。

二

行走和书写“温州人走世界”以来，常有不相识的读者写Email问我，你是山东人吗？我说是的，山东是我的祖籍。我知道是名字引起他们的联想。故去的父亲随部队南下，把我这个原本属于北方的鲁人带到湿润的南方，我本身就是一颗迁徙的种子。

也有读者在我博客上留言：精神上来讲，鲁娃是中法混血儿。这个评价我认同。那么，何处又是我真正意义的故乡？孩提时来温州，直至20世纪90年代初赴法，温州是迄今为止住得最久的城市。这里有我童年的记忆，青春的梦想，成长的经历，也有我脱胎换骨追求人格自我完善的痛苦和挣扎。留在这里的履历是我之所以成为我的依托和背景，我的故乡不在温州又能是哪里？

所以，我应该有资格说，所有海外温州人都是我的乡邻我的家人我的兄弟姐妹。我们以各异的行走方式漂泊异邦，灵魂却殊途同归。看起来，我们似乎强大，其实很弱小，我们的精神家园飘忽不定，常常找不到岸，我们惺惺相惜，都是天涯沦落人。因此，需要互相烛照相互取暖。这，或许也是我写《鲁娃大视野——101温州人走世界》这部书的另一个初衷。

三年时间，我在欧洲的范围内行走，记下了百多位乡邻的故事，我无意书写他们的强大，只试图走进一颗颗无所栖息的心灵，触摸他们人生故事里的喜怒哀乐酸甜苦辣。我期待他们漂泊的身躯和漂泊的灵魂能给故里的父老乡亲一个人生交代。难道不应该吗？走到天涯海角，终究是温州人，终究不能辱没生他养他的那一方热土。

现在看来，他们的人生交代足以让守望这个城市的父老乡亲满意和欣慰。作为一个群体，他们就像背负沉重的纤夫，吟唱奋斗的号子，让血肉之船渡向彼岸，站立到异邦的土地上，从一无所有，从默默无闻，成就一代传奇。我感动，为他们站立的过程，站立的姿态，以及站立的经纬度。

然而，我依然不是成功的，至少与我的初衷有距离。我努力走进他们的心灵，走出来的文字却不全是我想要的。温州人好强、争脸面、习惯独吞苦难的心态阻隔和消解着我的书写。许许多多的挣扎、失败、苦难、心酸可以对我倾诉，却不愿意面对媒体面对公众。结果是，曾有可歌可泣的人生故事终因不是概念里的成功而被故事的主人婉言谢绝，这是他们的尴尬也是我的尴尬。我从来不是吹鼓手，我只能对事实负责，对被采访者的意愿负责，所以有时我无言以对。但是我依然希望我的书写能在百味人生的深度和厚度里丰富起来，成为一个族群一代人走世界名副其实的集体记忆。人生的高度书写的高度只有在那时才会成为可能。也就是，从温州人的地域模式里超拔出来，真正意义地走进世界——这是多大的一个命题?!

或许，该把我博客上的另一则留言看作这个命题的提示：读鲁娃，我明显的感觉是她对人类的关爱，有一种地球公民的心态。她是焦虑的，又苦口婆心的，不世人皆醉我独醒的，却又自信不疑的……显然，这位读者看穿了我，看穿了我做人作文的全部追求。我明知离这个目标还很远，却仍然愿意把它看作读者对我最大的褒奖。

谢谢我的父老乡亲。谢谢爱我的读者。

于巴黎——诺曼底